KURZLEHRBÜCHER
FÜR DAS JURISTISCHE STUDIUM

LENT-SCHWAB, SACHENRECHT

SACHENRECHT

EIN STUDIENBUCH

von

FRIEDRICH LENT

WEILAND O. PROFESSOR AN DER UNIVERSITÄT
ERLANGEN

fortgeführt von

KARL HEINZ SCHWAB

O. PROFESSOR AN DER UNIVERSITÄT
ERLANGEN-NÜRNBERG

14., neubearbeitete Auflage

C. H. BECK'SCHE VERLAGSBUCHHANDLUNG
MÜNCHEN 1974

ISBN 3 406 05298 3
Druck der C. H. Beck'schen Buchdruckerei Nördlingen

Vorwort zur 14. Auflage

Das Buch ist an vielen Stellen, wie ich hoffe, verbessert worden. Auch die Gliederung habe ich zum Teil geändert. Inhalt, Schranken und Begriff des Eigentums werden nunmehr in einem Paragraphen behandelt. Dagegen werden die Ausgleichsansprüche bei Verbindung, Vermischung und Verarbeitung wegen ihrer besonderen Bedeutung in einem eigenen Paragraphen dargestellt.

Für wertvolle Mitarbeit danke ich Herrn Rechtsreferendar Lothar Panzer. Die Betreuung des Manuskripts hat wiederum Frau Anderka besorgt.

Literatur und Rechtsprechung sind, soweit es im Rahmen eines Kurzlehrbuchs erforderlich erscheint, bis 1. Juni 1974 berücksichtigt.

Erlangen, den 1. Juni 1974 — Karl Heinz Schwab

Vorwort zur neunten Auflage (1962)

Die neunte Auflage unterscheidet sich von der achten durch eine stärkere Berücksichtigung von Rechtsprechung und Literatur. In der Gliederung des Buchs wurden nur wenige Veränderungen vorgenommen. Unter ihnen ist zu erwähnen, daß Eigentumsvorbehalt und Sicherungsübereignung ihrer Bedeutung entsprechend nunmehr in eigenen Paragraphen behandelt werden. Im übrigen war ich bestrebt, Aufbau und Darstellungsweise zu erhalten. Sie haben sich in den vorhergehenden Auflagen bewährt. So möge auch in Zukunft der Charakter dieses Buchs vom Geist Friedrich Lents bestimmt sein, dem das deutsche Rechtsleben und vor allem die studentische Jugend so viel verdanken.

Erlangen, den 2. Februar 1962 — Karl Heinz Schwab

Aus dem Vorwort zur ersten Auflage (1949)

Das Werk ist in erster Linie für die studierende Jugend und die angehenden Juristen bestimmt. Der Zweck entscheidet über Umfang und Anlage des Buches. Daher habe ich auf Verständlichkeit mehr Gewicht gelegt als auf neue wissenschaftliche Gesichtspunkte, so verführerisch gerade auf dem Gebiete des Sachenrechts das Vorbild von Hecks Lehrbuch, auch von Wieackers Bodenrecht sein mag. Ich habe mich deshalb eng an die gesetzliche Einteilung angelehnt; nur das Pfandrecht habe ich wegen seiner viel größeren Bedeutung den übrigen beschränkten Rechten vorangestellt. Dafür sollen die Hinweise auf die wirtschaftliche und soziale Bedeutung mancher Sachenrechte im jungen Juristen das Verständnis dafür wecken, daß die Rechtsordnung in enger Wechselwirkung zu anderen großen Lebensordnungen steht. Die sparsamen Zitate wissenschaftlicher Werke und gerichtlicher Entscheidungen sollen den Leser daran erinnern, daß es sich bei diesem Werke nur um eine erste Einführung handeln kann, daneben ihm auch einen Einblick in die stete Fortentwicklung der Rechtsordnung verschaffen.

Lent

Inhalt

3. Abschnitt: Erwerb und Verlust des Eigentums an beweglichen Sachen

4. Abschnitt: Ansprüche aus dem Eigentum

5. Abschnitt: Mehrheit von Eigentümern

Viertes Kapitel: Grundpfandrecht und Pfandrecht

1. Abschnitt: Das Grundpfandrecht

2. Abschnitt: Das Pfandrecht an beweglichen Sachen und Rechten

Abkürzungsverzeichnis

Alle Paragraphen, die ohne Bezeichnung eines Gesetzes und ohne Hinweis „vgl. o." oder „vgl. u." zitiert werden, sind solche des BGB.

Alle Hinweise auf Paragraphen, die mit den Worten „vgl. o." oder „vgl. u." verbunden sind, beziehen sich auf solche dieses Werkes.

aaO	am angegebenen Ort
AcP	Archiv für civilistische Praxis
AöR	Archiv für öffentliches Recht
Baur	Baur, Lehrbuch des Sachenrechts, 7. Aufl., 1973
BayZ	Bayerische Zeitschrift für Rechtspflege
BB	Betriebsberater
Betrieb	Der Betrieb
BeurkG	Beurkundungsgesetz v. 28. 8. 1969
BGBl.	Bundesgesetzblatt
BGH	Bundesgerichtshof und dessen Entscheidungen
BImSchG	Bundesimmissionsschutzgesetz
BNotO	Bundesnotarordnung
BVerfG	Bundesverfassungsgericht und dessen Entscheidungen
BVerwG	Bundesverwaltungsgericht und dessen Entscheidungen
BürglArch.	Archiv für bürgerliches Recht
DJZ	Deutsche Juristenzeitung
DNotZ	Deutsche Notar-Zeitschrift
DR	Deutsches Recht
DRW	Deutsche Rechtswissenschaft
DVBl.	Deutsches Verwaltungsblatt
EG	Einführungsgesetz zum BGB
FamRZ	Zeitschrift für das gesamte Familienrecht
FGG	Gesetz über die Angelegenheiten der freiwilligen Gerichtsbarkeit
GBO	Grundbuchordnung
GBV	Grundbuchverfügung
GruchBeitr.	Gruchots Beiträge zur Erläuterung des deutschen Rechts
HGB	Handelsgesetzbuch
HStG	Reichsheimstättengesetz
JherJahrb	Jherings Jahrbücher
JR	Juristische Rundschau
JurA	Juristische Arbeitsblätter
JuS	Juristische Schulung
JW	Juristische Wochenschrift
JZ	Juristenzeitung
KGJ	Jahrbuch für Entscheidungen des Kammergerichts
KO	Konkursordnung
KTS	Konkurs-, Treuhand- und Schiedsgerichtswesen
LM	Lindenmaier-Möhring, Nachschlagewerk des BGH
LZ	Leipziger Zeitschrift

MDR .... Monatsschrift für Deutsches Recht
NJW .... Neue Juristische Wochenschrift
OLG .... Oberlandesgericht
RabelsZ .... Zeitschrift für ausländisches und internationales Privatrecht, begr. von E. Rabel
Recht .... Das Recht
RG .... Reichsgericht und dessen Entscheidungen
Rpfleger .... Der Deutsche Rechtspfleger
RpflG .... Rechtspflegergesetz v. 5. 11. 1969
RvglHwb. ..... Rechtsvergleichendes Handwörterbuch
StGB .... Strafgesetzbuch
StPO .... Strafprozeßordnung
VO .... Verordnung
VVG .... Versicherungsvertragsgesetz
WEG .... Wohnungseigentumsgesetz
Westermann .... Westermann, Sachenrecht, 5. Aufl., 1966
WG .... Wechselgesetz
E. Wolf .... Lehrbuch des Sachenrechts, 1971
Wolff-Raiser .... Wolff-Raiser, Sachenrecht, 10. Aufl., 1957
ZAkDR .... Zeitschrift der Akademie für deutsches Recht
ZBlFG .... Zentralblatt für freiwillige Gerichtsbarkeit und Notariat
ZgesStW ...... Zeitschrift für die gesamte Staatswissenschaft
ZHR........... Zeitschrift für das gesamte Handels- und Konkursrecht
ZMR .... Zeitschrift für Miet- und Raumrecht
ZPO .... Zivilprozeßordnung
ZVG .... Gesetz über die Zwangsversteigerung und Zwangsverwaltung
ZZP .... Zeitschrift für Zivilprozeß

Literaturverzeichnis

Lehrbücher:

Baur, Lehrbuch des Sachenrechts, 7. Aufl., 1973;
Capelle, Sachenrecht, 1963;
Dilcher, Sachenrecht in programmierter Form, 2. Aufl., 1972;
Eichler, Institutionen des Sachenrechts, 3 Bände, 1954, 1957 und 1960;
v. Gierke, Das Sachenrecht des bürgerlichen Rechts, 5. Aufl., 1949;
Heck, Grundriß des Sachenrechts, 1930;
Hedemann, Sachenrecht, 3. Aufl., 1960;
Lange, Sachenrecht des BGB, 1967;
Medicus, Bürgerliches Recht, 6. Aufl., 1973;
Nikisch, Bodenrecht, 1949;
Westermann, Lehrbuch des Sachenrechts, 5. Aufl., 1966;
E. Wolf, Lehrbuch des Sachenrechts, 1971;
Wolff-Raiser, Lehrbuch des Sachenrechts, 10. Bearb., 1957.

Kommentare:

Achilles-Greiff, BGB, Kommentar, 21. Aufl., 1958 mit Nachtrag 1963;
Erman, Handkommentar zum BGB, 5. Aufl., 1972;
Palandt, BGB, Kurzkommentar, 33. Aufl., 1974;
Planck, Kommentar zum BGB, 3. Bd., 1933, 1938;
RGR-Kommentar (herausgegeben von Reichsgerichtsräten und Bundesrichtern), 11. Aufl., 3. Bd., 1. Teil 1959, 2. Teil 1963;
Rosenberg, Kommentar zum Sachenrecht, 1919;
Soergel-Siebert, Kommentar zum BGB, Bd. 4, Sachenrecht, 10. Aufl., 1968;
Staudinger, Kommentar zum BGB, Bd. 3, Sachenrecht, 11. Aufl., 1. Teil 1956, 2. Teil 1963.

Hilfsmittel:

Baur, Entscheidungssammlung für junge Juristen, Sachenrecht, 1970;
Diederichsen-Gursky, Fälle und Lösungen nach höchstrichterlichen Entscheidungen, BGB Sachenrecht, 2. Aufl., 1972;
Hoche, BGB Sachenrecht, 7. Aufl., 1967 (Schönfelder, Prüfe dein Wissen);
Lutter, Case-book zum Sachenrecht, 1970;
Wagner, BGB Sachenrecht, 1971 (Juristische Arbeitsblätter: RENGAW-Sammlung);
Westermann, BGB Sachenrecht, 1969 (Schwerpunkte).

Einleitung

§ 1. Wesen und Bedeutung des Sachenrechts

Literatur: Vgl. hierzu die großen Lehrbücher von Baur, §§ 1–5, Eichler, Bd. 1, S. 1 ff., Westermann, §§ 1–7, Wolff-Raiser, §§ 1, 2.

I. Wesen des Sachenrechts

Die im Abschnitt Sachenrecht des BGB geregelten dinglichen Rechte unterscheiden sich in charakteristischer Weise von den Schuldverhältnissen: Sie haben eine Sache zum Gegenstand oder Objekt und schaffen eine unmittelbare Beziehung zwischen dem Inhaber des Rechts und der Sache, ein (umfassendes oder beschränktes) Herrschaftsrecht über diese; nur unter besonderen Umständen kann sich daraus auch die Beziehung zu einem anderen Rechtssubjekt (Person) entwickeln (z. B. Besitzentziehung). Die Schuldverhältnisse dagegen stellen eine Beziehung zwischen zwei Personen, Gläubiger und Schuldner, dar (und her); auch wenn sie auf eine Sache, deren Erwerb oder Besitz hinzielen, wie der Kauf, so gewähren sie dem Gläubiger nicht die unmittelbare Beziehung zu der Sache, sondern nur den Anspruch gegen den Schuldner auf Verschaffung der Sache (zu Besitz oder Eigentum oder beidem). Die Veränderung der dinglichen Rechte, z. B. die Übertragung des Eigentums, bewirkt die Veränderung in der Rechtslage der Sache; die Schuldverhältnisse können nur eine Veränderung in den Beziehungen der beiden Partner zueinander herbeiführen, bedürfen aber, um die dingliche Rechtslage zu ändern, noch eines besonderen dinglichen Rechtsgeschäfts neben dem schuldrechtlichen. So tritt durch den Kauf als schuldrechtlichen Vertrag kein Übergang des Eigentums ein, sondern erst durch die davon zu unterscheidende Übertragung des Eigentums (vgl. u. § 13 II).

Die Zuerkennung einer dinglichen Rechtsstellung an einer Sache, besonders des Eigentums, bedeutet, daß diese Sache zum Vermögen des Rechtsinhabers gehört (Westermann „Zuordnung"). Bei den Schuldverhältnissen gehört nicht die Sache, sondern nur der Anspruch gegen den Schuldner auf Verschaffung der Sache zum Vermögen des Gläubigers, während die Sache immer noch im Vermögen des Schuldners verbleibt. Daher ist immer zwischen der schuldrechtlichen und der dinglichen oder sachenrechtlichen Rechtslage zu unterscheiden. Durch den Mietvertrag allein wird der Mieter noch nicht Besitzer, durch den Kaufvertrag noch nicht Eigentümer der Sache (vgl. u. §§ 13 II, 29 I).

II. Unbewegliche und bewegliche Sachen

Das BGB unterscheidet rechtlich in vielen Beziehungen zwischen Grundstücken und beweglichen Sachen, so bei Begründung oder Übertragung dinglicher Rechte, vor allem bei der Übereignung (vgl. u. §§ 26, 29). Besonders bedeutsam wird dies beim Pfandrecht, wo gewisse Formen nur für Immobilien, andere nur für Mobilien zulässig sind (vgl. u. § 50). Auch die meisten anderen beschränkten Rechte an fremder Sache sind nur an Grundstücken zugelassen. Die Unterscheidung geht auf das germanische Recht zurück und ist durch die tatsächliche Verschiedenheit beider Arten von Sachen gerechtfertigt. Schon der Besitz, die tatsächliche Gewalt über eine Sache, ist bei beiden inhaltlich nicht völlig gleich (vgl. u. § 4 I). Die reichere Ausprägung der beschränkten Rechte an Grundstücken folgt daraus, daß die Abzweigung gewisser Teile des Eigentumsinhalts bei Grundstücken in reicherer Abstufung möglich ist als bei beweglichen Sachen. Die besondere Ausgestaltung des Grundbuches rechtfertigt sich durch den großen Wert der einzelnen Rechtsobjekte, eben der Grundstücke, der eine Belastung des Rechtsverkehrs mit Formen und Kosten erträglich macht, die bei beweglichen Sachen unangemessen wäre.

III. Sachenrechte als absolute Rechte

Die dinglichen Rechte sind das Hauptbeispiel für absolute Rechte, d. h. solche, die nicht nur, wie die relativen, Befugnisse gegenüber einer bestimmten Person gewähren und nur dieser gegenüber sich durchsetzen (wie z. B. ein Forderungsrecht nur gegenüber dem Schuldner), sondern gegen jedermann sich auswirken und durchsetzen, ohne Unterschied, ob zwischen dem Inhaber des Rechtes und dem Gegner vertragliche Beziehungen bestehen oder nicht. Der Unterschied wird deutlich, wenn wir den Käufer einer Sache und den Eigentümer gegenüberstellen. Der Käufer hat nur einen Anspruch gegen den Verkäufer; greift ein Dritter in das Schuldverhältnis ein, zerstört er z. B. die verkaufte Sache, so besteht grundsätzlich kein Anspruch des Käufers gegen den Dritten. Dagegen hat der Eigentümer gegen jeden, der ihm den Besitz vorenthält, einen Herausgabeanspruch, und gegen jeden, der sein Eigentum verletzt, einen Schadensersatzanspruch. Die absolute Natur der dinglichen Rechte spiegelt sich in der Regelung der unerlaubten Handlungen nach § 823 I wider. Dort wird ein Anspruch auf Schadensersatz nur wegen Verletzung absoluter, insbesondere dinglicher Rechte gewährt.

Wesentliche praktische Auswirkungen zeigen sich auch in dem Fall, daß eine Sache von einer Zwangsvollstreckung oder einem Konkurs ergriffen wird. Der nur obligatorisch Berechtigte, z. B. der Käufer, kann nicht verhindern, daß ihm die Sache verlorengeht, weil ein Gläubiger des Verkäufers die Sache pfändet und verkauft (versteigert) oder weil der Verkäufer in Konkurs fällt und die gekaufte Sache vom Konkursverwalter verwertet wird ohne Anspruch des Käufers auf Lieferung der Sache. Hieran zeigt sich wieder, daß der schuldrechtliche Anspruch auf eine Sache diese noch nicht dem Vermögen des Gläubigers einverleibt, erst das dingliche Recht die Zugehörigkeit zum Vermögen schafft. Der Eigentümer dagegen kann der Vollstreckung, die vom Gläubiger eines Dritten, z. B. des Mieters, gegen seine Sache betrieben wird, widersprechen (ZPO § 771) und hat im Konkurs ein Aussonderungsrecht, d. h. er erhält seine Sache zurück, weil die Sache nicht zum Vermögen des Schuldners gehört.

IV. numerus clausus der Sachenrechte

Wenn jedes dingliche Recht als absolutes Recht von jedermann zu beachten und zu respektieren ist, so ist als bewußter Ausgleich die Zahl der dinglichen Rechte durch das Gesetz auf bestimmte Typen beschränkt. Es besteht nicht wie auf dem Gebiet der Schuldverhältnisse Vertragsfreiheit, so daß es den Parteien freistünde, Rechte beliebigen Inhalts vertraglich zu begründen, sondern die Parteien können nur Rechte bestimmter Art begründen und haben nur die Auswahl unter den im Gesetz geregelten Typen. Nur Rechte dieser bestimmten Ausprägung erscheinen dem Gesetzgeber wichtig genug, um eines absoluten Schutzes teilhaftig zu werden.

Neben dem BGB spielt das Landesrecht noch eine gewisse Rolle, denn auf einigen Gebieten sind auch landesrechtliche Typen zugelassen. Besonders wichtig ist das Bergrecht.

Durch die Bundesgesetzgebung ist ein neuer Typ eines dinglichen Rechts geschaffen worden, das Wohnungseigentum; vgl. u. § 49.

Neben den voll entwickelten Rechten spielen noch rechtlich geschützte Anwartschaften eine Rolle (vgl. u. §§ 26 VI, 30 II).

V. Eigentum und beschränkte dingliche Rechte

Unter den dinglichen Rechten läßt sich das Eigentum als Vollrecht von allen anderen unterscheiden, die nur als begrenzte oder beschränkte Rechte erscheinen. Alle beschränkten Rechte sind Beschränkungen des Eigentums und Abzweigungen, Entnahmen aus dem vollen Eigentumsinhalt. So gewähren der Nießbrauch und die Dienstbarkeiten Nutzungsrechte, die im Eigentum enthalten sind, das Pfandrecht ein Verwertungsrecht, welches der Eigentümer von Haus aus hat. Es findet also aus dem Gesamtinhalt des Eigentums eine Ausscheidung eines Inhaltsteils statt, der an den beschränkt Berechtigten übertragen wird.

Hieraus ergeben sich zwei wichtige Folgen:

1. Konsolidation

Bei Beendigung eines beschränkten Rechts fällt der ausgeschiedene Teil der Befugnisse wieder an den Eigentümer zurück; in Zukunft sind es wieder aus dem Eigentum fließende Rechte, wie sie es vor der Begründung des beschränkten Rechts waren, und nicht mehr Inhalt des etwa noch fortbestehenden beschränkten Rechts. Man nennt diesen Vorgang Konsolidation und erblickt in ihm die Auswirkung der „Elastizität“ des Eigentums, das stets die Tendenz hat, seinen vollen Inhalt und die Gesamtheit der Befugnisse wiederzugewinnen. Eine bedeutsame Ausnahme erfährt dieser Grundsatz bei Grundstücksrechten gem. § 889 und insbesondere bei den Grundstückspfandrechten (vgl. u. § 59).

2. Belastung als Verfügung

Die Begründung eines beschränkten Rechts an fremder Sache stellt eine Belastung des Eigentums dar, und zwar, da es sich um die Übertragung eines Teiles der aus dem Eigentum fließenden Befugnisse handelt, eine Teilveräußerung. Daher ist die Belastung eine Verfügung; sie ist auch ein gewollter Eingriff in den Aktivbestand eines Vermögens, eine Verminderung der Aktiva.

3. Rechte an Rechten

Absolute Geltung haben manche Rechte, die in der Regel an Sachen bestehen, auch dann, wenn sie ausnahmsweise Rechte ergreifen. Deshalb sind im Sachenrecht des BGB auch der Nießbrauch und das Pfandrecht an Rechten geregelt, obwohl sie ihrem Gegenstand nach nicht zu den dinglichen Rechten gehören. Dagegen kommt der Miete, auch an Grundstücken nach der Übergabe an den Mieter, ein dinglicher Charakter nicht zu, obwohl durch die Regelung der §§ 571 ff. eine gewisse Annäherung an dingliche Rechte erfolgt ist.

VI. Dingliche Ansprüche

Aus dinglichen Rechten können dingliche Ansprüche entspringen. Sie fallen unter den allgemeinen Anspruchsbegriff des § 194, denn sie stellen ebenfalls eine Beziehung zwischen zwei Personen und nicht zwischen einer Person und einer Sache dar (ihre Subjekte ändern sich allerdings mit der Änderung der dinglichen Rechtslage, z. B. der Herausgabeanspruch des § 985 mit dem Wechsel des Eigentümers auf der Aktiv- oder des Besitzers auf der Passivseite, vgl. u. § 44 II). Sie unterscheiden sich aber in einigen Beziehungen von den nur obligatorischen Ansprüchen; so sind die Ansprüche aus den im Grundbuch eingetragenen Rechten unverjährbar (§ 902). Die dinglichen Rechte selbst unterliegen einer Verjährung überhaupt nicht und überdauern daher auch die Verjährung der aus ihnen hervorgehenden Ansprüche. Allerdings werden sie dadurch praktisch mehr oder weniger gelähmt und können fast inhaltslos werden. Deutlich wird dies am Eigentum, wenn der Herausgabeanspruch des Eigentümers gegen den Besitzer verjährt ist; denn der Eigentümer ist dann von sich aus nicht mehr in der Lage, den Besitz der Sache wiederzuerlangen, auch nicht mehr die Nutzungen aus der Sache zu ziehen oder zu beanspruchen. Es bleibt also nur ein Torso von Recht übrig, der regelmäßig ohne praktische Bedeutung ist.

Die Fortdauer des Eigentums zeigt sich aber dann, wenn die Sache dem Besitzer verlorengeht und in den Besitz eines Dritten kommt. Dann erwächst dem Eigentümer gegen diesen Dritten ein Herausgabeanspruch, weil er nicht der Rechtsnachfolger des Besitzers ist, gegenüber welchem der Herausgabeanspruch verjährt ist, und so kommt der Eigentümer in die Lage, den Besitz einer Sache wiederzuerlangen. Der frühere Besitzer ist nicht berechtigt, die Sache vom Eigentümer herauszuverlangen, denn die Verjährung bietet ihm zwar Schutz gegen den Anspruch des Eigentümers, gewährt ihm aber keinen Gegenanspruch gegen den Eigentümer.

Die dinglichen Rechte können zwar zur Grundlage von Ansprüchen werden, aber für ihren Begriff und praktischen Inhalt sind Ansprüche keineswegs notwendig. Das Eigentum behält seine volle theoretische und praktische Bedeutung, auch wenn während seiner ganzen Dauer kein Anspruch auf Herausgabe oder Beseitigung von Störungen entsteht; denn nur wenn ein Eingriff in das dingliche Recht erfolgt, kommt es zu einem Anspruch. Ein Pfandrecht erfüllt seinen Zweck völlig, auch wenn der Pfandgläubiger gegen niemand einen Anspruch zu erheben braucht. Dadurch unterscheiden sich die dinglichen Rechte wesentlich von den Schuldverhältnissen. Ein Forderungsrecht ohne Anspruch ist nicht denkbar, ein Schuldverhältnis erlischt, sobald kein Anspruch aus ihm mehr erwachsen kann.

VII. Einfluß des öffentlichen Rechts auf das Sachenrecht

Auf dem Gebiet des Sachenrechts war der Einfluß des öffentlichen Rechts stets groß, zuweilen so stark, daß Privatrecht und öffentliches Recht sich untrennbar vermengten. Dies beruht auf der Bedeutung des Sachenrechts und seiner Objekte für die Volkswirtschaft und den sozialen Aufbau. Die ideologische Betrachtung und Wertung prägen sich auch heute noch in den Vorschriften des öffentlichen Rechts aus, die das privatrechtliche Sachenrecht stark beeinflussen (vgl. z. B. u. §§ 23, 24).

§ 2. Grundsätze des Sachenrechts

Literatur: Vgl. die Literaturangaben bei § 1, ferner unten bei III, IV.

I. Publizitätsprinzip

Dem absoluten Charakter der dinglichen Rechte entspricht das Streben des Sachenrechts nach deutlicher Erkennbarkeit der dinglichen Rechtslage und ihrer Veränderung auch für unbeteiligte Dritte. Es ist nur natürlich, daß die Schuldverhältnisse, die nur die beiden Partner berühren, nach außen nicht in Erscheinung zu treten brauchen, weil sie eben auf niemand sonst wirken, also auch niemand sonst angehen, daß dagegen dingliche Rechte, die jedermann zu respektieren hat, auch für andere erkennbar sein sollen. Man spricht in diesem Sinn vom Publizitätsprinzip im Sachenrecht. Als Anhaltspunkte, die leicht erkennbar sind, dienen bei beweglichen Sachen der Besitz, bei Grundstücken und Rechten an Grundstücken ein öffentliches Register, das Grundbuch. Besonders wichtig ist, daß alle Veränderungen der dinglichen Rechtslage offensichtlich werden. Daher erfordern sie, soweit sie durch rechtsgeschäftliche Übertragung eines Rechts eintreten, bei beweglichen Sachen regelmäßig eine Übertragung des Besitzes (vgl. §§ 929, 1032, 1205), bei Grundstücken die Eintragung im Grundbuch (vgl. § 873). Hierdurch soll der Erfolg der vorgenommenen dinglichen Verfügung offenkundig gemacht werden. Genaueres s. u. §§ 13, 26, 29.

II. Spezialitätsprinzip

Alle dinglichen Rechte bestehen nur an einzelnen Sachen (Grundsatz der Spezialität).

Daher müssen sich die dinglichen Rechtsgeschäfte auf bestimmte individualisierte Sachen beziehen; eine Parallele zu den Gattungsschulden ist ausgeschlossen. Man kann eine Verpflichtung begründen, die sich auf nur der Art usw. nach bestimmte Sachen bezieht, so auf ihre Lieferung, man kann aber niemand zum Eigentümer noch gar nicht individuell bestimmter Sachen machen. Ein Herrschaftsrecht über nur vorgestellte, nicht konkret vorhandene Sachen ist undenkbar.

Dagegen gibt es keine dinglichen Rechte, die einheitlich eine Sachgesamtheit ergreifen. Als Beispiel diene eine Bibliothek, ein Warenvorrat, eine Herde. Vielmehr besteht z. B. das Eigentum nur an jeder einzelnen zu ihr gehörenden Sache. Daher schließt die Zugehörigkeit zu einer Sachgesamtheit nicht aus, daß rechtlich die Lage der einzelnen Sachen verschieden ist, z. B. einige von ihnen im Eigentum einer anderen Person stehen als die übrigen. Bei Übertragung einer Sachgesamtheit sind die einzelnen Sachen zu übertragen, und hierbei kann die rechtliche Wirkung sich wieder verschieden gestalten. So können einige Sachen durch Übertragung seitens des Eigentümers übergehen, andere durch Übertragung eines Nicht-Eigentümers – wenn dem Inhaber der Sachgesamtheit eben nicht alle zu ihr gehörenden Sachen gehören –, von diesen wiederum ein Teil durch gutgläubigen Erwerb Eigentum des Erwerbers werden, andere wegen Fehlens des guten Glaubens im Eigentum des bisherigen Eigentümers verbleiben, je nachdem der Erwerber das mangelnde Eigentum des Veräußerers kennt oder nicht. Auch die äußere Einverleibung einer Sache in eine Sachgesamtheit bedeutet nicht, daß die Sache das rechtliche Schicksal der übrigen zur Sachgesamtheit gehörigen Sachen teilen müsse. Wird z. B. ein fremdes Buch versehentlich oder absichtlich einer Bibliothek einverleibt, so bleibt das bisherige Eigentum unverändert. Es herrscht der umgekehrte Grundsatz wie in § 93. Eine Übertragung und Belastung der ganzen Sachgesamtheit durch eine einheitliche Handlung ist nicht möglich. Dagegen können Sachgesamtheiten Gegenstand eines einheitlichen obligatorischen Vertrags, z. B. eines Kaufs oder einer Miete, sein.

Die einzelne Sache wird von dem dinglichen Recht in ihrem gesamten Umfang, aber auch in ihrem wechselnden Bestand erfaßt. Denn nach § 93 – auf dessen Bedeutung hier nicht näher einzugehen ist – können wesentliche Bestandteile einer Sache nicht Gegenstand besonderer Rechte sein, d. h. dinglicher Rechte im Gegensatz zu bloßen Schuldverhältnissen; z. B. ist Eigentum verschiedener Personen an Teilen eines Hauses unmöglich (ausgenommen das Wohnungseigentum; vgl. u. § 49), während die Miete sich regelmäßig nur auf Teile bezieht. Hieraus folgt, daß das sachenrechtliche Schicksal aller wesentlichen Bestandteile notwendig einheitlich sein muß. Es gibt daher weder ein Sondereigentum an einzelnen wesentlichen Bestandteilen, noch ein besonderes beschränktes Recht, z. B. ein Pfandrecht nur an einem Bestandteil. Jede bisher selbständige Sache, die wesentlicher Bestandteil einer anderen wird, fällt in das Eigentum dessen, dem diese andere gehört. Eine praktisch bedeutsame Folge ist, daß ein Eigentumsvorbehalt an Sachen, die zum wesentlichen Bestandteil einer anderen werden (z. B. beim Bau eines Hauses nach § 94 II), nichtig ist. Eine Durchbrechung dieser Grundsätze ist durch das Wohnungseigentum erfolgt; vgl. u. § 49.

III. Der dingliche Vertrag

Literatur: Beyerle, Der dingliche Vertrag, in Festschrift für Boehmer, 1954, S. 164; Brandt, Eigentumserwerb und Austauschgeschäft, 1940; Krause, Das Einigungsprinzip und die Neugestaltung des Sachenrechts, AcP 145, 312; H. Lange, Rechtswirklichkeit und Abstraktion, AcP 148, 188; Locher, Neugestaltung des Liegenschaftsrechts, 1942, S. 40ff.

Die Rechtsgeschäfte, welche die dingliche Rechtslage umgestalten, nennt man dingliche Rechtsgeschäfte, und wenn sie Verträge sind, dingliche Verträge. Man meint damit diejenigen, die unmittelbar ein dingliches Recht betreffen, also eine unmittelbare Einwirkung auf ein solches im Gefolge haben, bei denen der Wille sich auf eine unmittelbare Veränderung der dinglichen Rechtslage, z. B. des Eigentums, richtet, im Gegensatz zu den obligatorischen Verträgen, die sich zwar auf eine Sache beziehen können, z. B. Kauf oder Miete, aber nur die Verpflichtung zu einer dinglichen Rechtsänderung begründen, nicht diese selbst herbeiführen. Das BGB bezeichnet den dinglichen Vertrag als „Einigung“ (vgl. §§ 873, 929).

Auf die dinglichen Rechtsgeschäfte finden alle Vorschriften des allgemeinen Teils über Willenserklärungen Anwendung. Genaueres vgl. u. § 13. Dagegen ist umstritten, wieweit auch Vorschriften aus dem allgemeinen Teil des Rechts der Schuldverhältnisse anwendbar sind, z. B. ob eine dingliche Verfügung zugunsten eines Dritten in Parallele zu § 328 möglich und ob § 242 wenigstens auf dingliche Ansprüche anzuwenden ist. Die Bejahung solcher Möglichkeiten ist im Vordringen.

Das BGB trifft eine scharfe Unterscheidung zwischen dem schuldrechtlichen Kausalgeschäft, z. B. dem Kauf, und dem dinglichen Erfüllungsgeschäft, z. B. der Übereignung. Diese Unterscheidung wurde scharf kritisiert,[1] aber wohl zu Unrecht. Die Unterscheidung von Verpflichtungs- und Verfügungsgeschäft ist „eine aus verfeinerter Analyse des rechtsgeschäftlichen Gesamtvorgangs gewonnene Erkenntnis“.[2]

IV. Das Abstraktionsprinzip

Literatur: Heck, Das abstrakte dingliche Rechtsgeschäft, 1937; H. Lange, Rechtsgrundabhängigkeit der Verfügung im Boden- und Fahrnisrecht, AcP 146, 28.

1. Verhältnis von Verpflichtungs- und Verfügungsgeschäft

Diese scharfe Trennung, die das BGB zwischen dem schuldrechtlichen (obligatorischen) Verpflichtungsgeschäft und dem sachenrechtlichen (dinglichen) Erfüllungsgeschäft macht, ist sehr wichtig. Beides sind Verträge, aber verschiedenen Inhalts. Durch den Kauf verpflichtet sich der Verkäufer zur Übertragung des Eigentums, durch die Einigung überträgt er zur Erfüllung jener Verpflichtung das Eigentum auf den Käufer. Beide Verträge sind daher auch an verschiedenen Stellen im Gesetz behandelt, der Kauf im Recht der Schuldverhältnisse, die Einigung im Sachenrecht. Für beide gelten auch verschiedene Formen, die auseinanderzuhalten sind, für den Grundstückskauf § 313, für die Übereignung §§ 873, 925, für den Kauf von beweglichen Sachen §§ 433ff., für die Übereignung § 929.

Beide Verträge können unmittelbar hintereinander in einem Akt geschlossen werden, was ihre Trennung dem Laien erschwert, aber praktisch die Regel ist. Nicht selten vollziehen sie sich aber auch zeitlich getrennt.

Beispiel: V. und K. schließen am 15. 1. einen Kaufvertrag über ein V. gehöriges Haus; V. verpflichtet sich, am 1. 4. das Haus an K. zu übereignen; K. verspricht, am selben Tag den Kaufpreis zu zahlen. Am 1. 4. erfolgt die Übereignung des Hauses durch Einigung und nachfolgende Eintragung des K. im Grundbuch.

Der dingliche Vertrag wird in aller Regel nur auf Grund eines schuldrechtlichen Vertrags und zur Erfüllung desselben vorgenommen. Niemand nimmt eine Eigentumsübertragung vor ohne einen wenigstens vermeintlichen schuldrechtlichen Vertrag. Dieser ist die rechtliche Grundlage, die causa, des dinglichen Erfüllungsgeschäfts. Daher bezeichnet man

---

[1] Vgl. dazu Beyerle, Brandt und Krause, jeweils aaO, und u. § 13 II und § 29 I.

[2] So Locher, aaO, S. 43. Kritisch gegenüber dem Verlangen auf Beseitigung des dinglichen Vertrags auch Lange, aaO.

auch den zugrunde liegenden obligatorischen Vertrag als das Kausalgeschäft.

2. Anwendung des § 139?

Die Trennung beider Verträge ist vom BGB dadurch noch verschärft, daß der dingliche Vertrag abstrakt, d. h. in seiner Wirksamkeit unabhängig von der Wirksamkeit des Kausalgeschäfts ist.[1] Der dingliche Vertrag ist mithin wirksam (korrekter gesagt: seine Wirksamkeit ist gesondert festzustellen), auch wenn der Kausalvertrag nicht zustande gekommen oder nichtig oder durch Anfechtung nichtig geworden ist. Dies gilt selbst dann, wenn beide Verträge gleichzeitig abgeschlossen und in einer Urkunde niedergelegt sind.

Ob Kausalgeschäft und dinglicher Vertrag im Einzelfall als Einheit i. S. des § 139 betrachtet werden können, ist bestritten. Grundsätzlich ist § 139 auch bei mehreren rechtlich selbständigen Geschäften anwendbar, wenn diese eine wirtschaftliche Einheit bilden. Für das Verhältnis von Kausalgeschäft und dinglichem Vertrag ist jedoch zu berücksichtigen, daß nach dem Sinn des Abstraktionsprinzips Mängel des schuldrechtlichen Geschäfts den dinglichen Vollzugsakt unberührt lassen sollen. Hält man die Anwendung des § 139 für möglich, würde gerade im Regelfall das umgekehrte Ergebnis erzielt: da nur selten ein abweichender Parteiwille anzunehmen wäre (§ 139 Halbs. 2), würde die Unwirksamkeit des schuldrechtlichen Geschäfts die Unwirksamkeit des dinglichen Vertrags herbeiführen. Damit aber würde das Abstraktionsprinzip ein inhaltsloses Gebilde. Deshalb verbietet sich die Anwendung des § 139.[2] Für das Verhältnis zwischen Kausalgeschäft und Auflassung ist das im Hinblick auf das verstärkte Abstraktionsstreben des Gesetzgebers (Bedingungsfeindlichkeit) herrschende Meinung.

3. Fehleridentität

Praktisch allerdings wirkt sich die Abstraktheit nur ausnahmsweise aus; denn es liegt in den tatsächlichen Verhältnissen begründet, daß in der Regel der Nichtigkeitsgrund, der das Kausalgeschäft betrifft, auch das dingliche Erfüllungsgeschäft erfaßt (Fehleridentität). Ist z.B. ein Vertragsteil bei Abschluß des Kaufes geisteskrank und deshalb geschäftsunfähig, so wird er es auch beim dinglichen Geschäft sein, wenn beide Verträge nicht zeitlich weit auseinanderliegen. Der Anfechtungsgrund des Irrtums, der arglistigen Täuschung oder der Drohung wird in der Regel für beide Verträge gegeben sein und beide anfechtbar machen. Es gibt allerdings auch Fälle, in denen nur das obligatorische Kausalgeschäft nichtig ist, der dingliche Vertrag von dem Nichtigkeitsgrund aber nicht betroffen wird.

Beispiel: Käufer ist ein beschränkt Geschäftsfähiger, daher ist der Kaufvertrag ohne Zustimmung des gesetzlichen Vertreters unwirksam, dagegen die Einigung nach § 107 trotzdem wirksam. Oder ein Vertragsteil ist bei Abschluß des Kaufes wegen Geisteskrankheit entmündigt, bei der späteren Einigung nicht mehr, weil die Entmündigung inzwischen aufgehoben ist.

---

[1] Gegen das Abstraktionsprinzip vgl. Lange, AcP 146, 28.

[2] Larenz, Allg. Teil des BGB, S. 449; Flume, Rechtsgeschäft, § 12 III 4; nicht überzeugend BGH, NJW 1967, 1130.

Auch kann das Kausalgeschäft wegen unsittlichen Inhalts nach § 138 nichtig sein, während das dingliche Geschäft, weil sittlich indifferent, daher seinem Inhalt nach nicht unsittlich, gültig ist. Diese Auffassung ist allerdings sehr umstritten. Sie wird in § 817 vorausgesetzt; die neuere Rechtsprechung und Lehre zeigten aber Neigung, die Unsittlichkeit und Nichtigkeit auf das dingliche Geschäft auszudehnen, weil auf Inhalt und Zweck zusammen abgestellt wird.[1]

4. Bereicherungsansprüche

Der praktische Unterschied zwischen der rechtlichen Behandlung des dinglichen Geschäftes als abstrakt und der dem Laien näherliegenden Behandlung beider Geschäfte als einer Einheit oder wenigstens als voneinander abhängig zeigt sich an folgenden Konsequenzen:

Wäre die Übereignung nicht abstrakt, sondern würde die Nichtigkeit des Kausalgeschäftes ohne weiteres die des dinglichen Geschäftes nach sich ziehen, so hätte der Verkäufer und Veräußerer im Falle der Nichtigkeit des Kaufvertrages wegen der daraus folgenden Nichtigkeit der Übereignung stets den dinglichen Herausgabeanspruch nach § 985 und den Berichtigungsanspruch des § 894. Behält dagegen – wie nach BGB – das dingliche Geschäft trotz Nichtigkeit des Kausalgeschäftes seine Wirksamkeit, so hat der Verkäufer und Veräußerer lediglich den Bereicherungsanspruch nach § 812 und unter Umständen einen Schadensersatzanspruch aus §§ 823 II, 826, kann aber immer nur die Rückübereignung des Grundstücks verlangen, statt daß er Eigentümer geblieben ist. Dieser Unterschied erweist sich als wichtig, wenn in der Zwischenzeit der Erwerber das Grundstück weiterveräußert. Ist die Übereignung nichtig, so erwirbt der Dritte das Grundstück von einem Nichteigentümer und kann Eigentümer nur auf Grund seines guten Glaubens werden; bleibt dagegen die Übereignung wirksam, so erwirbt er normal vom Eigentümer, daher wirksam, auch wenn er die Nichtigkeit des Kausalgeschäfts gekannt hat, und ist nur dann einem Schadensersatzanspruch des ursprünglichen Eigentümers ausgesetzt, wenn sein Verhalten einen Verstoß gegen § 826 darstellt.

---

[1] Vgl. dazu Baur, § 5 IV 3a. Ein besonderes Problem bildet dabei die Frage, ob § 817 Satz 2 anwendbar ist. Mit der h. M. ist sie zu verneinen.

Erstes Kapitel

Der Besitz

Literatur: Bekker, Der Besitz beweglicher Sachen, Jher. Jahrb. 30, 255; 34, 1; Diederichsen, Das Recht zum Besitz aus Schuldverhältnissen, 1965; O. v. Gierke, Deutsches Privatrecht, §§ 113f.; ders., Die Bedeutung des Fahrnisbesitzes für streitiges Recht, 1897; Kniep, Der Besitz, 1900; Kreß, Besitz und Recht, 1909; Vinding Kruse, Eigentumsrecht, Bd. I, 1931; Kunkel, Der Besitz im künftigen Recht, Jahrbuch der Akademie für deutsches Recht, 1937, S. 32; Medicus, Besitzschutz durch Ansprüche auf Schadensersatz, AcP 165, 115; Müller-Erzbach, Das Recht des Besitzers, AcP 142, 5; Pawlowski, Der Rechtsbesitz im geltenden Sachen- und Immaterialgüterrecht, 1961; Schmelzeisen, Die Relativität des Besitzbegriffes, AcP 136, 38; Rudolf Schmidt, Der Pfandbesitz, AcP 134, 1 und 129; Steindorff, Die Besitzverhältnisse beim Gesamthandsvermögen in OHG und KG, Festschrift für Kronstein, 1967, S. 151; Stintzing, Der Besitz, 1889; ders., Besitz, Gewere, Rechtsschein, AcP 109, 347; Strohal, Der Sachbesitz nach dem BGB, Jher. Jahrb. 31, 1; 38, 1; Sokolowski, Die Philosophie im Privatrecht, Bd. II, 1907 (Der Besitz im klassischen Recht und dem deutschen bürgerlichen Recht); v. Wendt, Besitz und Besitzwille, in Festschrift für die Juristische Fakultät Gießen, 1907, S. 77.

§ 3. Begriff und Bedeutung des Besitzes

I. Besitz als Sachherrschaft

Besitz bedeutet im Rechtssinn die rein tatsächliche Herrschaft über eine Sache, unabhängig davon, ob dem Inhaber dieser Herrschaft ein Recht dazu zusteht; auch der Dieb ist Besitzer. Der Eigentümer hat nicht immer die tatsächliche Gewalt, Eigentum und Besitz sind nicht durchweg in einer Hand. Der Besitz ist daher in Abweichung vom Sprachgebrauch des Lebens (vgl. z. B. „Grund-" oder „Hausbesitzer", unter denen gewöhnlich die Eigentümer verstanden werden) vom Eigentum als der rechtlichen Herrschaft über die Sache scharf zu scheiden.

Einen Besitz an unkörperlichen Gütern, insbesondere an Rechten, kennt das BGB nicht. Der Rechtsbesitz war jedoch im gemeinen Recht weitgehend anerkannt. Er entwickelte sich aus der Gewere an unkörperlichen Sachen und konnte an allen dauernd ausübungsfähigen Rechten begründet werden. Da der Besitzregelung des BGB der Besitz als tatsächliche, nach außen erkennbare Herrschaft über eine Sache zugrunde liegt, ist eine entsprechende Anwendung der Besitzvorschriften auf Rechte nicht möglich. Das Gesetz enthält jedoch zwei Ausnahmen: es gewährt dem „Besitzer" einer Grunddienstbarkeit bzw. einer beschränkten persönlichen Dienstbarkeit unter gewissen Voraussetzungen einen Besitzschutz (§§ 1029, 1090 II) und sieht im „Besitz" dieser Rechte die Grundlage der Buchersitzung (§ 900 II).

Daß eine Rechtsordnung, die überhaupt Privatrechte an Sachen anerkennt, das Eigentum regelt, ist selbstverständlich. Dagegen versteht es sich nicht von selbst, sondern bedarf einer Begründung, warum auch die vom Rechtszustand unabhängige, rein tatsächliche Gewalt über eine Sache ebenfalls eine rechtliche Regelung und sogar einen rechtlichen Schutz findet. Es sind zwei Gesichtspunkte, unter denen die Rechtsordnung sich mit dem Besitz befassen und ihm rechtliche Bedeutung zuerkennen kann.

II. Besitz und Recht

Zunächst kann eine Rechtsordnung davon ausgehen, daß hinter der tatsächlichen Gewalt meist auch die rechtliche Herrschaft steht, daß also in der Regel der Besitzer zugleich der Eigentümer ist. Wenn der Besitzer rechtlichen Schutz genießt, so in ihm regelmäßig der Eigentümer (oder ein sonst zur Nutzung der Sache Berechtigter), nur mit dem wichtigen Unterschied, daß er des unter Umständen schwierigen Beweises seines Eigentums enthoben ist. Besitzschutz bedeutet also praktisch erleichterten Eigentumsschutz.

Dieser Zusammenhang zwischen Besitz und Eigentum, daß regelmäßig der Berechtigte zugleich Besitzer ist, tritt auch in anderen gesetzlichen Vorschriften hervor. Der Besitz wird als Mittel und Form der Rechtsübertragung benutzt, die Übergabe ist Mittel der Eigentumsübertragung bei beweglichen Sachen (vgl. u. § 29). Damit wird dafür gesorgt, daß der Eigentumswechsel einen Besitzwechsel erfordert, Besitz und Eigentum in der Regel beisammenbleiben, vor allem, daß der Eigentumswechsel offensichtlich wird. Derselbe Zusammenhang zwischen tatsächlicher und rechtlicher Herrschaft wirkt sich dahin aus, daß aus dem Besitz eine Vermutung für das Eigentum abgeleitet wird, wie sie das BGB für bewegliche Sachen im § 1006 kennt (vgl. u. § 47 I). Der Besitz wird hierdurch geeignet, als Legitimation des Veräußerers im Rechtsverkehr zu dienen. Er verleiht einen Rechtsschein, an den sich der Erwerber halten kann. Der Besitz des Veräußerers bildet daher die Grundlage für den gutgläubigen Erwerb vom Nichteigentümer (§§ 932 ff.).

Alle diese Funktionen des Besitzes entstammen dem germanischen Recht und seinem Begriff der „Gewere“. Daß sie nach dem BGB nur noch für bewegliche Sachen in Geltung geblieben sind, beruht auf dem für Grundstücke geschaffenen Grundbuchsystem.

III. Grund der Besitzregelung

Es muß aber auffallen, daß bei der Regelung des Besitzes im BGB zwischen beweglichen Sachen und Grundstücken nicht unterschieden wird, und die rechtliche Bedeutung des Besitzes, von der bisher die Rede war, gerade im Abschnitt Besitz überhaupt nicht erwähnt wird, sondern von den Rechtswirkungen des Besitzes nur der Besitzschutz dort geregelt ist. Dies deutet darauf hin, daß der Besitz aus einem anderen Gesichtspunkt heraus geregelt und geschützt wird, unabhängig von der Verbindung der tatsächlichen und rechtlichen Herrschaft über die Sache. Die Rechtsordnung setzt sich mit der Regelung und dem rechtlichen Schutz des Besitzes die Bewahrung des äußeren Friedens zum Ziel. Der tatsächliche Zustand muß gegen Eingriffe geschützt werden, selbst wenn er nicht rechtmäßig ist. Denn wenn der Berechtigte sich den Besitz selbst, womöglich mit Gewalt, verschaffen könnte, wären Streitigkeiten unvermeidlich, die zu Tätlichkeiten führen könnten. Und noch größer wäre die Gefahr, daß vermeintlich oder angeblich Berechtigte Gewalt anwenden würden, um sich den Besitz zu verschaffen. Die moderne Rechtsordnung schließt aber die Selbsthilfe aus und verlangt von jedem, der sein Recht sucht, daß er die Gerichte und damit die Hilfe des Staates in Anspruch nimmt. Um dies durchzusetzen, muß der tatsächliche Zustand, auch wenn er nicht rechtmäßig ist, zunächst einmal gegen gewaltsame Eingriffe geschützt werden, selbst wenn sie von einem Berechtigten ausgehen. Ohne solchen Schutz würde die Selbsthilfe doch zum Erfolge führen können und ihr Verbot wirkungslos bleiben.

Diese Aufgabe des Besitzschutzes steht jetzt im Vordergrund bei der Regelung des Besitzes. Sie entstammt Gedankengängen des römischen Rechts, wie sie in den Interdikten des prätorischen Rechts ihren Ausdruck gefunden haben.

IV. Besitz als Rechtsverhältnis

Der Besitz ist danach keine bloße Tatsache mehr, sondern eine rechtlich geregelte Beziehung einer Person zu einer Sache, ein Rechtsverhältnis. Dagegen kann man ihn wohl kaum als Recht bezeichnen,[1] denn er ist weder ein dingliches Recht an der Sache noch ein Schuldverhältnis, vielmehr von beiden unabhängig, daher auch keine Belastung der Sache. Er ist nicht fähig, im Grundbuch eingetragen zu werden, gilt also nicht als Recht am Grundstück. Die Besitzübertragung ist keine Verfügung über ein Recht. Daß er in aller Regel von der tatsächlichen Herrschaft völlig abhängig ist, mit ihr steht und fällt, ist ein Beweis gegen seine Rechtsnatur, denn das Bestehen anderer Rechte ist von tatsächlichen Veränderungen nicht in solchem Maß abhängig. Aber unser Gesetz kennt auch eine Übertragung des Besitzes ohne Übertragung der Gewalt und einen Besitz ohne tatsächliche Herrschaft (vgl. u. § 7 II) und regelt sogar eine Vererbung des Besitzes (vgl. u. § 7 I). Es behandelt ihn also zumindest als Rechtsposition. Fraglich erscheint allerdings, ob der bloße Besitz als sonstiges Recht i. S. d. § 823 I zu betrachten ist. Das wird man verneinen müssen, da eine solche Gleichstellung des Besitzes mit einem Recht wie dem Eigentum daran scheitert, daß beim bloßen Besitz ein „Zuweisungsgehalt", wie er für ein Recht nach Art des Eigentums charakteristisch ist, fehlt.[2] Der bloße Besitz ist nach seiner Ausgestaltung im Gesetz mehr ein Ausschluß- als ein Herrschaftsrecht. Der Besitz kann im Rahmen des § 823 I nur dann einem absoluten Recht gleichgestellt werden, wenn er durch ein Recht zum Besitz eine Verstärkung erfahren hat.[3] In gleicher Weise kann der Besitz auch nur dann Gegenstand einer „Eingriffskondiktion" sein, wenn ihm durch ein Recht zum Besitz ein gewisser Zuweisungsgehalt verliehen ist. Gegenstand der „Leistungskondiktion" kann aber auch der bloße Besitz sein.[4]

---

[1] Str., a. M. E. Wolf, S. 34 und Wolff-Raiser, § 3 III, wo der Besitz zwar als subjektives Recht, aber als vorläufiges, schwächeres Recht gegenüber einem Sachenrecht bezeichnet wird.

[2] Vgl. Medicus, AcP 165, 116ff. und 135ff.; Diederichsen, aaO, S. 66; a. M. E. Wolf, S. 35, nach dessen Meinung der Besitz immer ein sonstiges Recht i. S. des § 823 I ist.

[3] Vgl. zu dieser Frage auch Baur, § 9 V 1; BGH, JZ 1954, 613; BGH 32, 912 (204f.); RG 170, 1 (6).

[4] Vgl. Baur, § 9 V 2.

§ 4. Erwerb und Verlust des Besitzes

I. Besitzerwerb durch Erlangung tatsächlicher Gewalt

Da Besitz tatsächliche Herrschaft bedeutet, ist es nur die natürliche Folge, was die §§ 854, 856 für seinen Erwerb und Verlust anordnen: Der Besitz wird erworben durch Erlangung der tatsächlichen Gewalt über die Sache, Besitzergreifung; er wird dadurch beendigt, daß der Besitzer die tatsächliche Gewalt über die Sache aufgibt oder in anderer Weise verliert.

Eindeutig ist die tatsächliche Gewalt vorhanden bei den beweglichen Sachen, die man in seinen Taschen mit sich trägt wie Uhr, Brieftasche, Portemonnaie, ebenso an Kleidern, Wäsche, Schuhen, die man auf dem Körper trägt, ferner an allen Sachen, die man in verschlossenen Behältnissen, Schränken, Räumen aufbewahrt. Bei Häusern, Gärten und anderen Grundstücken ist die tatsächliche Gewalt deutlich ausgeprägt, soweit sie abgeschlossen oder umzäunt und somit dem Zugriff beliebiger anderer Personen entzogen sind. Nicht so klar ist der Besitz bei nicht umzäunten Grundstücken, z. B. Äckern und Forsten außerhalb von Orten, auch bei beweglichen Sachen, die beliebigen anderen Personen erreichbar sind, wie Holzstapeln im Freien, Geräten oder Fahrzeugen außerhalb von Häusern (z. B. parkenden Autos). Hier greift die Verkehrsanschauung ein und bestimmt, wer als Besitzer anzusehen ist. Dabei wird meist von dem Recht einer Person auf ihren Besitz geschlossen (in Umkehrung des sonst häufigen Schlusses aus dem Besitz auf das Recht), denn wenn man weiß, wem solche Gegenstände gehören, betrachtet man gewöhnlich den Berechtigten auch als Gewalthaber und Besitzer, z. B. den Eigentümer jener Äcker, der Geräte auf dem Feld, der Wagen auf der Straße. Die räumliche Beziehung der Sache entspricht ihrer wirtschaftlichen Bestimmung (anders z. B. bei verlorenen, dort herumliegenden Sachen). Die soziale Ordnung beeinflußt also die Abgrenzung des Besitzes; das Respektieren des Rechts führt zur Anerkennung der tatsächlichen Herrschaft. Eine scharfe dogmatische Abgrenzung läßt sich allerdings nicht geben.

Man kann daher für die Regelfälle an der Begriffsbestimmung des Besitzes festhalten, die Savigny und Windscheid gegeben haben, daß die tatsächliche Gewalt zweierlei erfordert, die physische Möglichkeit, auf die Sache unmittelbar einzuwirken, und die Möglichkeit, andere von der Einwirkung auszuschließen. Für manche Grenzfälle trifft sie allerdings nicht zu, z. B. bei außerhalb eines Ortes gelegenen Grundstücken, auf die der Besitzer zeitweise gar nicht einwirken kann, wohl aber ein des Weges kommender Dritter. Auch die zeitweise Unfähigkeit zur Abwehr anderer schließt den Besitz nicht aus, solange er nicht angegriffen und beseitigt wird (vgl. wieder das parkende Auto).

Auch eine juristische Person kann Besitzer sein; vgl. dazu u. § 6 I 2.

1. Die Bedeutung der Zeit für den Besitzerwerb

Ein tatsächliches Moment ist für die tatsächliche Gewalt erforderlich: Sie muß auf Dauer angelegt sein, braucht aber weder schon längere

Zeit gedauert zu haben noch länger anzudauern, so daß keine feste Zeitgrenze gegeben ist.

Daher hat man nicht Besitz an Zeitungen im Café oder in der Lesehalle, an Sachen, die man nur zur Ansicht in die Hand nimmt oder sich vom Besitzer zeigen läßt, an einem aufgehaltenen Pferd, an einem Hund, mit dem man spielt usw. Andererseits ist man Besitzer von Eßwaren, auch wenn man sie zum sofortigen Verbrauch gekauft hat, denn man will die Herrschaft über sie solange behalten, wie sie existieren.

Ist die dauernde Herrschaft in diesem Sinn einmal vorhanden, so endet sie nicht mit einer vorübergehenden Verhinderung an ihrer Ausübung (§ 856 II), vorausgesetzt, daß kein anderer die tatsächliche Gewalt erlangt. So bleibt man Besitzer der abgeschlossenen Wohnung und ihres gesamten Inhalts, auch wenn man sie auf Zeit verläßt, Besitzer der Sachen in den Räumen, die man wegen einer Erkrankung nicht betreten kann. Auch hier hilft die Verkehrsauffassung bei der Bestimmung des Besitzes.

2. Die Bedeutung des Willens für den Besitzerwerb

Umstritten ist, ob für die Erlangung und Erhaltung der tatsächlichen Gewalt ein Wille erforderlich ist. Das ist zu bejahen, weil eine Herrschaft ohne den auf sie gerichteten Willen nicht denkbar ist und gegen den Willen tatsächliche Gewalt weder erworben noch ausgeübt werden kann. Gerade auch die Abgrenzung des Besitzes gegen ein nur vorübergehendes Inderhandhaben ist nur durch Feststellung des Willens möglich; die bloßen tatsächlichen Verhältnisse geben keinen sicheren Fingerzeig.

Aber der Wille braucht keineswegs ausdrücklich erklärt zu werden, sondern geht in der Regel aus den Umständen hervor und pflegt daher nicht ausgesprochen zu werden. Er braucht sich auch nicht bewußt auf jede einzelne Sache zu beziehen, erfaßt vielmehr auch Sachen, die ohne Zutun des Besitzers in dessen Herrschaftssphäre gelangt sind, z. B. Briefe, die in den Briefkasten geworfen werden, oder Sachen, die in der Wohnung abgegeben sind, insbesondere nach vorheriger Bestellung. Man spricht hier vom generellen Besitzwillen, der sich allgemein auf alle Sachen im Herrschaftsbereich des Besitzers bezieht. Hier genügen nach der Verkehrsauffassung Vorrichtungen wie der Briefkasten oder die abgeschlossene Wohnung, um die Annahme des Besitzwillens zu begründen. Man kann auch darauf abstellen, daß eine Herrschaftssphäre durch eine gewisse Organisation, einen Betrieb u. dgl. geschaffen wird.[1]

Der Wille ist kein rechtsgeschäftlicher, sondern ein natürlicher, weil auf die tatsächliche Herrschaft gerichtet, nicht auf deren Rechtsfolgen (vgl. aber u. II). Daher ist die Geschäftsfähigkeit für den Erwerb des Besitzes nicht erforderlich; auch Kinder und Geisteskranke können Besitz erwerben, wenn ein auf dauernde Herrschaft gerichteter Wille vorhanden ist, Minderjährige unabhängig von der Zustimmung ihres gesetzlichen Vertreters. Daher ist beim Besitzerwerb auch eine Vertretung im technischen Sinn von §§ 164f. ausgeschlossen. Der Unterschied

[1] Vgl. Westermann, § 13 I 2.

zum Rechtsgeschäft zeigt sich am deutlichsten bei der Frage einer Anfechtung des Besitzerwerbs wegen Willensmängeln. Die Anfechtbarkeit ist nicht gegeben; sie wäre auch sinnlos, weil ihre Wirkung viel einfacher durch Aufgabe der tatsächlichen Gewalt erreicht werden kann, eine Rückwirkung aber unmöglich ist, weil Tatsachen durch Fiktion nicht aus der Welt geschafft werden können. In allen diesen Beziehungen ist der Erwerb des Besitzes von dem des Eigentums scharf zu trennen, wenn er auch oft, zumal bei beweglichen Sachen, tatsächlich zusammenfällt; vgl. u. § 29.

II. Übertragung des Besitzes

Eine Erleichterung des Besitzerwerbs ist für den Fall vorgesehen, daß der Besitz mit Willen des bisherigen Besitzers auf einen Erwerber übergeht, also bei Übertragung des Besitzes. In diesem Fall ist nicht die wirkliche Erlangung der tatsächlichen Gewalt notwendig, sondern es genügt, daß der Erwerber in der Lage ist, die Gewalt auszuüben, aber unter der Voraussetzung, daß der bisherige Besitzer und der Erwerber sich über die Übertragung des Besitzes einigen (§ 854 II). Hier liegt also ein Rechtsgeschäft vor.

In Frage kommen nichteingezäunte Grundstücke, Holzstapel auf ihnen, Geräte auf dem Feld. Die Möglichkeit der Gewaltausübung ist darin begründet, daß dem Erwerber die Sache zugänglich ist. Wenn sie jedem zugänglich ist, so beruht die Besitzerstellung des Erwerbers darauf, daß der bisherige Besitzer mit der Ausübung der Gewalt gerade durch ihn einverstanden ist. Bei abgeschlossenen Sachen bewirkt die Übergabe der Schlüssel den Besitzerwerb. Auch hier spielt die Verkehrsauffassung eine maßgebende Rolle. Ausgeschlossen ist dagegen trotz der Einigung der Besitzerwerb, wenn der bisherige Besitzer die Möglichkeit zur Gewaltausübung behält, z. B. durch Einbehaltung der Schlüssel oder durch Belassung der Sachen auf seinem umfriedeten Grundstück. In diesen Fällen ist der Erwerber eben nicht in der Lage, seinerseits die tatsächliche Gewalt auszuüben. Allgemein muß der bisherige Besitzer seine Gewalt wirklich aufgeben, damit der Erwerb zustande kommt.

Beispiel (RG, angeführt in BGH 27, 362): A einigte sich mit B, daß der Besitz der auf dem umzäunten Lagerplatz des A gestapelten Waren auf B übergehen solle. Ein Schlüssel für das Tor des Lagerplatzes wurde dem B ausgehändigt. A behielt jedoch einen eigenen Schlüssel für sich und verfügte nach Belieben über die eingehenden und abgehenden Waren durch Abladen und Aufladen. Das RG verneinte die Frage, ob der Besitz an den Waren auf B übergegangen sei. Vgl. auch u. § 38 V 1.

Die Einigung wird von der herrschenden Meinung als Vertrag aufgefaßt.[1] Daher ist für den Übertragenden die Geschäftsfähigkeit erforderlich (für den Erwerber nicht, vgl. § 107), Vertretung möglich, auch eine Anfechtung denkbar; durch sie wird die Einigung vernichtet, und der Besitzerwerb ist nur noch durch wirkliche Erlangung der tatsächlichen Gewalt, nicht mehr durch die bloße Möglichkeit dazu denkbar. Für die Vertragsnatur spricht, daß das BGB den Ausdruck „Einigung" gebraucht, den es ausschließlich für dingliche Verträge anwendet, und daß hier dem Willensmoment eine entscheidende Bedeutung beigemessen wird. Diese Einigung bezieht sich nur auf den Besitzerwerb, nicht auf das Eigentum (wie die in §§ 873 und 929 geregelte Einigung), fällt aber im praktischen Rechtsleben, wenn Besitz und Eigentum zugleich übertragen werden, mit dieser anderen Einigung tatsächlich zusammen.

[1] A. M. E. Wolf, S. 63.

Daher liegt in § 854 II ein erstes Abweichen von der rein tatsächlichen Grundlage des Besitzes – denn der Besitzübergang vollzieht sich hier bereits ohne sichtbare Veränderung in der tatsächlichen Gewalt –, eine Annäherung an einen Besitzbegriff, der nicht mehr auf Tatsachen abstellt, sondern auf soziale Auffassung und rechtliche Verknüpfung (vgl. u. §§ 6, 7).

In diesem Fall kann man auch von einem derivativen, d. h. vom Vorgänger abhängigen und von ihm abgeleiteten Erwerb sprechen, während sonst der Besitz kein abgeleiteter ist, weil es nur auf die Erlangung der tatsächlichen Gewalt ankommt, aber nicht darauf, wie und von wem er erworben ist. Hier dagegen beruht der Besitzerwerb auf der Einigung mit dem Vorbesitzer und ist aus dessen Besitz abgeleitet. Wenn das BGB von „Rechtsnachfolge" in den Besitz und vom „Rechtsvorgänger" spricht (z. B. in §§ 861, 862), so ist dies an sich widerspruchsvoll, wenn man leugnet, daß der Besitz ein Recht ist. Gemeint ist, daß ein Sachverhalt gegeben ist, der bei einem Recht die Rechtsnachfolge begründen würde.

III. Besitzverlust bei Verlust der tatsächlichen Gewalt

Der Verlust des Besitzes tritt durch den Verlust der tatsächlichen Gewalt ein (§ 856) trotz Fortdauer des Rechts zum Besitz, umgekehrt nicht schon mit Beendigung des Rechts zum Besitz; auch der Mieter, der nach dem Kündigungstermin unberechtigt wohnen bleibt, ist nach wie vor Besitzer der Wohnung.

Der Verlust kann freiwillig oder unfreiwillig eintreten.

Der freiwillige liegt in der Aufgabe des Besitzes. Geht sie Hand in Hand mit dem Besitzerwerb eines anderen, so handelt es sich um die Übertragung des Besitzes auf den anderen. Stets erfordert die Aufgabe neben dem Willen eine äußere Handlung als seine Betätigung, z. B. die Übergabe der Sache an den Erwerber, das Wegwerfen der Sache, die Räumung einer Wohnung. Die bloß vorübergehende Trennung von einer Sache bedeutet noch nicht die Aufgabe des Besitzes. Auch diese ist kein Rechtsgeschäft, erfordert daher keine Geschäftsfähigkeit, Willensmängel sind ohne Einfluß, die Anfechtung ausgeschlossen (die tatsächliche Gewalt könnte durch sie auch nicht wiederhergestellt werden).

Beispiel: Ein Kind wirft unbemerkt eine Sache auf der Straße fort.

Die Fortdauer des Besitzes wäre doch nur eine sinnlose Fiktion. Auch die Übertragung des Besitzes ist kein Rechtsgeschäft (vom Sonderfall des § 854 II abgesehen), aber wohl zu unterscheiden von der oft mit ihr verbundenen und in ihr zum Ausdruck kommenden Übertragung des Eigentums.

Unfreiwilliger Besitzverlust liegt vor, wenn die Sache dem Besitzer abhanden kommt, z. B. durch Diebstahl, Verlieren, Vergessen und Zurücklassen. Das Abhandenkommen spielt eine bedeutsame Rolle für den Ausschluß des gutgläubigen Erwerbs (§ 935; vgl. u. § 32 V) sowie für den Anspruch aus besserem Besitz (§ 1007; vgl. u. § 47 II).

Eine bloß vorübergehende Verhinderung in der tatsächlichen Ausübung der Gewalt bedeutet in Übereinstimmung mit der Verkehrsanschauung noch keinen Besitzverlust, z. B. das Verlassen einer Wohnung, die vorübergehende Unbetretbarkeit eines Grundstücks infolge Einsturzes einer Brücke. „Vorübergehend" bedeutet hier, daß bei normalem Verlauf mit Sicherheit anzunehmen ist, daß die Verhinderung wieder aufhört (vgl. o. I 1).

§ 5. Eigenbesitz und Fremdbesitz

Literatur: Auerbach, Merkmale und Bedeutung des Eigenbesitzes, 1905; Manigk, Die Voraussetzungen des Eigenbesitzes, Bürgerl. Arch. 25, 316 ff.; Martens, Eigenbesitz als wirtschaftliches Eigentum, NJW 1962, 1849.

I. Begriff und Wesen

Das BGB unterscheidet zwei Arten des Besitzes, Eigen- und Fremdbesitz (nur der erste Ausdruck ist im Gesetz gebraucht).

Eigenbesitzer ist, wer die Sache als ihm gehörend besitzt (§ 872), d. h. so benutzt und besitzt, als ob sie ihm gehöre. Ob sie ihm wirklich gehört, ob er sich für den Eigentümer hält oder halten darf, ist gleichgültig. Auch der Dieb ist daher Eigenbesitzer.

Fremdbesitzer ist dagegen, wer einen anderen als übergeordnet anerkennt, einem anderen sich rechtlich verantwortlich fühlt, die Sache daher nicht als eigene, sondern als fremde behandelt. Hierhin rechnen alle Nutzungsbesitzer, insbesondere Mieter, Entleiher, Nießbraucher, Pfandgläubiger.

Eigenbesitz und Fremdbesitz sind mit dem Begriffspaar „unmittelbarer Besitz – mittelbarer Besitz" (vgl. u. § 7 II) nicht identisch, vielmehr können Eigen- und Fremdbesitz sowohl als mittelbarer wie als unmittelbarer Besitz auftreten. Möglich ist auch, daß jemand zugleich als mittelbarer Besitzer Eigenbesitz und als unmittelbarer Besitzer Fremdbesitz hat.

Beispiel: Der Hauseigentümer wohnt bei seinem Mieter in Untermiete.

II. Die Bedeutung des Willens

Neben der Erlangung der tatsächlichen Gewalt ist für den Eigenbesitz der Wille notwendig, die Sache für sich zu besitzen, also niemand anzuerkennen, von dem man sein Recht zum Besitz ableitet und dem man sich rechtlich verantwortlich fühlt, der animus domini des Gemeinen Rechts. Dieser Wille muß irgendwie hervortreten. Streitig ist, ob zu diesem Willen unbeschränkte Geschäftsfähigkeit gehört. Dies ist zu verneinen, da es nicht auf das wahre Recht ankommt, sondern nur auf den Herrschaftswillen. Einen beschränkt Geschäftsfähigen als Fremdbesitzer zu behandeln, obwohl er für niemand anderen besitzen will, erscheint nicht angängig; dagegen wird ein Geschäftsunfähiger dann nicht in der Lage sein, Eigenbesitz zu erwerben, wenn es bei ihm an der Möglichkeit der natürlichen Willensbildung mangelt.

Ohne Bedeutung ist das Willensmoment beim Erbenbesitz (§ 857). War der Erblasser Eigenbesitzer, so erwirbt auch der Erbe Eigenbesitz, ohne daß ein darauf gerichteter Wille des Erben vorhanden sein muß; vgl. u. § 7 I.

Fremdbesitz kann in Eigenbesitz umgewandelt werden, wenn der Besitzer seine Willensrichtung ändert. Die Änderung der Willensrichtung muß aber objektiv erkennbar sein.[1]

---

[1] Vgl. dazu Westermann, § 12 II 3.

III. Bedeutung des Eigenbesitzes

Die Unterscheidung von Eigen- und Fremdbesitz hat vor allem beim Eigentumserwerb Bedeutung. Der Wille, die Sache als Eigenbesitzer zu besitzen, ist bei vielen Arten des Eigentumserwerbs erforderlich, so bei der Übertragung nach §§ 929 ff., bei der Ersitzung nach § 937, beim Fruchterwerb nach § 955, bei der Aneignung nach § 958 und auch bei der Buchersitzung nach § 900.

Nach § 1006 wird zugunsten des Eigenbesitzers einer beweglichen Sache vermutet, daß er ihr Eigentümer sei.

Dagegen hat die Unterscheidung für den Besitzschutz keine Bedeutung. Die Besitzschutzvorschriften gelten für Eigen- und Fremdbesitzer in gleicher Weise.

§ 6. Der Besitzdiener

Literatur: Birk, Bösgläubiger Besitzdiener – gutgläubiger Besitzer, JZ 1963, 354; V. Bruns, Besitzerwerb durch Interessenvertreter, 1910; Hoche und Westermann, Besitzerwerb und Besitzverlust durch Besitzdiener, JuS 1961, 73; Leonhardt, Vertretung beim Fahrniserwerb, 1899; Przibilla, Erwerb des mittelbaren Besitzes durch Stellvertreter, Jher. Jahrb. 50, 323; Regelsberger, Über Besitzerwerb durch Mittelspersonen, Jher. Jahrb. 44, 393; M. Rümelin, Das Handeln in fremdem Namen im BGB, AcP 93, 259.

I. Voraussetzungen der Besitzdienerschaft

In manchen Fällen hat jemand zwar die tatsächliche Gewalt über eine Sache, ist aber nicht Besitzer derselben. Voraussetzung der Besitzdienerschaft ist,

1. daß jemand die tatsächliche Gewalt für einen anderen ausübt – das würde aber noch nicht genügen, um ihn vom Besitz auszuschließen, ihn vielmehr nur zum Fremdbesitzer machen;

2. daß er sie im Haushalt oder Erwerbsgeschäft des anderen oder in einem ähnlichen Verhältnis ausübt und daher den sich auf die Sache beziehenden Weisungen des anderen Folge zu leisten hat (§ 855). Für solche Personen ist der von Bekker[1] vorgeschlagene Ausdruck „Besitzdiener" üblich geworden.

Es genügt also nicht, daß jemand das Interesse des anderen zu wahren verpflichtet und gewillt ist, sondern es muß ein soziales Abhängigkeits- und Unterordnungsverhältnis bestehen, kraft dessen er bei Ausübung der tatsächlichen Gewalt an die Weisungen des anderen sich zu halten hat und ihm Folge leisten muß, so daß eine Art Gehorsamspflicht besteht. Diese Abhängigkeit muß nach außen erkennbar sein.[2] Daraus folgt, daß der andere berechtigt ist, seinen Willen selbst durchzusetzen, falls der Besitzdiener seiner Weisung nicht nachkommt. Diese Personen haben an der Sache, die sie in ihrer Gewalt haben, kein eigenes Interesse (vgl. im Gegensatz hierzu den Mieter!). Lediglich wirtschaftliche Abhängigkeit genügt nicht.[3]

---

[1] Vgl. Jher. Jahrb. 34, 1 (42).
[2] Vgl. BGH, LM Nr. 2 zu § 1006.
[3] Vgl. BGH 27, 360 (363).

Im Haushalt sind in dieser Weise tätig die Hausangestellten, Chauffeure, auch die nur vorübergehend tätigen Putzfrauen, Wäscherinnen usw.; dagegen nicht ein Gast des Hauses. Erwerbsgeschäft bedeutet wie sonst eine auf Dauer angelegte und auf Erwerb gerichtete wirtschaftliche Tätigkeit in Landwirtschaft, Handwerk, Industrie, Handel usw. Hier kommen Arbeiter, Gesellen, Lehrlinge, Angestellte, Handlungsgehilfen in Betracht. In ähnlichem Verhältnis sind weisungsgebunden tätig Beamte und Angestellte des Staates und der öffentlichen Körperschaften in bezug auf die ihnen zwecks Dienstausübung überlassenen Gegenstände, Polizisten und Soldaten bezüglich Uniform, Waffen usw., ferner Gepäckträger auf Bahnhöfen, Dienstmänner usw. Sobald ein eigenes Interesse an der Sache besteht, z. B. an der Dienstwohnung, tritt Besitz ein.

Da die soziale Unterordnung entscheidet, kann auch ein nichtiges Rechtsverhältnis die Besitzdienerschaft begründen, z. B. ein von einem Minderjährigen ohne Zustimmung seines gesetzlichen Vertreters eingegangenes Dienstverhältnis.

Unerheblich ist, ob der Besitzdiener im Einzelfall für den Besitzherrn handeln will, wenn er nur tatsächlich auf Grund des Abhängigkeitsverhältnisses handelt.

Beispiel (BGH 8, 130): Eine Platzanweiserin hatte einen wertvollen Brillantring im Kino gefunden und ihn ihrem Arbeitgeber abgegeben. Arbeitgeber und Platzanweiserin stritten darüber, wer durch Fund Eigentum erworben habe. Ein Empfangsberechtigter hatte sich nicht gemeldet. Der BGH entschied, daß eine Platzanweiserin, die vertraglich verpflichtet sei, den Theaterraum nach verlorenen Gegenständen zu durchsuchen, nicht für sich, sondern für ihren Arbeitgeber Besitz erwerbe.

Umstritten war früher die Stellung der Ehefrau. Heute ist anerkannt, daß ihr Mitbesitz an der ehelichen Wohnung und an den im Haushalt und in der Wohnung vorhandenen Sachen zukommt, soweit sie dem gemeinsamen Gebrauch beider Ehegatten dienen[1] (vgl. auch u. § 8 II 1). Diese Regelung ist auch aus § 1362 zu ersehen.

Ausgenommen sind die Sachen, die zum ausschließlichen persönlichen Gebrauch nur eines Ehegatten dienen; sie stehen jeweils im Alleinbesitz des betreffenden Ehegatten. Ferner sind alle Sachen, die dem Mann von der Frau zur Verwaltung überlassen sind, z. B. Wertpapiere, im Besitz des Mannes; an ihnen kann die Frau nur mittelbaren Besitz haben (vgl. u. § 7 II). Dagegen spielt es keine Rolle, wem das Eigentum an den Sachen zusteht und zu welcher Gütermasse eine Sache gehört. Es kommt immer auf die tatsächlichen Verhältnisse und den Gebrauch der Sachen an, nicht auf die rechtliche Zugehörigkeit zu einer Vermögensmasse. Die Schwierigkeiten, die sich aus dem Mitbesitz für die Zwangsvollstreckung ergaben (ZPO § 809), sind durch die Neufassung des § 1362 beseitigt.

Kinder sind in der Regel Besitzdiener auch solcher Sachen, die ihnen gehören. Sie können aber auch unmittelbare Besitzer sein, wenn sie den Besitzwillen haben und ihre natürliche Willensfähigkeit ausreichend entwickelt ist.

Umstritten ist auch die Stellung der Organe der juristischen Personen. Die Entscheidung hängt davon ab, ob man einen Besitz juristischer Personen anerkennt, was wohl im Einklang mit der Verkehrsauffassung steht. Bejaht man diese Vorfrage, dann ist die tatsächliche Gewalt eines Organs, z. B. des Vereinsvorstandes, als Besitz der juristischen Person anzusehen. Die Organe erwerben durch Erlangung der tatsächlichen Gewalt, wenn sie diese für die juristische Person ausüben wollen, unmittelbar den Besitz für die juristische Person. Sie sind daher selbst weder Besitzer noch Besitzdiener.

---

[1] So die h. M.; vgl. BGH 12, 380; Baur, § 7 D II 1c; Westermann, § 20 I; Wolff-Raiser, § 9 II.

II. Wirkungen der Stellung als Besitzdiener

1. Besitzdiener kein Besitzer

Der Besitzdiener ist weder allein noch neben dem Besitzherrn Besitzer, sondern Besitzer ist nur der Besitzherr. Dies gilt aber nicht für die eigenen Sachen des Besitzdieners, weil er in bezug auf diese nicht den Weisungen des anderen Folge zu leisten hat.

2. Keine Besitzansprüche für Besitzdiener

Dem Besitzdiener stehen die Besitzansprüche nicht zu, weder gegen den Besitzherrn noch gegen Dritte. Er würde an ihrer Geltendmachung auch kein Interesse haben, sondern diese ohnehin dem Besitzherrn überlassen.

3. Selbsthilferecht

Er ist aber befugt, das Selbsthilferecht des Besitzers (§ 859, vgl. u. § 10) für diesen zu dessen Schutz auszuüben (§ 860), z. B. Diebe abzuwehren.

4. Verbotene Eigenmacht durch Besitzdiener

Er verübt verbotene Eigenmacht gegen den Besitzenden, wenn er sich ohne dessen Zustimmung in den Besitz der Sache setzt, um die Sache für sich selbst innezuhaben und zu benutzen (Unterschlagung). Der Besitzherr hat daher gegen ihn Selbsthilfe und Besitzansprüche. Der Besitzdiener hat an der Sache kein Zurückbehaltungsrecht, auch nicht nach § 273 II, weil dies mit seiner sozialen Unterordnung nicht vereinbar wäre.

III. Besitzdienerähnliche Rechtsstellungen

Zweifelhaft ist, ob Personen, die zwar die tatsächliche Gewalt innehaben, bei denen aber der Besitz zu verneinen ist, weil ihre Gewalt nicht auf Dauer angelegt, sondern nur als vorübergehende gedacht ist (vgl. oben § 4 I), als Besitzdiener anzusehen oder wenigstens ihnen gleichzubehandeln sind. Das erste ist zu verneinen, weil es gerade an dem sozialen Unterordnungsverhältnis fehlt, das zweite eher anzunehmen, soweit die Zulässigkeit der Selbsthilfe und der Ausschluß der Besitzansprüche in Frage kommt; auch ist anzunehmen, daß verbotene Eigenmacht vorliegt, wenn sie von der Sache Besitz ergreifen im Sinn dauernder Gewalt.

IV. Besitzerwerb durch Besitzdiener

1. Erwerb des Besitzes

Wichtig ist die Stellung des Besitzdieners für den Besitzerwerb des Besitzherrn. Wenn § 855 auch nur von der Ausübung des Besitzes spricht, so lassen sich seine Grundsätze doch auch auf den Erwerb des Besitzes übertragen und man kann den Satz aufstellen, daß die Erlangung der tatsächlichen Gewalt im Rahmen eines Besitzdienerverhältnisses, z. B. im Erwerbsgeschäft oder Haushalt, unmittelbar den Besitzerwerb für den Besitzherrn zur Folge hat. Dies gilt, wenn der Besitzdiener als solcher, also in Ausübung der betreffenden Funktionen, die Gewalt erlangt hat, z. B. der Handlungsgehilfe an den für das Geschäft eingegangenen Briefen, aber auch die Köchin an den für den Haushalt in Geschäften oder auf dem Markt gekauften Lebensmitteln oder Haushaltsgegenständen, ausgenommen, wenn erkennbar ist, daß sie dieselben für sich selbst erwerben wollte. Diese Art des unmittelbaren Besitzerwerbs stellt praktisch einen Ersatz für die Stellvertretung dar, die rechtlich nicht möglich ist, weil der Besitzerwerb kein Rechtsgeschäft ist.

Eine Stellvertretung im strengen Sinn kann nur in den Fällen Platz greifen, in denen der Besitzerwerb durch Einigung erfolgt, also im Fall von § 854 II. Hier kann jemand durch Handeln im Namen eines anderen diesem den Besitz verschaffen. Ebenso kann die Übertragung des mittelbaren Besitzes mittels Abtretung des Herausgabeanspruchs nach § 870 durch Stellvertretung erfolgen. Der mittelbare Besitz kann auch insofern durch einen Vertreter erworben werden, als dieser im Namen des anderen das Rechtsverhältnis eingeht, durch welches der mittelbare Besitz nach § 868 begründet wird.

2. Böser und guter Glaube des Besitzdieners

a) Streitig ist, ob der böse Glaube des Besitzdieners beim Besitzerwerb dem Besitzherrn schadet.

Beispiel (BGH 32, 53): Angestellte der Klägerin hatten bei ihr laufend Meßgeräte gestohlen und an H. verkauft. Von H. hatte die Beklagte, die gutgläubig war, durch ihren bösgläubigen Angestellten A. Geräte bezogen und weiterverkauft. Die Klägerin verlangt von der Beklagten Schadensersatz gem. §§ 989, 990 BGB. Da die Beklagte gutgläubig war, käme eine Haftung nur in Betracht, wenn sie sich den bösen Glauben des A. zurechnen lassen müßte.

Wendet man auf das Verhältnis von Besitzdiener und Besitzherrn § 166 BGB an, so müßte der Besitzherr bei Bösgläubigkeit des Besitzdieners ebenfalls als bösgläubig behandelt werden. Der BGH hat in BGH 16, 259 entschieden, die Bösgläubigkeit des Besitzdieners begründe die Haftung des Besitzherrn dann, wenn er bei der Auswahl und Überwachung des Besitzdieners nicht die im Verkehr erforderliche Sorgfalt beobachtet habe. Dies läßt auf eine entsprechende Anwendung des § 831 schließen. In BGH 32, 53 stellt der BGH jedoch klar, daß auf das Verhältnis von Besitzdiener und Besitzherrn § 166 entsprechend angewendet werden müsse.[1]

Der BGH hat in BGH 32, 53 wohl den richtigen Weg gewiesen. Wenn das Verhalten des Besitzdieners auf dem Verhalten des Besitzherrn beruhe, und dieser, ähnlich wie bei der Vertretung, die Voraussetzung für das Tätigwerden des Besitzdieners geschaffen habe, müsse die Bösgläubigkeit des Besitzdieners dem Besitzherrn zugerechnet werden.

Diese Voraussetzung liegt wohl immer dann vor, wenn der Besitz durch einen Besitzdiener im Vollzug eines Rechtsgeschäfts erworben wird, zu dem der Besitzdiener bevollmächtigt war (Beispiel: Einkauf von Waren durch Einkaufsbevollmächtigten). Für die Anwendung des § 166 sprechen hier folgende Überlegungen: Falls der Einkäufer in diesem Fall Besitz nach § 854 II erwerben würde, müßte sein böser Glaube, wie unbestritten ist, dem Besitzherrn zugerechnet werden. Von dem Zufall, ob der Besitzerwerb nach § 854 I oder II stattfindet, kann die Zurechnung des bösen Glaubens aber nicht abhängig sein,

Aber auch ein anderer Gesichtspunkt spricht dafür, den bösen Glauben des Besitzdieners in diesen Fällen dem Besitzherrn zuzurechnen. Beim Eigentumserwerb verhindert der böse Glaube des Besitzdieners den gutgläubigen Erwerb durch den Besitzherrn. So erwirbt der Besitzherr bei unterschlagenen Sachen kein Eigentum, wenn der Besitzdiener über die Herkunft der Sachen unterrichtet war. Es wäre eigen-

[1] Auch in der Literatur herrscht bei der Beurteilung dieses Problems Unsicherheit. Während Westermann, JuS 1961, 79 und Baur, § 5 II 1c bb für § 831 eintreten, sprechen sich Hoche, JuS 1961, 76 und Raiser, JZ 1961, 26 für die entsprechende Anwendung von § 166 aus. Birk, JZ 1963, 354 möchte beide Vorschriften entsprechend anwenden.

artig, wenn der Besitzherr dagegen für die Anwendung der §§ 989, 990 nicht als bösgläubig behandelt würde.

In Fällen, in denen jedoch Besitz nicht durch einen Bevollmächtigten als Besitzdiener erworben wird, dürfte § 831 Anwendung finden.

b) Ist der Besitzdiener gutgläubig, aber der Besitzherr bösgläubig, so kann keinesfalls § 166 I angewendet werden. Sonst könnte sich der Besitzherr stets auf die Gutgläubigkeit des Besitzdieners berufen.[1]

V. Besitzverlust durch Besitzdiener

Der Verlust der tatsächlichen Gewalt seitens des Besitzdieners hat den Besitzverlust des Besitzherrn zur Folge, wenn dieser selbst oder andere Besitzdiener nicht in der Lage sind, die Gewalt an Stelle jenes Besitzdieners auszuüben, z. B. weil ihm die Sache gestohlen ist.

Überläßt der Besitzdiener die Sache einer anderen Person nicht nur zum vorübergehenden Gebrauche, so daß die andere Besitzer wird, so ist der Besitz des Besitzherrn beendet. Ihm geht der Besitz auch dann verloren, wenn der Besitzdiener sich selbst zum Besitzer macht, also die Sachen für sich oder einen anderen dauernd in seiner Gewalt haben will. Der bloße innere Wille genügt hier allerdings nicht, sondern er muß durch nach außen erkennbare Handlungen betätigt sein, z. B. Weggabe an einen anderen, Verstecken, eigener Gebrauch. Einer Erklärung gegenüber dem Besitzherrn bedarf es nicht, auch nicht der Geschäfts- oder Deliktsfähigkeit des Besitzdieners.

Bestritten ist, ob eine vom Besitzdiener gegen den Willen des Besitzherrn einem Dritten zum Besitz übertragene Sache dem Besitzherrn abhanden gekommen ist.

Hoche, JuS 1962, 78 bejaht dies, so daß ein gutgläubiger Erwerb nach § 935 ausgeschlossen ist, während Westermann, JuS 1962, 82 (und Sachenrecht § 49 I 6) ein Abhandenkommen verneint. Beispiel: Der Reisende veräußert Muster an einen gutgläubigen Dritten. Hier scheidet m. E. ein gutgläubiger Erwerb aus, weil die Muster ohne Willen des Besitzherrn aus seinem Besitz gekommen sind,[2]

§ 7. Besitz ohne tatsächliche Gewalt

Literatur: Heinrich Lange, Besondere Fälle des § 857 BGB, Festschrift für Felgentraeger, 1969, S. 295; Mengelkoch, Welche Beziehungen bestehen zwischen der Gültigkeit des Rechtsverhältnisses und dem Entstehen mittelbaren Besitzes nach § 868 BGB, Jher. Jahrb. 76, 53ff.; Müller-Erzbach, Das Recht des Besitzes, AcP 142, 5; Probst, Mehrfacher gleichstufiger mittelbarer Besitz und gutgläubiger Eigentumserwerb nach § 934 BGB, ZHR 101, 199; Przibilla, Zur Lehre vom mittelbaren Besitz, JW 1908, 395; Siebert, Die besitzrechtliche Grundlage der dinglichen Wirkung der Traditionspapiere, ZHR 93, 1; Wendt, Der mittelbare Besitz des BGB, AcP 87, 40,

Während wir beim Besitzdiener den Fall vor uns haben, daß jemand nicht Besitzer ist, obwohl er die tatsächliche Gewalt hat, so gibt es umgekehrt Fälle, in denen jemand nicht die tatsächliche Gewalt hat und

[1] Hoche, aaO, S. 76 will hier § 166 II entsprechend anwenden, während Westermann, aaO, S. 82 mit Recht überall da, wo das Besitzrecht auf den Willen des Besitzers abstellt, die Bösgläubigkeit des Besitzherrn durchgreifen läßt.

[2] Vgl. RG 71, 248 und Weimar, MDR 1962, 21.

doch Besitzer ist. Hierin liegt die Durchbrechung der Regel, daß Besitz gleich tatsächlicher Gewalt ist.

I. Der Besitz des Erben

Der erste Fall ist der Besitz des Erben nach § 857.

Hiermit ist nicht gemeint, daß der Erbe Besitzer wird, wenn er die tatsächliche Gewalt über den Nachlaß hat, z. B. weil er in der Wohnung des Erblassers selbst wohnt, denn dieser Erbe ist ohnehin Besitzer nach § 854 und es bedürfte zur Begründung des Besitzes keiner besonderen Vorschrift. Gemeint ist vielmehr, daß der Erbe als solcher von dem Augenblick an, da er Erbe wird, also vom Erbfall an, Besitzer ist, richtiger gesagt, die Rechtsstellung des Besitzers hat, unabhängig von seinem Wissen um das Erbe-Sein wie um den Bestand des Nachlasses, unabhängig daher auch von seiner tatsächlichen Gewalt und seiner tatsächlichen Besitzergreifung.[1] Auf den Nacherben geht der Besitz am Nachlaß gemäß § 857 nur dann über, wenn der Vorerbe an den Nachlaßgegenständen noch nicht Besitz ergriffen hatte. War der Nachlaß bereits in die tatsächliche Gewalt des Vorerben gelangt, so greift § 857 nicht ein, wenn der Nacherbfall eintritt.[2]

Auf die rechtliche Zugehörigkeit der Sache zum Nachlaß kommt es nicht an, der bloße Besitz des Erblassers genügt; dieser ist aber als tatsächliche Gewalt, also im normalen Sinn erforderlich.

Die Bedeutung dieser Vorschrift liegt darin, daß der Erbe damit den Besitzschutz erlangt, daher das Selbsthilferecht und, was wichtiger ist, besonders für den zunächst abwesenden Erben, der vom Nachlaß nicht sogleich Besitz ergreifen konnte, die Besitzansprüche. Jede Gewaltergreifung durch andere Personen ist verbotene Eigenmacht. Außerdem sind Sachen, die aus dem Nachlaß ohne den Willen des Erben weggekommen sind, im Sinne des § 935 abhanden gekommen, vgl. u. § 32 V. Die Besitzansprüche sind leichter durchzusetzen, weil leichter zu beweisen, als die Ansprüche aus Eigentum und sonstigen Rechten des Erblassers. Das Gesetz will den gefährdeten Nachlaß und den Erben unter besonderen Schutz stellen und verläßt deshalb bewußt den Boden der tatsächlichen Gewalt, der sonst die Grundlage des Besitzes ist.

Streitig ist, ob die Vorschrift des § 857 analog anzuwenden ist auf die Fälle, in denen jemand ein umfassendes Verwaltungsrecht an einem Sachvermögen ähnlich einer Gesamtnachfolge erwirbt, z. B. Testamentsvollstrecker, Nachlaß- und Konkursverwalter, ob also diese Personen Besitz am Sondervermögen erhalten ohne Rücksicht auf die tatsächliche Besitzergreifung.[3]

II. Der mittelbare Besitz

Wichtiger noch ist die Erweiterung des Besitzes über die tatsächliche Gewalt hinaus durch den Begriff des mittelbaren Besitzes (§ 868).

1. Besitzmittlungsverhältnis

Häufig überläßt jemand einem anderen den Besitz auf Grund eines mit ihm vereinbarten Rechtsverhältnisses. Das BGB führt als Beispiele

---

[1] Vgl. dazu BGH, JZ 1953, 706.
[2] Vgl. Heinrich Lange, Festschrift für Felgentraeger, S. 298.
[3] Bejahend Wolff-Raiser, § 12 II 2.

den Nießbraucher, Pfandgläubiger, Pächter, Mieter und Verwahrer auf. Daneben genügt nach dem Gesetz ein „ähnliches Verhältnis, vermöge dessen der Besitzer einem anderen gegenüber auf Zeit zum Besitz berechtigt oder verpflichtet ist". Es muß sich also um ein nur vorübergehendes, zeitlich begrenztes Recht des Besitzers handeln.[1] Hierunter fallen auch der Erbbauberechtigte,[2] der Entleiher, Frachtführer – daher auch die Bahn –, Spediteur, Lagerhalter, Unternehmer beim Werkvertrag, ferner gerichtlich bestellte Verwalter (z. B. Konkurs- oder Nachlaßverwalter) und der Gerichtsvollzieher nach Pfändung. Auch der Beauftragte hat an den Sachen, die ihm zur Ausführung des Auftrages überlassen sind, aber auch an den von ihm auftragsgemäß angeschafften Sachen, ein vorübergehendes Besitzrecht.[3] Ebenso bestehen im Familienrecht zahlreiche Besitzmittlungsverhältnisse (z. B. ein Ehegatte bezüglich des ihm zur Verwaltung überlassenen Gesamtgutes; Vater, Mutter, Vormund, Pfleger bezüglich des von ihnen verwalteten Kinder- oder Mündelvermögens). Beim Kauf unter Eigentumsvorbehalt besteht ein Besitzmittlungsverhältnis zwischen Verkäufer und Käufer.[4]

In diesen Fällen besteht neben dem unmittelbaren Besitz des Mieters usw. der mittelbare Besitz des Vermieters usw. Der unmittelbare Besitzer (oder Unterbesitzer) ist der Besitzmittler für den mittelbaren oder Oberbesitzer.

2. Verkehrsanschauung und mittelbarer Besitz

Dem mittelbaren Besitzer fehlt die tatsächliche Gewalt; diese hat nur der unmittelbare Besitzer. Worauf beruht nun sein Besitz als rechtlich geschützte Stellung?

Maßgebend sind hier die sozialen Verhältnisse und die Verkehrsauffassung gewesen. Der unmittelbare Besitzer leitet sein Recht zum Besitz von einem anderen ab, erkennt diesen über sich an, fühlt sich ihm verantwortlich, ist sich bewußt und räumt ein, nach Beendigung des Rechtsverhältnisses zur Rückgabe verpflichtet zu sein. Er ist in diesen Fällen stets und notwendig Fremdbesitzer, stets besteht ein Herausgabeanspruch des mittelbaren Besitzers gegen den unmittelbaren. Diese Lage rechtfertigt es, dem mittelbaren Besitzer eine Art Gewalt über die Sache zuzuerkennen, freilich nicht auf Grund tatsächlicher Herrschaft, sondern wegen seiner rechtlichen und sozialen Stellung gegenüber dem unmittelbaren Besitzer, und daher dem mittelbaren Besitzer die Stellung als Besitzer einzuräumen. Die allgemeine Verkehrsauffassung, die sich auf die rechtliche Verbindung zwischen unmittelbarem und mittelbarem Besitzer gründet, ist für die rechtliche Ordnung maßgebend. Es muß also ein abgeleitetes und inhaltlich beschränktes Besitzrecht vorliegen. In der Anerkennung des fremden Rechtes liegt notwendig die Beschränkung der eigenen Stellung.

---

[1] Vgl. BGH 10, 81 (87) und BGH, DNotZ 1954, 399.
[2] BGH, JZ 1970, 373.
[3] Str., so Westermann, § 18, 4.
[4] Vgl. BGH 28, 27; a. A. Raiser, Dingliche Anwartschaften, S. 71.

Der mittelbare Besitz dauert nur so lange, als der unmittelbare Besitzer das Rechtsverhältnis und damit den mittelbaren Besitzer über sich anerkennt, denn ohne Anerkennung hat der mittelbare Besitzer keine Gewalt über die Sache, gleichgültig ob das Rechtsverhältnis in Wahrheit fortbesteht (umstritten besonders bei Immobilien). Der fortbestehende obligatorische Herausgabeanspruch des mittelbaren Besitzers für sich allein kann nicht genügen, denn nicht einmal der dingliche Anspruch aus dem Eigentum genügt für die Erhaltung des Besitzes. Nicht das Rechtsverhältnis allein begründet den Besitz, sondern erst die Anerkennung desselben durch den unmittelbaren Besitzer, also dessen gesamtes Verhalten, schafft eine Lage, die der wirklichen tatsächlichen Gewalt ähnlich und rechtlich vergleichbar ist. Allerdings genügt der innere Wille zur Auflehnung nicht, er muß durch Erklärung gegenüber dem mittelbaren Besitzer oder durch sonstige Handlungen erkennbar geworden sein.

Umgekehrt genügt die Anerkennung des unmittelbaren Besitzers auch in dem Fall, daß ein wirksames Rechtsverhältnis der in § 868 bezeichneten Art in Wahrheit nicht gegeben ist, sondern der Besitzer ein solches nur annimmt.[1] Daß der unmittelbare Besitzer glaubt, zu dem anderen in einem Rechtsverhältnis zu stehen, kraft dessen er ihm die Sache herauszugeben und sie für ihn zu besitzen hat, schafft die Grundlage, auf der sich der mittelbare Besitz als ein, wenn auch nicht tatsächliches, Gewaltverhältnis aufbaut. Er besitzt im Sinn von § 868 z. B. als Mieter, was nicht bedeuten muß, daß er es wirklich ist. Sein Verhalten entscheidet auch hier über die Stellung des anderen als mittelbaren Besitzers.

3. Stufen des mittelbaren Besitzers

Der Besitz kann auch mehrfach abgestuft sein (§ 871), z. B. indem der Mieter die Sache untervermietet. Daß der unmittelbare Besitzer den höherstufigen mittelbaren Besitz kennt, ist nicht erforderlich.[2]

III. Die Stellung des mittelbaren Besitzers

1. Anwendung der Besitzvorschriften

Da § 868 die Besitzerstellung dem mittelbaren Besitzer zuerkennt, müssen für ihn die Regeln über den Besitz anwendbar sein, soweit nicht eine Ausnahme im Gesetz selbst gemacht ist oder sich als notwendig erweist (z. B. in § 869). Daher ist der mittelbare Besitzer z. B. passiv legitimiert für eine Klage nach § 985 (vgl. u. § 44 II).

2. Besitzansprüche

Den Besitzschutz hat der mittelbare Besitzer in Gestalt der Besitzansprüche, wenn gegen den unmittelbaren Besitzer verbotene Eigenmacht verübt wird (§ 869), z. B. der Vermieter bei verbotener Eigenmacht eines Dritten gegen den Mieter.

Geschieht aber ein Eingriff mit Willen des unmittelbaren Besitzers, so ist dem mittelbaren Besitzer der Besitzanspruch versagt, z. B. bei Unterschlagung der Sache durch den unmittelbaren Besitzer, der Weiterveräußerung an einen Dritten.

---

[1] Str., so auch Baur, § 7 B III 1b dd, Wolff-Raiser, § 8 I 2.
[2] BGH, NJW 1964, 398.

Der Anspruch des mittelbaren Besitzers geht aber nicht auf Einräumung des Besitzes an ihn selbst, sondern auf Wiedereinräumung an den unmittelbaren Besitzer (§ 869 Satz 2). Dies ist nur folgerichtig, denn durch die verbotene Eigenmacht des Dritten ist ja das Rechtsverhältnis nicht erloschen, kraft dessen der unmittelbare Besitzer dem mittelbaren gegenüber zum Besitz berechtigt war; daher würde das Verlangen der Besitzeinräumung an den mittelbaren Besitzer einen Verstoß gegen jenes Rechtsverhältnis darstellen.

Nur wenn der unmittelbare Besitzer, z. B. der bisherige Mieter, den Besitz nicht wieder übernehmen will (z. B. weil das Mietverhältnis inzwischen abgelaufen ist) oder kann, so kann der mittelbare Besitzer verlangen, daß ihm selbst der Besitz eingeräumt wird (§ 869 Satz 2).

3. Selbstschutz

Streitig ist, ob der mittelbare Besitzer den Selbstschutz nach § 859 hat, wenn verbotene Eigenmacht gegen den unmittelbaren Besitzer verübt wird, oder nur nach den allgemeinen Vorschriften der §§ 227ff. Das Gesetz regelt die Frage nicht. Entgegen einer verbreiteten Meinung[1] ist die entsprechende Anwendung des § 859 auf den mittelbaren Besitzer zu verneinen.

Daß er ein stärkeres Interesse an der Sache haben kann als der unmittelbare Besitzer, ist noch kein Grund für die Zuerkennung der erweiterten Selbsthilfe; denn der Eigentümer als solcher hat sie auch nicht, obwohl er rechtlich doch das stärkste Interesse hat. Der Selbstschutz ist zur Aufrechterhaltung des tatsächlichen Zustandes, nicht einer Rechtslage, gegeben; der mittelbare Besitzer ist aber an der tatsächlichen Gewalt nicht beteiligt.

4. Kein Besitzschutz gegenüber dem unmittelbaren Besitzer

Gegen den unmittelbaren Besitzer hat der mittelbare weder Besitzansprüche noch Selbstschutz, sondern ist auf seine Ansprüche aus dem Rechtsverhältnis, welches den mittelbaren Besitz begründet (§ 868), oder aus einem dinglichen Recht angewiesen. Auch kann der mittelbare Besitzer für Schäden, die der unmittelbare Besitzer verschuldet hat, von diesem keinen Schadensersatz nach § 823 I unter dem Gesichtspunkt beanspruchen, daß der Besitz als sonstiges Recht im Sinn dieser Vorschrift anzusehen sei.[2]

5. Besitzansprüche des unmittelbaren Besitzers

Der unmittelbare Besitzer hat gegen den mittelbaren außer den Ansprüchen aus dem Rechtsverhältnis die Besitzansprüche und den Selbstschutz, z. B. der aus der Wohnung durch den Vermieter herausgesetzte Mieter.

IV. Die Begründung des mittelbaren Besitzes

Sie erfolgt normalerweise auf dem Weg, daß der bisherige unmittelbare Besitzer zum mittelbaren wird, indem er den unmittelbaren Besitz einem anderen überträgt, aber gleichzeitig mit ihm ein Rechtsverhältnis verein-

[1] Vgl. Baur, § 9 III 2, Westermann, § 26 III 2, Wolff-Raiser, § 20 I 2.
[2] Vgl. BGH 32, 194.

bart, durch das für den Übertragenden der mittelbare Besitz begründet wird.

Beispiel: Der Vermieter übergibt dem Mieter die vermietete Sache.

Ausnahmsweise entsteht mittelbarer Besitz auch umgekehrt dadurch, daß der bisherige unmittelbare Besitzer zwar den Besitz behält, aber mit einem anderen ein Rechtsverhältnis eingeht, durch welches der andere den mittelbaren Besitz erhält. Da dieser Weg nur zu dem Zweck der Eigentumsübertragung eingeschlagen wird, ist dieser Vorgang, das „Besitzkonstitut", erst bei der Darstellung der Übereignung beweglicher Sachen zu behandeln (vgl. u. § 29 III).

V. Die Übertragung des mittelbaren Besitzes

Da der mittelbare Besitz den Herausgabeanspruch gegen den unmittelbaren Besitzer zur Voraussetzung hat, so erfolgt seine Übertragung durch Abtretung dieses Herausgabeanspruches (§ 870), also durch Rechtsgeschäft.

Gemeint ist der Herausgabeanspruch, der aus dem Rechtsverhältnis hervorgeht, welches den mittelbaren Besitz nach § 868 begründet.

Es genügt aber, daß der mittelbare Besitzer an dieses Rechtsverhältnis glaubt und der unmittelbare Besitzer es anerkennt, da diese Anerkennung als Grundlage des mittelbaren Besitzes ausreicht (str.). Die Abtretung selbst muß aber wirksam sein. Auf Wissen und Wollen des unmittelbaren Besitzers kommt es so wenig an, wie bei der Abtretung einer Forderung auf Wissen und Wollen des Schuldners. Seine Rechtsstellung erleidet durch die Abtretung keine Verschlechterung (vgl. § 404).

Daneben geht der mittelbare Besitz auch dann über, wenn das ihn begründende Rechtsverhältnis und der Herausgabeanspruch von Gesetzes wegen übergehen, z. B. auf den Erben oder im Fall von § 571 auf den Ersteher des vermieteten Grundstücks.

VI. Der mittelbare Besitz endet

1. durch Besitzverlust des unmittelbaren Besitzers. Erfolgt er unfreiwillig, so ist die Sache abhanden gekommen; erfolgt er freiwillig, wenn auch ohne Willen des mittelbaren Besitzers, so ist sie nicht abhanden gekommen (vgl. u. § 32 V).

2. mit Auflehnung des unmittelbaren Besitzers gegen den mittelbaren Besitzer, also mit Aufhören der Anerkennung des Rechtsverhältnisses, welches den mittelbaren Besitz begründet. Erforderlich ist nicht eine ausdrückliche Erklärung gegenüber dem mittelbaren Besitzer, sondern ein erkennbares Verhalten des unmittelbaren Besitzers.

Beispiel (BGH, JZ 1969, 433): Ein Eigentumsvorbehaltskäufer läßt den mittelbaren Besitz des Eigentumsvorbehaltsverkäufers erlöschen und übereignet die Sache einem Sicherungsnehmer.

§ 8. Mehrfacher Besitz an einer Sache

Literatur: M. Wolff, Der Mitbesitz nach dem Recht des BGB, Jher. Jahrb. 44, 143; v. Seeler, Zur Lehre vom Mitbesitz, Jher. Jahrb. 44, 363.

I. Teilbesitz

Ein Besitz an bloßen Teilen einer im Rechtssinn einheitlichen Sache ist möglich, wenn die Teile räumlich abgegrenzt und tatsächlich gesondert sind, so daß eine selbständige Gewalt an diesen Teilen möglich ist. Das Hauptbeispiel gibt § 865 selbst, indem er auf Wohnräume und andere abgesonderte Räume verweist. Zum Beispiel hat der Mieter einer Wohnung Besitz an dieser, der eines Zimmers an diesem. Hieran zeigt sich, daß der Besitz vom Gesetz nicht zu den Rechten an der Sache gerechnet wird, denn solche sind nach § 93 an wesentlichen Bestandteilen nicht gesondert möglich, Räume eines Gebäudes gehören aber immer zu den wesentlichen Bestandteilen desselben und des Grundstücks.

Weitere Beispiele sind abgegrenzte Parzellen eines rechtlich einheitlichen Grundstückes, z. B. Gemüsegärten für die einzelnen Mieter des Hauses, Wandflächen eines Gebäudes für Reklamezwecke, Schaukästenanbringung usw.

Alle Arten des Besitzes sind an solchen Teilen denkbar, unmittelbarer wie mittelbarer (Vermietung einer Wohnung), Fremd- wie Eigenbesitz (dieser allerdings nur ausnahmsweise). Die wesentliche Folge ist: Der Besitzschutz steht nach § 865 in vollem Umfang auch dem Teilbesitzer zu, gegen dritte Personen wie gegen den mittelbaren Besitzer, aber auch gegen andere Teilbesitzer, z. B. die Mieter anderer Wohnungen.

II. Mitbesitz

Daneben ist auch Mitbesitz mehrerer an einer Sache möglich (§ 866), und zwar in zwei Formen:

1. Schlichter Mitbesitz

Die regelmäßige Form ist dann gegeben, wenn von den mehreren jedem selbständig die tatsächliche Gewalt zusteht („schlichter Mitbesitz"), so daß jeder nur durch die dem anderen zustehende tatsächliche Gewalt beschränkt ist. So haben alle Mieter eines Hauses Mitbesitz an den Räumen im Haus, die allen zur Benutzung zur Verfügung stehen, z. B. dem Treppenhaus, Keller und Boden (soweit nicht abgeteilt). Mitbesitz liegt auch vor an einem Schrank, zu welchem mehrere Personen einen Schlüssel haben, oder an einer Wohnung, die mehrere gemeinschaftlich bewohnen. Ebenso haben Ehegatten stets Mitbesitz an der Ehewohnung und an den im Haushalt und in der Wohnung vorhandenen Sachen, soweit sie dem gemeinsamen Gebrauch beider Ehegatten dienen (vgl. o. § 6 I 2). Zum Besitz der Ehegatten bei Gütergemeinschaft vgl. §§ 1422 Satz 1, 1450 I 2.

2. Gesamthandbesitz

Die andere Form ist gegeben, wenn mehrere Personen nur zusammen die tatsächliche Gewalt haben und ausüben können, z. B. wenn eine Sache unter Verschluß steht, die mehreren aber nur zusammen den Verschluß öffnen können, wie es bei Stahlkammerfächern der Fall ist, wo Bankier und Kunde nur zusammen öffnen können (am Inhalt des Faches ist nach herrschender Meinung Alleinbesitz des Kunden anzunehmen). Man spricht hier von Gesamthandbesitz, der aber mit dem Recht zur gesamten Hand nicht verwechselt werden darf, weil es hier nicht auf die Rechtslage, sondern nur auf die tatsächlichen Verhältnisse ankommt.

3. Besitzschutz der Mitbesitzer untereinander

Die Besonderheit des Mitbesitzes besteht in der Einschränkung des Besitzschutzes nach § 866. Allerdings nicht gegenüber Dritten, denn bei verbotener Eigenmacht gegen alle Mitbesitzer ist jeder einzelne zur Selbsthilfe oder Klage (auf Herausgabe an alle) berechtigt. Wird verbotene Eigenmacht nur gegen einen Mitbesitzer verübt, so steht der Besitzschutz auch nur diesem einen zu. Dagegen ist der Besitzschutz der Mitbesitzer untereinander eingeschränkt, wenn es sich nur um die Grenzen des dem einzelnen zustehenden Gebrauches handelt. Denn in diesem Fall muß die rechtliche Lage geprüft werden, um jene Grenzen sicher ziehen zu können. Damit verwandelt sich aber der Besitzanspruch in einen Anspruch aus dem Recht. Wegen völliger Besitzentziehung ist ein Besitzschutz möglich, denn durch die Entziehung sind die Grenzen jedenfalls überschritten; bei bloßer Besitzstörung kann es sich dagegen nur um die Abgrenzung unter den Mitbesitzern handeln.

III. Nebenbesitz

Bestritten ist, ob ein gleichstufiger mittelbaren Besitz mehrerer (Nebenbesitz) auf Grund verschiedener voneinander unabhängiger Besitzmittlungsverhältnisse möglich ist. Die h. M. lehnt diese Besitzform ab.[1]

§ 9. Der Besitzschutz im allgemeinen

Literatur: Jhering, Über den Grund des Besitzesschutzes, 1869.

I. Allgemeines

Während die Auswirkungen des Besitzes für den Eigentumserwerb erst bei der Regelung des Eigentums vom Gesetz behandelt werden, regelt das BGB im Abschnitt Besitz lediglich den Schutz, der dem Besitz zuteil wird und ihn zu einer rechtlichen Stellung macht. Der Besitzschutz besteht einmal in einer erweiterten Selbsthilfe des Besitzers (§ 859), sodann in Besitzansprüchen, die der Besitzer durch Klage geltend machen kann (§§ 861, 862).

II. Verbotene Eigenmacht

Die gemeinsame Voraussetzung für alle Arten von Besitzschutz ist die Verübung verbotener Eigenmacht, d. h. Entziehung oder Störung des Besitzes ohne Willen des Besitzers (§ 858).

Sie erfordert menschliches Handeln, ist aber rein objektiv aufzufassen, setzt daher kein Verschulden voraus, infolgedessen auch keine Verschuldensfähigkeit, kann daher auch von Kindern und Geisteskranken verübt werden; im Gegensatz dazu steht der Schadensersatzanspruch aus unerlaubter Handlung (§ 823), der an Verschulden geknüpft ist.

Auf den guten Glauben des Täters, daß er nicht gegen den Willen des Besitzers handle oder selbst Besitzer sei (wie er im Fall einer Verwechslung von Sachen vorliegt), kommt es nicht an. Auch das Recht zum Besitz schließt die verbotene Eigenmacht nicht aus, da sonst die Selbsthilfe des Berechtigten doch zum Erfolg führen würde. Daher verübt auch der Eigentümer und Vermieter verbotene Eigenmacht gegen den Mieter, wenn er diesem nach Beendigung des Mietverhältnisses die Sache wegnimmt. Dies wirkt sich im Besitzprozeß bedeutsam aus (vgl. u. § 11 III).

[1] Vgl. RG 138, 267; BGH 28, 16, 27; BGH 50, 45.

Verbotene Eigenmacht muß nicht durch körperliche, sondern kann auch durch seelische Eingriffe, etwa durch wörtliches Bestreiten des Besitzes und durch Verbote und Drohungen ausgeübt werden. Dagegen ist die Erhebung einer Klage mit dem Ziel, die Übereignung eines Grundstücks wieder rückgängig zu machen, für sich allein keine verbotene Eigenmacht, auch wenn sich die Klage später als unbegründet herausstellt.[1]

Die Weigerung, den Besitz dem anderen wieder einzuräumen, ist keine Besitzentziehung.[2]

Die verbotene Eigenmacht braucht nicht gegen den erklärten Willen des Besitzers zu erfolgen, etwa gewaltsam, auch nicht heimlich, es genügt, daß sie ohne seinen Willen und sein Wissen geschieht. Ein vorher erklärtes Einverständnis genügt nicht zum Ausschluß der verbotenen Eigenmacht, wenn es vor der Verübung zurückgenommen ist (auch wenn damit gegen eine Verpflichtung verstoßen wird, denn es kommt auf die rechtliche Lage zwischen dem Besitzer und dem eigenmächtig Handelnden nicht an). Streitig ist, ob dieses Einverständnis ein Rechtsgeschäft ist, daher Geschäftsfähigkeit erfordert. Man wird dies bejahen können, weil man nicht gut annehmen kann, daß das Einverständnis eines Geisteskranken oder eines Kindes geeignet ist, die verbotene Eigenmacht auszuschließen.[3]

Es kommt nur auf den Willen des unmittelbaren Besitzers an, nicht auf den des mittelbaren Besitzers oder eines Besitzdieners.

III. Erlaubte Besitzentziehung oder -störung

Nur dann liegt verbotene Eigenmacht nicht vor, wenn das Gesetz ausnahmsweise die Entziehung oder Störung des Besitzes gestattet (§ 858). Dies ist der Fall insbesondere bei erlaubter Notwehr oder Selbsthilfe nach §§ 227ff., ferner soweit der Ausübung des Eigentums Grenzen nach den §§ 904ff. gezogen sind (vgl. u. § 24 II), bei Pfändung durch den Gerichtsvollzieher; dagegen bleibt die Besitzverschaffung auch dann eigenmächtig, wenn der Handelnde ein Recht auf den Besitz hat.

Der Konkurs- oder Nachlaßverwalter und der Testamentsvollstrecker, die zum Besitz berechtigt sind, bedürfen nicht der Erlaubnis des Eigentümers (also des Gemeinschuldners, des Erben) zur Inbesitznahme, wie sich aus der übergeordneten Verwalterstellung ergibt, die fast illusorisch würde, wenn diese Personen erst auf Herausgabe der Sache klagen müßten. Aber gegen den ausgesprochenen Willen des Eigentümers dürfen auch sie nicht mit Gewalt vorgehen. Dagegen dürfen Inhaber der elterlichen Gewalt und Vormünder sich auch mit Gewalt gegen das Kind oder Mündel der Sachen bemächtigen. Das ergibt sich aus ihrer besonderen Gewalt und daraus, daß Kind und Mündel wohl meistens nur Besitzdiener sind (vgl. o. § 6 I).

IV. Fehlerhaftigkeit des Besitzes

Eine wichtige Folge der verbotenen Eigenmacht ist die Fehlerhaftigkeit des durch sie erlangten Besitzes (§ 858 II).

Sie hat zur Folge, daß dem fehlerhaften Besitzer gegenüber dem früheren, durch die verbotene Eigenmacht verdrängten Besitzer der Schutz durch Besitzansprüche versagt wird (§§ 861 II, 862 II), bis ein Jahr seit der verbotenen Eigenmacht, die der Inhaber des fehlerhaften Besitzes verübt hat, verstrichen ist.

---

[1] BGH 20, 169.
[2] OGH Köln, MDR 1948, 472.
[3] A. M. E. Wolf, S. 51.

Erst durch diesen Zeitablauf verliert der Besitz den rechtlichen Makel. Allen anderen Personen gegenüber genießt auch der fehlerhafte Besitzer vollen Besitzschutz, so daß die Fehlerhaftigkeit nur relative Bedeutung hat.

Die Selbsthilfe nach § 859 steht dagegen auch dem fehlerhaften Besitzer zu.

Beispiel: K. entwendet dem B. am 1. 5. 1957 ein Fahrrad; B. nimmt es mit Gewalt vor dem 1. 5. 1958 wieder an sich; K. hat gegen B. das Recht der Selbsthilfe, aber nicht einen Besitzanspruch.

Die Fehlerhaftigkeit muß nach § 858 II auch der Erbe des eigenmächtig Handelnden gegen sich gelten lassen und der Einzelnachfolger im Besitz, der bereits bei Erwerb seines Besitzes die Fehlerhaftigkeit des Besitzes seines Vorgängers gekannt hat. Besitznachfolge bedeutet nur die zeitliche Nachfolge ohne Rücksicht auf die Übertragung des Besitzes durch den Vorgänger (wenn diese auch durchaus die Regel ist). Ist ein Nachfolger gutgläubig, so endet die Fehlerhaftigkeit des Besitzes auch für solche späteren Erwerber, die ihrerseits bösgläubig sind.

§ 10. Die Selbsthilfe des Besitzers

I. Das Recht der Selbstverteidigung (Besitzwehr)

Solange die verbotene Eigenmacht noch nicht abgeschlossen ist, also bei dem Versuch der Besitzentziehung noch nicht zum Verlust des Besitzes geführt hat, hat der Besitzer das Recht der Selbstverteidigung. Er darf sich der verbotenen Eigenmacht mit Gewalt erwehren (§ 859).

Dies ist ein besonderer Fall der Notwehr, nur daß hier positiv das Recht der Abwehr ausgesprochen ist. Daß die Gegenwärtigkeit des Angriffs nur in § 227 und nicht in § 859 erwähnt ist, bedeutet praktisch wohl kaum einen Unterschied; denn wie soll sich der Besitzer mit Gewalt wehren, wenn die verbotene Eigenmacht noch nicht gegenwärtig ist? Von Bedeutung ist, daß die Grenzen der Notwehr nach § 227 II, die Beschränkung auf die zur Abwehr erforderliche Verteidigung, auch hier gelten. Gegen die Abwehrhandlungen des Besitzers gibt es, da sie nicht rechtswidrig sind, keine Notwehr. Nimmt dagegen der Besitzer irrtümlich an, daß verbotene Eigenmacht vorliege (z. B. er verwechselt seine Sache mit der ähnlichen eines anderen und setzt sich dagegen zur Wehr, daß der andere seine Sache an sich nimmt) oder überschreitet er die Grenzen der Notwehr, dann ist sein Handeln widerrechtlich und kann bei Verschulden zum Schadensersatz verpflichten (§ 823).

II. Erweiterte Selbsthilfe (Besitzkehr)

Darüber hinaus ist dem Besitzer das Recht gewährt, sich seiner Sache wiederum zu bemächtigen. Dies bedeutet eine Erweiterung der Selbsthilfe gegenüber § 229, denn es kommt nicht auf die Frage an, ob obrigkeitliche Hilfe rechtzeitig zu erlangen ist oder ob die Vereitelung oder Erschwerung des Anspruches droht. Das Recht ist aber zeitlich sehr eingeengt.

1. Besitzkehr bei beweglichen Sachen

Bei beweglichen Sachen kann der Besitzer nach vollendeter Besitzentziehung dem Täter die Sache mit Gewalt wieder abnehmen, wenn er ihn auf frischer Tat ertappt oder verfolgt (§ 859 II), also nur, wenn er sie unverzüglich nach der Tat bemerkt und daraufhin den Täter verfolgt.

2. Besitzkehr bei unbeweglichen Sachen

Bei Grundstücken oder Räumen darf er sich sofort nach der Entziehung des Besitzes durch Entsetzung des Täters desselben wieder bemächtigen (§ 859 III).

„Sofort" unterscheidet sich von „unverzüglich" durch die Ausschaltung des Verschuldens, ist rein zeitlich, aber nach der Verkehrsauffassung zu beurteilen. So wird die Wiederbemächtigung nicht dadurch unerlaubt, daß der Besitzer Nachbarn zu Hilfe holt oder zuerst mit dem Täter verhandelt und dann erst zur Wiederbemächtigung schreitet. Dagegen kommt es auf die Kenntnis von der Entziehung nicht an, so daß dem Besitzer, der erst nach geraumer Zeit von der verbotenen Eigenmacht erfährt, das Recht zur Wiederbemächtigung fehlt. Auch hier sind bei der Gewaltanwendung die Grenzen des Erforderlichen nach § 230 I einzuhalten. Bei verschuldeter Überschreitung kommt wieder § 823 zur Anwendung.

III. Gegner der Selbsthilfe

Die Selbsthilfe ist nicht nur gegen den Täter selbst gestattet, sondern auch gegen jeden anderen fehlerhaften Besitzer im Sinne von § 858 II; doch gewinnt dies nur selten praktische Bedeutung (z. B. der Dieb steckt die gestohlene Sache einem Dritten zu, der den Diebstahl beobachtet hat).

IV. Selbsthilfe des Besitzdieners

Die Selbsthilfe in den beiden Formen des § 859 steht auch dem Besitzdiener zu (§ 860). Er kann also über § 227 hinausgehen ohne besondere Anweisung des Besitzherrn und nicht beschränkt auf die Sachen, die er gerade als Besitzdiener in der Gewalt hat, sondern für alle Sachen, die zum Haushalt oder Erwerbsgeschäft gehören, in welchem der Besitzdiener tätig ist.

Eine Erlaubnis, die der Besitzherr für das Handeln des Dritten gegeben hat, schließt die Selbsthilfe des Besitzdieners aus, denn sie wird ihm nur im Interesse des Besitzherrn und nicht im eigenen Interesse gewährt.

Gegen den Besitzherrn steht ihm die Selbsthilfe nicht zu.

Der mittelbare Besitzer hat die Selbsthilfe bei einem Angriff auf den unmittelbaren Besitzer nicht, außer nach den allgem. Vorschriften der §§ 227 und 229; vgl. o. § 7 III 3.

§ 11. Die Besitzansprüche

Literatur: Regelsberger, Der gerichtliche Besitzschutz nach römischem Recht, nach gemeinem Recht und nach dem BGB, Festschrift für Juristische Fakultät in Gießen, 1907, S. 233; Schneider, Fragen des Besitzschutzes, JR 1961, 367.

I. Der Anspruch bei Besitzentziehung

Ist die verbotene Eigenmacht durch Entziehung des Besitzes zum Abschluß gekommen – sei es, daß der Besitzer vergeblich die Selbsthilfe versucht hat, sei es, daß er die verbotene Eigenmacht nicht bemerkt hat – so steht dem Besitzer, der seinen Besitz verloren hat, der Anspruch auf Wiedereinräumung des Besitzes zu (§ 861).

Er steht auch dem Erben des Besitzers zu, ferner anderen Gesamtnachfolgern; Sondernachfolgern nur, wenn ihnen der Anspruch auf Wiedereinräumung abgetreten ist oder wenn jemand in bezug auf das Eigentum oder ein sonstiges Recht zum Besitz Rechtsnachfolger des Besitzers ist.

Auch der mittelbare Besitzer hat diesen Anspruch, nur nicht gegen den unmittelbaren Besitzer – der ja verbotene Eigenmacht gegen den mittelbaren nicht begehen kann – oder gegen denjenigen, der mit dessen Einverständnis gehandelt hat. Dem Besitzdiener steht der Anspruch nicht zu; er hätte auch kein Interesse daran, einen Prozeß für den Besitzherrn zu führen.

Der Anspruch richtet sich gegen den Täter, ferner gegen jeden, der die Fehlerhaftigkeit des Besitzes gegen sich gelten lassen muß (§§ 861, 858 II, vgl. o. § 9 IV). Doch wird vorausgesetzt, daß er noch Besitzer zur Zeit der Klageerhebung ist. Gegen einen bloßen Besitzdiener kann sich der Anspruch nicht richten.

Hat der Beklagte den Besitz nach Klageerhebung an einen anderen übertragen, so sind die Vorschriften von ZPO §§ 265, 325 anzuwenden; der Prozeß geht also gegen den Veräußerer weiter, dieser wird verurteilt, das Urteil ist aber gegen den Erwerber rechtskräftig und vollstreckbar. Verliert der Beklagte unfreiwillig den Besitz nach Klageerhebung, so ist der Rechtsstreit in der Hauptsache erledigt.

Der Anspruch kann auch gegen einen mittelbaren Besitzer geltend gemacht werden; andernfalls könnte er dem durch verbotene Eigenmacht seines früheren Besitzes Beraubten einfach dadurch genommen werden, daß der eigenmächtig Handelnde die Sache einem Gutgläubigen vermietete oder in Verwahrung gäbe, was leicht möglich wäre. Der mittelbare Besitz muß aber fehlerhaft sein, was insbesondere der Fall ist, wenn der eigenmächtig Handelnde durch Eingehung eines Rechtsverhältnisses nach § 868 für sich den mittelbaren Besitz begründet.

II. Ziel des Anspruchs

Der Anspruch richtet sich nicht auf Schadensersatz; dieser kann vielmehr nur bei Verschulden des Täters nach § 823 gefordert werden. Er geht daher nur auf Herstellung des früheren Besitzes, nicht zugleich auf Herstellung des früheren Zustands der Sache.

III. Die Einwendungen des Beklagten

1. Fehlen der verbotenen Eigenmacht

Er kann bestreiten, daß verbotene Eigenmacht vorliegt, z. B. weil ein Ausnahmefall gesetzlicher Gestattung vorliege oder der Besitzer einverstanden gewesen sei (§§ 858 I, 863).

2. Fehlerhafter Besitz des Klägers

Er kann einwenden, er habe zwar dem Kläger den Besitz entzogen, dessen Besitz sei aber ihm, dem Beklagten, gegenüber fehlerhaft, weil der Kläger vorher gegen ihn verbotene Eigenmacht verübt habe (§§ 861 II, 858 II).

Beispiel: Der Vermieter K. wirft den Mieter B. aus dessen Wohnung, weil der Mietvertrag abgelaufen ist; B. dringt einige Tage später wieder in die Wohnung ein, wird nun von K. wegen verbotener Eigenmacht verklagt und weist auf die früher verübte verbotene Eigenmacht des K. hin.

Diese Einwendung steht dem Beklagten auch zu, wenn ein Rechtsvorgänger des Klägers die verbotene Eigenmacht verübt hatte oder wenn sie gegen einen Rechtsvorgänger des Beklagten verübt war, d. h. sie steht auch einem Beklagten zu, der Besitznachfolger geworden wäre, wenn die verbotene Eigenmacht des Klägers nicht dazwischen gekommen wäre.

Beispiel: K. entwendet die Sache dem B.; B. stirbt; sein Erbe E. kann, wenn er verbotene Eigenmacht verübt und deswegen verklagt wird, die Einwendung des fehlerhaften Besitzes gegen K. erheben.

Die Einwendung ist aber nur zulässig, solange noch nicht ein Jahr seit der Verübung der ersten verbotenen Eigenmacht verstrichen ist. Hatte z. B. K. gegen B. am 1. 4. 1956 verbotene Eigenmacht verübt, so erlischt mit dem 1. 4. 1957 die Einwendung des B. gegen K., wenn B. verbotene Eigenmacht gegen K. verübt hat und deswegen von ihm belangt wird.

Es handelt sich nicht um eine bloße Einrede des Beklagten, sondern um eine von Amts wegen zu berücksichtigende Tatsache, wenn sie sich aus dem Vorbringen der Parteien im Prozeß ergibt.

3. Er kann das Erlöschen des Anspruchs einwenden (vgl. u. V).

4. Ausschluß von Einwendungen aus dem Recht zum Besitz

Einwendungen aus dem Recht zum Besitz sind ausgeschlossen (§ 863). Es macht keinen Unterschied, ob das Recht nur ein obligatorisches ist und auf Einräumung des Besitzes geht (Anspruch des Käufers oder Mieters) oder auf Herausgabe oder Rückgabe (Anspruch des Vermieters oder Hinterlegers) oder ob es ein dingliches ist (Anspruch des Eigentümers oder Pfandgläubigers). Käufer und Mieter dürfen sich die Sache, auch wenn sie einen Anspruch auf sie haben, nicht eigenmächtig selbst verschaffen. Der Vermieter und Eigentümer einer Wohnung, der den Mieter nach Ablauf der Mietzeit aus der Wohnung geworfen hat und vom Mieter nach § 861 auf Wiedereinräumung des Besitzes verklagt ist, kann nicht den Einwand erheben, ihm stehe das Recht auf den Besitz zu. Eine Ausnahme besteht nur nach § 863 (vgl. o. III 1).

Diese Abschneidung jeder Erörterung der Rechtslage ist für den Besitzprozeß charakteristisch. Sie stammt aus dem römischen Interdiktsverfahren. Sie steht allerdings in einem gewissen Gegensatz zu dem alten Satz: „dolo petit, qui petit, quod redditurus est", d. h. man darf nicht etwas verlangen, was man selbst wieder sogleich herauszugeben hat.[1]

Aber auf die Verurteilung des eigenmächtigen Besitzers zur Wiedereinräumung des Besitzes kann die Verurteilung des Besitzklägers zur Herausgabe in einem zweiten Prozeß[2] folgen, in welchem das Recht zum Besitz geltend gemacht wird. Zum Beispiel kann der mit Gewalt herausgeworfene Mieter zwar zunächst ein Urteil auf seine Wiedereinsetzung erreichen, aber in einem zweiten Prozeß, den der Vermieter anstrengt, zur Herausgabe und Räumung wegen Ablaufs des Mietvertrages verurteilt werden. Wenn das Gesetz so einseitig an die Wiederherstellung des durch verbotene Eigenmacht entzogenen Besitzes denkt, so vor allem deshalb, weil die verbotene Selbsthilfe unter allen Umständen unterdrückt werden soll. Dies geschieht aber am sichersten, wenn der Erfolg der Selbsthilfe auf alle Fälle rückgängig gemacht wird. Nur so kann der Berechtigte davon abgehalten werden, sich sein Recht selbst zu verschaffen.

Die Entscheidung im Besitzprozeß ist also stets nur eine vorläufige in dem Sinn, daß sie durch eine Entscheidung im Prozeß über das Recht umgestoßen werden kann.

Zugleich wird dadurch, daß die Erörterung der Rechtslage abgeschnitten wird, der Besitzprozeß sehr vereinfacht und beschleunigt. Durch Hineinziehung der Frage nach dem Recht zum Besitz würde der Besitzprozeß seinen Sinn verlieren, nämlich den einer vorläufigen schnellen Entscheidung über die reine Besitzlage als tatsächlichen Zustand.

---

[1] Vgl. dazu KG, OLGZ 1968, 19.

[2] Nach BGH, JZ 1970, 223 auch auf eine Widerklage hin.

Eine Ausnahme gilt nur, wenn ein rechtskräftiges Urteil nach Verübung der verbotenen Eigenmacht feststellt, daß dem Täter ein Recht an der Sache zusteht, vermöge dessen er die Herstellung eines seiner Handlungsweise entsprechenden Besitzstandes verlangen kann (§ 864 II). Durch ein solches Urteil erlöschen die Besitzansprüche. Doch ist der Fall, daß der Prozeß um das Recht eher als der Besitzprozeß endet, naturgemäß selten, wenn er nicht schon vorher begonnen hatte. Zur Begründung der Vorschrift ist darauf hinzuweisen, daß der Besitzprozeß mit Erörterung und Prüfung der Rechtslage hier nicht belastet wird, da die Rechtslage durch das rechtskräftige Urteil bindend festgestellt wird, und daß die Wiederherstellung des alten Besitzstandes zwecklos wäre, wenn der Besitz dem eben wiedereingesetzten Besitzer sofort durch Vollstreckung jenes rechtskräftigen Urteils entzogen werden könnte.

Streitig ist, ob auch ein Urteil genügt, welches schon vor der Verübung der verbotenen Eigenmacht rechtskräftig geworden ist. Dagegen spricht, daß die Rechtslage sich nach dem Urteil geändert haben kann, daher der Besitzprozeß doch mit Erörterung der Rechtslage belastet wird. Vor allem würde die Folge sein, daß sich der Prozeßsieger, der das Urteil nicht vollstrecken läßt, sondern eigenmächtig den Zustand selbst herstellt, dem Besitzer gegenüber behaupten würde; das soll aber gerade durch die Regelung der Besitzansprüche verhindert werden.

Streitig ist ferner, ob neben der Feststellung eines Rechtes an der Sache – was nach dem Sprachgebrauch des BGB nur ein dingliches Recht bedeuten kann – auch die Feststellung eines entsprechenden obligatorischen Anspruchs zur Beendigung der Besitzansprüche führen kann. Der Wortlaut spricht dagegen, aber ein Unterschied zwischen den beiden Fällen läßt sich nicht gut begründen, so daß eine analoge Anwendung von § 864 II angemessen erscheint.

IV. Der Anspruch bei Besitzstörung

Besteht die verbotene Eigenmacht nur in einer Störung des Besitzes, so kann der Besitzer vom Störer die Beseitigung der Störung verlangen. Wichtiger ist, daß er, wenn weitere Störungen zu besorgen sind, auf Unterlassung klagen kann (§ 862 I 2).

Störung liegt vor, wenn der Besitz nicht entzogen, aber beeinträchtigt ist. **Beispiele** sind Viehtreiben auf fremde Weiden, Schuttabladen, ferner alle unzulässigen Immissionen nach § 906, wenn der Besitzer zugleich der Eigentümer ist (vgl. u. § 25 II). Ist er es nicht, so sind die Vorschriften analog anzuwenden. Die Klage ist aber nur dann gerechtfertigt, wenn entweder ein Zustand besteht, der eine weiterwirkende Beeinträchtigung des Besitzes darstellt, oder wenn die Besorgnis weiterer Störungen besteht.

Man wird dem Kläger den Anspruch auch dann gewähren können, wenn noch keine tatsächliche Störung eingetreten ist, aber eine solche droht, insbesondere dadurch, daß der Beklagte gedroht hat, er werde die Besitzausübung des Klägers mit Gewalt verhindern. Die dadurch hervorgerufene Unsicherheit und Beunruhigung des Besitzers kann schon als Besitzstörung gelten (str.). Bloßes Behalten des Besitzes, wenn auch ohne Recht zum Besitz, stellt dagegen keine Besitzstörung dar.

Fraglich ist, gegen wen die Klage auf Beseitigung sich richtet, wenn der Besitz durch eine dauernde Anlage gestört wird, diese sich aber nicht mehr im Besitz des Errichters der Anlage befindet, z. B. weil dieser sein Nachbargrundstück veräußert hat. Sie wird jedenfalls gegen den gegenwärtigen Besitzer der Anlage gerichtet werden können, denn dadurch, daß er sie weiter hält, begeht er eine Besitzstörung.

Auch dieser Anspruch ist ausgeschlossen, wenn der gestörte Besitz gegenüber dem Störer fehlerhaft war und noch kein Jahr seit Erlangung dieses fehlerhaften Besitzes verstrichen ist, § 862 II.

V. Erlöschen der Besitzansprüche

Die Besitzansprüche erlöschen mit Ablauf eines Jahres nach Verübung der verbotenen Eigenmacht, wenn nicht vorher Klage erhoben ist (§ 864 I). Dies ist eine Besonderheit, weil in aller Regel Ansprüche durch Zeitablauf sonst nur verjähren, hier aber völlig erlöschen.

VI. Bedeutung der Besitzansprüche

Die praktische Bedeutung der Besitzansprüche ist, gemessen an der Zahl der erhobenen Klagen, nur gering. Die Neigung zur Führung der Besitzprozesse ist deshalb nicht groß, weil es sich praktisch in der Regel nur um vorläufige Entscheidungen handelt und die endgültige Regelung erst durch den Prozeß um das Recht gebracht wird. Weil es sich nur um eine vorläufige Entscheidung handelt, so konkurriert mit den Besitzklagen der noch kürzere und billigere Weg der einstweiligen Verfügung nach ZPO §§ 935, 940 (Regelung eines Zustandes). Man darf aber nicht meinen, daß die gesetzliche Regelung des Besitzschutzes darum ohne praktische Bedeutung sei. Denn gerade die durch sie herbeigeführte und gesicherte Unterdrückung der Selbsthilfe ist so stark in das Bewußtsein der Bevölkerung eingedrungen, daß die Zahl der Fälle einer verbotenen Eigenmacht sehr herabgesetzt ist. Hierin kann man aber eine sehr bedeutsame Auswirkung der gesetzlichen Regelung des Besitzschutzes erblicken.

VII. Sonstige Ansprüche des Besitzers

Ist der „bloße Besitz" durch ein Recht zum Besitz verstärkt, so steht dem Besitzer auch ein Bereicherungsanspruch zu (der Besitz ist ein „etwas", das ohne rechtlichen Grund erlangt sein kann) und der Anspruch auf Schadensersatz aus unerlaubter Handlung, wenn den eigenmächtig Handelnden ein Verschulden trifft. Dieser kann aber nicht auf Rückgabe der Sache gerichtet werden, soweit § 861 II ausgeschaltet würde. Vgl. oben § 3 IV a. E.[1]

VIII. Abholungsanspruch

Geringere Bedeutung hat der Abholungsanspruch des § 867 (Beispiel: Hut oder Ball fliegt auf ein Nachbargrundstück). Ist die Sache von einem anderen bereits in Besitz genommen, so entsteht der Anspruch aus § 861.

---

[1] Baur, § 9 V, BGH, JZ 1954, 613.

Zweites Kapitel

Das Liegenschaftsrecht im allgemeinen

1. Abschnitt. Das materielle Grundstücksrecht

§ 12. Die Aufgaben des Grundbuchs

I. Grundbuch und Grundeigentum

Der Rechtsverkehr bedarf sicherer Grundlagen; sie hat ihm die Rechtsordnung zu schaffen. Viele Sachen wechseln ihren Eigentümer, werden verkauft oder aus anderen Gründen übereignet. Je wertvoller sie sind, desto mehr kommt es darauf an, daß man sicher feststellen kann, wer der Eigentümer der zu übereignenden Sache ist; denn, wenn man von einer Person erwirbt, die nicht Eigentümer ist, so ergibt sich sogleich ein Konflikt: Entweder behandelt die Rechtsordnung den Erwerber trotz des Mangels im Recht des Veräußerers als Eigentümer – dann ist der wahre Eigentümer durch das hinter seinem Rücken vorgenommene Rechtsgeschäft geschädigt – oder sie versagt ihm den Erwerb – dann ist der Erwerber geschädigt (vgl. genauer u. § 16 I). Auf jeden Fall sind daher solche Übertragungen des Eigentums durch Nichteigentümer sehr unerfreulich, und es ist eine Hauptaufgabe der Rechtsordnung, Vorkehrungen zu treffen, daß sie möglichst verhindert werden und eine sichere Möglichkeit geschaffen wird, sich im Rechtsverkehr zu vergewissern, wer das Eigentum der zu erwerbenden Sache hat. Von besonderer Bedeutung ist dieses Problem für den Grundstücksverkehr, denn Grundstücke und Häuser haben einen viel höheren Wert als die meisten Mobilien.

Wie soll nun die Rechtsordnung dem Verkehr einen sicheren Anhalt geben, daß der Eigentümer der zu veräußernden Sache sicher festzustellen ist und damit jede Gefahr des Fehlgreifens und schwerer Komplikationen vermieden wird? An welches Merkmal soll der Rechtsverkehr sich halten, um aus ihm einen sicheren Schluß auf das Eigentum zu ziehen? Der Besitz als Legitimation für den Veräußerer scheidet unter den heutigen Verhältnissen gerade bei Grundstücken aus; denn zu viele Häuser und Grundstücke sind im Besitz von Nichteigentümern kraft Miete oder Pacht, besonders in den Städten, so daß der Schluß aus der tatsächlichen Gewalt auf das Recht, aus dem Besitz des Hauses auf das Eigentum an ihm keineswegs sicher ist. Die Rechtsordnung kann daher bei Grundstücken die Legitimation des Veräußerers nicht an den Besitz knüpfen. Den besten Ausweg bildet ein staatliches Register, in welchem die Eigentümer sämtlicher Grundstücke verzeichnet sind. Der damit notwendig verbundene Apparat und die Aufwendungen lohnen sich bei Grundstücken wegen ihres Wertes und ihrer immerhin übersehbaren Zahl, während eine Aufzeichnung sämtlicher beweglicher Sachen naturgemäß undurchführbar wäre. Ein solches staatliches Register ist das Grundbuch. Die Rechtsordnung muß dafür sorgen, daß es tunlichst vor Unrichtigkeiten bewahrt bleibt und immer den jeweiligen Rechtsstand wiedergibt. Damit ist dann für die Eigentumsverhältnisse an den Grundstücken die unerläßliche sichere Grundlage geschaffen. Die erste Aufgabe des Grundbuchs ist also, eine authentische und sichere Auskunft über die Eigentümer aller Grundstücke zu geben.

II. Grundbuch und beschränkte dingliche Rechte

Eine weitere ebenso wichtige Aufgabe erwächst dem Grundbuch daraus, daß die Belastung eines Grundstücks mit beschränkten Rechten an fremder Sache rechtlich möglich und wirtschaftlich notwendig ist. Heute stehen die Pfandrechte im Vordergrund, vom Gesetz Hypotheken genannt, daneben kommen die Grundschulden, Dienstbarkeiten und Reallasten in Betracht. Es leuchtet ohne weiteres ein, daß der Erwerber eines Grundstücks auch über diese Rechte sicher Bescheid wissen muß, denn sonst kann er den Wert des Grundstückes für ihn und die Schranken seiner Erträgnisse und des Besitzes nicht erkennen. Er muß, wenn er ein Grundstück käuflich erwerben will, wissen, welche Lasten auf dem Grundstück ruhen. Aus der Unkenntnis des Erwerbers würden sich auch hier schwerwiegende Konflikte ergeben: Entweder könnte die Rechtsordnung bestimmen, daß die dem Erwerber unbekannten Rechte mit seinem Erwerb erlöschen – dann wären sie ihres Charakters als dingliche Rechte beraubt und praktisch entwertet – oder daß sie weiter bestehen ohne Rücksicht auf die Kenntnis des Erwerbers – dann wäre dieser äußerst gefährdet. Wenn er z. B. ein Haus zum Kaufpreis von DM 150000.– erwürbe und danach sich erst herausstellte, daß es mit einer Hypothek von DM 130000.– belastet wäre, so würde er wirtschaftlich aufs schwerste geschädigt sein und hätte allenfalls nur schuldrechtliche Ansprüche gegen den Veräußerer, könnte aber an der Belastung nichts ändern.

Auch hier bietet das staatliche Register den besten Ausweg. Man verzeichnet in ihm auch sämtliche an einem Grundstück bestehenden Rechte dinglicher Natur und gibt damit dem Rechtsverkehr auch in dieser Hinsicht die erforderliche sichere Grundlage. Dann bestehen keine Bedenken mehr, diese Rechte gegen jeden Erwerber gelten zu lassen, auch wenn er sie nicht gekannt hat, denn er konnte sich ja durch Einsicht des Registers informieren.

Durch Schaffung eines solchen vollständigen Registers wird aber weiterhin noch zweierlei erreicht:

1. Es ist möglich, ohne jede Gefahr den Grundsatz durchzuführen, daß gewisse dingliche Rechte am Grundstück nicht die Besitzeinräu-

mung erfordern, sondern ohne Einräumung des Besitzes an den Berechtigten wirksam begründet werden können. Für den Eigentümer bedeutet es eine große Erleichterung, daß er den Besitz des Grundstücks behalten kann, wenn er sein Grundstück verpfändet. Gerade Hypotheken und Grundschulden sind nicht mit dem Besitz des belasteten Grundstücks verbunden.

2. Die Besitzlosigkeit vieler dinglicher Grundstücksrechte ermöglicht einen weiteren wirtschaftlich hoch wichtigen Grundsatz: Die mehrfache Belastung eines Grundstücks auch mit Rechten gleichen Inhalts ist möglich. Vor allem können mehrere Hypotheken oder Grundschulden an demselben Grundstück begründet werden. Dies bedeutet für den Eigentümer eine große Erweiterung der Möglichkeiten, durch Verpfändung seines Grundstückes Kredit zu bekommen. In der heutigen Zeit ist dies besonders für die Bebauung der Grundstücke unentbehrlich geworden.

III. Grundbuch und Rangordnung

Die mehrfache Belastung desselben Grundstücks bringt sofort ein neues Problem für die Rechtsordnung: Jedes dingliche Recht an einem Grundstück müßte unsicher werden, wenn später begründete Rechte mit dem früheren konkurrieren könnten. Besonders für die Pfandrechte ist dies ausschlaggebend. Denn ihr wertvollster Bestandteil ist das Verwertungsrecht. Die Konkurrenz mehrerer Pfandgläubiger könnte jedem verhängnisvoll werden, wenn früher oder später begründete Rechte denselben Rang hätten. Es muß also unter den Rechten eine feste Rangordnung geschaffen werden. Sie ist eine wesentliche Grundlage des Realkredits an Grundstücken; ohne sie sind geordnete, gesicherte und daher billige Kreditverhältnisse nicht zu erreichen. Die notwendige Rangordnung muß aber zur Kenntnis aller Beteiligten und Interessenten gebracht werden. Wieder ist das staatliche Register das beste Hilfsmittel. Denn es gewährt die Möglichkeit, sich über die Rangordnung unter den Belastungen des Grundstücks zu informieren, weil sie im Register festgelegt werden kann. Damit kann jeder Erwerber eines Rechts am Grundstück sich die Kenntnis verschaffen, welchen Rang und damit welche Sicherheit und welchen Wert das Recht hat. Ferner kann jeder, der ein neues Recht am Grundstück für sich begründet wissen will, z. B. jeder Gläubiger, der dem Eigentümer gegen Verpfändung des Grundstücks Kredit gewähren will, ermessen, ob das Grundstück ihm noch genügend Sicherheit für den Kredit bietet oder ob die Belastung desselben bereits so hoch ist, daß das für ihn zu begründende Pfandrecht nicht mehr als sicher anzusprechen wäre.

Schließlich kann durch die Einrichtung des Grundbuchs ein Grundsatz des Sachenrechts vorbildlich durchgeführt werden, die Publizität, d.h. die Erkennbarkeit aller dinglich-rechtlichen Veränderungen (vgl. o. § 2 I). Denn jede Änderung im Rechtszustand eines Grundstücks kann aus dem Register erkannt werden.

IV. Bedeutung des Grundbuchsystems

Die praktische Bedeutung des Grundbuchsystems kann nicht hoch genug veranschlagt werden. Es schafft die unumgängliche Sicherung des Rechtsverkehrs mit Grundstücken und Häusern und bildet die notwendige Grundlage für den Realkredit an Immobilien und damit für den gesamten Wohnungsbau. Milliardenwerte sind es, die auf diese Weise gesichert, ja erst nutzbringend in die Wirtschaft hineingebracht werden können. Aufgabe des Grundbuchrechts ist es, das Grundbuch als staatliches Register so auszugestalten, daß die höchste Garantie für die Richtigkeit seines Inhalts geboten und dadurch der Rechtsverkehr instand gesetzt wird, sich auf das Grundbuch unbedingt zu verlassen. Daß hierfür ein komplizierter Apparat aufgeboten werden muß und der Grundstücksverkehr verteuert wird, kann in Kauf genommen werden, weil es sich durchweg um große Objekte handelt, die eine höhere Belastung mit solchen Spesen vertragen, wenn dafür die Sicherheit des rechtlichen und wirtschaftlichen Erfolgs erreicht wird.

Das Grundbuchrecht ist technisch äußerst verfeinert und gewiß nicht einfach. Aber auch dies ist tragbar, weil der Laie, der auf dem Gebiet des Immobiliarrechts tätig wird, sich doch meist juristischer Hilfe bedient und wegen der hohen Werte auch bedienen kann. Jedenfalls stellt das Grundbuchrecht eine der großen Leistungen der Rechtsordnung und der Rechtswissenschaft dar; denn es ermöglicht auf einem äußerst wichtigen Gebiet ein gesundes Funktionieren der Wirtschaft und soziale Fortschritte.

V. Rechtsgeschichtliche Entwicklung

Es muß auffallen, daß das sonst technisch so entwickelte römische Recht auf diesem Gebiet versagt hat. Es liegt dies wohl darin begründet, daß es zwischen Immobilien und Mobilien keinen rechtlichen Unterschied machte, sondern die Formlosigkeit des Mobiliarverkehrs auf die Grundstücke übertrug. Damit förderte es zwar die Leichtigkeit des Güterumsatzes, mußte sie aber mit Unsicherheit und rechtlichen Konflikten sowie wirtschaftlicher Unzulänglichkeit, insbesondere des Realkredits, bezahlen.

Das Grundbuchrecht verdankt seine Entstehung dem Germanischen Recht. Dieses hielt für die Grundstücksübertragung an Formen fest, ermöglichte damit aber die Aufzeichnung des Eigentumswechsels und der Grundstücksverpfändungen in öffentlichen Büchern, ursprünglich durch bloße Sammlung der hierfür geforderten Urkunden, später durch planmäßig angelegte Bücher. Auch die Rezeption des römischen Rechts konnte das Grundbuch nicht mehr völlig verdrängen. Allerdings wurde es in vielen Rechtsgebieten auf die Pfandrechte beschränkt (Pfand- oder Hypothekenbücher), während die Übereignung durch bloße Übergabe ohne Grundbucheintragung möglich wurde.

Die neuere Entwicklung nahm ihren Ausgang von Preußen. Die Hypotheken- und Konkursordnung von 1722 ordnete die Anlegung von Grund- und Hypothekenbüchern an. Die allgemeine Hypothekenordnung von 1783 und das Preußische Allgemeine Landrecht von 1794 bauten die Einrichtung weiter aus. Ihnen folgten viele Landesgesetze (Bayern-HypothekenG von 1822), wenn auch oft unter Beschränkung auf Hypothekenbücher. Die preuß. Gesetzgebung von 1872 (Eigentumserwerbsgesetz und Grundbuchordnung) bildete dann das Vorbild für die Reichsgesetzgebung mit der Ausdehnung des Grundbuchs auf die gesamten Rechtsverhältnisse an Grundstücken. Das BGB führte das Grundbuchrecht im gesamten Reichsgebiet ein. Das formelle Grundbuchrecht, also das Verfahren in Grundbuchsachen, regelte die Grundbuchordnung vom 24. 3. 1897. Heute gilt die Grundbuchordnung in der Fassung vom 5. 8. 1935.

§ 13. Begründung, Übertragung und Beendigung von Grundstücksrechten

Literatur: Bernhöft, Einigung, Antrag und Eintragungsbewilligung im Liegenschaftsrecht, 1931; Beyerle, Der dingliche Vertrag, in Festschrift für Boehmer, 1954, 164; Brandt, Eigentumserwerb und Austauschgeschäft, 1940; Eccius, Einigung und dinglicher Vertrag im Sachenrecht, Gruch. Beitr. 47, 51; 51, 681; Heck, Das abstrakte dingliche Rechtsgeschäft, 1937; H. Lange, Rechtsgrundabhängigkeit der Verfügung im Boden- und Fahrnisrecht, AcP 146, 28; ders., Rechtswirklichkeit und Abstraktion, AcP 148, 188; Locher, Neugestaltung des Liegenschaftsrechts, 1942; Marcuse, Die Wirkung der Ungültigkeit des Kausalgeschäfts auf das sachenrechtliche Erfüllungsgeschäft, Gruch. Beitr. 66, 159; Molitor, Obligatorischer Anspruch, dingliche Einigung und Eintragungsbewilligung, Recht 1903, 57; Oertmann, Bemerkungen über die Rechtsfolgen der sachenrechtlichen Einigung, JR 1930, 1; Siber, Das Buchrechtsgeschäft nach Reichsgrundbuchrecht, 1909; Simon, Die rechtliche Natur der sachenrechtlichen Einigung, 1907; Strecker, Folgen der Nichtübereinstimmung von Grundbucheintragung und Einigung, Recht 1924, 84; Walsmann, Der Verzicht, 1912, S. 252.

I. Begründung und Übertragung von Grundstücksrechten

Die Übertragung eines schon bestehenden dinglichen Rechtes an einem Grundstück, z. B. des Eigentums, sowie die Begründung eines neuen dinglichen Rechtes, z. B. einer Hypothek, also die Belastung eines Grundstücks, bedürfen zu ihrer Wirksamkeit eines doppelten Vorganges, der Einigung und der Eintragung ins Grundbuch (§ 873).

Denselben Vorschriften unterliegen auch die Begründung und Übertragung von Rechten an einem Grundstücksrecht, z. B. eines Pfandrechts an einer Hypothek, § 873. Ähnliche Vorschriften gelten für Veränderungen im Inhalt eines Grundstücksrechts, § 877, und für die Änderung des Rangs, § 880 (vgl. u. § 14). Abweichend ist die Aufhebung von Grundstücksrechten geregelt (vgl. u. VI).

Ausnahmen bestehen für die Übertragung einer Briefhypothek nach § 1154 und für die Begründung einer Eigentümergrundschuld nach § 1196.

II. Die Einigung

1. Einigung als Vertrag

Die Einigung ist ein Vertrag. Er führt die gesonderte Bezeichnung nur, um den dinglichen Vertrag, der dingliche Rechte zum Gegenstand hat, von dem obligatorischen Vertrag, der nur die Verpflichtung zu dinglichen Rechtshandlungen begründet, deutlich zu unterscheiden. Zur Rechtsnatur der Einigung vgl. auch u. IV.

Alle Vorschriften über Verträge finden auf die Einigung unmittelbare Anwendung, zum Beispiel die Zusammensetzung des Vertrages aus Antrag und Annahme nach §§ 145 ff., das Erfordernis der Geschäftsfähigkeit und die Auswirkungen ihres Fehlens nach §§ 105 ff., die Folgen von Willensmängeln nach §§ 119 ff., das Wirksamwerden einer Erklärung nach § 130, die Wirkungen von Bedingungen nach §§ 158 ff. und die Regelung der Vertretung nach §§ 164 ff. Danach erfordert die Einigung nur die volle Geschäftsfähigkeit des Veräußerers, während auf seiten des Erwerbers die beschränkte Geschäftsfähigkeit genügt, weil der dingliche Erwerb nach § 107 ein Rechtsgeschäft darstellt, das für den Erwerber lediglich rechtliche Vorteile bringt.

Zweifel bestehen dagegen über die Gebundenheit an den Antrag; denn selbst die volle Einigung ist noch nicht bindend. Jedenfalls wäre die Bindung an den Antrag ohne praktische Bedeutung, weil der andere Teil sofort die Einigung widerrufen könnte. Ist aber der Antrag in einer Form gestellt, welche die Einigung bindend macht (§ 873 II, vgl. u. II 3), so hat auch die Gebundenheit an den Antrag einen Sinn und ist daher in der Regel zu bejahen.

Ob ein dinglicher Vertrag zugunsten Dritter abgeschlossen werden kann, ist bestritten.[1]

2. Einigung als Erfüllungsgeschäft

Die Einigung hat zum Gegenstand die dingliche Rechtsänderung selbst im Gegensatz zur bloßen Verpflichtung, die dingliche Rechtswirkung herbeizuführen. Zum Beispiel ist die Einigung über die Eigentumsübertragung die erklärte Willensübereinstimmung darüber, daß das Eigentum vom Veräußerer auf den Erwerber übergehen soll, im Gegensatz zu der bloßen Verpflichtung, demnächst das Eigentum zu übertragen. Die Einigung stellt also in der Regel das Erfüllungsgeschäft dar, dem ein Verpflichtungsgeschäft vorangegangen ist.

Das Einigungsprinzip ist in der Vergangenheit heftig bekämpft worden. Man hält es vor allem im Fahrnisrecht, aber auch für das Grundstücksrecht für lebensfremd und meint, daß der obligatorische Vertrag die Funktionen der Einigung de lege ferenda übernehmen müsse.[2]

3. Form

Für die Einigung ist eine Form in § 873 nicht vorgeschrieben, ausgenommen für die Auflassung in § 925 (vgl. u. § 26 II).

4. Bindung an die Einigung

Die formlose Einigung ist aber nach § 873 II nicht bindend, wenn auch wirksam. Dies bedeutet eine eigenartige Ausnahme von der Regel, die für fast alle Rechtsgeschäfte gilt, daß Wirksamkeit und Bin-

---

[1] Verneinend z. B. RG 148, 263; 124, 221, bejahend vor allem Westermann, § 3 II 4. Dieser Meinung ist zuzustimmen.

[2] Vgl. dazu Beyerle, Festschrift für Boehmer, S. 164; Brandt, Eigentumserwerb und Austauschgeschäft, 1940; Krause, AcP 145, 312. Bemerkenswert ist, daß sich der Bodenrechtsausschuß der ehem. Akademie für Deutsches Recht nicht zu einer Aufgabe der Einigung entschließen konnte; vgl. Locher, aaO, S. 40 ff. Kritisch gegen Beseitigung der Einigung auch Lange, AcP 148, 188.

dung zusammenfallen, jedes wirksame Rechtsgeschäft also auch bindend ist. Ausnahmen bestehen nur, wenn ein Teil sich den Widerruf vorbehalten hat oder das Gesetz aus bestimmten Gründen den Widerruf gestattet (vgl. §§ 109, 183, 530, 671, 1830). Die fehlende Bindung an die Einigung bedeutet, daß der erklärende Teil von seiner Erklärung wieder loskommen kann, indem er sich lossagt, sie widerruft. Bei der Einigung steht diese Möglichkeit jedem der beiden Teile zu. Der Bodenrechtsausschuß der ehem. Akademie für Deutsches Recht hatte sich für die bindende Wirkung der Einigung entschieden.[1] Daß die formlose Einigung wirksam ist, zeigt sich daran, daß sie, falls kein Widerruf erfolgt, genügt, um zusammen mit der Eintragung die gewollte Rechtswirkung zu erzielen. Auch die formlose Einigung ist also eine genügende Grundlage für die Begründung oder Übertragung dinglicher Rechte. Der Widerruf ist eine einseitige, formlose, aber empfangsbedürftige Willenserklärung. Die Bindung bedeutet, daß der Widerruf ausgeschlossen ist und die Eintragung durch den anderen Teil nicht mehr einseitig verhindert werden kann.

Für den praktischen Grundstücksverkehr ist die formlose Einigung ohne große Bedeutung. Denn bei der Wichtigkeit der dinglichen Verträge läßt sich nur selten jemand auf das Risiko ein, das in der freien Widerruflichkeit durch den Gegner liegt; gerade der Grundstücksverkehr fordert Sicherheit. Außerdem hat der Widerruf wenig Sinn; denn wenn das Kausalgeschäft gültig ist, besteht ja trotz des Widerrufs ein Anspruch auf Abschluß der Einigung fort und kann im Wege des Prozesses durch Verurteilung des Gegners zur Abgabe der Einigungserklärung durchgesetzt werden.

Vor allem aber darf nach formellem Grundbuchrecht das Grundbuchamt eine Eintragung nur vornehmen, wenn die Bewilligung der Eintragung durch den passiv Beteiligten in bestimmter Form vorliegt (GBO § 29, vgl. u. § 21 IV). Auf Grund einer formlosen Einigung allein läßt sich daher die Eintragung nicht erreichen, also die gewollte dingliche Rechtswirkung nicht erzielen. Das formelle Grundbuchrecht verhindert also praktisch, daß nicht bindende Einigungen vorkommen; denn mit der Bewilligung wird die Einigung bindend (vgl. u.).

§ 873 II bestimmt zugleich, daß die Einigung in bestimmten, praktisch weitaus überwiegenden Fällen bindend, d. h. unwiderruflich wird:

a) wenn die Erklärungen notariell beurkundet sind,

b) wenn die Erklärungen vor dem Grundbuchamt abgegeben oder bei ihm eingereicht sind (str., ob sie zu Protokoll abgegeben sein müssen),

c) wenn der Berechtigte dem anderen Teil eine formelle Eintragungsbewilligung nach GBO § 19 ausgehändigt hat.

Die Aushändigung der Bewilligung und die Annahme durch den Gegner stellen zugleich die Einigung selbst dar, wenn sie formlos wirksam ist.

III. Die Eintragung

1. Der Eintragungszwang

Durch den Eintragungszwang wird erreicht, daß durch wirksame Rechtsgeschäfte in bezug auf dingliche Rechte das Grundbuch niemals

---

[1] Vgl. Locher, aaO, S. 78ff.

unrichtig werden kann, sondern immer die jeweilige Rechtslage wiedergibt. Denn solange die Eintragung nicht erfolgt ist, hat sich die Übertragung oder Begründung des dinglichen Rechts noch nicht wirksam vollzogen; ausgeschlossen ist es, daß sich ein solcher Rechtsvorgang auf rechtsgeschäftlichem Weg wirksam vollziehen kann, ohne daß er im Grundbuch vermerkt wird. Zum Beispiel kann niemand Eigentümer des Grundstücks durch Rechtsgeschäft werden, ohne daß er im Grundbuch eingetragen ist. Damit wird eine Quelle verstopft, aus der sonst die Unrichtigkeit des Grundbuchs herrühren könnte.

Zugleich wird damit in vollkommener Weise die Erkennbarkeit jeder rechtsgeschäftlichen Änderung im dinglichen Rechtszustand gesichert, weil jeder wirksame Vorgang dieser Art im Grundbuch vermerkt und aus ihm ersichtlich ist.

Der Grundsatz des Eintragungszwangs gilt aber nur für die Rechtsänderungen, die durch Rechtsgeschäft eintreten, nicht dagegen für diejenigen, die sich durch Staatsakt (Zuschlag in der Zwangsversteigerung, Enteignung) oder auf Grund des Gesetzes vollziehen. So rückt der Erbe in die gesamte Rechtsstellung des Erblassers und auch in die Grundstücksrechte desselben ein, ohne daß es erst einer Eintragung bedürfte. Ähnlich ist es bei der Übertragung des Anteils eines Miterben nach § 2033. Auch bei der ehelichen Gütergemeinschaft tritt die Rechtsänderung nach § 1416 II ohne Eintragung ein, ferner auch bei Eintritt in eine Gesellschaft oder Austritt aus ihr.

Dagegen vollzieht sich die Einbringung von Grundstücken und Grundstücksrechten in eine Gesellschaft oder offene Handelsgesellschaft oder in eine juristische Person sowie die Umwandlung von Gesamthandseigentum in Einzeleigentum oder in Miteigentum nach Bruchteilen durch Übertragung nach § 873, unterliegt also dem Eintragungszwang. Soweit bedingte dingliche Rechtsgeschäfte zulässig sind (Ausnahme s. § 925 II), vollzieht sich die Rechtsveränderung durch Eintritt der Bedingung ebenfalls ohne Grundbucheintragung; solche Rechtsgeschäfte sind jedoch im Grundstücksverkehr selten.

Da das Grundbuch nur über dingliche Rechte Auskunft gibt, so gilt der Eintragungszwang nur für dingliche Rechte und für dingliche Rechtsgeschäfte. Obligatorische Rechtsgeschäfte unterliegen ihm nicht, z. B. nicht der Grundstückskauf; denn obligatorische Rechte werden im Grundbuch nicht vermerkt, z. B. auch nicht der Anspruch des Käufers auf Übertragung des Eigentums, brauchen es auch nicht, weil sie ohne Einwirkung auf die dingliche Rechtslage des Erwerbers sind. Nur in Gestalt der Vormerkung gibt das Grundbuch von obligatorischen Ansprüchen Kunde (vgl. u. § 15). Ferner sind Verfügungsbeschränkungen zugunsten bestimmter Personen eintragungsfähig (z. B. Konkurs, Nachlaßverwaltung, Testamentsvollstreckung, Nacherbschaft).

2. Bedeutung der Eintragung

Die Eintragung ist nicht eine Art von Beurkundung der Einigung, sondern ein zweites gleichwertiges Element der Rechtsveränderung neben der Einigung. Gewöhnlich folgt sie der Einigung, anders nur, wenn die Eintragung auf Grund einer Bewilligung erfolgt, ehe die Einigung geschlossen ist (vgl. u. § 21 IV), oder wenn die Einigung erst nachträglich wirksam wird, z. B. durch Zustimmung des gesetzlichen Vertreters oder gemäß § 185. Der Zwischenraum zwischen Einigung und Eintragung kann erheblich sein, z. B. wegen des Erfordernisses behördlicher Genehmigung. Ohne Einigung kann die Eintragung die Rechtsänderung nicht bewirken, führt vielmehr die Unrichtigkeit des Grundbuchs herbei und kann im Weg der Berichtigung nach § 894 beseitigt werden.

Sie hat für sich allein Bedeutung für den Rang eines eingetragenen Rechts (§ 879, vgl. u. § 14), für die Vermutung des eingetragenen Rechts (§ 891, vgl. u. § 16) und vor allem für den guten Glauben (§§ 892, 893, vgl. u. § 16), bewirkt dagegen ohne Hinzutritt der Einigung keine Änderung der Rechtslage (z. B. das Entstehen des eingetragenen Rechts), sie hat keine „formale Rechtskraft", sondern macht das Grundbuch unrichtig.

Einigung und Eintragung müssen sich inhaltlich decken; nur soweit dies der Fall ist, tritt die Rechtswirkung nach § 873 ein. Dies wird wichtig, wenn ausnahmsweise die Eintragung nachfolgt.

Im Rahmen von § 874[1] kann bei der Eintragung auf die Bewilligung (vgl. u. § 21 IV) Bezug genommen werden. In diesem Umfang wird die Bewilligung dann zum Inhalt des Grundbuchs, besonders hinsichtlich des gutgläubigen Erwerbs nach § 892 (vgl. u. § 16 IV, V). Durch eine solche Bezugnahme kann aber nur die nähere Bezeichnung eines dinglichen Rechts ersetzt werden. Dieses selbst muß im Grundbuch, wenigstens stichwortartig, soweit bezeichnet werden, daß seine rechtliche Natur und seine besondere Art erkennbar wird. So kann z. B. eine Dienstbarkeit, die im Grundbuch nur als „Baubeschränkung" eingetragen ist, auch nicht über die Bezugnahme auf die Eintragungsbewilligung und das Kausalgeschäft als gleichzeitige Gebäudenutzungsbeschränkung ausgelegt werden.[2]

IV. Rechtsnatur von Einigung und Eintragung

Umstritten ist, ob Einigung und Eintragung zusammen den dinglichen Vertrag ausmachen[3] oder die Einigung für sich allein den dinglichen Vertrag darstellt.[4]

Ich schließe mich der zweiten Auffassung an. Man kann private Willenserklärungen, wie sie bei der Einigung vorliegen, nicht mit einem Staatsakt zu einem einheitlichen Tatbestand zusammenfassen. Auch daß die Eintragung durch den Willen der Beteiligten veranlaßt und von ihnen inhaltlich beherrscht wird, macht sie noch nicht zu einem Bestandteil eines privaten Vertrages. Das Erfordernis der Eintragung stellt nicht etwa eine Formvorschrift für die Einigung dar; denn die Willensäußerung selbst ist nicht formalisiert (außer bei der Auflassung), sondern zu dem abgeschlossenen Vorgang der Einigung tritt ein zweites selbständiges Tatbestandsmoment hinzu. Es handelt sich auch nicht um eine Art schlüssigen Verhaltens; so könnte allenfalls die Übergabe bei beweglichen Sachen aufgefaßt werden, aber nicht die Eintragung, die gar kein Parteihandeln ist.

Wenn darauf hingewiesen wird, die Einigung für sich allein könne nicht den Tatbestand eines Vertrags ausmachen, weil sie nicht die Wirkung einer Rechtsänderung habe, zum Begriff des Vertrags aber die rechtliche Wirkung gehöre, so läßt sich dem entgegenhalten, daß man allgemein von nichtigen und unwirksamen Verträgen spricht und auch das Gesetz stets den Ausdruck „nichtige Willenserklärung" gebraucht. Offensichtlich wird also auch beim Fehlen der Vertragswirkung der Tatbestand der Willenserklärung oder des Vertragsschlusses angenommen. Der Vertrags-

[1] Vgl. z. B. BGH 35, 378/381 ff.

[2] So BGH, MDR 1966, 135.

[3] So Rosenberg, Sachenrecht S. 174, Wolff-Raiser, § 38 II, Enneccerus-Nipperdey, BGB Allgemeiner Teil, 11. Aufl., § 146 II 2.

[4] So Planck, Vorbemerkung zu Bd. III 1, S. 20, Staudinger, Anm. 35 zu § 873 BGB, Westermann, § 38, 3.

schluß ist auch beim dinglichen Vertrag gegeben, wenn die Willensübereinstimmung über den Eintritt einer Rechtswirkung besteht; ob dieser wirklich erfolgt, kann von weiteren Umständen abhängen, z. B. von der Eintragung. Die Einigung hat auch für sich allein eine bedeutsame rechtliche Wirkung, die Anwartschaft (vgl. u. § 26 VI).

Die Trennung von Einigung und Eintragung erscheint auch praktisch notwendig. Denn da zwischen beiden Akten ein längerer Zeitraum liegen kann (in der Praxis leider oft ein erheblicher), so kann es sich während desselben bereits herausstellen, daß ein Willensmangel bei der Einigung vorliegt. Soll nun die Anfechtung erst nach der Eintragung möglich sein oder schon, wenn nur die Einigung vorliegt? Gewiß ist das Zweite einleuchtend, aber es steht im Widerspruch zu dem Grundsatz, daß nur eine vollendete Erklärung angefochten werden kann. Auch die Nichtigkeit der Einigung kann schon vor der Eintragung feststehen; sollen aus ihr noch keine Folgerungen gezogen werden können, weil vor der Eintragung noch kein abgeschlossener Vertrag vorhanden ist? Soll das Grundbuchamt, auch wenn die Nichtigkeit der Einigung feststeht, die Eintragung vornehmen, weil erst nach ihrem Vollzug ein nichtiger Vertrag vorliegt?

Die Einbeziehung der Eintragung in den Tatbestand des dinglichen Vertrags ist deshalb ausgeschlossen, weil auf die Eintragung keine der Regeln paßt, die für Verträge und Rechtsgeschäfte gelten.

Alle Regeln über Verträge passen nur auf die Einigung, nicht auf die Eintragung oder auf beides zusammen. Die Eintragung setzt sich nicht aus Antrag und Annahme zusammen und kann nicht wegen Geschäftsunfähigkeit eines Vertragsteils oder wegen Wuchers oder Unsittlichkeit nichtig sein; es gibt bei ihr keine Vertretung nach den Normen des Privatrechtes, sie ist nicht anfechtbar wegen Willensmängeln eines Vertragsteils, auch nicht wegen solcher in der Person des Grundbuchbeamten. Alles in allem steht sie also völlig außerhalb der Vertragsregelung. Auch der § 139 ist auf das Verhältnis von Einigung und Eintragung unanwendbar; denn niemals kann man von Nichtigkeit der Eintragung sprechen, wenn die Einigung nichtig ist. Die Nichtigkeit eines Staatsaktes hat andere Voraussetzungen als die eines privaten Rechtsgeschäftes. Trifft aber keine Bestimmung über Verträge auf die Eintragung zu, so kann sie auch nicht Bestandteil eines Vertrages sein.

Die Einigung für sich allein hat allerdings noch nicht die Wirkung einer dinglichen Rechtsänderung. Obwohl der Veräußerer bereits seine Verfügung getroffen hat, bleibt er noch Inhaber des Rechtes, über das er verfügt hat, z. B. noch Eigentümer nach der Auflassung. Eine Verfügungsbeschränkung tritt für ihn noch nicht ein (h. M.). Er ist daher in der Lage, über das Recht nochmals eine Verfügung durch Einigung mit einem Dritten zu treffen. Wird dann der Antrag auf Eintragung des Dritten eher gestellt als derjenige auf Eintragung des ersten Kontrahenten, so ist es möglich, daß nicht der erste Kontrahent das Recht erwirbt, sondern der zweite. Ein Schutz des ersten Kontrahenten gegen diese Entwicklung ist aber dann gegeben, wenn der Antrag auf seine Eintragung schon gestellt wird, ehe die Einigung mit dem zweiten erfolgt oder wenigstens ehe der Antrag auf dessen Eintragung gestellt wird; denn nach der GBO sind die Anträge, wenn sie dasselbe Grundstück betreffen, in der Reihenfolge des Eingangs der Anträge zu erledigen. Befriedigend wirkt die Möglichkeit einer zweiten abweichenden Verfügung des Veräußerers allerdings nicht, zumal wenn längere Zeit bis zur Eintragung vergeht.

Ob der Anspruch auf Vollzug der Eintragung aus der Einigung oder aus dem zugrunde liegenden Kausalgeschäft entspringt, ist streitig. Jedenfalls aber wird durch die Einigung bereits eine dingliche Anwartschaft begründet, die auch übertragbar (und vererblich) ist; denn ohne aktives Handeln des Veräußerers kann nun der Erwerber sein Recht erlangen, da er den Antrag auf seine Eintragung stellen kann.

V. Verfügungsbeschränkungen, Wegfall der Geschäftsfähigkeit und Tod, Rechtsverlust

1. Verfügungsbeschränkungen nach Einigung und vor Eintragung

Wichtig ist die Frage, welche Bedeutung Verfügungsbeschränkungen haben, die erst nach der Einigung, aber vor der Eintragung eintreten (beide können ja einige Wochen auseinanderliegen). Hier bestimmt § 878, daß sie dann die Wirksamkeit der abgegebenen Erklärung nicht mehr beeinflussen, wenn sie erst eintreten, nachdem die Erklärung bindend geworden ist (§§ 873 II, 875) und der Antrag auf Eintragung beim Grundbuchamt gestellt ist. Streitig ist, ob das Zugehen des Antrags genügt oder ob die Vorlage an den zuständigen Beamten erforderlich ist.

§ 878 kommt für alle Rechtsgeschäfte des durch die Beschränkung Betroffenen (z. B. im Konkurs die des Gemeinschuldners) in Betracht, die unter die §§ 873, 875 fallen, auch für die Bewilligung einer Vormerkung[1] (vgl. u. § 15), dagegen nicht für einen Rechtserwerb im Weg der Zwangsvollstreckung.[2]

Zu diesen Verfügungsbeschränkungen gehören einstweilige Verfügungen, wenn sie Veräußerungsverbote enthalten, gesetzliche Veräußerungsverbote, z. B. infolge Konkurseröffnung oder Nachlaßverwaltung, die Einschränkungen eines Ehegatten im Güterstand der Zugewinngemeinschaft oder der Gütergemeinschaft und des Vorerben, bei Zwangsvollstreckung die Pfändung oder Anordnung der Zwangsversteigerung. Im Fall von § 878 behält also trotz der inzwischen eingetretenen Verfügungsbeschränkung der dingliche Vertrag seine volle Wirkung. Der Grund ist darin zu finden, daß diese Beschränkungen ohne Eintragung entstehen, daher dem Grundbuch doch nicht sogleich zu entnehmen sind.

Ob auch Erklärungen eines Nichtberechtigten, die nach § 185 dem Berechtigten gegenüber wirksam sind, unter § 878 fallen, ist bestritten, dürfte jedoch zu bejahen sein. Beispiel: A verkauft dem B sein Grundstück und ermächtigt ihn, auch schon vor der Eintragung des Eigentumsübergangs das Grundstück zu belasten. B will von C eine Grundschuld aufnehmen und stellt den Antrag auf Eintragung dieser Grundschuld. Vor Eintragung fällt er in Konkurs.[3]

2. Wegfall der Geschäftsfähigkeit und Tod

Beim Wegfall der Geschäftsfähigkeit handelt es sich nicht um einen Fall der Verfügungsbeschränkung. Ist die Einigung für sich allein bereits der dingliche Vertrag, so beurteilt sich die Geschäftsfähigkeit nach dem Zeitpunkt der Einigung. Ein späterer Verlust derselben hindert nicht die Wirkung der Einigung (§ 130 II).[4]

Dasselbe gilt für den Tod des Verfügenden. Auch die Bewilligung durch den Erblasser wirkt selbst dann gegen die Erben, wenn sie bereits als Eigentümer eingetragen sind[5] (vgl. u. § 21 IV).

3. Rechtsverlust

Der Rechtsverlust des Verfügenden fällt ebenfalls nicht unter § 878. Bis zur Vollendung der Eintragung muß der Verfügende Inhaber des Rechts sein. Andernfalls tritt, wenn nicht gutgläubiger Erwerb gegeben ist, die Rechtsänderung nicht ein.

---

[1] Str., BGH, NJW 1958, 2013.
[2] BGH 9, 250.
[3] Vgl. zu diesem Problem Däubler, JZ 1963, 588.
[4] Vgl. dazu auch Westermann, § 76 III 3.
[5] BGH 48, 351.

VI. Beendigung eines Grundstücksrechts

1. Aufhebung

Die Aufhebung eines Rechts an einem Grundstück durch Rechtsgeschäft bedarf wiederum eines doppelten Aktes, der Aufgabeerklärung und der Eintragung im Grundbuch. Auch hier besteht also der Eintragungszwang, um die Richtigkeit des Grundbuchs sicherzustellen.

Die Eintragung, daß ein Recht erloschen ist, führt die Bezeichnung „Löschung", § 875. Sie erfolgt aber nicht etwa durch Beseitigung der alten Eintragung, sondern ist selbst eine neue Eintragung, nur negativen Inhalts.

Die Aufgabeerklärung ist wie die Einigung abstrakt. Für die Aufhebung des Eigentums selbst gilt § 928 (vgl. u. § 28).

Sie wird meist in der Form einer Löschungsbewilligung erfolgen, obwohl diese streng genommen von der materiellen Erklärung zu trennen ist, aber sie läßt einen sicheren Schluß auf einen auf materielle Rechtsänderung gerichteten Willen zu.

Der einseitige Verzicht genügt für die dinglichen Rechte anders als bei schuldrechtlichen Ansprüchen, die nur durch Vertrag zwischen Gläubiger und Schuldner (Erlaß genannt, vgl. § 397) aufgehoben werden können. Dies beruht folgerichtig darauf, daß der schuldrechtliche Anspruch ein rechtliches Band zwischen Gläubiger und Schuldner darstellt, das nicht einseitig gelöst werden kann, während das dingliche Recht die Herrschaft über eine Sache gewährt, daher vom Inhaber einseitig aufgegeben werden kann.

Wiederum ist streitig, ob Aufgabeerklärung und Löschung zusammen ein Rechtsgeschäft und eine Verfügung darstellen oder zwei selbständige Akte sind (vgl. o. IV).

In solcher Verfügung über sein Recht kann der Berechtigte durch Rechtsgeschäft nicht wirksam eingeschränkt werden (§ 137).

Die Aufgabeerklärung ist gegenüber dem Grundbuchamt abzugeben oder gegenüber demjenigen, zu dessen Gunsten sie erfolgt (§ 875 I 2). Erklärungsempfänger ist also derjenige, dem durch den Wegfall des Rechts ein rechtlicher Vorteil zufällt (z. B. der Eigentümer durch Aufhebung jeder Grundstücksbelastung, aber auch jeder gleich- oder nachstehend Berechtigte).[1] Für die Aufgabe einer Hypothek gelten die besonderen Vorschriften der §§ 1168, 1183.

Ähnlich wie bei der Einigung tritt die Bindung an die Aufgabeerklärung nicht schon mit ihrer Wirksamkeit ein, sondern nur, wenn sie dem Grundbuchamt gegenüber abgegeben ist oder der Erklärende der Person, zu deren Gunsten sie erfolgt, eine formelle Löschungsbewilligung nach GBO § 19 ausgehändigt hat, § 875 II.

Rechte an einem Grundstück können ihrerseits belastet werden, z. B. eine Hypothek mit einem Nießbrauch oder Pfandrecht. In diesen Fällen ist zur Aufhebung des belasteten Rechtes auch die Zustimmung der an ihm Berechtigten erforderlich, damit ihnen nicht ihr Recht durch Beendigung des belasteten Rechts entzogen wird und infolge Wegfalls seines Objektes gleichfalls untergeht, § 876.

Es gibt ferner Rechte, die mit dem Eigentum an einem Grundstück verbunden sind und auf einem anderen Grundstück lasten, subjektiv dingliche Rechte, z. B. Dienstbarkeiten, §§ 1018, 1094 II, 1105 II (vgl. u. § 76). Solche Rechte stellen einen Wert und wirtschaftlichen Aktivposten des „herrschenden" Grundstücks dar, und deshalb bedarf ihre Aufhebung der Zustimmung aller derjenigen, die ein Recht am „herrschenden" Grundstück, damit auch ein Interesse am Fortbestand des Rechtes haben, § 876 Satz 2 (ausgenommen wenn ein Recht am Grundstück durch die Aufhebung des Rechtes nicht beeinträchtigt wird, was bei Dienstbarkeiten der Fall sein kann).

---

[1] Bestr., so Westermann, § 78, 3.

Die Zustimmung ist dem Grundbuchamt gegenüber oder der Person, zu deren Gunsten sie erfolgt, abzugeben, § 876 Satz 3.

Das Eigentum am Grundstück kann dagegen ohne Zustimmung der am Grundstück Berechtigten aufgegeben werden, weil ja der Gegenstand ihrer Rechte, das Grundstück, unverändert bleibt und damit die Sicherheit, z. B. die Hypothek, nicht wesentlich beeinträchtigt wird.

2. Keine Konsolidation

Kein dingliches Recht an einem Grundstück erlischt durch Vereinigung mit dem Eigentum in einer Person (§ 889). Besonders wichtig ist dies bei Hypotheken (vgl. u. § 59).

VII. Inhaltsänderungen von Grundstücksrechten

bedürfen der Einigung und Eintragung sowie der Zustimmung der an dem zu verändernden Recht Berechtigten (§ 877).

Als solche Änderungen kommen in Betracht bei Hypotheken die Änderung der Kündigungsbestimmungen oder der Zahlungstermine, aber nicht Erweiterungen oder Einschränkungen bezüglich des Kapitals.

§ 14. Die Rangordnung der Grundstücksrechte

Literatur: Breit, Der Grundbuchrang und seine Probleme, 1928; Fabricius, Zur Löschung eines ausgeübten Rangvorbehalts, Rpfleger 1956, 155, 301; Hoche, Bereicherungsanspruch bei fehlerhafter Rangeintragung im Grundbuch, JuS 1962, 60; Hugger, Zur rechtlichen Natur des Rangvorbehalts, DNotZ 1937, 807; Jansen, Rangvorbehalt und Zwangsvollstreckung, AcP 152, 508; Kriener, Zum § 879 BGB, Rangverhältnis mehrerer Rechte, BayZ 25, 153, 169; Laue, Das Rangverhältnis mehrerer Hypotheken untereinander, Gruch. Beitr. 55, 234; Meiser, Zu § 881 BGB, ZBlFG 11, 296; Rieve, Mehrfache Ausnutzung eines Rangvorbehalts, NJW 1954, 1434; Wege, In welchem Verhältnis stehen mehrere in ihrem Rang vortretende oder zurücktretende Posten zueinander, Jher. Jahrb. 51, 39, und dazu Fuchs, Jher. Jahrb. 51, 469.

I. Allgemeines

An einem Grundstück können, soweit es ihr Inhalt zuläßt, mehrere Rechte der gleichen Art bestehen, z. B. mehrere Dienstbarkeiten, vor allem mehrere Hypotheken oder Grundschulden, was bei diesen praktisch sogar die Regel ist, nicht dagegen mehrere Erbbaurechte oder ein mehrfacher Nießbrauch.

Damit erwächst der Rechtsordnung das Problem des Rangs. Solange freilich alle Berechtigten vom Eigentümer befriedigt werden, wird es nicht akut und der Eigentümer braucht sich an keine Reihenfolge bei der Befriedigung zu halten. Dagegen wird es wichtig, wenn es zu einer Zwangsvollstreckung in das Grundstück kommt und seine Erträgnisse bei Zwangsverwaltung oder sein Erlös bei Zwangsversteigerung unter die Gläubiger verteilt werden müssen, aber für alle nicht ausreichen. Denn jetzt handelt es sich darum, wie jedes Recht in solchem Konfliktsfall verwirklicht werden soll. Es entsteht die Frage, ob alle Berechtigten gleichmäßig befriedigt werden sollen oder ob der im Rang Vorstehende völlig befriedigt werden soll, ehe der Nachstehende etwas erhält. Die erste Regelung würde bedeuten, daß jeder Berechtigte durch das nachträgliche Hinzutreten anderer Berechtigter in seinen Aussichten und damit in der Sicherheit seines Rechts eine im voraus nicht übersehbare Beeinträchtigung erfahren könnte. Der Gesetzgeber hat sich daher im Interesse der notwendigen Sicherheit der dinglichen Rechte, besonders eines geordneten Realkredits, für den zweiten Weg entschlossen und eine feste Rangordnung geschaffen. Danach kann jeder Inhaber eines Rechts an einem Grundstück bei Begründung oder Erwerb desselben Wert und Sicherheit seines Rechts annähernd genau beurteilen und keinesfalls dadurch geschädigt werden, daß das Grundstück nachträglich weiter belastet wird. Über die Auswirkungen der Rangordnung im Fall der Zwangsvollstreckung in das Grundstück vgl. u. § 56 III 3.

Man unterscheidet die gleitende Rangordnung, bei der im Fall des Erlöschens des vorstehenden Rechts das nachfolgende nachrückt, und die festbestimmte Rangstelle, bei der jedes Recht seine Rangstelle unverändert beibehält, so daß der Wegfall des vorstehenden Rechts keine Verbesserung des Rangs mit sich bringt. Das BGB hat grundsätzlich die erste Ordnung durchgeführt, nur bei Hypotheken durch die Einführung der Eigentümerhypothek praktisch den zweiten Weg beschritten (vgl. u. § 59 III).

II. Bestimmung des Rangs

Der Rang der Rechte richtet sich nach verschiedenen Tatsachen, je nachdem es sich um Rechte handelt, die in derselben Abteilung des Grundbuchs eingetragen sind, oder um solche, die in verschiedenen Abteilungen stehen.

Zum Verständnis sei hier von der Einrichtung des Grundbuchs vorweggenommen (vgl. u. § 20 IX), daß in Abt. 3 die Hypotheken, Grund- und Rentenschulden stehen, in Abt. 2 alle anderen Belastungen des Grundstücks.

Der Rang richtet sich bei Rechten, die in derselben Abteilung eingetragen sind, nach der Reihenfolge der Eintragungen, bei Rechten in verschiedenen Abteilungen nach dem Datum der Eintragungen (§ 879 I). Ob unter „Reihenfolge" das räumliche Hintereinander im Grundbuch oder die Zeit der Eintragung (nicht Angabe des Datums) zu verstehen ist, ist streitig, doch wird man der zweiten Auffassung den Vorzug geben müssen. Daher geht ein früher eingetragenes Recht dem später in derselben Abteilung eingetragenen vor.[1] Freilich stimmen in der Regel räumliche und zeitliche Reihenfolge überein. Rechte, die unter gleicher Tagesangabe eingetragen sind, haben gleichen Rang, wenn sie in verschiedenen Abteilungen stehen (§ 879 I 2), es sei denn, daß gem. GBO § 45 II ein Rangfolgevermerk eingetragen ist. Sollen Rechte einen anderen Rang haben, z. B. gleichen Rang, wenn sie in derselben Abteilung, daher hintereinander, stehen, so muß dies besonders vermerkt werden (§ 879 III). Dies wird wichtig, wenn mehrere Anträge gleichzeitig gestellt werden und Rechte in derselben Abteilung betreffen.

Nach dem formellen Grundbuchrecht sollen Anträge, die dasselbe Grundstück betreffen, in der Reihenfolge erledigt werden, in der sie beim

[1] So auch Baur, § 17 B I 4a, Westermann, § 81 II 2, Wolff-Raiser, § 41 I 1; a. M. E. Wolf, der sich für die räumliche Folge ausspricht.

Grundbuchamt eingehen (GBO §§ 17, 45, vgl. u. § 21 VIII). Danach wird in aller Regel das früher beantragte Recht auch früher eingetragen werden und damit den Vorrang erhalten. Praktisch besteht also für die Rechte an Grundstücken und ihren Rang der Grundsatz der Priorität. Aber diese Vorschrift der Grundbuchordnung ist nur eine Soll-Vorschrift. Wird von ihr abgewichen, so entscheidet über die Rangordnung die Eintragung im Grundbuch, so wie sie erfolgt ist, nicht wie sie hätte erfolgen sollen. Auch Bereicherungsansprüche des Benachteiligten gegenüber dem Bevorzugten kommen nicht in Betracht.[1] Für den Rechtsverkehr hat die Bestimmung der Rangordnung nach der Eintragung den großen Vorteil, daß man sich auf das Grundbuch allein verlassen kann und nicht erst die Reihenfolge der Antragstellung zu prüfen hat. Fehler des Grundbuchamts in dieser Beziehung machen daher das Grundbuch niemals unrichtig; die aus dem Grundbuch ersichtliche Rangordnung ist stets richtig. Fehler des Grundbuchamts begründen aber regelmäßig einen Amtshaftungsanspruch gegen den Staat.

Die Eintragung entscheidet auch, wenn das Recht erst später entsteht (z. B. wenn eine früher eingetragene Hypothek erst später durch nachfolgende Einigung entsteht als eine zweite später eingetragene, aber sofort entstandene Hypothek), § 879 II.

Einer besonderen Betrachtung bedarf der Fall, daß zwischen dem Eigentümer und dem künftig Berechtigten, z. B. dem Hypothekengläubiger, eine bestimmte Rangstelle vereinbart ist. Denn solche Vereinbarung stellt einen Teil der Einigung dar; somit liegt im Falle einer vereinbarungswidrigen Eintragung des Rechts ein Widerspruch zwischen Einigung und Eintragung vor, der die Eintragung unwirksam machen und die Wirkung von § 873 aufheben kann. Aber man wird unter Anwendung von § 139 doch in der Regel zu dem Ergebnis gelangen, daß das Recht mit dem der Eintragung entsprechenden Rang entstanden ist, da dies dem Interesse der Beteiligten entspricht und daher im Zweifel als gewollt anzunehmen ist. Auf keinen Fall kann das Recht mit dem vereinbarten Rang entstehen.[2]

Ob der durch die vereinbarungswidrige Eintragung Benachteiligte gegen den Begünstigten (mit besserem Rang Eingetragenen) einen Anspruch aus § 812 hat, ist streitig.[3] Außerdem hat er gegen den Eigentümer aus dem zugrunde liegenden schuldrechtlichen Vertrag den Anspruch wegen teilweiser Nichterfüllung des Vertrages nach §§ 275 ff.

Fehlt es an einem Datum (was sehr selten vorkommt), geht das eingetragene Recht immerhin den Rechten in der anderen Abteilung vor, welche den hinter ihm in derselben Abteilung eingetragenen Rechten nachstehen, wenn nicht die Zeit der Eintragung sich feststellen läßt (str.).

III. Rangänderung

Das Rangverhältnis unter zwei Rechten kann nachträglich geändert werden, indem ein Berechtigter mit seinem Recht zurücktritt, der andere mit seinem Recht vorrückt (§ 880 I).

1. Einigung und Eintragung

Hierzu sind wieder erforderlich Einigung (zwischen dem zurücktretenden und dem vortretenden Berechtigten) und Eintragung der

---

[1] Vgl. BGH 21, 98 und Hoche, JuS 1962, 60; a. M. Westermann, § 81 II 7.
[2] So auch Wolff-Raiser, § 41 III.
[3] Vgl. dazu Baur, § 17 B II 2, Westermann, § 81 III 3.

Rangänderung im Grundbuch (streitig ist, ob die Eintragung beim zurücktretenden Recht genügt oder bei beiden erforderlich ist).

Die Bindung an die formlos mögliche Einigung tritt auch hier erst gemäß § 873 II ein. Da in der Rangänderung eine Verfügung seitens des Zurücktretenden liegt, findet auf ihn § 878 entsprechende Anwendung.

Streitig ist die Behandlung des Falles, daß jemand, dem zwei Rechte an einem Grundstück zustehen, unter ihnen die Rangänderung vornehmen will. Nach der einen Auffassung genügt die einseitige Erklärung des Berechtigten, nach der anderen ist die Einigung mit dem Eigentümer nach § 877 erforderlich; die erste Auffassung verdient den Vorzug.

Soll eine Hypothek oder eine Grundschuld zurücktreten, so ist auch die Zustimmung des Eigentümers erforderlich, § 880 II 2. Sie ist unwiderruflich und gegenüber dem Grundbuchamt oder einem Beteiligten zu erklären, § 880 II 3. Für den Eigentümer ist es nicht ganz gleichgültig, welcher Gläubiger den Vorrang hat, denn es besteht für ihn die Möglichkeit, daß die Hypothek auf ihn übergeht (§ 1163, vgl. u. § 59).

2. Dingliche Wirkung

Die Rangänderung hat nicht etwa nur obligatorische Wirkung, so daß der Zurücktretende nur die Verpflichtung auf sich nähme, bei einer späteren Zwangsvollstreckung den auf ihn entfallenden Erlös dem Vorgetretenen zu überlassen, sondern dingliche Wirkung, verschafft daher dem Vortretenden unmittelbar die Rangstelle des Zurücktretenden und das entsprechende Recht auf den Erlös bei der Zwangsvollstreckung.

Die Zustimmung der Berechtigten, die zwischen dem Vortretenden und dem Zurücktretenden stehen, ist nicht erforderlich; denn ihre rechtliche Stellung und Lage wird durch die Rangänderung nicht berührt (§ 880 V).

Dies hat eine wichtige Folge, falls das vortretende Recht einen höheren Betrag aufweist als das zurücktretende, denn in diesem Fall kann das Vortreten gegenüber den Zwischenrechten nur zu einem Betrage wirksam werden, der dem Betrag des zurücktretenden Rechts entspricht; sonst würde sich durch Rangänderung die rechtliche Lage der Zwischenrechte ohne Zustimmung der Betroffenen verschlechtern können. Für den Überschuß kann sich die Rangänderung nur im Verhältnis der beiden Vertragsteile auswirken.

Bestehen z. B. 3 Hypotheken, Nr. 1 für A mit 15000 DM, Nr. 2 für B mit 10000 DM, Nr. 3 für C mit 20000 DM und vereinbaren A und C die Rangänderung ihrer Rechte, so rückt C nur mit 15000 DM an die erste Rangstelle, es folgt B mit seinen 10000 DM, dann erst kommt C mit den restlichen 5000 DM, an letzter Stelle A mit seinen 15000 DM.

Ist das vorgetretene Recht kleiner als das zurücktretende, so behält dieses für den Überschußbetrag den Rang vor den Zwischenbelastungen.

3. Nichtbestehen oder Erlöschen

Wie gestaltet sich nun die Rechtslage, wenn eines der beiden Rechte nicht besteht oder erlischt?

a) Besteht das vortretende Recht nicht, so scheitert die Rechtsänderung, ebenso wenn das zurücktretende Recht nicht besteht. Doch kann im zweiten Fall der Vortretende in die Rechtsstellung des Zurücktretenden kraft guten Glaubens einrücken nach § 893.[1]

[1] Str., vgl. Wolff-Raiser, § 42 I 1.

b) Wenn das vorgetretene Recht erlischt, so kehrt das zurückgetretene automatisch in seine alte Rechtsstellung zurück und die Zwischenrechte rücken nicht etwa auf. Dies würde einen ungerechtfertigten Vorteil für die Zwischenberechtigten bedeuten; sie ständen dann besser, als wenn die Rangänderung gar nicht erfolgt wäre.

c) Wenn das zurückgetretene Recht durch Rechtsgeschäft erlischt, z. B. durch Aufhebung nach § 875, so behält das vorgetretene Recht seine neue Rangstellung. Andernfalls wäre seine Stellung sehr unsicher und könnte jederzeit durch ein Rechtsgeschäft des zurückgetretenen Berechtigten verschlechtert werden.

d) Wenn das zurückgetretene Recht dagegen auf andere Weise erlischt, z. B. durch den Eintritt einer auflösenden Bedingung oder durch den Tod des Berechtigten bei höchstpersönlichen Rechten (vgl. § 1061), dann verliert das vorgetretene Recht sein Vorrecht, damit die Zwischenrechte nicht benachteiligt werden, die ohne die Rangänderung durch den Wegfall des zurückgetretenen Rechts aufgerückt wären.

4. Wesen

Über das rechtliche Wesen der Rangänderung herrscht Streit. Nach einer Auffassung liegt in ihr eine Belastung des zurücktretenden Rechts zugunsten des vortretenden; aber ein Recht dieses Inhalts an einem Grundstücksrecht gibt es nicht. Nach einer anderen Auffassung liegt ein Verzicht auf die bessere Rangstellung vor, wobei der Rang zwar kein selbständiges Recht, aber wenigstens ein Rechtsgut ist. Nach verbreiteter Meinung ist in der Rangänderung eine Änderung der zwischen beiden Rechten bestehenden Rangordnung zu erblicken oder eine Abtretung des Rangrechts.

5. Praktische Bedeutung

Die praktische Bedeutung der Rangänderung liegt darin, daß es dem Eigentümer ermöglicht wird, nachträglich z. B. eine Hypothek mit besserem Rang zu bestellen, sobald er von dem vorstehenden Hypothekengläubiger die Bereitschaft zum Zurücktreten erreicht hat. Zum Beispiel kann an erster Stelle eine Restkaufgeldhypothek stehen und nun der Eigentümer, um bauen zu können, eine Baugelderhypothek aufnehmen wollen; die Hauptgeldgeber, Hypothekenbanken und Sparkassen, dürfen aber Darlehen nur nach Einräumung einer Hypothek an 1. Rangstelle geben, müssen daher auf dem Vorrang ihrer Hypothek bestehen. Die Rangänderung ermöglicht es nun, der nachträglich begründeten Baugelderhypothek die erste Rangstelle zu verschaffen. Daher liegt die Zulassung solcher Rangänderungen im sozialen und wirtschaftlichen Interesse. Zu solcher Rangänderung werden die zurücktretenden Gläubiger bereit sein, da durch den Hausbau eine bedeutende Werterhöhung des Grundstücks eintritt, die regelmäßig über den Betrag der Baugelderhypothek hinausgehen wird.

IV. Rangvorbehalt

Was durch nachträgliche Rangänderung erreicht wird, kann im voraus durch Rangvorbehalt gesichert werden (§ 881).

1. Einigung und Eintragung

Der Eigentümer kann sich bei Belastung seines Grundstückes mit einem Recht die Befugnis vorbehalten, später ein anderes, dem Umfang nach bestimmtes Recht mit dem Rang vor dem jetzt begründeten Recht eintragen zu lassen. (Daß der Umfang des Rechtes festgelegt sein muß, ist leicht begreiflich; denn wer würde bereit sein, sich ein anderes Recht vorgehen zu lassen, dessen Umfang er nicht kennt? Man würde ja die rechtliche und wirtschaftliche Tragweite des Zurücktretens gar nicht abschätzen können.)

Auch hier kommt vor allem der Vorbehalt zugunsten einer später zu begründenden Baugelderhypothek in Frage, der beim Erwerb eines unbelasteten Grundstücks, auf dem der Erwerber zu bauen beabsichtigt, vereinbart wird.

Erforderlich sind auch hier Einigung (obwohl nicht erwähnt) und Eintragung, Einigung zwischen dem Eigentümer und dem zurücktretenden Berechtigten, Eintragung bei dem zurücktretenden Recht (§ 881 II).

Ob der Rangvorbehalt nur einen Fall betrifft oder für mehrere Fälle begründet werden kann, hängt von dem Inhalt der Eintragung ab.[1]

Streitig ist, ob der Rangvorbehalt nur bei Begründung des später zurücktretenden Rechtes oder auch nachträglich möglich ist.

2. Dingliche Wirkung

Auch der Rangvorbehalt hat nicht nur obligatorische, sondern dingliche Wirkung; daher hat das auf Grund des Vorbehalts bestellte Recht automatisch den Vorrang vor dem mit dem Vorbehalt belasteten Recht.

Die Befugnis ist nicht an die Person des Eigentümers geknüpft, der den Vorbehalt vereinbart hat, sondern geht bei Veräußerung des Grundstücks auf den Erwerber über, steht also dem jeweiligen Eigentümer zu (§ 881 III). Sie ist aber höchstpersönlich und daher nicht pfändbar.

3. Aufhebung

Die Aufhebung des Vorbehalts erfolgt als Inhaltsänderung des mit dem Vorbehalt eingetragenen Rechts nach § 877, nicht nach § 875; der Vorbehalt ist kein selbständiges Recht am Grundstück.[2] Bestritten ist, ob es zur Aufhebung eines ausgeübten Rangvorbehalts der Zustimmung des begünstigten Hypothekengläubigers bedarf.[3]

4. Wesen

Das Wesen des Rangvorbehalts liegt darin, daß der Eigentümer sich gemäß § 903 die Befugnis vorbehält, über die Rangstelle zu verfügen, und sich damit gewissermaßen ein Stück seines Eigentums vorbehält (str.); der Vorbehalt stellt also eine aus dem Eigentum fließende Verfügungsberechtigung des jeweiligen Eigentümers dar. Der Eigentümer sichert sich die Befugnis, der Wirkung nach eine Rechtsänderung vorzunehmen, wie sie sonst der zurücktretende Berechtigte nach § 880 mit dem Vortretenden vereinbaren könnte und erst vereinbaren müßte. Die Wirkung der Ausnutzung des Rechtsvorbehalts ist daher auch die gleiche wie die einer späteren Rangänderung.

Der einem Grundstückseigentümer zustehende Rangvorbehalt kann nicht von einem Gläubiger gepfändet werden. Die nicht ausgeübte Rangbefugnis gibt dem

[1] Vgl. dazu Rieve, NJW 1954, 1434.
[2] Str., a. M. Westermann, § 83 II 3.
[3] So Fabricius, Rpfleger 1956, 155.

Grundstückseigentümer in der Zwangsversteigerung auch kein Recht auf den dem vorbehaltenen Rang entsprechenden Anteil am Versteigerungserlös.[1]

Auch kann der Gläubiger einer Zwangshypothek den Rangvorbehalt nicht in Anspruch nehmen und in die vorbehaltene Stelle einrücken.[2]

Die Durchführung des Rangvorbehalts erfolgt durch Einigung des Eigentümers mit dem vortretenden Berechtigten, wobei der Eigentümer den zurücktretenden Berechtigten ersetzt, so daß dessen Bewilligung nicht erforderlich ist, und durch Eintragung beim vortretenden Recht, um deutlich zu machen, daß es sich bei ihm um das Recht handelt, das auf Grund des Vorbehaltes die bessere Rangstelle erhält.

5. Zwischenbelastungen

Sind keine Zwischeneintragungen zwischen dem mit dem Vorbehalt belasteten Recht und dem vorbehaltenen Recht erfolgt, so gestaltet sich die Lage einfach: Das vorbehaltene Recht erhält mit seiner Eintragung den Vorrang vor dem früher begründeten, aber mit dem Vorbehalt belasteten Recht.

Es können nun aber Zwischenbelastungen erfolgen, sei es daß der Eigentümer für einen Dritten ohne Rücksicht auf den Vorbehalt ein Recht begründet, sei es (was eher geschehen wird), daß Belastungen des Grundstücks ohne den Willen des Eigentümers erfolgen, z.B. durch eine im Weg der Zwangsvollstreckung eingetragene Sicherungshypothek. Die rechtliche Stellung dieser Zwischenbelastungen darf durch den Vorbehalt nicht berührt werden; sie brauchen sich nicht mehr vorgehen zu lassen, als das früher begründete, mit dem Vorbehalt belastete Recht ausmacht. Der Vorbehalt wirkt nur relativ, unter den beiden beteiligten Rechten; andere Rechte werden durch ihn nicht betroffen. Andererseits kann dem mit dem Vorbehalt belasteten Recht insgesamt nicht mehr vorgehen, als im Vorbehalt vorgesehen; denn nur in diesem Umfang will der Gläubiger zurücktreten. Durch die späteren Zwischenbelastungen kann sich daran nichts ändern, weil sie erst später begründet sind und bei Vereinbarung des Vorbehalts noch nicht zu übersehen waren (anders als im Falle von § 880). In diesem Konflikt entscheidet sich das Gesetz dafür, den Rangvorbehalt wirkungslos sein zu lassen, soweit das mit dem Vorbehalt belastete Recht infolge von Zwischenbelastungen eine weitergehende Belastung erleiden würde, als nach dem Vorbehalt vorgesehen war (§ 881 IV).

Hieraus entstehen merkwürdige Komplikationen je nach der Höhe des Erlöses bei der Zwangsversteigerung. Sie sind bei Schaffung des Gesetzes wohl nicht vorhergesehen, entwerten aber den Rangvorbehalt im Fall von Zwischenbelastungen. Dies mag folgendes Beispiel zeigen: Für A ist an erster Stelle eine Hypothek von 10000 DM eingetragen mit dem Vorbehalt zugunsten einer späteren Hypothek des C von 10000 DM, an zweiter Stelle eine Zwangshypothek von 10000 DM für B, an dritter die vorbehaltene Hypothek des C. Beträgt der Erlös in der Zwangsversteigerung 20000 DM, so erhält A 10000 DM, denn er hat durch den Vorbehalt nur eingeräumt, daß 10000 DM ihm vorgehen; B erhält gleichfalls 10000 DM, denn auch er braucht sich nur 10000 DM vorgehen zu lassen; C erhält daher trotz des Vorbehaltes nichts. Ist der Erlös nur 10000 DM, so erhält A nichts, denn er muß sich auf Grund des Vorbehaltes 10000 DM vorgehen lassen; B erhält auch nichts, denn auch er muß sich 10000 DM vorgehen lassen; C erhält jetzt 10000 DM! Er ist also an einem geringen Ertrag der Zwangsversteigerung interessiert.

Erst wenn der Erlös über 20000 DM hinausgeht, hat er wieder ein Interesse an einem höheren Erlös, bei 30000 DM Erlös wird er endlich ganz befriedigt.

Man kann also die Regel aufstellen: Der Vorrang wird wirkungslos in der Höhe des auf die Zwischenbelastungen entfallenden Erlöses.

Daher ist der Rangvorbehalt ohne praktische Bedeutung, wenn Zwischeneintragungen erfolgen, weil sich niemand dann noch auf die unsichere Lage einlassen wird, die dadurch entsteht.

---

[1] Vgl. BGH 12, 238.

[2] Vgl. Jansen, AcP 152, 508.

§ 15. Die Vormerkung

Literaur: von Barby, Die vorläufige Sicherung des Kaufanwärters von Eigenheimen und Wohnungseigentum durch Vormerkung, NJW 1972, 8; Jürgen Baur, Die Durchsetzung einer gutgläubig erworbenen Auflassungsvormerkung, JZ 1967, 437; Biermann, Widerspruch und Vormerkung, 1901; Bley, Auflassungsvormerkung auf Grund eines bindenden Verkaufsangebots, DJZ 1935, 596; Blomeyer, Die Vormerkung von Amtswegen nach der Reichsgrundbuchordnung, 1901; Brachvogel, Vormerkung und Grundbuchunrichtigkeit, Jher. Jahrb. 81, 20; Dulckeit, Die Verdinglichung obligatorischer Rechte, 1951; Finger, Die Sperrungswirkung der Vormerkung (§ 883 Abs. 2 BGB) gegenüber nachträglicher Vermietung, JR 1974, 8; Fuchs, Zur Lehre von der Vormerkung, LeipzZ 1914, 9, 130; Furtner, Gutgläubiger Erwerb einer Vormerkung, NJW 1963, 1484; Güthe, Die Unrichtigkeit des Grundbuchs im Rechtsgebiete der Vormerkung, Gruch. Beitr. 57, 1; Hieber, Sicherung eines erbvertraglichen Anspruchs durch Vormerkung, DNotZ 1952, 432; ders., Vormerkung eines bedingten Anspruchs, DNotZ 1960, 97; Jahr, Sicherung von „Anwartschaften" auf Erwerb von Grundstücksrechten und Erbanteilen, JuS 1963, 224; Kempf, Zur Rechtsnatur der Vormerkung, JuS 1961, 22; Locher, Neugestaltung des Liegenschaftsrechts, 1942; Lüke, Auflassungsvormerkung und Heilung des formnichtigen Kaufvertrags-BGHZ 54, 56, JuS 1971, 341; Medicus, Vormerkung, Widerspruch und Beschwerde, AcP 163, 1; Michaelis, Vormerkung für einen Anspruch auf Übertragung eines Erbanteils, JuS 1963, 231; Reichel, Die Vormerkung im deutschen BGB, Jher. Jahrb. 46, 59; Reinicke, Der Schutz des guten Glaubens beim Erwerb einer Vormerkung, NJW 1964, 2373; Ripfel, Zur Behandlung der Auflassungsvormerkung bei oder nach Vollzug der Auflassung, Rpfleger 1962, 200; Rimmelspacher, Vormerkung zur Sicherung des Anspruchs auf Abtretung einer vorläufigen Eigentümergrundschuld, JuS 1971, 14; Siber, Individualisierung der Forderung bei Hypothekeneintragungen und Vormerkungen, Jher. Jahrb. 75, 375; Strohal, Kommt dem Vorgemerkten der öffentliche Glaube des Grundbuchs zustatten?, 1904; Voss, Über das Verhältnis zwischen relativem Veräußerungsverbot und Vormerkung nach dem BGB, Jher. Jahrb. 60, 293; Weber, Die Anwendung der Vorschriften über Rechte an Grundstücken auf die Vormerkung, Diss. Tübingen 1962; Wörbelauer, Das unter Eigentumsvormerkung stehende Grundstück – eine res extra commercium?, DNotZ 1963, 580, 652 und 718; Wunner, Gutglaubensschutz und Rechtsnatur der Vormerkung, NJW 1969, 113; vgl. dazu auch die Literaturangaben zur Löschungsvormerkung bei § 59.

I. Zweck der Vormerkung

Die scharfe Trennung von obligatorischem und dinglichem Rechtsgeschäft kann bei einem längeren zeitlichen Zwischenraum zwischen beiden eine Gefährdung des schuldrechtlichen Anspruchs auf die dingliche Rechtsänderung bedeuten. Die Bindung des schuldrechtlichen Vertrags hindert den Verpflichteten nicht, eine vertragswidrige, aber dennoch wirksame Verfügung über das Grundstück zugunsten eines Dritten vorzunehmen und die Erfüllung des Rechtsgeschäfts zu vereiteln. Zwar löst diese Verfügung für den obligatorisch Berechtigten einen Schadensersatzanspruch aus; die dingliche Rechtsänderung zu seinen Gunsten kann er jedoch nicht mehr herbeiführen. Die schuldrechtlichen Rechtsbehelfe reichen somit für einen wirksamen Schutz des Berechtigten nicht aus. Erforderlich ist vielmehr ein dinglich wirkendes Sicherungsmittel. Diese Sicherung eines obligatorischen Anspruchs auf eine dingliche Rechtsänderung am Grundstück erfolgt durch Eintragung einer Vormerkung im Grundbuch (§ 883).

II. Gegenstand der Vormerkung

1. Sicherung obligatorischer Ansprüche

Die Vormerkung wird eingetragen für schuldrechtliche Ansprüche auf Einräumung oder Aufhebung eines dinglichen Rechts am Grundstück oder an einem Grundstücksrecht. Die Eintragung einer Vormerkung ist auch zur Sicherung eines künftigen oder eines bedingten Anspruchs zulässig (§ 883 I 2).

Die Ansprüche können auf Vertrag oder auf Vermächtnis,[1] Bereicherung, unerlaubter Handlung, ferner auf Rücktritt, Wandlung, Wiederkauf beruhen. Stets muß die zu sichernde Rechtsänderung selbst eintragbar sein. Nur ein wirksamer Anspruch kann aber den Grund für eine Vormerkung abgeben, z. B. nicht der aus einem nichtigen Kaufvertrag.[2] Der Anspruch muß dem zustehen, für den die Vormerkung eingetragen wird. Der Schuldgrund muß zur Individualisierung des Anspruchs eingetragen werden, wenn Zweifel über ihn entstehen können, z. B. weil dem Antragsteller mehrere Ansprüche zustehen.

Bestritten ist, ob ein Anspruch auf Übertragung einer noch unbestimmten, von dem Käufer später zu bezeichnenden Teilfläche aus einem Grundstück durch Vormerkung gesichert werden kann. Mit BayObLG, DNotZ 1960, 47 erfordert die Vormerkung, daß die Eintragungsbewilligung den betroffenen Grundstücksteil nach Größe und Lage zweifelsfrei bezeichnet.[3] Auch die Befugnis, ein bindendes Verkaufsangebot anzunehmen, kann durch Eintragung einer Vormerkung gesichert werden, da ein künftiger Anspruch gegeben ist, nicht dagegen ein Recht auf Erwerb des Erbanteils an einer Erbschaft, zu der ein Grundstück gehört.[4] Zur Vormerkbarkeit eines Anspruchs auf Änderung des Erbbauzinses s. u. § 72 I 3.[5]

Diese Art von Eintragung bedeutet eine Ausnahme von dem Grundsatz des Grundbuchrechts, daß nur dingliche Rechte im Grundbuch vermerkt werden und dieses über schuldrechtliche Ansprüche und Rechtsverhältnisse keine Auskunft gibt. Die vorgemerkten Ansprüche werden aber nicht zu dinglichen Rechten am Grundstück, zu Belastungen desselben, sondern bleiben schuldrechtlich und auf Herbeiführung einer erst noch zu bewirkenden dinglichen Rechtsänderung gerichtet. Aber eine dingliche Gebundenheit bezüglich des Grundstücks wird bewirkt.

2. Auflassungsvormerkung

Besondere Bedeutung hat die in der Praxis vor allem mit dem Kauf verbundene Auflassungsvormerkung. Sie schützt den Käufer vor Verfügungen, die der Verkäufer während des oft langen Zeitraums zwischen dem Abschluß des Kaufvertrags und der Eintragung im Grundbuch vornehmen kann. Vor allem bedarf der Käufer, der einem unzu-

---

[1] Aber nicht vor dem Erbfall, BGH 12, 115; vgl. auch Hieber, DNotZ 1952, 432 und Haegele, Rpfleger 1969, 271.

[2] BGH 54, 56; a. M. Lüke, JZ 1971, 341.

[3] A. M. Hieber, DNotZ 1960, 97.

[4] Vgl. Jahr, JuS 1963, 224; Michaelis, JuS 1963, 231.

[5] Zur Frage, ob ein Anspruch auf Abtretung einer vorläufigen Eigentümergrundschuld gesichert werden kann, vgl. Rimmelspacher, JuS 1971, 14.

verlässigen Verkäufer gegenübersteht, einer Sicherung seines obligatorischen Anspruches auf Übereignung des Grundstücks.

Beispiel: Der Käufer des Grundstücks hat einen Anspruch auf Übereignung des Grundstücks gegen den Verkäufer; verkauft und übereignet dieser aber einem Dritten das Grundstück, so hat der erste Käufer das Nachsehen, kann nur Schadensersatz von seinem Verkäufer verlangen, aber nicht mehr das Grundstückseigentum erlangen. Nur in dem Ausnahmefall, daß er gegen den Dritten einen Schadensersatzanspruch nach § 826 hat, kann er von ihm die Übereignung verlangen. Die bloße Kenntnis des Dritten von dem früher abgeschlossenen Kauf verhindert seinen Erwerb nicht, denn es handelt sich für den Dritten nicht um einen gutgläubigen Erwerb im Sinne von § 892, er erwirbt ja vom Eigentümer (vgl. u. § 16).

Geschädigt werden kann der Käufer aber auch dadurch, daß vor Übereignung an ihn das Grundstück belastet und dadurch sein Wert für den Käufer vermindert wird.

Beispiel: Der Verkäufer und Eigentümer bestellt einem Dritten eine Hypothek am Grundstück. Diese muß der Käufer, wenn er das Grundstück erwirbt, gegen sich gelten lassen; er kann den Kaufpreis herabsetzen oder zurücktreten, aber die Hypothek vom Grundstück nicht wegbekommen.

Neben Verfügungen des Eigentümers bedrohen auch Verfügungen im Weg der Zwangsvollstreckung den obligatorischen Anspruch des Käufers, sei es die Belastung des Grundstücks mit Zwangshypotheken, sei es die Anordnung der Zwangsversteigerung. Auch hierdurch wird der obligatorische Anspruch beeinträchtigt oder sogar vereitelt, denn die Zwangsversteigerung erfolgt ohne Rücksicht auf obligatorische Rechte.

3. Löschungsvormerkung

Im Hypothekenrecht spielt die Vormerkung als Löschungsvormerkung ebenfalls eine große Rolle (vgl. u. § 59 IV).

III. Wirkungen der Vormerkung

Sie sind dem Zweck, den vorgemerkten Anspruch in seiner Durchführung zu sichern, angepaßt. Sie treten stets nur dann ein, wenn es zu der Rechtsänderung kommt, auf die sich der vorgemerkte Anspruch richtet.

1. Rangwahrung bei Vormerkung beschränkt dinglicher Rechte

Einfach ist die Wirkung, die den Rang betrifft: Kommt es zu der Eintragung des dinglichen Rechts, auf dessen Begründung der durch Vormerkung gesicherte Anspruch sich richtet, so hat dieses Recht nicht den Rang, der ihm sonst nach seiner Eintragung zukäme, sondern nach der Eintragung der Vormerkung (deren Datum oder Stelle), damit aber den Vorrang vor allen Rechten, die zwar früher als dieses Recht, aber nach der Vormerkung des Anspruchs eingetragen worden sind (§ 883 III).

Dies bedeutet die hinreichende Sicherung der Ansprüche auf Bestellung einer Hypothek oder eines anderen Rechts am Grundstück.

2. Relative Unwirksamkeit entgegenstehender Verfügungen

Anders gestaltet sich der Schutz gegen Verfügungen des Eigentümers, die den vorgemerkten Anspruch schädigen könnten: Jede spätere Verfügung des Eigentümers über das Grundstück (Belastung oder Veräußerung) oder des Berechtigten über das Recht, auf dessen Erwerb der vorgemerkte Anspruch sich richtet, ist gegenüber dem durch die Vormerkung gesicherten Gläubiger insoweit unwirksam, als sie den gesicherten Anspruch vereiteln oder beeinträchtigen würde (§ 883 II 1). Dieser Schutz ist notwendig, denn es tritt durch die Vormerkung keine Sperre des Grundbuchs ein, spätere Verfügungen sind möglich. Sie haben aber nur Sinn, wenn man mit dem Wegfall der Vormerkung rechnet.

Daher ist eine Hypothekenbestellung entgegen der Vormerkung auf Hypothekenbegründung nicht unwirksam, sondern die vorgemerkte Hypothek hat den Vorrang. Ist aber der Anspruch auf Übereignung des Grundstücks durch Vormerkung gesichert, dann ist die spätere Veräußerung des Grundstücks an einen Dritten unwirksam, weil sie den Anspruch vereiteln würde, die Belastung des Grundstücks mit einer Hypothek unwirksam, weil sie den Anspruch beeinträchtigen würde.

Die Unwirksamkeit bedeutet aber nicht absolute Nichtigkeit, sondern nur relative Nichtigkeit gegenüber dem durch die Vormerkung gesicherten Gläubiger. Nur dieser kann die Verfügung als nichtig behandeln, allen anderen gegenüber ist sie wirksam. Relative Nichtigkeit tritt immer da ein, wo das Gesetz nur den Schutz bestimmter Personen im Auge hat (vgl. §§ 135, 1984, KO § 7) und diese dadurch sichert, daß sie eine sie schädigende Verfügung als nichtig behandeln dürfen. Andere Personen haben in solchen Fällen kein Interesse an der Nichtigkeit der Verfügung, daher auch kein Recht, ihre Wirksamkeit anzutasten. Hier dient die relative Nichtigkeit dem Schutz des Vormerkungsgläubigers.

Weil die Vormerkung nicht die Nichtigkeit einer entgegenstehenden Verfügung herbeiführt, bewirkt die Eintragung der Vormerkung auch nicht die Sperre des Grundbuchs. Wird die Eintragung einer Verfügung beantragt, die, weil der Vormerkung entgegenstehend, unwirksam werden kann, so kann der Grundbuchrichter ihre Eintragung nicht ablehnen, sondern hat sie trotz der Vormerkung zu vollziehen. Ob sie unwirksam wird, hängt ja erst davon ab, ob es zu der Rechtsänderung kommt, auf welche sich der vorgemerkte Anspruch richtet. Unterbleibt diese aus irgendeinem Grund, so haftet der Verfügung kein Mangel an.

3. Unwirksamkeit von Zwangsvollstreckungsmaßnahmen

Ebenso sind unwirksam alle späteren Verfügungen im Weg der Zwangsvollstreckung, des Arrestes oder des Konkurses, soweit sie den vorgemerkten Anspruch vereiteln oder beeinträchtigen würden, § 883 II 2. So steht die später eingetragene Zwangshypothek der auf Grund der Vormerkung eingetragenen Hypothek im Rang nach. Der Zwangsversteigerung kann zwar der durch Vormerkung gesicherte Gläubiger nicht widersprechen (str.), aber sie wird bei Feststellung des geringsten Gebotes berücksichtigt und der Ersteher muß nach § 888 seine Zustimmung zur Auflassung an den durch Vormerkung Geschützten geben wie sonst ein Erwerber des Grundstücks (vgl. u. IV 2). Der Konkursverwalter muß den durch Vormerkung gesicherten Anspruch erfüllen, KO § 24. Die Vormerkung gewährt also dem Anspruch eine Art dinglicher Wirkung gegen jedermann.

4. Unwirksamkeit von obligatorischen Geschäften

Auch ein Miet- oder Pachtvertrag, der den Besitz des Grundstückes einem anderen überläßt, ist als Beeinträchtigung des Eigentums gegenüber der Vormerkung des Anspruchs auf Übereignung unwirksam; denn er würde (§§ 571ff.) den Erwerber binden und des Besitzes berauben.[1]

IV. Durchführung des Schutzes

Mit diesen Vorschriften ist aber die Durchführung des Schutzes noch nicht erreicht. Mit der Feststellung, daß eine entgegengesetzte Verfügung unwirksam ist, ist noch nicht gesagt, wie sie aus der Welt geschafft werden kann, und wie der durch Vormerkung Gesicherte zu seinem Recht kommt. Hierzu bedarf es noch weiterer Vorschriften. Wir wollen sie an dem Beispiel des Anspruchs auf Übereignung des Grundstückes betrachten.

1. Erfüllungsanspruch gegen Schuldner

Der Gläubiger des vorgemerkten Anspruchs hat zunächst den Anspruch auf Erfüllung gegen seinen Schuldner, nicht gegen denjenigen, der inzwischen das Eigentum am Grundstück erworben hat. Hat der Schuldner das Eigentum auf einen Dritten übertragen, so ist die Übertragung dem Gläubiger gegenüber nichtig, also für ihn der Schuldner immer noch Eigentümer des Grundstücks. Daher ist der Schuldner ihm gegenüber nach wie vor verpflichtet, aber auch in der Lage, ihm das Grundstück zu übereignen. Den Anspruch auf Übereignung kann der Gläubiger bei Weigerung des Schuldners klageweise geltend machen, die Verurteilung des Schuldners zur Abgabe der Übereignungserklärung ersetzt nach ZPO § 894 die wirkliche Abgabe derselben. Ein Berichtigungsanspruch steht dagegen dem vorgemerkten Gläubiger nicht zu; er ist ja noch nicht Eigentümer, sondern soll es erst werden.

Mit Auflassung und Eintragung wird der Gläubiger Eigentümer des Grundstücks.

2. Zustimmung des Dritten

Dieses Vorgehen stößt aber auf ein technisches Hindernis infolge von Vorschriften des formellen Grundbuchrechtes. Der Schuldner ist nicht mehr als Eigentümer im Grundbuch eingetragen. Über den Kopf des Dritten, der jetzt als Eigentümer eingetragen ist, ist die Auflassung an den Gläubiger und seine Eintragung nicht möglich. Hier greift § 888 helfend ein: Der durch Vormerkung gesicherte Gläubiger hat das Recht, von dem Dritten, der ihm gegenüber unwirksam das Eigentum erworben hat, die Zustimmung zu seiner Eintragung zu verlangen, weil diese zur Verwirklichung seines Anspruchs erforderlich ist. Erteilt der Dritte diese Zustimmung oder ist er zu ihr rechtskräftig verurteilt, so steht der Auflassung des Grundstücks seitens des Schuldners an den Gläubiger und der daraufhin erfolgenden Eintragung des Gläubigers nichts mehr im Wege.[2]

---

[1] Str.; a. A. BGH 13, 1 und Finger, JR 1974, 8.

[2] Auf die Verpflichtung zur Zustimmung sind die schuldrechtlichen Verzugsvorschriften entsprechend anwendbar; so Schwerdtner, Verzug im Sachenrecht, 1973, S. 186ff., a. A. BGH, NJW 1968, 788 mit abl. Anm. Reinicke.

Entsprechend wird die Beseitigung einer inzwischen eingetragenen, den vorgemerkten Anspruch beeinträchtigenden Hypothek durchgeführt. Der Gläubiger kann von dem Dritten, der ihm gegenüber nicht wirksam Hypothekengläubiger geworden ist, die Zustimmung zu dessen Löschung im Grundbuch verlangen, womit diese Belastung des Grundstücks fortfällt und der Gläubiger das Grundstück in dem Zustand erwirbt, in dem es sich zur Zeit der Eintragung der Vormerkung befand.

Umstritten ist aber, welche rechtliche Bedeutung diese Zustimmung hat. Ist es die Zustimmung zu einem materiellen Rechtsgeschäft, z. B. der Auflassung des Grundstücks durch den Schuldner, und ist sie notwendig, weil dieser ja nicht mehr Eigentümer ist, nachdem er das Grundstück dem Dritten übereignet hat, handelt es sich also um die Zustimmung des Eigentümers zu einer Verfügung eines Nichtberechtigten, oder ist es nur die buchtechnisch erforderliche Zustimmung, damit das Grundbuchamt die Eintragung vornehmen kann, obwohl der Auflassende nicht mehr im Grundbuch steht? Da der alte Eigentümer gegenüber dem durch die Vormerkung Geschützten noch als Eigentümer gilt, richtet sich der Rechtsverschaffungsanspruch, z. B. auf Übereignung des Grundstücks auf Grund des Kaufes, gegen den alten, nicht gegen den neuen Eigentümer. Daher ist auch materiellrechtlich die Zustimmung des neuen Eigentümers nicht erforderlich, denn dem durch die Vormerkung Geschützten gegenüber ist er materiellrechtlich nicht Eigentümer, sondern nur nach formellem Grundbuchrecht, weil der alte Eigentümer im Grundbuch bereits gelöscht ist (GBO § 39).

V. Voraussetzungen der Eintragung

Die Eintragung einer Vormerkung erfordert keine Einigung,[1] sondern nur die Bewilligung desjenigen, dessen Grundstück oder Recht von der Vormerkung betroffen wird (vgl. u. § 21 IV) – die Bewilligung ist hier also auch die materiellrechtliche Voraussetzung für das Entstehen der Rechtsstellung, die die Vormerkung gewährt (str.) – oder eine gerichtliche einstweilige Verfügung (§ 885). Letztere richtet sich nach ZPO §§ 935 ff., ist aber dadurch erleichtert, daß zu ihrem Erlaß nicht wie sonst eine Gefährdung des zu sichernden Anspruches glaubhaft zu machen ist (§ 885 I 2), weil sie sich ohne weiteres aus der Rechtslage ergibt; vgl. o. I. Damit ist dem gefährdeten Gläubiger ein rascher Weg zur Erlangung der Vormerkung eröffnet, wenn der Schuldner die Bewilligung verweigert und sich als unzuverlässig erweist.

Ausnahmsweise wird eine Vormerkung von Amts wegen eingetragen, GBO § 18 II (vgl. u. § 21 III, VIII).

Fraglich ist, ob mit diesen Bestimmungen nur geregelt ist, wann die Eintragung nach formellem Grundbuchrecht erfolgt, oder auch, wann ein materiellrechtlicher Anspruch auf Vormerkung besteht.[2] Anzunehmen ist das erstere; denn der Anspruch auf Vormerkung ist mit dem materiellen, zu sichernden Anspruch von selbst gegeben.

Die Eintragung erfolgt, wenn sie einen Anspruch auf Übertragung des Eigentums betrifft, in Abteilung 2, sonst bei der Abteilung, in welche das Recht gehört, dessen Begründung oder Aufhebung sie sichern soll.

VI. Erlöschen der Wirkungen

Die Wirkung der Vormerkung erlischt:

1. Mit ihrer Löschung. Diese erfordert die Bewilligung des Gläubigers. Sie kann erfolgen auf Grund eines Verzichts des Gläubigers auf die Vormerkung oder auf den zu sichernden Anspruch selbst[3]. Ist eine Vormerkung auf Grund einer einstweiligen Verfügung eingetragen, so bedarf es zur Löschung der Bewilligung nicht, wenn die

---

[1] A. M. E. Wolf, S. 400.

[2] Vgl. RG, Gruch. 62, 119.

[3] Vgl. dazu BGH 60, 46.

einstweilige Verfügung durch eine vollstreckbare Entscheidung aufgehoben wird (GBO § 25). Die Löschung ist in diesem Fall eine Grundbuchberichtigung.[1]

Ist die Vormerkung zu Unrecht gelöscht, so ist streitig, ob ihre Wiedereintragung als Berichtigung oder als neue Eintragung (dies auf Grund des materiellen Anspruchs) zu erfolgen hat.

2. Mit der Eintragung des Rechts, auf dessen Eintragung sich der vorgemerkte Anspruch richtete; denn hiermit ist ihr Zweck erreicht und ihr weiterer Bestand ausgeschlossen. Auch teilweises Erlöschen der Vormerkung ist möglich, wenn das Recht nur zu einem Teil eingetragen wird.[2]

3. Mit Untergang des zu sichernden Anspruchs, da die Vormerkung dann gegenstandslos wird. In diesem Fall werden die nachträglichen, sonst relativ nichtigen Verfügungen voll wirksam; die durch sie geschaffenen Rechte rücken gewissermaßen auf, z. B. eine nach der Vormerkung eingetragene Hypothek; nicht entsteht an der Rangstelle der Vormerkung eine Eigentümerhypothek.

4. Wenn dem durch Vormerkung gesicherten Anspruch eine Einrede entgegensteht, durch welche die Geltendmachung des Anspruchs dauernd ausgeschlossen wird, so kann der durch die Vormerkung betroffene Schuldner (oder Rechtsnachfolger) vom Gläubiger die Beseitigung der Vormerkung durch Löschung verlangen (§ 886).

5. Ist der Gläubiger des vorgemerkten Anspruchs unbekannt, so kann er im Weg des Aufgebotsverfahrens mit seinem Recht ausgeschlossen werden (§§ 887, 1170).

VII. Gutgläubiger Erwerb der Vormerkung

Ob die Vormerkung gutgläubig erworben werden kann, ist zweifelhaft. Es sind drei Fälle zu unterscheiden: die Bestellung der Vormerkung zur Sicherung einer bestehenden Forderung durch einen Nichtberechtigten, die Abtretung einer Forderung, zu deren Sicherung eine nicht wirksam entstandene Vormerkung eingetragen ist (vgl. § 401), und der Erwerb einer Vormerkung im Weg der Zwangsvollstreckung.

Das Gesetz enthält insoweit Lücken, die nach der zwischen den Beteiligten bestehenden Interessenlage bzw. nach den Wertungen des Gesetzgebers für vergleichbare Fälle ausgefüllt werden müssen.[3]

Ebenso wie der Erwerber eines Grundstücks darauf vertrauen darf, daß er das Eigentum erlangt, wenn er es vom Bucheigentümer übertragen erhält, muß sich im ersten Fall auch der Erwerber einer Vormerkung im Interesse der Sicherheit des Rechtsverkehrs auf die Wirksamkeit der Bestellung der Vormerkung verlassen dürfen, wenn derjenige, der die Eintragung der Vormerkung bewilligt, als Berechtigter im Grundbuch eingetragen ist. Die h. M. stützt sich dabei auf § 893.[4] Der aus der Vormerkung Berechtigte kann einer etwaigen späteren Übereignung oder Belastung des Grundstücks durch den Nichteigentümer zugunsten eines anderen Gutgläubigen oder auch durch den inzwischen eingetragenen wahren Eigentümer selbst mit Erfolg begegnen (§ 888). Der Vormerkungsschuldner ist auf Grund des vorgemerkten Anspruchs verpflichtet, die Verfügungshandlungen zu treffen, die zur Einräumung des vorgemerkten Rechts erforderlich sind. Der Berechtigte muß dieser Verfügung des nichtberechtigten Vormerkungsschuldners in analoger Anwendung des § 888 I BGB zustimmen.[5]

Anders ist die Rechtslage aber bei der Abtretung der durch eine nicht wirksam bestellte Vormerkung gesicherten Forderung. Ein Vergleich mit der gesetzlichen Regelung bei der Sicherungshypothek und dem Pfandrecht an beweglichen Sachen, also Rechten, die ebenso wie die Vormerkung streng akzessorisch sind, ergibt, daß der Gesetzgeber den gutgläubigen Erwerb der Sicherung einer bestehenden Forderung nur dann zulassen wollte, wenn diese Sicherung nach sachenrechtlichen Grundsätzen

---

[1] BGH 39, 21.
[2] Vgl. BayObLG, NJW 1963, 157.
[3] Vgl. Reinicke, NJW 1964, 2373.
[4] Vgl. RG 118, 234; BGH 25, 16 (23) und 28, 182; BGH, NJW 1972, 434. Dagegen halten Kempf, JuS 1961, 22, Furtner, NJW 1963, 1484 und Wunner, NJW 1969, 114 § 892 für anwendbar.
[5] Vgl. J. Baur, aaO, S. 440.

übertragen wird; da die Vormerkung nach § 401 der formlos abgetretenen Forderung folgt, ist hier ein gutgläubiger Erwerb der Vormerkung also ausgeschlossen.[1]

Wird schließlich der im Grundbuch eingetragene Nichtberechtigte zur Abgabe der Bewilligungserklärung für eine Vormerkung verurteilt, so ist ein gutgläubiger Erwerb der Vormerkung gem. ZPO §§ 894, 898 möglich; dagegen scheidet ein gutgläubiger Erwerb einer auf Grund einer einstweiligen Verfügung nach § 885 eingetragenen Vormerkung aus, weil dies kein rechtsgeschäftlicher Erwerb ist und es hier an einer ZPO § 898 entsprechenden Vorschrift fehlt.

Voraussetzung für einen gutgläubigen Erwerb der Vormerkung im ersten und im dritten Fall ist das Bestehen eines durch die Vormerkung gesicherten schuldrechtlichen Anspruchs. Anders als im Fall des § 1138, der wegen der unterschiedlichen Interessenlage hier auch nicht entsprechend anwendbar ist, wird der gute Glaube an das Bestehen der Forderung auch bei Übertragung der Vormerkung nicht geschützt.

VIII. Rechtsnatur

Über das rechtliche Wesen der Vormerkung herrscht viel Streit.

1. Keine Verdinglichung der Forderung

Durch die Vormerkung wird die Forderung nicht verdinglicht, kein Sachenrecht. Die Vermutung des § 891 erstreckt sich nicht auf den zu sichernden Anspruch, sondern nur auf die Voraussetzungen, die § 885 fordert (h. M.). Die Übertragung der Forderung erfolgt durch Abtretung, nicht etwa durch Einigung und Eintragung. Nur schützt die Vormerkung auch den neuen Gläubiger, ohne daß eine gesonderte Abtretung der Rechte aus der Vormerkung erforderlich wäre.

2. Kein jus ad rem

Der Anspruch richtet sich nach wie vor nur gegen den ursprünglichen Schuldner, nicht gegen denjenigen, der durch die der Vormerkung entgegenstehende Verfügung erworben hat (vgl. o. IV); daher besteht kein jus ad rem, wie Gierke annahm.

3. Dingliche Wirkungen

Nach der h. M. ist die Vormerkung kein dingliches Recht.[2] Der BGH hält sie für ein besonders geartetes Sicherungsmittel, das geeignet sei, dem geschützten Anspruch in gewissem Rahmen dingliche Wirkungen zu verleihen.[3] Immerhin gibt auch der BGH in BGH 28, 186 zu, daß die Vormerkung weitgehend den dinglichen Rechten gleichsteht, deren Begründung oder Änderung sie sichern soll.[4]

In derselben Entscheidung hat er die entsprechende Anwendung des § 878 für notwendig gehalten.

Auch die Begründung der Vormerkung ist in diesem Zusammenhang interessant. Nach § 885 bedarf es (von der einstweiligen Verfügung abgesehen) der Bewilligung

---

[1] Vgl. hierzu besonders Reinicke, NJW 1964, 2376; Medicus, AcP 163, 1/8ff.; Wunner, NJW 1969, 117.

[2] Über die verschiedenen Meinungen in der Literatur vgl. Wolff-Raiser, § 48 VII.

[3] So BGH 25, 23.

[4] Für die Qualifikation als dingliches Recht vgl. Kempf, JuS 1961, 22.

des betroffenen Teils. Wird sie erteilt, so wird man materiellrechtlich wohl auch das Vorhandensein einer Einigung bejahen können. In der Sache besteht daher wohl kein Unterschied zwischen der Begründung eines dinglichen Rechts und der Vormerkung.

Schließlich muß noch erwähnt werden, daß der BGH auch die Eintragung eines Widerspruchs gegen die Vormerkung zuläßt.[1]

Dieser kurze Überblick zeigt, daß die allgemeinen Vorschriften über Grundstücksrechte wohl auch für die Vormerkung passen, daß also kein grundsätzlich andersartiges Institut gegeben ist.

Daß die Vormerkung auch von ihrem Inhalt her nicht als eine mit dinglichen Rechten unvergleichbare Erscheinung betrachtet werden kann, zeigt der Vergleich mit dem dinglichen Vorkaufsrecht. Dritten gegenüber hat das dingliche Vorkaufsrecht nach § 1098 II die Wirkung einer Vormerkung zur Sicherung des durch die Ausübung des Rechts entstehenden Anspruchs auf Übertragung des Eigentums. In der Wirkung besteht daher zwischen Vormerkung und Vorkaufsrecht kein Unterschied.

§ 16. Der öffentliche Glaube des Grundbuchs und der gutgläubige Erwerb

Literatur: Fritsch, Der öffentliche Glaube des Grundbuchs bei Personengleichheit des Verfügenden und des Erwerbers, Jher. Jahrb. 82, 253; Heinsheimer, Die Anwendung des § 892 BGB auf Rechtsgeschäfte zwischen denselben natürlichen Personen und mit Verbänden, Gruch. Beitr. 72, 174; Heseler, Die unsichtbaren Grundstücksbelastungen im rechtsgeschäftlichen Verkehr mit Grundstücken, NJW 1950, 521; Kiehl, Erstreckt sich die Vermutung des § 892 BGB auf die Bestandsangaben des Grundbuchs?, BayZ 1923, 53; Locher, Neugestaltung des Liegenschaftsrechts, 1942; Schönfeld, Verfügungsbeschränkungen und öffentlicher Glaube des Grundbuchs, JZ 1959, 140; Strecker, Der öffentliche Glaube des Grundbuchs bei Verfügungen über noch nicht eingetragene Rechte, Recht 1921, 180; Westermann, Die Grundlagen des Gutglaubensschutzes, JuS 1963, 1.

I. Allgemeines

Rechtsverkehr und Wirtschaft erfordern eine große Zahl dinglicher Rechtsgeschäfte zwecks Übertragung bestehender Rechte, Begründung neuer oder Beendigung bestehender Rechte. Zu den notwendigen Grundlagen eines gesicherten Rechtsverkehrs gehört auch die Gewißheit, daß der Vertragspartner, mit dem man die Übertragung, Begründung oder Beendigung vereinbart, der wahre Berechtigte ist. Denn wenn man solche dinglichen Verträge mit jemandem abschließt, der nicht der Berechtigte ist, ergibt sich sofort, wie schon in § 12 I angedeutet, ein Konflikt, den die Rechtsordnung auf verschiedene Weise lösen kann, aber immer nur so, daß ein Beteiligter geschädigt wird.

Nehmen wir z. B. an, K. kauft und erwirbt von V. ein Grundstück, der wahre Eigentümer desselben ist aber E., so bleiben dem Gesetzgeber nur zwei Wege zur Wahl: Entweder behandelt er die Übertragung des Eigentums von V. auf K. als nicht wirksam oder unter bestimmten Voraussetzungen, z. B. dem guten Glauben des K. an das Eigentum des V., als wirksam. Im ersten Fall entscheidet er sich dafür, den wahren Eigentümer unter allen Umständen zu schützen und zu verhindern, daß ihm durch ein Rechtsgeschäft hinter seinem Rücken sein Recht entzogen wird. Geschädigt ist dann der Erwerber K., denn er hat in aller Regel

[1] Vgl. BGH 25, 16.

seine Gegenleistung bewirkt, z. B. den Kaufpreis bezahlt, und erreicht nun nicht, daß er Eigentümer wird; er ist vielmehr auf Bereicherungs- oder Schadensersatzansprüche angewiesen, um wenigstens sein Geld zurückzubekommen. Im anderen Fall wahrt der Gesetzgeber die Interessen des Erwerbers, schützt den redlichen Erwerb und damit den Rechtsverkehr im ganzen, indem er dem Erwerber das Eigentum zuspricht, wenn dieser im Vertrauen auf das Eigentum des V. gehandelt hat. Geschädigt ist jetzt der wahre Eigentümer, denn er büßt sein Eigentum ein durch Verträge, die ohne seine Beteiligung und ohne sein Wissen geschlossen werden, und ist nun seinerseits auf Bereicherungs- und Schadensersatzansprüche gegen den Veräußerer angewiesen, um statt des verlorenen Grundstücks wenigstens Geld zu erhalten.

Zwischen diesen beiden Lösungen hat jede Rechtsordnung die Wahl. Aber weil ein Konflikt immer übrigbleibt, einer der Beteiligten immer geschädigt wird, muß das Bestreben des Gesetzgebers darauf gerichtet sein, diese Konfliktsfälle möglichst zu vermindern. Dieser Aufgabe dient das Grundbuch als öffentliches Register über die dinglichen Rechtsverhältnisse des Grundstücks.

II. Fälle der Unrichtigkeit

Die Fälle, in denen das Grundbuch unrichtig ist, stellen in der Tat sämtlich nur seltene Ausnahmen dar. Denn durch den Eintragungszwang des § 873 wird erreicht, daß auf rechtsgeschäftlichem Weg kein dingliches Recht entstehen kann, ohne daß es eingetragen ist, durch § 875, daß es in der Regel auch nicht durch Rechtsgeschäft erlöschen kann, ohne daß es im Grundbuch gelöscht wird. Dasselbe gilt für Inhaltsveränderungen nach § 877. Damit sind die Hauptquellen für eine Unrichtigkeit des Grundbuchs verstopft.

Zu einer Unrichtigkeit kann es nur in folgenden Fällen kommen:

1. Fehlerhaftes Handeln des Grundbuchamtes

Das Grundbuchamt handelt fehlerhaft, indem es eine Eintragung vollzieht, für die es an der Einigung fehlt. Zum Beispiel kann versehentlich in Einzelheiten der Eintragung von der Einigung abgewichen werden, z. B. im Namen des Berechtigten (eingetragen wird „Schultz" statt „Schulz"), im Inhalt des Rechts (die Einigung betrifft eine Hypothek von 20000 DM, eingetragen wird eine Hypothek von 25000 DM). Solche Fehler kommen aber nur selten vor.

2. Rechtliche Veränderungen außerhalb des Grundbuchs

In manchen Fällen vollziehen sich rechtliche Veränderungen außerhalb des Grundbuches mit dinglicher Wirkung, z. B. geht ein Recht durch Erbfall oder Eintritt der ehelichen Gütergemeinschaft oder durch Nacherbschaft über. Im ersten Fall entsteht allerdings für den wahren Berechtigten, den Erben, keine Gefahr; denn der zu Unrecht noch eingetragene Erblasser kann keine Rechtsgeschäfte mehr vornehmen. Ferner kommt in Betracht der Eintritt einer auflösenden Bedingung bei einem Grundstücksrecht (bei Übereignung aber ausgeschlossen, vgl. u.

§ 26 IV). Wichtig ist auch der Eintritt gesetzlicher Verfügungsbeschränkungen, z. B. im Fall des Konkurses.

Der praktische Hauptfall dieser Gruppe ist der gesetzliche Übergang der Hypothek nach Zahlung des Kapitals auf den Eigentümer oder den persönlichen Schuldner nach §§ 1163, 1164 (vgl. u. § 59). Hier hat es der Eigentümer in der Hand, für schnelle Berichtigung des Grundbuchs zu sorgen und jede Gefahr für sein Recht auszuschließen.

3. Nichtigkeit des dinglichen Rechtsgeschäfts

Ein praktisch wichtiger Fall ist die ursprüngliche oder durch Anfechtung herbeigeführte Nichtigkeit des dinglichen Rechtsgeschäfts, auf Grund dessen die unrichtige Eintragung oder Löschung erfolgt ist; z. B. die Auflassung, die Hypothekenbestellung oder -übertragung ist nichtig wegen Geschäftsunfähigkeit oder wegen Wuchers oder wird wegen arglistiger Täuschung angefochten. Der Eintragung allein kommt nicht eine Art von formloser Rechtskraft zu, nur in Verbindung mit einem Rechtsgeschäft tritt die Rechtswirkung ein.

Da die Nichtigkeits- und besonders die Anfechtungsgründe dem Grundbuchrichter durchaus nicht immer ersichtlich sind, läßt sich diese Quelle der Unrichtigkeit niemals ganz verstopfen. In diesen Fällen ist auch die Gefahr für den wahren Berechtigten am größten.

4. Fehlen der Einigung

Da die Eintragungen im Grundbuch (mit Ausnahme der Übereignung) auf Grund einer bloßen Bewilligung des passiv Beteiligten zulässig sind (vgl. u. § 21 IV), kann auch der Fall eintreten, daß eine Eintragung auf eine Bewilligung hin erfolgt, eine Einigung aber nicht stattgefunden hat. In diesen Fällen hat sich eine Rechtsänderung nicht vollzogen, da dem § 873 nicht genügt ist; die Eintragung ist also unrichtig.

Als Ergebnis ist festzuhalten: Die Fälle, in denen sich jemand mit einem Unberechtigten in dingliche Verträge einläßt, werden zu seltenen Ausnahmen; denn jeder Interessent kann sich aus dem Grundbuch über den Berechtigten unterrichten, und das Grundbuch ist in aller Regel richtig.

Damit wird der oben I. geschilderte Konfliktsfall zu einer seltenen Ausnahmeerscheinung, und die Lösung des Konflikts kann in folgender Richtung getroffen werden: Nicht der wahre Berechtigte, wenn er aus dem Grundbuch nicht ersichtlich ist, wird geschützt, sondern derjenige, der im Vertrauen auf das Grundbuch mit dem dort Eingetragenen dingliche Rechtsgeschäfte abschließt.

III. Die Vermutung der Richtigkeit

Die Eintragungen im Grundbuch haben zunächst die Vermutung der Richtigkeit für sich (§ 891). Dies gilt nach zwei Richtungen. Von einem eingetragenen Recht wird vermutet, daß es besteht und dem eingetragenen Berechtigten zusteht, von einem gelöschten Recht, daß es nicht besteht. Dagegen besteht keine Vermutung für die Vollständigkeit des

Grundbuchs, also dafür, daß keine anderen Rechte als die eingetragenen bestehen (anders die Fiktion beim gutgläubigen Erwerb, vgl. u. VII, 2).

Durch die Vermutung wird im Prozeßfall die Beweislast der Partei aufgebürdet, welche die Unrichtigkeit des Grundbuchs behauptet; die andere braucht sich zum Beweis für ihre Behauptungen nur auf das Grundbuch zu berufen.

Dagegen besteht keine Vermutung, daß ein früher eingetragenes Recht auch bestanden hat, denn die Löschung desselben konnte auch der Berichtigung dienen.[1]

Die Vermutung bezieht sich unmittelbar auf die eingetragenen bzw. gelöschten Rechte, nicht aber auf die Tatsachen, die den Entstehungs- oder Aufhebungstatbestand bilden; von ihnen ist sie völlig losgelöst (str.). Die Geschäftsfähigkeit des Berechtigten, auch die Rechtsfähigkeit desselben (z. B. eines Vereins), wird nicht vermutet, weil sie nicht eintragungsfähig ist.

Auf die Vermutung kann sich in erster Linie der eingetragene Berechtigte berufen, aber auch jeder andere, wenn es für ihn im Prozeß auf Bestehen oder Erlöschen eines Rechts ankommt. Die Vermutung wirkt auch zu Lasten eines Eingetragenen, z. B. wenn gegen einen als Eigentümer Eingetragenen dingliche Rechte oder persönliche Ansprüche geltend gemacht werden (anders nach § 892, vgl. u. IV).[2]

Die Widerlegung der Vermutung steht nicht nur dem zu, der selbst ein dem eingetragenen Recht widersprechendes eigenes Recht behauptet, sondern jedem, gegen den die Vermutung im Prozeß gilt. Die Widerlegung kann nur durch Vorbringen solcher Tatsachen erfolgen, die das Entstehen bzw. Erlöschen des Rechts ausschließen.

Dieser Schutz genügt aber noch nicht, denn er wirkt sich nur im Prozeßfall aus und ist durch den Gegenbeweis der Unrichtigkeit des Grundbuchs zu entkräften.

IV. Der öffentliche Glaube

Daher geht das BGB noch weiter und steigert die Vermutung zur unwiderleglichen Fiktion der Richtigkeit des Grundbuchs, falls Rechtsgeschäfte mit einem im Grundbuch eingetragenen Berechtigten im guten Glauben vorgenommen werden, indem es bestimmt, daß der Inhalt des Grundbuchs in diesen Fällen als richtig gilt. Die Fiktion tritt ein, wenn das Grundbuch unrichtig ist, also die verbuchte Rechtslage mit der wahren Rechtslage nicht übereinstimmt, und dient dem Ausgleich dieses Mangels. Sie löst den oben geschilderten Konflikt zugunsten des redlichen Erwerbers und zuungunsten des wahren Berechtigten. Das Gesetz geht also nicht so weit, der unrichtigen Eintragung konstitutive Wirkung beizumessen, d. h. die beurkundete Rechtsänderung auf alle Fälle eintreten zu lassen (System der formellen Rechtskraft), so daß das Grundbuch stets richtig wäre.

Die Wirkung der Fiktion ist an bestimmte Voraussetzungen geknüpft.

1. Guter Glaube

Die wichtigste ist der gute Glaube des Erwerbers an die Richtigkeit des Grundbuchs.

---

[1] Steht aber fest, daß die Löschung nicht der Berichtigung dienen sollte, so gilt die Vermutung (BGH 52, 355).

[2] Der eingetragene Berechtigte kann sich auf die Vermutung auch demjenigen gegenüber berufen, von dem er das Recht erworben hat (BGH, JZ 1970, 373).

Er ist allerdings nicht von demjenigen zu beweisen, der sich auf ihn beruft, z. B. vom Erwerber, sondern umgekehrt muß derjenige, welcher die Wirksamkeit des Erwerbs bestreitet, z. B. der bisherige wahre Berechtigte, dem Gegner den bösen Glauben nachweisen. Dies folgt aus der Fassung des § 892, der als Regel den Erwerb vom Eingetragenen ausspricht und nur als Ausnahme den Erwerb wegen des bösen Glaubens des Erwerbers ausschließt. Der tragende rechtspolitische Gedanke bleibt aber der gute Glaube, das Vertrauen auf die Richtigkeit des Grundbuchs soll geschützt werden. Mit Recht spricht man daher allgemein von dem Grundsatz des gutgläubigen Erwerbs.

2. Ausschluß des guten Glaubens

Der gute Glaube wird ausgeschlossen

a) durch den bösen Glauben des Erwerbers (im Fall des § 893 des Leistenden oder sonst ein Rechtsgeschäft Abschließenden),
b) durch einen im Grundbuch eingetragenen Widerspruch (vgl. u. § 18).

Bösgläubig (unredlich) ist, wer die Unrichtigkeit des Grundbuchs kennt, also weiß, daß der im Grundbuch, z. B. als Eigentümer, Eingetragene nicht der wahre Berechtigte, z. B. der wahre Eigentümer, ist. Dagegen schadet bloße Fahrlässigkeit nicht. Sie ist vom Gesetzgeber bewußt ausgeschaltet. Man soll sich unbedingt auf das Grundbuch verlassen können, so daß eine Außerachtlassung der im Verkehr erforderlichen Sorgfalt nicht vorliegt, wenn man dem Grundbuch ohne weitere Nachforschungen vertraut.

Ob hiermit das Gesetz nicht zu weit gegangen ist, ist umstritten. Die Rechtsprechung versucht sich zu helfen, indem bei ernsthaften Mitteilungen an den Erwerber über die Unrichtigkeit des Grundbuchs seine Kenntnis von derselben unterstellt wird. Auch kommt § 826 in Betracht, wenn der Erwerber trotz begründeter Zweifel nichts zur Aufklärung des Sachverhalts tut, nur um die vorteilhafte Stellung des gutgläubigen Erwerbers nicht zu verlieren.

Nicht erforderlich ist, daß der Erwerber das Grundbuch wirklich eingesehen hat. Der Schutz des guten Glaubens steht auch dem zur Seite, der sich gar nicht aus dem Grundbuch informiert hat, denn nur die Kenntnis der Unrichtigkeit schließt seinen Erwerb aus.[1]

Die Kenntnis von der Unrichtigkeit des Grundbuchs setzt nicht voraus, daß dem Betreffenden die Tatsachen im einzelnen bekannt sind, aus denen die Unrichtigkeit folgt. Zweifelhaft ist, ob die Kenntnis der Tatsachen, z. B. der Anfechtung des Erwerbs des Veräußerers für die Annahme des bösen Glaubens genügt, auch wenn der Erwerber aus ihnen nicht den Schluß auf die Unrichtigkeit des Grundbuchs gezogen hat. Der Richter wird aber in solchen Fällen die Behauptung eines Rechtsirrtums mit besonderer Strenge nachzuprüfen haben; denn die Kenntnis der Tatsachen begründet eine Vermutung für die Kenntnis der aus ihnen folgenden Unrichtigkeit.

3. Nur Ausgleich des Rechtsmangels

Eine weitere Voraussetzung für den gutgläubigen Erwerb besteht darin, daß alle anderen Grundlagen für den Erwerb gegeben sein müssen, also Einigung, Eintragung, die Wirksamkeit der Einigung, daher auch die Geschäftsfähigkeit beider Teile, die Vertretungsmacht etwaiger Vertreter, die Verfügungsbefugnis des veräußernden Teiles usw. Denn

[1] RG 61, 195, 202.

der gute Glaube ist nach BGB dazu bestimmt, lediglich den Mangel des Rechts beim Veräußerer, z. B. des Eigentums auf seiten des Verkäufers, auszugleichen, aber keinen anderen Mangel bei der Veräußerung.

Der Glaube an die Geschäftsfähigkeit, die Vertretungsmacht oder die Verfügungsbefugnis wird nicht geschützt (anders HGB § 366). Da der gute Glaube nur den Mangel des Rechts auf seiten des Veräußerers auszugleichen hat, ist der Ausdruck des BGB „Erwerb vom Nichtberechtigten“ korrekt und verständlich.

4. Maßgeblicher Zeitpunkt

Der gute Glaube muß zu dem Zeitpunkt vorliegen, in welchem der Rechtserwerb sich vollendet. Folgt die Eintragung auf die Einigung, wie dies die Regel ist, so entscheidet die Kenntnis zur Zeit der Stellung des Antrags auf Eintragung, folgt die Einigung auf die Eintragung, so entscheidet die Kenntnis zur Zeit der Einigung (§ 892 II).

V. Inhalt des Grundbuchs

Einer genaueren Bestimmung bedarf aber noch, was unter dem Inhalt des Grundbuchs zu verstehen ist.

Es handelt sich nur um die rechtlichen Angaben des Grundbuchs, nicht um die auch in ihm sich findenden tatsächlichen Angaben, z. B. über Lage, Größe, Bebauungsart des Grundstücks. Auch Eintragungen in Abt. 1 Spalte 4 des Grundbuchs (Grundlage der Eintragung) nehmen am öffentlichen Glauben nicht teil.[1]

Nur soweit diese Tatsachen zur Individualisierung des Grundstücks, also für die eindeutige Bestimmung, um welches reale Grundstück, welchen abgetrennten Teil der gesamten Grundstücksfläche es sich handelt, erforderlich sind, genießen sie ebenfalls öffentlichen Glauben, z. B. die Angaben, welche nach dem Kataster bezeichneten Parzellen zu dem Grundstück im Sinn des einzelnen Grundbuchblattes gehören; denn danach bestimmt sich Gegenstand und räumlicher Umfang aller Grundstücksrechte.

Im übrigen ist es klar, daß eine Fiktion bei tatsächlichen Angaben nichts helfen würde, ja rechtlich nicht möglich ist. Beträgt z. B. der Flächeninhalt des Grundstücks nach dem Grundbuch 1275 qm, in Wahrheit nach der vorhandenen Abgrenzung nur 1269, so kann keine Fiktion dem Erwerber mehr verschaffen, als das Grundstück in dem tatsächlich vorhandenen Umfang von 1269 qm; denn sie kann die fehlenden 6 qm weder einem Nachbarn abnehmen noch heranzaubern. Ebenso kann, wenn das Grundstück unrichtig als bebaut bezeichnet ist, die Fiktion dem Erwerber niemals zu einem bebauten verhelfen.

Von den rechtlichen Angaben des Grundbuchs genießen nur diejenigen öffentlichen Glauben, die ihrem Inhalt nach in das Grundbuch hineingehören, also über die Rechte, deren Eintragung zulässig ist, nicht dagegen solche Angaben, die unzulässig sind, z. B. über die Geschäftsfähigkeit eines Berechtigten, über alle nicht dinglichen Rechte, besonders Miet- oder Pachtverträge, über den Besitz, ferner über die Überbaurente nach § 912. Alle Voraussetzungen der Wirksamkeit des Rechtsgeschäfts, die dem Grundbuch nicht zu entnehmen sind, können also auch nicht durch den Glauben an die Richtigkeit des Grundbuchs ersetzt werden.

---

[1] Vgl. BGH 7, 64.

Umstritten ist, ob auch gefälschte Eintragungen (die selten vorkommen) öffentlichen Glauben genießen. Mit der herrschenden Meinung ist dies zu verneinen.

VI. Fälle des öffentlichen Glaubens

1. Der Bereich des öffentlichen Glaubens umfaßt folgende Fälle:

a) Den Erwerb des Eigentums oder eines anderen Rechts an einem Grundstück (oder eines Rechts an einem Recht) durch Rechtsgeschäft (§ 892).

b) Die Leistung auf Grund eines eingetragenen Rechts an den Eingetragenen (§ 893).

c) Die Vornahme eines Rechtsgeschäftes zwischen dem Eingetragenen und einem anderen, welches eine Verfügung über das Recht enthält, aber nicht unter a) fällt (§ 893).

Der Schutz des guten Glaubens gilt also nur für rechtsgeschäftlichen Erwerb, denn nur dieser vollzieht sich regelmäßig im Vertrauen auf das Grundbuch und bedarf daher eines Schutzes im Interesse eines gesicherten Rechtsverkehrs. Einen Unterschied zwischen entgeltlichem und unentgeltlichem Erwerb macht das Gesetz nicht, und es läßt sich bezweifeln, ob es damit nicht zu weit gegangen ist, weil ein unentgeltlicher Erwerber schwerlich mehr Schutz verdient als der wahre Berechtigte. Fiktion und Schutz erstrecken sich dagegen nicht auf die Fälle eines Erwerbs, der kraft Gesetzes eintritt.

2. Daher ist nicht betroffen

a) der Erwerb kraft Erbrechts. Ist z. B. als Eigentümer des Grundstücks der Erblasser A. im Grundbuch eingetragen, während der wahre Eigentümer B. ist, so wird der Erbe E. nicht Eigentümer des Grundstücks, auch wenn er an das Eigentum des A. geglaubt hat.

Dem stehen andere Fälle des gesetzlichen Erwerbs gleich, z. B. Nacherbschaft oder Erwerb kraft ehelicher Gütergemeinschaft, ferner die Übernahme des Gesellschaftsvermögens durch einen Gesellschafter (§ 738, HGB § 142). Ist z. B. der Ehemann zu Unrecht als Eigentümer im Grundbuch eingetragen, so erwirbt die Frau durch Eingehung der Ehe und Vereinbarung der Gütergemeinschaft keinen gesamthänderischen Anteil am Grundstück, ebensowenig der Mann, wenn die Frau als Eigentümerin eingetragen war.

b) der Erwerb auf Grund einer Zwangsvollstreckungsmaßnahme, z. B. der Pfändung und Überweisung einer durch Hypothek gesicherten Forderung, wenn der Vollstreckungsschuldner als Hypothekengläubiger im Grundbuch zu Unrecht eingetragen ist, oder die Eintragung einer Zwangshypothek am Grundstück des Vollstreckungsschuldners, wenn dieser in Wahrheit nicht Eigentümer ist.

c) Ferner gilt § 892 nicht, wenn an dem Rechtsgeschäft nur eine Person beteiligt ist, z. B. der eingetragene Eigentümer sich selbst eine Eigentümergrundschuld bestellt (§ 1196); auch wenn er gutgläubig ist, entsteht die Grundschuld für ihn nicht. Dasselbe soll auch gelten bei Übereignung eines Grundstücks aus dem Nachlaß, also aus Gesamthandseigentum in das Sondereigentum eines Miterben,[1] bei Veräußerung durch eine juristische Person an die natürlichen Personen, die ihre Mitglieder sind,

[1] Vgl. BGH 30, 255.

und bei Umwandlung einer Gesamthandsgemeinschaft in eine andere unter denselben Personen, z. B. einer Erbengemeinschaft in eine offene Handelsgesellschaft.[1]

Das Reichsgericht hat[2] die Begründung gegeben, „es sei für Vertrauensschutz kein Raum, wo es sich nicht um einen neu hinzutretenden Erwerber handle, der auf die Richtigkeit des Grundbuchs angewiesen sei, sondern wo zwar rechtlich Eigentumswechsel vorliege, aber doch in Wahrheit das Grundstück in der Hand derselben natürlichen Person bleibe", „wo auf Veräußerer- und Erwerberseite völlige Personengleichheit bestehe".

VII. Die Wirkungen des öffentlichen Glaubens

1. Positive Wirkung

a) Erwirbt jemand gutgläubig ein Grundstücksrecht von dem im Grundbuch als Berechtigter Eingetragenen, so geht das Recht auf den Erwerber geradeso über, als ob der Veräußerer wirklich der Berechtigte gewesen wäre; § 892 I 1. Eintragung und guter Glaube ersetzen das fehlende Recht des Veräußerers.

Beispiele: V steht im Grundbuch als Eigentümer verzeichnet; der wahre Eigentümer ist E. V verkauft und übereignet das Grundstück an K, dem die Unrichtigkeit des Grundbuchs nicht bekannt ist; K wird Eigentümer, wie wenn V Eigentümer gewesen wäre.

b) Eine positive Wirkung der Fiktion zeigt sich auch in den Fällen des § 893. Hier kommen vor allem Leistungen des Eigentümers an den Hypothekengläubiger in Frage (z. B. Zinszahlungen), ferner an Reallastberechtigte. Nicht dagegen gehören Leistungen an den Eigentümer seitens von Mietern oder Pächtern hierher; denn sie schulden nicht auf Grund des Eigentums (oder eines anderen dinglichen eingetragenen Rechts), sondern auf Grund des Mietvertrages (auch nicht, wenn der Mieter nach Veräußerung des Grundstücks an den eingetragenen Erwerber zahlt, str.). Eine Ausnahme besteht für Kapitalzahlungen auf Briefhypotheken mit Rücksicht auf § 1160, der den Schutz des § 893 überflüssig macht.[3]

Zu den anderen Rechtsgeschäften, die eine Verfügung im Sinn von § 893 enthalten, gehören die Aufhebung eines Rechts (§ 875), die Inhaltsänderung (§ 877), die Rangänderung (§ 880), die Bewilligung einer Vormerkung (§ 883, str.),[4] eine Kündigung, nicht dagegen die Prozeßführung, außer wenn in einer Prozeßhandlung zugleich eine materielle Verfügung liegt, wie z. B. im Prozeßvergleich (str.), und auch nicht die Vermietung oder Verpachtung.

Das Gesetz spricht von Rechtsgeschäften zwischen dem Eingetragenen und einem anderen. Doch gilt der Grundsatz auch für die Verfügungen, die einseitig erfolgen, wenn sie von einer der beiden Personen gegenüber der anderen vorgenommen sind. Streitig ist, ob diese Regel auch dann gilt, wenn die Erklärung gegenüber dem Grundbuchamt abgegeben wird, wie das meist zulässig ist. Man wird dies

---

[1] Vgl. RG 117, 257.
[2] Vgl. RG 129, 121.
[3] Str.; vgl. RG 150, 356.
[4] Vgl. BGH 25, 16.

zumindest dann zu bejahen haben, wenn die Beteiligten sich über die Verfügung verständigt haben.

Die Verpflichtungsgeschäfte, die jemand mit einem eingetragenen Berechtigten abschließt, z. B. Kauf- oder Miet- und Pachtverträge, werden vom guten Glauben nicht gedeckt. Sie haben keine Wirkung gegenüber dem wahren Berechtigten.

2. Negative Wirkung

Sie ist in Wirklichkeit eine Fiktion der Vollständigkeit des Grundbuchs.

a) Der gutgläubige Erwerber erwirbt das Grundstücksrecht, z. B. das Eigentum, frei von allen Belastungen, die aus dem Grundbuch nicht ersichtlich sind. Ist z. B. eine Hypothek zu Unrecht gelöscht, so geht das Eigentum unbelastet durch diese Hypothek auf den Erwerber über, die Hypothek erlischt. Der Erwerber kann sich also darauf verlassen, daß keine anderen Belastungen des Grundstücks vorhanden sind als die im Grundbuch eingetragenen, soweit sie eintragungsbedürftig sind. Zahlreiche Belastungen dinglicher Art bedürfen jedoch nicht der Eintragung (Überbau- und Notwegrente, Vorkaufsrechte nach dem Bundesbaugesetz und dem Reichssiedlungsgesetz usw.). Man spricht hier von sogenannten unsichtbaren Grundstücksbelastungen. Der gutgläubige Erwerb hat das Erlöschen aller Rechte zur Folge, die nicht aus dem Grundbuch ersichtlich, aber eintragungsbedürftig sind. Auch hierin liegt eine wichtige Sicherung des Rechtsverkehrs mit Grundstücken.

b) Auch bei Verfügungsbeschränkungen kann sich der redliche Erwerber darauf verlassen, daß andere als die eingetragenen Beschränkungen nicht bestehen; § 892 I 2. Bei ihnen muß freilich unterschieden werden, ob ihnen absolute Wirkung zukommt (zumeist handelt es sich dabei um Verfügungsbeschränkungen im öffentlichen Interesse) oder ob sie nur relative Wirkung haben.

Die erste Kategorie ist nicht eintragungsfähig; daher kann sich der öffentliche Glaube auf sie nicht beziehen. Unter sie fallen die Genehmigungspflicht für den Grundstückserwerb, die Beschlagnahme nach der Strafprozeßordnung, baupolizeiliche Beschränkungen und heute vor allem der Fall des § 1365 BGB (Verfügung über das Vermögen im ganzen bei der Zugewinngemeinschaft).

Eine besondere Regelung gilt für die Beschränkungen infolge des vertragsmäßigen Güterstandes der Gütergemeinschaft. Hierbei ist zu beachten, daß das Güterrechtsregister über sie Auskunft gibt. Enthält es keine Eintragung, so kann man darauf vertrauen, daß keine Änderung des gesetzlichen Güterstands erfolgt ist (§ 1412). Öffentlicher Glaube kommt den Eintragungen aber nicht zu.

Die zweite Kategorie ist jedoch eintragungsfähig und -bedürftig, daher auch Gegenstand des öffentlichen Glaubens. Hier also kann sich der redliche Erwerber auf das Grundbuch verlassen.

Hierhin gehören Verfügungsbeschränkungen, die

1. auf Gesetz beruhen, z. B. auf Grund der Konkurseröffnung nach §§ 6 und 7 KO, die des Vorerben durch die Nacherbschaft, des Erben durch Testamentsvollstrecker oder Nachlaßverwalter;

2. auf gerichtlicher Verfügung beruhen, z. B. auf einstweiliger Verfügung nach §§ 935 ff. ZPO, Veräußerungsverbote, Beschlagnahme in der Immobiliarzwangsvollstreckung.

Dagegen sind vertraglich vereinbarte Verfügungsbeschränkungen nicht eintragungsfähig, da ihnen die dingliche Wirkung nach § 137 versagt ist.

VIII. Endgültigkeit des gutgläubigen Erwerbs

Der gutgläubige Erwerb ist endgültig wirksam. Dies hat zur Folge, daß der Erwerber das Grundstück oder Grundstücksrecht wirksam weiter übertragen kann, auch an jemanden, der von dem mangelnden Eigentum des Veräußerers des gutgläubigen Erwerbers Kenntnis hat, also unmittelbar selbst wegen bösen Glaubens nicht erwerben könnte. Sein Erwerb hängt ja nicht von seinem guten Glauben ab, da er auf normale Art vom Eigentümer erwirbt.

Beispiel: A. veräußert das Grundstück an B.; wahrer Eigentümer ist E.; B. erwirbt kraft guten Glaubens Eigentum und übereignet das Grundstück weiter an C. der A.s mangelndes Eigentum kennt; C. wird Eigentümer.

Hier dienen nur Schadensersatzansprüche als Ausgleich. Bei einem Rückerwerb des Nichtberechtigten fällt das Eigentum nicht an den ursprünglichen Eigentümer zurück. Veräußert z. B. der gutgläubige Erwerber B. an den Veräußerer A., so fällt das Eigentum nicht an E. zurück[1] (vgl. u. § 32 VI).

IX. Fiktion nur zugunsten des Erwerbers

Der Schutz des guten Glaubens wirkt sich dahin aus, daß bei einem Konflikt zwischen der buchmäßigen und der wahren Rechtslage die erstere vorgeht, soweit sie für den Erwerber die günstigere ist. Dagegen bleibt es bei der wahren Rechtslage in dem umgekehrten Falle, daß die buchmäßige Rechtslage für den Erwerber ungünstiger als die wahre ist. Dies geht aus § 892 hervor, der ausdrücklich die Fiktion nur „zugunsten des Erwerbers" anordnet.

Ist daher im Grundbuch eine Hypothek für A. eingetragen, die in Wahrheit nicht besteht, so erwirbt der Erwerber das Eigentum am Grundstück unbelastet von dieser Hypothek, auch wenn er an ihr Bestehen geglaubt hat. Welcher Grund könnte auch dafür angeführt werden, daß der angebliche Gläubiger durch die Veräußerung des Grundstücks an einen Dritten die Hypothek erwerben sollte, die ihm in Wahrheit nicht zusteht? Das wäre eine völlig ungerechtfertigte Bereicherung des Gläubigers auf Kosten des neuen Eigentümers. Statt des Schutzes des gutgläubigen Erwerbers träte eine Belastung desselben ein.

X. Schuldrechtliche Ausgleichsansprüche

Zum Ausgleich für den Rechtsverlust sind dem früheren wahren Berechtigten Bereicherungsansprüche gegeben, in der Regel gegen den unbefugten Veräußerer auf den erlangten Gegenwert (§ 816 I 1), bei unentgeltlichen Verfügungen gegen den

[1] Str., so auch Wolff-Raiser, § 45 II 2.

Erwerber (§ 816 I 2), bei Leistung an einen Nichtberechtigten auf Herausgabe des Geleisteten (§ 816 II). War der Veräußerer selbst bösgläubig, so kommen auch Schadensersatzansprüche nach §§ 823, 826 in Betracht.

XI. Rechtspolitischer Grund für gutgläubigen Erwerb

Keine volle Einigkeit besteht über den inneren Grund, aus welchem der gutgläubige Erwerb zu erklären ist. Nach der einen Auffassung – Legitimationstheorie – ist entscheidend die jedem Eingetragenen vom Gesetz verliehene Verfügungsmacht, die Legitimation zur wirksamen Verfügung, nach der anderen der gute Glaube des Erwerbers. Damit hängt eng der Streit zusammen, ob der Erwerb ein derivativer (abgeleiteter) oder ein originärer ist, und der weitere, ob das alte Eigentum übertragen oder ein neues geschaffen wird.

Der rechtspolitische Grund für die Zulassung des gutgläubigen Erwerbs ist unzweifelhaft die Rücksicht auf den Rechtsverkehr und damit auf den gutgläubigen Erwerber. Um ihn zu schützen, wird technisch-juristisch dem Eingetragenen die Legitimation zur Verfügung gewährt als Mittel zur Erreichung des gesetzgeberischen Zweckes; will man das Ergebnis, so muß man ein bestimmtes Mittel wählen und in Kauf nehmen. So viel ist der Legitimationstheorie zuzugeben, daß eine nach allgemeinen Vorschriften wirksame Verfügung des Eingetragenen vorliegen muß, also der gute Glaube allein nicht genügt. Der Erwerb beruht auf den beiden Voraussetzungen des guten Glaubens und einer wirksamen Verfügung des Veräußerers.

Die Entscheidung zwischen originärem und derivativem Erwerb soll erst beim gutgläubigen Erwerb beweglicher Sachen behandelt werden (vgl. u. § 32 VIII).

§ 17. Die Berichtigung des Grundbuchs

Literatur: Du Chesne, Vollabtretung oder Zession des Berichtigungsanspruchs DNotZ 1920, 274; Demelius, Berichtigungsklage und Löschungsklage, AcP 157, 361; Furtner, Verhalten der grundbuchrechtlichen Rechtsbehelfe zu der Klage aus dem sachenrechtlichen Anspruch, DNotZ 1963, 196; Goldmann, Der Anspruch auf Grundbuchberichtigung nach § 894 BGB, 1904; Güthe, Die Rechtsnatur der Berichtigungsbewilligung, ZBlFG 13, 125; Krückmann, Zum Berichtigungsanspruch, ZBlFG 15, 277; Landauer, Über die sogenannte Berichtigungsbewilligung, ZBlFG 13, 745; Locher, Neugestaltung des Liegenschaftsrechts, 1942; Mende, Zur Frage der Übertragbarkeit und Pfändbarkeit des Berichtigungsanspruchs, Jher. Jahrb. 70, 151; Pohle, Der materiellrechtliche und der prozessuale Verzicht auf den Grundbuchberichtigungsanspruch, JZ 1956, 53; Volmer, Zur Frage der Eintragungsfähigkeit der Pfändung und Überweisung des Berichtigungsanspruchs, Gruch. Beitr. 59, 624; Wieacker, Zur Struktur des Berichtigungsanspruchs, DJZ 1936, 989.

I. Die Möglichkeit des gutgläubigen Erwerbs bedeutet eine starke Gefährdung des wahren Berechtigten, dessen Recht nicht eingetragen oder zu Unrecht gelöscht ist. Denn wenn auch die Unrichtigkeit des Grundbuchs eine Ausnahmeerscheinung darstellt, so ist sie doch niemals ganz auszuschließen.

II. Arten der Unrichtigkeit

Die Unrichtigkeit kann bestehen 1. in der Eintragung eines nicht bestehenden Rechts, z. B. des A. als Eigentümer, während es in Wahrheit B. ist, 2. in der unrichtigen Eintragung eines bestehenden Rechts (z. B. mit unrichtigem Rang oder Inhalt), 3. in der Eintragung einer nicht bestehenden Belastung eines Grundstücksrechts, 4. in der Nichteintragung eines bestehenden Rechts, z. B. eines von Gesetzes wegen ohne Eintragung entstandenen Rechts (vgl. o. § 16 II 2), oder in der Löschung eines in Wahrheit noch bestehenden Rechts. In diesem Fall spricht man von Unvollständigkeit des Grundbuchs. Unter dem Inhalt des Grundbuchs ist dasselbe zu verstehen wie nach § 892.

III. Wirkungen der Unrichtigkeit

Die Wirkungen der Unrichtigkeit sind folgende:

1. Die Vermutung der Richtigkeit spricht für die (unrichtige) Eintragung (§ 891).

2. (am wichtigsten) Der gutgläubige Erwerb vernichtet das wahre Recht (§ 892); vgl. o. § 16 VII.

3. Nach formellem Grundbuchrecht – GBO § 39 – hindert sie den nicht eingetragenen Berechtigten an der Verfügung über sein Recht.

4. §§ 1141, 1158; vgl. u. §§ 56 III 1, 57 VII.

IV. Beseitigung der Unrichtigkeit

Aus diesem Grund besteht ein dringendes Bedürfnis, daß die Unrichtigkeit des Grundbuchs durch Berichtigung desselben beseitigt wird. Der Berechtigte kann sie auf zwei Wegen herbeiführen.

1. Nachweis der Unrichtigkeit

Der einfache, aber selten mögliche Weg ist der Nachweis der Unrichtigkeit, der gegenüber dem Grundbuchamt durch öffentliche oder öffentlich beglaubigte Urkunden geführt wird (GBO §§ 22, 29).

Dies ist z. B. dem Erben möglich mittels Erbscheins, wenn der Erblasser eingetragen ist, dem Ehegatten im Fall der ehelichen Gütergemeinschaft, ferner in dem oben § 16 II 1 genannten Unrichtigkeitsfall durch Hinweis auf die Einigung, wenn sie in einer öffentlichen Urkunde erfolgt ist. Dagegen ist dieser Weg in aller Regel nicht beschreitbar in dem in § 16 II 3 genannten Fall.

2. Berichtigungsanspruch

Hier eröffnet § 894 den anderen Weg: Der Betroffene hat gegen den zu Unrecht Begünstigten einen Anspruch auf Zustimmung zur Berichtigung des Grundbuchs, ungenau „Berichtigungsanspruch" genannt.

a) Entweder erteilt der Betroffene die Zustimmung in Form der Bewilligung der Berichtigung nach GBO § 19 (vgl. u. § 21 IV) oder er wird zur Zustimmung verurteilt und das rechtskräftige Urteil ersetzt nach ZPO § 894 seine wirkliche Zustimmung. Im Fall der Bewilligung ist ein Nachweis der Unrichtigkeit nicht erforderlich. Das Grundbuchamt darf die Berichtigung nur ablehnen, wenn es weiß, daß das Grundbuch gerade durch die „Berichtigung" unrichtig würde.

b) Dieser Berichtigungsanspruch ist also ein privatrechtlicher und nicht gegen das Grundbuchamt gerichtet. Damit soll dieses von der Prüfung des Anspruchs und der Entscheidung über ihn befreit werden. Sonst würde es stark belastet und gehindert werden, seiner sonstigen Tätigkeit schnell genug nachzukommen. Auch stellt der Streit um die Richtigkeit des Grundbuchs im Grund einen Streit um private Rechte dar, gehört also zu den bürgerlichen Rechtsstreitigkeiten, für die der Zivilprozeß bestimmt ist.

c) Der Berichtigungsanspruch ist, wenn er – wie in der Regel – auf einem dinglichen Recht beruht, ein dinglicher[1] und begründet als solcher ein Aussonderungsrecht im Konkurs, setzt sich also auch durch, wenn der Gegner in Konkurs fällt. Er ist dem Störungsbeseitigungsanspruch des § 1004 (nach anderer Auffassung dem § 985) innerlich verwandt oder ist sogar nur eine besondere Ausgestaltung desselben.

Daneben kann auch ein nur schuldrechtlicher Berichtigungsanspruch entstehen nach § 812 (mit unrichtiger Eintragung hat der scheinbar Berechtigte eine Rechtsstellung erlangt) oder § 823.

d) Der Anspruch steht demjenigen zu, dessen dingliches Recht am Grundstück oder einem Grundstücksrecht nicht oder nicht richtig eingetragen ist oder dessen Recht durch die Eintragung einer nicht bestehenden Belastung beeinträchtigt wird (§ 894). Auf Schadensersatz richtet er sich nicht; doch kann ein solcher Anspruch aus unerlaubter Handlung abgeleitet werden.

Beispiele: Der wahre Eigentümer ist auf Grund einer nichtigen Auflassung gelöscht. Eine Hypothek ist auf Grund einer nichtigen Einigung oder auf bloße Bewilligung hin ohne Einigung eingetragen. Eine Hypothek ist gelöscht, die in Wahrheit noch besteht. Ferner gehören hierher alle Fälle von Rechtsänderung, die sich außerhalb des Grundbuchs vollziehen.

Der Anspruch ist trotz Fehlens einer gesetzlichen Bestimmung auch demjenigen zuzubilligen, zu dessen Gunsten eine nicht oder nicht richtig eingetragene Verfügungsbeschränkung besteht,[2] z. B. dem Testamentsvollstrecker, dem Nacherben, den durch Veräußerungsverbot geschützten Personen. Denn seine Rechte werden durch den öffentlichen Glauben des Grundbuchs ebenfalls und in gleicher Art gefährdet.

Zur praktischen Durchführung des Berichtigungsanspruchs dienen mit Rücksicht auf GBO § 39 die Hilfsansprüche aus §§ 895 und 896.

e) Anspruchsgegner ist der, dessen Recht durch die Berichtigung betroffen wird, z. B. der zu Unrecht Eingetragene.

Er kann einwenden, daß der Kläger obligatorisch verpflichtet sei, die Rechtslage herbeizuführen, die der jetzigen buchmäßigen Lage entspricht (herrschende Meinung). Eine Berichtigung wäre zwecklos, wenn die dadurch geschaffene Buchlage sogleich wieder geändert werden müßte. Ferner kann der zu Unrecht im Grundbuch als Eigentümer Eingetragene dem Berichtigungsanspruch des wahren Eigentümers ein Zurückbehaltungsrecht (§ 273) entgegenhalten, wenn er auf das Grundstück Verwendungen gemacht hat. Betrifft der Berichtigungsanspruch jedoch ein Grundpfandrecht, scheidet ein Zurückbehaltungsrecht wegen solcher Verwendungen aus, da der Gegenstand des Berichtigungsanspruches (Freiheit von einem Grundpfandrecht) mit dem der Verwendungen (das Grundstück selbst) nicht identisch ist.[3]

V. Erlöschen des Anspruchs

Nimmt der zu Unrecht Eingetragene eine Verfügung zugunsten eines gutgläubigen Erwerbers vor, die wirksam ist, so erlischt naturgemäß der Berichtigungsanspruch, denn die neu geschaffene Buchlage entspricht jetzt der wahren Rechtslage.

---

[1] Zur Frage der Anwendung der Verzugsvorschriften vgl. Schwerdtner, Verzug im Sachenrecht, 1973, S. 166ff.

[2] RG 132, 149.

[3] Vgl. BGH 41, 30.

Beispiel: V. ist als Eigentümer eingetragen, E. der wahre Eigentümer. Wenn V. das Grundstück an den gutgläubigen K. übereignet, wird K. Eigentümer, und damit ist die Eintragung des K. richtig; daher wird der Berichtigungsanspruch des E. gegen V. gegenstandslos.

Der Anspruch erlischt ferner, wenn die Einigung, deren Fehlen die Eintragung unrichtig machte, nachträglich abgeschlossen und damit das Grundbuch richtig wird.

Dem Berichtigungsanspruch kann der Einwand der Verwirkung entgegengesetzt werden.[1]

Ob ein Verzicht auf den Grundbuchberichtigungsanspruch zulässig ist, ist bestritten. Bedenken könnten bestehen, weil durch den Verzicht die Divergenz zwischen Rechtslage und Buchlage konserviert wird.[2]

VI. Einzelfragen

Der Berichtigungsanspruch ist unverjährbar (§ 898).

Die Kosten der Berichtigung hat nach § 897 der die Berichtigung Verlangende zu tragen.

Der Berichtigungsanspruch für sich allein ist nicht abtretbar, da er von dem dinglichen Recht nicht getrennt werden kann, auf dem er beruht (anders § 931), sondern geht mit diesem zugleich über. Seine Abtretung hätte auch nicht die Wirkung, daß das zugrunde liegende Recht mit übergeht wie nach § 931, da sonst die Formvorschrift von § 925 umgangen werden könnte. Nur eine Ermächtigung kann erteilt werden, den Anspruch als Vertreter des Berechtigten geltend zu machen, nach anderer Auffassung auch, ihn im eigenen Namen geltend zu machen.[3] Stets bleibt aber daneben der dinglich Berechtigte selbst zur Geltendmachung befugt, so daß eine normale Abtretung mit Anspruchsverlust nicht vorliegt. Der Ermächtigte kann auch nicht die Zustimmung zu seiner eigenen Eintragung verlangen, sondern nur diejenige zur Eintragung des Berechtigten.

Der Anspruch kann daher auch nicht für sich allein verpfändet werden, § 1274 II. Dagegen ist seine Pfändung und Überweisung zur Einziehung im Weg der Zwangsvollstreckung möglich, weil durch diese Akte der Anspruch nicht auf den Pfandgläubiger übergeht, sondern dieser nur befugt wird, ihn im eigenen Namen geltend zu machen.

Für den Berichtigungsanspruch fehlt das Rechtsschutzbedürfnis, wenn die Berichtigung auf dem Weg über GBO § 22 oder § 53 erreicht werden kann.[4]

VII. Eine **Berichtigung von Amts wegen** durch das Grundbuchamt findet nur in seltenen Ausnahmefällen statt (GBO § 53, vgl. u. § 21). Dagegen kann das Grundbuchamt eine Berichtigung von den Beteiligten in gewissen Fällen erzwingen (GBO §§ 82 f., vgl. u. § 21 II).

§ 18. Der Widerspruch

Literatur: Biermann, Widerspruch und Vormerkung, 1901; Heinsheimer, Zwei Beiträge zur Lehre vom Widerspruch, Gruch. Beitr. 69, 401; Medicus, Vormerkung, Widerspruch und Beschwerde, AcP 163, 1.

---

[1] Vgl. Westermann, § 73 II 6; Wolff-Raiser, § 46 V; OGH Köln, MDR 1949, 161 str.

[2] Vgl. hierzu Pohle, JZ 1956, 53.

[3] Vgl. RG 112, 260, ferner Mende, Jher. Jahrb. 70, 151; Wolff-Raiser, § 46 VI.

[4] So Furtner, DNotZ 1963, 196 und BGH, NJW 1962, 963.

I. Zweck des Widerspruchs

Die Durchführung des Berichtigungsanspruchs kann lange Zeit erfordern, wenn der Gegner die Berichtigung nicht bewilligt und ein Prozeß geführt werden muß, der unter Umständen langwierige Beweisaufnahmen notwendig macht. Solange die Berichtigung nicht erfolgt ist, dauert aber die Gefährdung des wahren Berechtigten durch die Möglichkeit, daß der zu Unrecht Eingetragene eine wirksame Verfügung zugunsten eines gutgläubigen Erwerbers trifft, an. Daher würde der Berichtigungsanspruch durch solche Verfügungen in der Zwischenzeit leicht zu vereiteln sein und an Wert stark einbüßen, bei einem böswilligen Gegner geradezu wertlos werden. Deshalb hat das Gesetz als eine vorläufige Eintragung, die aber die Wirkung hat, den gutgläubigen Erwerb auszuschließen, den Widerspruch geschaffen (§ 899).

Er ist eine vorläufige Eintragung wie die Vormerkung, aber von ihr in den Voraussetzungen und Wirkungen deutlich unterschieden, so daß beide nebeneinander nicht möglich sind. Die Vormerkung dient der Sicherung obligatorischer Ansprüche auf eine demnächstige dingliche Rechtsveränderung, der Widerspruch der Sicherung schon bestehender dinglicher Rechte. Er steht nur demjenigen zu, der einen Berichtigungsanspruch hat, denn ihn soll er vorbereiten und sichern (§ 899 I). Er richtet sich gegen eine unrichtige Eintragung oder Löschung, aber auch dagegen, daß eine Rechtsänderung, die sich ohne Eintragung vollzogen hat, nicht eingetragen ist. Er ist ein Hinweis darauf, daß Anhaltspunkte für die Unrichtigkeit des Grundbuchs vorliegen. Er ist im selben Umfang zulässig wie die endgültige Berichtigung.

Ob er gegen eine Vormerkung zulässig ist, ist streitig. Der BGH hält die Eintragung eines Widerspruchs gegen eine Vormerkung für zulässig, soweit die Eintragung der Vormerkung den Rechtserwerb auf Grund des öffentlichen Glaubens des Grundbuchs ermöglicht.[1] Gegen einen Widerspruch ist ein zweiter Widerspruch unzulässig, weil der zunächst eingetragene Widerspruch keinen Rechtsschein erzeugt, der Grundlage eines gutgläubigen Erwerbs sein könnte und damit die Gefahrenlage begründete.

II. Eintragungsvoraussetzungen

Der Widerspruch wird eingetragen (§ 899 I):

1. Auf Grund einer Bewilligung des vom Berichtigungsanspruch Betroffenen, die zugleich die materiellrechtliche Zustimmung zur Eintragung bedeutet.

2. Oder – was häufiger ist – auf Grund einer einstweiligen Verfügung nach ZPO §§ 935 ff. Sie ist hier dadurch erleichtert, daß die Glaubhaftmachung einer Gefährdung nicht erforderlich ist (sie ergibt sich von selbst aus der Möglichkeit einer Unrichtigkeit des Grundbuchs), sondern nur die Glaubhaftmachung des Berichtigungsanspruchs, also des Rechts des Widersprechenden.

Erfordert die endgültige Berichtigung im Streitfall ein rechtskräftiges Urteil, so genügt für den vorläufigen Widerspruch die viel leichter und

[1] BGH 25, 16.

schneller zu erreichende einstweilige Verfügung. Auch hieraus ergibt sich die Funktion des Widerspruchs.

3. Auf Grund Antrags des Widersprechenden allein nach § 1139 (vgl. u. § 52 III).

4. Von Amts wegen nach GBO §§ 18 II, 53 (vgl. u. § 21 III, VIII).

Die Eintragung erfolgt in der Abteilung, in der die endgültige Berichtigung erfolgen soll; der Widerspruch gegen das Eigentum wird dagegen in Abt. 2 wie eine Belastung desselben eingetragen.

III. Wirkung

Die Wirkung des Widerspruchs ist in der Hauptsache der Ausschluß des öffentlichen Glaubens des Grundbuchs hinsichtlich der Eintragung oder Löschung oder Lücke im Grundbuch, gegen die sich der Widerspruch richtet, und damit der Ausschluß des gutgläubigen Erwerbs (§ 892).

Zwar können Eintragungen entgegen dem Widerspruch erfolgen; das Grundbuch ist nicht gesperrt, die Verfügungsmacht des Betroffenen bleibt bestehen, aber die Verfügungen sind unwirksam, wenn das gesicherte Recht sich als wirklich bestehend erweist, weil dann feststeht, daß es sich um Verfügungen eines Nichtberechtigten handelt. Auf die Unwirksamkeit kann sich nicht nur der Widersprechende berufen, sondern jeder.[1] Praktisch bewirkt daher der Widerspruch, daß niemand sich auf Rechtsgeschäfte mit dem Betroffenen über das vom Widerspruch betroffene Recht mehr einläßt.

Ferner schließt der Widerspruch die Verjährung der Ansprüche aus dem durch ihn gesicherten Recht (§ 902 II) und die Buchersitzung nach § 900 aus und macht ein Aufgebot des Eigentümers nach § 927 III relativ unwirksam.

Dagegen macht er das gesicherte Recht noch nicht zu einem eingetragenen, beseitigt noch nicht die für die unrichtige Eintragung nach § 891 gegebene Vermutung, noch begründet er eine solche für das zu sichernde Recht. Vor allem nimmt er nicht am öffentlichen Glauben des Grundbuchs teil; er besagt ja auch nicht, daß das Grundbuch unrichtig ist, sondern nur, daß es unrichtig sein kann. Man wird daher in dem Glauben an das gesicherte Recht nicht geschützt, falls dieses doch nicht besteht (§§ 892, 893 finden auf den Widerspruch keine Anwendung).

IV. Erlöschen

Der Widerspruch erlischt

1. mit Aufhebung der einstweiligen Verfügung, auf Grund deren er eingetragen war,

2. durch Aufhebung mittels Löschungsbewilligung und Löschung (§ 875 ist nicht anwendbar),

3. durch den Untergang des zu sichernden Rechts, z. B. durch den Tod des Nießbrauchers, wenn der Nießbrauch zu Unrecht gelöscht und ein Widerspruch gegen die Löschung eingetragen war,

4. durch Vollzug der Berichtigung, die er vorbereiten sollte.

§ 19. Der Zeiteinfluß auf eingetragene Rechte

Literatur: Naendrup, Die Verjährung als Rechtsscheinwirkung, Jher. Jahrb. 75, 237; Süss, Durchgangs-Herrenlosigkeit, AcP 151, 1.

[1] Str., wie hier Wolff-Raiser, § 47 III 1.

I. Keine Verjährung

Ansprüche aus eingetragenen Rechten verjähren nicht (§ 902 I). Dies gilt auch für die durch Widerspruch geschützten Rechte (§ 902 II), nicht dagegen für die durch Vormerkung gesicherten Ansprüche.

Ausnahmen bestehen für Ansprüche auf Rückstände wiederkehrender Leistungen, z. B. von Hypothekenzinsen, oder auf Schadensersatz (§ 902 I 2). Hier kann die regelmäßige Verjährung eintreten (vgl. §§ 197, 852).

II. Buchersitzung

Die Buch-(oder Tabular-)Ersitzung beseitigt den Zwiespalt zwischen buchmäßiger und wahrer Rechtslage zugunsten der ersteren, wenn der wahre Berechtigte sich nicht rührt und sein Recht sozusagen verschweigt (§ 900).

Sie setzt die Eintragung des Ersitzenden im Grundbuch während 30 Jahren und seinen Eigenbesitz während derselben Zeit voraus.

Ein Widerspruch hemmt, solange er eingetragen ist, den Lauf der Frist. Guter Glaube ist nicht erforderlich.

Wegen der Forderung des Eigenbesitzes kommt diese Ersitzung nur für solche Grundstücksrechte in Frage, die zum Besitz des Grundstücks berechtigen, daher vor allem für das Eigentum, daneben für Erbbaurecht, Wohnungseigentum und Dienstbarkeiten (§ 900 II).

III. Buchversitzung

Umgekehrt erlischt ein aus dem Grundbuch nicht ersichtliches Recht, wenn der Anspruch des Berechtigten gegen den Eigentümer verjährt ist, Buchversitzung (§ 901).

In Betracht kommen zu Unrecht gelöschte oder kraft Gesetzes ohne Eintragung entstandene Rechte. Der verjährte Anspruch, von dem hier die Rede ist, ist nicht der Berichtigungsanspruch, der ja unverjährbar ist, sondern der Anspruch auf Duldung oder Leistung entspr. dem Inhalt des Rechts; die Verjährungsfrist beginnt aber erst mit der Zuwiderhandlung zu laufen. Bei Hypotheken gibt es solche Ansprüche nicht; hier beginnt die Verjährung mit der Fälligkeit des Kapitals.

Die Buchversitzung kann Hypotheken, Grundschulden, Reallasten und Vorkaufsrechte treffen, also gerade die Rechte, die nicht ersitzbar sind. Für Dienstbarkeiten vgl. §§ 1028, 1090.

Buchersitzung wie Buchversitzung sind wegen ihrer strengen Voraussetzungen ohne praktische Bedeutung.

2. Abschnitt. Das formelle Grundstücksrecht

Literatur: Vgl. die Kommentare zur GBO von Güthe-Triebel, 6. Aufl. 1936; Horber, 12. Aufl. 1972; Hesse-Saage-Fischer, 4. Aufl. 1957; Meikel-Imhof-Riedel, 6. Aufl., Bd. I–IV, 1965/1971; Thieme, 4. Aufl. 1955; ferner: Brand-Schnitzler, Die Grundbuchsachen in der gerichtlichen Praxis, 9. Aufl. 1957; Haegele, Grundbuchrecht, 4. Aufl. 1971; Locher, Die Grundbuchverfassung im künftigen Recht, Jahrbuch der Akademie für deutsches Recht, 1937, S. 42; Riggers, Grundbuchrecht, 2. Aufl. 1967; Ripfel, Grundbuchrecht, 1961.

§ 20. Die Einrichtung der Grundbücher

I. Die Grundbuchordnung

Das BGB setzt die Einrichtung von Grundbüchern voraus, sonst wäre sein Bodenrecht undurchführbar. Nach seiner Verkündung wurden daher überall im Reich die Grundbücher angelegt, soweit sie noch nicht vorhanden waren. Dieser Vorgang ist im gesamten abgeschlossen.

Das gesamte formelle Grundbuchrecht, insbesondere die Verfassung der Grundbuchämter, das Verfahren bei Eintragungen, die Voraussetzungen derselben in formeller Beziehung, ist durch ein besonderes Reichsgesetz, die Grundbuchordnung vom 24. 3. 1897, geregelt. Eine Vereinheitlichung ist durch ihre Neufassung vom 5. 8. 1935 und durch die Allgemeine Verfügung des Reichsjustizministers vom 8. 8. 1935 über die Einrichtung der Grundbücher (Grundbuchverfügung) durchgeführt.

II. Grundbuchamt

Zur Führung der Grundbücher sind die Grundbuchämter berufen (GBO § 1). Ihre Bildung war dem Landesrecht überlassen. Fast in allen Ländern sind es die Amtsgerichte, nur im Gebiet des ehemaligen Landes Württemberg werden die Grundbücher bei den Gemeinden durch die Bezirksnotare geführt, im Gebiet des ehemaligen Landes Baden durch Notare.

Die Erledigung der Grundbuchsachen oblag früher allgemein dem Richter; heute sind jedoch die meisten Aufgaben dem Rechtspfleger übertragen (RpflG vom 5. 11. 1969, § 3 Ziff. 1 h).

Das Verfahren gehört zur Freiwilligen Gerichtsbarkeit (vgl. u. § 21 VII).

III. Staatshaftung

Für Amtspflichtverletzungen der Grundbuchbeamten haftet statt ihrer ausschließlich der Staat (das Land) unter den gleichen Voraussetzungen und im gleichen Umfang, wie der Beamte nach § 839 haftet.

Dies bedeutet eine Erleichterung für die Beamten, vor allem aber eine Sicherung der Interessenten. Denn bei den hohen Werten, die beim Grundbuchverkehr in Frage kommen, können die Schäden leicht einen Betrag erreichen, den der Beamte selbst nicht voll ersetzen könnte.

Diese Regelung war schon durch die GBO § 12 in der ursprünglichen Fassung vom 24. März 1897 getroffen, dann aber durch die Weimarer Verfassung Art. 131 auf alle Amtspflichtverletzungen ausgedehnt und in das Deutsche Beamtengesetz vom 26. 1. 1937 aufgenommen worden. Jetzt gilt der Grundsatz nach GG Art. 34.

Der Staat ist zum Rückgriff auf den Beamten nur bei dessen Vorsatz oder grober Fahrlässigkeit berechtigt; GG Art. 34 Satz 2.

IV. Grundbuchbezirke

Die Grundbücher werden nach räumlichen Bezirken angelegt (GBO § 2). Meist sind es nach GBV § 1 I 1 die Gemeindebezirke; landesrechtliche Vorschriften über eine andere Einteilung sind jedoch in Kraft geblieben.

V. Beschränkte Öffentlichkeit des Grundbuchs

Das Grundbuch ist beschränkt öffentlich. Die Einsicht ist jedem gestattet, der ein berechtigtes Interesse darlegt (GBO § 12).

Auch die entsprechende Einsicht in die Grundakten ist gestattet (GBV § 46).

VI. Bedeutung und Arten des Grundbuchblattes

1. Grundbuchblatt

Jedes Grundstück erhält eine Stelle im Grundbuch für sich, das Grundbuchblatt (GBO § 3). Es besteht Buchungszwang. Das Grundbuchblatt ist das Grundbuch im Sinn des BGB; so ist z. B. für die nach § 873 erforderliche Eintragung die Eintragung auf dem Blatt erforderlich und genügend. Eintragungen in zeitlicher Reihenfolge für verschiedene Grundstücke durcheinander sind danach ausgeschlossen. Nur auf diesem Weg kann die Übersichtlichkeit des Grundbuchs gewahrt werden. In Wirklichkeit besteht das Grundbuchblatt wegen der großen Zahl von Eintragungen aus einer ganzen Reihe von aneinandergehefteten Blättern.

Voraussetzung ist, daß das betreffende Grundstück überhaupt im Grundbuch zu verzeichnen ist. Als Ausnahme gibt es auch buchungsfreie Grundstücke (GBO § 3 II), insbesondere die im Eigentum des Bundes, der Länder oder Gemeinden stehenden, ferner öffentliche Wege und öffentliche Gewässer sowie die Eisenbahnen. Solange sie nicht gebucht sind, sind sie dem Grundstücksverkehr entzogen. Das ist tragbar; denn es ist sehr wahrscheinlich, daß gerade solche Grundstücke weder veräußert noch belastet werden, so daß sie auch praktisch außerhalb des normalen Rechtsverkehrs stehen.

Außer den Grundstücken erhalten ein eigenes Grundbuchblatt das Erbbaurecht (außerdem wird es aber als Belastung auf dem Blatt des belasteten Grundstücks eingetragen; vgl. u. § 72 II), das Wohnungseigentum (vgl. u. § 49), nach Landesrecht außerdem die Bergwerksgerechtigkeiten.

2. Real- und Personalfolium

Dem Landesrecht war weitgehend die nähere Ausgestaltung des Grundbuchblattes überlassen. Es hatte die Wahl zwischen Real- und Personalfolien.

Weitaus überwog die erste Form. Sie ist seit 1935 überall eingeführt, doch ist ein Personalfolium nach GBO § 4 immerhin noch zugelassen (in Württemberg allgemein). Beim Realfolium bestimmt das Grundstück das Grundbuchblatt, beim Peronalfolium die Person des Eigentümers, so daß alle einer Person gehörenden Grundstücke auf einem Blatt vereinigt werden. Dies hat Sinn nur in Gegenden mit stark zersplittertem Parzellenbesitz und war daher nur in Südwestdeutschland zu finden.

VII. Vereinigung und Zuschreibung

Mehrere Grundstücke können miteinander rechtlich verbunden werden entweder durch Vereinigung zu einem Grundstück (§ 890 I) oder durch Zuschreibung eines Grundstücks zu einem anderen (§ 890 II). Erforderlich ist eine entsprechende Willenserklärung des Eigentümers, die gegenüber dem Grundbuchamt (in den Formen gem. GBO § 29, str.) abzugeben ist, aber in dem Antrag auf Eintragung enthalten sein kann.

1. Vereinigung

Durch die Vereinigung werden alle bisher selbständigen Grundstücke Bestandteile eines neuen einheitlichen Grundstücks, und zwar unwesentliche. Die mit dem Eigentum an einem bisherigen Einzelgrundstück verbundenen Rechte werden Bestandteile des neuen Grundstücks, ohne aber ihren Inhalt zu ändern. Die Rechte an den bisherigen Einzelgrundstücken lasten unverändert auf ihnen fort, erstrecken sich also nicht auf das ganze Grundstück. Neue Rechte dagegen können einheitlich an dem gesamten Grundstück entstehen. Darin liegt der Zweck der ganzen Maßnahme, nämlich die Zusammenfassung mehrerer Grundstücke in rechtlicher und wirtschaftlicher Hinsicht. Ein räumlicher Zusammenhang unter ihnen ist nicht erforderlich.

2. Zuschreibung

Die Zuschreibung läßt die Belastungen auf jedem Grundstücksteil bestehen, bewirkt aber die Erstreckung der bereits auf dem Hauptgrundstück ruhenden Hypotheken auf das zugeschriebene Grundstück. Die Belastungen des zugeschriebenen Grundstücks erstrecken sich nicht auf das Hauptgrundstück, gehen aber den auf diesem ruhenden Hypotheken vor (§ 1131). Die Zuschreibung hat praktische Bedeutung, wenn eine kleinere Parzelle zugeschrieben wird zur Erhöhung der Sicherheit des Gläubigers oder zwecks einheitlicher Bebauung.[1]

VIII. Kataster

Alle Grundstücke sind nach einem amtlichen Verzeichnis im Grundbuch zu bezeichnen (GBO § 2 II). In den meisten Ländern dienen als Grundlage die Kataster, welche für die Grund- und Gebäudesteuern seit längerer Zeit eingerichtet sind und über die tatsächlichen Verhältnisse amtliche und zuverlässige Auskunft geben (Größe, Bebauung, Lage usw.). Mit dem Gesetz über die Neuordnung des Vermessungswesens vom 3. 7. 1934 (RGBl. I 534) wurde mit der Einführung eines einheitlichen Liegenschaftskatasters begonnen. Ein bundeseinheitliches Kataster wurde bis jetzt jedoch noch nicht fertiggestellt. Neben dem Reichskataster gibt es weiterhin landesrechtlich geregelte Verzeichnisse.

Durch dauernde Verbindung der Grundbuchämter mit den Katasterbehörden ist dafür gesorgt, daß alle neuen Feststellungen, die diese Behörden treffen, z. B. über die Größe der Grundstücke auf Grund neuer Vermessungen, im Grundbuch verzeichnet werden.

Vor allem wird damit die sichere Festlegung der Identität des Grundstücks erreicht. Die Bezeichnung nach Straßen, Namen und Nummern wäre mit Rücksicht auf die möglichen Veränderungen derselben zu unsicher.

IX. Ausgestaltung des Grundbuchblattes

Die Grundbuchblätter wiesen in den einzelnen Ländern Verschiedenheiten auf, doch überwog schon immer die preußische Ausgestaltung; sie wurde 1935 für das ganze Reichsgebiet eingeführt. Maßgebend ist die Grundbuchverfügung.

---

[1] Zur Vereinigung und Zuschreibung vgl. Röll, DNotZ 1968, 523.

Danach beginnt jedes Grundbuchblatt mit der Aufschrift, die das Amtsgericht, den Grundbuchbezirk (also meist die Gemeinde), Band und Blatt nach dem gesamten Grundbuch des Bezirkes (z. B. Band 7, Blatt 25) angibt.

Es folgt das Bestandsverzeichnis. Dieses enthält zunächst die Bezeichnung des Grundstücks nach dem Kataster und die ihm entnommenen Angaben über Lage, Größe, Bebauungsart usw. des Grundstücks (mit Spalten für Zu- oder Abschreibung von Parzellen), sodann die dinglichen Rechte, die mit dem Eigentum am Grundstück verbunden sind, also dem jeweiligen Eigentümer zustehen (z. B. Grunddienstbarkeiten, Vorkaufsrecht) und auf Antrag als Bestandteile des Grundstücks eingetragen werden (während sie auf dem belasteten Grundstück eingetragen werden müssen, GBO § 9).

Darauf folgen die drei Abteilungen des Grundbuchs (bis 1935 gab es in einigen Ländern nur zwei, weil die Abteilungen 2 und 3 zusammengefaßt waren).

Die erste verzeichnet den Eigentümer und die dinglich-rechtliche Grundlage des Eigentumserwerbes, z. B. Auflassung, Erbgang, Zuschlag in der Zwangsversteigerung, nicht dagegen das obligatorische Erwerbsgeschäft, z. B. Kauf.

Die zweite Abteilung enthält alle dinglichen Rechte am Grundstück mit Ausnahme der Hypotheken, Grund- und Rentenschulden, sowie alle eintragungsfähigen Verfügungsbeschränkungen, wie Konkurs, Zwangsversteigerung, Nacherbschaft.

Die dritte ist für die Hypotheken, Grund- und Rentenschulden bestimmt mit besonderen Spalten für Entstehung, Veränderung und Löschung.

X. Grundakten

Zu jedem Grundbuchblatt werden Grundakten geführt (GBV § 24). Hierzu gehören alle Urkunden, welche die Parteien einreichen, um die Eintragung zu erreichen, ferner die Protokolle über Erklärungen vor dem Grundbuchamt und die Verfügungen des Grundbuchrichters. Sie sind zur Ergänzung des Grundbuchs notwendig. Öffentlichen Glauben hat aber lediglich das Grundbuchblatt selbst.

§ 21. Die Voraussetzungen der Eintragung

Literatur: Bernhöft, Einigung, Antrag und Eintragungsbewilligung im Liegenschaftsrecht, 1931; Ertl, Rechtsnatur und Bedeutung der Eintragungsbewilligung, DNotZ 1964, 260; Habscheid, Die Entscheidung des Grundbuchamtes nach § 18 GBO, NJW 1967, S. 225; ders., Wirksamkeit und Widerruf der Eintragungsbewilligung, DNotZ 1967, 339ff. und 400ff.; Landauer, Zur Lehre von der Eintragungsbewilligung und Berichtigung des Grundbuchs, ZBlFG 8, 743; ders., Prüfungsrecht und Prüfungspflicht des Grundbuchrichters insbesondere bei Grundbuchberichtigungen und Verfügungen des befreiten Vorerben, ZBlFG 12, 321, 349, 375, 433; Siber, Das Buchrechtsgeschäft nach Reichsgrundbuchrecht, 1909; Weber, Die Grenzen des grundbuchrichterlichen Prüfungsrechts, Gruch. Beitr. 53, 352; vgl. auch die Literaturangaben bei § 16.

I. Arten der Eintragung

Unter den Eintragungen sind verschiedene Arten zu unterscheiden:

1. Positive und negative;

letztere beziehen sich auf das Erlöschen oder Nichtbestehen eines Rechts und heißen daher Löschung. Es erfolgt aber auch hier ein ausdrücklicher Vermerk („gelöscht am ...") in einer besonderen hierfür bestimmten Spalte, nicht etwa wird die zu löschende Eintragung einfach durchgestrichen oder sonst entfernt. Üblich ist es, die „gelöschten" Eintragungen rot zu unterstreichen, um die Übersichtlichkeit des Grundbuchs zu erhöhen, doch bedeutet dies keineswegs eine Form, mit der irgendwelche rechtlichen Folgen verbunden sind.

2. Endgültige und vorläufige Eintragungen;

letztere sind Vormerkung und Widerspruch.

3. Rechtsändernde und berichtigende;

letztere dienen der Berichtigung des Grundbuchs, haben daher nur deklaratorische Bedeutung.

erstere dienen der Veränderung der dinglichen Rechtslage und bilden für sie ein notwendiges Tatbestandsstück (vgl. § 873), haben also konstitutive Wirkung.

4. Rechts- oder Tatsacheneintragungen (vgl. o. § 16 V).

II. Zulässigkeit der Eintragung

1. Unzulässige Eintragungen

Erste Voraussetzung für eine Eintragung ist ihre Zulässigkeit. Sie liegt vor, wenn die Eintragung ein eintragungsfähiges Recht betrifft, also ein dingliches Grundstücksrecht, das bundes- oder landesrechtlich zugelassen ist. Der Kreis dieser Rechte ist gesetzlich begrenzt; es besteht nicht wie im Recht der Schuldverhältnisse die Vertragsfreiheit, also das Recht zur Begründung von Rechten mit beliebigem Inhalt.

Unzulässig sind Eintragungen bloßer Schuldverhältnisse, z. B. von Miete oder Pacht, von obligatorischen Ansprüchen (ausgenommen die Vormerkung), von öffentlichen Lasten, z. B. der Grund- und Gebäudesteuern, ferner von Vermerken über Geschäftsfähigkeit, familienrechtliche Beschränkungen, z. B. eines Ehegatten im Rahmen der Gütergemeinschaft, Verfügungsbeschränkungen im öffentlichen Interesse. Die Eintragung dinglicher Rechte ist nur in Ausnahmefällen nicht zulässig, z. B. die Eintragung der Überbaurente (§ 914 II).

Solche unzulässigen Eintragungen sind wirkungslos, da sie im Grundbuch keine Veränderung in der rechtlichen Lage hervorbringen können und sich auch der öffentliche Glaube des Grundbuchs nicht auf sie erstreckt. Sie sind von Amts wegen zu löschen (GBO § 53 I 2); dies ist auch unbedenklich, da niemand aus solchen Eintragungen Rechte ableiten kann, ihre Löschung daher niemandes Rechtsstellung beeinträchtigt.

2. Unrichtige, inhaltlich zulässige Eintragungen

Anders steht es mit unrichtigen, aber ihrem Inhalt nach zulässigen Eintragungen, z. B. der Eintragung eines Eigentümers, der wegen

Nichtigkeit der Auflassung in Wahrheit nicht Eigentümer geworden ist. Sie können nicht ohne weiteres gelöscht werden, denn sie sind Gegenstand des öffentlichen Glaubens. Daher ist im Hinblick auf sie ein Rechtserwerb denkbar, und so wird auch durch die unrichtige Eintragung eine gewisse Rechtsstellung für den Eingetragenen geschaffen.

Durch die Neufassung der GBO von 1935 ist ein Grundbuchberichtigungszwang eingeführt. Er betrifft vor allem die Fälle, in denen „begründeter Anlaß zu der Annahme besteht, daß das Grundbuch hinsichtlich der Eintragung des Eigentümers durch Rechtsübergang außerhalb des Grundbuchs unrichtig geworden ist", z.B. durch Erbgang. Das Grundbuchamt muß dann nicht, aber es kann, z.B. wegen drohender Unsicherheit im Rechtsverkehr, den Eigentümer zur Stellung des Antrags auf Berichtigung und Beibringung der nötigen Urkunden anhalten, damit das Grundbuch den jetzigen Stand wiedergeben kann (GBO § 82). Ferner kann eine Bereinigung des Grundbuchs durch Löschung gegenstandslos gewordener Eintragungen von Amts wegen erfolgen, z. B. wenn eine Holz- oder Weidegerechtigkeit auf einem längst bebauten und städtisch gewordenen Grundstück eingetragen ist, so daß sie dauernd nicht ausgeübt werden kann (GBO § 84).

3. Unzulässige, sachlich richtige Eintragungen

Eintragungen, welche der Grundbuchbeamte wegen Fehlens von Eintragungsvoraussetzungen nicht vornehmen durfte, die aber sachlich richtig sind, bleiben bestehen (vgl. u. IV), z. B. Eintragung einer Hypothek ohne Bewilligung, aber nach Einigung. Sind Eintragungen, die nicht hätten vorgenommen werden dürfen, sachlich unrichtig, so ist ein Widerspruch von Amts wegen einzutragen; GBO § 53 I 1 (vgl. u. III 2).

III. Eintragungsantrag

Die Eintragungen sind an formelle Voraussetzungen gebunden. Diese decken sich nicht mit den Voraussetzungen für die materiellrechtlichen Wirkungen. Aber es besteht kein Widerspruch zwischen dem formellen Grundbuchrecht der GBO und dem materiellen des BGB, sondern die GBO regelt, unter welchen Voraussetzungen das Grundbuchamt tätig werden und eine Eintragung vornehmen darf und soll, das BGB regelt, unter welchen Voraussetzungen eine materielle Rechtsänderung sich vollzieht. Dabei stellt die Grundbuchordnung einige Voraussetzungen auf, die dem materiellen Recht fremd und nur für das Verfahren des Grundbuchamts bedeutsam sind, und läßt einige materiellrechtliche Voraussetzungen weg, um den Geschäftsgang des Grundbuchamts zu vereinfachen und zu beschleunigen.

1. Antrag als Eintragungsvoraussetzung

Die erste Voraussetzung ist ein Antrag (GBO § 13). Er ist eine Erklärung gegenüber dem Grundbuchamt und nicht an eine Form gebunden (außer wenn er eine formbedürftige Erklärung, z. B. die Bewilligung, in sich schließt und ersetzt). Er muß klar und bestimmt sein, kann aber an Hand der vorliegenden Urkunden ausgelegt werden (§ 133). Eine Bedingung oder Befristung des Antrages ist nicht möglich (GBO § 16); damit wird dem Grundbuchamt die Nachprüfung von Umständen außerhalb seines Geschäftsbereichs erspart. (Zulässig ist dagegen der unbedingte Antrag auf Eintragung eines bedingten Rechts.)

Eine Ausnahme hiervon besteht nur dann, wenn mehrere dasselbe Grundstück betreffende Eintragungen beantragt werden, von denen die eine nicht ohne die andere erfolgen soll, also beispielsweise der Veräußerer des Grundstücks die Eintragung des Erwerbers als Eigentümer, zugleich aber seine eigene Eintragung als Gläubiger einer Restkaufgeldhypothek beantragt. Solche Abhängigkeit mehrerer Eintragungen voneinander ist zulässig.

Antragsberechtigt ist sowohl der Passiv- wie der Aktiv-Beteiligte (GBO § 13 II), d. h. der von der Eintragung Betroffene und derjenige, zu dessen Gunsten die Eintragung erfolgen soll, z. B. bei Eintragung eines neuen Eigentümers der Veräußerer und der Erwerber, bei Eintragung einer neubegründeten Hypothek der Eigentümer und der Hypothekengläubiger.

Für Berichtigungen ist das Antragsrecht erweitert durch GBO § 14.

2. Ausnahmen

Nur ausnahmsweise erfolgen Eintragungen von Amts wegen:

a) Eine ihrem Inhalt nach unzulässige Eintragung wird von Amts wegen gelöscht (GBO § 53 I 2, vgl. o. II 1).

b) Ist eine Eintragung unter Verletzung gesetzlicher Vorschriften vorgenommen und unrichtig, so wird von Amts wegen ein Widerspruch eingetragen (GBO § 53 I 1). Damit wird der gute Glaube eines Erwerbers ausgeschlossen. Eine Löschung würde einen Eingriff in die durch die Eintragung immerhin geschaffene Rechtsstellung ohne Zustimmung der Beteiligten bedeuten und ist deswegen unzulässig. Ob den Grundbuchbeamten ein Verschulden trifft, ist unerheblich. Dagegen setzt ein Amtswiderspruch immer einen Fehler des Grundbuchamts voraus, so daß von Amts wegen ein Widerspruch nicht eingetragen werden darf, wenn ein Mangel im Tatbestand nicht erkennbar war (z. B. bei Unrichtigkeit des vorgelegten Erbscheins).

Sind zwar gesetzliche Vorschriften verletzt, ist aber keine Unrichtigkeit eingetreten, so ist ein Widerspruch natürlich ausgeschlossen, da er ja ein Hinweis auf die mögliche Unrichtigkeit ist. So z. B. wenn eine später beantragte Hypothek vor einer früher beantragten eingetragen wird; denn der Rang richtet sich nach der Eintragung, wie sie erfolgt ist (vgl. o. § 14 II).

c) Eintragungen auf Ersuchen von Behörden, z. B. des Konkurs- oder des Vollstreckungsgerichts (GBO § 38).

d) Eintragung einer Vormerkung oder eines Widerspruchs bei unerledigten Anträgen (GBO § 18 II; vgl. u. VIII).

e) Ferner nach GBO §§ 45, 48, 51, 52.

IV. Eintragungsbewilligung

1. Bewilligung des Betroffenen

Das zweite Erfordernis der Eintragung ist die Bewilligung des von der Eintragung Betroffenen (GBO § 19). Hier kommt also nur der Passivbeteiligte in Betracht, die Bewilligung eines Aktivbeteiligten kann ja auch keine Bedeutung haben. Zum Beispiel ist der Veräußerer des

Grundstücks oder Grundstücksrechts betroffen, wenn der Erwerber des Grundstücks oder Grundstücksrechts eingetragen werden soll.[1]

a) Die Bewilligung ist eine einseitige, an das Grundbuchamt gerichtete Erklärung des Inhalts, daß man mit einer bestimmten Eintragung oder Löschung einverstanden ist. Sie ist zu trennen von der materiellrechtlichen Erklärung, ein materielles Recht zu begründen, zu übertragen oder aufzuheben, wie sie meist Bestandteil der Einigung ist.

b) Damit entsteht ein Gegensatz zwischen dem materiellen Recht mit dem Einigungsgrundsatz des § 873 und dem formellen Grundbuchrecht mit der einseitigen Bewilligung, zwischen dem materiellen Konsensprinzip des BGB und dem formellen Konsensprinzip des formellen Grundbuchrechts. Das Grundbuchamt kann und soll eine beantragte Eintragung vornehmen, sobald der passiv Beteiligte sie bewilligt, braucht also nicht zu prüfen und sich nachweisen zu lassen, ob die Einigung beider Beteiligter vorliegt (vollends ist das Vorliegen des Kausalgeschäftes rechtlich gleichgültig). Nur für den wichtigen Fall der Eigentumsübertragung (und der Begründung und Übertragung des Erbbaurechts oder des Wohnungseigentums) gilt nach GBO § 20, daß die Einigung nachgewiesen werden muß. Dagegen kann z. B. eine Hypothek auf Grund der bloßen Bewilligung des Eigentümers ohne Nachweis seiner Einigung mit dem Hypothekengläubiger eingetragen werden. Das Gesetz geht von der durch die praktische Erfahrung begründeten Vermutung aus, daß der Passiv-Beteiligte die für ihn rechtlich nachteilige Eintragung doch nur dann bewilligen wird, wenn die Einigung wirklich vorliegt, da sonst für den Regelfall unverständlich wäre, warum er den Nachteil der Eintragung auf sich nähme. Jedenfalls bedeutet diese Regelung eine Entlastung des Grundbuchamts, weil es von der Prüfung der Rechtslage, z. B. des Vorhandenseins und der Wirksamkeit der Einigung entbunden ist. Zugleich sind die Parteien entlastet, da nur eine Erklärung formalisiert ist, nicht die beider Parteien, und sich nicht beide an das Grundbuchamt zu wenden haben. Die Schnelligkeit in der Durchführung der Eintragungen ist der Sicherung der Richtigkeit vorangestellt.

c) Ein Widerspruch zur Regelung des BGB entsteht aber nicht. Ob die Rechtsänderung eintritt, z. B. ein dingliches Recht entsteht, richtet sich ausschließlich nach BGB, also nach der Einigung; ohne sie ist die Eintragung unrichtig. Liegt sie vor, so entsteht das Recht, auch wenn die formellen Voraussetzungen nicht erfüllt sind, z. B. die Bewilligung fehlt. Sind umgekehrt diese Voraussetzungen gegeben, liegt z. B. die Bewilligung vor, fehlt es aber an der Einigung, so entsteht das Recht nicht.

Ist z. B. die Eintragung einer Hypothek auf Grund der Bewilligung erfolgt, während die Einigung mit dem Hypothekengläubiger nicht vorliegt, so hat das Grundbuchamt rechtmäßig und korrekt die Eintragung vorgenommen, aber die Hypothek ist mangels Einigung nicht entstanden, das Grundbuch also unrichtig. Hat umgekehrt der Grundbuchrichter die Hypothek ohne Bewilligung des Eigentümers lediglich auf Grund des Antrags des Gläubigers eingetragen, ist aber die Einigung beider

[1] Vor seiner Eintragung als Eigentümer kann ein Auflassungsempfänger Eintragung ins Grundbuch nur mit Zustimmung des Eigentümers bewilligen, da er selbst noch nicht Betroffener ist (vgl. dazu den Fall BayObLG, NJW 1971, 514).

zustande gekommen, so hat er zwar einen groben Fehler begangen, aber die Hypothek entsteht und das Grundbuch ist richtig. Der Grundbuchrichter, der ohne Bewilligung eine Eintragung vornimmt, trägt immerhin das Risiko, daß die Einigung fehlt und das Grundbuch durch seinen Fehler unrichtig wird.

d) Bewilligung und Einigung sind begrifflich scharf zu trennen. Ihre Funktionen sind verschieden. Die Einigung ist die Grundlage für die materielle Rechtsänderung, die Bewilligung diejenige für das Handeln des Grundbuchamts. Demgemäß richten sich die Erklärungen an verschiedene Adressen, die materiellen an den Gegner, die Bewilligung an das Grundbuchamt. Die Bewilligung bedarf einer Form, die Einigung in der Regel nicht. Jene ist nur unbedingt zulässig, diese kann auch bedingt sein. Die Bewilligung ist eine einseitige Erklärung, die Einigung ein Vertrag. Man kann auch nicht sagen, daß sich praktisch der Unterschied verwische, weil in jeder Einigung notwendig eine Bewilligung enthalten sei. Aber in der Regel ist allerdings in der Einigung zugleich die Bewilligung enthalten; denn wer eine Rechtsänderung will, will auch die Eintragung, die zu ihrer Herbeiführung notwendig ist. Daher bedeutet z. B. die Einreichung der beurkundeten Auflassung, also der Einigung, beim Grundbuchamt in aller Regel zugleich Antrag und Bewilligung der Eintragung.[1] Umgekehrt kann im Ausstellen und Annehmen einer Bewilligung zugleich die Einigung liegen, soweit diese formlos wirksam ist. Es gibt aber auch Bewilligungen, die nicht Bestandteil einer Einigung sind, z. B. wenn sie eine Berichtigung des Grundbuchs zum Gegenstand haben.

Die Bewilligung für sich allein kann nicht als materielles Rechtsgeschäft angesehen werden,[2] denn es wird keine privatrechtliche Wirkung angestrebt, sondern die Tätigkeit des Grundbuchamts, also eines Staatsorgans. Aber man ist darüber einig, daß die Vorschriften über Rechtsgeschäfte, z. B. über Geschäftsfähigkeit und Vertretung, auf die Bewilligung Anwendung finden. Umstritten ist ebenfalls, ob die Bewilligung eine Verfügung darstellt. Leugnet man den Charakter als Rechtsgeschäft, so muß man auch die Verfügung verneinen. Wiederum sind aber die Vorschriften über Verfügungen, z. B. § 185, anwendbar[3]. Die Bewilligung ist abstrakt, d. h. unabhängig von einer Verpflichtung, wie sie auf einem Vertrag, z. B. dem Grundstückskauf, beruhen kann.

e) Da die Aushändigung einer formellen Bewilligung (in einer öffentlichen oder öffentlich beglaubigten Urkunde, § 29 GBO) die Einigung bindend macht (§ 873 II), bedeutet die Vorschrift, daß für die Eintragung die Bewilligung genügt, praktisch eine Erleichterung des Grundstücksverkehrs. Nicht beide Erklärungen, welche die Einigung ausmachen, brauchen formalisiert abgegeben zu werden, sondern nur der passiv Beteiligte muß eine Erklärung in bestimmter Form abgeben, nämlich die seine Erklärung einschließende Bewilligung, für den aktiv Beteiligten genügt die formlose Erklärung. Eine wichtige Ausnahme besteht für die Eigentumsübertragung nach § 925 (vgl. u. § 26 II). Hier genügt die Bewilligung nicht.

2. Eintragung ohne Bewilligung

Einer Bewilligung bedarf es nicht

---

[1] Vgl. RG 141, 374.
[2] Str.; von Tuhr, Bd. 2, S. 153f.
[3] Nach E. Wolf, S. 251, sind die Vorschriften des BGB nicht entsprechend anwendbar.

a) bei allen Eintragungen von Amts wegen (vgl. o. III),
b) bei Nachweis der Unrichtigkeit des Grundbuchs (GBO § 22),
c) bei Vormerkung und Widerspruch, wenn eine einstweilige Verfügung vorliegt, vgl. o. §§ 15 V, 18 II,
d) beim Widerspruch nach § 1139 (vgl. u. § 52 III),
e) bei Eintragungen im Weg der Zwangsvollstreckung.

V. Voreintragung des Betroffenen

Die Eintragung soll ferner nur erfolgen, wenn der durch sie Betroffene im Grundbuch eingetragen ist (GBO § 39). Die Prüfung, ob der Betroffene verfügungsberechtigt ist in bezug auf das veräußerte Recht, wird damit erspart.

Ausnahme (GBO § 40): Ist der Betroffene der Erbe des eingetragenen Berechtigten, so bedarf es seiner vorherigen Eintragung nicht, wenn die Übertragung oder Aufhebung des Rechts eingetragen werden soll (z. B. der Erbe will das Grundstück, als dessen Eigentümer noch der Erblasser eingetragen ist, veräußern; nicht dagegen, wenn er es mit einer Hypothek belasten will) oder wenn die Bewilligung nicht vom Erben, sondern vom Erblasser, Testamentsvollstrecker, Nachlaßpfleger oder Nachlaßverwalter herrührt. Im ersten Fall wäre die Eintragung des Erben ja nur eine Formalität für ein sehr kurzes Durchgangsstadium, weil gleichzeitig der Erwerber eingetragen werden müßte.[1]

Dem Erben ist der Vorerbe gleichzustellen. Auch die anderen Fälle von Gesamtnachfolge sind entsprechend zu behandeln.

Für Briefhypotheken und Briefgrundschulden vgl. GBO § 39 II.

VI. Sonstige Nachweise

Die Prüfung durch den Grundbuchrichter, jetzt den Rechtspfleger, bezieht sich regelmäßig nicht auf das obligatorische Kausalgeschäft, das dem dinglichen zugrunde liegt, z. B. den Kauf, da dessen Unwirksamkeit die Wirksamkeit des dinglichen Geschäftes nicht berührt, aber auch nicht auf die Einigung, denn die Bewilligung genügt ja, ausgenommen die Fälle von GBO § 20. Bei der Auflassung ist aber die Vorlage der Urkunde über den Verpflichtungsvertrag vorgeschrieben (§ 925 a, vgl. u. § 26 III).

Dagegen müssen die Voraussetzungen für die Eintragung nachgewiesen werden (Legalitätsprinzip). Daraus ergibt sich als weiteres Erfordernis für die Eintragung die Einhaltung gewisser Formvorschriften. Die Erklärungen der Parteien, insbesondere die Bewilligung, müssen zu Protokoll des Grundbuchamts erklärt oder durch öffentliche oder öffentlich beglaubigte Urkunden nachgewiesen werden (GBO § 29).

Andere Voraussetzungen, z. B. der Tod des eingetragenen Berechtigten, das Erbrecht des Antragstellers, die gesetzliche Vertretung sind, wenn beim Grundbuchamt nicht offenkundig, durch öffentliche Urkunden nachzuweisen (GBO § 29 Satz 2).

Besondere Vorschriften sind gegeben für den Nachweis der Vorstandschaft einer Aktiengesellschaft oder anderer juristischer Personen in GBO § 32 (Zeugnis des Registergerichts, das durch eine Bescheinigung des Notars über die Vertretungsberech-

---

[1] Vgl. dazu BGH, MDR 1968, 138.

tigung gemäß § 21 BNotO ersetzt werden kann), für den des ehelichen Güterstandes in GBO § 33, für den der Erbfolge in GBO § 35 (Erbschein oder öffentliches Testament nebst Eröffnungsverhandlung).

VII. Verfahren des Grundbuchamts im allgemeinen

Jede Eintragung wird vom Grundbuchrichter, jetzt nach § 3 Nr. 1h RpflG vom Rechtspfleger, durch Verfügung angeordnet, vom Grundbuchführer (einem Beamten, der dem Urkundsbeamten der Geschäftsstelle eines Gerichts entspricht) ausgeführt, von ihm und dem Rechtspfleger unterschrieben.

Das Verfahren in Grundbuchsachen gehört zur freiwilligen Gerichtsbarkeit, nicht zum Zivilprozeß.

Die Entscheidungen ergehen nicht als Urteile und genießen keine materielle Rechtskraft, erlangen dagegen formelle Rechtskraft (d. h. sie können dann mit Rechtsmitteln nicht mehr angegriffen werden).

Gegen die Entscheidung des Rechtspflegers ist die Erinnerung gegeben (§ 11 I 1 RPflG). Erinnerungen, denen der Rechtspfleger nicht abhilft, legt er dem Grundbuchrichter vor. Dieser entscheidet selbst über die Erinnerung, wenn er sie für zulässig und begründet erachtet oder wenn gegen die Entscheidung, falls er sie erlassen hätte, ein Rechtsmittel nicht gegeben wäre (§ 11 II 3 RPflG). Andernfalls legt der Richter die Erinnerung dem Rechtsmittelgericht vor. Sie gilt dann als Beschwerde gegen die Entscheidung des Rechtspflegers. Verfügungen, die nach den Vorschriften der Grundbuchordnung wirksam geworden sind und nicht mehr geändert werden können, sind mit der Erinnerung nicht anfechtbar (§ 11 V 1). Daher gibt es grundsätzlich keine Erinnerung gegen Eintragungen (GBO § 71 II).

Entscheidet in Ausnahmefällen der Grundbuchrichter selbst, so ist gegen seine Entscheidungen, soweit nicht unanfechtbar, die Beschwerde an das Landgericht gegeben.

Gegen Beschwerdeentscheidungen des Landgerichts ist die weitere Beschwerde an das Oberlandesgericht zulässig, wenn unrichtige Rechtsanwendung behauptet wird (GBO §§ 78, 79). Der Bundesgerichtshof ist zuständig, falls das Oberlandesgericht von der Entscheidung eines anderen Oberlandesgerichts oder des Bundesgerichtshofs abweichen will. In diesen Fällen muß die weitere Beschwerde dem Bundesgerichtshof vorgelegt werden (GBO § 79 II).

VIII. Formelle Behandlung des Antrags durch das Grundbuchamt

1. Zeitpunkt des Eingehens

Der Zeitpunkt des Eingehens des Antrags beim Grundbuchamt soll genau vermerkt werden (GBO § 13 I 2); dies mit Rücksicht auf die u. 2. dargestellte Regelung. „Eingehen" bedeutet, daß der Antrag dem zuständigen Beamten zur Entgegennahme vorgelegt ist; der Begriff ist also nicht mit dem „Zugehen" im Sinne des BGB identisch.

2. Reihenfolge der Erledigung

Die Erledigung der Anträge soll in der Reihenfolge des Eingehens erfolgen, wenn sie dasselbe Recht betreffen (GBO § 17). Die später beantragte Eintragung darf nicht vor Erledigung des früheren Antrags erfolgen. Damit erhält der fühere Antrag für den Regelfall die Priorität, und der Rang der eingetragenen Rechte soll sich nach dem Eingang der Anträge richten. Das Hauptbeispiel ist, daß zwei Hypothekeneintragungen auf demselben Grundstück beantragt werden.

Sind die Anträge gleichzeitig gestellt und soll die Eintragung in derselben Abteilung des Grundbuchs erfolgen, so ist im Grundbuch zu vermerken, daß die Eintragungen gleichen Rang haben (GBO § 45 I

Halbsatz 2). Werden mehrere Eintragungen, die nicht gleichzeitig beantragt sind, in verschiedenen Abteilungen unter Angabe desselben Tages bewirkt, so ist zu vermerken, daß die später beantragte Eintragung der früher beantragten im Rang nachsteht (GBO § 45 II).

3. Art der Entscheidung

Die Erledigung des Antrags vollzieht sich entweder durch Stattgeben (die beantragte Eintragung wird angeordnet und vollzogen) oder durch Zurückweisung des Antrags (GBO § 18). Diese ist notwendig, wenn ein nicht behebbares Hindernis dem Stattgeben im Weg steht; z. B. der Antrag ist von einem Geschäftsunfähigen gestellt oder von einem angeblichen Rechtsinhaber, der weder eingetragen noch berechtigt ist.

4. Zwischenverfügung

Liegt ein behebbares Hindernis vor, so ergeht eine Zwischenverfügung.[1] Der Antrag wird beanstandet und dem Antragsteller eine Frist zur Behebung des Hindernisses gestellt, nach deren ergebnislosem Ablauf die Zurückweisung des Antrags erfolgt (GBO § 18).

Beispiel: Fehlen der Vollmacht, des Nachweises der gesetzlichen Vertretungsmacht oder der Organstellung bei einer juristischen Person, eines Nachweises nach GBO §§ 33, 35.

Die Lage kompliziert sich, wenn in der Zwischenzeit während des Fristlaufs ein Antrag eingeht, der dasselbe Recht betrifft. Zum Beispiel ist der Antrag der Hypothekenbank auf Eintragung einer Hypothek wegen Fehlens eines Auszugs aus dem Handelsregister beanstandet, durch den der Nachweis erbracht werden muß, daß der Antragsteller Vorstand der Bank ist; ehe der Nachweis erbracht ist, wird eine zweite Hypothek auf demselben Grundstück beantragt. Der zweite Antrag wird dann sogleich erledigt – denn warum sollte dieser Antragsteller warten müssen, weil ein anderer einen Fehler begangen hat? –, aber zugunsten des früheren Antrags wird von Amts wegen eine Vormerkung oder ein Widerspruch eingetragen und damit dem früher beantragten Recht, wenn es zum Stattgeben, also zur Eintragung kommt, der Vorrang vor dem früher eingetragenen, aber später beantragten Recht gesichert (GBO § 18 II 1). Durch leicht behebbare Fehler bei einem Antrag soll nicht der sonst gegebene Vorrang verlorengehen. Ist eine Rechtsänderung beantragt, z. B. die Eintragung einer Hypothek, so erfolgt eine Vormerkung, wenn eine Berichtigung des Grundbuchs beantragt war, ein Widerspruch.

Kommt es zur Zurückweisung des früheren Antrages, so wird die Vormerkung oder der Widerspruch von Amts wegen gelöscht (GBO § 18 II 2).

§ 22. Die eingetragenen Schiffe

Literatur: Abraham, Seerecht, 3. Aufl., 1969; Prause, Das Recht des Schiffskredits, 2. Aufl., 1968; Schaps-Abraham, Das Deutsche Seerecht, 3. Aufl., 3 Bände, 1959/64 mit Ergänzungsband 1967; Herbert Wolff, Grundriß des Sachenrechts bei Schiffen und Schiffsbauwerken, 1949; Wüstendörfer, Neuzeitliches Seehandelsrecht, 2. Aufl. 1950.

I. Schiffe, soweit sie in einem Schiffsregister eingetragen sind, werden rechtlich wie Grundstücke behandelt nach dem Gesetz über Rechte an eingetragenen Schiffen und Schiffsbauwerken vom 15. 11. 1940 (im folgenden abgekürzt SG). Denn die Vorschriften über das Schiffsregister sind denen über das Grundbuch genau angepaßt.

[1] Vgl. dazu Habscheid, NJW 1967, 225.

II. Für die im Seeschiffsregister eingetragenen Schiffe genügt allerdings zur Übertragung des Eigentums die bloße Einigung (SG § 2). Dagegen ist für die im Binnenschiffahrtsregister eingetragenen Schiffe außer der Einigung auch die Eintragung im Register erforderlich (SG § 3), womit die Parallele zu BGB § 873 hergestellt ist. Weiterhin entspricht SG § 3 II mit der formlosen, zwar wirksamen, aber nicht bindenden Einigung dem § 873 II; SG § 4 regelt das Schicksal des Zubehörs dem § 926 entsprechend, SG § 7 kennt einen Verzicht auf das Eigentum wie § 928. Die Schiffe sind auch mit Hypotheken belastbar (SG § 8; vgl. u. § 66).

Das Schiffsregister hat ähnliche Funktionen wie das Grundbuch. Es hat die Vermutung der Richtigkeit für sich (SG § 15) und genießt öffentlichen Glauben. Es gibt daher auch hier einen gutgläubigen Erwerb (SG §§ 16, 17 entsprechend §§ 892, 893), den Berichtigungsanspruch (SG § 18) und zu seiner Vorbereitung den Widerspruch (SG § 21). Auch die Vormerkung ist vorgesehen (SG § 10) unter den Voraussetzungen und den Wirkungen von §§ 883 ff.

Drittes Kapitel

Das Eigentum

1. Abschnitt. Der Inhalt des Eigentums

Literatur: Baur, Entwicklungstendenzen im Sachenrecht, Juristen-Jahrbuch 8. Bd. (1967/68), S. 19; Brunstäd, Das Eigentum und seine Ordnung, in Festschrift für Binder, 1930; Darmstaedter, Der Eigentumsbegriff des Bürgerlichen Gesetzbuches, AcP 151, 311; Dürig, Das Eigentum als Menschenrecht, ZgesStW 109, 326; Ferid, Zur Problematik des Eigentumsrechts als Rechtsinstitut in: Das Eigentum im Ostblock, Studien des Instituts für Ostrecht, München, Bd. 5, 1958; O. v. Gierke, Deutsches Privatrecht, Bd. II; Hedemann, Die Umwandlung des Eigentumsbegriffs, Recht und Wirtschaft 1922, 385; Herold, Das absolute Eigentum und sein Verfall, 1958; H. Hübner, Eigentumsgarantie und Eigentumsbindung im Grundgesetz und der zivilrechtliche Eigentumsbegriff, Annales Universitatis Saraviensis, 1960; Vinding-Kruse, Das Eigentumsrecht, 1936; Merk, Das Eigentum im Wandel der Zeiten, 1934; Horst Müller, Gedanken über Bodeneigentum und Städtebau, Festschrift für von Hippel, 1967, S. 263; Pawlowski, Substanz- oder Funktionseigentum? AcP 165, 395; Pleyer, Eigentum und Wirtschaftsordnung, JuS 1963, 8; Reinhardt-Scheuner, Verfassungsschutz des Eigentums, 1954; Schloßmann, Über den Begriff des Eigentums, Jher. Jahrb. 45, 289; W. Weber, Eigentum und Enteignung, in Neumann-Nipperdey-Scheuner, Die Grundrechte, Bd. II, 1954; Wieacker, Wandlungen der Eigentumsverfassung, 1935; Wiedemann, Das sozialistische Eigentum in Mitteldeutschland, 1964; vgl. dazu auch die Kommentare zum Grundgesetz.

§ 23. Geschichte und Bedeutung des Eigentums

I. Geschichtliche Entwicklung

In der Geschichte zeigt sich überall, daß das Privateigentum im heutigen Sinn als Recht einer einzelnen Person sich zuerst an beweglichen Sachen ausbildet und erst später auf den Boden erstreckt wird. Dies hängt damit zusammen, daß die individuellen Bedürfnisse bei den Mobilien viel ausgeprägter sind und andererseits der Boden eine quantitativ begrenzte, feste Größe ist, die gerade darum dem freien Schalten und Walten des Individuums länger entrückt bleibt. Das Grundeigentum steht lange Zeit noch der Sippe, dann der engeren Familie zu. Zuerst setzt sich das Eigentum des einzelnen an Haus und Hof durch, während die Ackerflur noch länger in der Hand der Dorfgemeinschaft als Genossenschaft verbleibt. Auch nachdem das Individualeigentum sich durchgesetzt hat, bleibt es am Boden in vielen Beziehungen beschränkt.

1. Das römische Recht

Das römische Recht prägt das Eigentum zu einem Herrschaftsrecht aus. Ihm ist das Wesentliche die freie tatsächliche und rechtliche Sachherrschaft des Eigentümers. Es ist kein Zufall, daß ‚dominium' und ‚dominus' eng verwandte Begriffe und Worte sind und daß ‚dominus' zugleich ‚Eigentümer' und ‚Herr' bedeutet, weil der Eigentümer einer Sache das typische Beispiel eines Herren, nämlich über die Sache, ist. Zugleich ist das römische Eigentum völlig individualisiert – es trägt in späterer Zeit keine Züge sozialer Gebundenheit oder Verbundenheit mehr. Der Eigentümer kann die Sache gebrauchen, wie er will, ist niemandem Rechenschaft schuldig und kann auch rechtlich frei verfügen. Das römische Recht macht auch keine Unterschiede zwischen Boden- und Mobiliar-Eigentum, es opfert dem einheitlichen Begriff der Sachherrschaft die natürlichen Unterschiede und verbaut sich damit trotz seiner technischen Vorzüge und hohen Ausbildung den Weg zu praktischen Rechtseinrichtungen, die andere an sich weniger vollkommene Rechtsordnungen geschaffen haben, vor allem zum Grundbuch. Es darf freilich nicht übersehen werden, daß dieses Eigentum ursprünglich nur römischen Bürgern zustand, es also eine Ausprägung des Herrenbewußtseins eines herrschenden Volkes war, ein Privileg seiner Angehörigen.

2. Das germanische Recht

Das germanische Recht läßt sich kennzeichnen durch eine viel stärkere Betonung von Bindungen des Eigentums; es kennt daher auch Abstufungen, die dem römischen Recht fremd waren, Ober- und Untereigentum, vor allem Unterschiede zwischen Boden- und Mobiliareigentum. Diese zahlreichen Formen und Variationen dienen zugleich der sozialen Verbundenheit. Auch das Lehnsrecht mit seiner Auffassung der Verantwortlichkeit gegenüber dem Lehnsherren spielt hinein und verstärkt die Idee der Gebundenheit. Ferner ist der Einfluß der Kirche nicht zu übersehen; insbesondere stellt sie ausdrücklich sittliche Anforderungen an das Eigentum und vertieft dadurch das Wesen dieses Rechts.

3. Abschaffung der Grundherrschaft

Aber vielfach wurden aus sozialen Bindungen unsoziale Lasten, welche die Lage der Bauern bis zur Unerträglichkeit verschlechterten. Die große Wende, welche die Freiheitsbewegung am Ende des 18. Jahrhunderts brachte, berührte daher auch das Eigentum. Sie führte zur Aufhebung zahlreicher Bindungen, die als Hemmung freier Entfaltung des einzelnen empfunden wurden. Mit der Gewerbefreiheit verband sich die Bauernbefreiung, die Abschaffung der grundherrlichen Lasten, die Umwandlung in freies Eigentum, womit die freie Veräußerung und Belastung von Grund und Boden ermöglicht wurde. Das Privateigentum wurde fast aller bisherigen Schranken entbunden und zu einer schrankenlosen Herrschaft des einzelnen. Nur beim städtischen Grundbesitz blieben einige notwendige Bindungen bestehen.

4. Das 19. Jahrhundert

Zweifellos verdankt das 19. Jahrhundert den ungeheuren wirtschaftlichen Aufschwung der Entfesselung der freien Initiative, daher auch der Befreiung des Eigentums von alten Hemmungen. Insoweit hat sie sich bewährt, und niemand tritt dafür ein, zu den alten Abhängigkeiten zurückzukehren. Aber die große Entwicklung und soziale Umschichtung brachte, besonders mit der Entstehung des modernen Kapitalismus, auch ernste Gefahren mit sich. Der Bauernbefreiung entsprach nicht die wirtschaftliche Sicherung des Bauerntums. Mit der Entlassung aus der patriarchalischen Herrschaft ging es auch seines Schutzes verlustig. Krisen der Landwirtschaft führten zu verbreitetem Verlust von Bauerngut und Vergrößerung des Großgrundbesitzes. Die Freiheit der Wirtschaft gestattete auch Ausbeutung und Unterdrückung der Schwächeren. Die Unterschiede wirtschaftlicher und sozialer Art verschärften sich. Das Proletariat entstand, mit ihm neue Probleme, auch für die Auffassung vom Eigentum. Der grundsätzliche Optimismus, aus dem heraus der Liberalismus die Befreiung durchgesetzt hatte, hielt gegenüber den Ausartungen des Individualismus nicht stand. Sein Glaube, man brauche den einzelnen nur von allen Fesseln zu befreien, dann werde er seine Persönlichkeit entfalten und den besten Gebrauch von seiner Freiheit zum Nutzen der Allgemeinheit machen, erwies sich als irrig. Mit der äußeren Freiheit hielt die sittliche Haltung nicht immer Schritt. Seit dem Ende des 19. Jahrhunderts setzte sich daher eine rückläufige Bewegung durch, aus der Erkenntnis geboren, daß nicht jeder einzelne eine unbedingte Gewähr für einen angemessenen Gebrauch seiner Freiheit bietet, und aus der Feststellung, daß die modernen Probleme, die mit dem Kapitalismus und der Bildung des Proletariats erwuchsen, allein mit Fessellosigkeit nicht gelöst werden können. Unbeschränkte Freiheit einzelner Mächtiger kann zur Unfreiheit vieler Schwacher werden. Der Sozialismus bekämpfte die Freiheit des Kapitals und der Unternehmer, der Kommunismus schließlich das Privateigentum überhaupt. Aber auch auf dem Boden der bürgerlichen Wirtschaftsordnung erwies sich die Einschaltung des Staates als notwendig. Wo das Gewissen der Individuen versagte, sollte das Gewissen der Gemeinschaft eingreifen. So kam es zu immer ausgedehnterer Fürsorge und Einwirkung des Staates auf wirtschaftlichem und sozialem Gebiet. Sie führte zu immer weiteren Einschränkungen auch des Eigentums.

5. Die Zeit des Nationalsozialismus

Der Nationalsozialismus betonte grundsätzlich den Vorrang der Gemeinschaft vor dem Individuum. Dies führte naturgemäß auch zu weiteren Einschränkungen des Eigentums. Die große Bedeutung, die er der Landwirtschaft und dem Bauerntum zumaß, ließ ihn ein besonderes Boden- und Bauernrecht schaffen, das vor allem im Erbhofrecht seinen Ausdruck fand. Charakteristisch war auch hier die starke Einschränkung der tatsächlichen und rechtlichen Verfügungsmöglichkeiten des Eigentümers, auch in erbrechtlicher Beziehung. Nach Anfangsmaßnahmen, die durchaus eine sachliche Erörterung verdienten, entwickelte er in rasch zunehmendem Maß eine Feindschaft gegen jede private Lebenssphäre. Die Allgewalt des totalen Staates drohte jede freie Betätigung des Individuums zu ersticken. Sein Sturz wendete diese furchtbare Bedrohung der Kultur ab.

6. Die Gegenwart

Aber es wäre nicht zu rechtfertigen, wenn man aus einem Extrem in ein anderes verfallen und die Erkenntnisse von Jahrzehnten sowie die gesamte soziale Entwicklung über Bord werfen würde, um die schrankenlose Freiheit des Individuums durchzuführen. Zwischen dieser und der Knebelung des einzelnen muß ein mittlerer Weg gefunden werden. Denn die Probleme sind nicht beseitigt, um die man sich jahrzehntelang bemüht und gestritten hat. Sie wirken nach wie vor auf die Gestaltung des Eigentums ein. Rechtliche Behandlung des Eigentums und soziale Wertung desselben beeinflussen sich gegenseitig. Der Begriff des Eigentums ist niemals durch alle Zeiten der gleiche, er unterliegt stets der Wandlung, ebenso wie die sozialen Auffassungen sich wandeln. Der Kampf um das Eigentum ist ein Ausschnitt des Ringens zwischen der Freiheit des einzelnen und seiner Bindung durch vordringliche Interessen der Gesamtheit. Jede Zeit wird sich hier erneut bemühen, eine neue, bessere Lösung zu finden. Die Gegensätzlichkeit und Problematik zeigt sich an den beiden Polen einerseits der Eigentumsgarantie von GG Art. 14, andererseits den erweiterten Möglichkeiten der Enteignung (vgl. u. § 24 III 1). Lehrreich für den jungen Juristen ist daran vor allem die Erkenntnis, daß das Recht nicht isoliert im Leben der Völker existiert, sondern daß es in engem Zusammenhang mit anderen großen Lebensordnungen steht, vor allem der Sozial- und Wirtschaftsordnung. Dies zeigt sich auch in der starken Berührung der Privatrechtsordnung mit dem öffentlichen Recht.

II. Wert und Bedeutung des Eigentums

Die Bedeutung des Eigentums und seiner Regelung reicht weit über die Sphäre der reinen Rechtsordnung hinaus. Hier zeigt sich besonders eindrücklich, wie enge Fäden das Recht mit den anderen großen Lebensordnungen verbinden, und daß das Recht niemals isoliert betrachtet werden darf, sondern als eines der Mittel, deren sich eine Gemeinschaft bedient, um wirtschaftliche, soziale und sittliche Ideale zu verwirklichen und zu sichern.

1. Grundlage der Wirtschaftsordnung

Das Eigentum, richtiger gesagt das Privateigentum, ist die Grundlage unserer heutigen Wirtschaftsordnung. Seine Bedeutung läßt sich daran ermessen, daß, je nachdem das Privateigentum an Grundstücken, beweglichen Sachen, Produktionsmitteln, Unternehmen anerkannt, beschränkt oder versagt wird, die Wirtschaftsverfassung eines Staates oder Volkes eine ganz verschiedene Ausprägung erhält. Wie weit aber das Privateigentum ausgedehnt werden mag, seine Anerkennung und sein rechtlicher Schutz sind stets die Voraussetzungen für eine wirtschaftliche Tätigkeit des einzelnen auf längere Sicht.

2. Grundlage der sozialen Ordnung

Das Privateigentum ist auch die Grundlage für die soziale Ordnung. Denn auch diese gestaltet sich völlig verschieden je nach der Ausdehnung und Anerkennung des Eigentums. Der soziale Aufbau einer Gesellschaft wird wesentlich dadurch mitbestimmt, ob Boden, Häuser, Unternehmen und Kapitalien Objekt privaten Eigentums sind oder nicht, ferner auch dadurch, ob sie nach der Rechtsordnung jedem Rechtsgenossen zugänglich sind oder nur bestimmten Klassen (wie lange Zeit Teile des ländlichen Bodens nur dem Adel). Die soziale Ordnung ist freilich nicht allein von der Rechtsordnung abhängig, wird aber weitgehend durch sie bestimmt. Es liegt also ein gegenseitiges Abhängigkeitsverhältnis vor. Jede soziale Auffassung vom Eigentum findet ihren Ausdruck in der Rechtsordnung. Diese bleibt aber oft bestehen, auch wenn die sozialen Vorstellungen sich ändern; dann entstehen Spannungen und wenn nicht rechtzeitig die Rechtsordnung angepaßt wird, kommt es zu revolutionären Ausbrüchen.

3. Eigentum und Persönlichkeit

Wird das Privateigentum richtig als Inbegriff von Rechten und Pflichten aufgefaßt, kann es auch die ethischen Kräfte im Individuum stärken. Denn wie es freilich den Egoismus verstärken kann, so vermag es auch besonders in Verbindung mit der Regelung des Familien- und Erbrechts, die sozial so wertvollen und ethisch unentbehrlichen Instinkte der Fürsorge für Familie und Nachkommen zu erwecken.

Vor allem darf man nicht übersehen, daß das Privateigentum im Durchschnitt immer noch die sicherste Grundlage für die Unabhängigkeit des einzelnen ist, ohne welche gerade ein demokratisches Gemeinwesen nicht bestehen kann. Wer auf eigenem Grund und Boden steht oder sonst durch ein Vermögen in seiner Existenz gesichert ist, kann sich eine eigene Meinung sicherer gestatten als ein ewig von anderen Abhängiger. Dieser muß zum Zusammenschluß mit vielen anderen als dem rettenden Ausweg für seine Unabhängigkeit greifen, lernt damit die wertvolle Solidarität mit anderen kennen, unterliegt aber leicht der Vermassung und verliert darüber die Eigenpersönlichkeit. Die völlige Abschaffung des Privateigentums bringt die Gefahr des Kollektivismus, die Vermassung mit sich, der die Gefahr der politischen Versklavung allzu leicht folgt; jedenfalls bedeutet sie ein weiteres gefährliches Schwinden der freien Persönlichkeit. Daß es solche ausnahmsweise auch ohne festen wirtschaftlichen Rückhalt geben kann, soll nicht bestritten werden, und daß Besitz statt unabhängig und fest auch ängstlich machen kann, haben wir an manchen „Bürgern" erlebt. Aber alles in allem bleibt es doch eine Wahrheit, daß der durch Privateigentum Gesicherte, dem jemand seine wirtschaftliche Existenz nicht ohne weiteres rauben kann, am besten in der Lage ist, seine Unabhängigkeit zu wahren. Damit wird das Eigentum zu einem Mittel, die Persönlichkeit auszubilden. Schließlich ist nicht zu übersehen, daß Privateigentum in der Regel durch Arbeit geschaffen und erhalten wird, also eine ethische Grundlage hat.

§ 24. Inhalt, Schranken und Begriff des Eigentums

Literatur: Bauschke und Kloepfer, Enteignung, enteignungsgleicher Eingriff, Aufopferung, NJW 1971, 1233; Bender, Sozialbindung des Eigentums und Enteignung, NJW 1965, 1297; Diester, Enteignung und Entschädigung nach altem und nach neuem Recht, 1953; Dürig, Zurück zum klassischen Enteignungsbegriff, JZ 1954; 4; Giese, Enteignung und Entschädigung, 1950; Knoll, Eingriffe in das Eigentum im Zuge der Umgestaltung gesellschaftlicher Verhältnisse, AöR 79, 455; Kreft, Grenzfragen des Enteignungsrechts in der Rechtsprechung des BGH und des BVerwG, Ehrengabe für Heusinger, 1968, S. 167; Kröner, Die Eigentumsgarantie in der Rechtsprechung des BGH, DRZ 1961, 10, 38, 75; ders., Begriff und Grundprobleme der Rechtsprechung des BGH zur Eigentumsgarantie, DVBl. 1969, 157 Kübler, „Eigentum verpflichtet" – eine zivilrechtliche Generalklausel? AcP 159, 236; Peter, Zur neuen Enteignungsrechtsprechung des BGH, JZ 1969, 549, Rudolph, Die Bindungen des Eigentums, 1960; Schack, Die Enteignungstheorie des Bundesverwaltungsgerichts, NJW 1963; 750; Sellmann, Sozialbindung des Eigentums und Enteignung, NJW 1965, 1689; Seybold, Das Grundeigentum und seine Beschränkungen, in Deutscher Notartag 1952.

I. Grundsätzlicher Inhalt

1. Gegenstand des Eigentums

Eigentum kennt unser Privatrecht nur an Sachen als körperlichen Gegenständen, nicht an anderen Gegenständen wie Forderungen, sonstigen Rechten, geistigen Schöpfungen. Der öffentlich-rechtliche Begriff des Privateigentums dagegen umfaßt alle diese Gegenstände mit; in diesem weiteren Sinn ist der Schutz des Eigentums in GG Art. 14 zu verstehen.

Eigentum gibt es nur an einzelnen Sachen, nicht an Sachgesamtheiten wie Warenlagern, Bibliotheken, Herden usw., auch nicht an Unternehmungen und Betrieben als wirtschaftlichen Einheiten.[1] Dies zeigt sich bei der Übertragung des Eigentums; sie muß für jede einzelne Sache nach den Vorschriften erfolgen, die für die betreffende Sache gelten, z. B. für Grundstücke oder bewegliche Sachen verschieden. Ebensowenig gibt es Sondereigentum an wesentlichen Bestandteilen im Sinn des § 93; Ausnahme Wohnungseigentum (vgl. u. § 49).

Nur an individuell bestimmten Sachen ist Eigentum möglich. Handelt es sich nur um der Gattung nach bestimmte Sachen, auch Teile von Sachgesamtheiten, so können sie zwar Gegenstand von obligatorischen Geschäften (z. B. Kauf) sein (sind es auch oft), aber es muß eine Ausscheidung real erfolgen, um eine Übertragung des Eigentums zu ermöglichen. Wer z. B. einem anderen 20 Sack Mehl verkauft und sie übereignen will, muß sie aus dem gesamten Vorrat aussondern und kenntlich machen, sonst kann ein Erwerb des Eigentums an irgendwelchen Teilen des Vorrats nicht stattfinden.

2. Umfassendstes Sachenrecht

Das Eigentum ist das umfassendste Recht an einer Sache, das unsere Rechtsordnung kennt. Soweit sie überhaupt eine rechtliche Herrschaft über eine Sache verleihen will, ist sie im Eigentum verkörpert. Dadurch steht das Eigentum in Gegensatz zu anderen dinglichen Rechten an der Sache, die nur beschränkten Inhalt haben, wie Pfandrecht, Hypothek oder Dienstbarkeit. Bei ihnen läßt sich die gewährte Befugnis scharf umgrenzen, beim Eigentum dagegen nicht bis ins einzelne aufzählen.

Diese beschränkten Rechte, Rechte an fremder Sache, sind aus dem Eigentum als dem umfassenden Recht abgezweigt und aus ihm abgeleitet. Dieses hat die Tendenz und Kraft, nach Erlöschen der Rechte die in ihnen enthaltenen Befugnisse wieder an sich zu ziehen und mit dem restlichen Eigentum zu vereinigen. Man spricht daher von der Elastizität des Eigentums (vgl. o. § 1 V).

---

[1] Vgl. dazu die Ausführungen über das sog. Unternehmenseigentum bei Baur, § 28.

3. Gesetzlicher Inhalt des Eigentums

Das BGB bestimmt in § 903 den Inhalt des Eigentums dahin: „Der Eigentümer kann mit der Sache nach Belieben verfahren und andere von jeder Einwirkung ausschließen." Damit sind zwei Richtungen genannt, in denen sich das Eigentum auswirkt, eine positive innere, die das Verhältnis des Eigentümers zur Sache regelt, und eine negative oder äußere, welche die Stellung des Eigentümers anderen gegenüber bestimmt.

Die erstere schließt die Freiheit des Eigentümers in sich, die Sache tatsächlich zu besitzen, zu benutzen, zu gebrauchen, Nutzungen zu ziehen, sie auch zu verbrauchen oder zu zerstören, ohne an feste Grenzen der wirtschaftlichen Vernunft gebunden zu sein. Daneben steht die rechtliche Verfahrensfreiheit in Gestalt von Verfügungen über die Sache, z. B. Veräußerung oder Belastung.

Die Abwehrmöglichkeit von Einwirkungen anderer charakterisiert das Eigentum als absolutes Recht, dessen wichtigster Typ es ist. Es wirkt gegen jedermann, jeder muß es respektieren und demgemäß Einwirkungen unterlassen, die nur dem Eigentümer vorbehalten sind. Doch sind hier nur unmittelbare Einwirkungen gemeint.[1]

II. Privatrechtliche Schranken

1. Kein schrankenloses Recht

Das Eigentum ist ein umfassendes, aber nicht ein schrankenloses Recht. Das BGB deutet dies an, indem es dem freien Belieben des Eigentümers die Ausnahme hinzufügt: „soweit nicht das Gesetz oder Rechte Dritter entgegenstehen". Dieser Hinweis hat positive Bedeutung als Regelung der Beweislast. Wer sich auf eine Einschränkung des Eigentums beruft, muß sie beweisen; der Eigentümer braucht nicht den Nachweis zu erbringen, daß sein Verhalten in den Grenzen des Eigentums bleibt.

Im übrigen ist diese Formulierung des § 903 geradezu irreführend; denn die Anführung der Einschränkungen als bloße Ausnahme in einem Nebensatz wird dem wirklichen Verhältnis von Regel und Ausnahme, wie es sich heute darstellt, in keiner Weise gerecht (vgl. u. IV). Daher sind zunächst die wichtigsten Beschränkungen darzustellen, um eine richtige Anschauung vom Wesen des Eigentums zu gewinnen.

2. Räumliche Schranken des Eigentums

Räumliche Schranken für das Eigentum verneint grundsätzlich § 905, indem er das Recht des Eigentümers auf den Raum über der Oberfläche und auf den Erdkörper unter ihr erstreckt. Praktisch schränkt er dann freilich in Satz 2 die Ausübung des Eigentums wieder ein – wenigstens für die negative Seite des Eigentums, den Ausschluß fremder Einwirkung; der Eigentümer kann Einwirkungen nicht verbieten, die in solcher Höhe oder Tiefe vorgenommen werden, daß er an der Aus-

[1] Vgl. RG 155, 154, „ein unmittelbares Zuführen sinnlich wahrnehmbarer Stoffe auf das Nachbargrundstück", so daß eine „Grenzüberschreitung" stattfindet; vgl. auch u. § 25 II.

schließung der Einwirkung kein Interesse hat. Hierin liegt eine vernünftige Einschränkung der Rechtsausübung auf das durch das Interesse des Berechtigten gebotene Maß. Richtiger wäre wohl die umgekehrte Formulierung, wie sie z. B. das Schweizer Gesetzbuch (§ 667) kennt, daß das Eigentum selbst sich nur soweit erstreckt, als für seine Ausübung ein Interesse besteht.

Beispiele für zu duldende Einwirkungen sind Tunnelbauten (außer bei Gefahr einer Senkung der Oberfläche), Viadukte für Bahn oder Straße, besonders aber elektrische Leitungen über Grundstücke. Auszuschließende Einwirkungen sind z. B. Lichtreklamen, die in den Luftraum über dem Grundstück herüberragen,[1] oder Vordächer.[2]

Besondere gesetzliche Bestimmungen gibt das Luftverkehrsgesetz (von 1922 i. d. F. der Bek. v. 4. 11. 1968), welches das Überfliegen von Grundstücken durch Flugzeuge gestattet und das Telegraphenwegegesetz (von 1899), wonach Telegraphen- und Telephonleitungen über Grundstücke geführt werden können, sofern dadurch nicht die Benutzung des Grundstücks wesentlich beeinträchtigt wird. Diese Bestimmungen sind auf Funkanlagen auszudehnen. Wir stoßen hier schon auf das Eingreifen des öffentlichen Rechts; vgl. u. § 24 III.

Einen Anspruch auf Schadensersatz hat der Eigentümer nach § 823 nur bei Verschulden, aber in Erweiterung des § 904 Satz 2 als Ausgleich der Duldungspflicht wohl schlechthin bei allen Einwirkungen, die er dulden muß (vgl. u. § 25 II).

Das meist landesrechtlich geordnete Wasserrecht gibt Bestimmungen über Quell- und Grundwasser und seine Zuführung.

Wichtig ist die Einschränkung des Eigentums durch das ebenfalls landesrechtlich geordnete Bergwerkseigentum; vgl. u. § 41.

3. Schikaneverbot

Das Eigentum unterliegt in seiner Ausübung denselben Schranken wie jedes andere Recht. Unzulässig ist daher seine Ausübung, wenn sie lediglich den Zweck hat, einem anderen Schaden zuzufügen (§ 226, Schikaneverbot). Die praktische Bedeutung dieser Regel darf nicht überschätzt werden. Denn die Fälle sind selten, in denen nur aus dem Motiv heraus gehandelt wird, einen anderen zu schädigen. Althergebrachte Beispiele sind der Neidbau, um einem anderen Licht und Wärme zu nehmen, oder die Ableitung einer Quelle ohne eigenen Nutzen. Die Normalfälle sind aber so gelagert, daß sich mit der Schädigungsabsicht der Wille verbindet, für sich selbst einen Vorteil zu erlangen.

4. Notstand

In engem Zusammenhang mit der Regelung des § 228 steht die in § 904 geregelte Einschränkung des Eigentums: Der Eigentümer darf die Einwirkung eines anderen auf seine Sache nicht verbieten, wenn die Einwirkung zur Abwendung einer gegenwärtigen Gefahr notwendig und der drohende Schaden (der abgewendet werden soll und ohne die Einwirkung eintritt) gegenüber dem Schaden, der aus der Einwirkung

---

[1] RG 123, 182.
[2] BGH, NJW 1957, 1396.

dem Eigentümer erwächst, unverhältnismäßig groß ist. Der Vergleich mit § 228 ergibt eine bedeutende Erweiterung der erlaubten Notstandshandlungen. Während dort eine Gefahr von der fremden Sache selbst drohen muß (z. B. von einem bissigen Hund, der den Handelnden angreift), braucht hier keine Gefahr von der Sache her zu drohen, auf welche man einwirkt. Man benutzt vielmehr eine fremde Sache, um die von anderer Seite her drohende Gefahr abzuwenden.

Beispiele: Man benutzt ein fremdes Boot, um einen Ertrinkenden zu retten, ein fremdes Auto, um einen Arzt zu einem Schwerverletzten zu holen, ein Waldstreifen wird niedergelegt als Schutz gegen Ausbreitung eines Waldbrandes, man dringt in eine Hütte ein, um Schutz vor einem Unwetter zu finden.

Andererseits sind die Voraussetzungen gegenüber § 228 verschärft; denn es wird hier gefordert, daß der drohende Schaden gegenüber dem aus der Einwirkung entstehenden Schaden unverhältnismäßig groß ist (was in obigen Beispielen der Fall ist).

Die Einwirkung stellt eine Notstandshandlung dar. Der Eigentümer oder der Besitzer ist nicht zum Widerstand berechtigt, dieser kann mit Gewalt gebrochen werden. Ob der Notstand verschuldet ist oder nicht, ist gleichgültig. Die Gefahr muß eine gegenwärtige, also unmittelbar drohende sein wie in § 228.[1] Die Einwirkung kann auch zugunsten eines anderen erfolgen als sog. Nothilfe, auch im öffentlichen Interesse (vgl. EGBGB Art. 109).

Ein Unterschied ergibt sich dagegen insofern, als der Eigentümer Ersatz des ihm entstandenen Schadens verlangen kann (§ 904 Satz 2), ohne Rücksicht auf ein Verschulden des Handelnden oder des Gefährdeten. Dies ist der seltene Fall eines Schadensersatzes für nicht rechtswidriges Handeln (Aufopferungsausgleich). Die Haftung trifft den Einwirkenden, auch wenn er im Interesse eines anderen oder im öffentlichen Interesse eingreift,[2] den Dritten, zu dessen Schutz gehandelt ist, nur dann, wenn er Weisungen an den Handelnden erteilt hat. Bei gesetzlichem Zwang zum Handeln (z. B. StGB § 330c) ist der Handelnde aber von der Ersatzpflicht frei. Der Einwirkende hat meist einen Ersatzanspruch gegen den Dritten aus Geschäftsführung ohne Auftrag oder aus Bereicherung.

5. Rechte an fremder Sache

Beschränkungen des Eigentums stellen auch die Rechte an fremder Sache dar, die nach den gesetzlichen Typen durch Vertrag des Eigentümers mit dem künftigen Inhaber eines solchen Rechts begründet werden können. Es sind dies an Grundstücken Erbbaurecht, Dienstbarkeiten und Nießbrauch, Vorkaufsrecht, Reallasten, vor allem Hypotheken, Grund- und Rentenschulden; an beweglichen Sachen Nießbrauch und Pfandrecht. Hier handelt es sich um echte Einschränkungen des normalen Eigentumsinhalts.

Weitere Einschränkungen unter privatrechtlichem Gesichtspunkt ergeben sich aus dem Nachbarrecht (vgl. u. § 25).

---

[1] Vgl. dazu BGH, LM Nr. 3 zu § 904 BGB.
[2] BGH, NJW 1952, 1211, vgl. aber auch BGH 6, 102.

III. Öffentlich- rechtliche Schranken

1. Die Enteignung

Den stärksten Eingriff in das Eigentum stellt die Enteignung dar. Ausgangspunkt der Enteignung ist die Entziehung des Eigentums; sie bildet auch heute noch den Hauptfall der Enteignung.

a) Geschichtliche Entwicklung

Die Enteignung war dem römischen Recht so gut wie unbekannt. Sie spielte auch im Mittelalter nur eine unbedeutende Rolle und nur in den Städten. Erst mit der Französischen Revolution gewann sie Bedeutung und fand ihren Niederschlag in der Erklärung der Menschenrechte und in der Verfassung von 1791 als Ausnahme von der Unverletzlichkeit des Eigentums auf Grund der öffentlichen Notwendigkeit. Seitdem war sie auch in den meisten deutschen Verfassungen erwähnt, aber zugleich beschränkt (vgl. Art. 9 der Preußischen Verfassung von 1850). Überall war sie, wieder nach französischem Vorbild, mit einer Entschädigungspflicht verbunden.

Der Verfassungsgesetzgeber der Weimarer Verfassung (Art. 153) ging von der klassischen Enteignungslehre des 19. Jahrhunderts aus, wie sie z. B. in der preußischen Verfassung verankert war. Diese Enteignungslehre zeichnete sich durch folgende Merkmale aus:

Nur Grundstücke oder grundstücksgleiche Rechte konnten Gegenstand einer Enteignung sein;

die Übertragung des Eigentums mußte auf ein öffentliches Unternehmen zur Erfüllung eines öffentlichen Zwecks erfolgen;

die Enteignung war nur auf Grund eines Gesetzes durch Verwaltungsakt zulässig;

es mußte volle Entschädigung gewährt werden.

In der Zeit der Weimarer Republik kam es unter Führung des Reichsgerichts[1] zu einer Ausweitung dieses klassischen Enteignungsbegriffs. Von ihr wurden Gegenstand, Zweck und Mittel der Enteignung erfaßt. Nicht nur Grundstücke oder grundstücksgleiche Rechte, sondern alle subjektiven Privatrechte (auch Eigentum an beweglichen Sachen, dingliche Rechte, Forderungen) wurden nunmehr als enteignungsfähig anerkannt. Von der Notwendigkeit der Überführung des enteigneten Gegenstands in das Vermögen eines Dritten nahm man Abstand und auch die Erreichung eines öffentlichen Zwecks im engeren Sinn war nicht mehr Bedingung der Enteignung; man begnügte sich mit dem allgemeinen Interesse der Gesamtheit an der Enteignung. Schließlich wurde eine Enteignung unmittelbar durch Gesetz (also nicht auf Grund eines Gesetzes durch Verwaltungsakt) für zulässig erklärt.

b) Die gegenwärtige Rechtslage

Dieser in der Zeit der Weimarer Republik entwickelte erweiterte Enteignungsbegriff gilt im wesentlichen auch heute noch weiter. Abzugrenzen ist jedoch zwischen der Enteignung und der bloßen Eigentumsbeschränkung.

Nach GG Art. 14 I 2 werden Inhalt und Schranken des Eigentums durch die Gesetze bestimmt. Aus dieser Bestimmung ist zu entnehmen, daß auch Eigentumsbeschränkungen möglich sind, die keine Enteignung darstellen. Für die Abgrenzung ist der innere Gehalt der Maßnahmen, nicht die formale Gestaltung maßgeblich. Entscheidende Kriterien bilden die Schwere des Eingriffs, die Überschreitung einer gewissen Opfergrenze und der Grundsatz der Verhältnismäßigkeit. Die gleiche Maßnahme kann einmal Verwirklichung der Sozialbindung des Eigentums, das andere Mal – insbesondere bei Verstoß gegen den Gleichheitssatz – entschädigungspflichtige Enteignung sein.[2]

---

[1] Vgl. z. B. RG 109, 319.
[2] Vgl. dazu BGH, NJW 1971, 133 und die dort zit. Rechtsprechung.

Rechtsgrundlage für die Zulässigkeit der Enteignung bildet jetzt GG Art. 14 III. Unter Eigentum i. S. dieser Vorschrift ist aber nach höchstrichterlicher Rechtsprechung nicht nur das Eigentum im bürgerlichrechtlichen Sinn zu verstehen, sondern jedes private Vermögensrecht (dingliche Rechte, Forderungen, Aktien) und selbst subjektiv-öffentliche Rechte, soweit sie dem Inhaber eine eigentümerähnliche Rechtsposition verschaffen.[1] Daneben ist die Zulässigkeit der Enteignung auch in den Länderverfassungen geregelt worden. Die Voraussetzungen der Enteignung sind heute folgende:

α) Eine Enteignung ist nur zum Wohl der Allgemeinheit zulässig (GG Art. 14 III 1). Daß mit der Enteignung ein öffentlicher Zweck erreicht werden muß, wie es die klassische Enteignungslehre gefordert hat, wird heute nicht mehr verlangt.

β) Die Enteignung muß entweder unmittelbar durch Gesetz (Legalenteignung) oder auf Grund eines Gesetzes durch Verwaltungsakt vorgenommen werden (GG Art. 14 III 2).[2]

Ein allgemeines bundesrechtliches Enteignungsgesetz fehlt, da das allgemeine Enteignungsrecht in die Gesetzgebungskompetenz der Länder fällt. In den Ländern gelten unter dem Vorrang von GG Art. 14 III ältere Enteignungsgesetze fort, so in ehemals preußischen Gebieten das preußische Enteignungsgesetz vom 11. 6. 1874, ergänzt durch Gesetz vom 26. 7. 1922, in Bayern das Gesetz vom 17. 11. 1837, in Württemberg das Gesetz vom 20. 12. 1888 usw. Nur auf Sachgebieten der ausschließlichen oder konkurrierenden Gesetzgebungskompetenz des Bundes sind spezielle bundesrechtliche Enteignungsgesetze möglich.

Enteignungstatbestände finden sich insbesondere im Baurecht (z. B. § 85 I Ziff. 1 und 2 Bundesbaugesetz), aber auch im Agrarrecht (z. B. im Flurbereinigungsgesetz oder im Grundstückverkehrsgesetz), in den Straßengesetzen von Bund und Ländern sowie in verschiedenen anderen Rechtsgebieten (z. B. Landesverteidigung, Luftschutz, Wasser- und Energiewirtschaft).

Im erheblichen Umfang ist die Möglichkeit der Enteignung auch im Rahmen der sog. „einfachen" Notstandsgesetze (Wassersicherstellungsgesetz, Wirtschaftssicherstellungsgesetz, Verkehrssicherstellungsgesetz, Ernährungssicherstellungsgesetz) vorgesehen.

γ) Das Gesetz, das die Enteignung enthält, muß Art und Maß der Entschädigung regeln (sog. Junktim zwischen Enteignung und Entschädigung). Sie ist unter gerechter Abwägung der Interessen der Allgemeinheit und der Beteiligten zu bestimmen. Mit dieser Umschreibung verlangt das Grundgesetz vollen Wertersatz.[3] Erfolgt ein Eingriff ohne gesetzliche Grundlage, so liegt ein enteignungsgleicher Eingriff vor, der ebenfalls eine Entschädigung zur Folge hat.

2. Öffentlich-rechtliche Eigentumsbeschränkungen

Zahlreicher als die Enteignungstatbestände sind die gesetzlich geregelten Eigentumsbeschränkungen. Sie stützen sich auf GG Art. 14 I 2 (soziale Gebundenheit des Eigentums). Eine Entschädigung ist für sie verfassungsrechtlich nicht vorgeschrieben. Dennoch finden sich ge-

---

[1] Vgl. BVerfG 4, 240; 18, 397; BGH 15, 20.

[2] Zu den Grenzen der Legalenteignung vgl. BVerfG, NJW 1969, 309.

[3] Vgl. dazu BGH 6, 254; 11, 167.

setzliche Bestimmungen, die auch bei Eigentumsbeschränkungen Entschädigung gewähren.

Eigentumsbeschränkungen betreffen häufig den rechtsgeschäftlichen Verkehr, indem sie Genehmigungspflichtigen begründen, oder vor allem die Gestaltungsfreiheit des Eigentümers, indem sie ihn zu einem Dulden, Unterlassen oder manchmal auch zu einem Handeln zwingen.

Gesetzliche Grundlagen finden sich häufig im Bauplanungs- und Bauordnungsrecht (vgl. das Bundesbaugesetz und die Bauordnungen der Länder), im Agrarrecht (z. B. Grundstückverkehrsgesetz, Flurbereinigungsgesetz), in den Straßengesetzen von Bund und Ländern, auf dem Gebiet des Natur-, Landschafts- und Denkmalschutzes sowie in anderen Bereichen des Wirtschafts- und Sozialrechts.

Schließlich ergeben sich aus einer ganzen Reihe der sog. „einfachen" Notstandsgesetze (s. o. bei den Enteignungstatbeständen) umfangreiche Eigentumsbeschränkungen für den Fall des Notstandes.

IV. Der heutige Eigentumsbegriff

Überblickt man die zahlreichen und einschneidenden Beschränkungen, denen das Eigentum, besonders am Boden, unterworfen ist, so kann man nur zu der Erkenntnis kommen, daß die Formulierung des § 903 sachlich irreführend ist. Die gesetzlichen Einschränkungen haben, wie wir gesehen haben, an Umfang und Bedeutung so zugenommen, daß sie auf großen Gebieten fast wichtiger geworden sind als die Befugnisse, die dem Eigentümer verblieben sind.

Aber auch die gesamte Auffassung vom Eigentum als bloßem Recht wird problematisch. Die Frage ist nicht mehr zu umgehen: Handelt es sich bei allen Einschränkungen wirklich nur um Ausnahmen, die den Kern des Eigentums und seine grundsätzliche Beurteilung nicht berühren, oder um Schranken, die dem Eigentum seinem Wesen nach und daher begrifflich innewohnen.

Es ist ja nichts Seltenes, daß in einer Rechtsstellung Rechte und Pflichten untrennbar miteinander verbunden sind. Man kann dann die Pflichten weder theoretisch noch praktisch als Einschränkungen des Rechtes bezeichnen. So begreift die elterliche Gewalt eine ganze Reihe wichtiger Pflichten in sich; erst im Zusammenhalt der Befugnisse mit diesen Pflichten ergibt sich das Wesen der elterlichen Gewalt. Die Befugnisse sind nur gewährt, um den Pflichten gerecht werden zu können; bei der Sorge für Person und Vermögen des Kindes ist die Pflicht das Primäre, die Befugnis nur Mittel zum Zweck. Es würde dem Wesen solcher Rechtsstellungen nicht entsprechen, wenn man in ihnen begrifflich unumschränkte Rechte sähe, die nur durch einige Ausnahmen in Gestalt von Pflichten eingeschränkt würden.

Nichts hindert uns nun, auch rein vom rechtlichen Gesichtspunkt aus das Eigentum als einen Inbegriff von Rechten und Pflichten aufzufassen[1]. Tut man dies aber, so stellen gewisse Pflichten des Eigen-

[1] Gegen eine solche Auffassung des Eigentums wendet sich E. Wolf, S. 80ff. Er hält das Eigentum für ein inhaltlich unbeschränktes Recht zur Sachherrschaft; Beschränkungen des Eigentums sollen vom Begriff des Eigentums nicht mitumfaßt werden.

tümers nicht bloße Ausnahmen und Einschränkungen seines Rechtes dar, sondern sie gehören zum wesentlichen Inhalt des Eigentums. Solche rechtliche Auffassung steht im Einklang mit der sozialen und ethischen Auffassung des Eigentums, wie sie besonders auch die christlichen Kirchen in der Vergangenheit wie in der Gegenwart vertreten. Sie haben niemals die Schrankenlosigkeit des Eigentums anerkannt, sondern stets die mit ihm notwendig verbundenen Pflichten betont. Aber auch der Sozialismus und der Gedanke des sozialen Rechtsstaats beeinflußten die Entwicklung. Ihren Ausdruck fand sie im GG Art. 14 II: Der Eigentümer hat die Pflicht zur sozial sachgemäßen Rechtsausübung.

Wird die rechtliche Ausprägung des Eigentums der sozialen und ethischen Auffassung stärker angenähert, so läßt sich der Kampf für die Erhaltung des Privateigentums auf höherer Ebene und mit besseren Aussichten führen, als wenn man die Schrankenlosigkeit des Eigentumsbegriffs verteidigt. Ein sozial gebundenes Privateigentum hat die Zukunft in einer freien Welt für sich. Man darf aber diesen Gedanken von Pflichten des Eigentümers nicht übertreiben und zu der Auffassung steigern, das Eigentum sei ein von der Allgemeinheit verliehenes Amt. Er wird bei den meisten beweglichen Sachen, besonders denen von kurzer Lebensdauer, zur Lächerlichkeit herabgewürdigt. Eine Verantwortung gegenüber der Allgemeinheit, wie sie die Auffassung als Amt mit sich bringt, bedeutet das Ende der freien Betätigung des Menschen auf weiten Gebieten und führt am Ende zu einer Abschwächung der Verantwortung des Einzelmenschen und schließlich zur Allmacht des Staates.

§ 25. Das Nachbarrecht

Literatur: Baur, Die ideelle Immission, Gedächtnisschrift für Michelakis, 1972, S. 59; Böhmer, Gefahrengemeinschaft von Grundstücksnachbarn – eine Fehlkonstruktion, MDR 1959, 261; Buch, Der Notweg, 1919; Ebel, Überbau und Eigentum, AcP 141, 183; Eichler, Der unentschuldigte Überbau, JuS 1965, 479; Forkel, Immissionsschutz und Persönlichkeitsrecht, 1968; Gollnick, Eigentum am Überbau, AcP 157, 460; Heiseke, Das nachbarrechtliche Gemeinschaftsverhältnis und § 278 BGB, MDR 1961, 461; Herschel, Zur Neugestaltung des Immissionsrechts, JZ 1959, 76; Hodes, Bauen unter Inanspruchnahme fremden Eigentums, NJW 1964, 2382; Klein, Immissionsschutzrecht, 1968; Kleindienst, Der privatrechtliche Immissionsschutz nach § 906 BGB, 1964; ders., Geldausgleich für Beeinträchtigungen durch Verkehrslärm, NJW 1968, 1953; Klempt, Eigentumsverhältnisse bei nicht entschuldigtem Überbau, JZ 1969, 223; Meisner-Ring, Nachbarrecht in Bayern, 6. Aufl., 1972; Meisner-Stern-Hodes, Das Nachbarrecht, 4. Aufl., 1964; Mühl, Grundlagen und Grenzen des nachbarlichen Gemeinschaftsverhältnisses, NJW 1960, 1133; Pleyer, § 1004 BGB und das „nachbarliche Gemeinschaftsverhältnis“, JZ 1959, 305; Ruhwedel, Fluglärm und Schadensausgleich im Zivilrecht, NJW 1971, 641; Westermann, Welche gesetzlichen Maßnahmen zur Luftreinhaltung und zur Verbesserung des Nachbarrechts sind erforderlich? 1958; ders., Die Funktion des Nachbarrechts, Festschrift für Larenz, 1973, S. 1003; Wolf, Der Bau auf fremdem Boden, 1960.

I. Allgemeines

Das beliebige Verfahren des Eigentümers mit seiner Sache hat leicht Einwirkungen auf eine andere Sache zur Folge, wenn es sich um benachbarte Grundstücke handelt. Solche Einwirkungen könnten nun wieder

Nachbareigentümer abwehren und verbieten. Daraus entstünde aber ein Widerstreit zwischen den positiven Befugnissen des einen und den negativen Befugnissen des anderen Eigentümers, und eine volle Ausübung des Eigentums beider erwiese sich als unmöglich. Ein Ausgleich muß daher gefunden werden. Er führt zu einer Beschränkung des Eigentums an beiden Grundstücken; das freie Verfahren mit dem eigenen Grundstück wird eingeschränkt, aber auch das Recht, jede fremde Einwirkung auszuschließen. Die Nachbarlage der Grundstücke erzwingt eben ein gegenseitiges Nachgeben, kein Eigentümer darf sein Recht so ausüben, als ob sein Grundstück allein auf der Welt wäre. Da solche tatsächlichen Verhältnisse immer berücksichtigt werden müssen, sind die daraus gezogenen rechtlichen Folgerungen, die man zusammenfassend als Nachbarrecht bezeichnet, sehr alter Herkunft. Sie sind nur jeweils den veränderten Umständen, wie sie sich aus technischen Umgestaltungen ergeben, anzupassen. Besonders die Entwicklung der modernen Industrie stellte die Rechtsordnung vor neue Aufgaben. Es handelt sich nun auch um die Frage, ob das eigene Interesse am ungestörten Eigentum oder das Interesse am Gewerbe, Betrieb, Beruf des anderen vorgehen soll.

II. Immissionsrecht

Die wichtigste Einschränkung des Eigentums im Interesse der nachbarlichen Gemeinschaft ist die Regelung der Immissionen in § 906.

1. Begriff

Es handelt sich um Einwirkungen, die von einem anderen Grundstück ausgehen. Als Beispiele nennt das Gesetz selbst die Zuführung von Gasen, Dämpfen, Gerüchen, Rauch, Ruß, Wärme, Geräuschen, Erschütterungen. Ihnen sind noch anzureihen elektrische Ströme, Lichtreflexe (z. B. von Reklamebeleuchtung), Funken (z. B. von Lokomotiven). Nicht hierunter fällt die Zuführung von Flüssigkeiten (der Ab- und Zulauf des Wassers unterliegt dem Wasserrecht), von festen Körpern (z. B. Steinen),[1] von Tieren. In diesen Fällen hat der Eigentümer ohne Einschränkung die Ansprüche aus § 1004. Dagegen fällt der Bienenflug unter § 906.[2]

Es ist nicht notwendig, daß die Grundstücke unmittelbar aneinanderstoßen, die Einwirkung kann auch von einem ferner gelegenen Grundstück ausgehen. Die schwersten Schädigungen gehen oft von weiter abgelegenen Grundstücken aus, so von einer Fabrik durch giftige Gase oder Dämpfe, Verunreinigung von Wasserläufen usw.

§ 906 dient grundsätzlich auch dem Schutz gegen ideelle Immissionen;[3] jedoch ist für jede Art des Empfindens und Fühlens die Schutzwürdigkeit besonders zu prüfen.[4] Diese ist bei das sittliche Empfinden be-

---

[1] Vgl. BGH 28, 225, BGH, NJW 1972, 724.
[2] Vgl. BGH 16, 366.
[3] Vgl. Heck, § 50, 7a; Soergel-Baur, § 906 Rdnr. 19.
[4] Forkel, aaO, S. 39.

rührenden Einwirkungen (Bordellbetrieb) eher zu bejahen[1] als bei Beeinträchtigungen des ästhetischen Empfindens.[2]

Die Einwirkung muß bereits vorhanden, nicht erst zu erwarten sein. Bei Anlagen, von denen unzulässige Einwirkungen sicher zu erwarten sind, greift § 907 vorbeugend ein.

2. Zulässigkeit

Grundsätzlich sind alle solche Immissionen unzulässig. Sie sind aber ausnahmsweise in zwei Fällen zulässig (es sei denn, daß die Zuführung durch eine besondere Leitung erfolgt, § 906 III):

a) wenn die Einwirkung die Benutzung des Grundstücks nicht oder nur unwesentlich beeinträchtigt (§ 906 I);

b) wenn eine wesentliche Beeinträchtigung durch eine ortsübliche Benutzung des anderen Grundstücks herbeigeführt wird und nicht durch Maßnahmen verhindert werden kann, die Benutzern dieser Art wirtschaftlich zumutbar sind (vgl. § 906 II 1).

Zu a): Es entscheidet nicht das persönliche Belieben des Eigentümers, sondern die Zweckbestimmung des betreffenden Grundstücks, z. B. ob Wohnhaus, Krankenhaus, Gewerbebetrieb. Durch ein lautes Tanzlokal kann ein Fabrikgrundstück kaum beeinträchtigt werden, ein Krankenhaus in hohem Maß. Ob die störenden Einwirkungen schon vorgekommen sind, bevor das Grundstück dem neuen Zweck gewidmet wurde, ist unerheblich. Wird z. B. auf einem Grundstück ein Wohnhaus oder eine Klinik neu errichtet, können Einwirkungen, die vorher jahrelang zulässig waren, unzulässig werden.

Zu b): Für die Frage der Ortsüblichkeit kommt es darauf an, ob man einen räumlich genau abgegrenzten Bezirk feststellen kann, z. B. ein Wohn- oder ein Fabrikviertel;[3] danach kann das Maß der zulässigen Einwirkung bestimmt werden. Das Maß der zulässigen Einwirkungen ist also verschieden in Stadt und Land (z. B. Stallgerüche), in Fabrik- und Wohnvierteln, Stadtzentrum und Siedlung (Lichtreklame, Verkehrsgeräusche).[4] Entscheidend ist die tatsächliche allgemeine Übung und Anschauung der Bevölkerung in dem Vergleichsgebiet.[5] Der Maßstab kann sich mit der Zeit ändern, indem z. B. in bisher landwirtschaftlicher Gegend ein großes Industriewerk entsteht oder aus einem Wohn- ein Geschäftsviertel wird wie in den Zentren der Großstädte. Es gibt kein Vorrecht für die ältere Benutzungsart.[6] Andererseits können durch Änderung der Größe und Eigenart eines Betriebs Immissionen, die bisher ortsüblich waren, ortsunüblich werden.[7]

---

[1] A. A. RG 57, 239; 76, 130.

[2] Im Ergebnis richtig BGH, NJW 1970, 1541 und BGH, JZ 1969, 431 mit abl. Anm. Baur (Lagerung von Baumaterial).

[3] Vgl. RG 133, 152 und 342, RG 160, 382, BGH 15, 146.

[4] Zu letzteren vgl. BGH, NJW 1971, 94.

[5] BGH, NJW 1962, 2342.

[6] BGH 15, 146.

[7] BGH 48, 31.

Bei ortsüblichen, wesentlichen Beeinträchtigungen muß der Beeinträchtigende Maßnahmen zur Verhinderung der Immissionen treffen, wenn sie ihm wirtschaftlich zumutbar sind. Nur bei wirtschaftlicher Unzumutbarkeit solcher Maßnahmen muß der Eigentümer eines Grundstückes ortsübliche, wesentliche Beeinträchtigungen dulden. Er hat aber einen Anspruch auf einen angemessenen Ausgleich in Geld, wenn die zu duldende Beeinträchtigung die ortsübliche Benutzung seines Grundstücks oder dessen Ertrag über das zumutbare Maß beeinträchtigt (§ 906 II 2). Für diesen Ausgleichsanspruch kann schon schwere Beeinträchtigung des wirtschaftlichen Fortkommens genügen.[1] Die heutige Fassung des § 906 II 2 ist bereits durch die Rechtsprechung des Reichsgerichts vorbereitet worden.[2]

3. Unterlassungsanspruch bei unzulässigen Immissionen

Sind die Immisionen unzulässig, so hat der Eigentümer des Grundstücks, auf das sie einwirken, einen Anspruch nach § 1004 (vgl. u. § 46). Die Beweislast dafür, daß ein Fall gegeben ist, in welchem die Immission zulässig ist, trifft den Beklagten. Der Antrag der Klage geht auf Beseitigung der Störung, evtl. auf Unterlassung (vgl. u. § 46 II).

4. Pflicht zur Duldung unzulässiger Immissionen

Einschränkungen unterliegt dieser Unterlassungsanspruch gegenüber genehmigten Anlagen (BImSchG § 14). Diese Vorschrift lautet:

„Auf Grund privatrechtlicher, nicht auf besonderen Titeln beruhender Ansprüche zur Abwehr benachteiligender Einwirkungen von einem Grundstück auf ein benachbartes Grundstück kann nicht die Einstellung des Betriebs einer Anlage verlangt werden, deren Genehmigung unanfechtbar ist; es können nur Vorkehrungen verlangt werden, die die benachteiligenden Wirkungen ausschließen. Soweit solche Vorkehrungen nach dem Stand der Technik nicht durchführbar oder wirtschaftlich nicht vertretbar sind, kann lediglich Schadensersatz verlangt werden."

Hier kann bei unzulässigen Immissionen nicht auf Einstellung des Betriebs der Anlage geklagt werden, sondern nur auf Herstellung von Einrichtungen, welche die Einwirkung ausschließen, oder, wenn sie technisch nicht durchfürbar oder wirtschaftlich nicht vertretbar sind, auf Schadensersatz. Der Gesichtspunkt für diese Regelung ist folgender: Das öffentliche Interesse am lebenswichtigen Betrieb geht dem Interesse des einzelnen Eigentümers an Freiheit von Einwirkungen vor. Der Unterschied zur Regelung des § 906 II besteht heute vor allem darin, daß bei genehmigten Anlagen wesentliche Beeinträchtigungen auch geduldet werden müssen, wenn sie nicht ortsüblich sind.

§ 14 BImSchG entspricht im wesentlichen dem früheren § 26 GewO. Diese Regelung der Gewerbeordnung ist der Ausgangspunkt für eine Reihe von Eingriffen in das Eigentum im öffentlichen Interesse geworden. Vgl. z. B. Gesetz über die Beschränkung der Nachbarrechte gegenüber Betrieben, die für die Volksertüchtigung von besonderer Bedeutung sind (Sportplatzgesetz) vom 13. 12. 1933 (RGBl. I 1058), ferner das Gesetz vom 18. 10. 1935 (RGBl. I 1247) betreffend An-

[1] Vgl. BGH 30, 273.

[2] Vgl. vor allem RG 154, 161 (Fall Gutehoffnungshütte).

stalten und Einrichtungen, die für die Volksgesundheit von besonderer Bedeutung sind. Freilich sehen diese Gesetze – im Gegensatz zum früheren § 26 GewO und zum heutigen § 14 BImSchG – eine Entschädigung nur im Weg einer Kannvorschrift vor, was heute als Verstoß gegen GG Art. 14 III angesehen wird.[1]

Darüberhinaus besteht bei wesentlichen, nicht ortsüblichen Beeinträchtigungen, für die ein Abwehranspruch nicht besteht, ein allgemeiner bürgerlich-rechtlicher Aufopferungsanspruch, der zwar in der Neufassung des § 906 keine Regelung erfahren hat, der aber – wenn man ihn nicht sogar schon als Gewohnheitsrechtssatz betrachten will – im Wege der Analogie aus den gesetzlich geregelten Fällen der §§ 904, 906 und § 14 BImSchG herzuleiten ist. Er hat zur Voraussetzung, daß die Beeinträchtigung durch privatrechtliche Benutzung (einschließlich nicht hoheitlicher Tätigkeit der öffentlichen Hand) des Grundstücks verursacht ist.[2] Sofern die schädigenden Einwirkungen auf hoheitlicher Betätigung beruhen, kann sich eine Ersatzpflicht aus Enteignung oder enteignungsgleichem Eingriff ergeben.[3]

5. Reform des Immissionsschutzrechts

Die Entwicklung der Technik hat in unserer Zeit zu einer gefährlichen Vermehrung der Immissionen geführt. Ihre Wirkung erstreckt sich bisweilen auf Zonen von 20–30 km Ausdehnung. Diese Tatsache zeigt, daß das Nachbarrecht nicht mehr ausreicht, die mit den Immissionen zusammenhängenden Probleme zu lösen. Abhilfe schaffen soll das Bundesimmissionsschutzgesetz (BImSchG) vom 15. 3. 1974 (BGBl. I 721).

III. Ansprüche vorbeugender Natur

Die aus Immissionen hervorgehenden Ansprüche werden durch solche vorbeugender Natur ergänzt.

1. § 907 gibt einen solchen dem Eigentümer gegen Anlagen, von denen eine unzulässige Einwirkung mit Sicherheit zu erwarten ist (z. B. Ställe, Dunggruben, Schornsteine). Der Anspruch richtet sich auf Unterlassung der Einrichtung, später auf Beseitigung.

2. Droht einem Grundstück die Gefahr, daß es durch den Einsturz eines Gebäudes auf einem Nachbargrundstück beschädigt wird, kann der Eigentümer von demjenigen, der nach §§ 836 I, 837, 838 für den eintretenden Schaden verantwortlich sein würde, verlangen, daß er die zur Abwendung der Gefahr erforderlichen Vorkehrungen trifft (§ 908). Die Bedeutung dieses Anspruchs wird aber bei allen größeren Bauten durch das wohl eher erfolgende Eingreifen der Bauaufsichtsbehörden sehr vermindert.

3. Die Vertiefung eines Grundstücks darf nicht so erfolgen, daß der Boden des Nachbargrundstücks seine Stützen verliert (§ 909).[4]

Für Schäden, die durch Vertiefung entstehen, haftet der Eigentümer nach der Rechtsprechung des BGH, wenn er sich Dritter bedient, nach Maßgabe des § 831 BGB, nicht nach § 278 BGB;[5] vgl. auch unten IX.[6]

4. Vorbeugenden Charakter haben auch die landesrechtlichen Vorschriften über den Abstand von Gebäuden von den Grundstücksgrenzen (Zwischenraumsrecht) sowie das Licht- und Fensterrecht (EGBGB Art. 124); es ergänzt die sonstigen Abstandsvorschriften, indem es für einen Neubau einen Abstand von den Fenstern eines Nachbargrundstücks vorschreibt. Die neueren baupolizeilichen Vorschriften machen diese Regeln in den meisten Fällen überflüssig.

---

[1] So Palandt-Degenhart, § 906 Anm. 5b, ee.

[2] BGH 16, 374; BGH, JZ 1968, 64ff. mit Anm. von Hubmann.

[3] BGH, NJW 1971, 94.

[4] Interessante Fälle der Vertiefung behandeln z. B. RG 167, 14; BGH 44, 130; BGH, NJW 1971, 935.

[5] So BGH, NJW 1960, 335 und 1965, 389; a. A. mit Recht Westermann, § 63 IV 2.

[6] Zu den eigenen Pflichten des Bauherrn vgl. BGH, NJW 1969, 2140.

IV. Überhang und Überfall

Kleinigkeiten, die aber unter Nachbarn leicht Gegenstand von Streitigkeiten werden können, werden durch das Recht des Überhangs und Überfalls geordnet (§§ 910–911). Das erstere gewährt ein beschränktes Selbsthilferecht.[1] § 911 stellt eine Abweichung von der Regel des § 935 dar und macht den Eigentümer des Nachbargrundstücks zum Eigentümer der Früchte, die darauf fallen.

V. Überbau

1. Der entschuldigte Überbau

Größere Bedeutung hat die Regelung des Überbaus. Der Tatbestand ist folgender: Ein Grundstückseigentümer hat bei Errichtung eines Gebäudes über die Grenze gebaut, so daß ein Teil desselben auf dem Nachbargrundstück steht (§ 912). An sich würde der Eigentümer des überbauten Nachbargrundstücks wegen Entziehung oder Störung seines Besitzes die Beseitigung des Gebäudes verlangen können. Er muß es aber dulden unter zwei Voraussetzungen:

a) Der Überbauende hat ohne Vorsatz oder grobe Fahrlässigkeit gehandelt,

b) der Nachbar hat weder vor noch sofort nach der Grenzüberschreitung Widerspruch[2] erhoben (ob er Kenntnis von ihr hatte, ist gleichgültig).

Die Erlaubnis bindet zwar einen Rechtsnachfolger nicht, schließt aber Vorsatz und Fahrlässigkeit des Überbauenden aus.

Als Überbau gilt auch ein Keller oder ein Hinüberragen eines Baues in den benachbarten Luftraum (Erker, Balkon).

Ein Überbau durch andere Personen als den Eigentümer, z. B. einen Pächter, unterliegt den Vorschriften des § 912 nur, wenn der Eigentümer ihn genehmigt hat.[3]

Nach der Auffassung des BGH muß sich der Bauherr ein Verschulden des Architekten in analoger Anwendung des § 166 zurechnen lassen.[4] Bejaht man dagegen grundsätzlich ein nachbarliches Gemeinschaftsverhältnis, so käme eine Zurechnung nach § 278 in Betracht; s. u. IX.

Der zu duldende Überbau fällt ins Eigentum des Erbauers, nicht in das des Nachbarn, entgegen § 94, aber in Analogie zu § 95[5]; das Eigentum am überbauten Grundstücksteil verbleibt dem Grundstückseigentümer. Die Duldungspflicht wirkt als Beschränkung des Eigentums wie eine Grunddienstbarkeit, ist aber nicht eintragungsfähig. Als Ausgleich gewährt § 912 II ein Recht auf Entschädigung durch eine Geldrente. Es ist aktiv dinglich (§ 913 I), nicht eintragungsfähig und wirkt daher ohne Eintragung gegen jedermann, auch gegen gutgläubige Erwerber des belasteten Grundstücks (§ 914 II). Es geht allen Rechten am belasteten Grundstück, auch den älteren, vor (§ 914 I).

Statt der Rente kann der Eigentümer des überbauten Grundstücks jederzeit Wertersatz gegen Übertragung des Eigentums am überbauten Teil des Grundstücks verlangen, Recht auf Grundabnahme (§ 915), wobei die Grundsätze des Kaufes gelten (z. B. §§ 434, 449). Die Ausübung dieses Rechts erfolgt aber durch einseitige Erklärung.

---

[1] Zur Abgrenzung von § 910 und § 1004 vgl. BayObLG 1968, 76.

[2] Zum Widerspruch vgl. BGH, NJW 1972, 1750.

[3] BGH 15, 216.

[4] BGH 42, 63.

[5] BGH 27, 197.

Der Sinn dieser Regelung ist die Erhaltung des Gebäudes als eines volkswirtschaftlichen Wertes gegenüber dem viel kleineren und ausgeglichenen Schaden des Eigentümers des überbauten Grundstücks.

Man kann sich leicht vorstellen, daß z. B. bei einem Überbau um nur $^1/_2$ m ein Gebäude von großem Wert abgerissen werden müßte, weil gerade die eine Hausmauer auf dem fremden Grundstück steht, während die Entziehung des schmalen Streifens den Eigentümer des überbauten Grundstücks nur wenig schädigen kann. Die Regelung ist daher durchaus vernünftig.

Diese Betrachtung führt dazu, die §§ 912ff. auch dann anzuwenden, wenn der Überbau zu einer Zeit erfolgt ist, als beide Grundstücke sich in einer Hand befanden, das Problem aber auftaucht, sobald das Eigentum an beiden Grundstücken sich trennt. Wenn auch die Unterlassung eines Widerspruchs hier praktisch nicht in Frage kommt, so muß doch der Gesichtspunkt der Werterhaltung durchgreifen, zumal hier Versehen des bauenden Eigentümers leichter vorkommen können.[1]

2. Der unentschuldigte Überbau

Hat der Überbauende vorsätzlich oder grob fahrlässig gehandelt oder hat der Nachbar vor oder sofort nach dem Überbau Widerspruch erhoben, so spricht man von unentschuldigtem Überbau. Bei unentschuldigtem Überbau wird das Eigentum am Gebäude gemäß der Grenzlinie der bebauten Grundstücke geteilt.[2]

Etwaige Ausgleichsansprüche des Überbauenden beurteilen sich, falls der Überbauende nichtrechtmäßiger Besitzer des Grundstücks ist, nach den Vorschriften über das Eigentümer-Besitzer-Verhältnis, andernfalls nach den Regeln des zwischen dem Eigentümer und dem Besitzer bestehenden Rechtsverhältnisses.

Die Vorschriften über den Überbau können durch eine vertragliche Vereinbarung abweichend geregelt werden.[3]

VI. Notweg

Geringere Bedeutung hat der Notweg (§ 917), weil die meisten Grundstücke eine Verbindung zu einem öffentlichen Weg haben. Das Recht auf den Notweg hat nämlich zur Voraussetzung, daß dem Grundstück die zur ordnungsmäßigen Benutzung notwendige Verbindung mit einem öffentlichen Weg fehlt (ob Fuß- oder Fahrweg erforderlich, richtet sich nach den Umständen) oder daß die vorhandene Verbindung für eine ordnungsmäßige Benutzung nicht ausreicht.[4] Der Eigentümer darf aber nicht selbst durch eigene willkürliche Handlung die Verbindung mit einem öffentlichen Weg aufgehoben haben (§ 918; z. B. durch Beseitigung eines Steges, Aufgabe eines Wegerechts); solches Verhalten stellt eine Art Verschulden gegen sich selbst dar. Der Eigentümer kann verlangen, daß die Nachbarn bis zur Behebung des Mangels die Benutzung ihrer Grundstücke zur Herstellung der erforderlichen Verbindung dulden. Ist die Richtung des Notwegs von vornherein eindeutig bestimmt (z. B. weil über ein bestimmtes Grundstück die weitaus kürzeste Verbindung herzustellen oder ein Privatweg dort schon vorhanden ist), so kommt nur dieses eine Grundstück als belastet in Frage. Sonst muß der Notweg durch Urteil bestimmt werden; insoweit ist das Urteil gestaltender Natur.

Das Notwegrecht ist nicht eintragungsbedürftig, ist daher ohne Rücksicht auf den guten Glauben gegen jeden Erwerber des belasteten Grundstücks wirksam.

Auch hier wird der belastete Nachbar durch eine Geldrente entschädigt. Schuldner ist immer der Eigentümer, auch wenn das Grundstück verpachtet ist.[5]

---

[1] Vgl. dazu RG 160, 170, Westermann, § 64 IV.
[2] BGH 27, 204 und 41, 157; aber str.
[3] BGH, NJW 1971, 426.
[4] Vgl. BGH, NJW 1954, 1321 und 1964, 1321.
[5] BGH, NJW 1963, 1917.

Nach BGH, NJW 1960, 93 kann ein Notwegrecht auch zum Inhalt haben, daß der Nachbar die Verlegung eines unterirdischen Abwasserkanals durch sein Grundstück dulden muß.

Wer zur Einräumung eines Notwegs verpflichtet ist, braucht nicht zu dulden, daß auf seinem Grund und Boden Fahrzeuge entladen werden.[1]

VII. Grenzverhältnisse

Auch diese Vorschriften haben keine sonderliche praktische Bedeutung, weil die Grenzmarkierung in der Regel schon ohnehin sorgfältig durchgeführt ist.

1. Sollten Grenzzeichen fehlen, verrückt worden (nicht verrückt geworden sein, wie § 919 sagt!) oder unkenntlich geworden sein, so kann der Eigentümer vom Nachbarn verlangen, daß dieser bei der Wiederherstellung oder Errichtung mitwirkt (§ 919). Vorausgesetzt wird, daß die Grenze selbst unstreitig ist.

2. Ist die Grenze selbst streitig – Grenzverwirrung –, so kann jeder Eigentümer durch Klage gegen den Nachbarn verlangen, daß die Grenze durch Urteil festgelegt wird (§ 920). Auszugehen ist von dem festgestellten Besitzstand – andernfalls ist der streitige Streifen zu teilen; letzten Endes entscheidet die Billigkeit unter Berücksichtigung aller Umstände des einzelnen Falles. Das Urteil hat gestaltenden Charakter und begründet ohne Auflassung das Eigentum an dem zuerkannten Streifen. Diese Regelung tritt aber nur dann ein, wenn die Eigentumsverhältnisse sich nicht feststellen lassen, die richtige Grenze also nicht ermittelt werden kann (Abweichung von der sonst gegebenen Beweislast für bestimmte Grenze).[2]

3. Grenzeinrichtungen wie Mauern, Zäune, Hecken, Gräben sind in der Regel für gemeinschaftliche Benutzung beider Eigentümer bestimmt, daher wird die gemeinschaftliche Berechtigung zur Benutzung vermutet, wenn nicht äußere Merkmale darauf hinweisen, daß die Einrichtung einem Nachbarn allein gehört (§ 921). Vorausgesetzt ist, daß die Einrichtung auf der Grenze steht, daher der Teil, der auf dem Grundstück des Nachbarn steht, sein Eigentum ist. Das gemeinschaftliche Benutzungsrecht (§ 922) soll die aus diesem Miteigentum sich sonst ergebenden Schwierigkeiten beseitigen. Für den auf der Grenze stehenden Baum vgl. § 923.[3]

VIII. Unverjährbarkeit von nachbarrechtlichen Ansprüchen

Die Ansprüche aus dem Nachbarrecht auf Unterlassung der Errichtung gefährlicher Anlagen (§ 907), auf Schutzmaßnahmen gegen den drohenden Einsturz eines Gebäudes (§ 908), auf Unterlassung von Vertiefungen, die dem Grundstück die erforderliche Stütze entziehen (§ 909), auf Kauf des überbauten Grundstückteils durch den Überbauenden (§ 915), auf Duldung eines Notwegs (§ 917 I), auf Mitwirkung bei der Errichtung oder Wiederherstellung von Grenzzeichen (§ 919) und auf Klarstellung bei Grenzverwirrung (§ 920) sind unverjährbar (§ 924).

IX. Das nachbarliche Gemeinschaftsverhältnis

In erster Linie werden die Rechte und Pflichten von Grundstücksnachbarn durch die nachbarrechtlichen Vorschriften geregelt. Nach der Rechtsprechung des Reichsgerichts[4] und auch des Bundesgerichtshofs erfordert der gerechte Ausgleich widerstreitender Belange in manchen Fällen ein Hinausgehen über die gesetzliche Regelung. Freilich muß es sich um aus zwingenden Gründen gebotene Ausnahmen handeln. Der Bundesgerichtshof stützt sich dabei auf § 242, den er auch auf den besonderen Tatbestand des nachbarlichen Zusammenlebens anwendet.

---

[1] So BGH 31, 159.
[2] Zur Grenzscheidungsklage vgl. BGH, NJW 1965, 37.
[3] Zu den Problemen der halbscheidigen Giebelmauer vgl. Hodes, NJW 1970, 87.
[4] Vgl. u. a. RG 154, 167; 159, 129; 162, 209; 170, 262.

Die einem Grundstückseigentümer seinem Nachbarn gegenüber obliegende Rücksichtnahme kann sich nach der Rechtsprechung des BGH sowohl in einem Dulden oder Unterlassen als auch in einem positiven Handeln auswirken. In BGH 28, 110 hat der Bundesgerichtshof einen Grundstückseigentümer zu einer Geldentschädigung verurteilt, weil dem Nachbarn durch den Zustand eines Bauwerks des Eigentümers besondere Aufwendungen entstanden waren. In BGH 28, 225 hat er einen Eigentümer zur Duldung an sich unzulässiger Einwirkungen (Steinschlag) des Nachbargrundstückes für verpflichtet erklärt. Die Zulässigkeit der Zuführung von unwägbaren Stoffen (Immissionen) beurteilt sich dagegen seit der Neufassung des Gesetzes ausschließlich nach § 906 BGB n. F. Auf die Grundsätze des nachbarlichen Gemeinschaftsverhältnisses kann daneben nicht zurückgegriffen werden.[1] In einem anderen Fall[2] hat der Bundesgerichtshof einen Grundstückseigentümer, der auf seinem Grundstück (hart an der Grenze) einen für den Nachbarn sehr nachteiligen Bau plante, verurteilt, von der schädigenden Benützung seines Grundstücks abzusehen, da bei einer anderen Art der Bebauung die Nachteile vermieden blieben, ohne daß der angestrebte Zweck vereitelt wurde.

Wenn auch das nachbarliche Gemeinschaftsverhältnis als Rechtsinstitut von der wohl überwiegenden Meinung anerkannt ist,[3] so ist doch dessen Inhalt noch nicht genau umrissen. Hierher gehört auch die Frage, ob im Rahmen der nachbarlichen Beziehung § 278 anzuwenden ist.

Beispiel: A läßt auf seinem Grundstück durch den Arbeiter X einen Baum fällen. Durch unvorsichtiges Verhalten des X fällt der Baum auf das Grundstück des Nachbarn B und beschädigt dessen Garage. Muß A nach § 278 haften oder kann er sich nach § 831 entlasten? Man wird wohl eine Haftung nach § 278 bejahen müssen, weil eine Verletzung der aus dem nachbarlichen Gemeinschaftsverhältnis entspringenden Pflichten vorliegt; vgl. oben III 3.[4]

2. Abschnitt.
Erwerb und Verlust des Grundeigentums

§ 26. Die Übereignung von Grundstücken

Literatur: Hesse, Über die Auflassung, ihre Form und die für sie zuständigen Stellen, DR 1940, 1035; Hieber, Die „dingliche Anwartschaft" bei der Grundstücksübereignung, DNotZ 1959, 350; Hoche, Verpfändung und Pfändung des Anspruchs des Grundstückskäufers, NJW 1955, 161; ders., Abtretung und Verpfändung des Anwartschaftsrechts aus der Auflassung, NJW 1955, 652; ders., Pfändung des Anwartschaftsrechts aus der Auflassung, NJW 1955, 931; Kuchinke, Die Rechtsstellung des Auflassungsempfängers als Kreditunterlage und Haftungsobjekt, JZ 1964, 145; Löwisch-Friedrich, Das Anwartschaftsrecht des Auflassungsempfängers und die Sicherung des Eigentümers bei rechtsgrundloser Auflassung, JZ 1972, 302; Walchshöfer, Die Erklärung der Auflassung in einem gerichtlichen Vergleich, NJW 1973, 1103.

---

[1] BGH 38, 61.

[2] BGH, LM Nr. 2 zu § 903 BGB.

[3] Das nachbarliche Gemeinschaftsverhältnis wird u. a. bejaht von Mühl, NJW 1960, 1133; Westermann, § 63 I 2; Erman, § 906, 46; BGH 28, 110; 28, 225. Bedenken dagegen äußern Wolff-Raiser, § 53 I; Baur, § 25 IV 2 e, eeβ; Pleyer, JZ 1959, 305; Böhmer, MDR 1959, 261; E. Wolf, S. 112.

[4] Für die Anwendbarkeit von § 278 sind u. a. Mühl, aaO; Palandt-Heinrichs, § 278, 4 a cc; Westermann, § 63 I 2; gegen die Anwendbarkeit von § 278 BGH 42, 374.

I. Einigung und Eintragung

Grundsätzlich gilt für die Übereignung eines Grundstücks die Regel des § 873, wonach Einigung und Eintragung erforderlich sind. Diese Regel wird durch einige Sondervorschriften ergänzt, weil der Übereignung besondere Bedeutung zukommt.

II. Die Form der Einigung (Auflassung)

Die Einigung, hier Auflassung genannt, ist nicht formlos möglich, sondern muß bei gleichzeitiger Anwesenheit beider Teile vor einem Notar oder in einem gerichtlichen Vergleich[1] erklärt werden (§ 925).

Die formlose Einigung ist also in diesem Fall nicht nur nicht bindend, sondern nichtig (§ 125). Die wirksame Einigung ist hier stets bindend (§ 873 II).

Das Erfordernis gleichzeitiger Anwesenheit beider Teile ist eine Abweichung von den allgemeinen Vorschriften über Verträge. Eine persönliche Anwesenheit ist dagegen nicht erforderlich, vielmehr Vertretung wie sonst zulässig, handelt es sich doch um ein vermögensrechtliches Geschäft. Auch kann bei Verfügungen durch Nichtberechtigte § 185 Anwendung finden.[2]

Die Auflassung bedarf zu ihrer Wirksamkeit keiner Beurkundung,[3] muß aber dem Grundbuchamt in der Form von GBO § 29 nachgewiesen werden.

Die Erklärung des einen Teils kann ersetzt werden durch seine rechtskräftige Verurteilung zur Abgabe der Willenserklärung gemäß ZPO § 894. Der andere Teil muß aber nach Vorlegung des Urteils noch seine eigene Erklärung vor dem Notar abgeben.

III. Auflassung und Kausalgeschäft

Die Auflassung ist von dem Kausalgeschäft, z. B. dem Kauf, scharf zu unterscheiden (vgl. o. 2 IV). Auch wenn sie im Anschluß an den Kauf sogleich vor dem Notar erfolgt, handelt es sich um zwei getrennte Verträge. Durch § 925 a ist vorgeschrieben (Ordnungsvorschrift), daß die Auflassungserklärung nur entgegengenommen werden soll, wenn die Urkunde über das Veräußerungsgeschäft (§ 313) vorgelegt oder gleichzeitig errichtet wird. Hiermit soll gesichert werden, daß die Auflassung nicht ohne wirksames Kausalgeschäft erfolgt. Doch bleibt es bei dem Grundsatz, daß die Wirksamkeit der Auflassung von derjenigen des Kausalgeschäfts nicht abhängt, was wichtig wird, wenn die Unwirksamkeit des beurkundeten Kausalgeschäfts übersehen werden sollte.

IV. Bedingungs- und Befristungsfeindlichkeit der Auflassung

Die Auflassung verträgt keine Bedingung oder Befristung (§ 925 II); eine bedingte oder befristete Auflassung ist also unwirksam. Daher gibt

---

[1] Nach der h. M. kommt nur ein gerichtlicher Vergleich vor einem ordentlichen Gericht in Betracht; a. M. zu Recht Walchshöfer, NJW 1973, 1103.

[2] BGH 19, 138.

[3] Vgl. RG 132, 408, BGH 22, 312; Palandt-Degenhart, § 925 Anm. 3a.

es bei Grundstücken nicht wie bei beweglichen Sachen eine Übertragung mit Eigentumsvorbehalt. Das Grundbuch soll über das Eigentum am Grundstück sichere Auskunft geben; wäre aber bedingte Auflassung möglich, so würde der Eigentumsübergang von Ereignissen abhängig sein, die sich außerhalb des Grundbuchs vollziehen würden und aus ihm nicht zu entnehmen wären.

Die Parteien können aber schuldrechtlich vereinbaren, daß der Antrag auf Eintragung erst später gestellt wird,[1] und bestimmen, daß einem Antrag nur zusammen mit einem anderen stattgegeben werden darf (GBO § 16 II), z. B. die Eintragung des Erwerbers zusammen mit der Eintragung der Restkaufgeldhypothek für den Veräußerer.

V. Reihenfolge von Auflassung und Eintragung

Die Auflassung geht in der Regel der Eintragung voraus und soll dies auch (GBO § 20, bloße Ordnungsvorschrift). Folgt sie erst nach der Eintragung – z. B. weil diese irrtümlich auf Grund Erbfolge vorgenommen worden ist, während es sich um Vermächtnis handelt –, so muß sie inhaltlich mit der Eintragung übereinstimmen, um wirksam zu sein.[2]

VI. Das Anwartschaftsrecht des Auflassungsempfängers

Der Auflassungsempfänger erhält mit der Auflassung (genauer: mit der Stellung des Eintragungsantrags durch den Erwerber) bis zur Eintragung nach der h. M. (vgl. BGH 49, 197) eine dinglich gesicherte Rechtsstellung, ein Anwartschaftsrecht.[3] Dieses Anwartschaftsrecht ist übertragbar, verpfändbar und pfändbar.

1. Inhalt und Übertragung

Die Übertragung des Anwartschaftsrechts bedarf der Form des § 925. Eine Eintragung findet jedoch nicht statt, da ein Anwartschaftsrecht nach h. M. nicht eintragungsfähig ist. Bei der Eintragung des Eigentumsübergangs auf den Erwerber der Anwarschaft ist die Zwischeneintragung des ersten Auflassungsempfängers nicht nötig.[4] Beim Vergleich mit dem Anwartschaftsrecht des Vorbehaltskäufers (vgl. u. § 30 II) zeigen sich wichtige Unterschiede. So gibt es keinen gutgläubigen Erwerb des Anwartschaftsrechts des Auflassungsempfängers, da wegen mangelnder Eintragungsfähigkeit der Rechtsschein fehlt. Der Inhaber des Anwartschaftsrechts wird auch nicht Besitzer des Grundstücks; ihm fehlen daher Abwehr-, insbesondere Besitzschutzrechte gegen Dritte.[5]

2. Verpfändung

Die Verpfändung des Anwartschaftsrechtes ist in der Form der §§ 1274 I, 925 möglich.[6] Eine Anzeige nach § 1280 ist nicht erforderlich.

---

[1] So BGH, NJW 1953, 1301.

[2] Vgl. dazu BGH, NJW 1952, 622; a. M. Westermann, § 76 III 1.

[3] A.M. E. Wolf, S. 265 f., der die Entstehung eines Anwartschaftsrechts verneint. Gegen das Anwartschaftsrecht des Auflassungsempfängers auch Löwisch-Friedrich, JZ 1972, 302.

[4] Vgl. RG 129, 153; 135, 382; Hoche, NJW 1955, 652.

[5] Vgl. hierzu vor allem Raiser, Dingliche Anwartschaften, S. 36, 40ff. und BGH 45, 186 = JZ 1966, 796f. mit Anm. von Kuchinke.

[6] Vgl. BGH 49, 197 = NJW 1968, 493; Hoche, NJW 1955, 653, a. A. Hieber, DNotZ 1959, 353 (formlos).

Als Wirkung der Verpfändung entsteht mit Eintragung des Anwartschaftsberechtigten als Eigentümer eine Sicherungshypothek für den Pfandgläubiger nach § 1287.

3. Pfändung

Bei der Pfändung des Anwartschaftsrechts ist bestritten, ob sie nach ZPO § 848 (Pfändung des Eigentumsverschaffungsanspruchs) oder nach ZPO § 857 erfolgen muß. Gegen die Anwendung des § 848 spricht, daß nach der Auflassung kein Eigentumsübertragungsanspruch mehr besteht und daher ein solcher auch nicht pfändbar ist. Die Pfändung muß daher nach ZPO § 857[1] vorgenommen werden, wobei der Veräußerer Drittschuldner[2] ist. Mit der Zustellung an ihn ist die Pfändung wirksam. Mit Übergang des Eigentums an den Anwartschaftsberechtigten erwirbt der Pfändungsgläubiger in analoger Anwendung von ZPO § 848 II eine Sicherungshypothek am Grundstück.

VII. Genehmigungsbedürftigkeit

Die Auflassung bedarf in vielen Fällen einer behördlichen Genehmigung. Hierüber vgl. o. § 24 III 2 (so z. B. nach dem Grundstückverkehrsgesetz vom 28. 7. 1961 und dem Bundesbaugesetz vom 23. 6. 1960). Bis zu ihrer Erteilung tritt ein Schwebezustand ein.

VIII. Eigentumserwerb am Zubehör

Mit der Auflassung des Grundstücks und der Eintragung des Erwerbers geht das Eigentum am Grundstück mit allen Bestandteilen desselben auf den Erwerber über.

Zugleich aber geht auch das Eigentum am Zubehör, also an beweglichen Sachen, auf den Erwerber über unter der Voraussetzung, daß beide Teile sich darüber einig sind, die Veräußerung des Grundstücks solle sich auf das Zubehör erstrecken – diese Erstreckung wird vermutet – und daß die Zubehörstücke Eigentum des Veräußerers sind (§ 926).

Damit sind die Vorschriften über den Eigentumserwerb an beweglichen Sachen (§§ 929ff., vgl. u. § 29), insbesondere das Erfordernis der Übergabe, ausgeschaltet. Der Erwerber wird also Eigentümer des Zubehörs ohne Besitzerwerb, statt dessen durch Auflassung und Eintragung. Dies bedeutet eine Erleichterung und Beschleunigung seines Erwerbs.

Zubehörstücke, die nicht im Eigentum des Veräußerers stehen, erwirbt der Grundstückserwerber dagegen nur nach den Vorschriften über den Erwerb beweglicher Sachen, also nur bei Besitzerlangung und kraft guten Glaubens (§§ 926 II, 932–936).

Ist das Zubehör mit Rechten Dritter belastet, so erlöschen diese auch erst mit dem Besitzerwerb und bei gutem Glauben des Erwerbers in diesem Zeitpunkt (§§ 926 II, 932–936).

IX. Zum gutgläubigen Erwerb des Eigentums an Grundstücken vgl. o. § 16.

[1] Vgl. BGH 49, 197 und Hoche, NJW 1955, 931.
[2] Nach BGH 49, 205 ist der Veräußerer nicht Drittschuldner.

§ 27. Andere Erwerbsgründe

Literatur: Süss, Durchgangs-Herrenlosigkeit, AcP 151, 1.

I. Eigentumserwerb durch Gesamtnachfolge

Eigentum wird auch erworben im Weg der Gesamtnachfolge, so durch Erbgang, Begründung der ehelichen Gütergemeinschaft, Eintritt in eine Gesellschaft, bei juristischen Personen, wie z. B. Aktiengesellschaften, durch Fusion. Auf alle diese Fälle finden die Vorschriften von §§ 873, 925 keine Anwendung.

II. Eigentumserwerb durch Buchersitzung und Aufgebotsverfahren

Eigentum wird ferner erworben durch Buchersitzung nach § 900, daneben durch Aufgebotsverfahren gemäß § 927.

Voraussetzung ist, daß ein Nichteigentümer das Grundstück 30 Jahre im Eigenbesitz gehabt hat und der wahre Eigentümer nicht im Grundbuch eingetragen ist. Ist er eingetragen, so ist die Verschollenheit oder der Tod des Eigentümers notwendig und außerdem, daß seit 30 Jahren keine Eintragung erfolgt ist, welcher der Eigentümer hätte zustimmen müssen.

Nach dem Ausschlußurteil im Aufgebotsverfahren hat der Eigenbesitzer, da das Grundstück herrenlos geworden ist, das Recht auf Aneignung, kann den Antrag auf seine Eintragung stellen und wird mit ihr Eigentümer. Die Belastungen des Grundstücks bleiben bestehen.

Praktische Bedeutung hat diese Erwerbsart nicht, da ihre Voraussetzungen nur ganz ausnahmsweise gegeben sind.

III. Eigentumserwerb durch hoheitlichen Akt

Größere Bedeutung kommt dem Eigentumserwerb durch hoheitlichen Akt zu, so besonders durch den Zuschlag in der Zwangsversteigerung (ZVG § 90) und im Gefolge der Enteignung (vgl. o. § 24 III 1).

§ 28. Der Verlust des Grundeigentums

Literatur: Bendix, Der sogenannte Verzicht auf das Eigentum an Grundstücken nach bürgerlichem Rechte, Bürgl. Arch. 32, 140; Heinsheimer, Grundstücksverzicht wegen drohender Zwangsversteigerung, BayZ 1910, 85; Walsmann, Verzicht, 1912.

I. Aufgabe des Grundstückseigentums

Der Eigentümer kann sein Eigentum auch an Grundstücken und Häusern jederzeit aufgeben. Während dies bei beweglichen Sachen ein alltäglicher Vorgang ist, gehört die Aufgabe eines Grundstücks zu den Seltenheiten und kommt höchstens in Krisenzeiten vor.

So in der Inflationszeit, als mancher Hausbesitzer nicht mehr in der Lage war, aus den Mieten die Erhaltungskosten für die Häuser zu tragen. Die Überbelastung eines Grundstücks mit Hypotheken bietet dagegen noch keinen Anlaß zur Aufgabe des Eigentums. Denn da die Hypotheken mit Forderungen verbunden sind (vgl. u. § 51), wird der Eigentümer dadurch, daß er sein Eigentum aufgibt, von seinen Schulden nicht befreit; die persönlichen Forderungen gegen ihn gehen nicht unter.

Für die Aufgabe des Grundstückseigentums fordert das BGB eine besondere Form, die Erklärung des Verzichts gegenüber dem Grundbuchamt und die Eintragung des Verzichts in das Grundbuch (§ 928). Die Besitzaufgabe wird praktisch in aller Regel damit verbunden sein, ist aber rechtlich nicht notwendig. Der Verzicht ist eine Verfügung in Gestalt einer einseitigen Willenserklärung. Die Hinzufügung einer Bedingung oder Befristung ist in Analogie zu § 925 und aus den gleichen Erwägungen unzulässig.

Die Wirkung ist die, daß das Grundstück herrenlos wird. Die Belastungen des Grundstücks bleiben bestehen, ebenso die mit dem Eigentum am Grundstück verbundenen Rechte. Auch eine Eigentümergrundschuld (vgl. u. § 59) bleibt erhalten und verwandelt sich in eine normale Fremdgrundschuld.[1]

II. Aneignungsrecht des Fiskus

Zugleich entsteht ein Aneignungsrecht des Fiskus am herrenlos gewordenen Grundstück. Er erwirbt das Eigentum durch seine von ihm zu beantragende Eintragung als Eigentümer. Er kann sein Aneignungsrecht an andere Personen abtreten.

Wegen einer Beschädigung des Grundstücks in der Zwischenzeit kann der Fiskus Schadensersatzansprüche nach § 823 erheben, denn das Aneignungsrecht kann bereits als dingliches Recht angesehen werden. Ist das Grundstück vermietet, so sind die §§ 571 ff. anzuwenden.

3. Abschnitt. Erwerb und Verlust des Eigentums an beweglichen Sachen

Übersicht

Das BGB regelt im dritten Titel des Abschnitts Eigentum eine Reihe von Erwerbsgründen, doch ist die Aufzählung keine erschöpfende, denn es finden sich im Gesetz an anderen Stellen verstreut und auch außerhalb des BGB weitere Erwerbsgründe.

Im Vordergrund steht die Übertragung, also die rechtsgeschäftliche Übereignung, die in verschiedenen Formen, stets aber nur durch Vertrag möglich ist. Daneben steht als einseitiges Rechtsgeschäft die Aneignung. Die übrigen in diesem Titel geregelten Erwerbsgründe sind gesetzliche, vom Willen der Beteiligten unabhängige; bei ihnen vollzieht sich der Erwerb ohne Rechtsgeschäft (vgl. u. §§ 33 ff.). Beim Eigentumserwerb spielt der Besitz eine gewichtige Rolle. Viele Erwerbsgründe sind an den Besitzerwerb gebunden, so die Fälle der rechtsgeschäftlichen Übertragung und der Aneignung, von den gesetzlichen Gründen die Ersitzung und der Fund. Der Besitz des Veräußerers ist von ausschlaggebender Bedeutung für die Möglichkeit eines gutgläubigen Erwerbs vom Nichteigentümer.

§ 29. Die Übertragung des Eigentums

Literatur: Beyerle, Der dingliche Vertrag, Festschrift für Boehmer, S. 164; Brandt, Eigentumserwerb und Austauschgeschäft, 1940; v. Caemmerer, Rechtsvergleichung und Reform der Fahrnisübertragung, RabelsZ 1939, 675; ders., Über-

---

[1] So auch Westermann, § 87, 3.

eignung durch Anweisung zur Übergabe, JZ 1963, 586; Kohler, Vertrag und Übergabe, Bürgl. Arch. 18, 1; Krause, Das Einigungsprinzip und die Neugestaltung des Sachenrechts, AcP 145, 312; Heinrich Lange, Rechtswirklichkeit und Abstraktion, AcP 148, 188; v. Lübtow, Das Geschäft „für den es angeht" und das sog. antizipierte Besitzkonstitut, ZHR 112, 227; Nolte, Zur Reform der Eigentumsübertragung, 1941; Süss, Das Traditionsprinzip, in Festschrift für M. Wolff, 1952, S. 141.

I. Einigung und Übergabe

Die Übertragung des Eigentums an beweglichen Sachen erfordert Einigung und Übergabe (§ 929). Die Übereignung durch bloße Einigung, wie sie das französische und englische Recht kennen, ist in Übereinstimmung mit dem römischen und germanischen Recht nicht anerkannt. Der Wechsel im absoluten Recht soll im Interesse eines gesunden und gesicherten Rechtsverkehrs nach außen erkennbar sein. Die Aufgabe, die in dieser Richtung bei Grundstücken dem Grundbuch zufällt, hat hier der Besitz zu erfüllen, wenn auch in weniger vollkommener Weise. Man spricht daher vom Traditionsprinzip im Gegensatz zum Vertragsprinzip.

Der Wert des Traditionsprinzips ist nicht unbestritten. Süss (Festschrift für Martin Wolff, S. 141) hält es für einen „Atavismus" des Sachenrechts und meint, daß es schon heute seine ihm zugedachte Funktion, die Eigentumsübertragung beweglicher Sachen der Öffentlichkeit kundzutun, nicht mehr erfülle.

Die Einigung ist auch hier ein Vertrag und unterliegt wieder allen allgemeinen Vorschriften über Willenserklärungen und Verträge. Sie kann sich nur auf bestimmte Gegenstände beziehen. Ob sie bindende Wirkung hat, ist bestritten; vgl. dazu u. 1.

Streitig ist auch hier, ob Einigung und Übergabe zusammen den dinglichen Vertrag bilden oder die Einigung für sich allein ihn bereits ausmacht, vgl. o. § 13 IV.

1. Einigung

Die Einigung ist nicht an eine Form gebunden und pflegt im praktischen Rechtsverkehr überhaupt nicht in Worte gekleidet zu werden, sondern stillschweigend zu erfolgen. Gerade dieser Umstand erschwert dem Laien die begrifflich auch hier durchgeführte Trennung des schuldrechtlichen Kausalgeschäftes vom dinglichen Erfüllungsgeschäft, z. B. des Kaufes von der Übereignung. Aus dem vorangegangenen Kausalgeschäft, meist dem Kauf, in Verbindung mit der Übergabe, die in der Regel zugleich mit der Einigung erfolgt und in der die Einigung gerade offensichtlich wird, ist mit solcher Sicherheit auf die Einigung zu schließen, daß der Verkehr eine ausdrückliche Erklärung darüber nicht für notwendig hält. Was sollte die Übergabe nach dem Kauf auch sonst für einen Sinn haben. Eine besondere Erklärung würde sogar auffallen und Kopfschütteln erregen (z. B. wenn ein Käufer bei Empfang der Kaufsache sagte: „Ich will Eigentümer dieser Sache werden"). Nur beim Eigentumsvorbehalt tritt sie deutlich in Erscheinung; vgl. u. 3 und § 30.

Das Einigungsprinzip, das auf Savigny zurückgeht, wird, wie bereits mehrfach erwähnt, bekämpft; vgl. o. § 2 III und § 13 II. Man hält es für lebensfremd und glaubt, daß de lege ferenda der obligatorische Vertrag die Funktionen der Einigung mitübernehmen könne.[1]

Die Abstraktheit der Übereignung, d. h. die Unabhängigkeit von Vorhandensein und Wirksamkeit des Kausalgeschäftes, besteht hier ebenso wie bei der Grundstücksübereignung. Aber sie wird hier dadurch stark gemindert, daß beide Verträge meist gleichzeitig geschlossen werden, so daß die Nichtigkeits- und Anfechtungsgründe in der Regel beide ergreifen. Beide fallen aber auseinander, z. B. beim Versendungskauf. Außerdem ist eine bedingte Übereignung möglich; daher kann der dingliche Vertrag von der Wirksamkeit des obligatorischen abhängig gemacht werden. Der gleichzeitige Abschluß beider Verträge genügt aber allein noch nicht, um solchen Parteiwillen zu vermuten.

Umstritten ist, ob eine von der Übergabe zeitlich getrennte, ihr vorhergehende Einigung möglich und zulässig ist. Sie kommt jedenfalls nur selten vor und muß ausdrücklich erfolgen, weil es ja hier an den sonst gegebenen Anhaltspunkten, besonders gerade der Übergabe, in der sich der Übertragungswille gewöhnlich manifestiert, fehlt.

Eine Bindung an die Einigung ist zweifelhaft, aber doch wohl zu bejahen, da eine analoge Anwendung von § 873 II ausgeschlossen, vielmehr an der Regel festzuhalten ist, daß eine wirksame Willenserklärung auch bindet.[2] Der Übergang des Eigentums ist daher nicht davon abhängig zu machen, daß im Zeitpunkt der Übergabe vom Veräußerer an den Erwerber der Übereignungswille noch fortdauert (anders die h.M.). Anerkannt ist diese Auffassung für den Fall, daß der Erwerber ein Anwartschaftsrecht erworben hat. Mit Eintritt der Bedingung erwirbt er das Eigentum, auch wenn die Einigung nicht mehr vorhanden ist.[3]

2. Übergabe

Die Übergabe muß dem Erwerber den unmittelbaren Besitz verschaffen. In der Regel ist sie kein besonderes zweites Rechtsgeschäft neben der Einigung, sondern nur eine tatsächliche Handlung beider Vertragspartner, ein Realakt. Doch kann die Besitzübertragung nach § 854 II auch durch Einigung erfolgen (z. B. die Zuweisung von Holz, das offen im Wald liegt). Dann ist diese Einigung als Willensübereinstimmung über den Besitzübergang theoretisch von derjenigen über den Eigentumsübergang zu trennen; sie erfolgt aber praktisch immer zusammen mit dieser und ohne äußerliche Trennung.

Die Übergabe vollzieht sich in der Regel so, daß der unmittelbare Besitz vom Veräußerer auf den Erwerber übergeht. Auch durch bloße Einigung über den Besitzübergang gemäß § 854 II kann die Übergabe vollzogen werden; allerdings fehlt es dann zunächst an der äußeren Erkennbarkeit des Besitzübergangs. Der Veräußerer, der nicht im Besitz der Sache ist oder nur den mittelbaren Besitz hat, kann den unmittelbaren Besitzer anweisen, die Sachen dem Erwerber zu übergeben.[4] Umgekehrt

---

[1] Vgl. dazu Beyerle, Brandt und Krause, jeweils aaO, kritisch gegenüber dieser Meinung Lange, aaO. Vom rechtsvergleichenden Standpunkt vgl. dazu v. Caemmerer, aaO.

[2] Str.; für Bindung u. a. Westermann, § 38, 4, v. Lübtow, ZHR 112, 257, Heck, § 53, 7; gegen Bindung u. a. Wolff-Raiser, § 66 I 4, Baur, § 51 II 2, Palandt-Degenhart, § 929 Anm. 2 c, Soergel-Siebert, § 929 Rdnr. 12, E. Wolf, S. 143, ferner BGH 7, 115 und 14, 119.

[3] BGH 20, 88, BGH, MDR 1960, 1004.

[4] Vgl. BGH 36, 56 und BGH, NJW 1973, 141; nicht zu verwechseln mit dem Fall von § 931, in welchem der Erwerb schon mit der Abtretung eintritt, hier erst mit der Übergabe. Vgl. hierzu v. Caemmerer, JZ 1963, 586.

kann der Erwerber mit dem Veräußerer vereinbaren, daß dieser die Sache einem anderen übergeben soll, der seinerseits den Erwerber durch ein Rechtsverhältnis nach § 868 zum mittelbaren Besitzer macht. Eine ähnliche Fallgestaltung ist beim sog. „Geschäft für den, den es angeht" möglich; vgl. u. V..

Die Übereignung kann durch einen Vertreter erfolgen (streng genommen nur die Einigung, denn bei der Übergabe als Realakt gibt es keine Stellvertretung; dafür ist der Besitzerwerb durch Besitzdiener möglich, vgl. o. § 6 IV). Sie kann ferner durch einen Nichteigentümer geschehen und wird dann nach § 185 wirksam (oder durch gutgläubigen Erwerb; vgl. u. § 32).

Beim Versendungskauf ist der Frachtführer als Vertreter des Absenders, nicht des Empfängers anzusehen, unabhängig davon, ob dieser als Käufer die Gefahr trägt. Der Käufer wird erst dann Eigentümer, wenn er die übersandte Ware mit dem stillschweigenden Willen, Eigentümer zu werden, annimmt.

3. Bedingte Übereignung

Im Gegensatz zum Grundstücksrecht ist Übereignung hier unter einer Bedingung möglich. Der Erwerber erhält eine dingliche Anwartschaft.

Häufig ist in der Praxis die bedingte Übereignung in Form der Übergabe mit Eigentumsvorbehalt bis zur Zahlung des vollen Kaufpreises. Nach § 455 gilt im Zweifel die Übereignung als aufschiebend bedingt. In diesem Fall zeigt sich auch für den Laien deutlich die Trennung des dinglichen vom obligatorischen Geschäft; denn der Kauf ist unbedingt, nur die Übereignung bedingt. Auch daß Einigung und Übergabe getrennte Tatbestandsstücke sind, erweist sich hierbei; denn nur die Einigung ist bedingt, die Übergabe kann es (wie jeder Realakt) nicht sein. Hier wird die Einigung ausdrücklich geschlossen, denn der Vorbehalt pflegt in einem schriftlichen Vertrag niedergelegt zu werden. Vgl. zum Eigentumsvorbehalt und zum Anwartschaftsrecht ausführlich u. § 30.

II. Bloße Einigung

Die Übereignung erfolgt durch bloße Einigung, wenn der Erwerber schon im Besitz der Sache ist (§ 929 Satz 2, brevi manu traditio). Eine Übergabe wäre in diesem Fall eine sinnlose Formalität.

In der Regel wird der Erwerber auch den Besitz schon vom Veräußerer erlangt haben und dieser mittelbarer Besitzer sein; z. B. wenn der Mieter oder Entleiher die Sache vom Vermieter oder Verleiher erwirbt. In diesen Fällen verwandelt sich der bisherige Fremdbesitz des Erwerbers in Eigenbesitz.

Auch der mittelbare Besitz des Erwerbers reicht aus unter der Voraussetzung, daß nicht der Veräußerer, sondern ein Dritter unmittelbarer Besitzer ist.[1]

III. Einigung und Besitzkonstitut

Größere Bedeutung hat der Erwerb durch Besitzkonstitut (§ 930, constitutum possessorium). Hier erfolgt die Einigung zwischen Veräußerer und Erwerber wie sonst, aber keine Übergabe; vielmehr bleibt der Veräußerer unmittelbarer (seltener mittelbarer) Besitzer, der Erwerber wird aber mittelbarer Besitzer durch die Vereinbarung eines entsprechenden Rechtsverhältnisses nach § 868, z. B. Miete, Leihe, Verwahrung usw. Aus dem bisherigen Eigentümer wird z. B. ein Mieter,

---

[1] Vgl. dazu RG 126, 25 und auch BGH 56, 123.

umgekehrt wie im Fall von § 929 Satz 2, wo aus dem Mieter ein Eigentümer wird. In diesen Fällen ändert sich am unmittelbaren Besitz nichts. Auf diese Weise wird eine doppelte Übergabe, erst vom Veräußerer an den Erwerber, dann zurück an den Veräußerer, erspart.

Ein Rechtsverhältnis nach § 868 muß neben der Einigung vereinbart werden, und zwar ein konkret bestimmtes, damit der Übereignungswille eindeutig ist; ein bloßes abstraktes Konstitut genügt nicht. Meist erfolgt dies ausdrücklich. Regelmäßig geschieht dies gleichzeitig mit der Einigung und bei der schriftlichen Abfassung der Vertragsurkunde, die in der Regel aufgenommen wird. Beide Verträge bilden dann eine Einheit im Sinne von § 139.

In der bloßen Aufbewahrung einer verkauften Speziessache durch den Verkäufer bis zur Abholung durch den Käufer kann aber die Eingehung eines Verwahrungsvertrags und damit der sofortige Übergang des Eigentums auf den Käufer durch Besitzkonstitut nicht erblickt werden; es bleibt hier bei der Trennung von Kauf und Übereignung.

Anstelle der Vereinbarung eines Rechtsverhältnisses genügt auch ein auf Gesetz beruhendes Besitzmittlerverhältnis, kraft dessen der Erwerber mittelbaren Besitz erlangt, so das Kind oder Mündel, wenn der Vater oder Vormund ihm eine Sache übereignet, aber in seinem Verwaltungsbesitz beläßt.

Die Übereignung tritt nur ein, wenn die Sachen bestimmt bezeichnet, individualisiert sind. Sind sie noch nicht ausgesondert, müssen sie wenigstens jederzeit aussonderbar sein.

Liegt ein Rechtsverhältnis nach § 868 zwischen Veräußerer und Erwerber bereits vor, so bedarf es nicht mehr einer jedesmaligen erneuten ausdrücklichen Vereinbarung des Rechtsverhältnisses, wenn im Rahmen des schon bestehenden Sachen angeschafft werden, z. B. von einem Bankier, der für das Depot seines Kunden neue Wertpapiere erwirbt.

Beim Besitzkonstitut kann auch eine Einigung des Veräußerers mit sich selbst als Vertreter des Erwerbers erfolgen, wenn dies nach § 181 zulässig ist; der Bankier z. B. übereignet seinem Kunden durch Vertrag, den er mit sich als Vertreter des Kunden schließt. Der Wille zur Übertragung des Eigentums muß aber in solchen Fällen äußerlich erkennbar gemacht werden, z. B. durch Aussonderung aus dem eigenen Vermögen und Einverleibung in das Depot des Kunden. Für den Sonderfall der Einkaufskommission bei Wertpapieren bestimmt das Depotgesetz vom 4. 2. 1937 in § 18, daß das Eigentum spätestens mit der Absendung des Stückeverzeichnisses an den Kommittenten (Kunden) auf diesen übergeht.

Das Besitzkonstitut ist eine wichtige Ausnahme von dem sonst das Sachenrecht beherrschenden Grundsatz der Publizität, der Erkennbarkeit der dinglichen Rechtsänderung; denn der sich hier vollziehende Eigentumsübergang ist für Dritte nicht erkennbar. Da sich am unmittelbaren Besitze nichts verändert, kann der Außenstehende nicht merken, daß die Sachen, die er nach wie vor beim Veräußerer sieht, von diesem übereignet und nicht mehr sein Eigentum sind. Das Bedenkliche dieser Art Übereignung zeigt sich besonders in ihrem Hauptanwendungsfall, der Sicherungsübereignung. Über sie vgl. u. § 31.

IV. Einigung und Abtretung des Herausgabeanspruchs

Eine weitere Form der Übereignung ist die Abtretung des Herausgabeanspruchs (§ 931).

Vorausgesetzt wird der Besitz eines Dritten, da sonst kein Herausgabeanspruch bestehen kann. Eine Veränderung der Besitzverhältnisse tritt auch hier nicht ein, denn der Dritte bleibt vorläufig Besitzer. Ob er unmittelbarer oder mittelbarer, Eigen- oder Fremdbesitzer ist, macht hierbei keinen Unterschied. Notwendig ist weiter die Willensübereinstimmung über den Eigentumsübergang; beiden Parteien muß klar sein, daß durch die Abtretung der neue Gläubiger Eigentümer werden soll.

In der Regel wird der Veräußerer mittelbarer Besitzer sein. § 931 ermöglicht also die Übereignung von Sachen, die im unmittelbaren Besitz eines Dritten sind, ehe das Rechtsverhältnis erloschen ist, welches den mittelbaren Besitz des Veräußerers begründet, z. B. das Mietverhältnis. Der Eigentümer braucht z. B. mit der Übertragung seines Eigentums nicht zu warten, bis der Mietvertrag abgelaufen und ihm die Sache vom Mieter zurückgegeben ist. Dem Besitzer verbleiben alle Einwendungen und Einreden, die er gegen den Veräußerer hatte.

Streitig ist, ob der dingliche Herausgabeanspruch des Eigentümers oder der obligatorische aus dem Rechtsverhältnis, das den mittelbaren Besitz begründet (z. B. der Miete), Gegenstand der Abtretung ist. Man kann sich dafür entscheiden, daß beide Ansprüche zusammen abzutreten sind, der obligatorische, weil sonst die Erlangung des Besitzes (auch des bloß mittelbaren) dem Erwerber verwehrt wäre und dieser Zustand dem Gedanken des Gesetzes widerspräche, daß die Abtretung des Anspruchs die Übergabe ersetzen soll, der dingliche, weil naheliegt, daß, wenn man jemand zum Eigentümer machen will, ihm auch der aus dem Eigentum entspringende Anspruch zu übertragen ist. Doch ist auch die Auffassung möglich, daß der Erwerber den dinglichen Herausgabeanspruch erst mit dem Eigentum erwirbt[1].

Eine Übereignung nach § 931 ist auch dann möglich, wenn der Veräußerer gar nicht mittelbarer Besitzer ist, weil der unmittelbare ihn nicht anerkennt (z. B. die Miete bestreitet) oder ein Rechtsverhältnis dieser Art überhaupt nicht besteht (z. B. mit dem Dieb); in diesen Fällen vollzieht sich die Übereignung also ohne Besitzerwerb. Allerdings wird bei solcher Sachlage eine Abtretung nur selten vorkommen. Denn wer hat Lust, eine Sache zu erwerben, deren Besitzer das Eigentum des Veräußerers nicht anerkennt, mit dem man also wahrscheinlich erst einen Prozeß führen muß, um die Sache zu erlangen?

Einigung und Abtretung sind bei § 931 formlos möglich. Es läßt sich bezweifeln, ob die Parteien darüber im klaren sind, daß das Gesetz die Abtretung des Anspruchs fordert. Man kann eher annehmen, daß sie bewußt nur den Eigentumsübergang wollen, und umgekehrt mit der Übertragung des Eigentums auch der Herausgabeanspruch auf den Erwerber übergeht. Aber das Gesetz fordert nun einmal die Abtretung des Anspruchs und man kann sich damit helfen, daß man den Parteien den Willen zur Abtretung unterstellt, wenn sie über die Übertragung des Eigentums einig sind (str.).

V. Das Geschäft für den, den es angeht

Ein gewisses wirtschaftliches Bedürfnis besteht für diese Rechtsfigur bei Barkäufen auf dem Markt, auch bei Ladenkäufen, abzulehnen ist es für jeden Kauf auf Kredit. Das schuldrechtliche Geschäft, z. B. der Kauf, ist auf alle Fälle nur mit demjenigen geschlossen, der gehandelt hat oder in dessen Namen erkennbar gehandelt ist, denn im Rahmen eines Schuldverhältnisses kann dem Gegner nicht ein anderer Partner untergeschoben oder aufgezwungen werden[2]. Für die Übereignung kann dagegen anders entschieden werden. Denn wird der

---

[1] So BGH, NJW 1959, 1538.
[2] A. M. z. B. Palandt-Degenhart, § 929 Anm. 5 a bb.

Kaufpreis sofort entrichtet, so pflegt es dem Verkäufer in der Tat gleich zu sein, wer das Eigentum an der zu übergebenden Sache erwirbt. In solchen Fällen braucht der Übertragungswille nicht auf eine bestimmte Person gerichtet zu sein; hier ist die Übertragung an eine beliebige, dem Veräußerer gleichgültige Person (traditio ad incertam personam) möglich[1]. Es kommt dann auf den inneren Willen des Besitzerwerbers an, für wen er Eigentum erwerben will, obwohl er nur stillschweigender, nicht offener Vertreter ist.

Bei der rechtlichen Konstruktion dieses Instituts müssen Einigung und Besitzübergabe auseinandergehalten werden.

Die Einigung vollzieht sich zwischen dem Veräußerer und dem Geschäftsherrn, freilich mit Hilfe der Mittelsperson. Es liegt ein Fall verdeckter Stellvertretung vor, der hier in Durchbrechung des § 164 zulässig ist.

Die Besitzübertragung auf den Geschäftsherrn erfolgt, wenn es sich beim Geschäftsbesorger um einen Besitzdiener handelt, nach § 855. Mit der Erlangung der tatsächlichen Gewalt erwirbt der Besitzherr unmittelbaren Besitz. Liegt aber kein Besitzdienerverhältnis vor, bedarf es eines Besitzmittlungsverhältnisses zwischen Geschäftsbesorger und Geschäftsherrn, kraft dessen dieser mittelbarer Besitzer wird. Dabei wird es sich in der Regel um ein Auftragsverhältnis handeln.

Bei dieser Art der Eigentumsübertragung erwirbt der Geschäftsherr die Sache wohl nach § 929, nicht nach § 930, weil die Einigung zwischen Veräußerer und Geschäftsherrn, nicht dagegen zwischen Geschäftsbesorger und Geschäftsherrn erklärt wird.[2]

Für den Eigentumserwerb des Geschättsherrn bei stiller Stellvertretung bietet sich aber auch ein anderer Weg, der freilich etwas kompliziert ist und mit dem Geschäft für den, den es angeht, nichts zu tun hat. Hält man für die Einigung am Erfordernis des § 164, also an der Erkennbarkeit des Vertretenen fest, so kann ein unmittelbarer Eigentumsübergang auf den Geschäftsherrn nicht erfolgen, sondern zunächst tritt ein Erwerb des handelnden Geschäftsbesorgers ein und es bedarf erst einer Übertragung des Eigentums auf den Geschäftsherrn. Zu deren Erleichterung kann man allerdings hier mit einem antezipierten Besitzkonstitut arbeiten, das bei Abschluß des Geschäftsbesorgungsvertrages geschlossen ist und den sofortigen Übergang auf den Geschäftsherrn ermöglicht, freilich wieder mit dem momentanen Durchgang durch die Person des Geschäftsbesorgers. Das Besitzkonstitut könnte auch durch ein genehmigtes Insichgeschäft zustande kommen.

§ 30. Der Eigentumsvorbehalt

Literatur. Bauknecht, Eigentumsvorbehalt und Anwartschaftsrecht, NJW 1955, 1251; Beuthien, Verlängerter Eigentumsvorbehalt und Globalabtretung, BB 1971, 375; A. Blomeyer, Studien zur Bedingungslehre, 1939; ders., Eigentumsvorbehalt und gutgläubiger Erwerb, AcP 153, 239; ders., Anspruchsverjährung und dingliche Sicherheit, JZ 1959, 15; ders., Die Rechtsstellung des Vorbehaltskäufers, AcP 162, 193; J. Blomeyer, Das Besitzrecht des Vorbehaltskäufers auf Grund des Kaufvertrags, JZ 1968, 691; Braun, Das dingliche Anwartschaftsrecht beim Eigentumsvorbehalt, NJW 1962, 382; v. Caemmerer, Verlängerter Eigentumsvorbehalt und Bundesgerichtshof, JZ 1953, 97; Dieckmann, Globalzession und verlängerter Eigentumsvorbehalt, JuS 1961, 219; Erman, Globalzession in ihrem Verhältnis zum

[1] E. Wolf, aaO, S. 150 lehnt das Geschäft „für den, den es angeht", überhaupt ab.

[2] Vgl. zu dem Geschäft „für den, den es angeht" vor allem v. Lübtow, ZHR 112, 227 (insbes. 252–254).

verlängerten Eigentumsvorbehalt, 1960; Esser, Globalzession und verlängerter Eigentumsvorbehalt, JZ 1968, 281; Fleck, Der Eigentumsvorbehalt im europäischen Kaufrecht, 2. Aufl. 1954; Flume, Der verlängerte und erweiterte Eigentumsvorbehalt NJW 1950, 841; ders., Zur Problematik des verlängerten Eigentumsvorbehalts, NJW 1959, 913; ders., Die Rechtsstellung des Vorbehaltskäufers, AcP 161, 385; Forkel, Grundfragen der Lehre vom privatrechtlichen Anwartschaftsrecht, 1962; Georgiades, Die Eigentumsanwartschaft beim Vorbehaltskauf, 1963; Haegele, Eigentumsvorbehalt, Sicherungsübereignung, 4. Aufl., 1968; Henke, Bedingte Übertragungen im Rechtsverkehr und Rechtsstreit, 1959; Hofmann, Verarbeitungsklausel und § 950 BGB, NJW 1962, 1798; Kötter, Die Tauglichkeit der Vorausabtretung als Sicherungsmittel, 1960; Hermann Lange, Eigentumsvorbehalt und Herausgabeanspruch des Vorbehaltsverkäufers, JuS 1971, 511; Letzgus, Übertragung der Anwartschaft des Käufers, 1938; v. Lübtow, Das Grundpfandrecht am Vorbehaltseigentum, JuS 1963, 171; Mertens, Eigentumsvorbehalt und sonstige Sicherungsmittel des Verkäufers im ausländischen Recht, 1964; Klaus Müller, Zum Herausgabeanspruch des Vorbehaltskäufers, Betrieb 1969, 1493; Münzel, Grundsätzliches beim Anwartschaftsrecht, MDR 1959, 345; Nirk, Interessenwiderstreit der Waren- und Kreditgläubiger, NJW 1971, 1913; Raiser, Dingliche Anwartschaften, 1961; G. Reinicke, Zur Lehre vom Anwartschaftsrecht aus bedingter Übereignung, MDR 1959, 613; ders., Zur Dogmatik des Anwartschaftsrechts aus bedingter Übereignung, NJW 1964, 20; Rühl, Eigentumsvorbehalt und Abzahlungsgeschäft, 1930; Säcker, Zum Begriff des Herstellers in § 950 BGB, JR 1966, 51; Serick, Eigentumsvorbehalt und Sicherungsübereignung, Band I, 1963, Bd. II 1965, Bd. III 1970; ders., Konfliktloses Zusammentreffen mehrerer Verarbeitungsklauseln, BB 1972, 277; Sponner, Das Anwartschaftsrecht und seine Pfändung, 1965; Stoll, Bemerkungen zu Eigentumsvorbehalt und Sicherungsübertragung, ZHR 128, 239; Wieacker, Der Eigentumsvorbehalt als dingliche Vorzugshaftung, ZAkDR 1938, 590; Wiethölter, Kauf unter Eigentumsvorbehalt und Gewährleistung für Rechtsmängel, JZ 1961, 693.

I. Allgemeines

Im Gegensatz zum Grundstücksrecht ist im Fahrnisrecht eine bedingte Übereignung möglich. Der häufigste Fall bedingter Übereignung ist der Eigentumsvorbehalt, der in § 455 geregelt ist; vgl. o. § 29 I 3. Danach gilt im Zweifel die Übereignung (genauer: die Einigung) als aufschiebend bedingt durch die Zahlung des Kaufpreises. Dagegen wird der obligatorische Vertrag, der Kaufvertrag, unbedingt abgeschlossen. Bis zum Eintritt der Bedingung erhält der Käufer eine Anwartschaft an der Sache.[1] Zum Eigentumsvorbehalt vgl. vor allem das im Literaturverzeichnis zitierte grundsätzliche Werk von Serick.

Der Eigentumsvorbehalt ist ein Sicherungsmittel des Verkäufers für die ihm bei Nichterfüllung durch den Käufer zustehenden Rechte. Fast immer wird er bei Abzahlungsgeschäften vereinbart. Im Geschäftsleben hat er die größte Bedeutung erlangt. Für beide Seiten bietet er Vorteile, die andere Sicherungsmittel, insbesondere das Pfandrecht, nicht aufweisen können. Kommt der Käufer seinen Verpflichtungen nicht nach, so kann der Verkäufer die Sache wieder an sich nehmen, muß aber vom Kaufvertrag zurücktreten.[2] Der Verkäufer hat jedoch kein Rückgaberecht mehr, wenn der Käufer gegenüber der Kaufpreisforderung die

---

[1] A. M. A. Blomeyer, Studien zur Bedingungslehre, ferner AcP 162, 193, wonach der Vorbehaltskäufer auflösend bedingtes Eigentum erwerben soll. Auch E. Wolf, aaO, S. 186ff. lehnt das Anwartschaftsrecht ab.

[2] BGH 54, 214. Vgl. dazu auch AbzG § 5.

Einrede der Verjährung erhebt.[1] Der Käufer dagegen hat die Möglichkeit, die Sache zu benützen, ohne sofort den Kaufpreis zahlen zu müssen. Durch die Nutzung, insbesondere durch Weiterveräußerung oder Weiterverarbeitung, wird der Käufer oft erst in die Lage versetzt, den Kaufpreis zu zahlen.

Der Eigentumsvorbehalt hat in § 455 nur eine unvollkommene Regelung erhalten. In der Praxis haben sich verschiedene Formen des Eigentumsvorbehalts herausgebildet.

II. Der einfache Eigentumsvorbehalt

1. Vereinbarung

In der Regel wird der Eigentumsvorbehalt im Kaufvertrag vereinbart. Erklärt der Verkäufer den Eigentumsvorbehalt erst bei der Lieferung der Ware, so kommt es darauf an, ob sich der Käufer damit einverstanden erklärt. Die Einverständniserklärung ist auch stillschweigend möglich.[2] Wenn dagegen weder im Kaufvertrag noch bei der Lieferung eine Vereinbarung über den Eigentumsvorbehalt zustandegekommen ist, wird der Käufer ohne Bedingung Eigentümer der Ware, es sei denn, daß eine Einigung fehlt.

Bestritten ist, ob eine nachträgliche Vereinbarung des Eigentumsvorbehalts noch möglich ist, wenn der Käufer schon unbedingt Eigentum erworben hat. Nach BGH, NJW 1953, 217 (mit Anm. von Raiser) ist dies nur so möglich, daß der Käufer durch Einigung und Vereinbarung eines Besitzmittlungsverhältnisses dem Verkäufer das Eigentum zurücküberträgt, dieser aber im Wege der brevi manu traditio (§ 929 Satz 2) die Sache wieder dem Käufer übereignet. Raiser, aaO vertritt dagegen die Meinung, es müsse ein Akt ausreichen, nämlich Zurückübertragung des um das Anwartschaftsrecht des Käufers verkürzten Eigentums an den Verkäufer; so auch Serick, Bd. I, S. 93. Jedenfalls kann auf beiden Wegen ohne Übertragung des unmittelbaren Besitzes an den Verkäufer nachträglich ein Eigentumsvorbehalt verwirklicht werden.

2. Wesen des Anwartschaftsrechts

Rechtlich ist die Anwartschaft des Vorbehaltskäufers an der unter Eigentumsvorbehalt veräußerten Ware nach der Rechtsprechung ein dem Vollrecht ähnliches Recht oder, wie oft formuliert wird, im Vergleich zum Eigentum kein aliud, sondern ein wesensgleiches minus.[3] Unbestritten ist, daß das Anwartschaftsrecht des Vorbehaltskäufers ein subjektives Recht darstellt. Dagegen bestehen Zweifel, ob es sich dabei um ein dingliches Recht handelt. Mit der wohl überwiegenden Meinung[4] ist diese Frage zu bejahen. Der numerus clausus der dinglichen Rechte steht nicht entgegen. Er verbietet nur durch Parteivereinbarung dingliche Rechte zu schaffen, hindert aber nicht, daß auf dem Wege des Gewohnheitsrechts dingliche Rechte entstehen.[5]

---

[1] Hermann Lange, JuS 1971, 515; J. Blomeyer, JZ 1971, 187; Serick, Bd. I, S. 441, Fn. 94: a. A. BGH 34, 191; Palandt-Putzo, § 455 Anm. 5; A. Blomeyer, JZ 1959, 15; K. Müller, Betrieb 1970, 1209.

[2] So BGH, NJW 1953, 217.

[3] BGH 35, 89.

[4] Vgl. BGH 35, 89; a.M. noch BGH 30, 374, Serick, Bd. I, S. 246 und AcP 166, 129.

[5] Vgl. dazu Raiser, Dingliche Anwartschaften, S. 54.

3. Die Verfügung über das Anwartschaftsrecht

Da das Anwartschaftsrecht ein subjektives Recht ist, kann es auch Gegenstand einer rechtsgeschäftlichen Verfügung sein. So kann der Vorbehaltskäufer das Anwartschaftsrecht an einen Dritten veräußern. Die Verfügung vollzieht sich in den Formen, die für die Übertragung des Vollrechtes vorgeschrieben sind, also nach §§ 929ff., nicht nach §§ 398 ff. Die Befugnis zur Veräußerung kann nicht durch Rechtsgeschäft ausgeschlossen oder beschränkt werden.[1]

Das Anwartschaftsrecht kann auch von einem Erwerber gutgläubig nach § 932 erworben werden, wenn ein Nichteigentümer eine Sache unter Eigentumsvorbehalt verkauft.[2] Maßgebend für den guten Glauben ist nicht der Zeitpunkt des Bedingungseintritts, sondern der Zeitpunkt von Einigung und Übergabe.[3]

Beispiel: N. mietet von V. ein Auto. Er veräußert dieses Auto unter Eigentumsvorbehalt an E., indem er diesem vorspiegelt, daß er Eigentümer des Autos sei. E. erwirbt, falls er gutgläubig ist, das Anwartschaftsrecht.

Aus der selbständigen Übertragbarkeit des Anwartschaftsrechts folgt, daß im Fall des Eintritts der Bedingung der Erwerber der Anwartschaft das Eigentum unmittelbar erwirbt, nicht etwa nach Durchgangserwerb des Vorbehaltskäufers.[4] Das hat vor allem bei der Pfändung Bedeutung. Hat ein Gläubiger des Vorbehaltskäufers bei diesem die Sache gepfändet, hatte der Vorbehaltskäufer aber bereits vorher im Wege des Besitzkonstituts die Anwartschaft übertragen, dann erwirbt der Erwerber der Anwartschaft unbelastetes Eigentum.

4. Erlöschen

Der Eigentumsvorbehalt (und damit auch das Anwartschaftsrecht) erlischt

bei Eintritt der Bedingung (ein Übereignungswille des Verkäufers muß in diesem Augenblick nicht mehr vorhanden sein);[5]

bei Unwirksamwerden des Kausalgeschäfts;

durch einseitigen Verzicht des Verkäufers auf den Eigentumsvorbehalt,[6] weil ein einseitiger Verzicht auf dingliche Rechte immer möglich ist;

bei Weiterveräußerung der Ware durch den Käufer mit Einwilligung des Verkäufers[7] oder bei gutgläubigem Erwerb durch den Erwerber (§ 932);[8]

schließlich grundsätzlich bei Verarbeitung der unter Eigentumsvorbehalt übereigneten Ware (§ 950) und bei Verbindung oder Vermischung (§§ 946ff.).

---

[1] BGB § 137; BGH, NJW 1970, 699.
[2] A. M. Flume, AcP 161, 395ff.
[3] BGH 10, 69 und 30, 377, vgl. hierzu auch Blomeyer, AcP 153, 239 und Serick, Bd. I, S. 220.
[4] Vgl. BGH 20, 88 und 28, 22.
[5] So BGH 20, 88 (97).
[6] BGH, NJW 1958, 1231; a. M. E. Wolf, aaO, S. 185, der einen einseitigen Verzicht nicht für zulässig hält.
[7] A. M. BGH, NJW 1971, 1038.
[8] Vgl. dazu BGH 14, 120; BGH, NJW 1969, 1171.

5. Pfandrechtsprobleme

An der Anwartschaft kann ein vertragliches Pfandrecht begründet werden. Dafür ist dieselbe Form wie bei der Begründung des Pfandrechts an einer Sache erforderlich.[1] Bei Bedingungseintritt setzt sich das Pfandrecht an der Sache fort (§ 1287 entspr.).

Bestritten ist, ob sich gesetzliche Pfandrechte, die sich auf Sachen beziehen (insbesondere das Vermieterpfandrecht nach § 559, aber auch das hypothekarische Recht am Zubehör nach § 1120) auch auf die Anwartschaft erstrecken. Die ältere Lehre war der Meinung, daß eine solche Erstreckung unzulässig sei, da das Anwartschaftsrecht einer Sache nicht gleichgestellt werden könne. Die neuere Lehre[2] und die Rechtsprechung[3] sprechen sich aber für die Erstreckung auf Anwartschaftsrechte aus. Auch hier erkennt man die folgerichtige Fortentwicklung der Auffassung, daß ein Anwartschaftsrecht dem Eigentum weitgehend gleichgestellt werden soll. Bei Eintritt der Bedingung setzt sich das gesetzliche Pfandrecht an der Anwartschaft in ein solches an der Sache fort. Dieses Ergebnis läßt sich entweder mit der Wesensgleichheit des Anwartschaftsrechts und des Eigentums oder aber mit einer analogen Anwendung des § 1287 begründen.

Bei der Pfändung des Anwartschaftsrechts geht es in der Praxis nicht allein darum, wie das Anwartschaftsrecht als solches zu pfänden ist, sondern vor allem darum, ob sich der Pfändungspfandgläubiger durch Pfändung des Anwartschaftsrechts den Zugriff auf die Sache sichern kann. Nach h. M. wird das Anwartschaftsrecht im Wege der Rechtspfändung (ZPO §§ 857 I, 829) gepfändet.[4] Über die Wirkungen dieser Rechtspfändung gehen freilich die Meinungen auseinander. Nach der Meinung des BGH[5] bewirkt die Pfändung des Anwartschaftsrechts eine relative Verfügungsbeschränkung des Anwartschaftsberechtigten und gibt dem Pfändungspfandgläubiger die Möglichkeit, durch Zahlung den Eintritt der Bedingung herbeizuführen. Mit Bedingungseintritt erlischt jedoch das Pfandrecht, so daß der Gläubiger, wenn er auf die Sache Zugriff nehmen will, auch die Sache vor, mit oder nach dem Anwartschaftsrecht pfänden lassen muß (sog. Doppelpfändung). Nach Ansicht Baurs, § 59 V 4, setzt sich dagegen das Pfandrecht an der Anwartschaft bei Eintritt der Bedingung in ein Pfandrecht an der Sache fort, so daß also Pfändung des Anwartschaftsrechts im Wege der Rechtspfändung genügt, um zur Verwertung der Sache zu gelangen. Nach Meinung Raisers, aaO, S. 91 wird das Anwartschaftsrecht im Wege der Sachpfändung nach ZPO § 808 gepfändet. Auf diesem Wege gelangt der Gläubiger ohne nochmalige Pfändung auch zur Verwertung der Sache.

6. Die Vorbehaltssache in Zwangsvollstreckung und Konkurs

Wird die Vorbehaltssache von einem Gläubiger des Vorbehaltskäufers bei diesem gepfändet, so gewährt die h. M.[6] dem Vorbehaltsverkäufer die Drittwiderspruchsklage nach ZPO § 771. Nach Raiser, aaO, S. 91 soll dagegen der Vorbehaltsverkäufer nur einen Anspruch auf vorzugsweise Befriedigung nach ZPO § 805 haben.

Bei einer Zwangsvollstreckung gegen den Vorbehaltsverkäufer (der die Vorbehaltssache in Besitz hat) muß dem Anwartschaftsberechtigten ebenfalls die Drittwiderspruchsklage zugestanden werden.[7]

Im Konkurs des Vorbehaltskäufers kann der Vorbehaltsverkäufer nach der h. M. die Vorbehaltssache nach KO § 43 aussondern.[8] Raiser, aaO, S. 96 will dagegen dem Vorbehaltsverkäufer nur ein Recht auf abgesonderte Befriedigung gem. KO §§ 47ff. einräumen.

Im Konkurs des Vorbehaltsverkäufers kann der KV nach wohl überwiegender Meinung gem. KO § 17 vorgehen. Lehnt er die Erfüllung ab, erlischt das Anwartschaftsrecht.[9] Freilich muß in diesem Zusammenhang § 242 berücksichtigt werden.

---

[1] So BGH 35, 93.
[2] Vgl. Baur, § 39 IV 1 und § 55 C II 2b, v. Lübtow, JuS 1963, 175, Raiser, Dingliche Anwartschaften, S. 97ff., Serick, Bd. I, S. 280.
[3] BGH 35, 85 und NJW 1965, 1475.
[4] Vgl. BGH, NJW 1954, 1325, Baur § 59 V 4, Flume, AcP 161, 403.
[5] BGH, NJW 1954, 1325.
[6] Vgl. z. B. Serick, Bd. I, S. 296ff.
[7] Vgl. Serick, Bd. I, S. 292, BGH, NJW 1971, 799.
[8] BGH, NJW 1971, 799.
[9] Vgl. dazu Serick, Bd. I, S. 357; ferner Medicus, § 20 IV 1a.

7. Weitere Wirkungen des Anwartschaftsrechts

Das Anwartschaftsrecht gewährt ein Recht zum Besitz.[1] Das hat vor allem dann Bedeutung, wenn sich das Recht zum Besitz nicht bereits aus schuldrechtlichen Verträgen ergibt.

Beispiel: M. hat von V. eine Maschine gemietet. Er hat die Maschine unter Eigentumsvorbehalt an den gutgläubigen E. veräußert. E. hat ein Anwartschaftsrecht erworben. Da M. dem V. gegenüber zur Veräußerung der Maschine an den E. nicht befugt war, könnte an sich nach § 986 I 2 V. von E. die Herausgabe der Maschine an M. verlangen. Das Anwartschaftsrecht gibt jedoch dem E. auch dem V. gegenüber ein Recht zum Besitz der Maschine.[2]

Das Anwartschaftsrecht ist auch ein „sonstiges Recht" im Sinn des § 823 I.[3] Wird die unter Eigentumsvorbehalt gelieferte Sache beschädigt, so kann auch der Anwartschaftsberechtigte Schadensersatzansprüche geltend machen. Bestritten ist jedoch, in welcher Höhe ihm Schadensersatz gewährt werden muß. Hat er einen Anspruch auf Ersatz des Schadens in voller Höhe oder etwa nur in der Höhe, in der die Sache ihm wirtschaftlich bereits zusteht? Richtig wird es wohl sein, hier eine Gesamtgläubigerschaft des Vorbehaltsverkäufers und des Anwartschaftsberechtigten nach § 428 anzunehmen. Danach kann jeder den Schaden in voller Höhe ersetzt verlangen, freilich braucht der Schuldner die Leistung nur einmal zu bewirken. Im Innenverhältnis besteht eine Ausgleichspflicht.[4]

Schließlich gewährt das Anwartschaftsrecht nach h. M. auch einen Herausgabeanspruch gegen den nicht berechtigten Besitzer in entsprechender Anwendung des § 985.

III. Der verlängerte Eigentumsvorbehalt

Der verlängerte Eigentumsvorbehalt hat den Zweck, dem Vorbehaltsverkäufer die Surrogate zu sichern, die bei Weiterveräußerung oder Verarbeitung an die Stelle der unter Eigentumsvorbehalt gelieferten Ware treten. Da in diesen Fällen das Eigentum an der unter Vorbehalt gelieferten Sache untergeht, würde der Vorbehaltsverkäufer seine Sicherung verlieren, wenn es nicht möglich wäre, sie auf die Surrogate zu erstrecken.

Eine gesetzliche Regelung für den verlängerten Eigentumsvorbehalt enthält das BGB nicht. Er ist im Wirtschaftsleben entwickelt worden und wird von Rechtsprechung und Rechtslehre anerkannt.[5] Er findet sich heute fast in allen allgemeinen Geschäftsbedingungen.

1. Die Vorausabtretungsklausel

Die grundsätzliche Zulässigkeit der Vorausabtretung künftiger, noch nicht zur Entstehung gekommener Forderungen ist heute unbestritten.[6] Rechtlich begründet man die Zulässigkeit der Vorausabtretung damit, daß der Forderungsübergang nicht zum Abschlußtatbestand der Abtretung gehört, sondern nur eine Wirkung der Abtretung darstellt.[7]

a) Bestritten ist aber, unter welchen Voraussetzungen eine Vorausabtretung zulässig ist. Dabei geht es darum, daß über Gegenstand und Umfang der künftigen Rechtsänderung schon im Augenblick der Abtretung, zumindest aber im Zeitpunkt

---

[1] So Raiser, Dingliche Anwartschaften, S. 76, auch Blomeyer, AcP 153, 239, a. M. BGH 10, 69.

[2] A. M. Serick, Bd. I, S. 272, der nur ein Dritten gegenüber wirkendes Recht zum Besitz annimmt.

[3] Vgl. dazu BGH, LM (1) 823 (Ad), RG 170, 6.

[4] Vgl. zu diesem Problem auch Serick, Bd. I, S. 278 und Flume, AcP 161, 400

[5] Vgl. z. B. BGH 7, 365.

[6] Vgl. etwa BGH 30, 240.

[7] Vgl. Flume, NJW 1959, 916.

der Entstehung der Forderung, Klarheit bestehen muß.[1] Probleme ergeben sich vor allem dann, wenn eine Vorausabtretungsklausel in allgemeinen Geschäftsbedingungen enthalten ist. Das Reichsgericht hatte in diesem Fall sehr strenge Anforderungen an die Bestimmbarkeit gestellt und eine Vorausabtretung nur zugelassen, wenn die Bestimmbarkeit der abgetretenen Forderungen nach Gegenstand und Umfang schon im Zeitpunkt der Vereinbarung der Klausel in jedem Fall gewährleistet war, in dem die Geschäftsbedingungen denkbarerweise eingreifen konnten.[2]

Beispiel (RG 155, 26): In allgemeinen Geschäftsbedingungen ist folgende Vorausabtretungsklausel enthalten: „Alle Forderungsrechte an Abnehmer unseres Käufers, die aus der Weiterveräußerung, gegebenenfalls auch einschließlich Verarbeitung, der von uns unter Eigentumsvorbehalt gelieferten Waren herrühren, sind in voller Höhe, also auch einschließlich der uns noch zustehenden Kaufpreisforderung mit Weiterveräußerung an uns abgetreten."

Diese Klausel gewährleistet nicht für jeden denkbaren Fall, in dem die Geschäftsbedingungen Anwendung finden sollen, die Bestimmbarkeit der abgetretenen Forderungen nach Gegenstand und Umfang. Zwar ist die Vorausabtretung für die Fälle der Weiterveräußerung hinreichend bestimmt, dagegen nicht für die Fälle der Verarbeitung. Hier ergibt sich nämlich die Frage, in welchem Umfang eine etwaige Werklohnforderung abgetreten sein soll, falls der Vorbehaltskäufer nicht nur Waren eines Lieferanten, sondern verschiedener Lieferanten verarbeitet hat. Gegenüber dem Besteller des Werkes entsteht nur eine einheitliche Werklohnforderung. In welchem Umfang soll diese Werklohnforderung an den Vorbehaltsverkäufer der verarbeiteten Ware abgetreten sein? Selbst wenn es sich im Einzelfall um eine Forderung aus Weiterveräußerung gehandelt hätte, würde das Reichsgericht bei einer solchen Klausel dennoch die Gültigkeit der Vorausabtretung verneint haben.

Diese Rechtsprechung hat der Bundesgerichtshof aufgegeben.[3] Nach seiner Auffassung reicht es, daß die Einzelforderung, um die es jeweils geht, von der in den allgemeinen Geschäftsbedingungen enthaltenen Klausel erfaßt wird und daß diese Forderung genügend bestimmt oder bestimmbar ist.

b) In diesem Zusammenhang taucht auch die Frage der Sittenwidrigkeit von Vorausabtretungsklauseln auf. Bei Vorausabtretung der vollen Forderung einschließlich Verdienstspanne kann leicht eine Übersicherung des Vorbehaltsverkäufers eintreten, durch die die wirtschaftliche Bewegungsfreiheit des Vorbehaltskäufers erheblich eingeschränkt wird. Eine solche vom Sicherungszweck nicht mehr gerechtfertigte Abtretung ist sittenwidrig und nach §§ 134, 138 nichtig. Die Sittenwidrigkeit tritt aber dann nicht ein, wenn der Vorbehaltsverkäufer zur Rückübertragung verpflichtet wird, soweit die abgetretene Forderung die gesicherte Forderung übersteigt.[4]

c) Schwierigkeiten ergeben sich schließlich, wenn der Vorbehaltskäufer im Wege der Vorausabtretung eine Forderung an den Vorbehaltsverkäufer abgetreten hat, vorher aber bereits alle seine künftigen Forderungen im Wege der Sicherungsabtretung (Globalzession) an einen Geldkreditgeber (Bank) übertragen hat. Häufig bezieht sich der verlängerte Eigentumsvorbehalt auf dieselbe Forderung, die auch von der Globalzession ergriffen werden soll. Die daraus entspringenden Interessengegensätze zeigen die ganze Problematik der sog. atypischen Sicherungsgeschäfte.[5] In Rechtsprechung und Literatur sind zur Lösung dieses Problems zahlreiche Vorschläge unterbreitet worden. Vor allem geht es dabei um folgende Frage: Wer hat den Vorrang, der Geld- oder der Warenkreditgläubiger? Nach geltendem Recht ist bei mehrfacher Abtretung einer Forderung nur die erste wirksam (Prioritätsprinzip). Der BGH hat sich für die grundsätzliche Anwendung des Prioritätsprinzips bei der Konkurrenz zwischen verlängertem Eigentumsvorbehalt und Globalzession entschieden.[6] Freilich führt die Durchführung dieses Grundsatzes im Ergebnis zu einer Begünstigung der Bank, weil bei langfristigem Geldkredit alle Forderungen aus dem Absatz von Waren,

[1] Vgl. dazu Flume, NJW 1959, 917.
[2] Vgl. RG 155, 26; RG, JW 1939, 563; RG, DR 1940, 581.
[3] Vgl. BGH 7, 365; 26, 183.
[4] So BGH 7, 370; 26, 190.
[5] Vgl. Baur, § 59 VI.
[6] Vgl. BGH 30, 151; 32, 362.

die nach Gewährung des Geldkredits geliefert werden, auf die Bank übergehen. Daher hat der BGH den Prioritätsgrundsatz eingeschränkt. Weiß die Bank, daß der Schuldner Ware nur unter Eigentumsvorbehalt kaufen kann und mutet sie ihm zu, seinem Lieferanten gegenüber zu verschweigen, daß die Forderungen aus dem Weiterverkauf bereits abgetreten sind, so hält der BGH eine Globalzession für unzulässig und nichtig.[1] Dieser Auffassung ist im wesentlichen zuzustimmen.[2]

2. Die Verarbeitungsklausel

Nach § 950 erwirbt der Hersteller einer neuen Sache Eigentum daran, falls der Wert der Verarbeitung nicht erheblich unter dem Stoffwert liegt; vgl. u. § 35. Wird die unter Eigentumsvorbehalt gelieferte Ware verarbeitet, so erwirbt der Hersteller der neuen Sache Eigentum, das Eigentum des Vorbehaltsverkäufers dagegen erlischt. Um dem Vorbehaltsverkäufer dennoch seine Sicherheit zu erhalten, gibt es folgende Möglichkeiten:

a) Vorbehaltsverkäufer und Vorbehaltskäufer vereinbaren im Wege des sog. antezipierten Besitzkonstituts (vorweggenommene Einigung und vorweggenommene Vereinbarung eines Besitzmittlungsverhältnisses), daß der Vorbehaltsverkäufer nach Herstellung der neuen Sache Eigentümer werden soll. Freilich läßt sich bei dieser Regelung ein sog. Durchgangserwerb des Vorbehaltskäufers und Herstellers der neuen Sache nicht vermeiden. Darin liegt ein Nachteil dieser Konstruktion. Die Gläubiger des Vorbehaltskäufers können Zugriff auf die neue Sache nehmen, weil der Vorbehaltskäufer, wenn auch nur im Durchgangserwerb, Eigentümer wird.

b) Um diese Gefahr auszuschalten, werden zwei andere Lösungen vertreten, die beide zu demselben Ergebnis führen. Die eine Meinung hält es für zulässig, daß die Rechtsfolge des § 950 BGB (Eigentumserwerb des Herstellers) durch eine Parteivereinbarung ausgeschlossen werden kann.[3] Nach dieser Meinung stellt also § 950 dispositives Recht dar. Mit der Herstellung der neuen Sache erwirbt bei Vorliegen einer entsprechenden Vereinbarung der Vorbehaltsverkäufer Eigentum an der Sache.

Nach einer anderen Meinung[4] stellt § 950 zwingendes Recht dar mit der Folge, daß der Hersteller immer Eigentümer der Sache wird. Durch eine Parteivereinbarung soll aber bestimmt werden können, wer der Hersteller sein soll. Vorbehaltsverkäufer und Vorbehaltskäufer können danach vereinbaren, daß der Käufer für den Verkäufer herstellen soll. Hersteller ist nicht nur der, der selbst herstellt, sondern auch der, der herstellen läßt.[5] Auf diesem Weg kommt man also ebenfalls zu einem unmittelbaren Eigentumserwerb an der neuen Sache durch den Vorbehaltsverkäufer.

Zum zulässigen Inhalt solcher Verarbeitungsklauseln im Rahmen des verlängerten Eigentumsvorbehalts vgl. Serick, BB 1972, 277.

IV. Der erweiterte Eigentumsvorbehalt

Der erweiterte Eigentumsvorbehalt ist in Rechtsprechung und Schrifttum anerkannt.[6] Das Eigentum an der unter Vorbehalt übereigneten

---

[1] Insbesondere BGH 32, 364; BGH, JZ 1968, 527 mit Anm. v. Esser = NJW 1968, 1516 mit Anm. v. Werhahn; BGH, NJW 1969, 318 mit Anm. v. Werhahn (NJW 1969, 652); BGH, NJW 1971, 372 mit Anm. v. Schmidt-Salzer (NJW 1971, 1129).

[2] Andere Lösungen vertreten z. B. Flume (NJW 1950, 843 und NJW 1959, 919), der dem Warenkreditgläubiger stets den Vorrang gibt, Esser (Globalzession und verlängerter Eigentumsvorbehalt, JZ 1968, 281) und Erman, aaO, die eine Teilung der Forderung vorschlagen, Kötter, aaO, der dem Lieferanten rät, den Weiterverkauf nur gegen Weiterleitung des Eigentumsvorbehalts an den Zweitkäufer zu gestatten.

[3] Vgl. z. B. Baur, § 53 b I 3, Flume, NJW 1950, 843, Laufke, Festschrift für Hueck, S. 76.

[4] Wohl h. M., vgl. Wolff-Raiser, § 73 Anm. 21, Westermann, § 53 I 2, kritisch hierzu Säcker, JR 1966, 51.

[5] Vgl. BGH 14, 114,; 20, 159; 46, 117.

[6] Vgl. BGH 26, 190.

Sache sichert dabei nicht nur die Forderung aus dem Verkauf dieser betreffenden Sache, sondern alle zur Zeit des Vertragsschlusses bestehenden[1] Forderungen des Vorbehaltsverkäufers gegen den Vorbehaltskäufer. Auch hier ist die Gefahr einer u. U. sittenwidrigen Übersicherung des Vorbehaltsverkäufers groß.[2] Wenn das Eigentum erst übergehen soll, wenn alle Forderungen aus einer Geschäftsverbindung getilgt sind, so bedeutet das u. U., daß der Eigentumsübergang auf unbegrenzte Zeit hinausgeschoben wird. In einem solchen Falle muß der erweiterte Eigentumsvorbehalt für unzulässig gehalten werden.[3]

§ 31. Die Sicherungsübereignung

Literatur: Barkhausen, Das Verhältnis der Nichtigkeit wegen Knebelung zu Gläubigergefährdung bei der Sicherungsübertragung, NJW 1953, 1412; Berges Zur Sittenwidrigkeit von Sicherungsübereignungen, BB 1954, 883; Düringer, Zur Lehre vom Sicherungskauf, LeipzZ 1908, 97; Gaul, Lex commissoria und Sicherungsübereignung, AcP 168, 351; Gerhardt, Sicherungsübereignung und Pfändungsschutz, JuS 1972, 696; Haegele, Eigentumsvorbehalt, Sicherungsübereignung, 4. Aufl., 1968; Höniger, Sicherungsübereignung von Warenlagern, 1912; Jacusiel, Die Sicherungsübereignung, 1931; Heinrich Lange, Lage und Zukunft der Sicherungsübertragung, NJW 1950, 565; Mezger, Wann sind Sicherungsübereignungen wirksam? KTS 1962, 129; Münzel, Eigentumsvorbehalt und Sicherungsübereignung, MDR 1951, 129; Paulus, Probleme und Möglichkeiten der institutionellen Ausformung der Sicherungsübereignung, JZ 1957, 7 und 41; Reich, Funktionsanalyse und Dogmatik bei der Sicherungsübereignung, AcP 169, 247; Serick, Eigentumsvorbehalt und Sicherungsübertragung, Bd. I 1963, Bd. II 1965, Bd. III, 1970; Westermann, Interessenkollissionen und ihre richterliche Wertung bei Sicherungsrechten an Fahrnis und Forderungen, 1954; Zahn, Grenzen der Kreditsicherung durch Sicherungsübereignung, 1937.

I. Bedeutung

Will ein Kreditnehmer den Kreditgeber sichern, so bietet sich ihm, von der Bürgschaft abgesehen, als einfachstes Mittel die Verpfändung beweglicher Sachen. Sie erfordert aber, daß der Pfandgläubiger den unmittelbaren Besitz erlangt (§ 1205; vgl. u. § 66 II). Sie ist also nicht durchführbar, wenn es sich um Sachen handelt, die der Verpfänder in seinem unmittelbaren Besitz behalten muß oder will, weil er sie nicht entbehren kann oder will. In solcher Lage sind viele Kreditnehmer; sie haben wertvolle Sachen, die als Sicherheit dienen können, deren Besitz ihnen aber unentbehrlich erscheint.

Beispiele: Das Auto für den Arzt, der zu Patienten in der Stadt oder auf dem Land zu fahren hat, oder für den Geschäftsmann; Maschinen für einen Fabrikanten, das Inventar eines Büros oder einer Gastwirtschaft, ohne das der Betrieb zum Stillstand käme; auch Wohnungseinrichtungen, die der Kreditnehmer behalten möchte, damit sein Geldbedürfnis durch Verschwinden von Gegenständen nicht augenscheinlich wird.

Hier wird in großem Umfang mit der Sicherungsübereignung gearbeitet.

---

[1] Vgl. BGH, NJW 1968, 885.
[2] Vgl. BGH 26, 190, BGH, NJW 1958, 1231.
[3] Zur Behandlung des erweiterten Eigentumsvorbehalts im Konkurs vgl. BGH, NJW 1971, 799.

II. Rechtsform und Wesen

Zur Sicherung einer Forderung, insbesondere eines Darlehens, übereignet der Schuldner Sachen dem Gläubiger, behält sie aber im Besitz. Die Übereignung erfolgt also im Wege des § 930 durch Einigung und Vereinbarung eines Besitzmittlungsverhältnisses,[1] kraft dessen der Gläubiger mittelbarer Besitzer wird, der Schuldner unmittelbarer Besitzer der Sache bleibt. An sich ist auch eine Sicherungsübereignung in der Form des § 929 denkbar, sie kommt aber praktisch kaum vor. Ein eigentümlicher Rechtsvorgang: Weil die geringere Rechtsveränderung, die Verpfändung nicht möglich ist, geht man einen Schritt weiter und übereignet die Sachen als Kreditunterlage; der Gläubiger erhält nach außen rechtlich mehr, als es dem Innenverhältnis zum Schuldner entspricht. Im Innenverhältnis ist er verpflichtet, die Sachen zu behalten und nicht zu veräußern, bevor die gesicherte Forderung fällig ist. Deswegen sprach das Reichsgericht vom „wirtschaftlichen" Eigentum des Sicherungsgebers und vom „formellen" Eigentum des Sicherungsnehmers.

III. Der Rückübereignungsanspruch

Nach Erfüllung muß der Gläubiger die Sache dem Schuldner zurückübereignen, kann sie also nicht wie ein Eigentümer behandeln. Möglich ist auch, daß die Sicherungsübereignung nur bedingt erfolgt. Die auflösende Bedingung der Zahlung der Schuld läßt dann das Sicherungseigentum automatisch an den früheren Eigentümer, den Schuldner zurückfallen. Eine solche Vereinbarung wird jedoch nur ausnahmsweise getroffen; im Zweifel liegt nur eine obligatorische Verpflichtung zur Rückübereignung vor.[2]

IV. Das Befriedigungsrecht

Streitig ist, wie sich der Gläubiger bei Nichterfüllung der Forderung aus den ihm zur Sicherheit übereigneten Sachen befriedigen kann, ob nach freiem Ermessen oder nach den Regeln des Pfandverkaufs. Die zweite Auffassung verdient den Vorzug; an dieser Stelle kann die wirtschaftliche Ähnlichkeit mit dem Pfandrecht sich rechtlich durchsetzen (vgl. u. § 69 I).[3] Eine Verfallklausel ist unzulässig und eine entsprechende Vereinbarung daher nichtig.[4] Die Verwertung setzt die Wegnahme des Sicherungsgutes durch den Sicherungsnehmer beim Sicherungsgeber voraus.

Umstritten ist ferner, ob eine Sicherungsübereignung unpfändbarer Gegenstände zulässig ist. Da ihre Verpfändung in der Regel wirksam ist, wird auch ihre Sicherungsübereignung als wirksam anzusehen sein.[5]

---

[1] Zur Frage der Konkretisierung des Besitzmittlungsverhältnisses vgl. OLG Hamm, NJW 1970, 2067 mit Anm. Reich, NJW 1971, 757.

[2] Nach Auffassung von Baur, § 57 III 1 b liegt im Zweifel eine auflösende Bedingung vor. Ein Anwartschaftsrecht des Sicherungsgebers bejaht Reich, AcP 169, 247.

[3] Vgl. auch Baur, § 57 VII. E. Wolf, S. 195 hält die Beachtung der Regeln des Pfandverkaufs nicht für erforderlich.

[4] Vgl. Gaul, AcP 168, 351. Für Zulässigkeit der Verfallklausel dagegen u. a. E. Wolf, S. 195.

[5] So Gerhardt, JuS 1972, 696; a. M. OLG Stuttgart, NJW 1971, 50 mit Anm. v. Reich (NJW 1971, 757).

V. Bedenken gegen die Sicherungsübereignung

Die Sicherungsübereignung ist von jeher sehr umstritten gewesen; teilweise wird ihre Wirksamkeit geleugnet.

1. Scheingeschäft?

Die Behauptung, die Übertragung des Eigentums sei nicht ernstlich gemeint, sondern nur zum Schein vorgenommen, geht fehl. Beiden Teilen ist es durchaus ernst um eine Sicherung der Forderung zu tun, und sie schlagen ebenso ernstlich den Weg der Übereignung ein, weil ihnen der Weg der Verpfändung versperrt ist.

2. Gesetzesumgehung?

Schwerer wiegt der Einwand der Gesetzesumgehung. Die wohlerwogene Vorschrift, daß Verpfändungen die Übertragung des unmittelbaren Besitzes erfordern, wird zweifellos durch die Sicherungsübereignung umgangen, indem man dasselbe wirtschaftliche und rechtliche Ziel mit einem anderen rechtlichen Mittel zu erreichen sucht. Aber damit wird dieses Mittel doch noch nicht zu einem unerlaubten und nichtigen.

3. Rechtspolitische Bedenken

Ein begründetes ernstliches Bedenken rechtspolitischer Art gegen die Sicherungsübereignung liegt darin, daß sie äußerlich nicht erkennbar ist und damit zur Verschleierung der Vermögensverhältnisse und zur Täuschung über die Kreditwürdigkeit des Schuldners benutzt werden kann. Dem Besitzer einer reich ausgestatteten Villa mit Auto wird vielleicht gern Kredit ohne Sicherheit gewährt und erst, wenn es zur Vollstreckung kommt, erfährt der betrogene Gläubiger, daß Auto wie Einrichtung restlos fremdes Eigentum durch Sicherungsübereignung geworden sind. Wenn jemand selbst vorsichtig ist und sich durch Sicherungsübereignung zu schützen sucht, wird er ebenfalls betrogen, wenn die ihm übereignete Sache vorher schon einem anderen Gläubiger zur Sicherheit übereignet war, was ihr niemand ansehen konnte. Ein gutgläubiger Erwerb ist in diesem Fall ausgeschlossen (vgl. u. § 32). Solchem Kreditschwindel öffnet die Sicherungsübereignung unbestreitbar Tür und Tor. Daher ist es kein Wunder, daß immer wieder Vorschläge gemacht werden, die Sicherungsübereignung zwar als wirtschaftliche Notwendigkeit beizubehalten, aber ihre Ausnutzung zu schwindelhaften Zwecken zu unterbinden. Insbesondere verdient der Vorschlag Beachtung, die Sicherungsübereignung in einem amtlichen Register zu verzeichnen, dessen Einsicht dem um Kredit von einem Schuldner Angegangenen offensteht, um sich unterrichten zu können, daß die ihm zur Sicherheit angebotenen Sachen noch nicht anderweitig übereignet, sondern noch Eigentum des Schuldners sind.

4. Knebelung des Schuldners und Gläubigergefährdung

Die Rechtsprechung hat versucht, den Auswüchsen zu steuern. So werden Verträge wegen Sittenwidrigkeit (§ 138) insbesondere aus zwei Gründen für nichtig erklärt: wegen Knebelung des Sicherungsgebers durch den Sicherungsnehmer[1] und wegen Gläubigergefährdung, wenn Sicherungsgeber und Sicherungsnehmer zum Zweck der Täuschung dritter Gläubiger zusammengearbeitet haben.[2] Grobe Fahrlässigkeit kann in diesem Fall genügen. Der Bundesgerichtshof erlegt dem Sicherungsnehmer eine Pflicht zur Prüfung auf, ob andere Gläubiger geschädigt werden können.[3]

Daneben hat die Rechtsprechung eine Schadensersatzpflicht aus § 826 bejaht, wenn Sicherungsnehmer und Sicherungsgeber oder einer von ihnen vorsätzlich in sittenwidriger Weise eine Schädigung anderer Gläubiger herbeigeführt haben.[4]

VI. Antizipierte Sicherungsübereignung (Sicherungsübereignung von Warenlagern)

Das Besitzkonstitut erfordert den Besitz des Veräußerers. Durch die Rechtsprechung ist es aber auf Sachen ausgedehnt, die der Veräußerer noch gar nicht besitzt, sondern erst zu erwerben beabsichtigt („antezipiertes Besitzkonstitut"). Diese Erweiterung soll die Sicherungsübereignung von Warenlagern mit wechselndem Bestand ermöglichen, die nicht selten vorkommt und bei Kaufleuten ein wirtschaftliches Bedürfnis ist. Für die Beurteilung der Eigentumsverhältnisse sind drei Personen zu unterscheiden: der Inhaber des Warenlagers, der es zur Sicherung übereignet (V), der Sicherungseigentümer (E) und der Verkäufer, von dem der Inhaber des Lagers die Waren erwirbt (X). Streitig ist, ob der Übereignungswille beim Erwerb der Sache durch den Veräußerer V, insbesondere bei der Übergabe der Waren seitens des X an V, noch bestehen muß.[5] Hält man die Einigung im Fahrnisrecht für bindend (vgl. o. § 29 I 1 a. E.), so schadet es nicht, wenn der Übereignungswille des V beim Erwerb der Sache nicht mehr vorhanden ist. Dagegen muß der Wille des Sicherungsgebers, für den Sicherungsnehmer besitzen zu wollen, zur Zeit der Einbringung der Ware in das Warenlager noch vorliegen. Besteht er nicht, so wird der Sicherungsnehmer nicht mittelbarer Besitzer und damit nicht Eigentümer. Eine rechtliche Bindung kann den Willen im Besitzrecht nicht überwinden. Eine erkennbare Ausführungshandlung, aus der das Festhalten an der Besitzvermittlung eindeutig hervorgeht, wird gefordert.[6] Da das Eigentum zunächst von X an V und dann erst auf Grund der antezipierten Übereignung an E übertragen wird, erwirbt V im Durchgangserwerb Eigentum. Daß das Eigentum, wenn auch nur einen Augenblick, dem V zusteht, kann wichtig werden, wenn es mit dem Erwerb zugleich Haftungsgegenstand für einen Dritten wurde, z. B. als eingebrachte Sache dem Vermieterpfandrecht unterliegt; dann scheidet es durch den Eigentumsübergang auf den Erwerber aus dieser Haftung nicht aus.

Zum Verkauf und zur Weiterveräußerung im eigenen Namen ist der Besitzer des Warenlagers durch die Vereinbarung mit dem Gläubiger (ähnlich dem Kommissionsvertrag) und die darin gegebene Ermächtigung (§ 185) berechtigt, doch muß eine solche Vereinbarung besonders geschlossen werden. Dabei wird auch die Abtretung des Erlöses oder der aus dem Verkauf entstehenden Forderungen an den Sicherungseigentümer zu regeln sein; zum Erfordernis der Bestimmtheit bei der Vorausabtretung der Forderung vgl. o. § 30 III 1.

Für die Praxis ist die in Rechtsprechung und Schrifttum umstrittene Frage wichtig, wie weit die übereignete Sache bestimmt sein muß. Aus dem Sicherungsübereignungs-

---

[1] Vgl. BGH 7, 111; 19, 17 und BGH, NJW 1962, 102, kritisch gegen die Anwendung des § 138 auf diese Fallgruppe Barkhausen, NJW 1953, 1412.

[2] BGH 10, 228; 20, 43.

[3] Vgl. auch BGH, NJW 1955, 1272.

[4] Vgl. RG 136, 247 (253), RG 143, 48 und BGH, JZ 1956, 95 mit Anm. von v. Caemmerer.

[5] Bejahend RG 135, 367, BGH 7, 111 (115), Wolff-Raiser, § 66 I 4, verneinend Heinrich Lange, NJW 1950, 567, Westermann, § 38, 4.

[6] Vgl. RG 147, 326.

vertrag selbst muß sich eindeutig ergeben, welche Waren übereignet werden. Das zur Sicherung übereignete Warenlager muß daher genau abgegrenzt sein (bestimmte Räume!). Der Grund für das Verlangen nach genügender Bestimmtheit ergibt sich aus der Lehre vom dinglichen Vertrag. Eine Übereignung setzt eine wirksame Einigung voraus. Sie kann sich jedoch stets nur auf bestimmte Gegenstände beziehen. Daraus folgt, daß der Zeitpunkt des Vertragsschlusses für die Bestimmtheit maßgebend ist.[1] Erfaßt ein Sicherungsübereignungsvertrag ausdrücklich auch solche Waren des Sicherungsgebers, die diesem unter Eigentumsvorbehalt geliefert worden sind, so ist nach der Rechtsprechung des BGH eine räumliche Trennung der Waren, an denen der Sicherungsgeber nur ein Anwartschaftsrecht hat, von denen, an welchen er Eigentümer ist, nicht erforderlich.[2] Zu Recht begründet der BGH diese Entscheidung mit der Erwägung, daß die Übertragung des Anwartschaftsrechts denselben Regeln wie die Übereignung beweglicher Sachen unterliegt (vgl. o. § 30 II 3).

VII. Die Sicherungsübereignung in Zwangsvollstreckung und Konkurs

Wenn man die Sicherungsübereignung anerkennt, muß man das Sicherungseigentum auch als volles Eigentum behandeln. Selbst das unter auflösender Bedingung übertragene Eigentum ist ja volles Eigentum. Daß es wirtschaftlich noch zum Vermögen des Sicherungsgebers gehört, trifft bis zu einem gewissen Grad zu, aber juristisch ist man eben einen Schritt weitergegangen als bei der Verpfändung.

1. Daher ist mit der herrschenden Meinung dem Sicherungseigentümer gegenüber einer Vollstreckung, die sich gegen den Sicherungsgeber richtet, die Drittwiderspruchsklage nach ZPO § 771 zuzubilligen, nicht bloß die Klage nach ZPO § 805 auf vorzugsweise Befriedigung.[3] Im Konkurs dagegen gewährt die herrschende Meinung dem Sicherungsnehmer nicht ein Aussonderungsrecht, sondern nur ein Absonderungsrecht (KO § 48). Konsequent wäre wohl die Zubilligung eines Aussonderungsrechts (KO § 43). Die herrschende Meinung stützt sich vor allem darauf, daß in § 27 II der Vergleichsordnung dem Sicherungseigentümer nur ein Absonderungsrecht gewährt wird.[4]

2. Weniger Bedeutung hat der umgekehrte Fall: die Zwangsvollstreckung gegen den Sicherungsnehmer. Bei ihr hat der Sicherungsgeber nach ständiger Rechtsprechung die Drittwiderspruchsklage nach ZPO § 771.[5] Ein solcher Fall kommt aber wegen ZPO § 808 kaum vor. Im Konkurs des Sicherungsnehmers hat der Sicherungsgeber ein Aussonderungsrecht,[6] wenn der Sicherungsgeber die gesicherte Forderung durch Leistung an die Konkursmasse tilgt, wozu er auch vor Fälligkeit berechtigt ist.

§ 32. Der gutgläubige Erwerb

Literatur: Binding, Ungerechtigkeit des Eigentumserwerbs vom Nichteigentümer nach BGB §§ 932, 935, 1908; A. Blomeyer, Eigentumsvorbehalt und gutgläubiger Erwerb, AcP 153, 239; v. Caemmerer, Übereignung durch Anweisung zur Übergabe, JZ 1963, 586; Giehl, Der gutgläubige Mobiliarerwerb – Dogmatik und Rechtswirklichkeit, AcP 161, 357; H. Hübner, Der Rechtsverlust im Mobiliarsachenrecht, 1955; v. Lübtow, Hand wahre Hand, Festschrift der jur. Fakultät Berlin zum 41. Deutschen Juristentag, 1955; Nüssgens, Der Rückerwerb des Nichtberechtigten, 1939; Rebe, Zur Ausgleichsfunktion von § 935 BGB zwischen Vertrauensschutz und Eigentümerinteressen beim gutgläubigen Mobiliarerwerb, AcP 173, 186; Regelsberger, Der sogenannte Rechtserwerb vom Nichtberechtigten,

---

[1] Vgl. hierzu BGH 28, 16 (19).
[2] So BGH 28, 16 gegen BGH 21, 52.
[3] Vgl. BGH 12, 232.
[4] Vgl. zu diesen Fragen Wolff-Raiser, § 180 IV 1, Bötticher, MDR 1950, 705, Paulus, ZZP 64, 169.
[5] Vgl. BGH 11, 41 und RG 79, 121; 91, 12.
[6] RG 94, 305.

Jher. Jahrb. 47, 339; Reichel, Gutgläubigkeit beim Fahrniserwerb, Grünhuts Zeitschr. 42, 173; Weimar, Der gutgläubige Erwerb vom Nichtberechtigten, 1960; Wendt, Erwerb von einem Nichtberechtigten, AcP 89, 1; Westermann, Die Grundlagen des Gutglaubensschutzes, JuS 1963, 1; Wiegand, Der Rückerwerb des Nichtberechtigten, JuS 1971, 62; ders., Der gutgläubige Erwerb beweglicher Sachen, JuS 1974, 201; Zweigert, Rechtsvergleichend-Kritisches zum gutgläubigen Mobiliarerwerb, RabelsZ 23, 1.

I. Erwerb vom Nichteigentümer im allgemeinen

Ein Erwerb vom Nichteigentümer ist zunächst möglich, wenn der Eigentümer der Verfügung eines Nichtberechtigten zustimmt (§ 185). Dies ist besonders wichtig für die stille Stellvertretung. Die Übereignung, die im Rahmen derselben vorgenommen wird, ist, wenn sie auch im Auftrag des Eigentümers oder auf Grund eines anderen Geschäftsbesorgungsvertrages mit ihm erfolgt, die Verfügung eines „Nichtberechtigten"; denn das Gesetz stellt im § 185 auf die dingliche Rechtsstellung des Verfügenden ab, nicht auf das schuldrechtliche Handelndürfen. Die Übereignung ist also wirksam, wenn der Eigentümer ihr vorher zugestimmt hat (was z. B. beim Auftrag zum Verkauf der Fall ist), und wird es nachträglich, wenn der Eigentümer nachher zustimmt (z. B. die Geschäftsführung ohne Auftrag anerkennt).

Ein Nichteigentümer kann ausnahmsweise auch zur Verfügung über fremdes Eigentum dinglich berechtigt sein, so daß er der Zustimmung des Eigentümers nicht bedarf, z. B. der Nießbraucher nach § 1048, der Pfandgläubiger nach § 1242, der Pächter nach § 588.

Umgekehrt kann dem Eigentümer die Verfügungsbefugnis fehlen, so dem Erben nach § 1984, dem Vorerben nach §§ 2113–2115, dem Gemeinschuldner im Falle des Konkurses (KO § 6).

II. Gutgläubiger Erwerb

Der wichtigste Fall des Erwerbes vom Nichteigentümer ist der gutgläubige Erwerb.

Das Problem, vor dem der Gesetzgeber steht, ist bei beweglichen Sachen dasselbe wie beim Grundeigentum: Es kann vorkommen, daß jemand eine Sache von einem anderen erwirbt, den er für den Eigentümer hält, der es aber in Wahrheit nicht ist.

Die Legitimation des Veräußerers liegt hier im Besitz; deshalb sind ja alle Übertragungsformen, mit Ausnahme der in § 931 geregelten, an den Besitz des Veräußerers gebunden. Aber eine sichere Garantie für das Eigentum gibt der Besitz nicht, und deshalb können hier eher als beim Grundeigentum, bei dem das Grundbuch eine weitgehende Sicherheit für seine Richtigkeit gewährt, praktische Fälle vorkommen, in denen ein Erwerb vom Nichteigentümer stattfindet. Wieder steht der Gesetzgeber vor der Frage (vgl. o. § 16 I), ob er das Interesse des wahren Eigentümers als vordringlich behandeln will, daher den gutgläubigen Erwerb nicht anerkennt, oder das Interesse des gutgläubigen Erwerbers und damit – was wohl den Ausschlag gibt – des soliden Rechtsverkehrs (insbesondere im Warenhandel) vorgehen läßt, infolgedessen den gutgläubigen Erwerb anerkennt. Das BGB hat sich auch hier im Gegensatz zum römischen Recht und in Anlehnung an das germanische Recht zu der zweiten Lösung bekannt und damit die Wirkung des Rechtsscheins anerkannt.[1] Wiederum wird dem alten Eigentümer das Recht, gegen Ersatz des vom Erwerber aufgewendeten Preises die Sache zurückzuverlangen, versagt. Nur der Bereicherungsanspruch des § 816 bildet einen gewissen Ausgleich.

III. Guter Glaube des Erwerbers

Das BGB knüpft den Eigentumserwerb vom Nichteigentümer an die Voraussetzung des guten Glaubens, der Erwerber muß an das Eigentum des Besitzers, von dem er erwirbt, glauben. Böser Glaube schließt den Erwerb aus. Der gute Glaube wird wie im Grundstücksrecht vermutet, der böse Glaube als Ausnahme geregelt (vgl. § 932 I u. II), so daß die Beweislast nicht den Erwerber für seinen guten Glauben trifft, sondern den den Erwerb bestreitenden Gegner für den bösen Glauben des Erwerbers.

Der böse Glaube ist aber hier, anders als beim Grundstückserwerb, nicht nur bei Kenntnis vom mangelnden Eigentum des Veräußerers, sondern auch schon bei grobfahrlässiger Unkenntnis gegeben. Hierin spiegelt sich der Unterschied in der Lage des Erwerbers wider: Beim Erwerb von Grundstücken kann er sich auf das Grundbuch verlassen und braucht keine weiteren Nachforschungen anzustellen, bei beweglichen Sachen dagegen bietet der Besitz des Veräußerers keine volle Garantie, und bei verkehrsmäßiger Sorgfalt muß der Erwerber erst Überlegungen und womöglich auch Nachforschungen anstellen, ob er aus dem Besitz auf das Eigentum des Veräußerers schließen darf. Im Falle der Stellvertretung entscheidet der gute oder böse Glaube des Vertreters gemäß § 166.

In BGH 10, 14 und insbesondere in LM Nr. 9 zu § 932 hat der BGH die Voraussetzungen der groben Fahrlässigkeit näher umrissen. Es müssen dem Erwerber Umstände bekannt gewesen sein, die mit auffallender Deutlichkeit dafür sprachen, daß der Veräußerer nicht Eigentümer war. Die dem Erwerber bekannten Umstände müssen derart gewesen sein, daß er zu dieser Erkenntnis auch ohne ein besonders sorgfältiges und pflichtbewußtes Verhalten hätte gelangen können. Der Begriff „grobe Fahrlässigkeit" ist ein Rechtsbegriff. Ob der Erwerber aber im Einzelfall gegen die erforderliche Sorgfalt verstoßen hat, ist Tatfrage.[2]

Anforderungen an diese Sorgfalt sind bei einem Kauf im Laden geringer, da der Ladeninhaber erfahrungsgemäß Eigentümer der zum Verkauf bereitgestellten Sachen oder mindestens Verfügungsberechtigter ist. Sie sind größer beim Kauf von einem unbekannten Hausierer oder auf Zeitungsinserat hin. Hierbei kommt es u. a. auf den Wert und die Art der Sache an, ob man das Eigentum an ihr beim Veräußerer erwarten kann oder nicht (z. B. kostbarer Schmuck wird von einem armseligen Menschen angeboten).[3] Wichtig ist heute auch die Frage, ob beim Veräußerer nicht ein bloßer Erwerb unter Eigentumsvorbehalt nach der Art der Sache und seiner wirtschaftlichen Lage zu vermuten ist und inwieweit den Käufer eine Erkundigungspflicht

---

[1] Kritisch zur Regelung des BGB früher vor allem Binding, heute u. a. Hübner und v. Lübtow, jeweils aaO.

[2] BGH 10, 14.

[3] Zur Erkundigungspflicht und ihren Grenzen vgl. BGH, NJW 1966, 1959.

trifft.[1] Zur Erkundigung, ob der Veräußerer die Sache zur Sicherheit übereignet hat ist der Erwerber im allgemeinen nicht verpflichtet.[2] Auch der Erwerb eines gebrauchten Kraftfahrzeugs ohne Vorlage des Kraftfahrzeugbriefs begründet in der Regel grobe Fahrlässigkeit.[3]

Der gute Glaube bezieht sich wie beim Erwerb von Grundstücken nur auf das Eigentum des Veräußerers, nicht auf seine Geschäftsfähigkeit, seine Vertretungsmacht, die Befugnis im eigenen Namen über fremde Sachen zu verfügen. Anders nur bei der Veräußerung durch einen Kaufmann im Betrieb seines Handelsgewerbes nach HGB § 366. Eine entsprechende Anwendung der Vorschriften über den gutgläubigen Erwerb ist aber für gewisse Fälle von Verfügungsbeschränkungen vorgeschrieben, so in den Fällen von §§ 135 II, 136, 161 III, 2113 III, 2211 II, nicht dagegen im Konkursfall (KO §§ 6, 7).

Ist der Veräußerer Teilhaber einer Gesamthandsgemeinschaft und veräußert er allein unter Verschweigung dieses Verhältnisses, so ist gutgläubiger Erwerb möglich. Ist der Eigentumserwerb des Veräußerers anfechtbar, so entscheidet § 142 II.

Der gutgläubige Erwerb bezieht sich nur auf den rechtsgeschäftlichen Erwerb, nicht auf die Fälle der Gesamtnachfolge (Erbfall, eheliche Gütergemeinschaft) und des Erwerbes im Wege der Zwangsvollstreckung (Versteigerung durch den Gerichtsvollzieher).

IV. Der gutgläubige Erwerb bei den einzelnen Eigentumsübertragungsarten

Im übrigen bleiben die Voraussetzungen bestehen, die für den Erwerb vom Eigentümer gefordert sind.

1. Gutgläubiger Erwerb bei Einigung und Übergabe

Daher bleibt es im Normalfall von § 929 bei Einigung und Übergabe. Der gute Glaube muß zu dem Zeitpunkt bestehen, zu dem der Erwerber im Normalfall das Eigentum erwerben würde, also wenn Einigung und Übergabe vorliegen, im Moment des späteren Aktes, je nachdem, welcher von beiden der spätere ist. Eine erst danach eintretende Kenntnis vom mangelnden Eigentum des Veräußerers schadet nicht mehr. Streitig ist für den Fall der bedingten Übereignung, insbesondere beim Eigentumsvorbehalt, ob der gute Glaube bei Geschäftsabschluß genügt oder ob die Zeit des Bedingungseintritts entscheidet. Das erstere ist anzunehmen;[4] vgl. o. § 30 II 3.

Der Übergabe durch den Veräußerer steht diejenige durch einen unmittelbaren Besitzer gleich, der auf Geheiß des Veräußerers die Sache dem Erwerber übergibt.[5]

2. Gutgläubiger Erwerb bei bloßer Einigung

Im Falle von § 929 Satz 2 genügt auch hier die bloße Einigung; in diesem Zeitpunkt muß der gute Glaube vorhanden sein.

---

[1] Vgl. RG 147, 331 und BGH 14, 121.
[2] BGH, LM Nr. 22 zu § 932 BGB; BGH, JZ 1970, 187; BGH, LM Nr. 7 zu § 931.
[3] Vgl. BGH, NJW 1965, 687; a. A. OLG Saarbrücken, NJW 1968, 1936.
[4] So BGH 10, 69.
[5] Vgl. BGH 36, 56. Siehe hierzu auch v. Caemmerer, JZ 1963, 586.

Den Besitz muß der Erwerber von dem jetzt Veräußernden erlangt haben, nicht von einem Dritten, andernfalls handelt er ja nicht im Vertrauen auf den Besitz des Veräußerers und diesem fehlt die Legitimation im Rechtsverkehr. Wenn z. B. A eine Sache an B vermietet hat und B nun von ihm die Sache erwirbt, so ist ein gutgläubiger Erwerb möglich; erwirbt B die Sache dagegen nicht von A, sondern von C, der sich für den Eigentümer ausgibt, so ist der gutgläubige Erwerb ausgeschlossen.[1]

3. Gutgläubiger Erwerb bei Besitzkonstitut

Durch bloßes Besitzkonstitut ist ein gutgläubiger Erwerb nicht möglich. Er kann erst dann eintreten, wenn der Erwerber eine Sache von dem Veräußerer, der ja zunächst noch unmittelbarer Besitzer bleibt, herausbekommt (§ 933), z. B. nach Ablauf des gem. § 868 vereinbarten Rechtsverhältnisses; bei der Sicherungsübereignung erst, wenn der Gläubiger wegen Nichterfüllung seiner Forderung die Sache herausverlangt und erhält.[2] In diesem Zeitpunkt muß der gute Glaube vorhanden sein.

Beispiel: Die Maschinenfabrik M hat Maschinen unter Eigentumsvorbehalt an den Fabrikanten F verkauft, der sie an die Bank B zur Sicherung in Form des § 930 „übereignet". B erwirbt, auch wenn sie gutgläubig ist, nicht Eigentum an den Maschinen.

4. Gutgläubiger Erwerb bei Abtretung des Herausgabeanspruchs

Bei Abtretung des Herausgabeanspruchs sind zwei Fälle zu unterscheiden (§ 934):

a) Der Veräußerer ist mittelbarer Besitzer, z. B. Vermieter der Sache (Regelfall); dann ist gutgläubiger Erwerb schon mit der Abtretung möglich, wenn in diesem Zeitpunkt der gute Glaube besteht.

Beispiel: In dem o. 3. genannten Fall erwirbt die Bank B auf Grund des Besitzmittlungsverhältnisses einen Herausgabeanspruch, durch dessen Abtretung gemäß § 934 einem gutgläubigen weiteren Erwerber Eigentum verschafft werden kann.[3]

b) Der Veräußerer ist nicht mittelbarer Besitzer; dann ist, weil die Grundlage für ein schutzwürdiges Vertrauen des Erwerbers fehlt, der gutgläubige Erwerb erst möglich, wenn der unmittelbare Besitzer die Sache dem Erwerber in Anerkennung des abgetretenen Anspruchs (z. B. nach rechtskräftiger Verurteilung zur Herausgabe) herausgibt und im Zeitpunkt des Besitzerwerbs der gute Glaube vorliegt.

V. Ausschluß des gutgläubigen Erwerbs

1. Abhandengekommene Sachen

Der gutgläubige Erwerb ist ausgeschlossen an Sachen, die dem Eigentümer gestohlen, verlorengegangen oder sonst abhanden gekommen sind (§ 935), weil das Auseinanderfallen von Besitz und Eigentum nicht durch ihn selbst gewollt war.

Voraussetzung ist immer, daß die Sache dem unmittelbaren Besitzer (Mitbesitzer) – sei dies der Eigentümer selbst oder ein unmittelbarer Besitzer, dem er die Sache überlassen hat (§ 935 I 2) – gegen seinen Willen oder ohne sein Wissen entzogen ist.[4] Ist der Eigentümer geschäftsunfähig, so ist eine Aufgabe des Besitzes durch ihn dann nicht als freiwilliger Besitzverlust anzusehen, die Sache ihm also abhanden gekom-

[1] Vgl. dazu auch BGH 10, 81.

[2] Vgl. dazu BGH, JZ 1970, 253.

[3] BGH 50, 45; a. A. Medicus, § 22 IV 2; vgl. dazu Hermann Lange, JuS 1969, 162 und Diederichsen-Gursky, S. 40.

[4] So die h. M. Nach Rebe, AcP 173, 200 liegt ein „abhandenkommen" dagegen dann vor, wenn der Erwerber auf Grund eines Rechtsscheins erworben hat, den der Eigentümer nicht zurechenbar veranlaßt hat.

men, wenn ihm die Fähigkeit gefehlt hat, sich über die Besitzaufgabe ein zutreffendes Bild zu machen.[1] Abhanden gekommen ist eine Sache auch dann, wenn sie der Besitzdiener weisungswidrig an einen Dritten herausgegeben hat oder unterschlägt. Dagegen gilt die Sache nicht als abhanden gekommen, wenn der unmittelbare Besitzer sie freiwillig einem Dritten übergibt, z. B. unterschlägt, wenn er auch gegen den Willen des mittelbaren Besitzers handelt. Gutgläubiger Erwerb ist also nur an Sachen möglich, die der Eigentümer freiwillig aus der Hand gegeben hat; das damit verbundene Risiko soll er zu tragen haben.

Auch wenn die Weggabe durch Täuschung, Drohung oder Irrtum veranlaßt ist, gilt die Sache nicht als abhanden gekommen; die Anfechtung kann zwar die Rechtswirkungen der Einigung und Übergabe vernichten, aber nicht nachträglich die gewollte Besitzaufgabe zu einer ungewollten machen. Dagegen ist bei unwiderstehlicher physischer Gewalt oder gleichstehendem seelischen Zwang Abhandenkommen zu bejahen.[3] Streitig ist, ob eine Sache abhanden gekommen ist, wenn der unfreiwillige Besitzverlust bei einem unmittelbaren Besitzer eintritt, der gar nicht den Eigentümer als mittelbaren Besitzer anerkannte.

Beruht die Besitzentziehung auf einem gesetzlich erlaubten hoheitlichen Eingriff (Beschlagnahmen, Zwangsvollstreckung), so liegt kein Abhandenkommen vor.

Sind dem unmittelbaren Besitzer gegen seinen Willen, aber mit Willen des Eigentümers Sachen weggenommen, so sind sie dem Eigentümer nicht abhanden gekommen; daher ist an ihnen ein gutgläubiger Erwerb möglich.

Ist eine Sache einmal abhanden gekommen, so ist an ihr dauernd ein gutgläubiger Erwerb ausgeschlossen.

Beispiel: A ist Eigentümer. B stiehlt ihm die Sache und übereignet sie dem C, dieser dem D. Beide sind gutgläubig. Sie erwerben nicht das Eigentum, A bleibt Eigentümer.

Dem herausgebenden Besitzer steht auch bei Gutgläubigkeit ein Anspruch gegen den Eigentümer, der die Sache ihm abnimmt, nicht zu (Lösungsanspruch). Er kann sich nur an seinen Veräußerer halten, z. B. als Käufer an den Verkäufer wegen Rechtsmängeln der Sache.

2. Ausnahmen

Ausnahmsweise ist ein gutgläubiger Erwerb auch an abhanden gekommenen Sachen möglich, wenn es sich um Geld oder Inhaberpapiere handelt (§ 935 II). Hier siegt wieder die Sicherheit des Verkehrs. Geld wechselt oft den Besitzer, eine Nachprüfung des redlichen Erwerbs eines Vormannes ist hier meist ausgeschlossen; man muß sich bei Gelderwerb auf die Wirksamkeit verlassen können. Ohnehin wäre die Erhaltung des alten Eigentums doch meist undurchführbar, weil die Vermischung und Ununterscheidbarkeit von fremdem und eigenem Geld des Erwerbers das bisherige Eigentum in den meisten Fällen doch vernichten würde (vgl. u. § 34 IV). Ähnlich liegen die Verhältnisse bei den Inhaberpapieren, anders dagegen bei Legitimationspapieren, z. B. Versicherungspolicen, Sparkassenbüchern usw.

---

[1] So Baur, § 52 V 2b aa.

[2] Vgl. RG 71, 248 und RG 106, 4; a. M. Rebe, AcP 173, 201. S. auch o. § 6 V.

[3] Vgl. hierzu BGH 4, 10 und BGH, NJW 1953, 1506.

Ebenfalls aus Gründen der Verkehrssicherheit ist ein gutgläubiger Erwerb gem. HGB § 56 möglich, wenn der betreffende Angestellte die ihm anvertrauten Sachen unberechtigt weiterveräußert hat.

Andere Gesichtspunkte sind maßgebend für die weitere Ausnahme, daß ein gutgläubiger Erwerb an solchen Sachen möglich ist, die im Wege öffentlicher Versteigerung veräußert werden (§ 935 II). Hier wirkt sich das Bestreben aus, dem Bieter und Erwerber eine besondere Sicherheit zu geben und dadurch den Anreiz zur Beteiligung zu verstärken, sowie die Verantwortung der öffentlichen Organe für die von ihnen vorgenommene Versteigerung. Auch der Gedanke der Verschweigung mag hineinspielen, wenn der Eigentümer von der Versteigerung Kenntnis bekommen hat und sein Recht zu wahren in der Lage ist (was praktisch zu bezweifeln ist). Streitig ist, ob die Versteigerung die Eigenschaft des Abhandengekommenseins tilgt, so daß auch ein bösgläubiger Ersteher einen späteren gutgläubigen Erwerber zum Eigentümer machen kann. Diese Frage dürfte zu bejahen sein.

Die Versteigerung gepfändeter Sachen verschafft übrigens nach jetzt herrschender Meinung auch einem bösgläubigen Erwerber das Eigentum, weil es sich hier um einen staatlichen Hoheitsakt handelt.

VI. Endgültigkeit des gutgläubigen Erwerbs

Das einmal gutgläubig erworbene Eigentum ist endgültig und vollwirksam. Daher ist die Weiterveräußerung durch den gutgläubigen Erwerber B an einen Dritten C wirksam, selbst wenn dieser bösgläubig ist. Dies muß auch dann gelten (str.), wenn C den B erst zum Erwerb vom Nichteigentümer A veranlaßt und diesen Umweg absichtlich gewählt hat, weil er bei unmittelbarem Erwerb von A wegen seines bösen Glaubens Eigentum nicht erwerben konnte. Es ist keine Vorschrift zu finden, auf Grund derer man den Erwerb des C verneinen könnte. Dem wahren Eigentümer hilft nur ein Schadensersatzanspruch gegen C aus § 826.

Auch eine Rückveräußerung seitens des B an A kann dem wahren Eigentümer nicht das Eigentum zurückverschaffen.[1] Auch hier ist kein Rechtssatz zu finden, der den Erwerb eines am Vertrag gar nicht Beteiligten entgegen dem klaren Inhalt der Einigung ermöglichte.

Anders ist die Lage nur, wenn die Veräußerung von A an B durch Anfechtung nichtig wird, weil dann der vor der Veräußerung bestehende Rechtszustand wiederhergestellt wird.

VII. Verdrängung von Rechten Dritter

Da Sachen auch mit Rechten Dritter belastet sein können, z. B. Pfandrechten oder Nießbrauch[2], so muß auch über das Schicksal dieser Rechte entschieden werden. Auch hier sieht das Gesetz einen gutgläubigen Erwerb vor (§ 936). Mit dem Erwerb des Eigentums erlischt auch das Recht eines Dritten an der Sache, außer wenn der Erwerber zur Zeit seines Eigentumserwerbes in bezug auf jenes Recht nicht in gutem Glauben war, also es kannte oder infolge grober Fahrlässigkeit nicht kannte.

Ob der Erwerb vom Eigentümer oder gutgläubig von einem Nichteigentümer erfolgt, macht keinen Unterschied. Erwirbt dagegen jemand das Eigentum nicht, weil er in bezug auf dieses nicht gutgläubig war, wird er auch von den Belastungen nicht frei.

---

[1] Str., wie hier Wiegand, JuS 1971, 62; s. auch o. § 16 VIII.

[2] Auch das Anwartschaftsrecht wird als Recht eines Dritten behandelt.

Einschränkungen sind bei den Eigentumserwerbsarten vorgeschrieben, die neben der Übergabe geregelt sind, und zwar entsprechend den Einschränkungen des Eigentumserwerbs nach §§ 932 ff.

1. Bei der Übereignung durch bloße Einigung tritt die Befreiung von den Belastungen nur dann ein, wenn der Erwerber seinen Besitz vom Veräußerer erlangt hatte (§ 936 I 2).

2. Im Fall des Besitzkonstituts tritt der Wegfall der Belastungen wie der Eigentumserwerb erst ein, wenn der Erwerber den Besitz der Sache auf Grund der Veräußerung bekommt (§ 936 I 3).

3. Im Fall der Abtretung des Herausgabeanspruchs tritt die Befreiung sofort mit der Abtretung ein, falls der Veräußerer mittelbarer Besitzer war; andernfalls erst, wenn der Erwerber den Besitz der Sache erlangt.

4. Steht das Recht bei solcher Abtretung dem Dritten zu, gegen den sich der abgetretene Herausgabeanspruch richtet, so erlischt jenes auch dann nicht, wenn der Eigentumserwerber in bezug auf dieses Recht gutgläubig war (§ 936 III), z. B. das Pfandrecht, wenn der Eigentümer die Sache durch Abtretung seines Herausgabeanspruchs gegen den Pfandgläubiger übereignet und der Erwerber annimmt, das Pfandrecht sei durch Bezahlung der Schuld erloschen. Ein Pfandrecht soll durch die Veräußerung der Sache seitens des Eigentümers dem Pfandgläubiger auf keinen Fall entzogen werden können, weil sonst die Stellung des Gläubigers zu wenig gesichert wäre.

5. Ist die Sache dem dinglich Berechtigten abhanden gekommen (z. B. dem Pfandgläubiger durch den Eigentümer weggenommen), so erwirbt der Eigentumserwerber, selbst wenn er in bezug auf die Belastungen gutgläubig ist, das Eigentum nicht frei von den Belastungen, in Analogie zu § 935.

Besonders geregelt ist die Haftung beweglicher Sachen für die Hypothek (§§ 1120 ff., vgl. u. § 54 I u. II).

VIII. Wesen des gutgläubigen Erwerbs

Umstritten ist, ob es sich bei dem gutgläubigen Erwerb um einen originären oder einen derivativen (abgeleiteten) Erwerb handelt. Für die erste Auffassung spricht der Umstand, daß der gutgläubige Erwerber sein Recht weder von dem des wahren Eigentümers herleiten kann, weil dieser es ihm gar nicht übertragen hat, noch von dem des Veräußerers, weil diesem das Recht nicht zustand. Dennoch spricht das BGB stets von Personen, die Rechte „von einem Nichtberechtigten herleiten", bezeichnet damit also den gutgläubigen Erwerb als einen hergeleiteten. Das trifft auch zu, denn der gutgläubige Erwerber leitet sein Recht nicht aus seinem Handeln allein ab, wie der Finder oder der Aneignende, auch nicht aus rein tatsächlichen Vorgängen, wie bei Verbindung und Vermischung, sondern – was man nicht übersehen darf – aus einer Übertragung. Der gutgläubige Erwerb erfordert nicht nur guten Glauben wie bei der Ersitzung, sondern einen Übertragungsakt, und an diesen werden genau die gleichen Anforderungen gestellt wie sonst bei der Übertragung durch einen Berechtigten. Dieser Standpunkt des Gesetzes paßt nicht zu einem originären Erwerb. In dem Sinn ist daher der gutgläubige Erwerb derivativ, daß er aus einer Übertragung abgeleitet wird. Wenn der Mangel des Verfügungsrechts durch den guten Glauben ausgeglichen wird, so verliert der Erwerb nicht das Wesen eines abgeleiteten Erwerbs. Der Erwerber erhält ein Recht, das bisher einem anderen zugestanden hat, wenn auch nicht dem Veräußerer. Es handelt sich demgemäß nicht um ein neuentstandenes Recht.

§ 33. Die Ersitzung

Literatur: Krückmann, Bereicherungsklage trotz Ersitzung, LZ 1933, 617; Naendrup, Die Ersitzung als Rechtsscheinwirkung, Reichsgerichts-Festgabe Bd. III, 1929; Oertmann, Der Einfluß der Ersitzung auf die Bereicherungshaftung, LZ 1933, 881; Süss, Durchgangs-Herrenlosigkeit, AcP 151, 1.

I. Wesen und Bedeutung

Die Ersitzung hat die Hauptbedeutung, die sie im römischen und gemeinen Recht hatte, durch die Zulassung des gutgläubigen Erwerbs verloren. Sie spielt heute nur noch da eine Rolle, wo ein gutgläubiger Erwerb nicht möglich ist, daher

1. beim Erwerb von abhanden gekommenen Sachen (mit Rücksicht auf § 935),

2. wenn der Mangel der Übertragung nicht im Fehlen des Eigentums beim Veräußerer lag, sondern in anderen Umständen, z.B. in der mangelnden Vertretungsmacht der für den Veräußerer als Vertreter handelnden Person, oder wenn der Veräußerer zwar der Eigentümer war, ihm aber die Verfügungsbefugnis fehlte, oder wenn das Veräußerungsgeschäft nicht wirksam war, z. B. wegen Geschäftsunfähigkeit des Veräußerers,

3. wenn der Besitzerwerb ohne Zusammenhang mit einem Veräußerungsgeschäft sich vollzogen hat, z. B. wenn jemand vermeintlich herrenlose (in Wahrheit nur verlorene) oder verwechselte Sachen oder vermeintlich zu einer Erbschaft gehörige in Besitz nimmt.

Da die Ersitzung aber erst nach langer Zeit eintritt, haben auch diese Fälle keine allzu große Bedeutung; bei größerem Wert der Sache wird die Aufklärung des Sachverhaltes oft eher erfolgen, als die Ersitzung eintreten kann. Einige praktische Bedeutung hat dagegen der Umstand, daß ein Eigentümer, der seinen Erwerbsakt nicht nachzuweisen vermag (z. B. weil Kauf und Übereignung schon längere Zeit zurückliegen), sich hilfsweise auf Ersitzung berufen kann.

II. Die Voraussetzungen der Ersitzung

Die Ersitzung als Eigentumserwerbsgrund ist an drei Voraussetzungen gebunden: den Eigenbesitz des Erwerbers (possessio), den guten Glauben (bona fides) und den Zeitablauf (tempus). Der Erwerb tritt auf Grund Gesetzes ein.

Weggefallen sind von den Erfordernissen des gemeinen Rechts eine besondere Eigenschaft der Sache (res habilis) und ein besonderer den Erwerb des Besitzers rechtfertigender Grund (titulus).

1. Der Eigenbesitz

Ob der Eigenbesitz unmittelbar oder mittelbar ist, macht keinen Unterschied.

2. Der gute Glaube

Der gute Glaube wird auch hier vermutet (§ 937 II). Er ist beim Besitzerwerb ausgeschlossen durch Kenntnis oder grobfahrlässige Unkenntnis, nachher nur noch durch Kenntnis. Beim Erwerb wird also eine Prüfung mit verkehrsmäßiger Sorgfalt gefordert, nachher nicht mehr. Der gute Glaube bezieht sich hier auf das eigene Eigentum des Ersitzenden, nicht auf das Eigentum des Veräußernden, weil ja nicht immer eine Veräußerung vorausgesetzt wird. Er besteht auf Grund der Unkenntnis der Umstände, die den Eigentumserwerb verhindern, z. B. man eignet sich eine Sache an, die man für derelinquiert hält, während sie verloren ist, man nimmt eine Sache an sich, die man mit der eigenen verwechselt.

Der bösgläubige Besitzer kann zwar durch Verjährung des Herausgabeanspruchs in eine gesicherte Stellung kommen, aber nicht Eigentum erwerben.

3. Die Ersitzungszeit

Die Ersitzungszeit beträgt, wohl allzu lang, zehn Jahre (nach gemeinem Recht drei, nach schweizerischem Recht fünf Jahre).

Der Eigenbesitz muß die ganze Zeit hindurch andauern, doch wird er, wenn er zu Anfang und am Ende eines Zeitraums feststeht, für die Zwischenzeit vermutet (§ 938).

Tritt ein Wechsel in dem Eigenbesitz ein, so beginnt für den neuen Besitzer eine neue Ersitzung. Dies zeigt sich daran, daß auch für ihn im Zeitpunkt seines Erwerbs die strengeren Anforderungen an den guten Glauben gelten. Aber die für den Rechtsvorgänger bereits verstrichene Ersitzungszeit wird dem Nachfolger angerechnet (§ 943). Eine Unterscheidung zwischen Einzel- und Gesamtnachfolge wird nicht gemacht. Streitig ist, ob auch für den Erben die strengeren Anforderungen gelten.[1]

Daß der Besitzende zur Zeit des Besitzerwerbs und während eines Teils der Ersitzungszeit geschäftsunfähig war, schadet nicht.[2]

III. Hemmung und Unterbrechung der Ersitzung

Die Ersitzung wird gehemmt, d. h. die Frist läuft nicht, die schon verstrichene Zeit behält aber ihre Bedeutung, solange die Verjährung des Eigentumsanspruchs gehemmt ist (§ 939), damit der Eigentümer, solange er an der Geltendmachung seines Anspruchs verhindert ist, nicht wehrlos dem Lauf der Ersitzungsfrist gegenübersteht.

Die Ersitzung wird unterbrochen 1. durch den Verlust des Eigenbesitzes (§ 940); wenn aber der Verlust ohne Willen des Eigenbesitzers eingetreten war und dieser den Besitz binnen Jahresfrist (oder mittels einer binnen Jahresfrist erhobenen Klage) wiedererlangt hat, gilt er als nicht eingetreten; 2. durch gerichtliche Geltendmachung des Eigentumsanspruchs (§ 941, aber nur zugunsten des Klägers).

Bei Unterbrechung läuft die Ersitzungsfrist erst weiter, wenn die Unterbrechung beendet ist; die vor ihr verstrichene Frist kommt nicht zur Anrechnung (§ 942, vgl. § 217 für die Verjährung).

IV. Das durch Ersitzung erworbene Eigentum ist als **originär**, nicht als abgeleitet anzusehen (str., so auch Wolff-Raiser § 71 IV).

V. Ersitzung der Lastenfreiheit

Mit dem Erwerb des Eigentums durch Ersitzung erlöschen nach § 945 die an der Sache vor dem Erwerb des Eigenbesitzes begründeten Rechte, es sei denn, daß der Eigenbesitzer beim Erwerb des Eigenbesitzes in Ansehung dieser Rechte nicht in gutem Glauben ist oder ihr Bestehen später erfährt. Die Ersitzungsfrist muß auch in Ansehung des Rechts verstrichen sein. Ersitzung des Eigentums und Ersitzung der Lastenfreiheit werden regelmäßig im gleichen Zeitpunkt eintreten. Jedoch besteht auch die Möglichkeit, daß die Vollendung der Ersitzung zu verschiedenen Zeiten eintritt (z. B. wenn die eine Ersitzungsfrist gehemmt war, die andere nicht).

Auch unabhängig von der Ersitzung des Eigentums ist eine Ersitzung der Lastenfreiheit denkbar; freilich wird sie nur sehr selten vorkommen.

Beispiel: Der Eigentümer A nimmt dem Pfandgläubiger G die verpfändete Sache weg und übereignet sie an B, der das Pfandrecht (das nach § 936 nicht untergeht) nicht kennt. Hier kann B die Lastenfreiheit ersitzen.[3]

VI. Ersitzung und Bereicherungshaftung

Streitig ist, ob gegen den Eigentümer, der ersessen hat, ein Bereicherungsanspruch vom alten Eigentümer erhoben werden kann.[4]

---

[1] Bejahend Wolff-Raiser, § 71 I 3a.

[2] So BVerwG, MDR 1957, 634.

[3] Vgl. dazu Westermann, § 51 IV, Wolff-Raiser, § 71 V.

[4] Bejahend RG 130, 69; Oertmann, LZ 1933, 881; Wolff-Raiser, § 71 IV; Baur, § 53h III 2 (für den Fall der Leistungskondiktion); Westermann, § 51 III; E. Wolf, S. 124; verneinend Erman-Hefermehl, § 937 Anm. 6c; Esser, Schuldrecht, 2. A., § 100 III 1c; v. Gierke, S. 95; Heck, § 61, 5; Krückmann, LZ 1933, 617; Palandt-Degenhart, Vorbem. 1a vor § 937; Staudinger-Berg, § 937 Rdnr. 4.

Die Frage ist wohl zu verneinen, da sonst die Ersitzung durch die Rückgabeverpflichtung völlig entwertet würde. Ein nur formeller oder vorläufiger Eigentumserwerb ohne gleichzeitige materielle Rechtfertigung seiner Dauer wäre eine zwecklose Einrichtung. Die gesetzliche Zulassung des Eigentumserwerbs durch Ersitzung stellt dann den rechtlichen Grund dar, dessen Fehlen in § 812 vorausgesetzt wird. Ein wichtiges Argument für diejenigen, die einen Bereicherungsanspruch zulassen, ist der Hinweis darauf, daß derjenige, der ohne Rechtsgrund oder aber unentgeltlich von einem Nichtberechtigten Eigentum erworben hat, dreißig Jahre auf Bereicherung haften müsse (sog. gutgläubiger Traditionserwerber). Dagegen läßt sich aber anführen, daß sich der gutgläubige Traditionserwerber auch auf Ersitzung berufen kann, wenn er zehn Jahre gutgläubig war, also den Mangel des Rechtsgrunds oder die Tatsache des Erwerbs vom Nichtberechtigten während dieser Zeit nicht erfahren hat. Daß er bereits mit der Übergabe Eigentum erworben hat, steht nicht entgegen.[1]

Beispiel: A schenkt die abhandengekommene Sache des E dem B. B erwirbt nicht gutgläubig Eigentum, kann aber ersitzen. Wäre die Sache nicht abhanden gekommen, hätte der gutgläubige B Eigentum nach § 932 erworben, müßte aber nach § 816 I 2 dreißig Jahre auf Bereicherung haften.

Hier liegt in der Tat eine Divergenz vor, die entgegen der h.M. so gelöst werden muß, daß B auch im zweiten Fall nach zehn Jahren von Bereicherungsansprüchen befreit wird, wenn er im Hinblick auf den Erwerb vom Nichtberechtigten gutgläubig war.

§ 34. Verbindung und Vermischung

Literatur: Biermann, superficies solo cedit, Jher. Jahrb. 34, 169; Heilborn, Die rechtsgestaltende Kraft der Sachverbindung, 1909; Schulz, System der Rechte auf den Eingriffserwerb, AcP 105, 361; Serick, Verbindungsklauseln als Kreditsicherungsmittel, BB 1973, 1405; Tobias, Eigentumserwerb durch Verbindung, AcP 94, 371.

I. Allgemeines

Häufig treten Ereignisse ein, welche die bisherige selbständige Existenz einer Sache aufheben, z. B. durch Verbindung oder Vermischung oder durch Umwandlung in eine andere Sache. Hier ist die Rechtsordnung genötigt, den Tatsachen Rechnung zu tragen und sich der neuen Lage anzupassen, und muß dementsprechend die Eigentumsverhältnisse neu ordnen. Dieser Anpassung dienen die Vorschriften über Verbindung, Vermischung und Verarbeitung in den §§ 946 ff. Es handelt sich hier um alte Regelungen, die schon dem römischen Recht bekannt waren, entsprechend der Tatsache, daß solche Veränderungen stets schon häufig gewesen sind.

---

[1] Vgl. die Abhandlung von Kipp über Doppelwirkungen im Recht in Festschrift für v. Martitz, 1911, S. 211.

II. Verbindung beweglicher Sachen mit unbeweglichen

1. Bewegliche Sachen als wesentliche Bestandteile

Wird die bewegliche Sache – wie in der Regel – wesentlicher Bestandteil der unbeweglichen, so kann das bisherige Sondereigentum an der beweglichen Sache nicht fortbestehen, sondern das Eigentum an der unbeweglichen und der beweglichen Sache kann in Zukunft kraft der zwingenden Vorschrift des § 93 nur noch ein einheitliches sein. Hierbei gilt die unbewegliche Sache stets als die Hauptsache. Auf das Wertverhältnis zwischen den beiden Sachen kommt es hierbei nicht an, doch ist auch praktisch in der Regel das Grundstück wertvoller als jede einzelne(!) mit ihm verbundene bewegliche Sache. Daher erstreckt sich das Eigentum am Grundstück auf die bewegliche Sache mit, das bisherige Eigentum an dieser und sonstige an ihr bestehende Rechte erlöschen, ‚superficies solo cedit', § 946. Da diese Regel zwingend ist, kann ein Eigentumsvorbehalt an der beweglichen Sache nicht wirksam sein.[1] Wer die Verbindung vorgenommen hat, ob sie gut- oder bösgläubig erfolgt, ist gleich. Die Verbindung ist kein Rechtsgeschäft, der Eigentumserwerb tritt auf Grund des Gesetzes ein.

Der Eigentumsverlust ist endgültig. Wird die Verbindung später wieder aufgehoben, z. B. durch Abbruch eines Hauses, so lebt das frühere Eigentum an der beweglichen Sache nicht wieder auf.

Beispiele bieten die Verwendung von Baumaterial aller Art zum Bau eines Hauses oder das Einpflanzen von Samen, Pflanzen, Bäumen in den Boden.

Bedeutung hat die Verbindung als Eigentumserwerbsgrund nur, wenn die bewegliche Sache einem anderen gehört als dem Grundstückseigentümer. Da oft das verwendete Material schon vorher im Eigentum des Grundstückseigentümers steht, ist die Bedeutung nicht so groß, wie es erst erscheint. Aber wenn z. B. Bauhandwerker Fenster, Türen, Zentralheizung usw. in ein Haus einbauen, verlieren sie auf alle Fälle das Eigentum an diesen Sachen, auch wenn sie es nicht schon vorher dem Hauseigentümer übertragen oder sogar einen Eigentumsvorbehalt vereinbart haben (§§ 946, 93).

2. Bewegliche Sachen als unwesentliche Bestandteile

Wird die bewegliche Sache nicht wesentlicher oder überhaupt nicht Bestandteil der unbeweglichen Sache, so bleibt in diesem Fall das Eigentum an der beweglichen Sache unverändert.

Beispiele: Ein Kabel wird in ein Grundstück gelegt (BGH 37, 357); ein Gebäude wird nur zu einem vorübergehenden Zweck errichtet (vgl. § 95). In einer Wohnung werden Beleuchtungskörper angebracht oder ein Gasofen oder elektrischer Ofen aufgestellt. Ein Mieter eines Grundstückes errichtet ein Gebäude, das nur seinen Zwecken dienen soll; in diesem Fall liegt eine Verbindung zu einem vorübergehenden Zweck vor.[2]

III. Verbindung beweglicher Sachen miteinander

Eine Neuordnung der Eigentumsverhältnisse ist wiederum nur erforderlich, wenn die Sachen wesentliche Bestandteile einer einheitlichen

---

[1] Vgl. dazu Serick, BB 1973, 1405.
[2] BGH 8, 1.

Sache werden, da sonst das Sondereigentum an jeder einzelnen Sache unverändert fortbestehen kann, und nur wenn die Sachen verschiedenen Eigentümern gehören.

1. Erwerb von Alleineigentum

Ist eine der verbundenen Sachen als Hauptsache anzusehen, wird deren Eigentümer Alleineigentümer der ganzen Sache, das Eigentum an der anderen verbundenen Sache erlischt (ebenso die an ihr bestehenden Rechte, § 947 II). Eine Vereinbarung darüber, welche Sache als Hauptsache anzusehen sei, ist nichtig.

2. Erwerb von Miteigentum

Ist keine der Sachen als Hauptsache anzusehen, so tritt Miteigentum der bisherigen Eigentümer an den verbundenen Sachen ein, und zwar im Verhältnis des Wertes der einzelnen verbundenen Sachen (§ 947 I).

Ob der eine oder andere Fall vorliegt, entscheidet die Verkehrsanschauung. Das Wertverhältnis spielt naturgemäß eine Rolle, ist aber nicht allein ausschlaggebend. Nach der Ansicht des Bundesgerichtshofs liegt eine Hauptsache nur vor, wenn die übrigen Bestandteile fehlen könnten, ohne daß das Wesen der Sache dadurch beeinträchtigt würde.[1]

Beispiele: Einbinden eines Buches (in der Regel ist das Buch als Hauptsache anzusehen, anders nur bei besonders wertvollen Einbänden), Einkleben von Marken in ein Sammelalbum, Spitzen und Besatz bei Kleidern, Knöpfe und Futter bei Anzügen.

Die praktische Bedeutung dieser Vorschriften ist deswegen eingeschränkt, weil die Verbindung häufig zur Entstehung einer neuen Sache im Sinne des Verkehrs führt und in diesen Fällen nicht Verbindung, sondern Verarbeitung vorliegt (vgl. u. § 35) und diese zuerst zu prüfen ist. Bedeutung haben aber die Spezialfälle des Sammellagergeschäfts (HGB § 419) und der Sammelverwahrung von Wertpapieren (DepotG vom 4. 2. 1937 §§ 5 ff.).

Infolge des erheblichen Fortschritts der technischen Entwicklung werden heute in vielen Fällen Sachen, die nach dem Stand der Technik von 1900 wesentliche Bestandteile einer Sache wurden, nicht mehr wesentliche Bestandteile.[2]

IV. Vermischung und Vermengung

Hier entscheidet, ob die Vermischung oder Vermengung untrennbar ist. Der Untrennbarkeit steht der Fall gleich, daß die Trennung nur mit unverhältnismäßigen Kosten möglich ist. Vgl. § 948.

Ist die Ausscheidung möglich, so ändert sich am bisherigen Eigentum nichts. Jeder Eigentümer kann seine Stücke herausverlangen oder die entsprechende Anzahl von Stücken gleicher Art. Ist die Ausscheidung nicht möglich, so gelten die Grundsätze über die Verbindung; es kommt also darauf an, ob eine der Sachen als Hauptsache angesehen werden kann. Werden mehrere gleichartige Stücke miteinander vermischt, so entscheidet das zahlenmäßige Übergewicht.

Beispiele: Vermischung von Flüssigkeiten miteinander (Verschnitt von Weinen), von Getreide, von Geld. Es läßt sich bezweifeln, ob die strikte Durchführung des Miteigentums praktisch ist, z. B. wenn in einer Kasse zehn Scheine des A und fünfzehn

---

[1] BGH 20, 159 (163).
[2] Vgl. dazu BGH 18, 226 (232).

des B zusammenkommen, weil dann erst die Auseinandersetzung stattfinden muß und keiner vorher allein über zehn oder fünfzehn Scheine verfügen kann. Ferner sind von praktischer Bedeutung Sammellager (HGB § 419) und Effektensammeldepots; diese beruhen auf der Gestattung der Vermischung von gleichartigen Wertpapieren, z. B. Aktien derselben Art; hier liegt allerdings in der Regel auch eine Übereignung nach § 929 vor, aber auf alle Fälle auch Vermischung (DepotG §§ 5 ff.).

Ob die Verbindung oder Vermischung durch menschliche Handlung oder durch Naturgewalt eintritt (z. B. durch Eisenbahnunglück oder Sturm), ob sie im guten oder bösen Glauben vorgenommen wird, ist gleich. Es liegt niemals ein rechtsgeschäftlicher, sondern ein originärer Erwerb vor.

V. Über Ausgleichsansprüche vgl. u. § 36

VI. Wegnahmerecht

Ferner besteht unter Umständen ein Wegnahmerecht (vgl. § 547 II, ferner §§ 601 II, 1049 II, 1216 Satz 2, 2125 II). Dieses Recht wird durch § 951 noch erweitert, gleichviel, ob die Verbindung durch den Besitzer der Hauptsache oder von einem anderen oder durch Naturereignisse verursacht war. Das Recht richtet sich nur gegen den bereicherten Eigentümer, nicht gegen dessen Sondernachfolger, denn es handelt sich nicht um einen dinglichen Anspruch. Das Wegnahmerecht kann allerdings nur vom Besitzer der Sache geltend gemacht werden.[1]

§ 35. Die Verarbeitung

Literatur: Brodmann, Zur Lehre vom Eigentumserwerb durch Verarbeitung, Jher. Jahrb. 79, 128; Emge, Das Moment der Neuheit in § 950 BGB, AcP 114, 23; O. Fischer, Das Problem der Identität und Neuheit, in Breslauer Festgabe für Jhering, 1892, S. 46; Hofmann, Verarbeitungsklausel und § 950 BGB, NJW 1962, 1798; Laufke, Zum Eigentumserwerb nach § 950 BGB, in Festschrift für Hueck 1959, S. 69; Otte, Wesen, Verkehrsanschauung, wirtschaftliche Betrachtungsweise – ein Problem der §§ 93, 119 II, 459 und insbesondere 950 BGB, JuS 1970, 154; Säcker, Zum Begriff des Herstellers in § 950 BGB, JR 1966, 51; Schuler, Bereicherungsprobleme der §§ 816, 951 BGB, NJW 1962, 1842; Serick, Konfliktloses Zusammentreffen mehrerer Verarbeitungsklauseln, BB 1972, 277; Zeuner, Die fremdwirkende Verarbeitung als Zurechnungsproblem, JZ 1955, 195; vgl. zu dem Verhältnis von Verarbeitung und Eigentumsvorbehalt die Literaturangaben bei § 31.

I. Begriff „Verarbeitung"

Verarbeitung im Rechtssinn (Spezifikation) liegt nur dann vor, wenn durch menschliche Arbeit mittels Umbildung eines oder mehrerer Stoffe eine neue bewegliche Sache hergestellt wird. Die erforderliche Unterscheidung von der bloßen Verbindung kann nur an Hand der Verkehrsauffassung erfolgen[2]. Hierbei fällt ins Gewicht, ob die hergestellte Sache einen neuen Namen führt, was stets auf eine neue Sache und damit auf Verarbeitung hinweist. Man sagt z. B. „Brot" statt „gebackenes Mehl", „Anzug" statt „zugeschnittener Kleiderstoff", „Kleiderstoff"

[1] Vgl. BGH 40, 272 (280).
[2] Gegen die Berücksichtigung der Verkehrsauffassung E. Wolf, S. 126.

statt „gewebte Wolle" usw. Reparaturen, selbst wenn sie eine Werterhöhung bewirken, fallen nicht unter die Verarbeitung, weil eben im Verkehrssinn keine neue Sache entsteht.

Beispiele bilden besonders die Herstellung im Handwerks- und Industriebetrieb, so Garn, Stoffe, Kleider, Mehl, Brot, Leder, Schuhe, Möbel, Roheisen, Stahl, Schienen. Es tritt also meist vom Rohstoff über das Halbfabrikat zum Endfabrikat eine mehrfache Verarbeitung ein (vgl. II).

Als Verarbeitung gilt auch eine bloße Bearbeitung der Oberfläche, wenn dadurch eine neue Sache entsteht, wie durch Schreiben, Zeichnen, Gravieren, Malen, Drucken (§ 950 I 2).

Als Beispiele kommen hauptsächlich Kunstwerke und Bücher in Betracht. Auch hier entscheidet das Wertverhältnis zwischen Arbeit und Stoff, wobei in diesen Fällen der Arbeitswert meist erheblich höher sein wird als der Stoffwert. Die Bedeutung als Eigentumserwerbsart ist freilich gering, weil regelmäßig Künstler, Drucker usw. eigenen Stoff benutzen.

Die Bedeutung der Verarbeitung wäre überhaupt viel größer, wenn nicht in Industrie und Handwerk die Regel die Verarbeitung solcher Stoffe bildete, die dem Verarbeiter bereits gehören, so daß ein Eigentumswechsel und Erwerb nicht eintritt.

II. Eigentumserwerb durch Hersteller

Die Gesetzgebung steht hier vor dem Problem, wem das Eigentum an der neuen hergestellten Sache zufallen soll, dem Eigentümer des Stoffes oder dem Hersteller. Während im klassischen römischen Recht darüber gestritten wurde, hat sich das BGB, den meisten deutschen Landesrechten folgend, grundsätzlich dafür entschieden, dem Hersteller das Eigentum zuzuerkennen (§ 950). Nur wenn der Wert der Arbeit erheblich geringer ist als der Wert des Stoffes, wird der Eigentümer des Stoffes Eigentümer der neuen Sache. Es ist also zu prüfen, wieweit der Wert der neuen Sache auf dem Wert des Stoffes und auf dem Wert der auf die Herstellung verwendeten Arbeit beruht. Wert der Verarbeitung = Wert der neuen Sache – Stoffwert.[1] Unter Stoff ist hier nicht der ursprüngliche Rohstoff zu verstehen, sondern der Stoff, wie er der einzelnen in Frage stehenden Verarbeitung zugrunde lag, also z. B. bei Verarbeitung zu Stahl das Roheisen und nicht das Eisenerz, bei Verarbeitung zu Schienen oder Trägern der Rohstahl.

Ein Miteigentum von Hersteller und Stoffeigentümer tritt nicht ein. Sind mehrere Stoffe von verschiedenen Eigentümern verarbeitet, so gilt unter diesen § 947, falls sie das Eigentum an der neuen Sache überhaupt erlangen.

Ob die Sache in den alten Zustand zurückführbar ist (was nur ausnahmsweise der Fall sein wird), ist anders als im späten römischen und im gemeinen Recht ohne Bedeutung.

Die Rechte an dem verarbeiteten Stoff erlöschen, wenn der Verarbeiter das Eigentum erlangt, und zwar auch an seinem eigenen Stoff; anders, wenn der Eigentümer des Stoffes das Eigentum an der neuen Sache erlangt.

---

[1] Vgl. dazu den Fall BGH 18, 226 und BGH, NJW 1971, 1175.

Die Verarbeitung ist zwar eine menschliche Handlung, aber kein Rechtsgeschäft, denn ihre rechtliche Wirkung tritt unabhängig von einem darauf gerichteten Willen ein. Sie ist vielmehr Realakt oder Tathandlung. Auf die Geschäftsfähigkeit des Herstellers kommt es daher nicht an. Auch der gute Glaube des Herstellers ist keine Voraussetzung für den Eigentumserwerb. Selbst der Dieb von Leder erwirbt das Eigentum an den von ihm daraus hergestellten Schuhen (anders z.B. das Schweizer ZGB). Diese Regelung geht wohl in der Zubilligung des Erwerbs zu weit.

III. Die „fremdwirkende" Verarbeitung

1. Begriff des Herstellers

Eine Stellvertretung im technischen Sinn ist bei der Verarbeitung ausgeschlossen. Aber nach der Verkehrsauffassung gilt als Hersteller auch der, der sich fremder Hilfe bedient, ja ausschließlich durch andere die Herstellung in seinem Betrieb durchführen läßt, so der Handwerksmeister, der industrielle Unternehmer, die Dienstherrschaft der Köchin usw. Dies ist von großer praktischer Bedeutung, soweit überhaupt fremde Stoffe verarbeitet werden. Eine andere Lösung würde zu unübersehbar komplizierten Eigentumsverhältnissen führen, da im handwerklichen, besonders aber im industriellen Herstellungsprozeß eine große Menge von Arbeitern neben- oder nacheinander tätig sind (man denke z. B. an den Fabrikationsprozeß vom Eisenerz bis zur Schiene oder gar der Uhrfeder). Vor allem würde der Wirtschaftsprozeß über den Haufen geworfen werden, wenn kein Fabrikat mehr mit einiger Sicherheit dem Unternehmer gehören würde. Damit verliert der § 950 allerdings die Bedeutung für das Verhältnis von Arbeit und Kapital, die er auf den ersten Blick zu haben scheint. Zumeist handelt es sich vielmehr, da hintereinander oft mehrere Verarbeitungsprozesse gestaffelt sind und der Stoff der einen Verarbeitung schon selbst durch eine Verarbeitung hergestellt ist, um eine Auseinandersetzung zwischen den verschiedenen Verarbeitern, z. B. Halbfabrikate- und Veredelungsindustrie.

Der nur tatsächliche Hersteller kann allerdings ausnahmsweise auch einmal der Hersteller im Sinn des Gesetzes sein, also Eigentum erwerben, wenn er nicht im Rahmen des Betriebes, in dem er tätig ist, für den Inhaber, sondern für sich selbst die neue Sache herstellen will. Aber der bloße innere Wille genügt nicht, es müssen objektive äußerlich erkennbare Umstände hinzukommen, die den Schluß auf einen derartigen, nur ausnahmsweise vorhandenen Willen begründen, z. B. die Mitnahme des Materials aus der Werkstatt und die heimliche Verarbeitung außerhalb derselben.

2. Bestimmung des Herstellers durch Parteivereinbarung

Nach der h. M.[1] kann auch durch Parteivereinbarung bestimmt werden, wer Hersteller sein soll. So können Vorbehaltsverkäufer und Vorbehaltskäufer vereinbaren, daß Hersteller einer vom Vorbehaltskäufer verarbeiteten Sache der Vorbehaltsverkäufer werden soll (sog. verlängerter Eigentumsvorbehalt; vgl. o. § 30 III 2). Den Grund für die Zu-

---

[1] So BGH 20, 159; Staudinger-Berg, § 950, 15; abweichend Westermann, § 53 III 2e, der darauf abstellt, ob typischerweise Fremd- oder Eigenverarbeitung vorliegt; a. A. Baur, § 53b I 3; Flume, NJW 1950, 841ff., wonach § 950 dispositives Recht darstellt.

lässigkeit einer solchen „fremdwirkenden“ Verarbeitung wird man hier in der Stellung des Vorbehaltsverkäufers als mittelbarer Besitzer sehen müssen.[1]

3. Besondere Regelung beim Werkvertrag

Eine besondere Regelung erfordert die Herstellung auf Grund eines Werkvertrags. Denn in diesen Fällen ist der Eigentumserwerb des Unternehmers, obwohl er der Hersteller der Sache ist, ausgeschlossen. Man kann sich hierfür auf § 647 berufen. Denn wenn das Gesetz dem Unternehmer ein Pfandrecht an den von ihm hergestellten Sachen zuspricht, so verneint es damit sein Eigentum, und da es ausdrücklich von den hergestellten Sachen „des Bestellers“ spricht, so setzt es eben voraus, daß die Sachen, obwohl neue Sachen hergestellt sind, noch dem Besteller gehören[2]. Auch erfordert der Werkvertrag, daß der Besteller Eigentümer bleibt, denn dieser Vertragstyp ist im Gegensatz zum Kauf überhaupt nicht auf Rechtsverschaffung angelegt (vgl. § 631). Würde der Unternehmer das Eigentum erlangen, so könnte ein Werkvertrag nicht vorliegen, da dieser eine Verpflichtung zur Rechtsverschaffung nicht kennt und sich gerade dadurch vom Werklieferungsvertrag und Kauf unterscheidet. Ohne eine Rechtsverschaffungspflicht würde aber ein solcher Vertrag vollkommen sinnlos werden. Dem entspricht die wirtschaftliche Erwägung, daß beim Werkvertrag der Gewinn des Unternehmers vorwiegend aus der Verarbeitung als Arbeitsleistung stammt, bei Kauf und Werklieferungsvertrag aus der bei der Veräußerung erzielten Preisspanne, also aus dem Umsatz.

§ 36. Ausgleichsansprüche bei Verbindung, Vermischung und Verarbeitung

Literatur: Berg, Bereicherung durch Leistung in den Fällen des § 951 Abs. 1 BGB, AcP 160, 505; Huber, Bereicherungsansprüche beim Bau auf fremdem Boden, JuS 1970, 342, 515; Lorenz, Zur Frage des bereicherungsrechtlichen „Durchgriffs“ in den Fällen des Doppelmangels, JZ 1968, 51; Schindler, Die aufgedrängte Bereicherung beim Ersatz von Impensen, AcP 165, 499; Schuler, Bereicherungsprobleme der §§ 816, 951 BGB, NJW 1962, 1842; Manfred Wolf, Die aufgedrängte Bereicherung, JZ 1966, 467.

Als Ausgleich für den Rechtsverlust wird dem Berechtigten, der durch Verbindung, Vermischung oder Verarbeitung sein Eigentum (oder ein sonstiges Recht an der Sache) einbüßt, eine Vergütung in Geld nach den Vorschriften über die Herausgabe einer ungerechtfertigten Bereicherung gewährt (§ 951). Die Wiederherstellung des alten Zustandes ist im Rahmen dieses Bereicherungsausgleichs ausgeschlossen (§ 951 I 2), weil damit in der Regel unwirtschaftliche Zerstörungen verbunden wären (s. aber u. IV 2, V 2).

---

[1] Zu dem Zusammenhang zwischen Verarbeitung und besitzrechtlicher Innehabung vgl. Zeuner, JZ 1955, 195.

[2] A. M. E. Wolf, S. 128, nach dessen Auffassung § 647 nur dann anwendbar ist, wenn der Unternehmer nicht Eigentümer nach § 950 wird.

I. Die Verweisung als Rechtsgrundverweisung

Nach richtiger und ganz herrschender Meinung ist § 951 nicht selbst Anspruchsgrundlage, sondern verweist auf alle Tatbestände des § 812 (Rechtsgrundverweisung).[1] Das bedeutet vor allem, daß in jedem Fall gesondert zu prüfen ist, ob für den Rechtsverlust durch Verbindung usw. ein „rechtlicher Grund" vorhanden ist.

Der Anspruch entsteht im Augenblick des Rechtsverlustes.[2] Seine Höhe richtet sich nach objektiven Gesichtspunkten; Ausnahme s. u. IV.[3]

II. Ausgleichsansprüche bei Leistungsverhältnissen

1. Beteiligung von zwei Personen

Ein Bereicherungsanspruch ist selbstverständlich in den Fällen nicht gegeben, in denen der verlierende Eigentümer oder Rechtsinhaber (vE) gegenüber dem gewinnenden Eigentümer (gE) aufgrund Vertrags verpflichtet war, die Verbindung oder dgl. vorzunehmen.

Beispiel: Bauunternehmer vE baut eigenes Material auf dem Grundstück des gE gemäß wirksamem Werkvertrag mit gE ein.

In der Vertrag zwischen vE und gE unwirksam, dann kann vE von gE im Wege der Leistungskondiktion Wertersatz verlangen. Solche Fälle der Beteiligung von nur zwei Personen sind relativ unproblematisch; ein Ausschluß des Bereicherungsanspruchs kann sich hier nur durch vertragliche Abreden oder das Bestehen eines Eigentümer-Besitzer-Verhältnisses ergeben, wenn also vE als unrechtmäßiger Besitzer die Verbindung vorgenommen hat (s. dazu V und § 45 VI 4).

2. Beteiligung von mehreren Personen

Die Beteiligung von mehr als zwei Personen, die untereinander entweder alle oder nur zum Teil durch Vertragsbeziehungen verbunden sind, wirft dagegen schwierige und umstrittene Fragen auf. Hier gilt es immer zu entscheiden, ob vE gegen gE eine „Eingriffskondiktion" hat oder ob nur solche Beteiligte etwas voneinander fordern können, zwischen denen ein Leistungsverhältnis besteht.

Beispiel: Der Bauunternehmer U verpflichtet sich gegenüber gE, auf dessen Grundstück ein Haus zu errichten. U beauftragt den Installateur vE mit Installationsarbeiten. Nachdem diese ausgeführt, aber von U noch nicht bezahlt sind, fällt U in Konkurs. Kann sich vE an gE halten und im Wege der „Eingriffskondiktion" Wertersatz verlangen?

Die neuere Bereicherungslehre hat hierzu den wichtigen Grundsatz aufgestellt, die Eingriffskondiktion sei gegenüber der Leistungskondiktion „subsidiär".[4] Dieses Prinzip besagt genauer: Eine Eingriffskondiktion kann nur dann gegeben sein, wenn der Entreicherte das Gut nicht durch Leistung, auch nicht durch Leistung an einen anderen als den endgültig Bereicherten, verloren hat.[5]

---

[1] BGH 40, 276; 55, 176.

[2] BGH 10, 171.

[3] BGH, NJW 1962, 2293; vgl. aber u. IV 3.

[4] Vgl. z. B. Larenz, Schuldrecht II, 10. Aufl., § 68 III; Medicus, § 29 II; BGH 40, 272 (278).

[5] So Huber, JuS 1970, 343.

Dieser Vorrang der Leistungsverhältnisse rechtfertigt sich aus der Schutzwürdigkeit der Verkehrsinteressen in einem stark arbeitsteiligen Wirtschaftssystem. Das hier herrschende allgemeine Bedürfnis nach Übersichtlichkeit und Schnelligkeit der Abwicklung rechtsgeschäftlicher Beziehungen erfordert eine strenge Relativität der Schuldverhältnisse und eine durch Eingriffe vertragsfremder Dritter möglichst ungestörte Abwicklung. Jeder soll sich nur an seinen Vertragspartner halten können, aber auch mit Rechten Dritter nicht zu rechnen brauchen. Vertragliche Leistungen sind nur vom Vertragspartner zu vergüten bzw. beim Fehlschlagen des Leistungsverhältnisses nur an diesen zurückzugeben.

Aufgrund dieser Überlegungen, die in dem erwähnten Grundsatz der Subsidiarität ihren Ausdruck finden, ist ein kondiktionsrechtlicher Durchgriff des vE gegen gE im obigen Beispiel ausgeschlossen.

Auch wenn einer der Verträge unwirksam ist, vollzieht sich die Rückabwicklung nur zwischen den Partnern des unwirksamen Vertrags.

Sogar im Fall des Doppelmangels (Nichtigkeit des Vertrages zwischen vE und U und zwischen U und gE) gibt es grundsätzlich keine Eingriffskondiktion des vE gegen gE.[1]

III. Ansprüche bei Eigentumsverlust ohne Leistung des vE

Hat der Entreicherte das Eigentum dagegen auf andere Weise als durch Leistung („in sonstiger Weise", § 812 I 1) verloren, so unterliegt der gE der Eingriffskondiktion.

Beispiel: U hat in das Haus des gE Material eingebaut, das dem vE gestohlen worden ist.

Daß gE in diesem Fall dem vE Wertersatz leisten muß, findet seine Begründung darin, daß er ohne den Einbau des gestohlenen Materials dem Herausgabeanspruch des vE ausgesetzt gewesen wäre.[2]

IV. Aufgedrängte Bereicherung

Einer besonderen Behandlung bedürfen die Fälle, in denen dem Bereicherten die Bereicherung „aufgedrängt" ist. Von einer aufgedrängten Bereicherung spricht man, wenn die objektive Wertsteigerung dem subjektiven Interesse des Bereicherten nicht entspricht.[3]

1. Bei einer Vielzahl von Fällen wird eine Lösung bereits über das Eigentümer-Besitzer-Verhältnis zu finden sein, wenn ein nichtrechtmäßiger Besitzer Verwendungen vorgenommen hat (vgl. § 45 VI).

2. Schwierig sind dagegen die Fälle zu lösen, in denen die Bereicherung durch einen rechtmäßigen Besitzer aufgedrängt wurde.

Beispiel: Pächter P hatte vom Eigentümer E ein landwirtschaftliches Grundstück gepachtet. Nach dem Pachtvertrag durfte er massive Bauten nur mit ausdrücklicher schriftlicher Genehmigung des E erstellen. P errichtete dennoch massive Gebäude, nach Beendigung des Pachtvertrages verlangt P von E Wertersatz (Fall von BGH 23, 61).

---

[1] Lorenz, JZ 1968, 51; Berg, AcP 160, 512; BGH 48, 70 (obiter dictum); a. A. BGH 36, 30.

[2] A. M. E. Wolf, S. 130, der hier den Bereicherungsanspruch wegen mangelnder Unmittelbarkeit verneint.

[3] Vgl. Palandt-Degenhart, § 951 Anm. 2c, dd.

Zu Recht hat der BGH in diesem Fall einen Ausgleichsanspruch verneint mit der Begründung, daß dem Bereicherten ein Anspruch auf Beseitigung zustehe.

3. Besonders problematisch sind die Fälle, in denen ein rechtmäßiger Besitzer mit Zustimmung des Eigentümers bereichernde Maßnahmen vornimmt, die dessen subjektivem Interesse widersprechen.

Beispiel: Der Grundstückseigentümer E gestattet seiner Tochter T, die als Erbin in Aussicht genommen ist, den Bau eines Hauses auf seinem Grundstück. Erbe wird aber der Sohn S, von dem T Wertersatz verlangt.

In diesem Fall entspricht es der Interessenlage, wenn man beim Wertausgleich auf das subjektive Interesse des Eigentümers abstellt.[1]

V. Konkurrenzen

Weitergehende Ansprüche aus anderem Rechtsgrund bleiben unberührt (§ 951 II).

1. Vertragliche Ansprüche werden durch § 951 nicht ausgeschlossen. Die Aufzählung in § 951 II ist nicht abschließend.[2]

2. Auch ein Schadensersatzanspruch aus unerlaubter Handlung wird von § 951 nicht berührt. In diesem Fall kann sogar die Wiederherstellung des alten Zustandes verlangt werden (vgl. §§ 249, 251).

Beispiel: Bösgläubige Verarbeitung fremden Stoffes.

3. Besonders problematisch ist das Verhältnis des § 951 zu Ansprüchen aus dem Eigentümer-Besitzer-Verhältnis.

Neben Ansprüchen auf Schadensersatz aus §§ 989, 990 ist § 951 anwendbar. Er wird auch durch § 993 nicht ausgeschlossen. Auch der gutgläubige Besitzer soll den Wert der Sache, welcher an die Stelle des verlorenen Eigentums tritt, nicht behalten dürfen.[3]

Die Vorschriften über Nutzungsersatz (§§ 987, 988, 993) sind leges speciales zu § 951.

§ 951 wird durch die §§ 994ff. (Verwendungsersatz) insoweit ausgeschlossen, als die Bereicherung zugleich eine Verwendung des unrechtmäßigen Besitzers auf die Sache darstellt.[4]

§ 37. Eigentumserwerb an Schuldurkunden

Literatur: Jacobi, Das Wertpapier als Sache, in Ehrenbergs Handbuch 1917, Bd. IV 1, S. 347; Schlechtriem, Zivilrechtliche Probleme des Kraftfahrzeugbriefes, NJW 1970, 1993 und 2088.

I. Eigentum und Forderungsrecht

Häufig werden Urkunden ausgestellt, kraft deren nach gesetzlicher Vorschrift eine Leistung gefordert werden kann. Es ist das Natürliche, daß das Eigentum an der Urkunde mit dem Forderungsrecht eng verknüpft wird und bleibt, daß also der Eigentümer der Urkunde und der Forderungsgläubiger ein und dieselbe Person ist.

---

[1] Vgl. Westermann, § 54, 5c; ähnlich Medicus, § 32 V 2; Baur, § 53.
[2] OGH 3, 348.
[3] BGH 55, 176. Vgl. dazu u. §§ 44 VI, 45 V.
[4] Vgl. dazu u. § 45 VI 4 u. VIII 4a und BGH 41, 157.

Darum bestimmt § 952 zunächst eine Ausnahme von dem Eigentumserwerb durch Verarbeitung; bei Ausstellung einer Urkunde erwirbt weder der Eigentümer des Papiers noch der Schreiber oder Hersteller der Urkunde das Eigentum an ihr, sondern der Gläubiger der Forderung, die sich aus ihr ergibt. Dies ist ein gesetzlicher Eigentumserwerb, der vom Willen der Parteien unabhängig ist. Ist die Forderung bei Herstellung der Urkunde noch nicht entstanden, so erwirbt der Gläubiger mit ihrer Entstehung das Eigentum an der Urkunde.

Auch bei Übertragung der Forderung folgt das Eigentum an der Urkunde dem Forderungsrechte (das Recht am Papier dem Rechte aus dem Papier), so daß der jeweilige Gläubiger der Forderung notwendig auch Eigentümer der Urkunde ist, wiederum ohne Rücksicht auf den Willen der Beteiligten und den Besitz (§ 952, vgl. auch § 402).

Mit Erlöschen der Forderung bleibt der letzte Gläubiger Eigentümer der Schuldurkunde, doch hat der Schuldner einen obligatorischen Anspruch auf Rückgabe (§ 371).

Dingliche Rechte an der Forderung (Pfandrecht, Nießbrauch) erstrecken sich auf die Urkunde. Eine Veräußerung der Urkunde ohne gleichzeitige Übertragung der Forderung ist unzulässig.

Das Verhältnis der Urkunde zum Forderungsrecht stellt eine Parallele zu demjenigen des Zubehörs zur Hauptsache dar. Die Urkunde ist aber nicht im technischen Sinne Zubehör, da das BGB ein solches nur zu Sachen kennt.

Streitig ist, ob § 952 zwingendes Recht ist.

II. Arten der Schuldurkunden

Als solche Urkunden kommen in Betracht

1. Schuldscheine (sie sind bloße Beweispapiere),
2. Hypotheken-, Grundschuld- und Rentenschuldbriefe, also Urkunden über dingliche Rechte, die mit einer Forderung verbunden sind (vgl. u. § 53),
3. Urkunden nach § 808 (qualifizierte Legitimationspapiere), insbesondere Sparkassenbücher und Versicherungsscheine,
4. Kraftfahrzeugbriefe nach der Straßenverkehrs-Zulassungs-Ordnung[1].

Inhaberpapiere, Wechsel und andere Orderpapiere fallen dagegen nicht unter § 952. Bei ihnen folgt das Recht aus dem Papier dem Recht am Papier; hierin liegt der Charakter des echten Wertpapiers.

§ 38. Der Fruchterwerb

Literatur: Affolter, Das Fruchtrecht 1911; Raape, Aneignungsüberlassung, Jher. Jahrb. 74, 179; Schnorr v. Carolsfeld, Soziale Ausgestaltung des Erwerbs von Erzeugnissen, AcP 145, 27; Zitelmann, Übereignungsgeschäft und Eigentumserwerb an Bestandteilen, Jher. Jahrb. 70, 1.

I. Allgemeines

Früchte einer Sache, auch andere wesentliche Bestandteile, können vor der Trennung nicht Gegenstand besonderer Rechte sein (§ 93), müssen daher im Eigentum desjenigen stehen, welcher der Eigentümer der fruchttragenden Sache ist. Mit der Trennung werden sie selbständige

[1] Vgl. dazu BGH, NJW 1964, 1413 und Schlechtriem, NJW 1970, 2088.

Sachen und nunmehr entsteht das Problem, wem das Eigentum an ihnen zufallen soll, ob dem Eigentümer der fruchttragenden Sache, z. B. des Grundstücks – Substantialprinzip des römischen Rechts – oder dem, der die Früchte erarbeitet hat (durch Säen, Pflanzen, Ernten) – Produktionsprinzip des germanischen Rechtes.

Das BGB hat sich zwar im Grundsatz dem römischen Recht angeschlossen, aber so bedeutende Ausnahmen getroffen, daß es sich praktisch dem germanischen Recht sehr angenähert hat.

II. Fruchterwerb durch Eigentümer

Der Grundsatz des § 953 spricht das Eigentum an getrennten Früchten und sonstigen Bestandteilen der Sache (z. B. geerntetes Getreide, Heu, Kartoffeln, Obst, das Abbruchsmaterial eines abgebrochenen oder zerstörten Hauses) dem Eigentümer der Sache zu. Aber dem Eigentümer gehen kraft der nachfolgenden Bestimmungen eine Reihe von Personen vor und schließen seinen Eigentumserwerb aus.

III. Fruchterwerb durch dinglich Berechtigten

Dies ist zunächst der kraft dinglichen Rechts an der Sache zur Fruchtziehung Berechtigte (§ 954), z. B. der Nießbraucher, ferner der Erbbauberechtigte, der Pfandgläubiger im Falle von § 1213.

Er erwirbt bereits mit der Trennung das Eigentum ohne Rücksicht auf Besitzergreifung, auf den Besitz der fruchttragenden Sache und auf Herbeiführung der Trennung durch ihn oder andere Personen oder Naturereignisse. Dieser Erwerb entspricht Wesen und Zweck dieser dinglichen Rechte (vgl. u. § 77) und bildet eine Sicherung des auf ihnen beruhenden Rechtserwerbs.

IV. Fruchterwerb durch gutgläubigen Eigenbesitzer

Ihm geht wieder vor der Eigenbesitzer der Sache und der Besitzer der Sache in Ausübung eines vermeintlichen Fruchtziehungsrechts (§ 955), wenn er gutgläubig ist im ersten Fall in bezug auf seinen Eigenbesitz und das Fruchtziehungsrecht eines anderen oder im zweiten Fall in bezug auf sein eigenes Fruchtziehungsrecht, d. h. wenn er beim Erwerb des Besitzes weder weiß noch infolge grober Fahrlässigkeit nicht weiß, daß er zum Besitz oder zur Fruchtziehung nicht berechtigt ist, oder wenn er später vor der Trennung den Mangel seines Rechts nicht erfährt.

Beispiele: Der Erwerber der Sache, der wegen der Nichtigkeit der Auflassung nicht Eigentümer geworden ist, der vermeintliche Nießbraucher, der wegen Nichtigkeit der Nießbrauchsbestellung das Recht nicht erworben hat, umgekehrt der Eigentümer, der von dem bestehenden Nießbrauch nichts weiß und im Besitz der Sache ist.

Der Besitz der Sache muß im Zeitpunkt der Trennung zumindest als mittelbarer vorhanden sein, (doch besteht eine Erleichterung wie bei der Ersitzung, vgl. §§ 955 III, 940 II).

Auch der Eigentumserwerb dieser Personen tritt mit der Trennung ein. Er beschränkt sich aber auf den Erwerb der Früchte und erfaßt nicht andere getrennte Bestandteile (§ 955).

Eine andere wichtige Frage ist die, ob der Besitzer die Nutzungen, selbst wenn er sie zu Eigentum erworben hat, behalten darf oder herauszugeben hat; vgl. §§ 987 ff., u. § 45 III.

V. Fruchterwerb durch kraft Gestattung Aneignungsberechtigte

Den zu II bis IV genannten Personen geht vor der kraft Gestattung Aneignungsberechtigte, obwohl er nur obligatorisch, nicht dinglich berechtigt ist.

1. Die Aneignungsberechtigten

a) Erwerb bei Besitz

Ist ihm auch der Besitz der fruchttragenden Sache überlassen, so daß der Gestattende nicht mehr im Besitz der fruchttragenden Sache ist, so erwirbt er mit der Trennung das Eigentum, so vor allem der Pächter (§ 956 I 1 1. Fall).

Ferner der Käufer eines Hauses auf Abbruch, wenn ihm der Besitz des Grundstücks überlassen war, an dem Abbruchsmaterial als getrennten Bestandteilen.

Dem Besitz an der ganzen fruchttragenden Sache steht der überlassene Teilbesitz an ungetrennten Bestandteilen, z. B. stehenden Bäumen, gleich.

Mittelbarer Besitz an der Muttersache genügt für § 956 I 1 Fall 1 dann nicht, wenn der Gestattende unmittelbarer Besitzer bleibt.

Beispiel (BGH 27, 360): Der Gestattende war in Konkurs gefallen. Umstritten war, wem das Eigentum an der Ernte und der Ernteerlös zustehe. Zu Recht führt der BGH aus, § 956 I 1 1. Fall verlange eine enge, nicht erst durch unmittelbaren Besitz des Gestattenden vermittelte herrschaftsmäßige Beziehung des Fruchtziehungsberechtigten zur Muttersache. Fehle eine solche Beziehung, so könne das Eigentum an den Früchten nicht schon mit der Trennung, sondern erst mit der Besitzergreifung erworben werden. Vgl. o. § 4 II.

b) Erwerb bei Nichtbesitz

Ist ihm der Besitz der Sache nicht überlassen, so erwirbt er nicht schon mit der Trennung Eigentum, sondern erst mit der Besitzergreifung (§ 956 I 1 2. Fall).

Hierunter fallen z. B. der Käufer noch nicht getrennter Früchte, also des Getreides auf dem Halm, des Obstes auf dem Baum, ferner die Personen, denen das Sammeln von Reisig, Beeren oder Pilzen gestattet ist, auch der Pächter, dem das Grundstück noch nicht übergeben ist.

Mit der Trennung fallen Früchte und Bestandteile im zweiten Falle zunächst in das Eigentum des Gestattenden; derjenige, dem die Aneignung gestattet ist, hat ein Aneignungsrecht.

2. Die Gestattung

a) Gestattungsberechtigt ist, wer ohne die Gestattung selbst mit der Trennung erworben hätte, also der Eigentümer, vor ihm der dinglich Fruchtziehungsberechtigte (§ 956 II). Die Berechtigung muß noch zu dem Zeitpunkt vorhanden sein, zu welchem der Erwerb des Gestattungsempfängers eintreten soll.

b) Die Gestattung verschafft ein Aneignungsrecht auch dann, wenn der Gestattende zur Gestattung nicht berechtigt ist, der andere ihn aber für berechtigt hält oder halten darf (§ 957). Der Gestattende muß im Besitz der Sache sein in Analogie zu § 932, da sonst jede tatsächliche Grundlage für den guten Glauben fehlt. Berühmtes Beispiel (nach dem Lehrbuch von Cosack): Ein Spaßvogel sitzt auf der Mauer eines Weinbergs und ruft einem Vorübergehenden zu: „Nehmen Sie nur von den Trauben so viel, wie Sie Lust haben; ich habe noch genug.“ Nach richtiger Ansicht erwirbt der Wanderer nicht Eigentum, weil der Spaßvogel nicht Besitz am Weinberg hat.

Die Gestattung ist unwiderruflich, wenn ihrem Empfänger der Besitz der Sache überlassen ist (§ 956 I 2) und der Gestattende zur Gestattung verpflichtet ist, z. B. auf Grund des Pachtvertrags. Sonst ist sie widerruflich, auch wenn der Widerruf vertragswidrig sein sollte; mit ihm erlischt das Aneignungsrecht. Der Anspruch auf erneute Gestattung und auf Schadensersatz aus Vertrag bleiben erhalten.

3. Konstruktion des Eigentumserwerbs

Umstritten ist die Konstruktion des Eigentumserwerbs auf Grund der Gestattung. Nach der einen Auffassung (vgl. z. B. Palandt-Degenhart, § 956 Anm. 1) handelt es sich nur um einen besonderen Fall der normalen Übereignung nach § 929. Die Gestattung stellt den Antrag zur Einigung dar, er wird angenommen durch den Besitz der fruchttragenden Sache bis zur Trennung bzw. (wenn der Besitz fehlt) durch die Besitzergreifung. Gegen diese Konstruktion läßt sich aber das Bedenken erheben, daß sie keine Unterlage im Bewußtsein und Willen der handelnden Personen findet. Wie soll man in einem Pachtvertrag und der mit ihm verbundenen Gestattung, der im Frühjahr geschlossen wird, einen Antrag sehen, dessen Annahme erst nach Monaten, etwa bei der Ernte, erfolgt? Der erntende Pächter hat bei seiner Tätigkeit sicherlich nicht den Willen, eine Eigentumsübertragungsofferte des Verpächters anzunehmen. Ein sofortiger Erwerb ist ebenfalls ausgeschlossen, denn eine Einigung über Sachen, die noch gar nicht vorhanden sind und nicht übergeben werden können, ist auch ein künstliches Gebilde. Die Einigung beträfe auch nicht einzelne konkret vorhandene oder auch nur bestimmbare Sachen, sondern eine zunächst noch völlig unbestimmte, erst in Zukunft feststellbare Vielzahl von Sachen, an denen ein Eigentumserwerb zu völlig verschiedener Zeit erfolgen kann. Die Einigung ist ein einmaliger Vorgang, die Gestattung schafft einen Dauerzustand und hat daher in den Augen der Beteiligten einen anderen Sinn.

Richtig erscheint daher die andere Auffassung, wonach durch die Gestattung im ersten Fall (Besitz der fruchttragenden Sache) eine Anwartschaft auf das Eigentum an den Früchten geschaffen wird, die durch die Trennung zum vollen Eigentum wird, indem das letzte noch ausstehende Tatbestandsmoment des Eigentumserwerbs eintritt. Im zweiten Fall handelt es sich um ein Aneignungsrecht, das durch Besitzergreifung ausgeübt wird.

Es fragt sich nur, ob die Gestattung als einseitiges Rechtsgeschäft oder als Vertrag anzusehen ist. Näher liegt es, wenn man dem Sprachgebrauch folgt, Einseitigkeit anzunehmen; auch die Verwandtschaft mit der Zustimmung spricht dafür. Andererseits ersetzt die Gestattung eine Übertragung des Eigentums, was wieder für die Vertragsnatur ins Feld zu führen ist. Daher wird man sich für den Vertrag zu entscheiden haben.

VI. Die Rangordnung der Berechtigten ist die umgekehrte wie die Reihenfolge der §§ 953–956. An erster Stelle kommt der auf Grund Gestattung Aneignungsberechtigte, der im Besitz der Sache ist, hinter ihm der dinglich an fremder Sache Berechtigte, erst hinter diesem der Eigentümer.

§ 39. Aneignung und Aufgabe

Literatur: Walsmann, Der Verzicht, 1912.

I. Aneignung

Die Aneignung ist frei für jedermann an herrenlosen Sachen, d. h. solchen, die niemand zu Eigentum gehören. In der Regel sind sie auch besitzlos. Dieser Erwerbsgrund, unter primitiven Verhältnissen (Jagdvölkern, Nomaden) wichtig, hat an Bedeutung sehr verloren, weil in der Regel nur wertlose Sachen herrenlos werden, wertvolle restlos verteilt sind.

Die Aneignung (Okkupation) erfordert den Erwerb des Eigenbesitzes (§ 958). Ob sie als Rechtsgeschäft anzusehen ist, ist umstritten, aber wohl zu bejahen. Die Entscheidung hängt davon ab, ob man den Willen, Eigenbesitzer zu werden, für genügend, den Eigentumserwerb für die gesetzliche Folge hält. Geschäftsunfähige können nicht Eigentum erwerben, wenn sie nicht imstande sind, Eigenbesitz zu erwerben; vgl. dazu § 5 II. Das Gesetz fordert zwar nicht ausdrücklich den Willen, Eigentum zu erwerben, doch ist er als Grundlage anzunehmen, denn ein Eigentumserwerb, der auf einer Erwerbshandlung beruht (im Gegensatz zu §§ 946 ff.) und doch ohne den Willen, Eigentum zu erwerben, ist wenig folgerichtig. Herrenlose Sachen unterliegen der Aneignung, besitzlose dem Fund (vgl. u. § 42).

II. Herrenlosigkeit und Aufgabe des Eigentums

Herrenlos sind Sachen entweder, weil sie niemals im Eigentum einer Person gestanden haben, z. B. wilde Tiere in der Freiheit, insbesondere die Tiere des Meeres, oder weil sie vom Eigentümer aufgegeben und herrenlos geworden sind.

Die Aufgabe des Eigentums (Dereliktion) erfordert die Aufgabe des Besitzes und die Absicht, das Eigentum aufzugeben (§ 959), stellt also wiederum die Verbindung eines Willens- und eines tatsächlichen Momentes dar. Sie ist Rechtsgeschäft und Verfügung;[1] die in ihr liegende Willenserklärung ist nicht empfangsbedürftig, meist auch nicht ausdrücklich, sondern ergibt sich aus den Umständen (Wegwerfen der Sache,[2] absichtliches Liegenlassen). Ein nicht Geschäftsfähiger kann daher nur den Besitz, nicht das Eigentum aufgeben. Der Aufgebende muß auch das Verfügungsrecht über das Eigentum besitzen (wichtig z. B. für den Gemeinschuldner). Weil es sich um ein Rechtsgeschäft handelt, ist eine Anfechtung der Aufgabe möglich.

Die Aufgabe kann dem Besitzverlust folgen; dagegen wird der bloße Wille und selbst die Erklärung, das Eigentum aufzugeben, unwirksam sein, solange nicht die Aufgabe des Besitzes erfolgt.

Über das Herrenloswerden wilder Tiere vgl. § 960 II und III, über das Ausziehen eines Bienenschwarms §§ 961–964.

III. Verbotene Aneignung

Die Aneignung führt nicht zum Eigentumserwerb, wenn die Aneignung gesetzlich verboten ist oder durch die Besitzergreifung das Aneignungsrecht eines anderen verletzt wird (§ 958 II). Die Sache bleibt daher herrenlos, bis der Berechtigte sie sich aneignet oder ein gutgläubiger Erwerb erfolgt (§ 935 ist hier nicht anwendbar). Der Aneignungsberechtigte kann vom Besitzer Herausgabe verlangen, z. B. der Jagdberechtigte vom Wilderer. Als Anspruchsgrundlagen kommen §§ 687 II, 823 I und II, 826 in Betracht. Mit Besitzerlangung erwirbt der Jagdberechtigte Eigentum.[3]

§ 40. Jagd- und Fischereirecht

Literatur: Bergmann, Fischereirecht, 1966; Lorz, Naturschutz-, Tierschutz- und Jagdrecht, 2. Aufl., 1967; Mitzschke-Schäfer, Kommentar zum Bundesjagdgesetz, 3. Aufl., 1971; Nick-Frank, Das Jagdrecht in Bayern, 3. Aufl., 1972.

---

[1] So auch Westermann, § 58 II 2b, Wolff-Raiser, § 78 II 1a.

[2] Zum Verhältnis von Eigentumsaufgabe und Vernichtungsabsicht vgl. Fritsche, MDR 1962, 714.

[3] So BGH, LM Nr. 9 zu § 242 StGB, a. M. Westermann, § 58 IV, der den Jagdberechtigten bereits bei Besitzerwerb durch den Wilderer Eigentümer werden läßt.

Die praktisch wichtigsten Fälle von Aneignung sind durch besonderes Recht außerhalb des BGB geregelt, vor allem durch das Jagd-, das Fischerei- und das Bergrecht. Alle drei haben eine lange Entwicklung seit dem Mittelalter erfahren. Sie werden hier nur kurz dargestellt, soweit sie für Grundsätze des bürgerlichen Rechts von Bedeutung sind.

I. Jagdrecht

Das Jagdrecht ist durch das BGB nicht geregelt (mit Ausnahme von § 958 II). Unter dem Nationalsozialismus war im Jahr 1934 ein Reichsjagdgesetz ergangen. Dieses Gesetz wurde nach 1945 durch Ländergesetze ersetzt. Im Jahre 1952 wurde das Bundesjagdgesetz vom 29. 11. 1952 (BGBl. I 780, ber. 843) als Rahmengesetz erlassen. Heute gilt es i.d.F. vom 30.3.1961 (BGBl. I 304). Die Länder übernahmen die weitere Ausgestaltung des Jagdrechts (vgl. z.B. das Bayer. Jagdgesetz vom 12. 11. 1958 i. d. F. vom 18. 7. 1962, GVBl. 131). Das Jagdrecht gilt nur hinsichtlich der in Gesetzen aufgezählten jagdbaren, nicht aller herrenlosen Tiere und regelt das Aneignungsrecht an ihnen. (Eigentum des Jagdberechtigten kann nicht von vornherein bestehen.) Das Jagdrecht ist untrennbar mit dem Grundeigentum verbunden (§ 3 BJagdG) und kann nicht als selbständiges dingliches Recht begründet werden, doch kann der Jagdberechtigte die Jagd verpachten (§§ 11ff. BJagdG). Die Ausübung darf nur in Jagdbezirken erfolgen, um eine angemessene, den Wildstand erhaltende Jagd zu sichern. Entweder sind es Eigenjagdbezirke (§ 7 BJagdG) oder gemeinschaftliche, bei denen die Ausübung durch eine Zwangsgenossenschaft erfolgt (§§ 8–10 BJagdG), beide von bestimmter Mindestgröße. Die Jagdgenossenschaft nutzt die Jagd in der Regel durch Verpachtung (§ 10 I BJagdG). Grundstückseigentümer, die nicht Eigenjagdberechtigte sind, sind als Mitglieder der Jagdgenossenschaft an den Erträgnissen der Jagd beteiligt. Wichtig ist die Regelung des Wildschadens; die Bestimmungen des BGB in § 835 sind durch BJagdG §§ 29ff. ersetzt. Zu unterscheiden sind Jagdschäden, die durch Ausübung der Jagd entstehen (§ 33 BJagdG) und Wildschäden, die durch das Wild an Grundstücken oder Früchten entstehen (§§ 26–32 BJagdG). Ohne Rücksicht auf Verschulden ist bei gemeinschaftlichen Jagdbezirken der Jagdausübungsberechtigte (also die Jagdgenossenschaft bzw. der Jagdpächter) zum Schadensersatz verpflichtet, bei Schäden, die den Anliegern von Eigenjagdbezirken erwachsen, der Eigentümer oder Pächter des Eigenjagdbezirks (§§ 29, 33 BJagdG).

Für die Geltendmachung des Wild- und Jagdschadens gelten §§ 34, 35 BJagdG. Eine Klage kann nach § 35 von einem verwaltungsrechtlichen Vorverfahren abhängig gemacht werden; vgl. z.B. für Bayern das Gesetz über das Verfahren in Wild- und Jagdschadenssachen vom 12. 8. 1953 (BayBS IV S. 575).

Mit dem Besitzerwerb geht das erlegte Wild in das Eigentum des Jagdberechtigten über. Streitig ist, ob der Besitzerwerb eines unberechtigten Dritten (Wilderers) ohne Besitzerwerb des Jagdberechtigten diesem das Eigentum verschafft oder ob nur das Aneignungsrecht fortbesteht. Der letzteren Meinung ist zu folgen (vgl. o. § 39 III).

II. Fischereirecht

Das Fischereirecht ist auch heute noch landesrechtlich geregelt (EGBGB Art. 69, bemerkenswert das Preuß. G. von 1916 und das Bayer. von 1908, BayBS IV S. 453). Es gewährt ebenfalls ein Aneignungsrecht. Nur die Hochsee- und die Küstenfischerei (letztere beschränkt auf die jeweiligen Staatsangehörigen) ist frei. Bei den Binnengewässern steht das Fischereirecht dem Eigentümer des Gewässers zu, daher bei größeren Flüssen und Seen dem Staat, sonst den Anliegern. Auch hier gilt diese Regelung für herrenlose Fische, nicht für die in Teichen gehaltenen, die im Eigentum des Teicheigentümers stehen. Für die Ausübung des Rechts können auch hier Fischereibezirke gebildet und Genossenschaften geschaffen werden. Die Verwaltung dieses Bezirks obliegt regelmäßig der zuständigen Gemeinde (ähnliche Möglichkeiten im Jagdrecht § 9 II 3 BJagdG).

§ 41. Das Bergrecht

Literatur: Ebel-Weller, Allgemeines Berggesetz, 2. Aufl., mit Ergänzung 1969; Kiessling-Ostern, Bayerisches Berggesetz, 1953; Miesbach-Engelhardt, Bergrecht, 1962 mit Ergänzungsband 1969; Reuss-Grotefend-Dapprich, Das Allgemeine Berggesetz, 11. Aufl., 1959; Weitnauer, Grundeigentum und Bergbau, JZ 1973, 73; Westermann, Freiheit des Unternehmers und des Grundeigentümers und ihre Pflichtenbindungen im öffentlichen Interesse nach dem Referentenentwurf eines Bundesberggesetzes, 1973.

I. Geschichtliche Entwicklung

Das Bergrecht hat seit dem frühen Mittelalter vielerlei Regelungen erfahren. Wegen der großen wirtschaftlichen Bedeutung des Bergbaus hat sich die Rechtsordnung immer wieder um seine juristische Ordnung bemüht. Ursprünglich mit dem Grundeigentum verbunden – natürlich, solange der Tagebau an der Oberfläche überwog – ist das Recht zur Gewinnung von Mineralien Regal geworden. Von den Landesherren wurde es später dem Finder von Mineralien verliehen. Dabei entwickelte sich die Bergbaufreiheit, d. h. das Recht, nach Erzen zu suchen. Es blieb nur die staatliche Berghoheit als Aufsichtsrecht. Das vorbildliche preußische Berggesetz vom 24. 6. 1865 bestimmte, daß jeder zur Aufsuchung von Mineralien befugt sei und bei Finden die Verleihung des Abbaurechts verlangen könne. Der dadurch geförderte wilde Wettbewerb bewährte sich nicht. Daher wurde in Preußen die Freiheit für Kohlen und Salze durch Gesetz von 1907 beseitigt und der Bergbau durch Kartelle wirtschaftlich geordnet.

Das Bergrecht ist heute landesrechtlich geregelt. Vgl. z. B. für Bayern das Berggesetz vom 13. 8. 1910 i. d. F. vom 10. 1. 1967 (GVBl. S. 185). Auch das Preußische Allgemeine Berggesetz gilt als Landesrecht weiter.[1] Der Bund hat von der ihm in Art. 74 Ziff. 11 GG eingeräumten konkurrierenden Gesetzgebungsbefugnis bisher nicht Gebrauch gemacht. Seit 1919 besteht eine Tendenz zur Sozialisierung des Bergbaus (Art. 156 WRV, 15 GG), die freilich noch nicht verwirklicht worden ist. Die Einfügung des deutschen Bergbaus in die europäische Montanunion läßt die privatrechtliche Seite des Bergrechts in Deutschland unberührt.[2]

II. Verleihung des Bergrechts

Das Bergrecht enthält die Regelung des Rechts, bestimmte, in den Berggesetzen ausdrücklich genannte Mineralien aufzusuchen und zu gewinnen; vgl. z. B. Art. 1 Bayer. Berggesetz, § 1 Preuß. Berggesetz. Bei gewissen Mineralien (z. B. Gold, Uranerz) hat der Staat das alleinige Recht zur Aufsuchung und Gewinnung (Staatsvorbehalt); vgl. z. B. Art. 2 Bayer. Berggesetz, § 2 Preuß. Berggesetz. Das Bergrecht ist vom Eigentum am benutzten Grundstück getrennt und entsteht durch staatliche Verleihung auf Grund des „Schürfens" (dem Aufsuchen der Mineralien) und der „Mutung", dem nach Finden gestellten Gesuch um Verleihung. Die Verleihung schafft das Recht, aber der einzelne hat unter bestimmten Voraussetzungen einen Anspruch gegen den Staat auf seine Begründung (gebundener Verwaltungsakt; ähnliche Lage wie bei der Erteilung eines Patents). Es handelt sich beim Bergrecht um das ausschließliche Abbaurecht und damit um ein Aneignungsrecht (dingliches grundstücksgleiches Nutzungsrecht), nicht aber um das Eigentum an den abzubauenden Mineralien, die als herrenlos (entgegen § 905 BGB!) und nicht als Eigentum des Grundstückseigentümers[3] zu betrachten sind. Zu dem Aneignungsrecht tritt der Anspruch auf entgeltliche Benutzung der Grundstücke, auf und unter denen das Bergwerk betrieben wird. Doch kann der Grundeigentümer die entgeltliche Übernahme des Eigentums gegen allen Ersatz fordern, wenn das Grundstück durch den Bergbau an Wert verliert. Jeder Schaden am Grundstück oder an Gebäuden ist ebenfalls voll zu ersetzen (vgl. dazu Art. 178 ff. Bayer. Berggesetz, § 148 Preuß. Berggesetz).[4]

---

[1] BGH 11, 104.
[2] Wolff-Raiser, § 95 VII.
[3] Str., wie hier Baur, § 30 II und Wolff-Raiser, § 97 I.
[4] Zur Person des Ersatzverpflichteten vgl. BGH, NJW 1969, 1962.

III. Das Bergrecht als grundstücksgleiches Recht

Formell wird das Bergrecht wie ein Grundstück behandelt. Es erhält ein eigenes Grundbuchblatt und unterliegt dem Grundbuchrecht. Es gelten daher die §§ 313 und 925 BGB. Auch gibt es gutgläubigen Erwerb.[1] Der wahre, nicht gebuchte Berechtigte hat den Berichtigungsanspruch. Das Bergrecht kann mit dinglichen Rechten aller Art durch Einigung und Eintragung belastet werden.

IV. Träger von Bergwerken

Schon seit langem zwang der Aufwand für Anlegung eines Bergwerkes zum Zusammenschluß. Die gesellschaftliche Form ist die Gewerkschaft. Sie geht auf das 13. Jahrhundert zurück. Sie ist in neuerer Zeit durch die Aktiengesellschaften und die GmbH zurückgedrängt.

§ 42. Der Fund

Literatur: Brückmann, Der Begriff der „verlorenen Sache", BürglArch. 23, 322; Krusch, Grundzüge eines neuen Fundrechts, AcP 148, 282; Rother, Der Fund im Betrieb, BB 1965, 247; Strauss, Das Fundrecht des BGB, 1908.

I. Gegenstand des Fundes

Gegenstand des Fundes sind verlorene, d. h. besitzlos, aber nicht herrenlos gewordene Sachen (§ 965).

In der Regel tritt die Besitzlosigkeit ohne Willen des Besitzers ein; doch sind besitzlos z. B. auch die von einem Dieb auf der Flucht weggeworfenen Sachen, ferner die von einem geschäftsunfähigen Eigentümer aufgegebenen. In Wohnungen und Häusern gehen Sachen in der Regel nicht verloren, weil sie im Besitz des Wohnungs- oder Hausinhabers bleiben, ausgenommen nur, wenn sie so verborgen sind, daß sie längere Zeit nicht wiederzuerlangen sind.[2]

II. Begriff des Finders

Finder ist, wer eine verlorene Sache entdeckt, d. h. wahrnimmt, und daraufhin an sich nimmt (§ 965).

In Wahrheit entscheidet die zweite Tatsache; denn die Besitzergreifung ist ohne Wahrnehmung nicht denkbar, diese allein hat aber keine rechtliche Bedeutung. Wenn z. B. von zwei Personen, die miteinander gehen, A zuerst die Sache entdeckt und liegen sieht, B sie aber zuerst ergreift, ist nicht A der Finder, sondern B. Ein bloßes In-die-Hand-Nehmen der Sache, um sie zu besichtigen, genügt nicht, belastet aber auch nicht mit den Pflichten eines Finders. Wer im Auftrag eines anderen nach der Sache gesucht hat, ist nicht Finder. Ein Besitzdiener findet nicht für sich, sondern für den Dienstherrn, wenn er im Rahmen des Besitzdienerverhältnisses tätig ist, z. B. nimmt die Angestellte eines Kinos, die vertraglich zur Aufräumung des Zuschauerraums und zur Ablieferung gefundener Sachen verpflichtet ist, die Sachen für den Arbeitgeber an sich und ist nicht selber Finder[3] (vgl. dazu o. § 6 I).

Finden ist kein Rechtsgeschäft, daher auch durch einen Geschäftsunfähigen möglich.

III. Schuldverhältnis zwischen Finder und Empfangsberechtigten

Der Fund stellt an sich einen Fall der Geschäftsführung ohne Auftrag dar, ist aber einer Sonderregelung unterworfen. Durch den Fund entsteht ein gesetzliches Schuldverhältnis zwischen dem Finder und dem Empfangsberechtigten. Es bildet den Hauptteil der gesetzlichen Vorschriften über den Fund. Der mögliche Eigentumserwerb des Finders tritt demgegenüber weit in den Hintergrund, die Pflichten des

---

[1] Vgl. Wolff-Raiser, § 97 II.

[2] Str., so auch Westermann, § 59 I 2.

[3] BGH 8, 130.

Finders überwiegen seine Rechte. Der Fund genügt aber nicht, um den Verlierer zum mittelbaren Besitzer im Sinne von § 868 zu machen.

Empfangsberechtigt sind der Verlierer, ferner der Eigentümer, jeder an der Sache dinglich Berechtigte (Nießbraucher, Pfandgläubiger), auch der mittelbare Besitzer, also jeder, der die Herausgabe der Sache verlangen kann.

Zwei Hauptpflichten lasten auf dem Finder, 1. die Anzeigepflicht (§ 965), 2. die Verwahrungspflicht (§ 966).

Zu 1: Der Finder hat unverzüglich dem ihm bekannten Empfangsberechtigten Anzeige vom Fund zu machen. Kennt er keinen (wie wohl in der Regel) oder ist ihm dessen Aufenthalt unbekannt, so besteht seine Anzeigepflicht gegenüber der Polizeibehörde (§ 965 II). Von der letzteren Anzeigepflicht (aber nicht von der ersten) ist der Finder befreit beim Bagatellfund, d. h. dem Fund von Sachen, deren Wert drei DM nicht übersteigt (§ 965 II 2).

Zu 2: Der Finder ist verpflichtet, die Sache zu behalten, er darf den Besitz also nicht wieder aufgeben. In ihr liegt unter Umständen auch eine Unterhaltspflicht, z. B. die Fütterung eines aufgenommenen Tieres.

Bei drohendem Verderb der Sache oder unverhältnismäßigen Kosten der Aufbewahrung hat der Finder die Sache öffentlich versteigern zu lassen (§ 966 II). Der Erlös tritt an Stelle der Sache; an ihm bestehen Pflichten und Rechte des Finders.

Der Finder kann sich von der lästigen Verwahrungspflicht befreien durch Ablieferung der Sache an die Polizeibehörde (die auch ihrerseits die Ablieferung anordnen kann, § 967). Dadurch wird er auch der Auseinandersetzung mit den Empfangsberechtigten enthoben. Wenn ein solcher (angeblicher) an ihn mit dem Verlangen der Auslieferung der Sache herantritt, hat er mit verkehrsmäßiger Sorgfalt eine Prüfung vorzunehmen, z. B. nach dem Gegenstand und der Art des Verlustes zu fragen, einen Ausweis zu verlangen usw.; doch kommt ihm hier die mildere Haftung des § 968 zugute.

Durch Herausgabe an den Verlierer wird er den anderen Empfangsberechtigten gegenüber befreit (§ 969), auch wenn der Verlierer kein Recht an der Sache hatte, z. B. bloßer Besitzdiener ist.

Der Finder haftet bei allen seinen Pflichten nur für Vorsatz und grobe Fahrlässigkeit (§ 968, vgl. § 680). Für einen Geschäftsunfähigen oder beschränkt Geschäftsfähigen wird nur die Haftung nach § 682 in Frage kommen.

IV. Rechte des Finders

1. Aufwendungsersatz

Der Finder hat einen Anspruch auf Ersatz der Aufwendungen (zur Verwahrung oder Erhaltung der Sache oder zum Zwecke der Ermittlung eines Empfangsberechtigten), die er den Umständen nach für erforderlich halten darf; der Anspruch richtet sich gegen den Empfangsberechtigten (§ 970, vgl. §§ 683, 670).

2. Finderlohn

Der Finder hat Anspruch auf Finderlohn (§ 971, bis zu DM 300.– Wert 5%, vom Mehrwert 1%, bei Tieren 1%, also recht niedrig; Verwirkung des Finderlohns nach § 971 II).

3. Zurückbehaltungsrecht

Wegen seiner Ansprüche hat er ein Zurückbehaltungsrecht und ein beschränktes Klagerecht (§§ 972, 1000ff.).

4. Erwerb des Eigentums

Das wichtigste Recht des Finders ist das auf Erwerb des Eigentums an der gefundenen Sache. Es setzt voraus (§ 973) den Ablauf eines Jahres seit der Anzeige des Fundes bei der Polizeibehörde (bei Bagatellfunden seit dem Funde) und das Fehlen der Anmeldung eines Empfangsberechtigten bei der Polizei sowie die Unkenntnis des Finders von einem Empfangsberechtigten während der Jahresfrist.

Es handelt sich um einen originären, nicht um einen abgeleiteten Erwerb. Der Erwerb hat keine rückwirkende Kraft, sondern tritt ex nunc ein.[1] Im Funde liegt noch keine Aneignung, denn der Finder rechnet mit Meldung des Verlierers und will sich die Sache noch nicht sofort aneignen. Auch im Gesetz ist die Rückwirkung nicht angedeutet. Allerdings kann dem Finder ein Anspruch auf inzwischen angefallene Nutzungen zuerkannt werden. An irgendeine Form, etwa Aufgebot, Urteil usw. ist der Erwerb nicht gebunden.

Eine weitere Möglichkeit des Eigentumserwerbs eröffnet dem Finder auch bei Bekanntwerden eines Empfangsberechtigten der § 974.

Der Finder kann seine Anwartschaft auf den Eigentumserwerb übertragen, bleibt aber im gesetzlichen Schuldverhältnis gegenüber dem Verlierer.

Seine Rechtsstellung wird durch Ablieferung der Sache an die Polizei in keiner Weise berührt (§ 975). Durch Verzicht des Finders auf sein Eigentumserwerbsrecht geht dieses auf die Gemeinde des Fundorts über (§ 976).

5. Bereicherungsanspruch

Der Eigentumserwerb des Finders wird als ungerechtfertigte Bereicherung gegenüber dem früheren Eigentümer behandelt; daher ist er noch drei Jahre vom Erwerb an einem Bereicherungsanspruch ausgesetzt (§ 977). Dadurch ist seine Rechtsstellung zumindest theoretisch entwertet und das Interesse am Finden verringert.

Die verschärfte Haftung nach § 819 tritt nur ein, wenn er von der Person eines Empfangsberechtigten Kenntnis bekommt. Bemerkenswert ist, daß der Bereicherungsanspruch hier nicht verjährt, sondern erlischt. Die Haftung gegenüber den in § 974 erwähnten Personen ist ungerechtfertigt.

V. Der sog. Verkehrsfund

1. Begriff

Abweichend geregelt ist der Fund von Sachen in den Geschäftsräumen oder Beförderungsmitteln einer öffentlichen Behörde oder einer dem öffentlichen Verkehr dienenden Verkehrsanstalt (§§ 978ff.).

Hierunter fallen alle Geschäftsräume der Gerichte und Verwaltungsbehörden, öffentliche Schulen, Kirchen, Krankenhäuser, Museen einschließlich Treppen, Korridoren usw., ferner alle Verkehrsanstalten, die dem öffentlichen Verkehr dienen, wie die Bundesbahn, Bundespost, Straßenbahnen, Omnibusse, gleich ob sie in privater oder öffentlicher Hand sind.

2. Rechtliche Regelung

Bei Funden dieser Art hat der Finder keine Rechte, weder den Anspruch auf Finderlohn noch die Anwartschaft auf den Eigentums-

---

[1] Str., wie hier Westermann, § 59 II 5, Wolff-Raiser, § 82 VII 1, a. M. Staudinger-Berg, § 973 Anm. 3a.

erwerb, dagegen obliegt ihm die unverzügliche Ablieferung der gefundenen Sache (§ 978). Die Behörde oder Anstalt erwirbt gleichfalls nicht sogleich das Eigentum, kann aber die Sache öffentlich versteigern lassen (nach öffentlicher Bekanntmachung und Aufforderung zur Anmeldung von Rechten, §§ 979, 980). Der Erlös tritt dann an die Stelle der Sache. Nach Ablauf von drei Jahren nach dem Ablauf der Bekanntmachungsfrist fällt der Erlös an die Behörde oder Anstalt (§ 981). Gegen sie gibt es keinen Bereicherungsanspruch.

3. Grund der Sonderregelung

Diese Sonderregelung findet ihre Begründung in folgenden Überlegungen. In Räumen von Behörden wie in Beförderungsmitteln ist das Finden tatsächlich leichter, weil es sich um bestimmte festumgrenzte Räume handelt im Gegensatz zum normalen Finden im Gelände. Auch ist das Verlieren häufiger, nicht nur weil viele Leute aus- und eingehen, sondern vor allem, weil erfahrungsgemäß das längere Verweilen in solchen Räumen die Gefahr des Verlierens, z. B. durch Liegenlassen oder durch Herausziehen aus Taschen, Mappen usw., vergrößert. Die Personen aber, denen das Finden am leichtesten fällt, sind die Beamten und Angestellten der Behörden oder Verkehrsanstalten selbst, die sich dort ständig aufhalten und nach Schluß des Publikumsverkehrs sich umschauen können und sollen. Sie haben eine gewisse Aufsichts- und Obhutspflicht in ihren Räumen zu wahren; daher hat der öffentliche Verkehr Anspruch auf einen geordneten Funddienst. Das Finden selbst hält sich im Rahmen der diesen Personen obliegenden Verpflichtungen. Sie sind obendrein die Besitzdiener der Behörde, welcher die Räume oder Beförderungsmittel zustehen. Auch unter diesem Gesichtspunkt ist es begreiflich, daß man ihnen die Rechte des Finders nicht zuerkennt. Was hiernach für die Beamten und Angestellten gilt, wird vom Gesetz auf die übrigen Finder übertragen.

4. Ausdehnung auf andere Unternehmen?

Streitig ist, ob die Vorschriften über den Verkehrsfund auf private Unternehmen, die nicht Transportanstalten, also Verkehrsanstalten im engeren Sinn sind, ausgedehnt werden dürfen.

Diese Ausdehnung muß abgelehnt werden.[1] Gegen die Ausdehnung sprechen die Entstehungsgeschichte der Vorschriften über den Verkehrsfund und die Schwierigkeit einer klaren Abgrenzung. Auch die rechtliche Regelung des Verkehrsfunds spricht wohl gegen eine ausdehnende Auslegung.

VI. Der Schatz

Als Schatz gilt nach § 984 eine Sache, die so lange verborgen gelegen hat, daß ihr Eigentümer nicht mehr zu ermitteln ist.

Es braucht sich nicht um Kostbarkeiten oder Sachen von Altertumswert zu handeln, wenn diese auch die Regel sind. Meist werden sie in Grundstücken entdeckt werden, z. B. bei Umpflügen, Ausschachtungen, Abbruch eines Gebäudes; doch ist er auch bei beweglichen Sachen möglich, z. B. in Geheimfächern alter Möbel.

An sich muß die Sache einmal im Eigentum einer Person gestanden haben, weil sonst die gesetzliche Voraussetzung, daß der Eigentümer nicht zu ermitteln ist, sinnlos wäre. Geboten ist aber die Ausdehnung der Vorschrift auch auf andere Gegenstände von archäologischem, geschichtlichem oder naturwissenschaftlichem Interesse, z. B. auf Reste vorweltlicher Tiere oder menschliche Skelette.

Der Eigentumserwerb setzt Entdeckung und Besitzergreifung voraus; letztere genügt nur, wenn sie auf Grund der Entdeckung als ihre Folge geschieht. Mit der Entdeckung entsteht eine Anwartschaft auf den

---

[1] Vgl. auch Baur, § 53g V, Westermann, § 59 III 1.

Erwerb. Nur wenn der Entdecker den Besitzerwerb versäumt und nun ein anderer den Schatz selbständig entdeckt und Besitz ergreift, geht dieser andere vor.

Ein Rechtsgeschäft liegt nicht vor; daher können auch nichtgeschäftsfähige Personen einen Schatzerwerb machen.

Das Eigentum fällt zur Hälfte dem Finder, zur anderen dem Eigentümer der Sache zu, in welcher der Schatz verborgen war, als Miteigentum. Wenn jemand im Auftrage eines anderen nach einem Schatze sucht (z. B. bei Ausgrabungen), erwirbt nicht er das Eigentum, sondern der Auftraggeber.

Leider besteht nach Bundesrecht kein Vorrecht öffentlicher Behörden bei Funden von öffentlichem Interesse, z.B. von Altertümern; vielmehr ist das Landesrecht zuständig. Bemerkenswert ist besonders das Preußische Gesetz vom 26. 3. 1914 (Ausgrabung nur mit Genehmigung der Behörde; Anzeigepflicht auch bei gelegentlicher Entdeckung; Enteignungsrecht) und das bayerische Denkmalschutzgesetz v. 25. 6. 1973 (Art. 7ff.).

§ 43. Andere Erwerbsarten

Neben den in Titel 3 des 3. Buches des BGB aufgezählten Erwerbsarten gibt es für bewegliche Sachen noch eine Reihe anderer, die zum Teil von erheblicher praktischer Bedeutung sind:

1. die Einverleibung in ein Inventar, nach § 588 II zugunsten des Verpächters, nach § 1048 beim Nießbrauch zugunsten des Eigentümers; rechtlich stellt dies einen Übergang des Eigentums vom Anschaffer der Sache auf den anderen dar; gewollt braucht aber nur die Herstellung eines räumlichen und dem wirtschaftlichen Zweck entsprechenden Verhältnisses zum sonstigen Inventar zu sein, nicht notwendig auch der Übergang des Eigentums;

2. durch Surrogation nach §§ 1075, 1247, 1287, 1370, 1473, 1646, ferner nach §§ 2019, 2041, 2111;

3. durch Gesamtnachfolge, so vor allem durch Erbschaft (§ 1922) und bei Gütergemeinschaft (§§ 1416 II, 1485 III), ferner bei Anfall des Vereinsvermögens an den Fiskus (§§ 46, 88 Satz 2),

4. am Zubehör nach § 926 (vgl. o. § 26 VIII);

5. beim uneigentlichen Nießbrauch nach § 1067;

6. durch staatlichen Hoheitsakt im Weg der Zwangsvollstreckung, mittels Übertragung der gepfändeten Sache (ZPO §§ 814ff.), ferner nach StGB §§ 40, 42 und StPO §§ 430 ff., schließlich auch durch Enteignung.

4. Abschnitt. Ansprüche aus dem Eigentum

§ 44. Der Herausgabeanspruch

Literatur: Berg, Ansprüche aus dem Eigentümer-Besitzer-Verhältnis, JuS 1971, 522 und 636, JuS 1972, 83, 193 und 323; Derleder, Zum Herausgabeanspruch des Eigentümers gegen den mittelbaren Besitzer, NJW 1970, 929; Diederichsen, Das Recht zum Besitz aus Schuldverhältnissen, 1965; Horstmann, Untersuchungen über die Anwendbarkeit schuldrechtlicher Normen auf dingliche Ansprüche, ZHR 13. Beiheft (1938); Ursula Köbl, Das Eigentümer-Besitzer-Verhältnis im Anspruchssystem des BGB, 1971; Oertmann, Dingliche und persönliche Herausgabeansprüche, Jher. Jahrb. 61, 44; Peters, Die Ansprüche aus dem Eigentum, AcP 153, 454; Raiser, Eigentumsanspruch und Recht zum Besitz, in Festschrift für Martin Wolff, 1952, S. 123; ders., Die Subsidiarität der Vindikation und ihrer Nebenfolgen, JZ

1961, 532; Scherk, Die Einrede aus dem Recht zum Besitz auf Herausgabe der Sache (§ 986 I BGB), Jher. Jahrb. 67, 301; Eberhard Schwerdtner, Verzug im Sachenrecht, 1973; Siber, Eigentumsanspruch und schuldrechtliche Herausgabeansprüche vom Standpunkt der Rechtsneuordnung, Jher. Jahrb. 89, 1; Wallerath, Zur Anerkennung des § 283 BGB auf den Herausgabeanspruch nach § 985 BGB, JR 1970, 161; Zeuner, Zum Verhältnis zwischen Vindikation und Besitzrecht, Festschrift für Felgentraeger, 1969, S. 423.

I. Allgemeines

Aus dem Eigentum können sich Ansprüche des Eigentümers ergeben, die dem Schutz des Eigentums dienen. Wesentlich sind sie für das Eigentum aber nicht. Hierin liegt ein wichtiger Unterschied zu den Schuldverhältnissen und Forderungsrechten; denn diese sind ohne einen Anspruch mindestens des einen Beteiligten gegen den anderen nicht denkbar, weil sie dann inhaltslos wären. Das Eigentum dagegen hat seinen wesentlichen Inhalt (die Herrschaft über die Sache), auch ohne daß irgendein Anspruch entsteht. Ein solcher erwächst vielmehr erst durch das Hinzutreten besonderer Umstände, z. B. dadurch, daß dem Eigentümer der Besitz verlorengeht. Aber in den meisten Fällen wird das Eigentum ausgeübt, ohne daß dem Eigentümer ein Anspruch zusteht, nicht nur bei bloß kürzerer Dauer des Eigentums, z. B. bei baldigem Verbrauch oder schneller Weiterveräußerung, sondern auch bei langer Dauer des Eigentums, z. B. beim Bewohnen eines Hauses ohne Vermietung desselben, bei Benützung von Möbeln, Kleidern, Wäsche, Schmuck, solange sie nicht verliehen oder zur Reinigung und ähnlichen Zwecken vorübergehend fortgegeben werden.

Weil das Eigentum ein dingliches Recht ist, können die Ansprüche nicht nur (wie bei den Schuldverhältnissen) gegen einen einzelnen bestimmten Gegner entstehen, sondern gegen jeden, der in das Eigentum eingreift, ohne Rücksicht darauf, ob zwischen dem Eigentümer und ihm irgendein Vertragsverhältnis besteht.

II. Voraussetzungen des Herausgabeanspruchs

1. Die Anspruchssubjekte

Der wichtigste Anspruch des Eigentümers ist der Herausgabeanspruch gegen den Besitzer (§ 985), die rei vindicatio des römischen Rechts. Er ist begründet, wenn dem Eigentümer der Besitz der Sache entzogen ist, also sobald Eigentum und Besitz nicht mehr in einer Hand vereinigt sind, und der Besitzer dem Eigentümer gegenüber kein Recht zum Besitz hat (s. u. 2).

Diesen Anspruch hat der Eigentümer sowohl bei Grundstücken wie bei beweglichen Sachen, der besitzlose, der den Besitz nie gehabt hat, wie derjenige, der ihn verloren hat, ferner der, der ihn freiwillig einem anderen überlassen hat, unabhängig davon, ob er noch den unmittelbaren Besitz innehat. Anspruchsgegner ist dementsprechend jeder Besitzer, in erster Linie der unmittelbare. Ob er Eigen- oder Fremdbesitzer ist, spielt keine Rolle; nicht dagegen kann der Anspruch gegen einen bloßen Besitzdiener erhoben werden. Dagegen kann er sich auch gegen den mittelbaren Besitzer richten, zumindest in der Gestalt, daß die Abtretung des ihm gegen den unmittelbaren Besitzer zustehenden Herausgabeanspruchs verlangt werden kann (s. u. III 3).

2. Ausschluß des Anspruchs

a) Recht zum Besitz

Gemäß § 986 I 1 kann der Besitzer die Herausgabe verweigern, wenn er oder der mittelbare Besitzer, von dem er sein Recht zum Besitz ableitet, dem Eigentümer gegenüber zum Besitz berechtigt ist. Das bedeutet im einzelnen: Anders als bei der Besitzklage wegen verbotener Eigenmacht ist hier die Rechtslage erheblich. Selbst wenn der Besitz eigenmächtig erlangt ist, kann das Recht zum Besitz hier im Gegensatz zum Besitzprozeß eingewendet werden. Der Besitzer kann sein Recht zum Besitz auf ein dingliches Recht stützen (Nießbrauch, Pfandrecht) oder auf ein obligatorisches Vertragsverhältnis (Miete, Pacht usw.). Ob das Zurückbehaltungsrecht nach § 273 oder § 1000 unter § 986 I fällt, ist bestritten, aber wohl zu verneinen. Die Berufung auf das Zurückbehaltungsrecht führt nicht zur Abweisung des Eigentumsherausgabeanspruchs, sondern lediglich zur Verurteilung Zug um Zug.[1] Bei manchen Verträgen, wie z. B. der unbefristeten Leihe und der Verwahrung, ist jedoch zu beachten, daß sie ein Recht zum Besitz nur gerade solange geben, wie der Gläubiger die Sache nicht zurückfordert (vgl. §§ 604, III, 695),[2] so daß der Eigentümer hier immer einen „verhaltenen" Herausgabeanspruch hat. Auch der Käufer des übergebenen, aber noch nicht übereigneten Grundstücks hat ein Recht zum Besitz.

Bestritten ist, ob das Anwartschaftsrecht des Vorbehaltskäufers ein dingliches Recht zum Besitz verleiht.[3] Vgl. dazu o. § 30. Beruft sich der Vorbehaltskäufer zu Recht auf Verjährung der Forderung, so behält er kein Recht zum Besitz der unter Eigentumsvorbehalt verkauften Sache. Der Verkäufer kann die Sache herausverlangen.[4]

b) Berufung auf eigenes Besitzrecht

Bei dinglichen Rechten steht ohne weiteres fest, daß sie dem Eigentümer gegenüber ein Recht zum Besitz verleihen, da sie jedermann gegenüber sich durchsetzen. Bei obligatorischen Rechten dagegen muß der Eigentümer der Vertragspartner des Besitzers sein, z. B. der Vermieter. Eine Vereinbarung mit einer anderen Person, auch mit einem Rechtsvorgänger des jetzigen Eigentümers, genügt nicht; denn der Erwerber einer Sache ist an die schuldrechtlichen Verpflichtungen, die der Veräußerer in bezug auf die Sache eingegangen ist, nicht gebunden (Ausnahme nur § 571). Nur beim Eigentumserwerb durch Abtretung des Herausgabeanspruchs kann der Besitzer die Einwendungen, die er gegenüber dem Abtretenden hatte, auch dem Erwerber entgegensetzen (§ 986 II); dies ist nur bei beweglichen Sachen möglich (vgl. § 931).

c) Berufung auf abgeleitetes Besitzrecht

Der Besitzer darf die Sache auch dann behalten, wenn der mittelbare Besitzer, von dem er sein Recht zum Besitz ableitet, z. B. der Vermieter,

---

[1] Vgl. dazu Diederichsen, Das Recht zum Besitz aus Schuldverhältnissen, 1965, S. 18ff.

[2] Köbl, aaO, S. 108ff.

[3] Ablehnend BGH 10, 69.

[4] So BGH, NJW 1961, 1011.

dem Eigentümer gegenüber zum Besitz berechtigt ist. Der mittelbare Besitzer muß aber auch zur Überlassung des Besitzes an den unmittelbaren Besitzer befugt sein, sonst hat der Eigentümer den Anspruch auf Herausgabe an den mittelbaren Besitzer (s. u. III 2). In entsprechender Anwendung des § 986 I 1 2. Alt. gilt dies nach allgemeiner Ansicht auch dann, wenn zwischen den Beteiligten keine Besitzmittelungsverhältnisse bestehen, wenn also eine verkaufte und übergebene, aber noch nicht übereignete Sache vom Käufer vor Übereignung weiterveräußert wird.[1]

d) Einwendungscharakter des § 986

Umstritten ist, ob es sich bei der Verteidigung des Besitzes nach § 986 um bloße Einreden oder um Einwendungen handelt. Der Unterschied kann im Prozeß (Versäumnisurteil!) wichtig werden. Der Richter darf nämlich Einreden nur dann beachten, wenn der Beklagte sie geltend macht, wobei es allerdings genügt, daß er sich außerhalb des Prozesses auf sein Leistungsverweigerungsrecht beruft, und die es begründenden Tatsachen samt der Tatsache seiner Geltendmachung, sei es auch vom Kläger, in den Prozeß eingeführt werden. Dagegen müssen Einwendungstatsachen berücksichtigt werden, gleichgültig, ob sie zur Bekämpfung des gegnerischen Antrags benützt werden. Der Wortlaut von § 986 spricht für den Einredecharakter („kann verweigern"), während § 1004 II mit der Formulierung „der Anspruch ist ausgeschlossen" in einem durchaus parallelen Fall für die Annahme von Einwendungen zu verwerten ist. Entscheidend fällt zugunsten dieser Annahme ins Gewicht, daß ein Recht zum Besitz, wie es z. B. dem Pfandgläubiger oder dem Mieter zusteht, sich mit einem Anspruch des Eigentümers auf unmittelbaren Besitz nicht vereinbaren läßt. Das bloße Leistungsverweigerungsrecht ist zu wenig; wenn ein Recht zum Besitze vorliegt, besteht der Herausgabeanspruch gegen den Berechtigten nicht nur nicht als zwangsweise durchsetzbar, sondern überhaupt nicht.

e) Sonstige Beschränkungen des Herausgabeanspruchs

Der Besitzer hat ein Zurückbehaltungsrecht wegen seiner Verwendungen (§ 1000, vgl. u. § 45 VI).

Auch der Herausgabeanspruch unterliegt Einschränkungen nach dem Grundsatz von Treu und Glauben (§ 242).[2]

Umstritten ist, ob in den Fällen von § 817 Satz 2 auch der Eigentumsanspruch ausgeschlossen ist.[3]

Schließlich unterliegt der Eigentumsherausgabeanspruch auch der Verjährung nach §§ 194 I, 195.

III. Abwicklung des Herausgabeanspruchs

1. Herausgabe des Besitzes

Der Anspruch geht auf Herausgabe, also auf Übertragung des unmittelbaren Besitzes auf den Eigentümer. Bei Grundstücken, Wohnungen und sonstigen Räumen spricht man von „Räumung". Sie hat an dem Ort zu erfolgen, wo sich die Sache im Zeitpunkt der Klageerhebung oder des Bösgläubigwerdens des Besitzers befindet. Weitergehende Verpflichtungen können sich nur aus einem Vertrag oder einer unerlaubten Handlung ergeben.

Die Kosten der Herausgabe hat der Besitzer zu tragen.[4] Zur Geltendmachung des Herausgabeanspruchs genügt nicht, daß der Kläger lediglich das dingliche Recht als

---

[1] Vgl. RG 105, 20.
[2] Str., vgl. BGH 10, 69.
[3] Vgl. hierzu Wolff-Raiser, § 84 IV 4; BGH 41, 341.
[4] Vgl. Westermann, § 30 III 1.

solches, also das Eigentum bezeichnet. Zum Klagegrund gehört auch die Angabe der Tatsachen, auf denen das Eigentum beruht.[1]

Bestritten ist, ob der Eigentümer nach § 283 vorgehen, also nach rechtskräftiger Verurteilung des Besitzers zur Herausgabe und Fristsetzung Schadensersatz verlangen kann. Man wird dies bejahen müssen, freilich unter der Voraussetzung, daß der Eigentümer das Eigentum an der Sache dem Schuldner überträgt.[2] Vgl. aber u. 3.

2. Herausgabe an den mittelbaren Besitzer

In einem Ausnahmefall kann der Eigentümer nicht Herausgabe an sich selbst verlangen, sondern nur an den mittelbaren Besitzer (§ 986 I S. 2), nämlich wenn der verklagte unmittelbare Besitzer sein Recht zum Besitze von einem mittelbaren Besitzer ableitet, der zwar dem Eigentümer gegenüber zum eigenen Besitz, nicht aber zur Überlassung des Besitzes an den unmittelbaren Besitzer berechtigt ist (z. B. der Mieter hat unberechtigt untervermietet und der Eigentümer klagt gegen den Untermieter). Denn mit Herausgabe an sich selbst würde der Eigentümer etwas verlangen, was mit dem Recht des mittelbaren Besitzers nicht vereinbar und vertragswidrig wäre. Es wäre auch ein sinnloser Umweg, wenn der Eigentümer zunächst Herausgabe an sich verlangen könnte, dann aber sogleich die Sache an den Mieter weitergeben müßte. Nur wenn der Vermieter oder sonstige mittelbare Besitzer den Besitz nicht wieder übernehmen kann oder will, kann der Eigentümer Herausgabe an sich selbst verlangen.

Streitig ist, ob der Herausgabeanspruch gegen den unmittelbaren Besitzer auch dann besteht, wenn dieser gegenüber dem mittelbaren Besitzer kein Recht zum Besitz hat.[3]

3. Herausgabeanspruch gegen den mittelbaren Besitzer

Umstritten ist, ob der Eigentümer vom mittelbaren Besitzer nur die Übertragung des mittelbaren Besitzes, also Abtretung von dessen Herausgabeanspruch verlangen kann[4] oder ob er nach seiner Wahl auch gegen den mittelbaren Besitzer auf Herausgabe klagen kann.[5] Praktisch wichtig ist ein Herausgabeanspruch, wenn der Eigentümer den unmittelbaren Besitzer nicht kennt, oft auch deshalb, weil der mittelbare Besitzer in der Lage ist, von dem unmittelbaren die Sache sofort oder in kurzer Frist herauszubekommen, wie etwa bei Leihe, Verwahrung, Miete mit kurzer Kündigungsfrist. Außerdem hat das Herausgabeurteil für den Eigentümer den Vorteil, unabhängig von der Beendigung des Besitzmittlungsverhältnisses vollstreckbar zu sein, denn solange der Dritte die Sache im Besitz hat, kann der Eigentümer auch gegen ihn gemäß ZPO § 886 vollstrecken. Gegen die uneingeschränkte Gewährung des Herausgabeanspruchs bestehen jedoch Bedenken im Hinblick auf § 283, der auch auf den dinglichen Herausgabeanspruch anwendbar ist (s. o. 1). Das Vorgehen nach § 283 kann dem Eigentümer ermöglichen, den mittelbaren Besitzer auf Schadensersatz in Anspruch zu nehmen, ohne daß bei diesem die Haftungsvoraussetzungen der §§ 989ff. vorliegen (s. u. § 45 IV). Einig in dem Bemühen, diese Konsequenz zu vermeiden, weichen Rechtsprechung und Schrifttum jedoch in der Lösung des Problems voneinander ab. Während der BGH[6] schon den Herausgabeanspruch nur unter der Voraussetzung gewährt, daß der mittelbare Besitzer die Unmöglichkeit der Herausgabe zu vertreten hat, wollen andere nicht bereits den Herausgabeprozeß mit diesen Voraussetzungen belasten, sondern statt dessen entweder § 283 überhaupt nicht auf den Herausgabeanspruch gegen den mittelbaren Besitzer anwenden[7] oder bei der Anwendung des § 283 den Nachweis der Schadensersatzvoraussetzungen nach den §§ 989ff. verlangen.[8] Der Meinung, welche die Anwendung des § 283 hier überhaupt ausschließt, ist aus Gründen der Klarheit der Vorzug zu geben.

---

[1] Vgl. BGH, LM Nr. 1 zu § 985 BGB.

[2] Vgl. Wolff-Raiser, § 84 VI 2; Schwerdtner, Verzug im Sachenrecht, 1973, S. 130ff. (150).

[3] Ablehnend zu Recht Köbl, aaO, S. 322.

[4] So Baur, § 11 C I 2.

[5] So BGH 2, 164, 166; 12, 380, 397.

[6] BGH 53, 29 = JZ 1970, 187 mit Anm. v. Kühne.

[7] So Westermann, § 30 III 2; Wolff-Raiser, § 84 III 2; Derleder, NJW 1970, 929, 931.

[8] So Kühne, aaO, 189ff.

IV. Abtretbarkeit des Herausgabeanspruchs

Zweifelhaft ist, ob der Herausgabeanspruch selbständig abtretbar ist, d. h. so, daß der Abtretende Eigentümer bleibt. Daraus, daß § 931 die Abtretung als Mittel der Übereignung aufführt, ist nicht zu folgern, daß nicht auch eine Abtretung ohne Übereignungswillen möglich sei. Aber ein Eigentum ohne Herausgabeanspruch ist schutzlos und kann seines wesentlichen Inhalts, des Besitzes und der Benutzung der Sache, beraubt werden. Das Ziel einer Abtretung ohne Übereignung (z. B. um dem Pächter die Möglichkeit zu geben, sich den Besitz des Grundstücks selbst zu verschaffen) kann auch mit bloßer Bevollmächtigung oder Ermächtigung zur Geltendmachung des Anspruchs erreicht werden. Der Unterschied liegt darin, daß in diesem Falle der Anspruch auch weiterhin dem Eigentümer zusteht und er ihn auch seinerseits geltend machen kann, insbesondere wenn der „Zessionar" den Anspruch geltend zu machen versäumt.

V. Konkurrenz mit anderen Ansprüchen

Der dingliche Anspruch konkurriert häufig mit anderen dinglichen und vor allem obligatorischen Herausgabeansprüchen. Mit dinglichen Ansprüchen trifft er zusammen, wenn ein dingliches zum Besitz berechtigendes Recht (Nießbrauch, Pfandrecht, vgl. §§ 1055, 1223) erloschen ist, mit vertraglichen Ansprüchen, wenn der Eigentümer die Sache einem andern in Ausführung eines Schuldvertrages (z. B. Miete, Leihe, vgl. §§ 556, 604) überlassen hat.

Nach h. L. ist der dingliche Anspruch nicht subsidiär gegenüber den Ansprüchen aus Vertrag.[1] Wenn dem Eigentümer der Besitz durch eine unerlaubte Handlung entzogen worden ist und er Herstellung des früheren Zustandes verlangen kann, also ebenfalls Herausgabe, besteht der dingliche Anspruch neben einem deliktischen Schadensersatzanspruch. Schließlich konkurriert § 985 mit einem Bereicherungsanspruch, wenn eine dingliche Verfügung, insbesondere eine Übereignung, nichtig ist. Von der Konkurrenz der Herausgabeansprüche zu trennen ist aber die Frage, wie sich ihre etwaigen Neben- und Folgeansprüche zueinander verhalten (s. u. § 45 VIII).

VI. Schuldrechtliche Fortwirkungen des dinglichen Herausgabeanspruchs

Der Eigentümer kann den Schaden, der ihm infolge einer Beschädigung der Sache, ihrer Zerstörung oder Unauffindbarkeit entsteht, unter den Voraussetzungen der §§ 989ff. vom Besitzer ersetzt verlangen. Auch die Herausgabe von Nutzungen ist im Eigentümer-Besitzer-Verhältnis geregelt (s. u. § 45 III, IV).

Die §§ 987ff. befassen sich jedoch nicht mit solchen Fällen des Erlöschens der Vindikation, in denen dem Besitzer durch die Verwertung der Sache, die nicht als Ziehung von Nutzungen anzusehen ist, wie Verarbeitung, Veräußerung usw., ein Vermögensvorteil erwächst. Um dem Eigentümer auch diesen Vermögenswert, der ihm gebührt, weil er an die Stelle der Sache getreten ist, zuzuführen, sind die Bereicherungsvorschriften anzuwenden (s. u. § 45 V).[2]

---

[1] Vgl. BGH 34, 122; a. A. Wolff-Raiser, § 84 I 2, ferner Raiser, JZ 1958, 683 und JZ 1961, 530; Schwerdtner, JuS 1970, 65.

[2] Vgl. Köbl, aaO, S. 87ff., 279ff.

§ 45. Nebenansprüche des Eigentümers und Gegenrechte des Besitzers

Literatur: Vgl. auch die Literaturangaben bei § 44; ferner: Brox, Die Haftung des Besitzers für Zufallsschäden, JZ 1965, 516; Dietz, Anspruchskonkurrenz bei Vertragsverletzung und Delikt, 1934, S. 181; Dölle, Eigentumsanspruch und Ersatzherausgabe, in RG-Praxis, Bd. III, S. 22; Gursky, Zur sogenannten „Randberichtigung" des § 999 I BGB, AcP 171, 82; ders., Der Einfluß von Verwendungen auf die Erlösherausgabepflicht nach § 816 Abs. 1 Satz 1 BGB, JR 1971, 361; Ursula Köbl, Das Eigentümer-Besitzer-Verhältnis im Anspruchssystem des BGB, 1971; W. E. Krause, Die Haftung des Besitzers nach den §§ 989–993 BGB, 1965; Hermann Lange, Verzugshaftung des Bereicherungsschuldners und des Besitzers, JZ 1964, 640; Lent, Die Gesetzeskonkurrenz im bürgerlichen Recht und Zivilprozeß, Bd. I, 1912; Oertmann, Ist der Anspruch auf Ersatzherausgabe auf dingliche Ansprüche anwendbar? JR 1931, 1; Pinger, Funktion und dogmatische Einordnung des Eigentümer-Besitzer-Verhältnisses, 1973; ders., Die Nebenfolgen der Vindikation im Anspruchssystem des BGB, JR 1973, 268; Pinger und Scharrelmann, Das Eigentümer-Besitzer-Verhältnis, 1971; R. Schmidt, Die Gesetzeskonkurrenz im bürgerlichen Recht, 1915, S. 163; Schneider, Ist § 989 auf den gutgläubigen Fremdbesitzer vor Rechtshängigkeit anwendbar? MDR 1955, 718; Schulze, Zwei Fragen zur Auslegung der §§ 987ff. BGB, Gruch. Beitr. 64, 400; Stutz, Die Rechtsbeziehungen des Eigentümers zum nichtberechtigten Besitzer, 1934; Wieling, Zur Dogmatik des Schadensersatzes im Eigentümer-Besitzer-Verhältnis, MDR 1972, 645.

Zum Anspruch auf Ersatz von Verwendungen vgl. die Literaturangaben bei VI.

I. Allgemeines

Die Herausgabe der Sache allein kann den Eigentümer noch nicht voll befriedigen, wenn die Sache Nutzungen abwirft; denn auch diese sind ihm ja durch den Besitz des beklagten Besitzers entgangen, z. B. die Ernte eines landwirtschaftlichen, die Mieten eines städtischen Grundstücks. Ferner genügt die Herausgabe im beschädigten Zustande nicht. Es ist daher begreiflich, daß neben den Anspruch auf Herausgabe noch Nebenansprüche auf Ersatz oder Herausgabe von Nutzungen und auf Schadensersatz wegen Beschädigung der Sache treten. Im Falle der Zerstörung der Sache oder sonstiger Unmöglichkeit der Herausgabe muß ein Schadensersatzanspruch an die Stelle des Herausgabeanspruchs treten, weil dieser erlischt.

Auf der anderen Seite muß auch die Lage des Besitzers berücksichtigt werden. Ist er gutgläubig gewesen, hat er sich für den Eigentümer gehalten und halten dürfen, so wird man ihm nicht alle Nutzungen entziehen und ihn für jede Beschädigung der Sache verantwortlich machen können; denn er glaubte ja als Eigentümer mit ihr nach seinem Belieben verfahren zu dürfen. Wenn das Gesetz z. B. bei nicht abhandengekommenen Sachen einen gutgläubigen Erwerb vom Nichtberechtigten zuläßt, selbst wenn dem Erwerber infolge leichter Fahrlässigkeit unbekannt ist, daß die Sache nicht dem Veräußerer gehört (§ 932), so kann es den „Erwerber" einer abhandengekommenen Sache, dem es schon zum Schutze des Eigentümers den gutgläubigen Erwerb versagt, nicht zusätzlich der normalen Deliktshaftung unterwerfen, die bereits bei leichter Fahrlässigkeit eingreift. Entsprechende Vertrauensschutzerwägungen treffen auch für den Fremdbesitzer zu, der, obwohl gutgläubig, an einer abhandengekommenen Sache kein dingliches Recht erwerben konnte. Wegen der besonderen Rechtsscheinwirkung des Besitzes wird man es auch noch für gerechtfertigt halten können, daß solche Fremdbesitzer, die nur aus einem obligatorischen Rechtsverhältnis ein Besitzrecht zu haben meinen, eine diesem angemessene Privilegierung genießen. Die Regelungen für das Verhältnis zwischen dem Eigentümer und dem nichtrechtmäßigen Besitzer sind daher vor allem um einer konsequenten Durchführung des sachenrechtlichen Verkehrs- und Vertrauensschutzes willen geboten. Als weiteres gesetzgeberisches Motiv wirkte seinerzeit freilich auch das Bestreben nach Ausbau und Vervollständigung des Eigentumsschutzes. Die in den §§ 987–1003 geregelten Schadensersatz-, Nutzungs- und Verwendungsersatzansprüche sind Ansprüche obligatorischer Natur; das Verhältnis zwischen Eigentümer und unrechtmäßigem Besitzer ist ein gesetzliches Schuldverhältnis. Wegen seiner vielfältigen Abweichungen von den sonstigen Anspruchsgrundlagen des BGB, mit denen es häufig tatbestandlich konkurriert, wirft es eine Reihe schwieriger und stark umstrittener Konkurrenzprobleme auf.

II. Arten der Besitzer

Das BGB stuft die Ansprüche des Eigentümers und die Rechte des Besitzers durchgängig danach ab, ob der Besitzer unredlich (s. u. 1) oder redlich war und ob es sich um die Zeit vor oder nach der Rechtshängigkeit des Eigentumsherausgabeanspruchs, d. h. der Klageerhebung (s. u. 2) handelt. Besondere Regelungen enthält das Gesetz für den sog. deliktischen Besitzer und für den unredlichen Besitzer, der sich im Verzug befindet (s. u. 3). Die Vorschriften über das Eigentümer-Besitzer-Verhältnis setzen stets voraus, daß der Besitzer kein Recht zum Besitz hat (s. u. 4).

1. Der unredliche Besitzer

Unredlich ist der Besitzer, der bei Erwerb in bösem Glauben war, d. h. wußte oder – bei beweglichen Sachen – aus grober Fahrlässigkeit nicht wußte,[1] daß er zum Besitz nicht berechtigt ist, oder der später erfährt, daß er nicht berechtigt ist (eine Differenzierung also wie bei der Ersitzung; vgl. o. § 34). Der böse Glaube bezieht sich hier nicht, wie bei den §§ 892, 932, ausschließlich auf das Nichteigentum des Veräußerers, von dem der Besitzer erworben hat, sondern auf sein Recht zum Besitz schlechthin. Es kommt z. B. auch der Fall in Betracht, daß jemand von einem geschäftsunfähigen Eigentümer eine Sache erwirbt und hinsichtlich der Geschäftsunfähigkeit bösgläubig ist.

In diesem Fall muß, auch wenn ein Grundstück veräußert wird, grobe Fahrlässigkeit zur Begründung des bösen Glaubens ausreichen.

Allerdings tritt gerade in Fällen wie dem letztgenannten eine Divergenz zwischen Vindikations- und Kondiktionsvorschriften auf. Denn das Bereicherungsrecht ordnet die inhaltlich entsprechende Haftungsverschärfung nur unter der Voraussetzung an, daß der Kondiktionsschuldner vom Mangel des rechtlichen Grundes seines Erwerbs positive Kenntnis hat (§ 819 I i. V. m. § 292); zur Konkurrenzfrage s. u. VIII 5 b.

Streitig ist, ob Bösgläubigkeit eines Besitzdieners, der für den Herrn Besitz erwirbt, stets als böser Glaube des Besitzherrn zu bewerten ist oder nach § 831 behandelt werden muß. Der BGH neigt zu einer modifizierten Anwendung des § 166.[2]

Ist der Besitzer minderjährig, so entscheidet sein böser Glaube entsprechend § 828.

---

[1] E. Wolf, aaO, S. 163 Fn. 8 nimmt Bösgläubigkeit immer schon bei grober Fahrlässigkeit (auch bei Grundstückserwerb) an.

[2] Vgl. dazu ausführlich o. § 6 VI; BGH 16, 259; 32, 53 und Hoche u. Westermann, JuS 1961, 73.

2. Der verklagte Besitzer

Die Rechtshängigkeit wird durch die Erhebung der Klage auf Herausgabe begründet (ZPO § 263). Sie wird in der Wirkung auf die rechtliche Stellung des Besitzers der Unredlichkeit deshalb gleichgesetzt, weil von der Klageerhebung an der Besitzer mit der Möglichkeit rechnen muß, daß er im Unrecht ist, und sich daher gegenüber der Sache anders zu verhalten hat, als wenn er unzweifelhaft im Recht wäre.

Diese an die Rechtshängigkeit geknüpfte Haftungssteigerung wird für alle Herausgabeansprüche des BGB und ihre Nebenfolgen einheitlich durchgeführt (vgl. § 292).

3. Der Deliktsbesitzer und der Besitzer im Verzug

Nach § 992 haftet der Besitzer, der sich durch verbotene Eigenmacht oder durch eine strafbare Handlung den Besitz verschafft hat, nach den Vorschriften über den Schadensersatz wegen unerlaubter Handlungen.

Verschärft wird die Haftung des unredlichen Besitzers auch, wenn er in Verzug mit der Herausgabe der Sache ist (§ 990 II). Er haftet dann für allen Schaden, auch für die zufällige Unmöglichkeit der Herausgabe der Sache und ihrer Früchte (§ 287). Der gutgläubige Besitzer kommt selbst nach Rechtshängigkeit nicht in Verzug, da § 990 nur die Haftung des unredlichen Besitzers regelt.[1]

4. Das Erfordernis der Unrechtmäßigkeit des Besitzes

Aus den oben dargelegten Haftungskriterien (Unredlichkeit, Rechtshängigkeit) geht auch deutlich hervor, daß nur nichtberechtigte Besitzer unter die §§ 987–1003 fallen. Denn Redlichkeit oder Unredlichkeit kann sich nur auf die Innehabung eines objektiv nicht bestehenden Rechts zum Besitz beziehen und die Haftungsverschärfung zu Lasten des Prozeßbesitzers ist selbstverständlich nur dann gerechtfertigt, wenn der Eigentümer mit seiner Herausgabeklage schließlich durchdringt. Das Erfordernis der Unrechtmäßigkeit des Besitzes bedeutet, daß grundsätzlich sämtliche Tatbestandsvoraussetzungen eines Anspruches der §§ 987–1003 zu einem Zeitpunkt verwirklicht werden müssen, in dem der Besitzer kein Recht zum Besitz hat, in dem eine sog. Vindikationslage besteht[2] (zu einer evtl. Ausnahme hinsichtlich des Verwendungsersatzes s. u. VI).

III. Ansprüche des Eigentümers auf die Nutzungen

1. Der unredliche und der verklagte Besitzer

Der unredliche Besitzer und jeder Besitzer von der Rechtshängigkeit ab haben die Nutzungen herauszugeben, die sie gezogen haben (§§ 987, 990). Diese Herausgabepflicht läßt den Eigentumserwerb an den Früchten unberührt, der sich nach §§ 953 ff. richtet (vgl. o. § 38). Es kann der Besitzer zunächst Eigentümer von Früchten werden, sie aber dann herausgeben (übereignen) müssen. Herausgabe im strengen Sinne kann nur in Betracht kommen, soweit die Früchte noch in natura vorhanden sind, sonst tritt Wertersatz ein. Zieht der Besitzer schuldhaft entgegen den

[1] Vgl. dazu jedoch Hermann Lange, JZ 1964, 640 und Brox, JZ 1965, 516.

[2] So ausdrücklich auch BGH 27, 317 und die ganz herrschende Meinung.

Regeln einer ordnungsmäßigen Wirtschaft Nutzungen nicht, so ist er dem Eigentümer zum Ersatz verpflichtet (§ 987 II).

2. Der redliche Besitzer

a) Der redliche Besitzer hat die gezogenen Nutzungen, selbst wenn sie noch vorhanden sind, nicht herauszugeben (§ 993 I). Ausnahmen sieht das Gesetz nur vor, wenn es sich bei den Nutzungen um Übermaßfrüchte handelt (§ 993 I) oder wenn der Besitzer den Besitz unentgeltlich erlangt hatte (§ 988).

b) Mit dieser Privilegierung des redlichen Besitzers hinsichtlich der Nutzungen weicht das Vindikationsrecht in auffälliger Weise vom Kondiktionsrecht ab. Denn nach § 818 I ist auch der redliche Kondiktionsschuldner zur Herausgabe der gezogenen Nutzungen verpflichtet. Seit jeher erscheint die verschiedene Nutzungsherausgabepflicht von redlichem Besitzer und Kondiktionsschuldner als unerträglicher Widerspruch. Denn diese Regelungen wirken sich so aus, daß bei der Unwirksamkeit nur des schuldrechtlichen Veräußerungsvertrages auch die Nutzungen herauszugeben sind, weil hier schon tatbestandlich nur das Bereicherungsrecht eingreift, in Fällen der Unwirksamkeit von schuldrechtlichem und dinglichem Rechtsgeschäft dagegen – den Vorrang der Vindikationsregelungen vorausgesetzt – der rückgabepflichtige Besitzer die Nutzungen behalten dürfte. Zur Aufhebung dieses Widerspruchs werden in Rechtsprechung und Schrifttum verschiedene Wege eingeschlagen. Die Rechtsprechung will den Widerspruch dadurch beseitigen, daß sie den rechtsgrundlosen Erwerb als einen unentgeltlichen Erwerb i. S. von § 988 ansieht.[1] Diese Lösung wird in der Literatur jedoch angegriffen, da von einem unentgeltlichen Erwerb nicht die Rede sein kann, wenn der herausgabepflichtige Besitzer seinerseits eine (wenn auch kondizierbare) Gegenleistung erbracht hat.[2] Eine angemessene Lösung wird man jedoch nur bei Berücksichtigung aller wichtigen Divergenzen zwischen Vindikations- und Kondiktionsvorschriften finden können (s. u. VIII 5 b).

3. Der deliktische Besitzer

Wenig Unterschied für die Frage der Nutzungen ergibt sich für den unredlichen Besitzer aus § 992, wonach der Besitzer, der sich den Besitz durch eine strafbare Handlung oder durch verbotene Eigenmacht verschafft hat, nach den Vorschriften über Schadensersatz wegen unerlaubter Handlung haftet. Nur für den seltenen Fall, daß es sich um einen redlichen Besitzer handelt (z.B. der sich die Sache mit schuldhaft verbotener Eigenmacht nahm, sich aber für den Eigentümer hält), bedeutet diese Vorschrift eine wichtige Erweiterung der Herausgabepflicht. Hier sind alle Nutzungen herauszugeben, die der Besitzer gezogen hat, und alle, die der Eigentümer gezogen hätte.

4. Der für einen Dritten besitzende Fremdbesitzer

Hat der Besitzer einen mittelbaren Besitzer über sich, so haftet er nur dann als unredlicher Besitzer, wenn nicht nur er selbst, sondern auch der mittelbare Besitzer unredlich oder verklagt ist (§ 991 I), z. B. der unredliche Pächter haftet nicht, wenn der Verpächter redlicher Eigenbesitzer ist. Die Vorschrift dient dem Schutz eines gutgläubigen mittelbaren Besitzers, gegen den sonst der unmittelbare Besitzer nach Herausgabe der Nutzungen im Regreßweg vorgehen könnte.

IV. Ansprüche des Eigentümers auf Schadensersatz

In Abweichung von § 823 haftet nicht jeder Besitzer für jede schuldhafte Beschädigung der Sache. Gerade an diesem Punkt wird es beachtlich, daß der redliche Besitzer, der sich z. B. für den Eigentümer hält, glauben konnte, mit seiner Sache nach Belieben verfahren zu dürfen.

---

[1] RG 163, 348; BGH, MDR 1952, 412.

[2] Zum Meinungsstand vgl. Köbl, aaO, S. 222ff.; Pinger und Scharrelmann, aaO, S. 47ff.

1. Der unredliche und der verklagte Besitzer

Der unredliche und der verklagte Besitzer haften für jeden Schaden, für den Untergang der Sache oder für anderweitige Unmöglichkeit der Herausgabe, die infolge ihres Verschuldens eintreten (§ 989, bei Grundstücken meist rechtliche Unmöglichkeit durch Veräußerung).

2. Der redliche Besitzer

a) Der redliche Eigenbesitzer vor der Rechtshängigkeit haftet überhaupt nicht, auch nicht für schlechte Wirtschaft und unsachgemäße Behandlung. Die §§ 989ff. enthalten keine Grundlage für einen Schadensersatzanspruch gegen den redlichen Eigenbesitzer. Diese Privilegierung wird durch § 993 I Hs. 2 ausdrücklich hervorgehoben.

b) Eine ebenso umfassende Haftungsbefreiung auch des nichtrechtmäßigen Fremdbesitzers würde jedoch weit über das gebotene Maß an Vertrauensschutz hinausgehen, denn selbst der redliche Fremdbesitzer weiß, daß er eine fremde Sache besitzt, mit der er nicht nach seinem Belieben verfahren darf. Im Gesetz ist jedoch nur die Haftung des unmittelbaren Fremdbesitzers geregelt, der sein vermeintliches Besitzrecht nicht vom Eigentümer selbst, sondern von einem Dritten ableitet: Nach § 991 II ist er trotz guten Glaubens dem Eigentümer insoweit zum Schadensersatz verpflichtet, als er dem mittelbaren Besitzer verantwortlich ist. Diese Bestimmung beruht auf der richtigen Wertung, daß der Fremdbesitzer nur in dem Maße eine Haftungsfreistellung verdient, als er sich bei seinem Verhalten in den Grenzen des Rechts hält, das er zu haben glaubt. Andernfalls stünde er besser als der rechtmäßige Fremdbesitzer, der aus Vertrag und Delikt haftet. Diese Beurteilung, die dem § 991 II zugrunde liegt, trifft in gleicher Weise auch für solche Fremdbesitzer zu, die mit dem Eigentümer selbst in rechtsgeschäftlicher Verbindung stehen.

Beispiel: Wer die Möbel einer von ihm gemieteten möblierten Wohnung zerschlägt, muß dem Eigentümer haftbar sein, gleich ob der Mietvertrag wirksam oder unwirksam ist, gleichgültig auch, ob er mit dem Eigentümer selbst oder einem Dritten kontrahiert hat.

Die Überschreitung seiner (vermeintlichen) Befugnisse, der sog. Fremdbesitzerexzeß, macht den Fremdbesitzer dem Eigentümer gegenüber haftpflichtig, und zwar je nach der Art seines vermeintlichen Rechts, also verschieden nach Nießbrauch, Pfandrecht, Miete, Verwahrung usw. Da die §§ 989ff. für den Fremdbesitzerexzeß aber keine unmittelbar anwendbare Anspruchsgrundlage enthalten, muß man entweder mit der h. M. die §§ 823ff. unmittelbar anwenden[1] oder eine Analogie zu einem der Tatbestände der §§ 989ff. bilden, wofür im Schrifttum teilweise die §§ 989, 990,[2] teilweise auch § 991 II[3] herangezogen werden.

Besonders zu erwähnen ist, daß in diesem Zusammenhang nur solche Fälle eine Rolle spielen, in denen ein nichtrechtmäßiger Fremdbesitzer sich nicht in den Grenzen

[1] RG 101, 307; 157, 132; BGH, JZ 1951, 716; Westermann, § 31 III 2b.

[2] Wolff-Raiser, § 85 III 5b; Krause, aaO, S. 112f.

[3] Baur, § 11 B I 3; Köbl, aaO, S. 179f.; Wieling, MDR 1972, 650; zum Meinungsstand vgl. auch Pinger und Scharrelmann, aaO, S. 58ff.

seiner vermeintlichen Befugnisse hält. Überschreitet ein rechtmäßiger Fremdbesitzer die ihm kraft dinglichen Rechts oder Schuldvertrags zustehenden Befugnisse, so verliert er damit nicht ipso iure sein Besitzrecht; hinsichtlich des rechts- bzw. vertragswidrigen Verhaltens des sog. nicht – so – berechtigten Besitzers greifen daher nicht die §§ 987ff., sondern Vertrags- und gegebenenfalls Deliktsrecht ein.[1] Auch dann, wenn ein rechtmäßiger Fremdbesitzer unter Mißbrauch seiner Rechtsstellung in unrechtmäßiger Weise Eigenbesitz ergriffen hat, sind die §§ 987ff. entgegen BGH 31, 129 unanwendbar.[2]

3. Anwendbarkeit des Deliktsrechts

a) Wer den Besitz durch strafbare Handlung oder verbotene Eigenmacht – hier aber nur, wenn sie verschuldet ist (bestr.)[3] – erlangt hat, haftet nach Deliktsrecht (§ 992).

Die wichtigsten Erweiterungen gegenüber der Haftung aus dem Eigentümer-Besitzer-Verhältnis liegen in der Haftung auch für Zufall (§ 848) und für den Vorenthaltungsschaden. Einige weitere Vorteile des Ersatzberechtigten, wie die Haftung als Gesamtschuldner bei Beteiligung mehrerer (§ 840 I), die weiterreichende Verzinsungspflicht (§ 849 gegenüber § 290) und das Verbot, mit einer Forderung aus vorsätzlich unerlaubter Handlung aufzurechnen (§ 393), fallen dagegen weniger ins Gewicht. Andererseits ist die für die Eigentumsansprüche geltende Verjährungsfrist von dreißig Jahren für den Eigentümer sehr viel günstiger als die Dreijahresfrist des Deliktsrechts (§ 852).

Angesichts dieser Unterschiede kommt der Streitfrage, inwieweit das Deliktsrecht neben dem Vindikationsrecht anzuwenden ist, praktische Bedeutung zu.

b) Eine klare Scheidung von Vindikations- und Deliktsrecht trifft die heute noch überwiegend vertretene sog. Ausschließlichkeitstheorie.[4] Sie sieht § 992 als Ausnahme an und zieht daraus den Umkehrschluß, daß nur die in § 992 bezeichneten Besitzer nach Deliktsrecht verantwortlich seien. Gegen diese Abgrenzung bestehen jedoch Bedenken. Eine wichtige Durchbrechung erfordert schon der bereits behandelte Fremdbesitzerexzeß (s. o. 2b). Nach einhelliger Meinung wird auch die Haftung aus § 826 wegen des starken Unwertcharakters der sittenwidrigen Schädigung durch § 992 nicht ausgeschlossen.[5] Weiter fragt es sich, ob nicht die 30jährige Verjährungsfrist auch für den Schadensersatz gegen den Deliktsbesitzer maßgeblich sein sollte. Vor allem aber läßt sich kein einsichtiger Grund dafür angeben, warum der nichtredliche Besitzer, der bei der Verwaltung und Innehabung der Sache eine, vielleicht vorsätzliche, unerlaubte Handlung begeht, nicht auch alle deliktischen Rechtsfolgen tragen sollte. Der Besitz als solcher kann eine Privilegierung gegenüber dem nichtbesitzenden Schädiger nicht rechtfertigen. Es ist daher der im Vordringen begriffenen Meinung zu folgen, die den Ausschluß des Deliktsrechts durch die §§ 989ff. nur für den redlichen unver-

---

[1] Zu dieser Streitfrage vgl. Köbl, aaO, S. 100ff.; Pinger und Scharrelmann, aaO, S. 44 ff.; E. Wolf, aaO S. 160.

[2] Vgl. Raiser, JZ 1961, 125; dem BGH im Ergebnis zustimmend Blanke, JuS 1968, 263.

[3] Zum Streitstand vgl. Pinger und Scharrelmann, aaO, S. 75ff.

[4] RG 163, 348; BGH, NJW 1952, 257; Baur, § 11 A II 3; Wolff-Raiser, § 85 III 6a.

[5] Statt vieler Dietz, aaO, S. 206.

klagten Besitzer vertritt, im übrigen aber Delikts- und Vindikationsrecht für nebeneinander anwendbar hält.[1]

4. Anwendbarkeit allgemeiner schuldrechtlicher Vorschriften

§ 278 ist anzuwenden auf Schädigungen, die Hilfspersonen des Besitzers verursachen, denn zwischen Eigentümer und Besitzer besteht ein gesetzliches Schuldverhältnis. § 254 gilt zu Lasten des Eigentümers, wenn er durch sein Verschulden die Sache gefährdet, z. B. das Abhandenkommen erleichtert hat.[2]

V. Ansprüche des Eigentümers auf Surrogate und Wertersatz

Die §§ 987ff. befassen sich nicht mit solchen Fällen, in denen dem Besitzer durch eine Verwertung der Sache, die nicht Ziehung von Nutzungen ist, wie Verarbeitung oder Veräußerung, ein Vermögensvorteil erwächst. In solchen Fällen sind vor allem die Bereicherungsvorschriften anzuwenden (s. o. § 44 VI).

1. Verbindung, Vermischung und Verarbeitung

Diese Fälle lösen jeweils einen Bereicherungsanspruch gemäß § 951 i. V. m. § 812 aus (s. o. § 36).

2. Verbrauch der Sache

Hat der Besitzer durch den Verbrauch der Sache anderweitige Aufwendungen erspart, so schuldet er dem Eigentümer die Herausgabe seiner Ersparnis nach § 812 I 1 2. Alt.

3. Entgeltliche Verfügungen

Entgeltliche Verfügungen über die Sache, wie Veräußerung und Belastung mit Pfandrechten, verpflichten den nichtberechtigt verfügenden Besitzer nach § 816 I zur Herausgabe des Erlöses an den Eigentümer. Diese Vorschrift findet nach allgemeiner Meinung nicht nur dann Anwendung, wenn die Verfügung von Anfang an wirksam ist, also bei gutgläubigem Erwerb des Dritten, sondern auch in solchen Fällen, in denen die Verfügung erst durch die Genehmigung des Eigentümers wirksam werden kann (§§ 185, 184 I), weil die Sache dem Eigentümer abhanden gekommen ist. Diese Erweiterung rechtfertigt sich aus der Erwägung, daß die Versagung des gutgläubigen Erwerbs nach § 935 allein dem Schutz des Eigentümers zu dienen bestimmt ist, so daß er aus diesem Grunde nicht schlechter gestellt werden darf als ein Eigentümer, der seine Sache infolge gutgläubigen Erwerbs eingebüßt hat. Hinzukommt, daß der Eigentumsherausgabeanspruch gegen den Dritten wirtschaftlich wertlos ist, wenn der Eigentümer nicht weiß, wo sich seine Sache befindet.

Dieses Vorgehen nach § 816 wird dem Eigentümer nunmehr auch erlaubt, um auf den Erlös seiner Sache zugreifen zu können, die veräußert wurde und etwa durch Verarbeitung seitens des Erwerbers schon dinglich in dessen Eigentum übergegangen ist, so daß eine Genehmigung an der dinglichen Rechtslage nichts mehr ändern kann.[3]

---

[1] Eichler II 1, S. 207; Krause, aaO, S. 104f.; Köbl, aaO, S. 163ff.

[2] Vgl. aber auch BGH, MDR 1962, 473, wo die Anwendbarkeit von § 254 verneint wird, wenn die schädigende Handlung in der wirksamen entgeltlichen Weiterveräußerung der Sache besteht.

[3] Vgl. BGH 56, 131 = JR 1971, 375 mit Anm. von Zeiss.

4. Ersatzherausgabe

Bestritten ist, ob sich der Anspruch aus § 985 in einen Anspruch auf Ersatzherausgabe nach § 281 verwandeln kann, wenn der Besitzer z. B. die Sache veräußert hat. Dieses Problem tritt nur dann auf, wenn der Eigentümer nicht durch die Veräußerung an den Dritten (etwa infolge gutgläubigen Erwerbs) sein Eigentum verloren hat, denn in solchen Fällen kann er sich den Erlös ja über § 816 verschaffen. Mit der wohl überwiegenden Meinung[1] ist dieser Anspruch auf Ersatzherausgabe zu verneinen. Wohl wäre er neben dem noch bestehenden Eigentumsherausgabeanspruch für den Eigentümer durchaus von Vorteil, da dieser hier nämlich auf das Surrogat zugreifen könnte, ohne auf seinen Eigentumsanspruch verzichten zu müssen. Denn für die Ersatzherausgabe nach § 281 wird eine dingliche Rechtsänderung nicht vorausgesetzt. Diese Anspruchshäufung beim Eigentümer widerspräche aber der in den §§ 989ff. zugunsten des redlichen Besitzers getroffenen Risikoverteilung, weil der Besitzer, der den Erlös nach § 281 herausgegeben hat, damit nicht ebenso wie bei § 816 vor Rückgriffsansprüchen des Erwerbers gesichert wäre. Die Anwendung des § 281 ist allenfalls beim zufälligen Untergang der Sache zu erwägen.[2]

5. Herausgabe von Geld

Zweifelhaft ist die Lage bei Geld. Die h. M. will es hinsichtlich des Herausgabeanspruchs und der bereicherungsrechtlichen Fortwirkungsansprüche wie eine Sache behandeln. Demgegenüber tritt Westermann, § 30 V 3, für eine sog. Geldwertvindikation ein, d. h. für eine Verschaffungspflicht des Besitzers, solange wie diesem der Geldwert erhalten bleibt ohne Rücksicht auf dessen Verkörperung etwa in Bar- oder Buchgeld.

VI. Ansprüche des Besitzers auf Verwendungsersatz

Literatur: Berg, Der Verwendungsanspruch des Werkunternehmers bei Reparatur einer bestellerfremden Sache (BGHZ 51, 250), JuS 1970, 12; ders., Ansprüche aus dem Eigentümer-Besitzer-Verhältnis, JuS 1972, 323; Beuthien, Verwendungsansprüche des nunmehr und des früher unrechtmäßig besitzenden Werkunternehmers, JR 1962, 255; Firsching, Der Verwendungsanspruch des Unternehmers gegen den Eigentümer, AcP 162, 440; Furtner, Steht dem von einem Dritten beauftragten Werkunternehmer auch dem Eigentümer gegenüber ein Anspruch auf Verwendungsersatz zu? MDR 1962, 95; Imlau, Der Verwendungsanspruch des unrechtmäßigen Fremdbesitzers gegen den Eigentümer, MDR 1957, 263; Jakobs, Die Begrenzung des Verwendungsersatzes, AcP 167, 350; ders., Der Schutz des Werkunternehmers gegen die Insolvenz des Bestellers, JurA 1970, 697; Kaysers, Verwendungsansprüche des Besitzers bei vertraglichen Leistungen, 1968; Klauser, Aufwendungsersatz bei Neubauten und werterhöhenden Verwendungen auf fremdem Grund und Boden, NJW 1965, 513; Kraft, Verwendungsersatzansprüche des Werkunternehmers gegen den Eigentümer der reparierten Sache, NJW 1963, 1849; Möhrenschlager, Der Verwendungsersatzanspruch des Besitzers im angloamerikanischen und deutschen Recht, 1971; H. Müller, Verwendungsanspruch und Kreditrisiko, Festschrift für Friedrich Lent, 1957, S. 170; Münzel, Ansprüche des Unternehmers auf Verwendungsersatz gegen den Eigentümer, NJW 1961, 1377; Raiser, Verwendungsansprüche des Werkunternehmers, JZ 1958, 681; ders., Die Subsidiarität der Vindikation und ihrer Nebenfolgen, JZ 1961, 529; Schindler, Die aufgedrängte Bereicherung beim Ersatz von Impensen, AcP 165, 499; Schönfeld, Verwendungsansprüche des Werkunternehmers bei Unwirksamkeit des Werkvertrages, JZ 1959, 301; Schwerdtner, Der Verwendungsanspruch des Werkunternehmers bei Reparatur einer bestellerfremden Sache (BGHZ 51, 250), JuS 1970, 64; Wieling, Die Nutzungen des gutgläubigen Besitzers, insbesondere in fehlgeschlagenen Vertragsverhältnissen, AcP 169, 137; Manfred Wolf, Die Verwendungsersatzansprüche des Besitzers im Anspruchssystem, AcP 166, 188.

1. Die Interessenlage

Der Besitzer hat häufig Aufwendungen zur Erhaltung und Verbesserung der Sache gemacht und ist daran interessiert, wenigstens dafür

[1] Vgl. Westermann, § 31 IV 4; Wolff-Raiser, § 84 VI 1.
[2] Vgl. Klapproth, MDR 1965, 525ff.

Wertersatz zu bekommen, wenn er schon die Sache selbst und u. U. auch die gezogenen Nutzungen herausgeben muß. Da solche Maßnahmen aber oft hinsichtlich Ausmaß, Durchführungsart und Kostenaufwand nicht den Wünschen und Plänen des Eigentümers entsprechen, ist dieser selten bereit, dem Besitzer Ersatz zu leisten. In diesem Interessenkonflikt sucht das Gesetz den gerechten Ausgleich wieder an Hand der Unterscheidung von redlichem und unredlichem bzw. verklagtem Besitzer; zusätzlich unterteilt es die Verwendungen in notwendige und sonstige wertsteigernde („nützliche") Verwendungen. Trotz dieser Kriterien tauchen jedoch äußerst schwer lösbare Probleme auf, wenn Aufwendungen gemacht wurden, die die Sache zwar wertsteigernd, aber grundlegend verändern, wie etwa die Bebauung eines zuvor unbebauten Grundstücks (s. u. 4), und in den Fällen mehrstufigen Fremdbesitzes (s. u. 5).

2. Ersatz für notwendige Verwendungen

Unter notwendigen Verwendungen sind solche Maßnahmen zu verstehen, die darauf abzielen, den Bestand der Sache zu erhalten oder wiederherzustellen, auch Maßnahmen, die zur Erhaltung oder ordnungsgemäßen Bewirtschaftung der Sache in der bisherigen Art und Weise erforderlich sind.

Hierzu rechnen die notwendigen Reparaturen an beweglichen Gegenständen und Häusern (Ersetzung von Fenstern und Türen, Erneuerung des schadhaften Dachs), auch die Verwendungen für einen Betrieb, um ihn vor dem Zusammenbruch zu bewahren; nicht aber solche Aufwendungen, die lediglich zur Gewinnsteigerung vorgenommen werden.[1]

Zu den notwendigen Verwendungen zählen auch die gewöhnlichen Erhaltungskosten. Es handelt sich dabei um regelmäßig wiederkehrende Ausgaben, z. B. Fütterungskosten, Wartungskosten bei Kraftfahrzeugen.

a) Dem redlichen Besitzer sind die notwendigen Verwendungen ohne weitere Voraussetzungen zu ersetzen (§§ 994 I 1, 995 Satz 1) mit Ausnahme der gewöhnlichen Erhaltungskosten für die Zeit, für welche ihm die Nutzungen verbleiben (§§ 994 I 2, 995 Satz 2).

b) Die Ersatzberechtigung des unredlichen und des verklagten Besitzers beschränkt sich auf die notwendigen Verwendungen und ist noch zusätzlich an die Vorschriften über die Geschäftsführung ohne Auftrag gebunden (§ 994 II). Maßgeblich ist also auch der wirkliche oder mutmaßliche Wille des Eigentümers (§ 683); gerade für notwendige Verwendungen ist er aber regelmäßig zu bejahen, denn aus der Notwendigkeit der Verwendung folgt, daß das Interesse des Eigentümers gewahrt ist.

3. Ersatz für sonstige wertsteigernde („nützliche") Verwendungen

Nur dem redlichen unverklagten Besitzer sind außer den notwendigen auch andere den Wert der Sache objektiv erhöhende Verwendungen zu ersetzen, wenn die Wertsteigerung zur Zeit der Wiedererlangung der Sache durch den Eigentümer noch besteht (§ 996).

Beispiele: Einbau von Doppelfenstern oder einer Zentralheizung, Bodenverbesserungen.

[1] Ebenso Westermann, § 33 II 1, Wolff-Raiser, § 86 I 1.

Verwendungen lediglich aus persönlicher Liebhaberei, die den Verkehrswert der Sache nicht erhöhen, sind nicht zu ersetzen.

Ein vergleichender Blick auf das Bereicherungsrecht zeigt wieder eine erhebliche Abweichung. Die §§ 812ff. enthalten zwar keine selbständige Anspruchsgrundlage für Verwendungsersatz, aber es wird allgemein[1] zugelassen, daß im Rahmen des § 818 III jede Art von Verwendungen auf die herauszugebende Sache als Bereicherungswegfall geltend gemacht wird, unabhängig davon, ob es sich um notwendige, nützliche oder überhaupt wertsteigernde Verwendungen handelt. Allerdings soll nach einer verbreiteten Meinung im Schrifttum die Abzugsfähigkeit von Verwendungen im Falle „aufgedrängter Bereicherung" eingeschränkt werden.[1] Auch diese Divergenz zu den §§ 987ff. wird bei der Konkurrenzentscheidung zu berücksichtigen sein (s.u. VIII 5b).

4. Der Umfang des Verwendungsbegriffs

Sehr umstritten ist, ob auch solche Aufwendungen als Verwendungen zu beurteilen sind, die der Sache zwar zugutekommen, die aber ihren Zustand grundlegend verändern. Diese Frage beschäftigte den BGH im Fall der Errichtung eines Gebäudes auf einem zuvor unbebauten Grundstück.[2] Der BGH entschied sich für einen engen Verwendungsbegriff, der solche Maßnahmen nicht umfaßt und vertrat zugleich die Ansicht, daß in diesem Fall die Bereicherungsansprüche aus §§ 951, 812 ausgeschlossen seien. Diese Auffassung führt aber zu einer einseitigen Bevorzugung der Eigentümerinteressen und bedeutet eine unerträgliche Härte für den redlichen Besitzer, dem auf diese Weise jeder Ausgleichsanspruch versagt wird. Zwar bleibt grundsätzlich sein Wegnahmerecht aus § 997 unberührt, doch trägt dieses wenig zu einem angemessenen Ausgleich bei, da schon seine Ausübung mit Kosten verbunden ist (§ 258) und dabei auch nur ein Teil vom Wert des aufgewendeten Materials zurückzugewinnen ist.

Aus diesem Grunde ist im Gegensatz zur Meinung des BGH die extensive Auslegung des Verwendungsbegriffes vorzuziehen. Dadurch wird die Anwendung des abgestuften Ersatzsystems der §§ 994ff. auch in Fällen wie dem vom BGH entschiedenen ermöglicht und dem redlichen Besitzer ein Verwendungsanspruch gewährt. Demnach sind unter Verwendungen alle Vermögensaufwendungen zu verstehen, die einer bestimmten Sache zugute kommen sollen und ihren wirtschaftlichen Wert erhöhen.

5. Verwendungsansprüche des Fremdbesitzers

a) Der für den Eigentümer besitzende Fremdbesitzer

Grundsätzlich hat auch der nichtrechtmäßige Fremdbesitzer den Ersatzanspruch; allerdings ist es bestritten, ob ihm dieser Anspruch uneingeschränkt[3] oder nur in dem Umfang zusteht, in dem er als rechtmäßiger Fremdbesitzer Verwendungsersatz verlangen könnte.[4] Eine schematische Übernahme der Verwendungsregelungen des unwirksamen Rechtsverhältnisses ohne Rücksicht auf die sonstigen Absprachen wird aber kaum allen Fallgestaltungen gerecht. Die Umstände des Einzelfalles wird man besonders in solchen Fällen berücksichtigen müssen, in denen der Besitzer sich auf eine längere Besitz- und Nutzungszeit einrichten durfte und in der Erwartung die

---

[1] Palandt-Thomas, § 818, Anm. 6 Ca; Larenz, Schuldrecht II, 10. Aufl., § 70 II a. E.

[2] BGH 41, 159.

[3] Dafür Westermann, § 33 I 3a; Raiser, JZ 1958, 685.

[4] Dafür Baur, § 11 C IV 2.

Verwendungen machte, daß sie ihm selbst zugute kommen würden, er dann aber die Sache lange vor Ablauf der vorgesehenen Zeit zurückgeben muß.[1]

Die Verwendungsregelungen der §§ 994ff. passen auch nicht auf solche Fremdbesitzer, die die Verwendungen im Rahmen eines Vertrages als vertraglich ausbedungene Leistungen erbracht haben, wie etwa bei einem Geschäftsbesorgungs- oder Werkvertrag. Die Rückabwicklung solcher Verträge richtet sich nach den Bestimmungen der Leistungskondiktion, denn der besitzende Werkunternehmer ist dem nichtbesitzenden gegenüber hinsichtlich der Kondizierbarkeit seiner Leistung nicht schlechter zu stellen.[2]

b) Der für einen Dritten besitzende Fremdbesitzer

Besondere Schwierigkeiten ergeben sich, wenn drei (oder mehr) Personen beteiligt sind: der Eigentümer (E), ein erststufiger mittelbarer Besitzer (mB) und der unmittelbare Besitzer (uB).

Beispiel (BGH 34, 122): E hat dem mB ein Auto unter Eigentumsvorbehalt verkauft; mB gibt es dem uB zur Reparatur; die Reparaturkosten zahlt er nicht und fällt in Konkurs. E tritt vom Kaufvertrag zurück und verlangt das Auto von uB heraus.

Um diesen Falltypus, dem eine erhebliche praktische Bedeutung zukommt, ist eine lebhafte wissenschaftliche Kontroverse entbrannt.[3] Der BGH stellt in BGH 34, 122 nicht auf die Besitzberechtigung des uB im Zeitpunkt der Vornahme der Verwendungen ab, sondern läßt es für die Anwendbarkeit der §§ 994ff. genügen, daß uB im Augenblick der Erhebung des Herausgabeanspruchs durch E diesem gegenüber nicht mehr zum Besitz berechtigt war. Die Lösung des BGH ist freilich vom Wortlaut und von der Systematik der §§ 987ff. nicht mehr gedeckt.[4] Denn daraus geht klar hervor, daß die Anspruchsvoraussetzungen der Vindikationsnebenansprüche (Schädigung, Nutzziehung, Verwendungsvornahme) sämtlich zu einem Zeitpunkt verwirklicht werden müssen, in dem eine Vindikationslage besteht, in dem der Besitzer also kein Recht zum Besitz hat (s. o. II 4). Bei einer strengen Beachtung dieser zeitlichen Koppelung hinge es aber von zufälligen Umständen ab, nämlich vom Zeitpunkt des Rücktritts des E vom Kaufvertrag, ob uB von E gegen Herausgabe der Sache eine Vergütung für seine Verwendungen verlangen kann. Diese Zufälligkeit wird aber weithin als unbefriedigend empfunden; außerdem würde der ursprünglich rechtmäßige Fremdbesitzer, dessen Besitzrecht erst später entfällt, schlechter gestellt als der von Anfang an unrechtmäßige Besitzer. Entgegen der bis zur 12. Aufl. vertretenen Ansicht möchte ich mich daher im Ergebnis der Auffassung des BGH anschließen, aber keine unmittelbare, sondern nur eine analoge Anwendung der §§ 994ff. vertreten.[5]

Die Gegner eines Ausgleichsanspruchs stützen sich vor allem auf das im BGB herrschende Prinzip der Relativität der Schuldverhältnisse; vertragliche Leistungen seien daher nur vom Vertragspartner zu vergüten und jeder habe das Risiko der Zahlungsunfähigkeit seines Vertragspartners allein zu tragen.[6] Demgegenüber fällt jedoch ins Gewicht, daß schon nach natürlicher Anschauung der Besitzer eine Sache, auf die er Verwendungen gemacht hat, als Sicherheit für diese Aufwendungen betrachten darf. Diese Auffassung hat auch in dem Institut des Unternehmerpfandrechts gesetzliche Anerkennung gefunden. Wenn man schon mit dem BGH (s. u. § 68 III 3) einen gutgläubigen Erwerb des Unternehmerpfandrechts ablehnt, so bietet sich hier die Möglichkeit, dem Unternehmer Sicherheit für seine Aufwendungen zu gewähren.

---

[1] Vgl. BGH, MDR 1956, 599.

[2] Vgl. Medicus, § 32 V 1a cc; Köbl, aaO, S. 274ff. jeweils m. Nachw.

[3] Zum Meinungsstand vgl. Köbl, aaO, S. 323ff.; Pinger und Scharrelmann, aaO, S. 87ff.; Möhrenschlager, aaO, S. 143ff.

[4] Ablehnend deswegen Münzel, NJW 1961, 1378.

[5] So auch Furtner, MDR 1962, 96; Berg, JuS 1970, 15 und 1972, 325; Köbl, aaO, S. 347f.; Möhrenschlager, aaO, S. 151f.

[6] Vgl. dazu vor allem Manfred Wolf, AcP 166, 223ff.; ferner Kaysers, aaO, S. 111ff., der in Parallele zur „Fremdwirkung" der Verarbeitung eine Zurechnung der Verwendungsmaßnahmen nicht an den Werkunternehmer, sondern an den Besteller vornimmt.

6. Sicherungen und Beschränkungen der Verwendungsersatzansprüche

Der Verwendungsanspruch ist besonders gesichert, unterliegt andererseits aber gewissen Beschränkungen.

a) Der Besitzer hat wegen seiner ihm zu ersetzenden Verwendungen ein Zurückbehaltungsrecht, daher eine Einrede gegenüber dem Herausgabeanspruch des Eigentümers (§ 1000, ausgenommen, wenn er den Besitz durch eine vorsätzliche unerlaubte Handlung erlangt hat).

Das Zurückbehaltungsrecht erlischt bei Rückgabe der Sache, da es als Leistungsverweigerungsrecht gegenüber dem Anspruch aus § 985 diesen nicht überdauert. Es lebt auch nicht wieder auf, wenn die Sache später wieder in den Besitz eines früheren Besitzers gelangt.[1]

b) Der Besitzer kann seinen Anspruch aktiv nur unter zwei Voraussetzungen geltend machen, entweder wenn der Eigentümer die Verwendung genehmigt oder wenn der Eigentümer die Sache wiedererlangt (§ 1001).

Die Genehmigung braucht sich nicht auf einen bestimmten Geldbetrag zu beziehen, sondern kann auch die Verwendung als solche betreffen. Sie ist einseitige Willenserklärung. Sie gilt als erteilt, wenn der Eigentümer die Sache annimmt, die der Besitzer ihm unter Vorbehalt des Verwendungsanspruchs anbietet (§ 1001 Satz 3).

Die Wiedererlangung wird in der Regel durch die Herausgabe seitens des Besitzers erfolgen. Ist der Beklagte nur mittelbarer Besitzer, so genügt es, daß er seinen Anspruch auf Herausgabe gegen den unmittelbaren Besitzer dem Eigentümer abtritt.

c) Der Eigentümer kann sich von seiner Verpflichtung befreien, indem er die Sache dem Besitzer zurückgibt, außer wenn er die Verwendung genehmigt hat (§ 1001 Satz 2). Diese Rückgabe bedeutet nicht eine Übereignung, sondern nur die Herstellung des alten Besitzstandes, so daß der Anspruch des Besitzers auf Verwendungen und sein Zurückbehaltungsrecht bleiben, ist also wenig praktisch.

d) Der Besitzer hat ein Selbstbefriedigungsrecht (pfandrechtsähnlich, aber nicht dinglich) im Weg des Pfandverkaufs bei beweglichen Sachen, der Zwangsvollstrekkung bei Grundstücken (daher hier erst nach Erlangung eines Vollstreckungstitels, aber mit dem Rang hinter allen dinglichen Rechten), wenn der Eigentümer nach einer Aufforderung des Besitzers, sich innerhalb angemessener Frist für die Genehmigung der Verwendung zu erklären, keine Erklärung abgibt und auch nicht den Verwendungsanspruch bestreitet (§ 1003 I). Bestreitet er ihn, muß der Besitzer Klage auf Feststellung des Verwendungsbetrags erheben und erst nach Rechtskraft des Urteils die Frist zur Erklärung stellen und ablaufen lassen, ehe er in obiger Weise vorgehen kann (§ 1003 II). Damit ist dem Besitzer ein, wenn auch umständlicher, Weg eröffnet, aus dem Schwebezustand herauszukommen, wenn Streit über die Verwendung herrscht und weder er die Sachen dem Eigentümer herausgeben will noch der Eigentümer die Verwendung genehmigt.

e) Die Verwendungsansprüche stehen auch dem Rechtsnachfolger im Besitz zu (§ 999 I), und zwar ohne Vereinbarung, kraft Gesetzes. Die Ersatzpflicht trifft auch den neuen Eigentümer, der die Sache erst nach der Verwendung erwirbt (§ 999 II). Der alte haftet als Gesamtschuldner daneben weiter, wenn er die Verwendung bereits genehmigt hat.

VII. Das Wegnahmerecht des Besitzers

Hat der Besitzer mit der herauszugebenden Sache eine eigene verbunden – was eine Verwendung darstellen kann –, so darf er sie, wenn sie nicht wesentlicher Bestandteil geworden ist, ohne weiteres wegnehmen; denn durch die Verbindung hat sich in diesem Fall am Eigentum nichts

---

[1] BGH 51, 250.

geändert, der Besitzer ist vielmehr Eigentümer seiner Sache geblieben. Aber auch wenn die verbundene Sache wesentlicher Bestandteil, also Eigentum des Eigentümers der Hauptsache geworden ist, kann er sie abtrennen und sich aneignen, ohne Unterschied, ob er redlicher oder unredlicher Besitzer ist (§ 997). Für den redlichen Besitzer steht dieses Recht zur Wahl neben dem Anspruch auf Ersatz der Verwendung.

Ausnahmen § 997 II: Kein Wegnahmerecht besteht in folgenden Fällen: 1. Der Besitzer kann nicht Ersatz verlangen, weil die Verwendung zur gewöhnlichen Erhaltung gehört und ihm die Nutzungen verbleiben (z.B. der redliche Besitzer hat Scheiben im Haus eingesetzt, ihm verbleiben die Mieten – anders beim unredlichen Besitzer, der diese herauszahlen muß). 2. Die Abtrennung hat für den Besitzer keinen Nutzen, wäre also Schikane (z.B. Abreißen von Tapeten). 3. Dem Besitzer wird der Wert ersetzt, den der Bestandteil nach der Trennung für ihn haben würde (dies zur Verhinderung unwirtschaftlicher Trennungen).

VIII. Konkurrenzen mit anderen Anspruchsgrundlagen

1. Allgemeines

Da das Eigentümer-Besitzer-Verhältnis als Tatbestandsvoraussetzungen nur Eigentum auf der einen Seite und unrechtmäßigen Besitz auf der anderen Seite aufstellt, konkurriert es mit den wichtigsten sonstigen Anspruchsgrundlagen des BGB, insbesondere den Vorschriften aus Vertrag, unerlaubter Handlung und Bereicherung. Der gesetzgeberischen Intention nach sollten die Regelungen der §§ 987ff. weitgehend abschließend sein und so wurden sie auch lange in Rechtsprechung und Schrifttum betrachtet. Heute neigt man dagegen eher dazu, die Vindikation und ihre Nebenfolgen nur als eine subsidiär eingreifende gesetzliche „Notordnung“ zu verstehen. Beide Standpunkte werden aber den Ordnungsaufgaben und Ordnungsmöglichkeiten der konkurrierenden Normenkomplexe nicht voll gerecht.[1]

2. Ansprüche aus Vertrag

Wegen der für alle Nebenansprüche geltenden Tatbestandsvoraussetzung der Vindikationslage ist ein Zusammentreffen der §§ 987ff. mit vertraglichen Vorschriften für die Laufzeit wirksamer Rechtsverhältnisse ausgeschaltet, nicht aber für die Zeit nach Beendigung des Besitzrechts. Aus mehreren Gründen ergibt sich jedoch klar, daß für das Stadium der Vertragsabwicklung keinesfalls eine Verdrängung vertraglicher Regelungen stattfinden darf: Solche Regelungen sind zuweilen den einzelnen Vertragstypen in besonders spezifischer Weise angepaßt, wie etwa bei der Miete die Festsetzung der 6-monatigen Verjährungsfrist (§ 558) und die Versagung eines Zurückbehaltungsrechtes wegen Verwendungen auf das Mietgrundstück (§ 556 II). Es entbehrte aber auch jedes sachlichen Grundes, die allgemeinen vertraglichen Haftungsmaßstäbe, die regelmäßig strenger sind als die der Vindikationsnebenfolgen (Verzug!), nicht voll zur Geltung zu bringen, denn an die Leistungsbereitschaft vertraglicher Schuldner dürfen höhere Anforderungen ge-

---

[1] Zum Ganzen vgl. besonders Köbl, aaO, m. Nachw. Pinger, Funktion und dogmatische Einordnung des Eigentümer-Besitzer-Verhältnisses, 1973, nimmt in allen Fällen eine Anspruchskonkurrenz zwischen der Regelung des Eigentümer-Besitzer-Verhältnisses und ungerechtfertigter Bereicherung bzw. unerlaubter Handlung an.

stellt werden. Auch wo Lücken einer Vertragsordnung auszufüllen sind, ist allenfalls eine auf die vertragliche Haftungsausgestaltung abgestimmte modifizierte Anwendung der §§ 987ff. richtig.

3. Ansprüche aus unerlaubter Handlung

Das Verhältnis zum Deliktsrecht wurde bereits dahingehend bestimmt, daß eine vollständige Freistellung von der deliktischen Haftung nur für den redlichen Eigenbesitzer, der die Sache nicht durch verbotene Eigenmacht erlangt hat, angemessen ist. Im übrigen aber sind Delikts- und Vindikationsrecht nebeneinander anzuwenden (s. o. IV). Weder § 992 noch § 993 I Hs. 2 sind zwingend als Normen zu deuten, die das Deliktsrecht weitergehend ausschließen.

4. Eigentumsstörungsanspruch

Der Eigentumsstörungsanspruch nach § 1004 ist gegen den wegen Unredlichkeit oder Rechtshängigkeit voll verantwortlichen Besitzer kaum von Bedeutung, da gegen ihn meist der weiterreichende Schadensersatzanspruch wegen Verschlechterungen der Sache gegeben ist.

Nur in den seltenen Fällen, in denen einen grundsätzlich verantwortlichen Besitzer hinsichtlich einzelner Maßnahmen, die eine Beeinträchtigung des Eigentums darstellen, kein Verschulden trifft, kann der Eigentümer dann über § 1004 deren Beseitigung verlangen. – Gegenüber dem redlichen Besitzer aber ist der Eigentumsstörungsanspruch nicht zuzulassen, da er in seiner Wirkung einem Schadensersatzanspruch sehr nahe kommen kann (s. u. § 46 II). Die Privilegierung des redlichen Besitzers nach den §§ 987ff. schließt ein, daß er die Sache nur in ihrem jeweiligen Zustand herausgeben muß.[1]

5. Ansprüche aus ungerechtfertigter Bereicherung

Für die Klärung des Verhältnisses von Vindikations- und Kondiktionsrecht ist auszugehen von den im Schuldrecht entwickelten Grundsätzen über die Abgrenzung von Bereicherungen, die „durch Leistung" und Bereicherungen, die „in sonstiger Weise" eingetreten sind, also von Leistungskondiktion und Nichtleistungskondiktion (sog. Eingriffskondiktion).

a) Bei der Gegenüberstellung von Eingriffskondiktion und Eigentümer-Besitzer-Verhältnis muß vor allem unterschieden werden, ob die ursprünglich der Vindikation unterlegene Sache wegen Veräußerung, Verbrauch, Verarbeitung usw. nicht mehr herausgegeben werden kann, oder ob ein Anspruch des Eigentümers auf Nutzungsherausgabe bzw. ein Aufwendungsersatzanspruch des Besitzers in Frage steht. Im ersten Fall stehen dem Eigentümer die sog. Rechtsfortwirkungsansprüche auch gegen den redlichen Besitzer zu (s. o. V u. § 44 VI). Ihr Ausschluß lag auch nicht in der Absicht des Gesetzgebers. In bezug auf Nutzungsherausgabe und Verwendungsersatz verhält es sich indessen anders. Hier haben die Kondiktionsvorschriften zurückzutreten. Die §§ 987ff., die schon begrifflich leges speciales gegenüber jenen darstellen, müssen in dieser Beziehung Ausschlußwirkung entfalten, sollen nicht ihre abgestuften Anspruchsvoraussetzungen und Durchsetzungsbeschränkungen weithin außer Kraft gesetzt werden (s. auch o. VI 4). Nutzungen und

[1] Vgl. Baur, AcP 160, 491ff.

Verwendungen, für die die §§ 987ff. keinen Ausgleich vorschreiben, können deshalb im Sinne der Eingriffskondiktion als mit rechtlichem Grund erlangt angesehen werden.

b) Hinsichtlich des Zusammentreffens der Vindikationsvorschriften mit den Regelungen der Leistungskondiktion liegen die Dinge dagegen komplizierter. Vor allem bei Veräußerungsverträgen treten in der Frage der Nutzungsherausgabe (s. o. III 2b), des Verwendungsersatzes (s. o. VI 3) und der Voraussetzungen der verschärften Haftung (s. o. II 1) beträchtliche Diskrepanzen auf, die im Wege der Auslegung nicht befriedigend gelöst werden können. Nach der Rechtsprechung soll sich die Abwicklung nur schuldrechtlich nichtiger Veräußerungsgeschäfte – wie nicht anders möglich – nach Leistungskondiktionsrecht bestimmen, die Abwicklung obligatorisch und dinglich nichtiger Geschäfte nach den §§ 985ff., jedoch mit der auf § 988 gestützten Angleichung bezüglich der Nutzungsherausgabe (s. o. III). Es ist aber nicht erweisbar, daß die aufgezeigten Unterschiede der Haftungsausgestaltung auch jeweils mit Unterschieden in den Interessenlagen und den Normzwecken übereinstimmten. Deshalb erscheint die in der Literatur zunehmend geforderte Gleichbehandlung aller fehlgeschlagenen Leistungsverhältnisse ohne Rücksicht auf den Eigentumsübergang, also der Vorrang der Leistungskondiktion bei der Rückabwicklung, grundsätzlich berechtigt.[1]

Doch sollte das Vindikationsrecht aus diesem Bereich nicht ganz verdrängt werden, da es gesetzliche Nichtigkeitsgründe gibt, die sowohl Verpflichtungs- wie Vollzugsgeschäft erfassen und die damit einen besonders effektiven Schutz des Vermögens des Veräußerers gewährleisten wollen. Dieser Zweck, der etwa mit den Verpflichtungs- und Verfügungsverboten der §§ 1365, 1369, 1423, 1424, 1812, 1821 BGB, § 57 AktG verfolgt wird, könnte am besten dadurch erfüllt werden, daß auch bei der Abwicklung zwischen den Vertragspartnern die aus beiden Haftungskomplexen für den Rückforderungsberechtigten günstigsten Regelungen zum Zug kommen, also das Vindikationsrecht (Haftung auch bei Fahrlässigkeit nach § 989, kein Wegfall der Bereicherung nach § 818 III!) unter Hinzunahme der Nutzungsherausgabepflicht nach § 818 I.[2]

Auch Leistungsbeziehungen, die nicht die Veräußerung einer Sache, sondern die Überlassung zur Nutzung oder zur Verwendungsvornahme beinhalten, sind zumindest in bezug auf diese Leistungen nach Kondiktionsrecht rückabzuwickeln.

6. Ansprüche aus Geschäftsführung ohne Auftrag

Mit dem gesetzlichen Schuldverhältnis der Geschäftsführung ohne Auftrag sind nur wenige Überschneidungen denkbar, da die berechtigte und pflichtgemäße Geschäftsführung ein Recht zum Besitz verleiht, so daß eine Konkurrenz nur beim Handeln in berechtigter, aber pflichtwidriger und bei unberechtigter Geschäftsführung auftreten kann. Wegen der spezifischen Ordnungsaufgabe der Geschäftsführungsvorschriften, das altruistische Handeln auf eine rechtliche Basis zu stellen, welche aber in den §§ 987ff. keinerlei Ausdruck findet und auch von der Besitzrechtslage nicht geprägt wird, richtet sich die Haftung des Geschäftsführers nach diesen Vorschriften. Lediglich neben der Haftung aus der angemaßten Eigengeschäftsführung (§ 687 II) bleiben zulasten des Geschäftsführers die §§ 987ff. anwendbar.

---

[1] Vgl. v. Caemmerer, Festschrift für Boehmer, 1954, S. 154, Fn. 42; Flume, Festschrift für Niedermeyer, 1953, S. 170f.

[2] Vgl. Köbl, aaO, S. 259ff.

§ 46. Der Eigentumsstörungsanspruch

Literatur: Baur, Der Beseitigungsanspruch nach § 1004 BGB, AcP 160, 465; ders., Zu der Terminologie und einigen Sachproblemen der „vorbeugenden Unterlassungsklage", JZ 1966, 381; Brehm, Nachfolge in dingliche Unterlassungspflichten, JZ 1972, 225; Mertens, Zum Inhalt des Beseitigungsanspruchs aus § 1004 BGB, NJW 1972, 1783; Münzberg, Bemerkungen zum Haftungsgrund der Unterlassungsklage, JZ 1967, 689; Oftermatt, Dinglicher Beseitigungsanspruch und Duldungsanspruch, 1937; Pleyer, § 1004 und das „nachbarliche Gemeinschaftsverhältnis", JZ 1959, 305; ders., Die Einstandspflicht des Unternehmers für seine Mitarbeiter im Rahmen des § 1004 BGB, AcP 161, 500; R. Schmidt, Der negatorische Beseitigungsanspruch, 1924.

I. Der Störerbegriff

Der zweite Hauptanspruch des Eigentümers erwächst ihm aus einer Störung des Eigentums, die nicht Besitzentziehung ist (§ 1004), (actio negatoria des römischen Rechts).

Der Anspruch steht dem Eigentümer von beweglichen wie unbeweglichen Sachen zu, auch wenn er nicht Besitzer ist (obwohl der Anspruch nach Lage der Dinge in der Regel nur von einem besitzenden Eigentümer geltend gemacht wird), und richtet sich gegen den Störer. Im einzelnen unterscheidet man Handlungshaftung und Zustandshaftung.[1]

Handlungshaftung liegt vor, wenn die Einwirkung durch eine Handlung des Störers herbeigeführt wird.

Beispiele: Unerlaubtes Gehen über ein Grundstück, Steinwurf in ein Fenster.[2]

Von Zustandshaftung spricht man, wenn die Einwirkung von dem Zustand einer Sache ausgeht.

Beispiele: Der Wind bricht Bäume und wirft sie auf ein fremdes Grundstück; eine Brücke wird zerstört, Brückenteile fallen auf fremde Grundstücke.[3]

Einigkeit besteht darüber, daß die Eigenschaft als Störer kein Verschulden voraussetzt. Die h. M. in Rechtsprechung und Literatur fordert aber eine Zurechenbarkeit in dem Sinn, daß mindestens ein mittelbarer Zusammenhang zwischen Störung und dem Willen des Störers vorliegen müsse.[4] Diese Meinung trifft für den Bereich der Handlungshaftung zu. Bei der Zustandshaftung ergibt sich die Pflicht zur Beseitigung der von der Sache ausgehenden Einwirkungen aus dem Eigentum selbst.[5] Wer die Verfügungsmacht über eine Sache hat, ist auch für ihren Zustand verantwortlich. Dieser Gedanke hat übrigens auch im öffentlichen Recht Anerkennung gefunden (vgl. aus der Rechtsprechung Preußisches OVG 44, 418, ferner Art. 10 des Bayer. Polizeiaufgabengesetzes).

In Ausnahmefällen aber kann dem Störer die Beseitigung der Beeinträchtigung unzumutbar sein. Hier liegt die Schranke, die eine ausnahmslose Haftung des Störers bei der Zustandshaftung vermeidet. Der

---

[1] Gegen den Begriff der Zustandshaftung E. Wolf, S. 102, der meint, daß ein absolutes Recht nur durch eine Handlung verletzt werden könne.

[2] Eine Handlungshaftung liegt auch dann vor, wenn der Vermieter Störungshandlungen des Mieters gegen Dritte duldet. Vgl. BGH, JZ 1968, 384 und Lutter u. Overrath, JZ 1968, 345.

[3] Vgl. BGH 19, 126.

[4] Vgl. BGH 19, 126 (129); 28, 112; 29, 314; Baur, § 12 III.

[5] Vgl. dazu Pleyer, AcP 156, 291, JZ 1959, 305, a. M. z. T. Baur, § 12 III und AcP 160, 465.

Begriff der Unzumutbarkeit ist dem geltenden Recht nicht unbekannt. Er hat vor allem im Schuldrecht,[1] aber, was in unserem Zusammenhang wichtig ist, auch im Nachbarrecht (§ 906 II) Bedeutung. Die Beseitigung der Störung wird man wohl in vielen Fällen höherer Gewalt für unzumutbar halten müssen.

Beispiele: Teile einer durch Bombenangriffe zerstörten Brücke fallen auf Nachbargrundstücke.[2] Durch einen Luftangriff hat die Grenzmauer eines Hauses eine Ausbauchung erhalten, die in den Luftraum des Nachbargrundstücks hinüberragt und den Nachbarn hindert, unmittelbar an der Grenze zu bauen.[3] Dagegen muß der Störer wohl die Beeinträchtigung beseitigen, wenn der Sturm Bäume gebrochen und auf das Nachbargrundstück geworfen hat.

Handelt jemand im Auftrag eines anderen, so ist der Auftraggeber zu verklagen (außer wenn der Beauftragte selbst die Störung beseitigen kann). Zur Einstandspflicht eines Unternehmers für störende Handlungen seiner Mitarbeiter vgl. Pleyer, AcP 161, 500.

Bei Rechtsnachfolge auf Seiten des Störers richtet sich der Anspruch gegen den Nachfolger, weil dieser in der Regel allein die Möglichkeit zu stören hat, gegen den ursprünglichen Störer nur dann, wenn dieser weiter in der Lage bleibt, die Störungen fortzusetzen (z. B. weil er ein Recht am Grundstück oder an einem Nachbargrundstück behält). Bei der Handlungshaftung kommt es darauf an, wessen Wille für die Beeinträchtigung maßgebend ist.

II. Ziel des Anspruchs

Der Anspruch ist in zwei Formen gegeben: 1. auf Beseitigung der Störung – dies setzt voraus, daß die Störung noch fortdauert, z. B. durch eine Zuführung nach § 906, eine Anlage usw., 2. auf Unterlassung, wenn weitere Beeinträchtigungen zu besorgen sind, also bei Wiederholungsgefahr, die sich meist aus dem Verhalten des Beklagten ergibt.[4] Der Anspruch auf Unterlassung besteht auch, wenn ein erster Eingriff drohend bevorsteht[5] (vgl. auch § 907). Es genügt ein allgemein gehaltenes Unterlassungsgebot (z. B. von Geräuschen) ohne Spezialisierung.[6] Die Besonderheit des Unterlassungsanspruchs liegt darin, daß er vorbeugender Natur ist, während in der Regel Ansprüche nur dem Ausgleich bereits eingetretener Beeinträchtigungen dienen. Hier ist noch keine Verletzung eingetreten, nur die Gefahr besteht.

Die Beseitigung der Störung ist nicht dasselbe wie der Ersatz des aus ihr erwachsenden Schadens; dieser kann nach § 823 gefordert werden, also nur bei Verschulden des Störers. Beseitigt werden muß die noch störende Beeinträchtigung. Im einzelnen ist die Abgrenzung zum Schadensersatzanspruch bestritten und schwierig.

Beispiel: Fallen Bäume auf das Nachbargrundstück, so kann der Nachbar nach der unter I vertretenen Meinung (wohl nicht nach h. M.) auf jeden Fall die Beseitigung der Bäume verlangen, nicht aber die Wiederherstellung des beschädigten Gartenzauns. Die wohl überwiegende Meinung gibt bei Beschädigung oder Zerstörung

---

[1] Vgl. Esser, Schuldrecht, Band 1, 3. Aufl., § 6 III 6.
[2] BGH 19, 126.
[3] BGH 28, 112.
[4] Deshalb hat dieser den Gegenbeweis zu führen; vgl. RG 125, 393.
[5] So Münzberg, JZ 1967, 689.
[6] BGH, NJW 1958, 1776.

keinen Herstellungsanspruch aus § 1004.[1] Ihr ist zu folgen. Beeinträchtigung ist die Quelle der Einwirkung, Schaden die eingetretene Veränderung.[2]

Die Kosten der Beseitigung trägt der Störer.[3]

Die Hauptfälle sind: Besitzstörungen (meist mit Eigentumsstörung zusammenfallend, wenn Besitzer und Eigentümer dieselbe Person sind), Immissionen nach § 906 (vgl. o. § 25 II), Verstöße gegen das Nachbarrecht, z. B. ein nicht zu duldender Überbau, ferner die Rechtsberühmung, auch wenn mit Besitzstörung nicht verbunden, jedoch eine ernstliche Bedrohung des Eigentums aus ihr folgt. Doch ist in diesem Fall die Feststellungsklage nach ZPO § 256 praktischer, weil sie zur unbestreitbaren Feststellung der Rechtslage führt. Auf negative Einwirkungen, bei denen natürliche Zuführung wie Licht abgehalten wird (z. B. durch Bauen), ist § 1004 nur analog anzuwenden (str.). Aus besonderen Gründen kann § 242 als Abwehrbehelf in Betracht kommen.

Die Berichtigung des Grundbuchs kann nur nach § 894 durchgesetzt werden, nicht nach § 1004.[4]

III. Entsprechende Anwendung des § 1004

1. Anwendbarkeit auf Grund gesetzlicher Verweisung

§ 1004 ist auf Grund ausdrücklicher gesetzlicher Vorschriften in folgenden Fällen für entsprechend anwendbar erklärt: bei der Grunddienstbarkeit (§ 1027), beim Nießbraucher (§ 1065), beim Pfandgläubiger (§ 1227), beim Erbbauberechtigten (§ 11 VO).

2. Entsprechende gesetzliche Regelungen

Ohne ausdrückliche Bezugnahme auf § 1004 sehen eine entsprechende Regelung vor: § 13 WEG für den Wohnungseigentümer, § 12 für das Namensrecht, § 37 HGB für die Firma, § 862 für den Besitz, § 47 PatG für die Erfindung, §§ 97, 98 Urheberrechtsgesetz vom 9.9.1965 für das Urheberrecht, § 1134 für die Hypothek, § 16 UWG für Unternehmensbezeichnungen.

3. Analoge Anwendung in der Rechtsprechung

Die Rechtsprechung hat die entsprechende Anwendung des § 1004 für zulässig erklärt: auf den Schutz vor Eingriffen in Kredit und Fortkommen einer Person und in einen Geschäfts- oder Gewerbebetrieb,[5] gegenüber einer heimlichen Tonbandaufnahme[6] und ehrenrührigen Behauptungen, aber nur, wenn sie anderen gegenüber gemacht sind.[7] Hier kommt als Mittel der Beseitigung einer Störung der Widerruf der Behauptung in Betracht.

Ein Verschulden wird in Analogie zu § 1004 nicht gefordert. Wieweit darüber hinaus allgemein eine Unterlassungsklage zulässig ist, ist hier nicht darzulegen.

---

[1] Vgl. Baur, § 12 IV 1, Westermann, § 36 III, Planck-Brodmann, § 1004 Anm. 2b, Mertens, NJW 1972, 1783ff., a. M. R. Schmidt, aaO, S. 41, Wolff-Raiser, § 87 I 4.

[2] So Westermann, aaO.

[3] Vgl. OLG Köln, OLGZ 1968, 24.

[4] Vgl. auch Westermann, § 36 I 1a, Palandt-Degenhart, § 1004 Anm. 2f, bb.

[5] RG 132, 316; BGH 28, 203.

[6] BGH 27, 284.

[7] BGH 10, 104; 34, 99.

IV. Die Verteidigung des Beklagten

1. Einwendungen

Die Verteidigung des Beklagten kann dahingehen, daß der Eigentümer zur Duldung der Beeinträchtigung verpflichtet ist (§ 1004 II). Diese Duldungspflicht kann auf einem dinglichen Recht des Störers, z. B. einer Dienstbarkeit, beruhen, auf einem Vertrag zwischen ihm und dem Eigentümer (der aber gegen Rechtsnachfolger nicht wirkt) oder auf Gesetz (z. B. §§ 904ff. oder BImSchG § 14). Der Beklagte kann sich gegebenenfalls auch darauf berufen, daß ihm die Beseitigung nicht zumutbar sei (bei Beeinträchtigung, die z. B. auf höherer Gewalt beruht); vgl. o. I.

Wenn die betreffenden Vorschriften dem öffentlichen Recht angehören, ist die Zulässigkeit des Rechtswegs zweifelhaft. Doch wird man ihn stets dann zulassen, wenn es sich bei der Störung nicht um Ausübung staatlicher Hoheitsrechte handelt, selbst wenn die störende Anstalt auch solche besitzt, z. B. die Eisenbahn. Die Einwilligung des Eigentümers genügt für die Begründung der Duldungspflicht, aber nicht ohne weiteres die Einwilligung eines früheren Eigentümers.

Auch bei der Verteidigung gegen diesen Anspruch ist streitig, ob es sich um eine bloße Einrede oder um eine Einwendung handelt. Der Wortlaut des § 1004 spricht hier für die letztere Auffassung.

2. Einreden

Der Anspruch aus § 1004 unterliegt der 30jährigen Verjährungsfrist. Geht das Eigentum an dem beeinträchtigten Grundstück auf einen anderen über, so wird dadurch keine neue Verjährungsfrist in Lauf gesetzt.[1]

§ 47. Eigentumsvermutung und Anspruch aus früherem Besitz

Literatur: O. v. Gierke, Die Bedeutung des Fahrnisbesitzes für streitiges Recht, 1897, S. 24; Hedemann, Die Vermutung nach dem Recht des Deutschen Reiches (Fischers Abh. Bd. XI, H. 2); Henle, Das Recht auf Besitz (§ 1007), 1928.

I. Die Eigentumsvermutung

Während für den eingetragenen Grundstückseigentümer die Vermutung der Richtigkeit des Grundbuchs nach § 891 wirkt, besteht bei beweglichen Sachen eine Eigentumsvermutung zugunsten des Besitzers der Sache (§ 1006). Es kommt nur der Eigenbesitzer in Frage; denn wenn jemand Fremdbesitzer ist, d. h. für einen anderen die tatsächliche Gewalt ausübt und einen anderen als Eigentümer anerkennt, kann die Vermutung sinngemäß für ihn nicht Platz greifen. Bestehen unmittelbarer und mittelbarer Besitz nebeneinander, so gilt sie für den mittelbaren (§ 1006 III),[2] bei mehrfach abgestuftem mittelbaren Besitz für den Besitzer der höchsten Stufe, z. B. für den Vermieter bei Miete und Untermiete.

Die Vermutung geht dahin, daß der Besitzer mit dem Erwerb des Besitzes das Eigentum erworben hat. Wird sie widerlegt und behauptet nun der Besitzer einen späteren Eigentumserwerb (z. B. nach § 929

---

[1] BGH 60, 235.

[2] Vgl. dazu auch die für die Tragweite des § 1006 lehrreiche Entscheidung BGH, NJW 1961, 777.

Satz 2), so kann er sich nicht mehr auf die Vermutung stützen, sondern muß den Erwerb beweisen. Gelingt die Widerlegung der Vermutung nicht, dann wird auch der Fortbestand des Eigentums vermutet.

Auch für den früheren Besitzer spricht eine Vermutung, daß er während seiner Besitzzeit Eigentümer gewesen ist (§ 1006 II).

Beide Vermutungen gelten nicht gegenüber einem Besitzer, dem die Sache gestohlen worden, verloren gegangen oder abhanden gekommen ist, weil an solchen Sachen der Eigentumserwerb durch Übertragung nach § 935 ausgeschlossen ist, hier also aus dem Besitzerwerb nicht auf Eigentumserwerb geschlossen werden kann. Eine Ausnahme gilt jedoch für Geld und Inhaberpapiere (§ 1006 I 2).

Die Vermutungen gelten nur zugunsten, nicht zuungunsten des Besitzers, daher z. B. nicht bei Ansprüchen wegen Verwendungen, die gegen den angeblichen Eigentümer erhoben werden; in diesem Fall kann aus dem Besitz nicht auf das Eigentum geschlossen werden.

Die Vermutungen haben den Schutz des gegenwärtigen Besitzers im Auge; denn dieser kann häufig einen Beweis seines Eigentumserwerbs nicht führen, z. B. weil Kauf und Übereignung der Sache lange zurückliegen, keine Rechnung mehr vorhanden oder der Verkäufer nicht mehr bekannt ist. Daher muß bei der Eigentumsherausgabeklage der Kläger den Beweis führen, daß der Beklagte trotz seines Besitzes nicht Eigentümer ist. Gelingt ihm dieser Beweis, so kommt ihm nun in der Regel die Vermutung zugute, die für den früheren Besitzer spricht; denn jetzt braucht er nur seinen früheren Besitz zu beweisen, nicht sein Eigentum.

II. Der Anspruch aus früherem Besitz

1. Wesen

In der Mitte zwischen dem Anspruch des Besitzers aus verbotener Eigenmacht und dem Anspruch des Eigentümers auf Herausgabe steht der Anspruch aus früherem Besitz, den das BGB in Anlehnung an das germanische Recht und in Erweiterung der actio Publiciana des römischen Rechtes, aber nur für bewegliche Sachen, gewährt (§ 1007). Von dem Besitzanspruch unterscheidet er sich dadurch, daß er nicht nur eine vorläufige Herausgabe anstrebt, die auf Grund einer Klage aus dem Recht wieder rückgängig gemacht werden kann, sondern eine endgültige; folgerichtig auch dadurch, daß der Beklagte hier sein Recht zum Besitz geltend machen kann, was ihm gegenüber dem Besitzanspruch versagt ist. Man kann daher die Klage als eine petitorische bezeichnen. Andererseits gründet sich die Klage nicht auf das Eigentum, sondern nur auf den Besitz, und ein Recht zum Besitz steht daher nicht nur dem Eigenbesitzer zu, sondern auch dem Nießbraucher, Pfandgläubiger, Mieter usw. Sie kann aber auch der Eigentümer erheben, wenn er den Nachweis seines Eigentums nicht oder nur schwer führen kann. Sie kann daher auch mit der Herausgabeklage nach § 985 verbunden werden; umgekehrt auch mit der Klage aus verbotener Eigenmacht (§ 861).

2. Anspruch gegen den bösgläubigen Besitzer

Der Anspruch richtet sich in erster Linie gegen den bösgläubigen Besitzer (§ 1007 I), und zwar nur, wenn er beim Erwerb des Besitzes im bösen Glauben war. Der gute Glaube bezieht sich hier nicht auf das

Eigentum des Rechtsvorgängers, sondern auf das Recht des Erwerbers zum Besitz (Miete, Pfandrecht usw.). Der Kläger hat seinen früheren Besitz, den gegenwärtigen Besitz des Beklagten und dessen bösen Glauben zu beweisen.

Der Beklagte kann einwenden, daß der Kläger selbst beim Erwerb seines Besitzes in bezug auf sein Recht zum Besitz nicht in gutem Glauben war oder daß er den Besitz freiwillig aufgegeben hat oder daß er, der Beklagte, dem Kläger gegenüber zum Besitz berechtigt ist (§ 1007 III). (In Anwendung von § 986 auf Grund eines dinglichen oder obligatorischen Rechtes, aber hier auch auf Grund des Eigentums, es sei denn, daß der Kläger ein ihm vorgehendes Recht zum Besitz hat, z. B. als Pfandgläubiger.)

3. Anspruch gegen den gutgläubigen Besitzer

Daneben gibt es auch einen Anspruch gegen einen gutgläubigen Besitzer, aber nur wenn die Sache dem Kläger gestohlen, verlorengegangen oder abhanden gekommen ist (§ 1007 II). Hier hat der Kläger seinen früheren Besitz und seinen unfreiwilligen Besitzverlust zu beweisen. Der Beklagte kann wieder einwenden, daß der Kläger bei Erwerb seines Besitzes bösgläubig war (§ 1007 III), ferner daß ihm die Sache schon vor dem Besitz des Klägers ebenfalls unfreiwillig abhanden gekommen ist, oder daß er selbst Eigentümer ist (§ 1007 II), und ihm kein Recht zum Besitz entgegengehalten werden kann.[1]

Der Anspruch geht, wie die rei vindicatio, nicht nur auf Herausgabe der Sache, sondern auch auf Nutzungen und Schadensersatz, der Beklagte hat einen Gegenanspruch wegen Verwendungen (§§ 1007 III 2, 987ff.).

4. Bedeutung

Die Bedeutung des Anspruchs liegt darin, daß er dem Eigentümer das Herausgabeverlangen ohne Beweis des Eigentums und ohne das Hindernis der Eigentumsvermutung zugunsten des besitzenden Beklagten ermöglicht. Daher wird die Klage aus § 1007 oft mit der aus § 985 verbunden, damit für den Fall, daß der Eigentumsbeweis mißlingt, wenigstens der Herausgabeanspruch durchgesetzt wird. Auch steht sie den Besitzern zu, die, ohne Eigentümer zu sein, ein Recht zum Besitz haben; doch konkurriert sie hier mit der Klage aus dem Recht (Nießbrauch, Pfandrecht). Wert hat sie nur für obligatorisch zum Besitz Berechtigte, weil sie gegen jeden Dritten geht, der eine schlechtere Rechtsstellung hat.

5. Abschnitt. Mehrheit von Eigentümern

§ 48. Das Miteigentum

Literatur: Buchda, Gesamthandslehre, 1936; Engländer, Die regelmäßige Rechtsgemeinschaft, 1914; Joerges, Zur Lehre vom Miteigentum, ZHR 49, 140 und 51, 47; Koller, Der gutgläubige Erwerb bei der Übertragung von Miteigentumsanteilen, JZ 1972, 646; Krückmann, Zur Lehre vom Gesamteigentum, ZBlFG

[1] Vgl. Wolff-Raiser, § 23 II 2b.

16, 1; Larenz, Zur Lehre von der Rechtsgemeinschaft, Jher. Jahrb. 83, 108; Saenger, Gemeinschaft und Rechtsteilung, 1913; v. Seeler, Das Miteigentum nach BGB, 1899; Tzermias, Zur Regelung des Gebrauchs beim Miteigentum, AcP 157, 455.

I. Formen des Miteigentums

Steht das Eigentum an einer Sache mehreren Personen zu, so besteht unter ihnen eine Gemeinschaft, und zwar in der Regel eine solche nach Bruchteilen, ausnahmsweise eine zur gesamten Hand. In den §§ 1008 ff. ist nur das Miteigentum nach Bruchteilen geregelt, das Eigentum zur gesamten Hand wird bei den einzelnen Fällen dieser Rechtsfigur behandelt.

Eine Gemeinschaft zur gesamten Hand besteht bei der Gesellschaft (§§ 705 ff.), der ehelichen Gütergemeinschaft (§§ 1415 ff.) und der Erbengemeinschaft (§§ 2032 ff.), ferner bei der offenen Handelsgesellschaft (HGB §§ 105 ff.). Außerhalb der gesetzlich geregelten Fälle kann sie durch Vertrag nicht begründet werden.

II. Das Miteigentum nach Bruchteilen

Neben die wenigen Bestimmungen, die das BGB über das Miteigentum enthält, treten die wichtigeren Regeln über die Gemeinschaft (§§ 741 ff.).

Danach gestaltet sich das Miteigentum nach Bruchteilen folgendermaßen:

1. Inhalt und Verwaltung

Jeder Miteigentümer hat einen bestimmten Bruchteil, einen ziffernmäßig bestimmten ideellen Anteil, z. B. $^1/_3$ (dieser bestimmt zugleich den Anteil bei Verteilung der Früchte), und das Recht auf Gebrauch der gemeinschaftlichen Sache, soweit nicht der Mitgebrauch der anderen beeinträchtigt wird (§ 743 II). Die Verwaltung steht allen gemeinschaftlich zu (§ 744 I). Nur die zur Erhaltung der Sache notwendigen Maßnahmen kann jeder allein treffen (§ 744 II). Die Verwaltung kann durch Stimmenmehrheit geordnet werden (§ 745). Sondernachfolger im Miteigentum sind an diese Beschlüsse gebunden (§ 746). Hier greift die Sonderregel des § 1010 I ein, daß die beschlossene Regelung bei Grundstücken nur dann gegen Sondernachfolger wirkt, wenn sie im Grundbuch eingetragen ist.

2. Verfügung

Jeder Miteigentümer kann über seinen Anteil verfügen, dagegen können über die Sache im ganzen nur alle zusammen verfügen (§ 747). Auf dem ersten Weg ist jederzeit ein Personenwechsel innerhalb des Miteigentums möglich.

Eine Belastung der Sache kann auch zugunsten eines Miteigentümers erfolgen (§ 1009 I), obwohl dieser dann zugleich berechtigt und belastet ist.

3. Aufhebung der Gemeinschaft

Jeder Miteigentümer kann jederzeit die Aufhebung der Gemeinschaft verlangen (§ 749 I). Ein Ausschluß dieses Rechts kann durch Vereinbarung in gewissen Grenzen erfolgen (§ 749 II). Auch solche Abmachungen bedürfen der Eintragung im Grundbuch, um gegen Sondernachfolger zu wirken (§ 1010); sie gelten als Belastung des Miteigentumsanteils.

4. Eigentumsansprüche

Jeder Miteigentümer kann die Ansprüche aus dem Eigentum für sich allein geltend machen (§ 1011), die Herausgabe der Sache aber nur an alle Miteigentümer gemeinschaftlich verlangen (§ 432).

Untereinander stehen den Miteigentümern Ansprüche auf Einräumung des entzogenen Mitbesitzes nach § 985 und auf Beseitigung einer Störung nach § 1004 zu. Besitzansprüche richten sich nach § 866.

5. Erwerb und Verlust

Erwerb und Verlust des Miteigentums richten sich nach den allgemeinen Vorschriften über das Eigentum. Allerdings ist die Möglichkeit gutgläubigen Erwerbs bei Miteigentum an beweglichen Sachen bestritten.[1] Die Übertragung von Anteilen an einem Grundstück wie auch die Änderung der Bruchteile bedarf der Auflassung und Eintragung nach §§ 873, 925. Die Anteile können gesondert belastet werden (praktisch selten).

III. Gesamthandseigentum

Wesentlich anders ist die Regelung des Eigentums zur gesamten Hand. Charakteristisch ist meist, daß der einzelne Gesamthänder weder über die Sache im ganzen noch über seinen Anteil an ihr selbständig verfügen kann. Doch ist die Regelung in jedem der drei Fälle im einzelnen verschieden, so daß hier nicht näher darauf eingegangen werden soll.

§ 49. Das Wohnungseigentum

Literatur: Vgl. die Kommentare von Bärmann, 2. Aufl., 1973; Diester, 2. Aufl. 1952; Hubernagel, 1952; Weitnauer-Wirths, 3. Aufl., 1969; ferner: Bärmann, Zur Dogmatik des gemeinen Raumeigentums, AcP 155, 1; Däubler, „Gründungsmängel" beim Wohnungseigentum, DNotZ 1964, 216; Diester, Wichtige Rechtsfragen des Wohnungseigentums, 1974; ders., Zwanzig Jahre Wohnungseigentum, NJW 1971, 1153; ders., Das heutige Raumeigentum, ein kritischer Erfahrungsbericht, NJW 1970, 1107; Hurst, Mit-Sondereigentum und abgesondertes Miteigentum, noch ungelöste Probleme des Wohnungseigentumsgesetzes?, DNotZ 1968, 131, 286; Pfeuffer, Die Rechtsstellung des Verwalters einer Wohnungseigentümergemeinschaft, NJW 1970, 2233; Weitnauer, Streitfragen zum Wohnungseigentum, DNotZ 1960, 115; Paulick, Zur Dogmatik des Wohnungseigentums, AcP 152, 420; Riedel, Miteigentum am Wohnungseigentum, JZ 1951, 625.

I. Wesen und Bedeutung

Die gewaltige Aufgabe der Wohnungsbeschaffung nach den Verheerungen des Krieges und die Schwierigkeiten der Finanzierung des Hausbaues in dem erforderlichen großen Umfang haben den Anreiz zu einer neuen Form des Eigentums gegeben, die ihre Regelung im Bundesgesetz vom 15. 3. 1951 gefunden hat und die technische Bezeichnung „Wohnungseigentum" trägt. Durch sie wird der Erwerb von Eigentum an räumlich bestimmten Teilen von Häusern ermöglicht, zugleich aber durch die dingliche Sicherung von Zuwendungen zum Hausbau ein Anreiz zur teilweisen Selbstfinanzierung der Wohnungsbeschaffung gewährt.

Es ergab sich die Notwendigkeit, vom Grundsatz des § 93 teilweise abzuweichen und ein Sondereigentum an einzelnen Wohnungen oder

[1] Vgl. dazu Koller, JZ 1972, 646.

anderen Räumen[1] als realen Teilen eines Gebäudes anzuerkennen. Die Wohnung soll abgeschlossen sein und muß eine selbständige Haushaltsführung ermöglichen.

Aber jener Grundsatz bleibt insoweit doch aufrechterhalten, als alle Teile des Gebäudes, die für seinen Bestand oder seine Sicherheit wesentlich sind, ebenso die dem gemeinschaftlichen Gebrauch dienenden Anlagen und Einrichtungen nicht Gegenstand jenes Sondereigentums sein können, sondern gemeinschaftliches Eigentum aller Wohnungseigentümer sind; WEG § 5 I.

Hierunter fallen z. B. die tragenden Mauern des Hauses, die Decken der Stockwerke, Treppen, Waschküchen, Zentralheizung, überhaupt alle Einrichtungen zum gemeinschaftlichen Gebrauch der Eigentümer, dagegen in Abweichung von § 93 nicht Türen, Fenster, Fußböden, Zwischenwände, die nicht das Haus tragen.[2]

Aus diesen Vorschriften ergibt sich innerhalb desselben Gebäudes ein Nebeneinander von Sondereigentum und gemeinschaftlichem Eigentum. Die rechtliche Ausgestaltung ist nun nach zwei Richtungen erfolgt, einmal ist das gemeinschaftliche Eigentum als Miteigentum im Sinne des BGB, also nicht als Gesamthandseigentum gestaltet, sodann ist die Verbindung des Sondereigentums mit dem Anteil an dem gemeinschaftlichen Eigentum eine rechtlich notwendige. So setzt sich das Wohnungseigentum aus dem Sondereigentum und dem Miteigentumsanteil als unlöslicher Zweiheit zusammen. Sondereigentum allein ist ausgeschlossen, es gilt als rechtlicher Bestandteil des Miteigentumsanteils. Der Wohnungseigentümer kann sein Eigentum veräußern oder belasten (Hypothek).

II. Begründung des Wohnungseigentums

Das Wohnungseigentum entsteht durch Vertrag der Miteigentümer (WEG § 3) oder durch Teilung des bisherigen Alleineigentums am Gebäude (WEG § 8).[3] Die Vereinbarungen sind möglich bezüglich eines schon bestehenden Gebäudes oder – was die Regel ist – bezüglich eines erst zu errichtenden. Die Auflassungsform muß gewahrt werden (WEG § 4), wie auch der Verpflichtungsvertrag der Form des § 313 bedarf.

Für jeden Miteigentumsanteil wird ein besonderes Grundbuchblatt angelegt; WEG § 7.

III. Rechte und Pflichten des Wohnungseigentümers

1. Rechte

Die Rechte des Wohnungseigentümers bestehen in der Verfügungsmöglichkeit über das Wohnungseigentum, in seiner Nutzung und dem Ausschluß anderer, ferner im Mitgebrauch des gemeinschaftlichen Eigentums (WEG § 13). Er kann daher sein Eigentum veräußern und belasten. Beides kann an die Zustimmung der Gemeinschaft der Wohnungseigentümer gebunden werden (WEG § 12).

---

[1] Nach WEG § 3 II 2 gehören dazu auch Garagenstellplätze, deren Flächen durch dauerhafte Markierungen ersichtlich sind.

[2] Das Wohnungseigentumsgesetz ist auch anwendbar, wenn auf einem ungeteilten Grundstück mehrere Einfamilienhäuser errichtet werden. Jedoch stehen die konstruktiven Teile der einzelnen Häuser im Miteigentum, das Sondereigentum erstreckt sich auf die Räume (BGH 50, 56).

[3] Auch Miteigentümer nach Bruchteilen können durch Teilung nach WEG § 8 Raumeigentum begründen (BayObLG, NJW 1969, 883). Auch der einzelne Wohnungseigentümer kann Sonder- und Miteigentum weiter aufteilen (BGH 49, 250).

2. Pflichten

Der Wohnungseigentümer ist verpflichtet, sein Sondereigentum instandzuhalten, das gemeinschaftliche Eigentum ordnungsmäßig zu behandeln und seinen Anteil an den Kosten zu tragen (WEG §§ 14, 16). Er darf seine Wohnung und die gemeinschaftlichen Einrichtungen nur in einer Art und Weise nutzen, daß andere dadurch nicht beeinträchtigt werden (WEG § 14 Nr. 1)[1]. Schließlich ist er auch an die Beschlüsse der Eigentümerversammlung (WEG §§ 23 ff.), die Anordnungen des Gerichts (WEG §§ 43 ff.) und des Verwalters (WEG §§ 27 ff.) gebunden.

IV. Verhältnis der Wohnungseigentümer untereinander

Das Verhältnis der Wohnungseigentümer untereinander ist als Gemeinschaft konstruiert, nicht als Gesellschaft, weil die Gesamthand zu schwerfällig hinsichtlich Veräußerung und Belastung ist und ein persönliches Vertrauensverhältnis unter den Eigentümern nicht besteht.

Die Gemeinschaft unterliegt den allgemeinen Vorschriften der §§ 741 ff., wichtiger aber sind die Sondervorschriften des Gesetzes (vgl. o. III 2).[2] Diese Gemeinschaft ist unaufhebbar, selbst bei wichtigem Grund (§ 11) und im Fall, daß ein Eigentümer in Konkurs fällt. Es sind besondere Organe der Gemeinschaft vorgesehen mit Rücksicht auf die notwendige Verwaltung der Hausgemeinschaft, die Versammlung der Wohnungseigentümer (WEG §§ 23 ff.) und notwendig ein Verwalter (WEG §§ 20 II, 27).

Ferner sind Vereinbarungen der Miteigentümer untereinander möglich, praktisch auch unentbehrlich. Über ihren Inhalt vgl. WEG §§ 13–17. Es handelt sich z. B. um die Aufteilung der auf Gebäude und Grundstück ruhenden Lasten, um die Unterhaltskosten für die gemeinschaftlichen Einrichtungen.

V. Entziehung des Wohnungseigentums und Entscheidung von sonstigen Streitigkeiten

1. Verstößt ein Wohnungseigentümer gegen seine Pflichten, so kann von ihm die Veräußerung seines Wohnungseigentums verlangt werden (WEG § 18). Nach § 18 III beschließt darüber die Versammlung der Wohnungseigentümer durch Stimmenmehrheit. Kommt der betroffene Wohnungseigentümer diesem Verlangen nicht nach, so muß Klage zum ordentlichen Gericht erhoben werden mit dem Antrag, den betroffenen Wohnungseigentümer zur Veräußerung seines Wohnungseigentums zu verurteilen (WEG § 19). Darauf erfolgt dann die Versteigerung des Wohnungseigentums, nicht nach den Vorschriften des ZVG, sondern als sog. freiwillige Versteigerung nach WEG §§ 53 ff. Zuständig hierfür sind die Notare.

2. Streitigkeiten über die Rechte und Pflichten der Wohnungseigentümer untereinander, die sich aus ihrer Gemeinschaft oder aus der Verwaltung ergeben, werden in einem besonderen Verfahren der freiwilligen Gerichtsbarkeit entschieden (WEG §§ 43 ff.).[3]

VI. Dauerwohnrecht

1. Inhalt des Dauerwohnrechts

Das Dauerwohnrecht, das dem dinglichen Wohnungsrecht des § 1093 nachgebildet ist, verleiht ein in das Grundbuch einzutragendes beschränkt dingliches

---

[1] Zur Vornahme baulicher Veränderungen vgl. Weimar, JR 1974, 57.

[2] Zum Verhältnis der Wohnungseigentümer untereinander vgl. BayObLG, NJW 1970, 1550.

[3] In diesem Verfahren sind auch Streitigkeiten zwischen dem Verwalter und den zukünftigen Wohnungseigentümern vor der Eintragung des Wohnungseigentums zu entscheiden (BayObLG, NJW 1969, 191).

Recht auf Überlassung und Nutzung einer Wohnung (WEG § 31). Es kann veräußert und vererbt werden (WEG § 33) und gewährt auch die Befugnis zur Vermietung und Verpachtung (vgl. WEG § 37). Bei der Zwangsvollstreckung in das Grundstück kann es erhalten bleiben, wenn die Inhaber der im Rang vorgehenden oder gleichstehenden Rechte am Grundstück zustimmen (WEG § 39). Das Dauerwohnrecht kann für eine bestimmte Zeit vereinbart werden. Es handelt sich dann um eine Art verdinglichter Miete. Nach Ablauf der vereinbarten Frist entsteht gemäß WEG § 36 ein Heimfallanspruch, der den Berechtigten zur Übertragung des Dauerwohnrechts auf den Grundstückseigentümer oder einen Dritten verpflichtet. Der Inhaber des Rechts kann aber auch eine eigentümerähnliche Stellung haben, wenn kein Heimfallanspruch vereinbart, sondern das Dauerwohnrecht auf unbestimmte Zeit bestellt ist.

2. Belastung des Dauerwohnrechts

Im Gegensatz zum Wohnungseigentum ist das Dauerwohnrecht nur ein beschränkt dingliches Recht. Es kann verpfändet und gepfändet, nicht aber mit Grundpfandrechten belastet werden. Veränderungen am Grundstück oder am Gebäude (grundsätzlich auch nicht in der Wohnung) kann der Berechtigte nicht durchführen. Selbst wenn er aufgrund des Vertrags mit dem Eigentümer für die öffentlichen Lasten aufzukommen hat, ist dennoch nicht er, sondern der Eigentümer zur Leistung verpflichtet.

3. Unterscheidung vom dinglichen Wohnungsrecht

Das Dauerwohnrecht ist vom dinglichen Wohnungsrecht des § 1093, das nicht veräußert und vererbt werden kann (WEG § 33 I), zu unterscheiden. Vgl. dazu u. § 81 II.

4. Dauernutzungsrecht

Daneben gibt es ein rechtlich gleich geregeltes Dauernutzungsrecht an Räumen, die nicht Wohnzwecken dienen (z. B. Läden, Büros); WEG § 31 II, III.

Viertes Kapitel

Grundpfandrecht und Pfandrecht

§ 50. Einleitung

Literatur: Zur Geschichte des Pfandrechts im allgemeinen: O. v. Gierke, Deutsches Privatrecht Bd. II, §§ 155ff.; Jost, Die Realobligation, 1956; Kohler, Pfandrechtliche Forschungen, 1882; v. Meibom, Das deutsche Pfandrecht, 1867; ders., Schuld und Haftung im älteren deutschen Recht, 1910, S. 22ff.; Siber, Römisches Recht, Bd. II, S. 119; ferner: du Chesne, Wertrecht und Pfandrecht, Jher. Jahrb. 76, 207; Fuchs, Das Wesen der Hypothek und Grundschuld, JW 1916, 2; H. Ch. Hirsch, Die Übertragung der Rechtsausübung, 1910; v. Schwind, Wesen und Inhalt des Pfandrechts, 1899.

I. Allgemeines

Sehr alt ist das Bedürfnis nach Sicherung von Forderungen, die kreditiert werden. Neben dem Personalkredit (der Bürgschaft) steht der Realkredit. Beim Realkredit liegt die Sicherung in dem haftenden Gegenstand und seinem haftenden Wert, beim Personalkredit in der persönlichen Zuverlässigkeit des Schuldners. Praktisch ist der Unterschied nicht so schroff; denn auch beim Realkredit spielt das Vertrauen in die Person des Eigentümers (z. B. des Landwirts oder Hausbesitzers) und seine wirtschaftlichen Fähigkeiten eine Rolle (zumal wenn er zugleich persönlicher Schuldner ist), beim Personalkredit auch die Gewißheit, sich an das Vermögen des Schuldners im Wege der Zwangsvollstreckung halten zu können. Die wichtigste Form des Realkredits ist das Pfandrecht; der Gläubiger erhält das Recht, eine fremde Sache (in der Regel seinem Schuldner gehörig) zu seiner Befriedigung zu verwerten. In der geschichtlichen Entwicklung sind zwei Typen ausgebildet, das Pfandrecht mit Besitz des Gläubigers an der verpfändeten Sache und das besitzlose Pfandrecht. Frühzeitig steht neben dem eigentlichen Pfandrecht die den gleichen wirtschaftlichen Zwecken dienende Sicherungsübereignung, d. h. die Übereignung einer Sache des Schuldners an den Gläubiger nur zum Zweck der Sicherung einer Forderung, daher mit der Verpflichtung der Rückgabe der Sache nach Tilgung der Schuld.

II. Geschichtliche Entwicklung

1. Das römische Recht

Im römischen Recht finden sich bereits alle diese Formen und zwar für Grundstücke wie für bewegliche Sachen. Zunächst das pignus – der Gläubiger erhält den Besitz der Sache und behält ihn bis zur Tilgung der Schuld; erfolgt diese nicht, so kann er die Sache endgültig behalten (lex commissoria, Verfallklausel). Dagegen hat er ursprünglich nicht das Recht zum Verkauf der Sache und zur Befriedigung aus dem Erlös; diese Rechte werden erst später dem Gläubiger zugebilligt, dafür die Verfallklausel verboten, weil sie eine Gefährdung des Schuldners bedeutet. Daneben gibt es die Sicherungsübereignung als fiducia cum creditore, die Übereignung mit der Abrede, daß der Erwerber über die Sache nicht verfügen darf (wenn auch kann), sondern sie nach Tilgung der Forderung zurückzugeben hat. Schließlich kennt das römische Recht die besitzlose hypotheca, die auch an beweglichen Sachen und am ganzen Vermögen eines Schuldners möglich ist und außer durch Vertrag auch auf Grund des Gesetzes entstehen kann, mit Verkaufsrecht nach Besitzerlangung, die mittels der actio hypothecaria möglich war. Durch die Formlosigkeit der Begründung der Hypothek und die Zulassung von Generalhypotheken am ganzen Vermögen wurde die Erkennbarkeit der Pfandrechte vernichtet und damit ihr Wert sehr gemindert, weil weder das Bestehen älterer noch das nachträgliche Entstehen privilegierter Pfandrechte festzustellen war.

2. Das germanische Recht

Das germanische Recht kennt in seiner Frühzeit die Sicherungsübereignung. Bei ihr ist aber die Stellung des Schuldners und Veräußerers dadurch verstärkt, daß die Übereignung als auflösend bedingt durch die Tilgung der Schuld gilt, so daß das Eigentum mit Eintritt der Bedingung an den Schuldner zurückfällt. Daneben entwickelt sich das mit Besitz und Nutzung verbundene Pfandrecht, die „ältere Satzung". Auch hier verfällt das Pfand ursprünglich bei Nichtzahlung der Schuld; dann tritt die Verkaufsbefugnis und Befriedigung aus dem Erlös an ihre Stelle, doch wird gerichtlicher Pfandverkauf ausgebildet. Die „jüngere Satzung" entspricht als besitzloses Pfandrecht der Hypothek; der Gläubiger erhält nur das Befriedigungsrecht, nicht Besitz und Nutzungen. Sie bedarf des Bucheintrags, nachdem in den Städten amtliche Bücher ausgebildet sind (vgl. o. § 12 V). Im Gegensatz zum römischen Recht unterscheidet das germanische – was für die weitere Entwicklung entscheidend geworden ist – zwischen Fahrnis und Grundstücken.

3. Die partikularrechtliche Entwicklung

Die partikularrechtliche Entwicklung widersetzt sich mit Erfolg der Rezeption des römischen Rechts und behielt die Publizität des Pfandrechts durch Besitz oder Bucheintragung bei. Die neuere Gesetzgebung seit dem 18. Jahrhundert kennt an beweglichen Sachen nur ein Pfandrecht mit Besitz des Gläubigers (von gesetzlichen Pfandrechten abgesehen) und durchweg mit Verkaufsbefugnis, während die Verfallklausel sehr eingeschränkt wird. Für Grundstücke tritt die besitzlose Hypothek in den Vordergrund, ein mit Besitz verbundenes Nutzungspfandrecht findet sich an ihnen nur noch ausnahmsweise zugelassen, so im preußischen Allgemeinen Landrecht. Die Befriedigung des Gläubigers aus dem Grundstück wird an gerichtliche Vollstreckung gebunden.

4. Die Regelung des BGB

Das BGB unterscheidet zwischen beweglichen Sachen und Grundstücken. An den ersteren kennt es als vertragsmäßiges nur das mit Besitz verbundene Pfandrecht, an Grundstücken nur ein besitzloses, welches aber nicht unter der Bezeichnung „Pfandrecht" geregelt wird, sondern den Namen „Hypothek" führt. Daneben steht die Grundschuld als eine von einer Forderung unabhängige Belastung des Grundstücks mit Verwertungsrecht (aus dem germanischen Recht übernommen).

III. Wesen des Pfandrechts

Das Wesen des Pfandrechts, gleichgültig, ob es besitzlos oder mit Besitz verbunden ist, ob es an beweglichen Sachen oder an Grundstücken besteht, liegt in folgenden Eigenschaften:

1. Dingliches Recht

Es ist ein dingliches Recht, also gegen jedermann wirkend und mit Ansprüchen geltend zu machen, daher insbesondere vom Wechsel in der Person des Grundstückseigentümers unabhängig.

2. Verwertungsrecht

Die beschränkte Sachherrschaft, die es gewährt, prägt sich in dem Recht aus, die Sache zu verwerten. Hierfür sind bestimmte Formen der Veräußerung vorgeschrieben. Der Pfandgläubiger ist berechtigt, sich aus dem Erlös zu befriedigen. Ein Nutzungsrecht ist nicht gegeben (Ausnahme § 1213; vgl. u. § 68 III).

3. Sicherungsrecht

Das Pfandrecht ist zur Sicherung einer Forderung bestimmt und bestellt (nur die Grundschuld ist rechtlich in ihrem Bestand von einer Forderung unabhängig und daher begrifflich kein Pfandrecht). Der Tilgung dieser Forderung dient die Befriedigung des Gläubigers aus der Sache.

4. Sicherung einer Forderung

Der Eigentümer der belasteten Sache und Verpfänder ist als solcher nicht verpflichtet, die Forderung zu bezahlen, er haftet nur mit der verpfändeten Sache für die Forderung und ihre Bezahlung. Er ist berechtigt, die Befriedigung aus der Sache durch Zahlung abzuwenden und sich dadurch die Sache zu erhalten. Ist der Eigentümer zugleich der Schuldner der Forderung (wie es die Regel ist), so ist er als Schuldner zur Leistung verpflichtet, aber nicht als Eigentümer der verpfändeten Sache. Als Eigentümer eines Grundstücks ist er nur zur Duldung der Zwangsvollstreckung in das Grundstück verpflichtet. Der Unterschied zeigt sich dann deutlich, wenn der Eigentümer nicht zugleich der Schuldner der Forderung ist; denn er haftet dann nur mit dem Grundstück, nicht mit seinem übrigen Vermögen (vgl. u. §§ 55, 66 II).

5. Grundsatz der Publizität

Das Pfandrecht muß nach außen erkennbar sein, Grundsatz der Publizität. Bei Belastung der Grundstücke wird er durch den Zwang zur Eintragung des Rechtes im Grundbuch gesichert (§ 873), bei den beweglichen Sachen durch den Zwang, dem Gläubiger den Besitz zu verschaffen (§ 1205), bei Forderungen wenigstens durch die Anzeige an den Schuldner (§ 1280). Daher entstehen Hypotheken nicht ohne Eintragung von Gesetzes wegen (von zwei seltenen Ausnahmen abgesehen; vgl. u. § 52 IV), sondern es gibt nur gesetzliche Ansprüche auf Bestellung einer Hypothek (vgl. § 648).

6. Grundsatz der Spezialität

Es gibt kein Pfandrecht am ganzen Vermögen oder an Bruchteilen desselben, welches einheitlich durch einen Gesamtakt begründet werden könnte, sondern nur Pfandrechte an einzelnen Gegenständen, die an jedem besonders bestellt werden müssen, Grundsatz der Spezialität. Ein Pfandrecht ist ferner nur zur Sicherung einzelner bestimmter Forderungen möglich. (Ausnahme die Höchstbetragshypothek; vgl. u. § 62.)

7. Grundsatz der Priorität

Unter mehreren Pfandrechten an dem selben Gegenstand besteht eine Rangordnung; das früher entstandene (ältere) Pfandrecht geht dem jüngeren vor, Grundsatz der Priorität. Damit sind die im früheren Recht bestehenden privilegierten Pfandrechte beseitigt, die trotz ihrer späteren Entstehung den Vorrang hatten.

IV. Zahlungspflicht des Eigentümers?

Von all diesen Grundsätzen ist nur der vierte (s. o. III 4) umstritten. Besonders für die Hypothek wird der Streit, ob auch der Eigentümer als solcher zu einer Zahlung verpflichtet ist, mit besonderer Lebhaftigkeit geführt. Die Theorie von der Realobligation[1] bejaht die Verpflichtung des Eigentümers zur Leistung, aber nur zur Leistung aus der Sache, und beruft sich auf die Formulierung des Gesetzes, daß „aus dem Grundstück" eine Summe zu zahlen ist. Aber die Zahlung, die der Eigentümer leistet, ist in Wahrheit keine Leistung aus der Sache, sondern erfolgt aus dem übrigen Vermögen des Eigentümers und braucht keineswegs mit dem Ertrag des Grundstücks in Zusammenhang zu stehen. Der Eigentümer ist auch nicht etwa verpflichtet, das Grundstück zu verwerten, um aus dem Erlös den Gläubiger zu befriedigen. Handelt es sich um eine Kapitalzahlung, so kann diese nicht aus dem Grundstück entnommen sein. Eine Leistung aus dem Grundstück ist als freiwillige unmöglich und liegt höchstens dann vor, wenn die Vollstreckung in das Grundstück durchgeführt wird und aus dem Erlös die Zahlung an den Gläubiger erfolgt. Dann handelt es sich aber um eine Auswirkung der Haftung, nicht einer Verpflichtung. Sonst wendet der Eigentümer umgekehrt durch Aufopferung anderer Vermögenswerte die Vollstreckung, also die Leistung aus der Sache ab.[2]

Ähnlich nimmt die Theorie von der dinglichen Schuld an,[3] daß eine Schuld des Eigentümers im vollen Betrag der Forderung besteht, die Haftung sich aber auf das Grundstück beschränkt. Woran soll sich aber zeigen, daß die Schuld zu einem höheren Betrag besteht? Eine Vollstreckung wegen des Betrages, der bei der Vollstreckung in das Grundstück nicht gedeckt ist, in das übrige Vermögen des Eigentümers, der nicht zugleich Schuldner ist, ist ausgeschlossen, aber auch eine Klage gegen den Eigentümer auf Feststellung der Restschuld ist unbegründet. Es liegt nicht einmal eine Naturalobligation des Eigentümers vor.

Gegen diese Auffassung läßt sich auch § 1142 anführen. Denn wenn er ausspricht, der Eigentümer sei unter bestimmten Voraussetzungen „berechtigt", den Gläubiger zu befriedigen, so geht daraus eindeutig hervor, daß er nicht dazu verpflichtet ist. Für einen Schuldner ist die Berechtigung zur Leistung unter jenen Voraussetzungen eine Selbstverständlichkeit; einer Regelung der Berechtigung zur Leistung bedarf es nur für jemand, der zur Leistung nicht verpflichtet ist. § 1142 steht im Zusammenhang mit der allgemeinen Vorschrift des § 267.

Demgegenüber kann nicht ins Gewicht fallen, daß das Gesetz von Kündigung und Mahnung gegenüber dem Eigentümer und sogar vom Verzug des Eigentümers spricht (§§ 1141, 1146).[4] Es ist bezeichnend, daß der Eigentümer zwar für Verzugszinsen haftet, nicht aber zum Schadensersatz verpflichtet ist.

---

[1] Vertreter z.B. Fuchs, Grundbegriffe des Sachenrechts (1917), 87ff.

[2] Vgl. hierzu Jost, Die Realobligation, 1956, insbes. S. 21ff.

[3] Vertreter: O. v. Gierke, Deutsches Privatrecht, Bd. II, S. 851ff., J. v. Gierke, Sachenrecht, § 56 III.

[4] Zur Anwendung der Verzugsregeln vgl. E. Schwerdtner, Verzug im Sachenrecht, 1973, S. 174ff.

Das Verwertungsrecht, das dem Hypothekengläubiger wie dem Pfandgläubiger zusteht, stellt nicht einen Anspruch auf eine Leistung des Eigentümers dar, sondern das anders geartete Recht, seine Befriedigung durch vom Gläubiger herbeizuführende staatliche Handlung zu erreichen. Dieses Verwertungsrecht erfaßt die Sache ohne Beschränkung auf die Höhe des Anspruchs; denn der Hypothekengläubiger hat das Recht, das gesamte Grundstück zu verwerten. Wieviel er von dem Erlös für sich zu beanspruchen hat, bestimmt sich allerdings nach der Forderung. Umgekehrt ist aber der Eigentümer, wenn die Verwertung nicht zur vollen Befriedigung des Gläubigers führt, in keiner Weise verpflichtet, den Ausfall nachzuzahlen, und daran zeigt sich, daß er eben nicht Schuldner ist. Der Gläubiger hat gegen ihn keinen Anspruch, sondern nur das Recht, die haftende Sache zu verwerten, und daher ist mit der Durchführung der Verwertung die Haftung und das Rechtsverhältnis zwischen Eigentümer und Gläubiger beendet.

Auch beim Eigentumswechsel am Grundstück wird der Übergang der Haftung auf den neuen Eigentümer nicht als Schuldübernahme behandelt. Er erfordert weder einen Vertrag zwischen Veräußerer und Erwerber noch zwischen Erwerber und Gläubiger. Er folgt vielmehr aus der Natur des dinglichen, gegen den jeweiligen Eigentümer wirksamen Rechtes, nicht aus einer Verpflichtung des Eigentümers.

Es ist daher der h. M. beizustimmen, daß der Eigentümer als solcher nichts schuldet, sondern nur haftet.[1]

1. Abschnitt. Das Grundpfandrecht

§ 51. Die Hypothek

Literatur: K. Blomeyer, Die Rechtsformen des künftigen Grundkreditrechts, ZAkDR 1944, 38, 58; Felgentraeger, Hypothek und Grundschuld, Festschrift für J. v. Gierke, 1950 S. 141; Güthe, Die wirtschaftlichen und rechtlichen Grundlagen des modernen Hypothekenrechts, 1914; Hagelberg, Entwicklung und Probleme der neueren Hypothekenpraxis, 1926; Hedemann, Fortschritte des Zivilrechts im XIX. Jahrhundert, Bd. II 1. Hälfte, S. 94ff.; Klinkhammer und Rancke, Hauptprobleme des Hypothekenrechts, JuS 1973, 665; Medicus, Die Akzessorietät im Zivilrecht, JuS 1971, 497; Nußbaum, Deutsches Hypothekenwesen, 2. Aufl., 1921; Planitz, Das deutsche Grundpfandrecht, 1936; Steffan, Handbuch des Realkredits, 1963; Westermann, Vorschläge zur Reform des Hypotheken- und Grundbuchrechts, 1972.

I. Das Wesen der Hypothek

1. Die Hypothek ist eine dingliche, mit Besitz nicht verbundene Belastung eines Grundstücks zur Sicherung einer Geldforderung (§ 1113). Die Besitzlosigkeit ermöglicht praktisch dem Eigentümer oft erst die Belastung; denn wenn er das Grundstück oder Haus aus der Hand geben müßte, wäre ihm oft die Belastung unmöglich. Auch wird die mehrfache Belastung sehr erleichtert. Die Hypothek ist grundsätzlich akzessorisch („angelehnt"), d. h. in Entstehung und Bestand von einer Forderung abhängig.

Dieser Grundsatz wird insofern durchgeführt, als der Hypothekengläubiger und der Forderungsgläubiger niemals zwei verschiedene Personen sein können. Der Hypothekengläubiger ist stets identisch mit dem Forderungsgläubiger.

Ein Forderungsgläubiger braucht natürlich nicht immer Hypothekengläubiger zu sein, so vor allem dann nicht, wenn und solange für die Forderung keine Hypothek bestellt ist, ferner dann, wenn nur die Hy-

[1] Vgl. auch Westermann, § 94 II 3, Wolff-Raiser, § 131 I; a. M. E. Wolf, S. 288ff.

pothekenbestellung nichtig ist, während die Forderung gültig begründet ist und besteht.

2. Durchführung der Akzessorietät

a) Bei Begründung der Hypothek: Hypothekengläubiger wird nur, wer Forderungsgläubiger ist. Besteht die Forderung nicht, für welche die Hypothek bestimmt ist, dann erwirbt der Gläubiger, der als Hypothekengläubiger eingetragen ist, nicht die Hypothek; allerdings entsteht die Hypothek dennoch, aber sie steht dem Eigentümer zu (§ 1163; vgl. u. § 59).

b) Bei Übertragung der Hypothek: Forderung und Hypothek müssen zusammen übertragen werden. Ausgeschlossen ist es, die Forderung allein zu übertragen und sich die Hypothek vorzubehalten oder umgekehrt, die Hypothek zu übertragen und die Forderung zu behalten. Eine Trennung von Hypotheken- und Forderungsgläubiger auf diese Weise ist also ausgeschlossen (§ 1153 II). Vielmehr bewirkt die Übertragung der Forderung automatisch den Übergang der Hypothek auf den neuen Gläubiger (§ 1153 I). Jede entgegenstehende Vereinbarung ist nichtig (vgl. u. § 57 I).

Wird eine Hypothek übertragen, die nur der Eintragung nach, aber nicht in Wahrheit dem Gläubiger zusteht, weil die Forderung nicht oder nicht mehr besteht, so kann die Übertragung wegen des guten Glaubens des Erwerbers nach § 892 wirksam sein; er erwirbt aber nur das dingliche Recht, nicht die Forderung (§ 1138, vgl. u. § 57 IV).

c) Beim Ende der Forderung: Endet die Forderung, z. B. durch Erfüllung, so hört automatisch der Gläubiger auf, Hypothekengläubiger zu sein. Die Hypothek geht allerdings nicht unter, sondern auf den Eigentümer über (§ 1163 I 2).

II. Die Arten der Hypotheken

Das BGB kennt verschiedene Arten von Hypotheken:

1. Verkehrshypothek und Sicherungshypothek

Die gewöhnliche Form ist die (im Gesetz nicht so genannte) Verkehrshypothek. Diese Bezeichnung hat sich durchgesetzt, weil diese Form von Hypothek auf längere Dauer, aber auch auf einen Wechsel des Inhabers, also auf Einschaltung in den Rechtsverkehr eingestellt ist. Ihr steht die Sicherungshypothek gegenüber (§ 1184). Sie unterscheidet sich von der Verkehrshypothek dadurch, daß sie streng akzessorisch ist (vgl. u. § 61); bei ihr ist der Eigentümer gegen gutgläubigen Erwerb eines Dritten besser gesichert.

Die Verkehrshypotheken dienen vorwiegend dem Kapitalbedarf auf längere Zeit, ebenso dem Streben von Gläubigern nach dauernder Anlage ihrer Kapitalien. Den übereinstimmenden Bedürfnissen entsprechen die Einschränkungen der Kündigung. Gewöhnlich werden Verkehrshypotheken unter Ausschluß der Kündigung für 5–10 Jahre und danach unter Festlegung halbjährlicher Kündigungsfristen und besonderer

Kündigungstermine gegeben. Eine kurze Kündigungsfrist könnte den Eigentümer in finanzielle Schwierigkeiten bringen; es muß ihm genügend Zeit bleiben, um entweder die Mittel zur Zahlung zu beschaffen oder einen neuen Kreditgeber zu finden. Die Sicherungshypothek dagegen ist zur Sicherung und Erzwingung kurzfristiger Forderungen bestimmt.

Diesem Unterschied entspricht auch die leichtere und sicherere Übertragbarkeit der Verkehrshypothek, bei welcher der gute Glaube an das Grundbuch oder den Hypothekenbrief eine bedeutende Rolle für die Sicherung des Erwerbs spielt, und der Ausschluß des guten Glaubens bei der Sicherungshypothek, bei welcher auf die Erleichterung der Übertragung vom Gesetzgeber kein Wert gelegt ist. Die Verkehrshypothek ist daher leicht verwertbar. Freilich wird hiervon nicht häufig Gebrauch gemacht.

2. Brief- und Buchhypothek

Die Verkehrshypothek kann in zwei Formen bestellt werden, als Brief- oder als Buchhypothek (ebenso auch die Grundschuld), je nachdem, ob zur Verbriefung des Rechts ein Hypothekenbrief ausgestellt oder die Erteilung des Briefes ausgeschlossen wird (§ 1116). Ist kein Ausschluß erfolgt, so ist die Hypothek eine Briefhypothek; sie ist dies also im Zweifel. Die Ausschließung erfordert Einigung und Eintragung; die nachträgliche Umwandlung einer Form in die andere ist möglich (§ 1116 II, III). War die Erteilung des Hypothekenbriefs zunächst nicht ausgeschlossen, die Hypothek also eine Briefhypothek, und erfolgt dann eine Umwandlung in eine Buchhypothek, so ist ein etwa im Verkehr gebliebener Hypothekenbrief rechtlich bedeutungslos.[1] Bei nachträglicher Umwandlung einer Buchhypothek in eine Briefhypothek (§ 1116 III) ist auch die Übergabe des neu gebildeten Briefs erforderlich. Briefhypothek und Buchhypothek unterscheiden sich in Entstehung und Übertragung, ferner in ihrer Geltendmachung und in dem öffentlichen Glauben (vgl. u. §§ 52 ff.). Die Briefhypothek eignet sich vor allem bei der Zwischenfinanzierung, weil ihre Übertragung keine Eintragung im Grundbuch verlangt.[2]

Die Sicherungshypothek kann nur als Buchhypothek begründet werden (§ 1185 I).

3. Tilgungshypothek

Eine besondere, im Gesetz nicht erwähnte Art ist die Tilgungs- (Amortisations-) Hypothek. Neben der Zinszahlung erfolgt eine ständige Tilgung der Hypothek in Jahresraten nach einem vereinbarten Plan, meist so, daß für Zinsen und Tilgung zusammen ein für allemal der gleiche Jahresbetrag vorgesehen ist. Damit sinkt mit dem abnehmenden Kapitalbetrag der Teil der Jahreszahlung, der für die Verzinsung erforderlich ist, der Anteil der Tilgung an der Jahreszahlung wächst ständig, die Tilgung wird also stets schneller. Durch die Tilgung ent-

---

[1] KG, JFG 7, 419.
[2] Vgl. dazu Medicus, § 20 I 3.

steht zunehmend eine Eigentümergrundschuld (vgl. u. § 59 I B), die unverzinslich, auch wenn sie in die Hand eines Gläubigers statt des Eigentümers gelangt, und selber nicht zu tilgen ist. Diese Form der Hypothek hat den großen Vorteil, daß der Eigentümer, solange er die Raten pünktlich zahlt, vor der Kündigung der Hypothek und damit vor der Notwendigkeit, die ganze Summe auf einmal zahlen zu müssen, geschützt ist, also nicht in ernste finanzielle Verlegenheit geraten kann. Sie ist selten bei privaten Geldgebern, weil diese ihr Kapital nicht auf so lange Zeit unkündbar festlegen wollen und mit den kleinen Rückzahlungen wirtschaftlich nicht viel anfangen können, verbreitet dagegen bei Krediten der öffentlichen Anstalten, der Banken und der Bausparkassen (vgl. u. III und § 59 I B 1); bei der Belastung des Erbbaurechts ist sie allein von praktischer Bedeutung (vgl. u. § 72 VI).

4. Über die Gesamthypothek vgl. u. § 60.

5. Verbreitung der Hypothekenarten

Im praktischen Rechtsleben überwiegt die Briefhypothek in Norddeutschland, die Buchhypothek ist mehr im Süden verbreitet. Die Sicherungshypothek findet sich häufiger nur in Sonderfällen, vertraglich als Höchstbetragshypothek, sonst als Zwangshypothek (vgl. u. § 61).[1]

III. Die gesicherte Forderung

Die Forderungen, für die Hypotheken bestellt werden, sind stets Geldforderungen, denn die Zwangsvollstreckung, die der Befriedigung des Gläubigers dient (vgl. u. § 56 III 4), führt immer zu einem Gelderlös. Meist stehen sie im wirtschaftlichen Zusammenhang mit dem Grundstück, so besonders die Darlehen zur Errichtung von Gebäuden. Daher bilden bei den städtischen Grundstücken den Hauptteil die Baugelderhypotheken. Bei landwirtschaftlichen Grundstücken dienen die gewährten Darlehen oft der Melioration oder der Errichtung von Gebäuden. Bei allen diesen Hypotheken tritt durch die Verwendung der Gelder eine Werterhöhung der Grundstücke ein; daher ist diese Art der Belastung wirtschaftlich bedenkenfrei und führt nicht zu einer Gefährdung des Eigentümers.

Möglich ist aber auch die Belastung des Grundstücks wegen einer Forderung, die dem Grundstück nicht zugute kommt. Im Vordergrund stehen hier die Restkaufgeldhypotheken. Häufig wird der Kaufpreis für ein Grundstück nicht voll bezahlt, sondern ein Teil auf längere Zeit gestundet und zur Sicherheit dafür eine Hypothek bestellt. Wirtschaftlich hat diese Regelung den Vorteil, daß der Grundstückserwerb mit geringerem Kapitalaufwand ermöglicht wird.

Beispiel: Der Kaufpreis des Grundstücks beträgt 100000 DM; bei Übernahme einer auf dem Grundstück bereits ruhenden Hypothek von 30000 DM ermäßigt sich der bar zu bezahlende Preis auf 70000 DM, bei Begründung einer Restkaufgeldhypothek von 20000 DM auf 50000 DM.

Daher bleiben diese Hypotheken in der Regel auch bei Weiterveräußerung des Grundstücks bestehen, weil immer wieder die Kapital-

---

[1] Vgl. über die Verwendung der verschiedenen Arten der Hypotheken in der Praxis vor allem Felgentraeger, Festschrift f. J. v. Gierke, S. 141.

ersparnis vorteilhaft ist. Ferner kommt es zur Hypothekenbestellung auch bei Erbteilungen, wenn ein Grundstück einem Erben allein zugewiesen wird, als Ausgleich aber Geldforderungen der anderen Erben begründet und durch Hypothek gesichert werden. Schließlich werden Hypotheken auch zur Sicherung geschäftlicher Schulden oder wegen persönlichen Geldbedarfs des Eigentümers begründet. Hier besteht keine Verbindung zwischen der Bewirtschaftung des Grundstücks oder Gebäudes und dem Zweck des Kredites und es kommt zu der Gefahr, daß das Grundstückseigentum in den Strudel geschäftlicher Mißerfolge hineingerissen wird. Aber da ein Unternehmen als Ganzes nicht Gegenstand eines Pfandrechts sein kann, ist die Belastung von Betriebsgrundstücken ein wichtiges Mittel von Kreditbeschaffung für Unternehmen.

Die Geldgeber sind in erster Linie Banken, Bausparkassen und öffentliche Kreditanstalten, erst in zweiter private Geldgeber. Auf dem Gebiet des Siedlungswesens treten auch Staat und Gemeinden als Geldgeber auf. Große Bedeutung haben im 19. Jahrhundert die Hypothekenbanken erreicht. Für sie gilt das Hypothekenbankgesetz in der Fassung vom 5. 2. 1963 (BGBl. I, 81). Sie unterliegen staatlicher Aufsicht. Sie gewähren Darlehen gegen Bestellung von Hypotheken und geben ihrerseits Pfandbriefe aus, die aber keine Rechte an den belasteten Grundstücken gewähren, sondern nur Forderungen gegen die Bank verbriefen; gesichert sind sie durch Hypotheken in mindestens gleicher Höhe und durch Vorrechte im Konkurs der Bank. Ferner lassen sich die Sparkassen in großem Maße Hypotheken einräumen, um die Spargelder gut und sicher anzulegen. Die öffentlichen Kreditanstalten dürfen Hypotheken in der Regel nur an erster Rangstelle und nur bis zu einem bestimmten Teil des Grundstückswertes gewähren (nach Landesrecht meist $^1/_2$ des Wertes). Neuerdings haben die Bausparkassen große Bedeutung erlangt. Sie geben nach bestimmter Höhe und Dauer der eingezahlten Beträge im Wege der „Zuteilung“ Kredite gegen Tilgungshypotheken und ermöglichen so den Bau von Eigenheimen und Eigentumswohnungen.

Dadurch wird in ausreichendem Maß das Bedürfnis nach Hypotheken an erster Rangstelle befriedigt. Schwieriger gestaltet sich die Bereitstellung von Hypotheken an zweiter Rangstelle, besonders wenn die Belastung bereits die zweite Hälfte oder das letzte Drittel des Grundstückswertes ergreift; denn die zunehmende Unsicherheit der Hypotheken schreckt viele Geldgeber ab. Um den Wohnungsbau und die Siedlung zu erleichtern, springen daher hier neuerdings Staat und Gemeinden als Geldgeber ein. Ferner gewähren auch die Bausparkassen zweite Hypotheken.

§ 52. Die Begründung der Hypothek

I. Die Forderung

Aus dem Grundsatz der Akzessorietät der Hypothek folgt, daß ihre Begründung vom Bestehen einer Forderung des Gläubigers abhängig ist (vgl. o. § 51 I 1 und u. § 59 I).

1. Art der Forderung

Auch für bedingte oder befristete sowie für künftige Forderungen kann eine unbedingte Hypothekenbestellung erfolgen – und dies ist in der Praxis häufig der Fall (vgl. u. § 59 I A 1) –, doch muß die künftige Forderung wenigstens bestimmbar sein.[1] Bis zur Entstehung der Forderung steht dann die Hypothek dem Eigentümer als vorläufige Grundschuld zu, auflösend bedingt durch die Entstehung der Forderung (vgl. u. § 59 I A). Der Vorteil der Eintragung für den Gläubiger liegt darin, daß der Rang der Hypothek sich nach der Eintragung, nicht nach der Entstehung der Forderung richtet.

Anders ist eine bedingte Hypothek zu behandeln, die in der Praxis nur selten vorkommt. Hier ist die Entstehung der Hypothek bedingt, und solange die aufschiebende Bedingung noch nicht eingetreten ist, steht auch dem Eigentümer keine Grundschuld zu.[2]

2. Forderungsauswechslung

An die Stelle der Forderung, die durch die Hypothek gesichert wird, kann eine andere treten; Forderungsauswechslung (§ 1180). Sie erfordert einen dinglichen Vertrag zwischen Eigentümer und Gläubiger und Eintragung im Grundbuch.

Steht die neue Forderung einem anderen Gläubiger zu als die bisherige, so wird der Vertrag zwischen Eigentümer und neuem Gläubiger geschlossen und ist die Zustimmung des bisherigen Gläubigers erforderlich (§ 1180 II). Dieser seltene Fall ist zu unterscheiden vom Erlöschen der alten Forderung, welche den Erwerb durch den Eigentümer zur Folge hat, und von der Übertragung dieser Eigentümergrundschuld an einen neuen Gläubiger (vgl. u. § 59 III).

Ob die Forderungsauswechslung ipso iure eintreten kann (Darlehensforderung – Bereicherungsforderung), ist bestritten, aber wohl abzulehnen.[3]

3. Haftung für Zinsen

Das Grundstück haftet nicht nur für den Forderungsbetrag, das sog. Hypothekenkapital, sondern auch für die vertragsmäßigen Zinsen kraft Eintragung derselben im Grundbuch (§ 1115).

Darüber hinaus haftet das Grundstück aber auch – ohne besondere Eintragung für die gesetzlichen Zinsen, insbesondere wegen Verzugs und Rechtshängigkeit nach §§ 288, 291, sowie nach § 1118 für die Kosten der Kündigung und der Rechtsverfolgung zwecks Befriedigung aus dem Grundstück (dingliche, nicht persönliche Klage und Vollstreckung in das Grundstück), nicht dagegen für Schadensersatzansprüche aus Verzug.

Nachträgliche Änderungen im Inhalt der Forderung erfordern die Zustimmung der im Rang Gleich- oder Nachberechtigten, weil sie von ihnen betroffen werden. Nicht notwendig ist sie bei bloßer Änderung der Zahlungszeit oder des Zahlungsorts oder der Erhöhung der Zinsen auf 5% (§ 1119).

II. Bestellung der Verkehrshypothek als Briefhypothek

Die Verkehrshypothek ist in der Regel Briefhypothek. Soll die Verkehrshypothek als Buchhypothek bestellt werden, so muß die Erteilung des Hypothekenbriefs ausgeschlossen werden (§ 1116 II; vgl. o. § 51 II 2).

Zur Entstehung der Verkehrshypothek als Briefhypothek sind die Einigung des Grundstückseigentümers und des Hypothekengläubigers, die Eintragung der Hypothek im Grundbuch und die Übergabe des Hypothekenbriefs an den Hypothekengläubiger erforderlich.

---

[1] Vgl. dazu Westermann, JZ 1962, 302.
[2] Vgl. Westermann, § 96 A II 1.
[3] Vgl. dazu aber BGH, NJW 1968, 1134.

1. Inhalt der Eintragung

Für den Inhalt der Eintragung gibt § 1115 noch besondere Vorschriften. Danach müssen im Grundbuch eingetragen werden der Gläubiger, der Geldbetrag, der (häufig gleitende) Zinssatz der Forderung, zu deren Sicherung die Hypothek bestellt ist, und, soweit es zur Individualisierung der Forderung, wie in der Regel, erforderlich ist, der Grund der Forderung,[1] freilich meist nur mit kurzer Bezeichnung, wie Darlehenshypothek u. dgl. Dies erklärt sich aus der akzessorischen Natur der Hypothek.

Im übrigen kann auf die Bewilligung Bezug genommen werden. Hierunter fallen die Bestimmungen über die Kündigung der Hypothek, über besondere Zahlungsbedingungen (z. B. Wertsicherungsklauseln mit Genehmigung der Bundesbank[2]), über Folgen unpünktlicher Zinszahlung, über Zinstermine, ferner über den Entstehungsgrund der Forderung. Alle diese Bestimmungen sind aber eintragungsfähig. Bei einer befristeten Nebenleistung muß das Ende der Frist aus dem Grundbuch selbst ersichtlich sein.[3]

Fehlen die notwendigen Angaben, so entsteht die Hypothek trotz Eintragung nicht. Sonstige Lücken oder Unrichtigkeiten hindern die Entstehung der Hypothek nicht, wenn nur die Identität der Forderung feststeht.[4]

Über die Höhe der Rückstände von Zinsen gibt das Grundbuch keine Auskunft. Daher ist hier auch kein gutgläubiger Erwerb möglich, der die Befreiung von ihnen herbeiführt.

2. Übergabe des Hypothekenbriefs

Der Gläubiger erwirbt die Briefhypothek erst durch Übergabe des Briefs an ihn (§ 1117). Vor der Übergabe ist zwar die Hypothek entstanden (mit Einigung und Eintragung), steht aber noch dem Eigentümer zu.

Die Übergabe kann auch hier ersetzt werden durch Besitzkonstitut nach § 930 (der Eigentümer vereinbart mit dem Gläubiger, daß er den Brief einstweilen für ihn aufbewahrt) oder durch Abtretung des Herausgabeanspruchs gegen einen dritten Besitzer des Briefs nach § 931. Beides kommt in der Praxis nur ausnahmsweise vor.

Große praktische Bedeutung hat die in § 1117 II erwähnte Vereinbarung zwischen Eigentümer und Gläubiger, daß der Gläubiger berechtigt sein soll, sich den Brief vom Grundbuchamt aushändigen zu lassen. Damit wird der Umweg vermieden, daß der Brief zuerst dem Eigentümer und dann von ihm dem Gläubiger ausgehändigt wird.

Eine Form für diese Vereinbarung ist zwar nicht vorgeschrieben, doch muß das Grundbuchamt eine Erklärung zu seinem Protokoll oder öffentliche oder öffentlich beglaubigte Urkunden fordern, wenn es demgemäß handeln soll (GBO § 60 II). Die einseitige Ermächtigung des Grundbuchamts durch den Eigentümer, den Brief dem Gläubiger auszuhändigen, ist ebenfalls möglich; in diesem Fall tritt aber der Erwerb der Hypothek durch den Gläubiger erst mit der Aushändigung an ihn ein.

Im Fall der Übertragung der Hypothek kann die Vereinbarung der Aushändigung des Briefs durch das Grundbuchamt die in § 1154 vorgeschriebene Übergabe ersetzen.

Die Aufschiebung des Erwerbs des Gläubigers bezweckt die Sicherung des Eigentümers dagegen, daß der Gläubiger die Darlehensvaluta

[1] Str.; wie hier Westermann, § 96 A II 2 a.
[2] Vgl. Dürkes, Wertsicherungsklauseln, 7. Aufl., 1966.
[3] OLG Karlsruhe, DNotZ 1969, 36.
[4] Vgl. hierzu z. B. BGH 47, 41.

an ihn nicht bezahlt, aber die bereits eingetragene Hypothek an einen gutgläubigen Dritten überträgt. Eine Bewilligung der Eintragung des Gläubigers nur Zug um Zug gegen Zahlung der Valuta ist nach den Grundsätzen des Grundbuchrechts als bedingte Bewilligung ausgeschlossen. Dagegen kann der Eigentümer ohne weiteres die Aushändigung des Briefs an den Gläubiger nur Zug um Zug gegen Zahlung der Valuta vornehmen und sich dadurch vollständig sichern. Zuverlässigen Gläubigern gegenüber wird von der Vereinbarung der Aushändigung durch das Grundbuchamt häufig Gebrauch gemacht, weil in diesen Fällen für eine Sicherung des Eigentümers kein Bedürfnis besteht.

III. Bestellung der Verkehrshypothek als Buchhypothek

Eine Buchhypothek entsteht, wenn sich die Beteiligten über die Bestellung einer Hypothek für eine zu sichernde Forderung einig sind und Hypothek und Ausschluß der Erteilung des Hypothekenbriefs im Grundbuch eingetragen werden (§§ 873, 1116 II). Anders als bei der Briefhypothek erwirbt der Gläubiger die Buchhypothek schon im Augenblick ihrer Entstehung; eine Briefübergabe scheidet naturgemäß aus.

Haben sich die Parteien über die Bestellung einer Buchhypothek geeinigt, unterblieb aber die Eintragung der Ausschließung der Erteilung des Hypothekenbriefs so erwirbt der Grundpfandgläubiger mit Übergabe des Hypothekenbriefs in entsprechender Anwendung des § 140 eine Briefhypothek; vor der Übergabe des Briefs besteht eine Eigentümergrundschuld (§ 1163 II). Wollten die Parteien dagegen eine Briefhypothek bestellen, wurde aber der Briefausschluß eingetragen, so entsteht bis zur Erteilung und Übergabe des Briefs wiederum eine Eigentümergrundschuld, danach eine Briefhypothek; bis zur Löschung der Ausschließung ist das Grundbuch unrichtig.[1]

Da der Gläubiger die Buchhypothek bereits mit der Eintragung erwirbt und die Bewilligung derselben hier ebensowenig von der Zahlung der Valuta abhängig gemacht werden kann wie bei der Briefhypothek (vgl. o. II), gewährt § 1139 dem Eigentümer in dem Hauptfall, der Darlehenshypothek, eine andere Sicherung gegenüber der Gefahr, daß der Gläubiger das Darlehen nicht auszahlt. Der Eigentümer kann nämlich die Eintragung eines Widerspruchs erreichen, und zwar in Abweichung von der allgemeinen Vorschrift des § 899 auf Grund seines Antrages, den er allerdings innerhalb eines Monats seit Eintragung der Hypothek stellen muß. Dieser Widerspruch hat sogar rückwirkende Kraft; denn er hat die gleiche Wirkung, wie wenn er bereits zugleich mit der Hypothek eingetragen wäre (§ 1139 Satz 2). Damit wird nicht nur der gutgläubige Erwerb nach Eintragung des Widerspruchs ausgeschlossen, sondern jeder Erwerb von vornherein.

Die Besonderheit dieser Regelung besteht nicht in der Zulassung des Widerspruchs; denn diesen könnte der Eigentümer auch ohne § 1139 erreichen. Denn wird das Darlehen nicht ausgezahlt, so entsteht die Darlehensforderung nicht, und demgemäß steht die Hypothek nach § 1163 I 1 dem Eigentümer zu, das Grundbuch ist also unrichtig und ein Widerspruch nach § 899 möglich. Das Besondere liegt vielmehr darin, daß der Widerspruch weder eine Bewilligung des Gläubigers noch eine

---

[1] Vgl. Baur, § 37 IV 1; Wolff-Raiser, § 133 V 2.

einstweilige Verfügung erfordert (vgl. o. § 18 II) und daß er rückwirkende Kraft hat.

Nach Ablauf der Monatsfrist ist der Widerspruch nicht etwa ausgeschlossen, aber nur noch gemäß der allgemeinen Vorschrift des § 899 möglich. Praktisch wird wohl kein Eigentümer, dem das Darlehen nicht vereinbarungsgemäß ausgezahlt wird und der gegen den Gläubiger Mißtrauen hegt, die Frist verstreichen lassen.

Umstritten ist, ob die Sittenwidrigkeit des Kausalgeschäfts auch das dingliche Geschäft, also die Hypothekenbestellung (z. B. die Bordellhypothek) ergreift, daher auch dieses nichtig macht, oder ob das dingliche Geschäft inhaltlich nicht sittenwidrig im Sinn von § 138 sein kann. Verneint man die Sittenwidrigkeit und damit die Nichtigkeit der Hypothekenbestellung, so entsteht eine Eigentümerhypothek wegen Nichtigkeit der Forderung (vgl. u. § 59 I A 1).

IV. Besondere Entstehungsarten

Über Entstehung im Weg der Zwangsvollstreckung vgl. u. § 61 II.

Eine Entstehung unmittelbar auf Grund eines gesetzlichen Tatbestandes gibt es nur in den Ausnahmefällen von § 1287 (vgl. u. § 71 V 2) und ZPO § 848. Im Fall des § 648 hat der Unternehmer gegen den Grundstückseigentümer einen gesetzlichen Anspruch auf Bestellung einer Sicherungshypothek, im Fall des § 1844 und FGG § 54 wird eine Sicherungshypothek auf Anordnung des Gerichts eingetragen. Daß das Gesetz die Entstehung unmittelbar kraft Gesetzes nur ausnahmsweise zuläßt, ist verständlich; denn jede Entstehung einer Hypothek ohne Eintragung bedeutet eine Unrichtigkeit des Grundbuchs und verträgt sich deshalb nicht mit den Grundsätzen des Grundbuchrechts.

Eine schon bestehende oder wenigstens schon eingetragene Hypothek kann dagegen automatisch ohne Übertragung und erneute Eintragung auf einen anderen übergehen oder einem anderen als dem eingetragenen Gläubiger zustehen, besonders im Fall der Eigentümerhypothek nach § 1163 (vgl. u. § 59). Auch die Übertragung einer Briefhypothek erfordert die Eintragung im Grundbuch nicht (vgl. u. § 57 II).

§ 53. Der Hypothekenbrief

Literatur: Vgl. dazu die Kommentare zur GBO, zitiert bei § 20.

I. Begriff und Wesen

Als normale Art der Verkehrshypothek behandelt das BGB die Briefhypothek. Für sie ist charakteristisch, daß über das Hypothekenrecht ein Brief ausgestellt wird, der Hypothekenbrief (§ 1116 I).

II. Ausstellung des Hypothekenbriefs

Die Ausstellung erfolgt durch das Grundbuchamt (GBO § 56).

Wesentliche Erfordernisse, bei deren Fehlen der Brief unwirksam ist, sind die Bezeichnung als Hypothekenbrief, die Angabe des belasteten Grundstücks und des Geldbetrags der Hypothek, ferner Unterschriften und Siegel (GBO § 56).

Der Brief soll weiterhin enthalten (bloße Ordnungsvorschrift, GBO § 57) die Nummer des Grundbuchblattes und einen Auszug aus dem Grundbuch (die Bezeichnung des Grundbuchs, des Eigentümers, den Inhalt der die Hypothek betreffenden

Eintragung und der in Bezug genommenen Urkunden, z. B. der Eintragungsbewilligung, sowie die kurze Bezeichnung der vorgehenden oder im Range gleichen Belastungen des Grundstücks, damit schon aus dem Brief Sicherheit und Wert der Hypothek zu entnehmen sind). Außerdem soll die Schuldurkunde (wenn eine solche vorhanden ist) mit dem Brief verbunden werden (GBO § 58).

III. Grundbuch und Brief

Sie stimmen zunächst bei ordnungsmäßiger Ausstellung überein. Aber auch weiterhin ist für die Übereinstimmung gesorgt durch die Vorschriften der Grundbuchordnung, wonach jede Eintragung im Grundbuch auch auf dem Brief vermerkt werden soll und bei allen die Hypothek betreffenden Eintragungen auch der Brief zum Zwecke entsprechender Vermerke auf ihm vorzulegen ist (GBO §§ 41, 42, 61, 62, 63, 65).

IV. Rechtliche Bedeutung des Hypothekenbriefs

Der Brief ist von erheblicher Bedeutung

1. beim Erwerb der Hypothek durch den ersten Gläubiger nach § 1117: der Erwerb ist an die Übergabe des Briefes geknüpft (vgl. o. § 52 II);

2. bei der Übertragung der Hypothek nach § 1154: die Übergabe des Briefes ist für die Übertragung von Hypothek und Forderung erforderlich (vgl. u. § 57 II); entsprechendes gilt für die Verpfändung der Hypothek (§ 1274), für ihre Pfändung (ZPO § 830) und für die Bestellung eines Nießbrauchs an ihr (§ 1069);

3. als Legitimation für den gutgläubigen Erwerb einer Hypothek nach § 1155 (vgl. u. § 57 III);

4. für die Kündigung und Mahnung bei der Hypothek: der Eigentümer kann sie zurückweisen, wenn der Gläubiger den Brief nicht vorlegt, und sie dadurch unwirksam machen (§ 1160 II); dasselbe gilt für Kündigung und Mahnung der Hypothekenforderung, wenn der persönliche Schuldner der Eigentümer ist (§ 1161);

5. für die gerichtliche Geltendmachung: die Vorlegung des Briefs gehört zwar nicht zur Klagebegründung, aber der beklagte Eigentümer kann eine Einrede erheben, wenn der Brief nicht vorgelegt wird, und dadurch die Abweisung der Klage oder wenigstens die Setzung einer vom Kläger zu beantragenden Frist für die Vorlegung erreichen (§ 1160 I), nach deren Ablauf die Abweisung erfolgt. Die Einrede bedeutet nicht notwendig, daß der Beklagte das Recht des Klägers leugnet, sondern lediglich, daß er zu seiner Sicherung auf der Vorlegung besteht. Ist der Eigentümer der persönliche Schuldner, gilt § 1160 auch für die Geltendmachung der Forderung (§ 1161).

V. Die Rechtsnatur des Hypothekenbriefs

Der Hypothekenbrief ist eine öffentliche Urkunde. Doch können auf ihm auch private Erklärungen stehen, z. B. Quittungen über Teilzahlungen, Widersprüche gegen die Richtigkeit des Grundbuchs. Er ist mehr als eine bloße Beweisurkunde, wie insbesondere die Notwendigkeit seiner Übergabe bei Übertragung des Hypothekenrechts zeigt. Aber nicht die Begründung der Hypothek, nur der Erwerb durch den Gläubiger erfordert die Ausstellung des Briefs. Daher ist es zweifelhaft, ob man ihn als Wertpapier im vollen Sinne ansehen kann.[1] Immerhin ist die Verfügung über das verbriefte Recht an den Besitz des Briefs gebunden. Doch folgt nicht das Recht aus dem Brief dem Recht am Brief (§ 952).

Er repräsentiert das Grundbuch und ersetzt es im Verkehr in weitem Umfang. Insbesondere ist zur Übertragung der Hypothek die Eintragung im Grundbuch nicht erforderlich (§ 1154). Für die Übertragung bedeutet dies eine wesentliche Erleichterung, und diese ist gerade mit der Schaffung der Briefhypothek beabsichtigt gewesen. Doch läßt sich bezweifeln, ob die mit dieser Erleichterung erreichte Mobilisierung der Hypothek volkswirtschaftlich erwünscht ist.

VI. Öffentlicher Glaube und Brief

Der Brief genießt nicht öffentlichen Glauben wie das Grundbuch. Besteht ein Widerspruch zwischen Brief und Grundbuch, so ist die Grundlage des Erwerbs, auch des gutgläubigen, nur das Grundbuch. Ist z. B. die Hypothek im Grundbuch mit 30000 DM eingetragen, während der Brief auf 50000 DM lautet, so ist ein Erwerb der Hypothek immer nur in Höhe von 30000 DM möglich.

Aber der Hypothekenbrief kann den öffentlichen Glauben des Grundbuchs zerstören, wenn die Unrichtigkeit des Grundbuchs aus dem Brief oder aus einem auf ihn gesetzten privaten Vermerk hervorgeht, z. B. aus einer Teilquittung (§ 1140). Ist z. B. von einer Hypothek im Betrag von 20000 DM ein Teilbetrag von 5000 DM zurückgezahlt und hierüber ein Quittungsvermerk auf den Brief gesetzt, so ist ein Erwerb der Hypothek durch einen neuen Gläubiger nur noch in Höhe von 15000 DM möglich und ein gutgläubiger Erwerb in Höhe von 20000 DM ausgeschlossen, auch wenn die Teilzahlung im Grundbuch nicht vermerkt ist. Ebenso genügt ein Widerspruch auf dem Brief, um den öffentlichen Glauben des Grundbuchs geradeso auszuschließen, wie ein Widerspruch im Grundbuch selbst (§ 1140 Satz 2). Unter Widerspruch ist hier auch jeder private Vermerk zu verstehen, z. B. eine Teilquittung, zu der der Gläubiger nach § 1145 sogar verpflichtet ist, nicht etwa nur ein amtlicher Vermerk des Grundbuchamts wie nach § 899.

Man kann also zusammenfassend sagen: Der richtige Brief geht dem unrichtigen Grundbuch vor, aber nicht etwa umgekehrt, der unrichtige Brief dem richtigen Grundbuch.

VII. Kraftloserklärung

Der Brief kann bei Abhandenkommen oder Vernichtung für kraftlos erklärt werden (§ 1162. Aufgebotsverfahren, ZPO §§ 1003ff.); dadurch wird die Ausstellung eines neuen Briefs möglich.

---

[1] Vgl. Hueck, Recht der Wertpapiere, 10. Aufl., 1967, S. 1ff. (5).

§ 54. Der Gegenstand der Hypothek

Literatur: Schorling, Hypothekengläubiger und Feuerversicherung, ZHR 112,12.

I. Das Grundstück als Haftungsobjekt

Haftungsobjekt für die Hypothek ist in erster Linie natürlich das Grundstück mit allen seinen wesentlichen oder unwesentlichen Bestandteilen, und zwar ohne Unterschied, ob sie schon bei Bestellung der Hypothek vorhanden waren oder erst später hinzugekommen sind, wie z. B. nachträglich errichtete Gebäude, gepflanzte Bäume oder die heranwachsende Ernte. So kommt jeder Wertzuwachs als erhöhte Sicherung dem Hypothekengläubiger zugute.

Es können auch reale Teile eines Grundstücks sein – doch verlangt GBO § 7 die Abschreibung des Teils, also die Umwandlung in ein selbständiges Grundstück –, ideelle Teile nur im Falle des Miteigentums (§ 1114).

Die Bestandteile und Erzeugnisse des Grundstücks bleiben aber auch nach der Trennung noch verhaftet, wenn sie mit der Trennung ins Eigentum des Grundstückseigentümers gelangen, nicht aber wenn sie gemäß §§ 954ff. Eigentum eines anderen dinglich oder obligatorisch Berechtigten werden (§ 1120).[1] Außerdem erstreckt sich die hypothekarische Haftung auch auf gewisse selbständige bewegliche Sachen, nämlich das Zubehör des Grundstücks, wiederum soweit es Eigentum des Grundstückseigentümers ist (§ 1120). Bestritten ist jedoch, ob sie auch das Anwartschaftsrecht erfaßt (vgl. o. § 30 II 5).

Diese Erweiterung nach § 1120 ist für die Sicherheit der Hypothek erforderlich. Denn die Verwertung eines bloßen Grundstücks ohne seine Erzeugnisse und sein Zubehör würde bei allen landwirtschaftlichen und vielen zu gewerblichen Zwecken benutzten städtischen Grundstücken auf Schwierigkeiten stoßen und den Erlös zum Schaden der Gläubiger stark mindern. Es wird also eine gewisse Zusammenfassung zu einer Nutzungseinheit vorgenommen. Eine ähnliche Einheit bei einem industriellen Unternehmen ist nicht vorgesehen.

II. Haftung der Erzeugnisse und getrennten Bestandteile

Diese Haftung kann aber nicht unbegrenzt fortdauern. Sie würde den Grundstückseigentümer an der Veräußerung der Erzeugnisse und getrennten Bestandteile hindern und damit seinen Wirtschaftsbetrieb lahmlegen; denn wer hätte Lust, Getreide, Vieh oder Obst zu kaufen, wenn es dem Hypothekengläubiger dauernd haften würde und daher seinem Zugriff noch unterläge? Das Gesetz muß daher einen Ausgleich finden zwischen dem Interesse des Hypothekengläubigers an seiner Sicherheit und dem Interesse des Eigentümers an der wirtschaftlichen Verwertung der Erzeugnisse und des Zubehörs. Er wird durch die Vorschriften über das Freiwerden von der hypothekarischen Haftung verwirklicht. Ein Veräußerungsverbot besteht nicht. Abgestellt wird einerseits auf die

---

[1] Str., ob dies auch bei einem Nießbrauch gilt, der nach der Hypothek entstanden ist; bejahend Baur, § 39 III 1, Westermann, § 98 II 1, Wolff-Raiser, § 135 II, jeweils mit dem richtigen Hinweis, daß der Hypothekar durch die Zwangsverwaltung den rangschlechteren Nießbraucher verdrängen könne.

Veräußerung und die Entfernung der Sachen vom Grundstück, andererseits auf die Beschlagnahme des Grundstücks zugunsten des Hypothekengläubigers.

Die Beschlagnahme erfolgt durch Anordnung der Zwangsversteigerung oder der Zwangsverwaltung des Grundstücks (durch Beschluß des Vollstreckungsgerichts, im Umfang nicht völlig gleich, ZVG §§ 20, 21, 148), ferner im Ausmaß beschränkt auch durch vorherige Pfändung der haftenden Gegenstände (im Wege der Mobiliarvollstreckung, außer bei Zubehör, vgl. ZPO § 865), schließlich der stehenden Früchte nach ZPO § 810, so daß zwei Wege der Vollstreckung dem Gläubiger offen stehen. Die Beschlagnahme erfolgt als Vollstreckungsmaßnahme nur, wenn der Gläubiger vom Eigentümer nicht rechtzeitig befriedigt wird. Solange dies dagegen der Fall ist, z. B. die Zinsen pünktlich bezahlt werden und eine Kündigung des Kapitals nicht geschehen ist, erfolgt keine Beschlagnahme. Dann besteht für die Veräußerung kein Hindernis, das Freiwerden von der Haftung tritt daher im normalen Verlauf stets ein.

Vier Fälle sind im Hinblick auf Veräußerung, Entfernung und Beschlagnahme getrennter Bestandteile oder Erzeugnisse zu unterscheiden:

1. Veräußerung und Entfernung vor Beschlagnahme

In diesem Fall werden die Erzeugnisse, Bestandteile und Zubehörstücke von der Haftung für die Hypothek frei (§ 1121). Dies stellt den Normalfall dar, weil Vollstreckungsmaßnahmen des Hypothekengläubigers nur ausnahmsweise erfolgen.

Hier kommt es auch auf die Kenntnis des Erwerbers der Sachen von der Hypothek nicht an; denn auch wenn er sie kennt, erwirbt er die Sachen doch frei von der hypothekarischen Haftung. Dadurch ist in diesem Normalfall der Erwerber jeder Sorge um eine etwa fortbestehende hypothekarische Haftung enthoben, und die Veräußerung und Entfernung vom Grundstück können ungestört und ungehindert im Rahmen des ordnungsmäßigen Wirtschaftsbetriebes erfolgen. Hieraus erklärt sich, daß im normalen Güterumsatz der Käufer von Ernteerzeugnissen oder Vieh sich keine Gedanken über die hypothekarische Belastung und Haftung zu machen braucht.

Ob die Veräußerung vor der Entfernung erfolgt oder umgekehrt, spielt keine Rolle. Es sind also die beiden Reihenfolgen hier geregelt: Veräußerung – Entfernung – Beschlagnahme und Entfernung – Veräußerung – Beschlagnahme. Beispiel für den ersten Fall: Der Landwirt verkauft und übereignet Ernteerzeugnisse oder Vieh an einen Händler, und dieser bringt sie dann vom Grundstück zu seinem Lager; für Fall 2: Der Landwirt schafft Getreide seiner Ernte in ein Lagerhaus und verkauft und übereignet es von dort aus an einen Händler.

2. Beschlagnahme nach Veräußerung, aber vor Entfernung

Die Lage gestaltet sich anders in dem zweiten (seltenen) Fall, daß zwischen Veräußerung und Entfernung vom Grundstück die Beschlagnahme erfolgt (§ 1121 II). In diesem Fall hilft die Unkenntnis von der Hypothek und daher von der hypothekarischen Haftung der Sachen dem Erwerber nichts, die Haftung wirkt gegen ihn auch bei Unkenntnis von der Hypothek. Denn er muß aus dem Zusammenhang der Sachen mit dem Grundstück auf die Möglichkeit dieser Haftung für die Hypothek schließen. Erst wenn er die Sachen nach der Veräußerung und nach der Beschlagnahme entfernt, so erlischt die Haftung, falls er in bezug auf die Beschlagnahme gutgläubig war (§ 1121 II 2), also sie weder kannte noch infolge grober Fahrlässigkeit nicht kannte (beachte aber ZVG §§ 23 II, 146).

3. Beschlagnahme vor Veräußerung und Entfernung

Veräußerung und Entfernung erfolgen beide erst nach der Beschlagnahme. Dann gelten wieder die allgemeinen Vorschriften der §§ 135, 936. Danach bleibt auch hier die hypothekarische Haftung bestehen, es sei denn, daß der Erwerber in bezug auf die Hypothek gutgläubig war, was nur selten der Fall sein kann, da sie ja in aller Regel eingetragen ist.

4. Beschlagnahme nach Entfernung, aber vor Veräußerung

Auch durch bloße Entfernung vom Grundstück ohne Veräußerung kann die hypothekarische Haftung erlöschen, und zwar, wenn die Erzeugnisse oder Bestandteile innerhalb der Grenzen einer ordnungsmäßigen Wirtschaft abgetrennt werden und die Entfernung nicht nur zu einem vorübergehenden Zwecke und vor der Beschlagnahme erfolgt. Entsprechend werden Zubehörteile frei, wenn innerhalb derselben Grenzen die Zubehöreigenschaft vor der Beschlagnahme aufgehoben wird (was in der Regel auch die räumliche Trennung vom Grundstück erfordert, § 1122).

Beispiel: Getreide wird in ein Lagerhaus außerhalb des Gutes am Bahnhof oder in der Stadt gebracht, um dort verkauft und dann abtransportiert zu werden.

Ferner erlischt die hypothekarische Haftung auch durch Verbindung, Vermischung oder Verarbeitung, wenn auf diese Weise das Eigentum des Grundstückseigentümers erlischt.

III. Haftung der Miet- und Pachtzinsforderungen

Die Haftung für die Hypothek erstreckt sich im Fall der Vermietung oder Verpachtung des Grundstücks auf die Miet- oder Pachtzinsforderung (§ 1123). Im Fall der Pacht stellt dies den Ausgleich dafür dar, daß die natürlichen Früchte des Grundstücks nicht von der Haftung erfaßt werden, weil sie ins Eigentum des Pächters fallen (§ 956, vgl. o. § 38 V).

Auch hier muß die Haftung unter bestimmten Voraussetzungen erlöschen, um dem Vermieter nicht die Einziehung der Mieten unmöglich zu machen und dadurch seine wirtschaftliche Stellung untragbar zu gestalten. Wiederum kommt es auf die Beschlagnahme an. Sie wird hier aber nicht durch die Zwangsversteigerung, sondern nur durch die Zwangsverwaltung bewirkt, daneben aber auch ohne Erfassung des Grundstücks durch bloße Pfändung des Anspruchs auf die Mietzinsen im Weg der Mobiliarvollstreckung nach ZPO §§ 829 ff. Erfolgt die Einziehung der Miete oder Pacht vor der Beschlagnahme, so ist sie dem Hypothekengläubiger gegenüber wirksam (§ 1124). Damit wird wieder erreicht, daß Mieter und Vermieter, solange kein Gläubiger eine Veranlassung hat, wegen Nichterfüllung seiner Forderung die Vollstreckung zu betreiben, sich um die Hypothek und die Haftung für sie nicht zu kümmern brauchen. Der Hypothekengläubiger kann der Pfändung von Miete oder Pacht durch andere Gläubiger nicht widersprechen, wenn er nicht selbst die Pfändung bewirkt hat oder solange er die Zwangsverwaltung des Grundstücks nicht anordnen läßt.

Die Zahlung befreit den Mieter oder Pächter aber nur für einen bestimmten Zeitraum. Denn zur Sicherheit des Hypothekengläubigers sind weitgreifende Vorausverfügungen des Vermieters unwirksam; daher die Grenzen, die § 1124 II zieht. Jede rückständige Mietforderung wird außerdem von der Haftung frei, wenn ein Jahr seit ihrer Fälligkeit verstrichen ist (§ 1123 II).

Der Einziehung der Mietzinsen stehen andere Verfügungen des Vermieters gleich, wie Abtretung, Erlaß, Verpfändung, ferner die Pfändung durch andere Gläubiger (§ 1124).

IV. Haftung der Versicherungsforderungen

Die Hypothek erstreckt sich, wenn ihr unterliegende Gegenstände für den Eigentümer des Grundstücks versichert sind, auf die Forderung gegen den Versicherer (§ 1127).

Dies ist von großer Bedeutung für die Sicherheit des Hypothekengläubigers; denn es gewährt ihm als Ersatz für etwa untergegangene, bisher ihm haftende Gegenstände die Haftung der Versicherungsforderung. In erster Linie kommt die Versicherung der Gebäude gegen Feuerschäden in Betracht. Es leuchtet ein, daß durch den Brand der Gebäude die Sicherheit des Gläubigers eine einschneidende Verschlechterung erfahren könnte; haftet aber die Versicherungsforderung, so ist dadurch die Sicherheit wieder ausgeglichen. Daneben kommt noch die Feuerversicherung für das Zubehör in Betracht, sowie Hagel- und Viehversicherung.

Aus dem Zweck dieser Vorschrift folgt die Regel von § 1127 II, daß die Haftung der Versicherungsforderung erlischt, wenn der versicherte Gegenstand wiederhergestellt oder Ersatz für ihn beschafft ist; denn in diesem Fall bedarf es der Haftung der Versicherungsforderung für die Sicherheit des Gläubigers nicht mehr.

Eine gesetzliche Verpflichtung zur Versicherung besteht für den Eigentümer gegenüber dem Gläubiger nicht (vgl. §§ 101, 102 VVG). Doch kann sie vertraglich als persönliche Verpflichtung begründet werden. Ein vorsichtiger Gläubiger wird die Gewährung einer Darlehenshypothek von der Brandversicherung der Gebäude abhängig machen, so durchweg die Hypothekenbanken und Sparkassen.

Die Folge der Haftung ist, daß der Versicherer die Versicherungssumme für Gebäude an den Versicherten mit Wirkung gegenüber dem Hypothekengläubiger erst zahlen kann, wenn er Anzeige vom Eintritt des Schadens an den Gläubiger erstattet und dieser der Zahlung nicht widersprochen hat (§ 1128), oder falls der Gläubiger die Hypothek dem Versicherer angemeldet hat, nur, wenn der Gläubiger der Zahlung schriftlich zustimmt, § 1128 II. Der Hypothekengläubiger hat die Stellung eines Pfandgläubigers an der Versicherungsforderung (§§ 1273 ff.), woraus an sich die Anwendung der §§ 1281, 1282 folgen würde, die aber praktisch durch § 1130 in der Regel außer Kraft gesetzt werden. Denn in diesem Fall (Verpflichtung des Versicherers, die Versicherungssumme nur zur Wiederherstellung des versicherten Gegenstandes zu zahlen, was im Versicherungsvertrag regelmäßig vereinbart wird) kann der Versicherer stets mit Wirkung gegenüber dem Gläubiger an den Versicherten zahlen. Hat der Gläubiger seine Hypothek bei einer Gebäudeversicherung dem Versicherer angemeldet, so wird dieser regelmäßig durch eine Zahlung nur frei, wenn die bestimmungsmäßige Verwendung des Geldes gesichert ist (vgl. §§ 97, 99, 100 VVG).

§ 55. Das Nebeneinander von Hypothek und Forderung

Literatur: Boehmer, Trennung von Hypothek und Forderung, Bürgl. Arch. 37, 205.

I. Die Gläubigerseite

Dadurch, daß die Hypothek ein dingliches Recht zur Sicherung einer Forderung ist, entsteht ein Nebeneinander von zwei Rechten, dem dinglichen aus der Hypothek und dem obligatorischen aus der Forderung.

Beide sind in einer Hand vereinigt, sie können nicht verschiedenen Personen zustehen; denn gerade aus dem Zweck der Sicherung einer Forderung folgt, daß der Inhaber der Hypothek niemand anders sein kann als der zu sichernde Forderungsgläubiger.

Im Inhalt der Forderung tritt durch die Begründung der Hypothek keine Änderung ein. Rechte und Pflichten von Forderungsgläubiger und Schuldner bleiben dieselben, nur die Form der Übertragung wird eine andere (vgl. u. § 57) und die Befriedigung des Gläubigers aus dem Grundstück wirkt auf die Forderung.

II. Die Schuldnerseite

1. Allgemeines über persönliche und dingliche Schuld

Anders verhält es sich auf der Passiv-, der Schuldnerseite. Hier ist zwar auch die Regel, daß der Eigentümer des mit der Hypothek belasteten Grundstücks und der Schuldner der gesicherten Forderung ein- und dieselbe Person sind, aber notwendig ist es keineswegs. Auf dieser Seite können auch zwei verschiedene Personen stehen, der Eigentümer des belasteten Grundstücks kann ein anderer sein als der Schuldner der Forderung. Dieser wird im Hypothekenrecht als „persönlicher Schuldner" bezeichnet.

notwendig dieselbe Person	Gläubiger der Forderung → persönlicher Schuldner (persönliche Forderung) Gläubiger der Hypothek → Eigentümer (dingliche Haftung)	in der Regel dieselbe Person

Dieses Auseinanderfallen der beiden passiv Beteiligten kann von vornherein bestehen, d.h. schon bei Begründung der Hypothek, oder erst nachträglich eintreten.

2. Ursprüngliches Auseinanderfallen von persönlicher und dinglicher Schuld

Es ist möglich, daß ein Grundstückseigentümer sein Grundstück mit einer Hypothek belastet für eine Forderung, die sich nicht gegen ihn, sondern gegen einen Dritten richtet. Er verschafft auf diese Weise dem Gläubiger des Dritten eine dingliche Sicherheit für seine Forderung, praktisch wohl deshalb, weil der Schuldner selbst eine solche oder ähnliche Sicherung nicht zu bieten vermag. Er springt damit für den Dritten ein, ermöglicht ihm z.B. einen Kredit, den der Gläubiger dem Schuldner sonst nicht gewährt haben würde. Wirtschaftlich liegt in dieser Hergabe des Grundstücks als Haftungsobjekt für eine fremde Schuld etwas Ähnliches wie eine Bürgschaft. Man spricht daher auch von „Sachbürgschaft". Rechtlich besteht der Unterschied, daß der Bürge mit seinem ganzen Vermögen für die fremde Verbindlichkeit einzustehen hat, weil er selbst eine Verpflichtung auf sich nimmt, während der Eigentümer dagegen nur mit dem belasteten Grundstück haftet. Jedoch kommt ein solcher Fall in der Praxis nur selten vor.

Die Befriedigung des Gläubigers durch den Eigentümer, der nicht zugleich persönlicher Schuldner ist, hat die Wirkung, daß die Hypothek kraft Gesetzes auf den Eigentümer übergeht (§ 1143). In diesem Fall geht auch die Forderung des Gläubigers gegen den persönlichen Schuldner auf den Eigentümer über, so daß er hier eine normale „forderungsbekleidete Hypothek" erwirbt, die man „Hypothek des Eigentümers" nennt, im Gegensatz zur normalen Eigentümerhypothek, die in Wahrheit eine Eigentümergrundschuld ist (vgl. u. § 59 V). Befriedigt sich der Gläubiger durch Zwangsversteigerung, so geht ebenfalls die Forderung auf den Eigentümer über; denn das Opfer, das er aus seinem Vermögen bringt, ist dasselbe; die Hypothek geht unter.

3. Nachträgliche Trennung von persönlicher und dinglicher Schuld

Häufiger kommt es vor, daß das Eigentum am belasteten Grundstück und die persönliche Schuldnerstellung nachträglich auseinanderfallen. Dies ist dann der Fall, wenn das Grundstück nachträglich veräußert wird.

a) Der Erwerber muß dann die Hypothek als Belastung des Grundstücks hinnehmen; denn sie ist ein dingliches Recht und wirkt, wenn sie aus dem Grundbuch ersichtlich ist (wie regelmäßig), gegen jeden Eigentümer, ohne Rücksicht auf seine Kenntnis von ihr. Dagegen wird der Erwerber keineswegs automatisch Schuldner der nur persönlichen (obligatorischen) Verbindlichkeiten des Veräußerers, daher auch nicht der Forderung, zu deren Sicherheit die Hypothek bestellt ist. Wenn der Erwerber des Grundstücks persönlicher Schuldner werden soll, so bedarf es eines besonderen Vertrages, einer Schuldübernahme im Sinne der §§ 414 und 415. Sie wird zwischen dem Gläubiger und dem neuen Schuldner oder häufiger zwischen dem alten und neuen Schuldner vereinbart.

Beim Verkauf eines hypothekarisch belasteten Grundstücks bieten sich daher zwei Möglichkeiten: Entweder verpflichtet sich der Verkäufer, das Grundstück lastenfrei dem Käufer zu verschaffen, also die Belastungen fortzuschaffen, oder beide Vertragsteile vereinbaren, daß die Belastungen stehenbleiben und der Erwerber sie in Anrechnung auf den Kaufpreis zusammen mit der persönlichen Schuld des Veräußerers übernimmt. Die Schuldübernahme bedarf der Zustimmung des Gläubigers. § 416 gibt gerade für diesen Fall, daß die Schuldübernahme eine hypothekarisch gesicherte Schuld betrifft, eine Reihe technischer Vorschriften. Gerade er stellt wohl den praktischen Hauptfall einer Schuldübernahme dar.

Von der Stellungnahme des Gläubigers hängt es dann ab, ob es zu einer Trennung von Eigentümer des belasteten Grundstücks und persönlichem Schuldner kommt. Genehmigt er die Schuldübernahme, dann sind wiederum der Eigentümer und der persönliche Schuldner ein und dieselbe Person. Genehmigt er sie nicht, so bleibt der Veräußerer persönlicher Schuldner und der Erwerber haftet nur mit dem Grundstück; es trennen sich also Eigentum am Grundstück und persönliche Schuld.

Wie sich der Gläubiger entscheidet, hängt wesentlich davon ab, ob die Hypothek an sicherer Rangstelle steht. Denn wenn ihr bei einer Zwangsversteigerung des Grundstücks voraussichtlich nichts passieren kann, weil das Grundstück nach seinem Wert und nach der Höhe der Hypothek eine völlige Sicherheit bietet, dann hat der Gläubiger kein besonderes Interesse daran, wer sein persönlicher Schuldner ist; die zusätzliche Haftung des Vermögens seines Schuldners neben der Haftung des Grundstücks spielt dann keine große Rolle für ihn. In der Regel wird daher der Gläubiger einer ersten Hypothek die Schuldübernahme genehmigen. Je unsicherer dagegen die Hypothek nach ihrem Rang ist, um so größeren Wert wird der Gläubiger darauf legen, in der Haftung des persönlichen Schuldners eine zusätzliche Sicherung neben der Grundstückshaftung zu haben, und deshalb die Schuldübernahme nur dann genehmigen, wenn der neue Schuldner ihm in bezug auf sein übriges Vermögen eine ähnliche Sicherheit bietet wie der alte.

b) Scheitert die Schuldübernahme am Widerspruch des Gläubigers, so kann sich der Gläubiger nach seiner Wahl wegen seiner Forderung an zwei Personen halten, an den Veräußerer, der sein persönlicher Schuldner bleibt, also mit seinem gesamten Vermögen haftet, und an den Erwerber, der als Eigentümer mit dem Grundstück haftet. Zahlt nun einer von beiden, so entsteht notwendig die Frage, ob er Regreß gegen den anderen nehmen kann. Die Lage ist ähnlich, wie wenn aus anderen Gründen ein Gläubiger wegen einer Forderung sich an mehrere Personen halten kann, z. B. an Hauptschuldner und Bürgen oder an mehrere Gesamtschuldner. Die Frage des Regresses (Ersatzanspruchs) wird in der Regel durch Vereinbarung unter den Beteiligten geordnet. Denn beide Teile müssen sich darüber klar sein, auf wem die Leistung als Vermögensopfer letzten Endes lasten bleiben und wer zuletzt die Einbuße tragen soll.

Im Verhältnis des persönlichen Schuldners zum neuen Eigentümer gilt § 415 III; die gescheiterte Schuldübernahme bleibt im Zweifel als Erfüllungsübernahme bestehen, d. h. der Erwerber haftet zwar nicht nach außen dem Gläubiger gegenüber persönlich, ist aber im Innenverhältnis dem Veräußerer gegenüber verpflichtet, für die Erfüllung zu sorgen, also seinerseits den Gläubiger zu befriedigen. Kommt er dieser Verpflichtung nicht nach, und ist der Veräußerer, der ja persönlicher Schuldner geblieben ist, genötigt, an den Gläubiger zu zahlen, weil dieser von ihm die Zahlung verlangt, so hat der Veräußerer einen Regreßanspruch gegen den Erwerber und Eigentümer. Sein Anspruch ist wirtschaftlich gerechtfertigt, denn der Veräußerer hat sich im Hinblick auf die Schuldübernahme mit einer geringeren Barzahlung in bezug auf den Kaufpreis begnügt, weil die übernommene Schuld auf den Kaufpreis angerechnet wird.

Zur Sicherung des Regreßanspruchs geht die Hypothek auf den persönlichen Schuldner über (§ 1164, vgl. u. § 59 I B). Dies stellt eine Ausnahme von der Regel des § 1163 dar, wonach bei Befriedigung des Gläubigers durch Zahlung die Hypothek auf den Eigentümer übergeht (vgl. u. § 59 I B).

Die Hypothek geht auf den persönlichen Schuldner als normale Hypothek über, doch ist die zugrunde liegende Forderung nicht die bisherige, sondern die Regreßforderung des Schuldners (h.M.). Der Vorgang ist eine Parallele zur Auswechslung der Forderung nach § 1180, vollzieht sich aber hier auf Grund des Gesetzes ohne Einigung der Beteiligten.

Es macht keinen Unterschied, ob der Ersatzanspruch sich gegen den jetzigen Eigentümer oder gegen einen Rechtsvorgänger desselben richtet, ob also der Erwerber, mit dem der Veräußerer die Schuldübernahme vereinbart hatte, noch Eigentümer ist oder das Grundstück inzwischen veräußert hat.

Ein teilweiser Übergang der Hypothek tritt ein, 1. wenn der persönliche Schuldner den Gläubiger zwar voll befriedigt, aber nur einen Teilersatzanspruch hat, 2. wenn er den Gläubiger nur teilweise befriedigt. Es entstehen dann zwei Teilhypotheken, die eine für den persönlichen Schuldner, die andere im ersten Fall für den Eigentümer, im zweiten für den Gläubiger. Dessen Teilhypothek hat den Vorrang vor der anderen (§§ 1164 I 2, 1176).

III. Dingliches und obligatorisches Rechtsverhältnis

Auch wenn der Eigentümer des belasteten Grundstücks und der persönliche Schuldner ein und dieselbe Person sind, muß man das dingliche und das obligatorische Rechtsverhältnis sorgfältig unterscheiden, mit um so größerer Aufmerksamkeit, weil die Identität beider Personen leicht darüber hinwegtäuschen könnte, daß die Rechtsstellung des Eigentümers gegenüber dem Hypothekengläubiger eine grundsätzlich andere ist als die des persönlichen Schuldners gegenüber dem Forderungsgläubiger.

Dem Hypothekengläubiger, der zugleich Forderungsgläubiger ist, stehen zwei Rechte zur Verfügung, beide mit demselben Ziel, Befriedigung für seine Forderung zu erhalten. Daher bestehen nebeneinander das Rechtsverhältnis des Hypothekengläubigers zum Eigentümer des belasteten Grundstücks und das Rechtsverhältnis des Forderungsgläubigers zum persönlichen Schuldner. Dieses richtet sich nach der Art der Forderung und unterliegt grundsätzlich denselben Regeln, wie wenn die Forderung nicht hypothekarisch gesichert wäre. Geltendmachen und Einklagen der Forderung werden durch das Bestehen der Hypothek grundsätzlich nicht verändert. Insbesondere ist der Gläubiger nicht etwa gezwungen, zunächst die Hypothek geltend zu machen und erst im Fall der Nichtbefriedigung aus ihr die Forderung. Er kann vielmehr nach seinem Belieben eines seiner beiden Rechte allein geltend machen oder Hypothek und Forderung zugleich; in diesem Fall kann er die beiden Klagen verbinden, wenn sie sich gegen dieselbe Person richten, d. h. wenn der Eigentümer des belasteten Grundstücks und der persönliche Schuldner identisch sind (ZPO § 25).

Stehen dem Hypothekengläubiger, weil er zugleich Forderungsgläubiger ist, die beiden Klagen aus der Hypothek und aus der Forderung zur Verfügung, so ist durch einen Vergleich festzustellen, ob und wodurch sich beide in der Begründung, in den Verteidigungsmöglichkeiten und im Erfolg unterscheiden.

1. Begründung von dinglicher und persönlicher Klage

Zur Begründung der Hypothekenklage ist nur der Hinweis auf die Eintragung im Grundbuch erforderlich, da nach § 891 aus ihr die Vermutung des Rechts sich ergibt. Den Beweis für ein bestrittenes Hypothekenrecht braucht also der klagende Gläubiger nicht zu erbringen, sondern der beklagte Eigentümer hat den Gegenbeweis der Unrichtigkeit des Grundbuchs zu führen, auch die spätere Entstehung des Rechts zu widerlegen.[1]

---

[1] So auch Wolff-Raiser, § 137 I 3.

Wird dagegen die Forderung vom persönlichen Schuldner bestritten, so muß der klagende Gläubiger die Entstehung seiner Forderung nachweisen. Die Hypothekenklage ist also in der Beweisführung für den Gläubiger die einfachere.

2. Einwendungen und Einreden gegen die Forderung

An Einwendungen gegen die Forderungsklage sind alle denkbar, die gegen eine Forderung überhaupt möglich sind, sowohl die Einwendungen des nicht entstandenen Rechts (rechtshindernde), wie Geschäftsunfähigkeit, Wucher, Formmangel, als auch die Einwendungen des erloschenen Rechts (rechtsvernichtende), wie Erfüllung, Aufrechnung, Erlaß.

Auch an Einreden kommen wie sonst in Betracht die des nichterfüllten Vertrages, der Verjährung, der Stundung usw.

3. Einwendungen und Einreden gegen die Hypothek

Wie steht es nun aber mit Einwendungen und Einreden des Eigentümers gegenüber der Hypothekenklage?

a) Für die Einreden bestimmt § 1137, daß der Eigentümer alle Einreden geltend machen kann, die dem persönlichen Schuldner gegen die Forderung zustehen. Dagegen fehlt es für die Einwendungen an einer entsprechenden Vorschrift. Einer solchen bedarf es aber nicht; denn mit einer Einwendung gegen die Forderung macht ja der Eigentümer geltend, daß die Forderung nicht entstanden oder erloschen sei, also gerade einen der Tatbestände, die bereits durch § 1163 in dem Sinne geregelt sind, daß sie den Übergang der Hypothek auf den Eigentümer zur Folge haben. Hieraus folgt, daß der Eigentümer alle Einwendungen gegen die Forderung benutzen kann, um dem Gläubiger sein Recht zu bestreiten. Die Verteidigungsmöglichkeiten sind also grundsätzlich für den Eigentümer gegen die dingliche Klage dieselben wie für den persönlichen Schuldner gegen die Forderungsklage.

Einreden gehen dem Eigentümer nicht dadurch verloren, daß der persönliche Schuldner auf sie verzichtet (§ 1137 II).

Nur wenige Einreden sind ausgenommen, so die der Verjährung, weil die Ansprüche aus eingetragenen Rechten, daher auch aus der Hypothek, nicht verjähren (§§ 902, 223), ferner die Beschränkung der Haftung des Erben auf den Nachlaß nach § 1137 I 2. Andererseits stehen dem Eigentümer auch die Einreden zu, die der Bürge nach § 770 hat, hier also, daß der persönliche Schuldner die Forderung durch Anfechtung oder Aufrechnung vernichten oder zurücktreten oder wandeln könnte; selbst kann der Eigentümer, der nicht zugleich persönlicher Schuldner ist, nicht anfechten oder aufrechnen.

b) Außerdem kann der Eigentümer Einwendungen oder Einreden gegen die Hypothek erheben, die gegenüber der Forderung nicht in Frage kommen, weil sie nur die Hypothek und nicht auch die Forderung betreffen, z. B. die Einwendung, die Hypothek sei wegen Nichtigkeit der Einigung oder wegen unvollständiger Eintragung (entgegen § 1115) nicht entstanden oder sie sei gestundet, ferner die Verpflichtung, von der

Hypothek keinen Gebrauch zu machen, von einer Vollstreckung abzusehen, die Hypothek nicht abzutreten, sie nur zur Sicherung einer Forderung zu verwenden usw. – § 1157 – sowie den Widerspruch nach § 1160 (vgl. oben § 53 IV 5).

4. Haftungsobjekt bei persönlicher und bei dinglicher Klage

Das Urteil, das auf die Hypothekenklage ergeht, gestattet dem Gläubiger die Vollstreckung in das Grundstück und die übrigen für die Hypothek haftenden Gegenstände (vgl. u. § 56 III 4), das Urteil auf die Forderungsklage hin die Vollstreckung in das gesamte Vermögen des Schuldners. Ist dieser zugleich (wie in der Regel) der Eigentümer des belasteten Grundstücks, so gestattet auch das zweite Urteil die Vollstreckung in das Grundstück.

Dies könnte den Eindruck erwecken, als ob das Forderungsurteil das günstigere sei, weil sein Vollstreckungsbereich der größere ist. In Wahrheit trifft dies nicht zu; denn bei der Zwangsvollstreckung in das Grundstück rangiert der persönliche Gläubiger hinter allen dinglichen Gläubigern (vgl. ZVG § 10). Betreibt ein Gläubiger die Vollstreckung aus einem über die Hypothekenklage ergangenen Urteil, so hat er daher bessere Aussichten, im Zwangsversteigerungsverfahren Befriedigung zu finden.

§ 56. Die Rechte des Hypothekars vor und nach Fälligkeit

I. Verfügungsfreiheit des Eigentümers

Durch die Belastung des Grundstücks mit einer Hypothek wird der Eigentümer in der freien Verfügung über das Grundstück nicht eingeschränkt; er kann es nach Belieben veräußern oder belasten. Dies folgt schon aus der allgemeinen Regel des § 137 Satz 1. Für die übrigen haftenden Gegenstände vgl. §§ 1120f.; s. o. § 54.

Darüber hinaus aber erklärt § 1136 auch die bloße schuldrechtliche Verpflichtung, das Grundstück nicht zu veräußern oder zu belasten, entgegen dem § 137 Satz 2 für nichtig; damit sind Schadensersatzansprüche des Gläubigers bei Zuwiderhandeln des Eigentümers ausgeschlossen.

Umstritten ist, ob solche vertraglichen Veräußerungsverbote, die mit der Hypothek nicht in Zusammenhang stehen und nicht eine vom Gesetz verbotene Verstärkung des hypothekarischen Rechts anstreben, sondern eine Sicherung z.B. gegen Mißwirtschaft des das Grundstück übernehmenden Sohnes oder gegen Veräußerung des Grundstücks an Ausländer bezweckten, entgegen § 1136 wenigstens schuldrechtliche Wirkung haben. Überwiegende Gründe sprechen für die Bejahung.[1]

II. Rechte des Hypothekars vor Fälligkeit

Vor Fälligkeit der Forderung hat der Hypothekengläubiger als solcher gegen den Eigentümer gewisse Sicherungsrechte.

1. Ist eine Verschlechterung des Grundstücks bereits eingetreten, z.B. Verfall der Gebäude, Abbrennen unversicherter Gebäude, Verwahrlosung landwirtschaftlich ge-

---

[1] So auch Westermann, § 100 II, Wolf-Raiser, § 138 III.

nutzter Grundstücke, gleich ob durch Verschulden des Eigentümers oder ohne solches, und ist dadurch die Sicherheit der Hypothek gefährdet, so kann der Gläubiger dem Eigentümer eine angemessene Frist zur Beseitigung der Gefährdung bestimmen. Verstreicht sie ergebnislos, dann ist der Gläubiger berechtigt, sofort, also ohne Fälligkeit der Forderung, Befriedigung aus dem Grundstücke zu suchen, d.h. auf Grund der Verurteilung des Eigentümers die Zwangsvollstreckung in dasselbe zu betreiben (§ 1133). Hier ist ihm nur die dingliche Klage gegeben.

2. Auch vorbeugende Rechtsbehelfe sind dem Hypothekengläubiger gegeben. Ist durch Einwirkung des Eigentümers oder eines Dritten eine die Sicherheit des Gläubigers gefährdende Verschlechterung des Grundstücks zu besorgen, so kann der Gläubiger auf Unterlassung klagen (§ 1134). Hier genügt also bereits die Besorgnis künftiger Verschlechterung, z.B. der Beginn des Abholzens eines Waldes. Daneben kann ein Schadensersatzanspruch aus unerlaubter Handlung bestehen, insbesondere bei Einwirkung Dritter. Außerdem kann der Gläubiger, falls die Einwirkungen vom Eigentümer ausgehen oder dieser die erforderlichen Vorkehrungen gegen Einwirkungen Dritter unterläßt, durch das Prozeßgericht die zur Abwendung der Gefährdung erforderlichen Maßregeln im Wege einstweiliger Verfügung anordnen lassen, z.B. Verbote gewisser Handlungen oder Zwangsverwaltung.

3. Entsprechende Ansprüche stehen dem Gläubiger auch dann zu, wenn die Verschlechterung nicht das Grundstück, aber das Zubehör betrifft, oder wenn dieses entgegen den Regeln einer ordnungsgemäßen Wirtschaft vom Grundstück entfernt wird (§ 1135).

4. Der Gläubiger kann, solange die Forderung dem Eigentümer gegenüber noch nicht fällig geworden ist, mit ihm nicht vereinbaren, daß er zum Zweck seiner Befriedigung das Eigentum am Grundstück übertragen bekommt oder die Veräußerung des Grundstück anders als durch Zwangsvollstreckung bewirken darf, z.B. durch freihändigen Verkauf (§ 1149), Verbot der lex commissoria. Nach Eintritt der Fälligkeit sind solche Vereinbarungen zwar zulässig, aber in der Praxis sehr selten. Auch muß im Auge behalten werden, ob nicht etwa Wucher vorliegt, zumal wenn der Wert des Grundstücks den Betrag der Forderung übersteigt.

III. Rechtsverhältnis zwischen Eigentümer und Hypothekar nach Fälligkeit

1. Befriedigungsrecht des Gläubigers

Das Recht, gegen den Eigentümer vorzugehen, erwächst für den Gläubiger mit der Fälligkeit seiner Forderung. Diese hängt bei den meist langfristigen Hypotheken in der Regel von einer Kündigung ab. Eine solche muß aber, wenn der Eigentümer nicht der persönliche Schuldner ist, vom Gläubiger dem Eigentümer oder umgekehrt erklärt werden (§ 1141) und bedeutet nicht notwendig, wenn auch in der Regel, zugleich die Kündigung der Forderung. Die Legitimation des Gläubigers hierfür folgt bei der Buchhypothek aus seiner Eintragung im Grundbuch, bei der Briefhypothek aus der Vorlegung des Briefs (§ 1160). Als Eigentümer ist derjenige legitimiert und der richtige Empfänger der Kündigung, der im Grundbuch als Eigentümer eingetragen ist (§ 1148), auch wenn er nicht der wahre Eigentümer ist. Die Kündigung kann zu einer Gefahr für den Eigentümer werden, wenn die Aufbringung der zu zahlenden Summe durch einen neuen Kredit erfolgen muß und dieser auf Schwierigkeiten stößt, z. B. wegen Kapitalmangels. Deshalb ist ein gewisser Kündigungs- und Vollstreckungsschutz eingeführt. Die Gefahr wird überhaupt vermieden bei der Tilgungshypothek (vgl. o. § 51 II 3).

2. Ablösungsrecht des Eigentümers

Ist die Hypothek gegenüber dem Eigentümer gekündigt oder der persönliche Schuldner zur Leistung berechtigt, z. B. weil ihm die Forderung gekündigt ist, so ist der Eigentümer berechtigt, den Gläubiger zu befriedigen, ihm also die gekündigte Hypothek zu zahlen und dadurch die Vollstreckung in sein Grundstück abzuwenden (§ 1142 „Ablösung der Hypothek", „Lösungsrecht"). Praktisch ist die Vorschrift notwendig, damit der Eigentümer, der nicht persönlicher Schuldner ist, die Vollstreckung abwenden kann, unabhängig davon, ob der persönliche Schuldner leistet oder nicht, und nicht die Vollstreckung dulden muß, ohne etwas dagegen tun zu können.

Diese Vorschrift geht über die allgemeine des § 267 insofern hinaus, als der Gläubiger die Annahme der Zahlung des Eigentümers auch bei Widerspruch des Schuldners nicht verweigern kann. Praktisch wird der Eigentümer, der zur Zahlung in der Lage ist, von seinem Befriedigungsrecht Gebrauch machen, um sich sein Grundstück zu erhalten, falls der persönliche Schuldner nicht zahlt. Die Ablösungsbefugnis Dritter, der dinglich Berechtigten, zur Verhinderung der sie gefährdenden Zwangsvollstreckung richtet sich nach §§ 268, 1150.

Der Eigentümer kann die Befriedigung des Gläubigers auch durch Hinterlegung und Aufrechnung (mit einer Forderung gegen den Gläubiger) herbeiführen (§ 1142 II).

3. Rückgabe des Hypothekenbriefs und anderer Urkunden

Bei Befriedigung des Gläubigers kann der Eigentümer die Herausgabe des Hypothekenbriefs und der sonstigen Urkunden verlangen, die zur Berichtigung des Grundbuchs oder zur Löschung der Hypothek erforderlich sind (§ 1144). Da der Gläubiger mit seiner Befriedigung die Hypothek einbüßt, darf er auch den Brief nicht behalten, da sonst die Gefahr der Übertragung der Hypothek an einen gutgläubigen Erwerber bestünde, auch der Eigentümer die von ihm erworbene Hypothek nicht übertragen könnte (§ 1154). Bei nur teilweiser Befriedigung des Gläubigers kann der Eigentümer zwar die Aushändigung des Briefs nicht verlangen, aber der Gläubiger ist verpflichtet, die teilweise Befriedigung auf dem Brief zu vermerken – womit der gute Glaube an das Grundbuch und ein gutgläubiger Erwerb der Hypothek in der vollen Höhe ausgeschlossen wird (vgl. o. § 53) – und den Brief zur Berichtigung des Grundbuchs dem Grundbuchamt vorzulegen. Will der Eigentümer die ihm zugefallene Teilhypothek nicht löschen, kann er die Ausstellung eines Teilhypothekenbriefs erreichen (§ 1145).

Unter „sonstigen Urkunden" sind vor allem die Löschungs- und die Berichtigungsbewilligung zu verstehen. Statt der Berichtigungsbewilligung genügt auch eine in öffentlich beglaubigter Form erteilte löschungsfähige Quittung (vgl. u. § 59 III), aus der sich ergeben muß, daß der Eigentümer die Schuld getilgt hat.

Beispiel: Der Eigentümer A hat das vom Gläubiger B erhaltene Darlehen zurückgezahlt. Nach § 1163 I 2 ist eine Eigentümergrundschuld entstanden. Will A die im Grundbuch noch als Hypothek des B eingetragene Belastung löschen lassen, so muß er eine löschungsfähige Quittung des B vorlegen, aus der sich ergibt, daß A bezahlt hat; die Löschungsbewilligung muß der Eigentümer dann selbst erteilen. Die Löschung kann aber auch auf Grund einer noch vom eingetragenen Hypothekengläubiger abgegebenen Löschungsbewilligung erfolgen.[1] In diesem Fall bedarf es zur Löschung der zur Eigentümergrundschuld gewordenen Belastung noch der Zustimmung des Eigentümers in öffentlich beglaubigter Form (GBO §§ 27, 29), während im ersteren Fall die Zustimmungserklärung des Eigentümers nach GBO § 27 in der Löschungsbewilligung enthalten ist. Vgl. auch u. § 59 III.

4. Die zwangsweise Befriedigung des Hypothekars

Zahlt der persönliche Schuldner oder der Eigentümer nicht, so muß der Gläubiger zwangsweise gegen den Eigentümer vorgehen.

a) Hierfür steht dem Gläubiger der Weg der Zwangsvollstreckung offen (§ 1147); ausgeschlossen ist also der freihändige Verkauf und der Pfandverkauf. Es besteht also keineswegs eine Erleichterung des Zugriffs für den Hypothekengläubiger im Vergleich mit anderen Gläubigern, dagegen eine Sicherung durch Vorrang bei der Befriedigung. Voraussetzung ist ein vollstreckbarer Titel im Sinn der ZPO, daher in erster Linie ein vollstreckbares Urteil; daneben kommt auch eine vollstreckbare Urkunde nach ZPO § 794 Nr. 5 in Betracht (welche die Klage des Gläubigers erübrigt, daher im Rechtsverkehr üblich ist).

b) Die Vollstreckung erfolgt bei den mithaftenden beweglichen Sachen und Forderungen durch Pfändung gemäß ZPO, bei dem Grundstück nach Wahl in den drei Formen der Zwangsversteigerung, der Zwangsverwaltung und der Eintragung einer Sicherungshypothek (ZPO § 866). Die letzte Form kommt für einen Gläubiger, der bereits eine Hypothek am Grundstück hat, nicht in Betracht, da die einzutragende Sicherungshypothek an Rang immer hinter der dem Gläubiger schon zustehenden Hypothek zurückstände. Die Zwangsverwaltung ist, da sie nur den Ertrag des Grundstücks erfaßt, für die Befriedigung wegen Zinsrückständen geeignet, die Zwangsversteigerung, da sie den Kapitalwert des Grundstücks zur Verwertung bringt, für die Befriedigung wegen des Hypothekenkapitals. Für die Vollstreckung in die für die Hypothek mithaftenden Gegenstände bestehen einige Unterschiede zwischen Zwangsverwaltung und Zwangsversteigerung (ZVG §§ 21, 148). Der Gläubiger kann – solange die Beschlagnahme im Wege der Immobiliarvollstreckung noch nicht erfolgt ist – die Mobiliarvollstreckung in diese mithaftenden Gegenstände (mit Ausnahme des Zubehörs, ZPO § 865) durch Pfändung betreiben. Dieser Weg empfiehlt sich besonders für die Beitreibung der Zinsen, da er viel einfacher ist als die Vollstreckung ins Grundstück und den Eigentümer nicht um sein Grundstück bringt.

Bei dem Vorgehen des Gläubigers gilt zu seinen Gunsten der im Grundbuch als Eigentümer Eingetragene als Eigentümer (§ 1148); er ist also der richtige Beklagte und der richtige Vollstreckungsschuldner. Der wahre Eigentümer kann der Vollstreckung nur widersprechen, wenn er beweist, daß das Grundbuch unrichtig und die Hypothek nicht entstanden ist (ZVG §§ 37 Nr. 4, 45).

c) Die Zwangsversteigerung erfolgt nach dem Grundsatz, daß kein Recht am Grundstück beeinträchtigt wird, welches dem Recht des betreibenden Gläubigers im Rang vorgeht. So droht dem an erster Stelle

[1] Vgl. Güthe-Triebel, Grundbuchordnung, 6. Aufl., § 27 Rdnr. 10.

stehenden Hypothekengläubiger von keinem nachstehenden dinglichen oder gar nur persönlichen Gläubiger, der die Vollstreckung betreibt, eine Gefahr. Der Grundsatz wird mit Hilfe des „geringsten Gebotes" durchgeführt. Nur ein solches Gebot ist bei der Versteigerung zulässig, das alle dem betreibenden Gläubiger vorgehenden Rechte deckt, „Deckungsgrundsatz" (ZVG § 44). Diese gedeckten Rechte bleiben bestehen und gelten auch gegenüber dem Ersteher; dieser muß sie übernehmen, „Übernahmeprinzip" (ZVG § 52). Dadurch wird gegenüber dem „Löschungssystem", bei dem durch die Versteigerung alle Rechte erlöschen und, soweit der Erlös reicht, ausgezahlt werden, erreicht, daß ein geringerer Kapitalbetrag bar zu zahlen ist, was den Bieterkreis erweitert und einen besseren Erlös ermöglicht.

d) Mit der Befriedigung des Gläubigers im Wege der Vollstreckung durch Auszahlung des Erlöses erlischt die Hypothek, die Forderung dagegen geht auf den früheren Eigentümer über, wenn er nicht zugleich der persönliche Schuldner ist. § 1143 gilt also auch für die Befriedigung des Gläubigers im Wege der Vollstreckung, da ja das Opfer aus dem Vermögen des Eigentümers das gleiche bleibt. Andernfalls erlischt auch die Forderung. Wird der Gläubiger nicht befriedigt (der Erlös des Grundstückes bei der Zwangsversteigerung reicht nicht aus), so geht die Hypothek trotzdem unter, dagegen verbleibt die persönliche Forderung dem Gläubiger in Höhe seines Ausfalls; sie richtet sich gegen den persönlichen Schuldner, ob er nun der frühere Eigentümer oder ein Dritter ist („Ausfallhaftung"). Die Möglichkeit, aus der Forderung in das Vermögen des Schuldners zu vollstrecken (wenn er mit dem Eigentümer identisch ist, also in dessen übriges Vermögen außer dem Grundstück), bleibt erhalten.

In der Möglichkeit der Vollstreckung in das Grundstück und in der Verteilung des Erlöses nach dem Rang der dinglichen Rechte ist die besondere Sicherheit der Hypotheken und damit ihre Tauglichkeit als Kreditunterlage begründet.

§ 57. Die Übertragung der Hypothek

Literatur: Boehmer, Trennung von Hypothek und Forderung, Bürgl. Arch. 37 205; Sternberg, Die Bedeutung des § 1138 BGB, Jher. Jahrb. 61, 385; zu § 1155: v. Moltke, Beglaubigung und öffentlicher Glaube, AcP 142, 257.

I. Einheit von Hypothek und Forderung

Das BGB behandelt die Hypothek als bloßes Hilfsrecht für die Forderung und spricht daher von der Übertragung der Forderung, mit der zugleich dann die Hypothek übergeht (§ 1153 I). Im Rechtsleben erscheint meist die Hypothek als das wirtschaftliche Hauptrecht; man pflegt daher von Übertragung der Hypothek zu sprechen. Wie man sich nun auch ausdrücken mag, ob nur von Übertragung der Hypothek oder nur von solcher der Forderung die Rede ist, auf alle Fälle gehen Hypothek und Forderung als unlösliche Einheit zusammen über (§ 1153). Die Abtretung der Forderung allein unter Ausschluß der Hypothek, wenn sie der alte Gläubiger behalten will, oder die Übertragung der Hypothek unter Ausschluß der Forderung sind nichtig (§ 1154). Hierdurch wird das akzessorische Prinzip gewahrt und zugleich gesichert, daß Hypotheken- und Forderungsgläubiger stets ein und dieselbe Person bleiben.

Von diesem Grundsatz bestehen einige Ausnahmen, so für die Höchstbetragshypothek nach § 1190 IV (vgl. u. § 62 III), für Zinsrückstände nach § 1159 und bei Übertragung einer in Wahrheit nicht bestehenden Hypothek nach § 1138 (vgl. u. IV).

Abtretung und ihr zugrunde liegendes Geschäft, z.B. Verkauf, sind, wie stets Verfügung und Verpflichtung, auseinander zu halten. § 399 gilt auch bei Verbindung der Forderung mit einer Hypothek.

II. Form der Übertragung

Die Abtretung der Forderung (Übertragung der Hypothek) vollzieht sich bei der Brief- und bei der Buchhypothek verschieden.

1. Übertragung der Briefhypothek

Bei der Briefhypothek ist schriftliche Abtretungserklärung – auf dem Brief oder auf besonderem Blatt – und Übergabe des Hypothekenbriefs erforderlich, dagegen nicht die Eintragung im Grundbuch (§ 1154). Der neue Gläubiger kann verlangen, daß die Abtretungserklärung öffentlich beglaubigt wird (§ 1154 I 2). Mit Rücksicht auf die Regelung des § 1155 (vgl. u. III) geschieht dies in der Praxis regelmäßig. Hier wird also das Grundbuch unrichtig.

Die schriftliche Form der Abtretungserklärung kann durch Eintragung im Grundbuch ersetzt werden (§ 1154 II), doch erfolgt diese in der Praxis nur ausnahmsweise.

Alle drei Formen haben also gemeinsam, daß die Übergabe des Briefs notwendig ist. Für sie gelten die Vorschriften von § 1117.

2. Übertragung der Buchhypothek

Für die Buchhypothek bleibt es bei der Vorschrift von § 873, d. h. Einigung (Abtretung) und Eintragung im Grundbuch sind erforderlich.

Die Übertragung der Briefhypothek ist also die einfachere; man braucht sich nicht an das Grundbuchamt zu wenden, sondern kann die Übertragung unter Veräußerer und Erwerber durchführen. Hierin liegt für den Rechtsverkehr eine bedeutende Erleichterung, die für die Einführung der Briefhypothek ausschlaggebend war. Erblickt man dagegen in dieser Mobilisierung der Hypothek keine wünschenswerte Entwicklung, so verliert die leichtere Form und damit die Briefhypothek überhaupt ihren Vorzug.

Die Übertragung der Forderung ist nach der Auffassung des BGB der primäre Vorgang, mit dem sich der Übergang der Hypothek als notwendige, aber bloß sekundäre Folge verbindet. In Wahrheit vollzieht sich aber der gesamte Vorgang in der Form der Übertragung des dinglichen Rechts, nicht in der Form der Forderungsabtretung, richtet sich nach Sachenrecht, nicht nach Schuldrecht. Hier folgt also gewissermaßen die Forderung der Hypothek, nicht umgekehrt. Am deutlichsten zeigt es sich bei der Buchhypothek, für deren Übertragung gemäß § 1154 III nur § 873 zur Anwendung kommt, obwohl er gar nicht für Forderungen gelten kann, sondern nur für dingliche Rechte. Aber auch bei der Briefhypothek ist die Lage ähnlich. Die formelle Abtretungserklärung, welche die Forderung betrifft, ist durch die Eintragung im Grundbuch ersetzbar, die doch das dingliche Recht betrifft, und stets ist die Übergabe des Briefes erforderlich, der doch nicht die Forderung, sondern das dingliche Recht verbrieft.

Nur die Übertragung rückständiger Zinsen und Nebenleistungen erfolgt nach Schuldrecht, also durch formlose Abtretung (§ 1159).

III. Bedeutung der öffentlichen Beglaubigung der Abtretungserklärung

1. Briefhypothek und öffentlicher Glaube

Die erleichterte Form der Übertragung der Briefhypothek hätte aber, wenn nicht eine weitere Vorschrift als Ergänzung hinzuträte, einen bedeutenden Nachteil für den Erwerber zur Folge: Da nur der erste Erwerber der Hypothek, aber nicht mehr die späteren von einem im Grundbuch eingetragenen Gläubiger erwerben würden, so könnten sie sich nicht mehr auf den öffentlichen Glauben des Grundbuchs berufen, wären vielmehr jeder Einwendung oder Einrede aus Fehlern irgendeiner der Übertragungen ausgesetzt. Ihre Sicherheit würde um so geringer, je mehr Übertragungen stattfänden. Nehmen wir z. B. an, eine Hypothek sei für A. bestellt und eingetragen, dann nach § 1154 ohne Eintragung des Erwerbers im Grundbuch von A. auf B., von B. auf C., von C. auf D. übertragen, so könnte nur noch B. sich auf den öffentlichen Glauben des Grundbuchs berufen, falls A. in Wahrheit nicht Hypothekengläubiger gewesen wäre, dagegen nicht C. und D., falls an dem Erwerb des B. oder C. etwas nicht in Ordnung gewesen sein sollte, so daß B. oder C. nicht Gläubiger geworden wären (z. B. wegen Geschäftsunfähigkeit eines Beteiligten, wegen Wuchers, erfolgter Rückzahlung usw.). Durch diese mit der Zahl der Übertragungen zunehmende Unsicherheit der Rechtsstellung des Erwerbers würde die Erleichterung des Hypothekenerwerbs ihren Wert für den Rechtsverkehr völlig verlieren.

2. Bedeutung der öffentlichen Beglaubigung

Es leuchtet daher ein, wenn § 1155 einen Ausweg anordnet, der es ermöglicht, die leichtere Form der Hypothekenübertragung (ohne Eintragung im Grundbuch) mit der gleichen Sicherheit auszustatten wie den Erwerb von einem im Grundbuch eingetragenen Gläubiger. Wenn eine ununterbrochene Reihe von öffentlich beglaubigten Abtretungserklärungen vorliegt, die auf einen im Grundbuch eingetragenen Gläubiger zurückführt, so finden die Vorschriften über den gutgläubigen Erwerb der Hypothek genau so Anwendung, als wenn der Besitzer des Briefs, von dem man erwirbt, im Grundbuch eingetragen wäre. Wenn also in unserem Beispiel die öffentlich beglaubigten Abtretungserklärungen von A. an B., von B. an C., von C. an D. vorliegen und A. im Grundbuch eingetragen ist, so kann sich C. auf seinen guten Glauben an die Rechtsstellung des B., D. auf die des C. berufen, wie wenn B. oder C. im Grundbuch eingetragen wären. Damit ist dem Erwerber, wenn die ununterbrochene Reihe öffentlich beglaubigter Abtretungserklärungen vorliegt, die gleiche Sicherheit gewährt, als wenn jeder neue Gläubiger im Grundbuch eingetragen wäre. Der erleichterten Form der Hypothekenübertragung ohne Eintragung im Grundbuch wird damit die gleiche Wirkung gesichert wie der Übertragung mit Eintragung, insbesondere für den Fall, daß in der Übertragung ein Fehler stecken sollte. Aus diesem Grund überwiegt in der Praxis die öffentliche Beglaubigung der Abtretungserklärungen.

3. Fälschungen

Ob äußerlich nicht erkennbare Fälschungen dem gutgläubigen Erwerber schaden, ist bestritten, aber zu bejahen (vgl. die Rechtslage bei gefälschten Grundbucheintragungen, o. § 16 V a. E.).[1]

4. Unterbrechung der Abtretungsreihe

Ist die Reihe der Übertragungen durch eine nicht beglaubigte Erklärung unterbrochen, so ist streitig, ob damit nur die Einwendungen gegen die Wirksamkeit dieser Abtretung zulässig werden, nicht aber diejenigen wegen Mängel späterer beglaubigter Abtretungen, oder ob damit die Einwendungen gegen alle späteren, auch die öffentlich beglaubigten Abtretungen, möglich werden. Sind z.B. die Abtretungen von A. an B. und von C. an D. beglaubigt, die von B. an C. aber nicht, ist dann der gute Glaube nur hinsichtlich des Erwerbs des C. ausgeschaltet oder auch für den Erwerb des D.? Man wird zu unterscheiden haben, ob der Erwerb des C. rechtswirksam war oder nicht; im 1. Falle wirkt § 1155 wieder zugunsten des D., im 2. Falle nicht.[2] Ebenso ist zu entscheiden, wenn die zusammenhängende Reihe, die § 1155 fordert, durch einen Erbfall unterbrochen wird (z. B. C hat nicht durch Abtreten von B erworben, sondern ist Erbe des B; ist C wirklich der Erbe, so tritt der öffentliche Glaube zugunsten des D wieder ein).

5. Gerichtlicher Überweisungsbeschluß

Der öffentlich beglaubigten Abtretungserklärung steht gleich ein gerichtlicher Überweisungsbeschluß (eine Vollstreckungsmaßnahme wegen einer Geldforderung in Forderungen, nach ZPO § 837) oder die öffentlich beglaubigte Anerkennung einer kraft Gesetzes erfolgten Überweisung (z. B. nach §§ 268, 426 II, 774, 1143, 1163, 1164, 1168, 1173).

6. Beglaubigte Abtretungserklärung und Zwangsvollstreckung

Von besonderer Bedeutung ist die öffentlich beglaubigte Abtretungserklärung, wenn sich der Eigentümer des Grundstücks hinsichtlich des Anspruchs aus der Hypothek in einer vollstreckbaren Urkunde der sofortigen Zwangsvollstreckung unterworfen hat (vgl. § 794 I Nr. 5 ZPO). Auf Grund der öffentlichen Beglaubigung kann der Erwerber der Hypothek gemäß ZPO §§ 727, 795 die Umschreibung der vollstreckbaren Ausfertigung der Schuldurkunde auf seinen Namen verlangen, da die Rechtsnachfolge durch eine öffentliche beglaubigte Urkunde nachgewiesen wird. Bei Vorliegen einer schriftlichen Abtretungserklärung scheidet eine derartige Umschreibung aus.

IV. Gutgläubiger Erwerb nach § 1138

Bei Übertragung einer Hypothek kann sich der Fall ereignen, daß die Hypothek zwar im Grundbuch eingetragen ist, aber in Wahrheit nicht

---

[1] So auch Baur, § 38 V 2, Wolff-Raiser, § 142 Anm. 17, a. M. Westermann, § 106 IV 2 b, der solche Fälschungen nur dann schädlich sein läßt, wenn dem Berechtigten auch der Brief abhanden gekommen ist.

[2] So auch Westermann, § 106 IV 2 b, Wolff-Raiser, § 142 VII 2 b.

dem eingetragenen Gläubiger zusteht, das Grundbuch also unrichtig ist. Die Hauptfälle sind: 1. die Forderung entsteht nicht, 2. sie ist erloschen, z. B. durch Zahlung; in beiden Fällen steht die Hypothek dem Eigentümer zu (§ 1163, vgl. u. § 59 I). Für den Fall, daß die Hypothek einem Gläubiger zusteht, der nicht eingetragen ist (die Übertragung war z. B. nichtig) vgl. u. V. Wird nun die Hypothek vom eingetragenen Gläubiger auf einen gutgläubigen Erwerber übertragen, so entsteht ein Konflikt zwischen drei Grundsätzen der dinglichen und der schuldrechtlichen Rechtsordnung, der einer Lösung bedarf. Nach den Grundsätzen des gutgläubigen Erwerbs muß die Hypothek auf den gutgläubigen Erwerber nach § 892 übergehen, nach den Grundsätzen des Schuldrechts ist dagegen der Übergang der nichtbestehenden Forderung trotz guten Glaubens nach § 398 ff. ausgeschlossen. Das Prinzip der Akzessorietät schließlich verlangt, daß Hypothek und Forderung als eine Einheit übergehen. Von diesen drei Grundsätzen muß einer geopfert werden. Hält man am akzessorischen Prinzip fest, so steht man vor der Wahl, ob man Hypothek und Forderung zusammen auf den gutgläubigen Erwerber übergehen läßt, also die §§ 398 ff. beiseite schiebt, nur § 892 gelten läßt und den gutgläubigen Erwerb auf die Forderung erstreckt, oder ob man umgekehrt weder die Hypothek noch die Forderung übergehen läßt. Eine dritte Möglichkeit besteht darin, den Grundsatz der Akzessorietät der Hypothek zu opfern und damit den Weg freizubekommen für einen gutgläubigen Erwerb der Hypothek, aber ohne Forderung, also im Fall des guten Glaubens des Erwerbers auf ihn zwar die Hypothek, nicht aber zugleich die Forderung übergehen zu lassen; auf diese Weise würden sowohl die Grundsätze des Sachenrechts für den dinglichen Rechtserwerb als auch die des Schuldrechts für den Forderungserwerb aufrechterhalten bleiben.

Diese dritte Lösung gibt nun § 1138, der allerdings sehr unklar gefaßt ist. Er will besagen, daß es einen gutgläubigen Erwerb nur hinsichtlich der Hypothek und nicht zugleich der Forderung gibt. Zwar gelten nach ihm die Vorschriften über den gutgläubigen Erwerb auch „in Ansehung der Forderung", aber nur, wie ein leicht zu übersehender Zusatz lautet, „für die Hypothek". Das bedeutet, daß lediglich für das dingliche Rechtsverhältnis zwischen Hypothekengläubiger und Eigentümer der Erwerb der Forderung fingiert wird, damit dem Eigentümer die Einwendung aus § 1163 abgeschnitten wird, die Forderung und damit auch die Hypothek stehe dem Gläubiger nicht zu. Man kann daher den Inhalt des § 1138 klarer dahin formulieren: An einer in Wahrheit dem Gläubiger nicht zustehenden Hypothek gibt es einen gutgläubigen Erwerb, nicht aber auch an der ihr zugrunde gelegten, tatsächlich aber nicht bestehenden Forderung. Der gutgläubige Erwerber wird also nur dinglicher Gläubiger, nicht zugleich Forderungsgläubiger. In Wirklichkeit handelt es sich bei dieser Hypothek ohne Forderung um eine Grundschuld (vgl. u. § 59 V).[1]

---

[1] So auch Wolff-Raiser, § 137 II 3, a. M. Westermann, § 106 III 3. Die Streitfrage hat kaum praktische Bedeutung.

Mit derselben Beschränkung auf das dingliche Rechtsverhältnis schließt der gutgläubige Erwerb auch die Einreden aus, die an sich nach § 1137 dem Gläubiger entgegengesetzt werden könnten; für das Schuldverhältnis dagegen bleiben sie auch gegenüber einem gutgläubigen Erwerber in Kraft (§ 1138).

V. Gutgläubiger Erwerb bei Existenz der Forderung

Schwieriger ist der Fall, daß eine Hypothek und Forderung zusammen übertragen werden und beide nicht dem eingetragenen Gläubiger zustehen, der Konflikt aber dadurch ausgelöst wird, daß die Forderung – anders als unter IV – in Wahrheit besteht und einem anderen als dem Hypothekgläubiger zusteht. Beispiel: Der wahre, aber geisteskranke Gläubiger A. überträgt Hypothek und Forderung auf B.; dieser wird auch im Grundbuch eingetragen, ist aber nicht Gläubiger geworden, und überträgt nun Hypothek und Forderung weiter auf C. Daß C. gutgläubig die Hypothek erwirbt, ist nach §§ 892, 1138 nicht zu bezweifeln. Was aber wird mit der Forderung? Geht sie nicht zusammen mit der Hypothek auf C. über, so bleibt A Forderungsgläubiger, wie er es auch nach der nichtigen Übertragung an B. geblieben war. Dann stehen aber dem Eigentümer und persönlichen Schuldner zwei Gläubiger gegenüber, der Hypotheken- und der Forderungsgläubiger sind jetzt zwei verschiedene Personen. Daraus erwächst dem Eigentümer, der zugleich persönlicher Schuldner ist, die Gefahr, daß er sowohl dem A. die Forderung schuldet als auch dem C. mit dem Grundstück für die Hypothek haftet, also zweimal zahlen muß. (Für den persönlichen Schuldner, der nicht der Eigentümer ist, entsteht der Nachteil, daß trotz Bezahlung der Forderung die Hypothek auf ihn nicht übergehen kann, weil der Hypothekengläubiger ja keineswegs befriedigt ist.) Dieses Ergebnis ist untragbar. Man versucht es dadurch zu vermeiden, daß man eine Art „Befriedigungsgemeinschaft" zwischen Hypothek und Forderung konstruiert und aus ihr den Untergang der Forderung folgert, wenn der Hypothekengläubiger befriedigt wird. Könnte hierfür vielleicht noch ein Ausgleich gefunden werden, so ist der umgekehrte Fall noch bedenklicher, daß die Hypothek dem Gläubiger verlorengehen soll, falls der Forderungsgläubiger befriedigt wird und die Forderung damit untergeht. Wie soll der Ausgleich unter beiden erfolgen?

Richtiger ist es wohl, auch in diesem Falle an der Identität von Forderungs- und Hypothekengläubiger festzuhalten und Hypothek und Forderung zusammen auf den gutgläubigen Erwerber übergehen zu lassen[1]. Allerdings bekommt dann der Erwerber eine doppelte Rechtsstellung, die der Veräußerer nicht hatte, und der sonst ausgeschlossene gutgläubige Erwerb einer Forderung findet jetzt doch statt. Aber die Durchführung des akzessorischen Prinzips erscheint mir doch als der beste Ausweg zur Vermeidung von Schwierigkeiten. A. hat nach § 816 I 1 gegen B. einen Anspruch auf Herausgabe des durch die Abtretung der Hypothek an C. erlangten Erlöses.

VI. Rechtsverhältnis zwischen Eigentümer und neuem Gläubiger

1. Trotz des gutgläubigen Erwerbs einer Hypothek und im Fall des normalen Erwerbs der Hypothek vom wahren Gläubiger würde die Gefahr für den neuen Gläubiger bestehen, daß durch Rechtsgeschäfte zwischen dem alten Gläubiger und dem Eigentümer nach der Übertragung die Hypothek für den neuen Gläubiger doch noch verlorengehen könnte. Denn nach den für die Übertragung der Forderung maßgebenden Vorschriften der §§ 406–408, insbesondere des § 407 müßte der neue Gläubiger eine Leistung des Schuldners an den alten Gläubiger und andere Rechtsgeschäfte zwischen beiden solange gegen sich gelten lassen, als der Schuldner noch keine Kenntnis von der Abtretung hätte. Dies würde wegen des engen Zusammenhanges zwischen Hypothek und Forderung den Gläubiger auch als Inhaber der Hypothek gefährden, da ja mit dem Erlöschen der Forderung auch die Hypothek ihm verlorengeht (§ 1163) und alle Einreden des persönlichen Schuldners auch dem Eigentümer zustehen (§ 1137). Es würde sich ein Konflikt zwischen dem Grundbuchrecht und dem Schuldrecht ergeben. Zur Sicherung des Hypothekengläubigers schließt daher § 1156 für die Übertragung der Hypothek die Vorschriften der §§ 406 bis 408 aus, weil der Eigentümer aus dem Grundbuch oder durch das Verlangen der Vorlegung des Briefes gemäß § 1160 sich über die Person des Gläubigers Gewißheit verschaffen kann. Aber der Ausschluß gilt nur, soweit das Rechtsverhältnis zwischen dem Hypo-

[1] So auch Westermann, § 106 III 4.

thekengläubiger als solchem und dem Eigentümer in Betracht kommt, also nur für das dingliche Recht, nicht für das Rechtsverhältnis zwischen Forderungsgläubiger und persönlicher Schuldner, also für das Forderungsrecht, für das es bei den Vorschriften über die Abtretung verbleibt. Hiernach ist es denkbar, daß durch eine Zahlung des Schuldners an den alten Gläubiger nach der Abtretung die Forderung untergeht, der Schuldner eine Einwendung erwirbt, die Hypothek aber bestehen und der neue Gläubiger Hypothekengläubiger bleibt, auch wenn er nicht mehr Forderungsgläubiger ist. Der Ausgleich für den Eigentümer, der die Forderung getilgt hat, aber trotzdem mit der Hypothek belastet bleibt und daher Gefahr läuft, nochmals zahlen zu müssen, um die Vollstreckung in das Grundstück zu vermeiden, liegt in Bereicherungs- oder Deliktansprüchen gegen den alten Gläubiger.

Es wird aber selten zu solchen Zahlungen an den alten Gläubiger kommen. Denn bei der Buchhypothek kann und wird der Eigentümer sich aus dem Grundbuch informieren, wer sein jetziger Gläubiger ist, bei der Briefhypothek braucht er nur an einen Gläubiger zu zahlen, der sich durch den Besitz des Briefs ausweisen kann (§ 1160); hierzu ist der alte Gläubiger gemäß § 1154 nicht mehr in der Lage.

Eine Ausnahme gilt nur für die Kündigung des Eigentümers gegenüber dem alten Gläubiger; sie muß der neue Gläubiger gegen sich gelten lassen, es sei denn, daß die Übertragung der Hypothek dem Eigentümer zur Zeit der Kündigung bekannt oder im Grundbuch eingetragen war (§ 1156 Satz 2).

2. Einreden, die dem Eigentümer auf Grund eines besonderen zwischen ihm und dem alten Gläubiger bestehenden Rechtsverhältnisses zustehen, kann er auch gegenüber dem neuen Gläubiger geltend machen (§ 1157). Es kommen Vereinbarungen in Betracht, welche die Geltendmachung der Hypothek hemmen, wie Stundung, Ausschluß der Zession usw., nicht aber Einwendungen aus dem Schuldverhältnis zwischen Gläubiger und Schuldner. Sie müssen aber vor der Übertragung entstanden und dem neuen Gläubiger bekannt oder aus dem Grundbuch ersichtlich sein. Der Eigentümer kann sich daher durch Eintragung der Einrede schützen.

3. § 1138 erstreckt den guten Glauben auch auf die Einreden, d. h. der Erwerber braucht sich nur solche Einreden entgegenhalten zu lassen, die aus dem Grundbuch oder dem Hypothekenbrief ersichtlich sind oder ihm bekannt waren. Die Einwendungen, die den Bestand der Forderung berühren, sind nach § 1138 ebenfalls ausgeschlossen, soweit sie nicht aus dem Grundbuch oder aus dem Brief hervorgehen oder dem Erwerber bekannt waren; denn der Schutz des guten Glaubens erstreckt sich für die Geltendmachung der Hypothek auch auf den Bestand der Forderung als notwendige Grundlage der Hypothek.

Dadurch werden aber die Verteidigungsmöglichkeiten gegenüber der Hypothekenklage sehr eingeschränkt im Vergleich zu denen gegenüber der Forderungsklage. Es kann daher vorkommen, daß die dingliche Klage Erfolg hat, die Forderungsklage dagegen abgewiesen wird.

VII. Zinsen und andere Nebenleistungen

1. Eine besondere Regelung hat die Rechtsstellung des neuen Gläubigers gefunden, soweit es sich um Zinsen und andere Nebenleistungen sowie um Rückstände derselben handelt. Insoweit bleiben die Vorschriften über die Stellung des neuen Gläubigers bei Abtretung der Forderung, also die §§ 406–408, die für das Hypothekenkapital durch § 1156 ausgeschlossen waren, auch für das Verhältnis zwischen Eigentümer und Hypothekengläubiger in Kraft (§ 1158). Diese Einwendungen können auch nicht durch Berufung auf den öffentlichen Glauben des Grundbuchs ausgeschlossen werden. Der Grund für diese Regelung besteht darin, daß bei Zinszahlung dem Eigentümer die Einsicht in das Grundbuch nicht zugemutet werden kann. Daher sind Zinszahlungen an den alten Gläubiger nach § 407 noch wirksam. Jedoch ist eine Zeitgrenze für die Zinsen und Nebenleistungen, um die es sich hier handelt, gezogen, damit nicht weiter sich erstreckende Zahlungen des Eigentümers an den alten Gläubiger gegenüber dem neuen wirksam sind. Die Zinsen sind auch getrennt vom Kapital in der Form, die für die Abtretung der Hypothek vorgeschrieben ist, abtretbar.[1]

2. Bei Übertragung von Rückständen gelten ebenfalls die allgemeinen Vorschriften über die Abtretung auch für das Rechtsverhältnis zwischen Eigentümer und neuem

[1] Vgl. RG 86, 218.

Gläubiger, also wiederum die §§ 406–408, gem. § 1159 I. Darüber hinaus finden die Vorschriften über die Forderungsabtretung auch auf die Übertragung selbst Anwendung, d. h. die Übertragung der Rückstände richtet sich nicht nach § 1154, sondern nach den §§ 398ff., ist daher z. B. formlos möglich.

VIII. Belastung der Hypothek

Die Belastung der Hypothek (mit Pfandrecht oder Nießbrauch) erfolgt nach denselben Regeln wie die Übertragung. Es handelt sich rechtlich um die Belastung der hypothekarisch gesicherten Forderung. Sie vollzieht sich grundsätzlich wie die Abtretung der Forderung (§§ 1069, 1274, vgl. u. § 71 II).

IX. Gesetzlicher Übergang

Ein Übergang von Gesetzes wegen ist möglich, so bei Gesamtrechtsnachfolge (Erbschaft), ferner nach § 1143 (vgl. o. § 55 II 2). Hier ist Eintragung oder Übergabe des Briefes nicht erforderlich.

§ 58. Das Ende der Hypothek

Wenn der Hypothekengläubiger aufhört, Gläubiger zu sein, so geht in Ausnahmefällen die Hypothek unter; in der Regel geht sie auf den Eigentümer über.

I. Untergang der Hypothek

1. Befriedigung aus dem Grundstück

Die Hypothek geht unter durch Befriedigung des Gläubigers aus dem Grundstück, d. h. mit Durchführung der Zwangsvollstreckung in das Grundstück zwecks Befriedigung des Gläubigers, also auf dessen oder eines anderen vorrangigen Gläubigers Betreiben (§ 1181). Jede andere Befriedigung des Gläubigers, z. B. durch Zahlung des Eigentümers ohne Zwangsvollstreckung, durch Zahlung des persönlichen Schuldners, der nicht Eigentümer ist, durch Zahlung eines Dritten, auch durch Befriedigung aus dem Erlös von Erzeugnissen oder Zubehör (vgl. o. § 54), läßt die Hypothek bestehen, auch wenn der Gläubiger sie verliert.

Bei der Zwangsvollstreckung dagegen geht die Hypothek unter, denn entweder wird der betreibende Gläubiger durch Zahlung aus dem Erlös, den das Grundstück bei der Zwangsversteigerung erzielt hat, wirklich befriedigt oder die Hypothek fällt aus, da sie nicht durch das tatsächlich abgegebene zulässige Meistgebot gedeckt ist. Auch in diesem Fall erlischt die Hypothek an dem versteigerten Grundstück (ZVG § 91 I). Dies tritt stets ohne Eintragung im Grundbuch bereits auf Grund des Zuschlags des Grundstücks an den Meistbieter ein; doch erfolgt sogleich auf Ersuchen des Vollstreckungsgerichts die Löschung im Grundbuch. Die Durchführung der Vollstreckung hat für den betreibenden Gläubiger also ohne Rücksicht auf den wirtschaftlichen Erfolg, die wirkliche Befriedigung aus dem Erlös, die Folge, daß seine Hypothek erlischt, da sie ja nie durch das geringste Gebot gedeckt ist (vgl. o. § 56 III 4). Er kann aber durch Mitbieten entweder ein Gebot erreichen, das seine Hypothek mit umfaßt, so daß kein Verlust eintritt, oder selbst das Grundstück erstehen. Eine Ausnahme tritt nur ein, wenn der Gläubiger mit dem Ersteher des Grundstücks die Vereinbarung trifft, daß die durch das Gebot gedeckte Hypothek nicht ausgezahlt wird, sondern bestehenbleiben soll (ZVG § 91). Wird der Gläubiger im Wege der Zwangsvollstreckung durch Auszahlung wirklich befriedigt, so geht auch seine persönliche Forderung unter. Soweit er nicht befriedigt wird, bleibt sie bestehen. Ist der Eigentümer nicht zugleich persönlicher Schuldner, so geht die Forderung gemäß § 1143 auf ihn über (vgl. o. § 56 III 4).

2. Aufhebung

Die Hypothek erlischt, wenn sie vom Gläubiger gemäß § 875 durch eine Erklärung aufgehoben wird und die Löschung im Grundbuch erfolgt. Hierzu ist die Zustimmung des Eigentümers erforderlich (§ 1183). Sie ist dem Grundbuchamt oder dem Gläubiger gegenüber zu erklären und unwiderruflich; ihre Form bestimmt sich nach GBO § 29. Es handelt sich aber nicht um einen Vertrag zwischen Gläubiger und Eigentümer, sondern um zwei selbständige einseitige Erklärungen.

Diese Aufhebung ist schwer zu unterscheiden von dem Verzicht des Gläubigers auf die Hypothek nach § 1168, der den Übergang der Hypothek auf den Eigentümer zur Folge hat (vgl. u. § 59 I B). Die Aufhebung bedeutet nicht nur die Aufgabe der Hypothek seitens des Gläubigers, sondern die Beseitigung der Hypothek schlechthin. In der Praxis wird man sich in Zweifelsfällen dazu entschließen, eher einen Verzicht anzunehmen.

II. Übergang der Hypothek

Weitaus häufiger sind die Fälle, in denen die Hypothek zwar dem Gläubiger verlorengeht, aber nicht endet, sondern auf den Eigentümer oder den persönlichen Schuldner übergeht. Über den Sinn dieser Eigentümerhypothek vgl. u. § 59 III.

§ 59. Eigentümerhypothek und Eigentümergrundschuld

Literatur: K. Blomeyer, Eigentümergrundpfandrecht und Grundpfandbestellungsrecht des Eigentümers, DRW 1941, 10, 218; Fischer, Die Eigentümergrundschuld im Zwangsversteigerungsverfahren, NJW 1955, 573; Hirsch, Die vorläufige Eigentümerhypothek, Bürgl. Arch. 25, 222; Hirschfeld, Beiträge zum Pfandrecht am eigenen Grundstück, 1914; Hoche, Die Wirkung der Löschungsvormerkung, NJW 1959, 413; ders., Die Wirkung der Löschungsvormerkung des § 1179 BGB in der Zwangsversteigerung, NJW 1955, 1141; Horn, Die Eigentümerhypothek, 1906; Kreller, Die Zukunft des Eigentümergrundpfandrechts, DRW 1942, 82; Locher, Reformprobleme der Löschungsvormerkung, ZAkDR 1943, 106; Oberneck, Die Eigentümerhypothek im Licht der Praxis, Gruch. Beitr. 47, 306; ders., Pfändung der Eigentümerhypothek, Gruch. Beitr. 50, 551; Riedel, Über die Eintragung von Löschungsvormerkungen und ergänzenden Sicherungsrechten, DNotZ 1956, 344; Sottung, Pfändung der Eigentümergrundschuld, 1957; Westermann, Die nachträgliche Entstehung der durch die Hypothek gesicherten Forderung, JZ 1962, 302; ders., Vorschläge zur Reform des Hypotheken- und Grundbuchrechts, 1972; Wörbelauer, Die verschleierte Eigentümergrundschuld, NJW 1958, 1513; Zagst, Das Recht der Löschungsvormerkung und seine Reform, 1973.

I. Die Fälle der Eigentümerhypothek

Bei den Fällen, in denen es zu einer Eigentümerhypothek kommt, sind zwei Gruppen zu unterscheiden, je nachdem die Hypothek von vornherein als Eigentümerhypothek entsteht oder erst nachträglich durch Übergang einer normalen Fremdhypothek auf den Eigentümer zur Entstehung gelangt.

A. Erste Gruppe (ursprüngliche Eigentümerhypothek)

1. Nichtentstehung der Forderung (§ 1163 I 1)

Hierunter ist zunächst der Fall zu bringen, daß die Hypothek wirksam bestellt, die Forderung aber nicht entstanden ist.

Beispiele: Das vereinbarte Darlehen kommt nicht zur Auszahlung; der schuldrechtliche Vertrag ist wegen Wuchers, Geschäftsunfähigkeit, Formmangels nichtig oder wird durch Anfechtung nichtig oder kommt überhaupt nicht zustande, weil die Verhandlungen der Parteien zu keinem Vertragsabschluß führen.

In diesen Fällen steht die Hypothek endgültig dem Eigentümer zu.

Daneben aber steht der andere Fall, daß die Hypothek bewußt eher geschaffen wird, als die Forderung entsteht, also daß die Hypothek für eine künftige Forderung bestellt wird, die Forderung also noch nicht entstanden ist, aber sehr wohl noch entstehen kann.

Beispiel: Eine Darlehenshypothek auf Grund der Einigung von Eigentümer und Gläubiger am 1. 2. eingetragen, obwohl beide Teile darüber einverstanden sind, daß das Darlehen erst am 1. 6. ausgezahlt werden soll.

Eine Bestellung der Hypothek vor der Entstehung der Forderung hat sich bei der Gewährung von Baugeldern eingebürgert, da die Kreditgeber das Darlehen erst auszahlen, wenn der Bau teilweise errichtet ist, die Hypothek aber sofort eintragen lassen, um ihren Rang zu sichern. Die Hypothek steht dann dem Eigentümer als „vorläufige Grundschuld" zu, „vorläufig" deshalb, weil jederzeit durch die Auszahlung des Darlehens die Hypothek für den Gläubiger entstehen kann.

Mit Einigung und Eintragung sowie der Aushändigung des Briefs hat der Gläubiger eine gesicherte Anwartschaft auf den Erwerb der Hypothek; sie kann ihm durch Handlungen des Eigentümers nicht mehr entzogen werden. Seine Hypothek steht unter der aufschiebenden Rechtsbedingung der Entstehung der Forderung; daher sind, wie bei rechtsgeschäftlichen Bedingungen, spätere Verfügungen des Eigentümers nach § 161 unwirksam, wenn sie das bedingte Recht des Hypothekengläubigers beeinträchtigen würden. Umgekehrt ist die Grundschuld des Eigentümers auflösend bedingt durch die Entstehung der Forderung des Gläubigers. Der Hypothekengläubiger kann nur seine Anwartschaft übertragen, doch entsteht mit Entstehung der Forderung zugleich die Hypothek für den Erwerber. Das Grundbuch ist zwar unrichtig, solange die Forderung nicht entstanden ist, doch kann der Eigentümer nicht die Berichtigung in Form der Eintragung seiner bedingten Grundschuld verlangen. Ihm steht die Einwendung des Gläubigers gegenüber, daß er zur Bestellung der Hypothek verpflichtet ist. Von der Verfügung über die vorläufige Eigentümergrundschuld wird zur Erlangung von Zwischenkrediten häufig Gebrauch gemacht.[1]

Einen besonderen Fall nachträglicher Valutierung einer Sicherungshypothek durch den Zessionar des eingetragenen Hypothekengläubigers behandelt BGH 36, 84.[2]

Scharf zu unterscheiden ist zwischen der bloßen Nichtigkeit der Forderungsbegründung und der Nichtigkeit der Hypothekenbestellung. Beide werden oft zusammenfallen, zumal wenn beide Akte in rascher Folge geschehen. Dann ergreift derselbe Nichtigkeits- oder Anfechtungsgrund beide Verträge, z. B. die Geschäftsunfähigkeit eines Beteiligten

---

[1] Vgl. dazu BGH 53, 60. Nach dieser Entscheidung ist sogar die Abtretung einer künftigen Eigentümergrundschuld vor Eintragung einer Briefhypothek möglich.

[2] Vgl. dazu Westermann, JZ 1962, 302.

oder die arglistige Täuschung. In dem seltenen Fall, daß nur die Forderungsbegründung nichtig, die Hypothekenbestellung dagegen wirksam ist, verbleibt es bei § 1163 I 1.[1] Ist aber die Hypothekenbestellung nichtig, so entsteht auch keine Eigentümerhypothek, ohne Unterschied, ob die Forderungsbegründung wirksam ist oder nicht. Denn § 1163 setzt wenigstens die wirksame Bestellung der Hypothek voraus.

Eine heute häufig vertretene Auffassung[2] läßt die Eigentümerhypothek wenigstens dann entstehen, wenn die Erklärung des Eigentümers für sich allein betrachtet wirksam und nur die des anderen Teils nichtig ist, z.B. wegen dessen Geschäftsunfähigkeit. Sie beruft sich darauf, daß der Eigentümer in der Lage ist, durch seine einseitige Erklärung eine Eigentümergrundschuld zu begründen (§ 1196). Das läuft aber darauf hinaus, daß man bei einem nichtigen Vertrag die Erklärung des einen Teils als einseitiges Rechtsgeschäft aufrechterhält. Diese Auffassung scheitert formell daran, daß die Einigungserklärung sich an den Vertragsgegner gerichtet hat und nun in eine solche an das Grundbuchamt umgewandelt wird, weil nur durch diese die Eigentümergrundschuld begründet werden kann (§ 1196). Bedenklicher noch ist die inhaltliche Umwandlung der Erklärung: Aus der Erklärung, für den Gläubiger solle eine Hypothek begründet werden, wird die andere, für den Eigentümer solle eine Grundschuld entstehen. Wie soll aber auf Grund einer abgegebenen Erklärung mit jenem ersten Inhalt diese andere Wirkung eintreten, von der in der Erklärung nichts gesagt ist? Die Erklärung des Eigentümers soll angeblich „wirksam" sein, dennoch aber nicht die Wirkung haben, auf die sich der Wille des Erklärenden richtet. Mit den Grundsätzen über Rechtsgeschäfte erscheint dies nicht vereinbar.[3]

2. Briefhypothek vor Briefübergabe

Die Briefhypothek steht bis zur Übergabe des Briefs an den Gläubiger dem Eigentümer zu (§§ 1117, 1163 II). Auch hier ist das Recht des Eigentümers nur ein vorläufiges (vgl. o. § 52 II).

B. Zweite Gruppe (nachträgliche Eigentümerhypothek)

1. Erlöschen der Forderung (§ 1163 I 2)

In diesem Fall geht die Hypothek automatisch, also ohne Einigung und Eintragung, auf den Eigentümer über. Das Grundbuch wird unrichtig, dem Eigentümer steht ein Berichtigungsanspruch zu. Dies ist der praktische Hauptfall der Unrichtigkeit des Grundbuchs und zugleich der häufigste Fall, in dem es zur Entstehung einer Eigentümerhypothek kommt. Denn er umfaßt ja auch die Erfüllung der Forderung durch den Eigentümer, der zugleich der persönliche Schuldner ist, also das normale Ende der Hypothek für den Gläubiger, nachdem er oder der Eigentümer sie gekündigt haben. Neben der Erfüllung kommen auch Aufrechnung, Erlaß, Vergleich in Betracht. Über das Interesse des Eigentümers an dieser Gestaltung vgl. u. III.

Bei Teilzahlungen entsteht eine Teileigentümerhypothek. Bei der Tilgungshypothek (vgl. o. § 51 II) wächst daher ständig mit der zunehmenden Tilgung der Anteil, der von dem Gesamtbetrag der Hypothek auf die Eigentümerhypothek entfällt. Bei Befriedigung rückständiger Nebenleistungen tritt zwar auch der Übergang auf den Eigentümer ein, doch erlischt insoweit die Hypothek sogleich (§ 1178).

a) Eine wichtige Ausnahme tritt aber in folgendem Fall ein: Befriedigt der persönliche Schuldner, der nicht zugleich Eigentümer ist, den Gläu-

---

[1] Einen solchen Fall behandelt BGH 36, 84.
[2] Vgl. u. a. Baur, § 36 V 4b, Westermann, § 117 I 4, Wolff-Raiser, § 145 I 3.
[3] Vgl. dazu auch Klee, NJW 1951, 579.

biger und hat er gegen den Eigentümer deswegen einen Ersatzanspruch, so geht die Hypothek auf ihn über (§ 1164) und nicht auf den Eigentümer, wie § 1163 es vorsieht. Der Ersatzanspruch hängt von der Vereinbarung zwischen dem Eigentümer und dem persönlichen Schuldner ab und wird insbesondere durch die Erfüllungsübernahme begründet (vgl. o. § 55 II). Man kann annehmen (h. M.), daß die Hypothek fortan für den Ersatzanspruch besteht (gesetzliche Forderungsauswechslung).[1] Der Schuldner ist gegen ihm schädliche Verfügungen des Gläubigers geschützt (§ 1165).

b) Wenn umgekehrt der Eigentümer, der nicht persönlicher Schuldner ist, den Gläubiger befriedigt, so geht die Forderung des Gläubigers auf ihn über (§ 1143), damit aber auch die Hypothek. Der Fall ist aber praktisch selten. Denn eine andere Regelung tritt ein, wenn der Eigentümer deshalb zahlt, weil er kraft Erfüllungsübernahme dem persönlichen Schuldner (meist dem früheren Eigentümer) gegenüber hierzu verpflichtet ist (vgl. o. § 55 II 3).

c) Zahlt ein Dritter gem. § 1150, so geht nach §§ 268 III, 1153 die Forderung und mit ihr die Hypothek auf den Dritten über.

d) Hat der Gläubiger seine Forderung durch Hypothek und Bürgschaft gesichert, so würde nach der gesetzlichen Regelung der den Gläubiger zuerst Befriedigende mit der Forderung auch das andere Sicherungsrecht erwerben (§§ 1143, 401, 412 bzw. §§ 774 I 1, 268 III, 401, 412). Wie man dieses unbillige Ergebnis vermeidet, ist bestritten. Das Problem läßt sich am besten nach dem Vorbild von § 774 II lösen; vgl. dazu vor allem Hüffer, AcP 171, 470ff. und Pawlowski, JZ 1974, 124.

2. Verzicht auf die Hypothek

Der Gläubiger kann auf die Hypothek einseitig verzichten durch eine Erklärung gegenüber dem Grundbuchamt oder dem Eigentümer und Eintragung des Verzichts im Grundbuch (§ 1168). Auch in diesem Fall geht die Hypothek nicht unter, sondern auf den Eigentümer über, wiederum automatisch ohne Einigung und Eintragung. Über den Unterschied zur Aufhebung der Hypothek vgl. o. § 58 I.

Der gleichzeitige Verzicht des Gläubigers auf die Forderung, der sich durch Erlaßvertrag vollziehen muß und meist mit dem Verzicht auf die Hypothek verbunden ist, bewirkt zwar auch den Übergang der Hypothek auf den Eigentümer, aber nicht nach § 1168, sondern nach § 1163 I 2.

3. Einrede gegen die Hypothek

Wenn dem Eigentümer eine Einrede zusteht, durch welche die Geltendmachung der Hypothek dauernd ausgeschlossen ist, so kann er vom Gläubiger den Verzicht auf die Hypothek verlangen und mit ihm den Übergang der Hypothek auf sich erreichen (§ 1169). Die praktische Bedeutung dieses Falles ist nicht groß, da die wichtigste dieser Einreden, diejenige der Verjährung, durch § 902 ausgeschlossen ist (ebenso die Einrede der beschränkten Erbenhaftung, § 1137). In Betracht kommen die Einreden der unerlaubten Handlung (§ 853), der Bereicherung (§ 821), der Wandlung (§ 478).

4. Vereinigung von Forderung und Schuld

Der Befriedigung des Gläubigers wird die Vereinigung von Forderung und Schuld in einer Person gleichgestellt, falls der persönliche Schuldner nicht zugleich der Eigentümer ist (§ 1164 II). Beerbt daher z. B. der Schuldner den Gläubiger, so geht die Hypothek auf ihn über, soweit er vom Eigentümer Ersatz verlangen kann.

5. Vereinigung von Hypothek und Eigentum

Vereinigt sich die Hypothek mit dem Eigentum in einer Person, indem z. B. der Eigentümer den Gläubiger beerbt oder umgekehrt Übereignung des Grundstücks an den Gläubiger erfolgt, so geht die Hypothek auf den Eigentümer über (§ 889).

Ist der Eigentümer zugleich der persönliche Schuldner, so geht die Forderung unter, daher die Hypothek schon nach § 1163 Satz 2 auf ihn über. Hier kommt also nur der Fall in Betracht, daß Eigentümer und Schuldner nicht identisch sind.

[1] RG 131, 157.

Handelt es sich um Rückstände von Zinsen, so erlischt die Hypothek insoweit (§ 1178).

6. Ausschlußurteil im Aufgebotsverfahren

Wenn der unbekannte Hypothekengläubiger im Wege des Aufgebotsverfahrens durch Ausschlußurteil mit seinem Recht ausgeschlossen wird, erwirbt der Eigentümer mit dem Urteil die Hypothek (§§ 1170, 1171).

Der erste Fall – Verstreichen von zehn Jahren seit der letzten sich auf die Hypothek beziehenden Eintragung im Grundbuch, wobei die Frist nicht vor dem für die Forderung bestimmten Zahlungstag beginnt – wird äußerst selten sein. Der zweite, daß der Gläubiger unbekannt, der Eigentümer zur Kündigung oder Befriedigung des Gläubigers berechtigt ist und den Forderungsbetrag unter Verzicht auf das Recht zur Rücknahme hinterlegt, kann etwas häufiger eintreten.

Im ersten Fall erwirbt der Eigentümer die Hypothek ohne Forderung, im zweiten Fall mit der Forderung, wenn er nicht zugleich persönlicher Schuldner war (vgl. § 1143).

7. Vom Eigentümer nicht genehmigte Schuldübernahme

Im Fall einer Schuldübernahme geht die Hypothek auf den Eigentümer über, wenn dieser in die Schuldübernahme nicht einwilligt (§ 418), weil ihm nicht zugemutet werden darf, sein Grundstück für einen anderen Schuldner haften zu lassen (z. B. E's Grundstück haftet für Schuld des A., nicht ohne weiteres für den neuen Schuldner B.).

8. Fall des § 868 ZPO

Nach ZPO § 868 geht gleichfalls die Hypothek auf den Eigentümer über, wenn die Entscheidung aufgehoben wird, auf Grund derer eine Zwangshypothek eingetragen worden war.

II. Eigentümerhypothek und Forderung

Der Eigentümer erwirbt die Hypothek entweder ohne Forderung oder zusammen mit der Forderung. Die Regel ist der erste Fall.

Er tritt ein nach A Ziff. 1 und 2; bei Ziff. 1, weil die Forderung noch nicht entstanden ist, bei Ziff. 2, weil sie dem Gläubiger zusteht;
nach B Ziff. 1, weil die Forderung erloschen ist;

nach 2 und 3, weil der Gläubiger nur auf die Hypothek verzichtet, nicht zugleich auf die Forderung;

nach Ziff. 4, weil die Forderung durch die Vereinigung untergegangen ist, falls der Eigentümer zugleich der persönliche Schuldner war oder der Schuldner gegen ihn keinen Ersatzanspruch hat (§ 1164 II);

nach Ziff. 6, im Fall von § 1170, weil für einen Erwerb der Forderung kein rechtlicher Grund vorliegt, nach § 1171, falls der Eigentümer zugleich persönlicher Schuldner war;

nach Ziff. 7, weil die Forderung dem Gläubiger verbleibt, nur gegen einen anderen Schuldner sich richtet. In diesen Fällen ist die Hypothek in Wahrheit eine Eigentümergrundschuld.

Zum Übergang der Hypothek zusammen mit der Forderung kommt es also nur, wenn der Eigentümer nicht der persönliche Schuldner war und daher Forderung und Hypothek zusammen erwirbt (§ 1143, vgl. oben Fall B 1 b), und nach § 1171, falls der Eigentümer nicht zugleich persönlicher Schuldner war (§ 1143). In diesen Fällen bleibt die Eigentümerhypothek wahre Hypothek.

Welcher Eigentümer erwirbt nun die Eigentümerhypothek? Einfach ist die Antwort im Fall der Befriedigung des Gläubigers (§ 1163 Satz 2); Erwerber der Hypothek ist dann der Eigentümer zur Zeit des Erlöschens der Forderung. Entsteht die Eigentümerhypothek durch Nichtentstehen der Forderung (§ 1163 Satz 1), so steht sie dem Eigentümer zur Zeit der Entstehung der Hypothek zu. Daraus folgt, daß die Kaufpreishypothek im Fall der Nichtigkeit des Kaufvertrags, aber bei wirksamer Verfügung über das Grundstück, also bei Entstehung mit Eigentumsübergang, nicht dem Veräußerer, sondern dem Erwerber zusteht.

III. Die Bedeutung der Eigentümerhypothek

Sie ist nicht ohne weiteres erkennbar. Denn es ist nicht gleich einzusehen, was der Eigentümer dadurch gewinnen sollte, daß er an seinem eigenen Grundstück ein beschränktes Recht dazu erwirbt. Anscheinend können ihm daraus keine Rechte erwachsen, die er nicht auf Grund des Eigentums schon ohnehin hätte. Erst aus den Besonderheiten des Grundbuchrechts ergibt sich, welchen Sinn die Eigentümerhypothek für den Eigentümer hat.

Der Eigentümer hat drei Möglichkeiten: 1. Er kann die Hypothek auf sich umschreiben lassen und zunächst behalten, 2. er kann sie löschen lassen, 3. er kann sie auf einen anderen übertragen.

Zu 1. und 2. bedarf er keiner Bewilligung des früheren Gläubigers, da dieser ja nicht mehr Gläubiger ist, sondern nur einer öffentlich beglaubigten Quittung desselben, falls dieser befriedigt ist (§ 1163 I 2), sonst (§ 1163 I 1) eines Anerkenntnisses des Gläubigers in den Formen von GBO § 29. Die öffentlich beglaubigte sog. löschungsfähige Quittung muß von der Löschungsbewilligung unterschieden werden. Die Löschungsbewilligung des eingetragenen Hypothekengläubigers genügt in Verbindung mit der Zustimmungserklärung des Eigentümers nach GBO § 27 zur Löschung auch dann, wenn die Hypothek nicht mehr dem eingetragenen Gläubiger zusteht; denn das Grundbuchamt hat nicht zu prüfen, ob die Hypothek bezahlt ist oder weshalb sie sonst gelöscht werden soll.[1] Die löschungsfähige Quittung dient dagegen dem Nachweis der Unrichtigkeit des Grundbuchs, zu der es durch den gesetzlichen Übergang der Hypothek gem. § 1163 I 2 gekommen ist; zur Löschung bedarf es dann noch der Löschungsbewilligung des nunmehr – für das Grundbuchamt erkennbar – allein verfügungsberechtigten Eigentümers (vgl. auch o. § 56 III 3). Die vorherige Eintragung des Eigentümers ist nicht erforderlich, da diese eine bloße Formalität wäre.[2] Dagegen ist die vorherige Eintragung des Eigentümers erforderlich bei Übertragung der Hypothek auf einen neuen Gläubiger gem. GBO § 39.[3]

Aber diese Möglichkeiten lassen noch nicht erkennen, welche praktische Bedeutung nun eigentlich die Eigentümerhypothek für den Eigentümer hat. Nur soviel ist klar, daß die Löschung die Eigentümerhypothek zu einem bedeutungslosen kurzen Zwischenzustand macht, der für den Eigentümer keinen praktischen Wert darstellt. Anders dagegen kann es sich bei Umschreibung auf den Eigentümer oder bei Übertragung der Hypothek auf einen anderen Gläubiger verhalten. Diese beiden Fälle sind daher genauer zu betrachten.

1. Eigentümerhypothek in der Hand des Eigentümers

Der Eigentümer läßt die Hypothek auf sich umschreiben und behält sie in der Hand. Er darf dann auf Grund seiner Eigentümerhypothek nicht selbst die Zwangsvollstreckung in sein Grundstück betreiben (gem. § 1197, der deshalb hier gilt, weil die Eigentümerhypothek ohne Forderung in Wahrheit eine Grundschuld ist). Wenn aber die Vollstreckung von einem anderen Gläubiger betrieben wird, so wird die Eigentümerhypothek wie jede normale Hypothek behandelt, d. h. sie wird, wenn der betreibende Gläubiger ihr im Rang nachsteht, in das geringste Gebot aufgenommen, bleibt also erhalten und verwandelt sich dann nach dem Eigentumsübergang des Grundstücks auf den Ersteher

---

[1] Vgl. Güthe-Triebel, Grundbuchordnung, 6. Aufl., § 27 Rdnr. 10.
[2] So h. M., vgl. Meikel-Imhof-Riedel, Grundbuchrecht, 6. Aufl., § 39 Rdnr. 26.
[3] Str., so Meikel-Imhof-Riedel, aaO.

in eine normale Belastung eines fremden Grundstücks, in eine gewöhnliche Grundschuld. Wird sie nicht in das geringste Gebot aufgenommen, so wird sie bei der Verteilung des Erlöses ihrer Rangstelle nach berücksichtigt, also der auf sie entfallene Erlös an den Eigentümer ausgezahlt.

Beispiel: Die Eigentümerhypothek von 20000 DM steht hinter einer 1. Hypothek von 15000 DM und vor einer 3. Hypothek von 10000 DM; der Erlös in der Zwangsversteigerung beträgt 40000 DM. Dann erhält der Eigentümer auf seine Hypothek die vollen 20000 DM, der 3. Hypothekengläubiger nur 5000 DM.

Dadurch erhält die Eigentümerhypothek für den Eigentümer einen bedeutsamen Wert, allerdings nur für den Fall des wirtschaftlichen Zusammenbruchs. Er wird ferner praktisch dadurch erheblich geschmälert, daß Gläubiger des Eigentümers seine Hypothek pfänden können und hiervon auch, sobald sie Kenntnis von ihr erhalten, Gebrauch machen werden.

2. Übertragung der Eigentümerhypothek

Wichtiger ist die Möglichkeit für den Eigentümer, seine Hypothek auf einen anderen zu übertragen, sei es als Grundschuld, sei es unter Verbindung mit einer Forderung als Hypothek. Sie wird dann wieder normale Grundstücksbelastung für einen anderen als den Eigentümer.

Von der Übertragung der Eigentümerhypothek wird vor allem zum Zweck der Zwischenfinanzierung Gebrauch gemacht; s. o. § 51 II 2.

Rechtlich liegt die Übertragung der bestehenden Eigentümerhypothek vor, wirtschaftlich meist die Neubegründung einer Forderung, zu deren Sicherung die Eigentümerhypothek abgetreten wird, insbesondere ein neues Darlehen, das der Eigentümer von dem neuen Gläubiger erhält.

Ein besonderer Vorteil für den Eigentümer ergibt sich daraus, daß er die ihm zustehende Hypothek an ihrer Rangstelle frei verwerten kann. Würde es die Einrichtung der Eigentümerhypothek nicht geben, sondern die Hypothek in den Fällen erlöschen, in denen sie jetzt auf den Eigentümer übergeht, so würde er einen neuen Kredit nicht an der alten Rangstelle aufnehmen können, sondern nur hinter den anderen fortbestehenden Belastungen, und dies würde für ihn eine bedeutende Erschwerung und Verteuerung des Kredits bedeuten.

Folgendes Beispiel mag dies veranschaulichen: Die 1. Hypothek beträgt 20000 DM, die 2. 15000 DM. Der Eigentümer zahlt die 1. Hypothek zurück. Sie geht als Eigentümergrundschuld auf ihn über. Der Eigentümer kann nun einen neuen Kredit von 20000 DM aufnehmen und dem Gläubiger die Hypothek mit der 1. Rangstelle abtreten. Würde das Gesetz das Erlöschen der Hypothek mit Erfüllung der Forderung bestimmen, so würde die 2. Hypothek an die 1. Stelle aufrücken und der Eigentümer den neuen Kredit nur durch eine Hypothek hinter ihr, also an 2. Rangstelle sichern können.

Das Institut der Eigentümerhypothek bedeutet also praktisch: Die nachstehenden Hypotheken rücken bei Rückzahlung der vorstehenden nicht auf, sondern verbleiben an ihrer alten Rangstelle. Dem Eigentümer bleibt die offene Rangstelle der auf ihn übergegangenen Hypothek zur freien Verfügung erhalten. Damit wird die Eigentümerhypothek zu einem selbständigen Rechtsobjekt von eigener Leistung und eigenem Wert neben dem Eigentum am Grundstück (vgl. die Formulierung bei der Schiffshypothek u. § 65 VII).

IV. Die Löschungsvormerkung

1. Bedeutung

Dem Vorteil des Eigentümers entspricht der Nachteil für die nachstehenden Hypothekengläubiger, daß diese nicht aufrücken. Deshalb pflegen diese Gläubiger bei Begründung ihrer Hypotheken mit dem Eigentümer zu vereinbaren, daß dieser, wenn er die vorstehende Hypothek erworben hat, seine Eigentümerhypothek nicht auf einen neuen Gläubiger überträgt, sondern löschen läßt, damit die nachstehende Hypothek aufrücken kann. Diese Vereinbarung ist nach § 1179 zulässig, hat aber nur obligatorische Wirkung und würde den Hypothekengläubiger nicht davor schützen, daß der Eigentümer seiner Verpflichtung zuwider seine Hypothek dennoch an einen Dritten übertragen könnte, ohne daß der nachstehende Gläubiger gegen diesen Dritten einen Anspruch erheben könnte (§ 137). Um nun der Vereinbarung eine Art dinglicher Wirkung zu geben, pflegt man eine Vormerkung zugunsten des bedingten Anspruchs auf Löschung der Eigentümerhypothek eintragen zu lassen, was ebenfalls § 1179 zuläßt (Ausnahmen von GBO § 39). Dies stellt eine Erweiterung von § 883 dar, denn der Eigentümer ist zwar Schuldner des vorgemerkten Anspruchs, aber noch nicht Inhaber der zu löschenden Hypothek. Damit wird verhindert, daß die etwa dennoch vom Eigentümer an einen Dritten übertragene Hypothek den Vorrang vor der nachstehenden Hypothek bekommt, denn die Übertragung ist nach § 888 insoweit unwirksam, als sie den Anspruch des Gläubigers beeinträchtigen würde.

Die Eintragung von Löschungsvormerkungen ist heute zur Regel geworden. Um die Belastung der Grundbuchämter durch die Eintragung von Löschungsvormerkungen zu verringern, schlägt Westermann, Vorschläge zur Reform des Hypotheken- und Grundbuchrechts, 1972, vor, den Löschungsanspruch zum gesetzlichen Inhalt einer nachrangigen Hypothek oder Grundschuld zu erklären. Allerdings soll die Möglichkeit bestehen, durch Vereinbarung zwischen Eigentümer und Gläubiger diesen Anspruch auszuschließen.

2. Anspruchsgegner

Bestritten ist, ob der Vormerkungsberechtigte einen unmittelbaren Anspruch gegen den noch eingetragenen Gläubiger der Fremdhypothek auf Löschung hat.[1] Der Anspruch richtet sich nur gegen den Inhaber der Eigentümergrundschuld.

3. Wirkung gegen den jeweiligen Eigentümer

Die Vormerkung wirkt auch gegen den jeweiligen Eigentümer, nicht nur gegen denjenigen, mit welchem die Vereinbarung geschlossen ist, daher auch bei Veräußerung des Grundstücks. Ist die Veräußerung nach Entstehen der Eigentümergrundschuld erfolgt, dann ist der alte Eigentümer und nunmehrige Inhaber der Fremdgrundschuld zur Löschung und der neue Eigentümer zur Erklärung der Zustimmung nach § 888 verpflichtet. Entsteht die Eigentümergrundschuld erst nach der Veräußerung, so bleibt der bisherige Eigentümer ebenfalls Gegner des Löschungsanspruchs, aber auch hier muß der nunmehrige Inhaber der Eigentümergrundschuld nach § 888 zustimmen. In dieser formellen Zustimmung liegt zugleich die materielle nach § 185.[2] Eine solche Vor-

[1] So Wörbelauer, NJW 1958, 1513, a. M. wohl zu Recht Göhler, NJW 1959, 416.
[2] Vgl. dazu Baur, § 46 IV 1, Westermann, § 108 III 4a.

merkung ist auch zugunsten des jeweiligen Gläubigers der nachstehenden Hypothek möglich.[1]

4. Aufrücken der nachstehenden Gläubiger

Durch solche mittels Vormerkung gesicherten Vereinbarungen wird nun doch das Aufrücken der nachstehenden Hypotheken erreicht, da der Eigentümer gezwungen ist, seine Hypothek löschen zu lassen. Damit sinkt die Eigentümerhypothek aber zu einem bloßen Zwischenstadium herab und verliert für den Eigentümer ihren Wert. Da solche Vereinbarungen häufig sind, hat die Einrichtung der Eigentümerhypothek viel von ihrer praktischen Bedeutung verloren.

5. Erlöschen in der Zwangsversteigerung

Erlischt die Eigentümerhypothek und auch das durch die Löschungsvormerkung begünstigte Recht in der Zwangsversteigerung, so ist der bisherige Eigentümer zur Überlassung des Erlöses an den bisherigen Vormerkungsberechtigten insoweit verpflichtet, als der Erlös diesem zustehen würde, wenn die Löschung der Eigentümerhypothek schon vor dem Zuschlag erfolgt wäre.[2] Im Unterschied zur Löschung kommt hier die Geltendmachung der Löschungsvormerkung den Zwischenberechtigten nicht zugute, d. h. sie nehmen an der Verteilung des Erlöses so teil, wie wenn die Löschungsvormerkung nicht bestanden hätte.[3]

Beispiel: Ein Grundstück ist mit vier Hypotheken zu je DM 50000 belastet. Der Hypothekengläubiger der 1. Hypothek betreibt die Zwangsversteigerung. Zugunsten des Hypothekengläubigers der 4. Hypothek besteht eine Löschungsvormerkung. Hypothekengläubiger Nr. 2 ist vor der Zwangsversteigerung vom Eigentümer befriedigt worden. Der Erlös in der Zwangsversteigerung beträgt DM 120000. Durch den Zuschlag erlöschen in diesem Fall alle dinglichen Belastungen. Die Berechtigten haben ihrem Rang entsprechend Anspruch auf Befriedigung aus dem Erlös.

War die aus der Hypothek Nr. 2 entstandene Eigentümergrundschuld vor dem Zuschlag bereits gelöscht worden, so erhalten Hypothekengläubiger Nr. 1 und 3 je DM 50000 und Hypothekengläubiger Nr. 4 DM 20000. Erlischt die Eigentümergrundschuld aber erst durch den Zuschlag, so sieht die Verteilung folgendermaßen aus: Hypothekengläubiger Nr. 1 erhält DM 50000. Der durch die Vormerkung begünstigte Gläubiger Nr. 4 erhält wie im vorhergehenden Fall DM 20000. Hypothekengläubiger Nr. 3 rückt nicht auf und erhält daher so viel, wie er erhalten hätte, wenn die Löschungsvormerkung nicht bestanden hätte, nämlich DM 20000. DM 30000 entfallen auf den Inhaber der bisherigen Eigentümergrundschuld.[4]

V. Eigentümergrundschuld

Die Eigentümerhypothek kann rechtlich, wenn sie – wie meist – ohne Verbindung mit einer Forderung besteht, nicht als Hypothek angesehen werden, sondern ist eine Grundschuld (vgl. u. § 63), denn diese Form der Grundstücksbelastung ist rechtlich unabhängig von einer Forderung. § 1177 bestimmt demgemäß ausdrücklich die Umwandlung der Hypothek in eine Grundschuld, wenn sich Hypothek und Eigentum

---

[1] Str., wie hier Wolff-Raiser, § 146 Anm. 24.
[2] BGH 25, 383.
[3] BGH 39, 242.
[4] Vgl. zur Wirkung der Löschungsvormerkung in der Zwangsversteigerung Hoche, NJW 1955, 1141, Fischer, NJW 1955, 573.

in einer Person vereinigen; dasselbe muß aber auch für alle anderen Fälle der Eigentümerhypothek gelten.

Nur in dem Ausnahmefall, daß der Eigentümer die Hypothek zusammen mit einer Forderung erwirbt, bleibt die Eigentümerhypothek Hypothek und wird nicht Grundschuld (vgl. oben II). Der Eigentümer kann die Forderungsklage gegen den persönlichen Schuldner erheben. Weitere Bedeutung gewinnt der Fortbestand der Forderung bei Weiterveräußerung des Grundstücks; dann hat der frühere Eigentümer die Hypothek, verbunden mit der ursprünglichen Forderung gegen den Schuldner.

Wenn das Gesetz weiter bestimmt, daß die für die Forderung getroffenen Bestimmungen über Zinssatz, Zahlungszeit, Kündigung usw. bestehen bleiben, so hat dies keine Bedeutung, solange die Hypothek dem Eigentümer verbleibt, denn er hat sich selber nichts zu zahlen und kann sich selber auch nicht kündigen (Ausnahme nur § 1197 II), sondern erst dann, wenn die Eigentümerhypothek an einen anderen weiter übertragen wird, doch werden gewöhnlich in diesem Fall neue Vereinbarungen getroffen.

Bei der Übertragung bieten sich dem Eigentümer zwei Möglichkeiten: Er kann seine Grundschuld als Grundschuld übertragen oder durch rechtliche Verknüpfung mit einer Forderung sie wieder in eine Hypothek zurückverwandeln.[1]

VI. Die rechtliche Konstruktion

Die rechtliche Konstruktion der Eigentümerhypothek ist umstritten. Eine Auffassung sieht in ihr nicht eine Belastung des Grundstücks durch ein beschränktes dingliches Recht, sondern ein Stück unbelasteten Eigentums, eine feste Wertstelle innerhalb des Grundstücks. Nach dieser „Wertparzellentheorie"[2] ist sie ein Recht des Eigentümers auf den in Form einer Kreditbelastung verselbständigten, durch eine bestimmte Geldsumme bezeichneten Wertteil des Grundstücks. Aber die Verteilung des Erlöses in bestimmter Rangordnung bedeutet nicht die Aufteilung des Eigentums in bestimmte Wertparzellen oder Wertabschnitte. Es läßt sich nicht leugnen, daß für jede Hypothek der Gesamtwert des Grundstückes haftet[3] und man kann statt dessen nicht konstruieren, daß nur ein dem Rang entsprechender Wertteil des Grundstücks hafte. Feste Anteile, die ein für allemal der einzelnen Hypothek hafteten, sind nicht vorhanden. Sie rückt bei Fortfall einer vorstehenden Belastung auf. Wäre die Eigentümergrundschuld keine Belastung des Grundstücks, so wäre ihre Begründung noch nicht als Verfügung anzusehen, sondern erst die Abtretung an einen anderen Gläubiger. Der unvoreingenommenen Betrachtung erscheint aber die Abtretung als Übertragung einer schon vorhandenen Belastung des Grundstücks, nicht aber als Neubegründung einer solchen. Daher müssen bereits für die Begründung der Eigentümergrundschuld die Vorschriften über Verfügungen gelten.

Die Eigentümergrundschuld ist gegenüber dem Eigentum unbestreitbar verselbständigt. Dies beweist die Möglichkeit getrennter Verfügung. Der Eigentümer kann die Grundschuld allein abtreten, ohne gleichzeitig das Eigentum am Grundstück zu übertragen und umgekehrt. Bei der Verteilung des Erlöses der Zwangsversteigerung hat er einen bestimmten Anteil am Erlös, aber nicht an der Rangstelle des Eigentums, sondern an der der Grundschuld. Es handelt sich also um ein aus dem Eigentum abgezweigtes, aber verselbständigtes Recht an eigener Sache.[4]

Eine andere Frage ist die, ob es sich um eine Grundschuld oder um ein Recht besonderer Art handelt. Die Zweifel rühren daher, daß dem Eigentümer nicht das Recht zum Betreiben der Zwangsvollstreckung zusteht wie dem normalen Grundschuldgläubiger (§ 1197). Hieraus aber zu schließen, es stehe ihm überhaupt kein Verwertungsrecht zu und es handle sich daher gar nicht um eine wahre Grundschuld, geht zu weit, denn er hat immerhin Anspruch auf einen Anteil am Erlös, der doch nur durch eine Art von Verwertungsrecht begründet werden kann. Es gibt ja auch

---

[1] Vgl. BGH, NJW 1968, 1674.
[2] Vgl. dazu Oberneck, ZHR 60, 548; 71, 566.
[3] Vgl. RG 60, 254.
[4] Vgl. auch Westermann, § 117 III, Wolff-Raiser, § 147 I 3.

sonst Fälle, in denen ein Pfandgläubiger die Vollstreckung nicht selbst betreiben kann. Es erscheint mir daher richtiger, von einer Grundschuld mit eingeschränkten Befugnissen als von einem Recht eigener Art zu sprechen.

Als Eigentümlichkeit läßt sich hervorheben, daß nur objektiv ein dingliches, vom Eigentum getrenntes Recht besteht, dagegen kein subjektives Rechtsverhältnis wegen Identität des Eigentümers und Grundschuldgläubigers.[1]

VII. Rechtsstellung des Eigentümers vor Verwandlung

Da jede Hypothek sich gemäß § 1163 I 2 in eine Eigentümerhypothek verwandeln kann, kann man bereits im Augenblick der Entstehung der Hypothek für den Gläubiger schon von einer künftigen Eigentümerhypothek sprechen. Es ist aber sehr umstritten, ob man in ihr bereits ein künftiges Recht erblicken kann, über welches der Eigentümer bereits verfügen und das verpfändet oder gepfändet werden kann[2], oder ob nur ein anwartschaftsähnliches Recht vorliegt, das noch nicht Gegenstand von Verfügungen und Vollstreckungsmaßnahmen sein kann[3].

§ 60. Die Gesamthypothek

Literatur: Biermann, Die „Einheitlichkeit" der Gesamthypothek, Recht 1905, 265; Lang, Die Gesamthypothek, AcP 89, 251; Marcuse, Die Korrealhypothek im modernen Recht, ZfvglR 13, 220; Predari, Einiges zur Lehre vom Gesamtgrundpfand nach deutschem und schweizerischem Rechte, Gruch. Beitr. 69, 421.

I. Wesen der Gesamthypothek

Für ein und dieselbe Forderung kann eine Hypothek auch an mehreren Grundstücken begründet werden (§ 1132). Dann haftet jedes Grundstück für die ganze Forderung und der Gläubiger kann nach seinem Belieben seine Befriedigung aus jedem der Grundstücke zu einem beliebigen Teil, aber auch zum vollen Betrag suchen (§ 1132 I 2). Er kann aber die Forderungssumme insgesamt nur einmal beanspruchen; daher verliert er, wenn er einmal voll befriedigt ist, mit seiner Forderung auch die Hypothek an allen Grundstücken.

Diese Gesamthypothek stellt ein dingliches Seitenstück zu der schuldrechtlichen Gesamtschuld dar und wird als solches leichter verständlich. Wie dort der Gläubiger sich an jeden der Gesamtschuldner zum vollen Betrag halten kann, so hier an jedes der belasteten Grundstücke. Wie der Gläubiger, wenn er einmal voll befriedigt ist, die Forderung gegen alle Gesamtschuldner verliert, so hier im selben Fall die Hypothek an allen Grundstücken (§ 1181 II). Auch die rechtliche Bedeutung ist ähnlich. Wie die Gesamtschuld gegenüber der geteilten Schuld stellt auch die Gesamthypothek gegenüber einer verteilten Hypothek (auf jedem einzelnen Grundstück besteht eine selbständige Hypothek für einen Teilbetrag der Forderung) eine erhöhte Sicherung des Gläubigers dar. Haften dem Gläubiger z. B. drei Schuldner auf je 1000 DM, so kann er den Ausfall, den er bei einem erleidet, nicht durch eine erhöhte Zahlung des anderen wettmachen. Haften alle drei als Gesamtschuldner auf 3000 DM, so kann er, wenn der eine versagt, den anderen mit dem vollen ungedeckt gebliebenen Betrag in Anspruch nehmen und erst, wenn er bei

[1] Vgl. hierzu O. v. Gierke, Deutsches Privatrecht II, § 166 II.
[2] Frühere Auffassung des Reichsgerichts, vgl. z. B. RG 56, 14.
[3] Diese Auffassung wird u. a. von Wolff-Raiser, § 146 III 1 c, den meisten Kommentaren und RG 145, 343 vertreten.

allen dreien einen Ausfall erleidet, ist dieser endgültig. Entsprechend kann der Gläubiger, der mit der selbständigen Hypothek für eine Teilforderung bei der Vollstreckung in das eine Grundstück ausfällt, den Ausfall bei der Vollstreckung in das andere Grundstück nicht wettmachen, weil dieses ja nur für die andere Teilforderung haftet. Bei der Gesamthypothek dagegen kann er, wenn er bei der Vollstreckung in ein Grundstück ausfällt, den Betrag in voller Höhe aus dem anderen Grundstück herauszuholen versuchen.

Die Gesamthypothek muß ein und demselben Gläubiger zustehen und kann nur einheitlich übertragen werden. Die Eigentümer der Grundstücke können verschiedene sein; doch ist dies zumindest bei Begründung der Gesamthypothek äußerst selten der Fall.

Die Gesamthypothek muß an allen Grundstücken gleichartig sein, also an allen Verkehrshypothek oder an allen Sicherungshypothek, an allen Brief- oder an allen Buchhypothek.

Streitig ist, ob die Gesamthypothek als einheitliches Recht an den mehreren Grundstücken anzusehen ist oder als bloße Zusammenfassung mehrerer Rechte, von denen jedes an einem der Grundstücke besteht. Der Einheitstheorie gebührt der Vorzug.

Der Gläubiger kann die Gesamthypothek in Teilhypotheken für Teilforderungen auflösen (§ 1132 II). Die Durchführung erfolgt gem. § 875 ohne Zustimmung des Eigentümers, da § 877 nur für Löschungen gilt.

Die Eintragung der Gesamthypothek muß auf allen Grundstücken erfolgen; dasselbe gilt auch für ihre Übertragung. Nur auf diesem Wege läßt sich der Unrichtigkeit des Grundbuchs vorbeugen.

II. Wirtschaftliche Bedeutung

Die wirtschaftliche Bedeutung der Gesamthypothek liegt in der besseren Beleihbarkeit des Parzellenbesitzes, während diese Art Hypothek für größere Grundstücke nicht in Betracht kommt. Ist z. B. jemand Eigentümer von fünf Parzellen im Werte von je 5000 DM und braucht einen Kredit von 10000 DM, so bekommt er leichter eine Gesamthypothek von 10000 DM auf seine fünf Grundstücke als fünf einzelne Hypotheken zu je 2000 DM auf die einzelnen Grundstücke. Die Einrichtung der Gesamthypothek erleichtert daher dem Eigentümer mehrerer kleiner Grundstücke den Kredit. Auf der anderen Seite macht die einmal aufgenommene Gesamthypothek dem Eigentümer einen weiteren Kredit fast unmöglich. Denn jedes einzelne Grundstück ist ja durch die Gesamthypothek, für deren vollen Betrag es haftet, übermäßig stark belastet (im obigen Beispiel jedes Grundstück im Wert von 5000 DM mit 10000 DM!). Daher stellt eine nachstehende Einzelhypothek an einem der Grundstücke keine Sicherung mehr dar. Weitere Belastungen sind höchstens wiederum als Gesamthypotheken sinnvoll.

Eine Gesamthypothek entsteht auch bei Teilung eines Grundstücks in mehrere selbständige Grundstücke, auf denen nun die Hypothek als Gesamthypothek lastet; denn eine Aufteilung der Hypothek in Teilhypotheken auf den einzelnen Grundstücken würde eine untragbare Minderung der Sicherheit des Gläubigers bedeuten (vgl. o. I).

Eine Zwangshypothek kann nicht als Gesamthypothek begründet werden (ZPO § 867 II). In formeller Beziehung ist vorgeschrieben, daß im Fall der Briefhypothek nur ein Brief über die Gesamthypothek erteilt wird.

III. Mehrheit von Eigentümern

Komplikationen entstehen, falls die Grundstücke verschiedenen Eigentümern gehören. Dies kann von vornherein der Fall sein (was selten ist) oder nachträglich eintreten, wenn eines der mehreren belasteten Grundstücke veräußert wird.

1. Schwierigkeiten erwachsen besonders in dem Fall, daß eine Eigentümerhypothek entsteht. Ist nur ein Eigentümer für sämtliche Grundstücke vorhanden, so erwirbt er in einfacher Anwendung des § 1163 die Gesamthypothek als Eigentümerhypothek an sämtlichen Grundstücken. Die mehreren Eigentümer dagegen erwerben nicht etwa an ihren einzelnen Grundstücken Einzelhypotheken, sondern zusammen die Gesamthypothek als eine ihnen gemeinschaftlich zustehende Eigentümerhypothek an sämtlichen Grundstücken (§ 1172 I). Dieser Zustand ist aber wirtschaftlich unpraktisch. Streitig ist, ob unter den Eigentümern eine Gemeinschaft zur gesamten Hand besteht, so daß sie nur zusammen über die Gesamthypothek und den Anteil des einzelnen verfügen können, oder eine Bruchteilsgemeinschaft. Der letzteren Meinung ist zuzustimmen, weil ein gesamthandartiges Verhältnis zwischen den Eigentümern fehlt.[1]

Deshalb gibt § 1172 II jedem der Eigentümer das Recht, eine Auseinandersetzung in der Richtung herbeizuführen, daß die Hypothek an seinem Grundstück zu einer Teilhypothek umgewandelt und ihm allein zugeteilt wird. Abweichende Vereinbarungen der Eigentümer untereinander sind zulässig. Die Teilung erfolgt gem. §§ 875, 876 (und erfordert die Löschung der auf den einzelnen Grundstücken eingetragenen Gesamtbelastung und der Beträge, die über die neue Einzelhypothek hinausgehen).

Die Zuteilung der neuen Einzelhypotheken erfolgt nach Feststellung des Gesamtwertes der belasteten Grundstücke und des Wertes der einzelnen Grundstücke im Verhältnis dieser beiden Werte zueinander. Beträgt z. B. der Gesamtwert aller Grundstücke 50000 DM, der Wert eines einzelnen Grundstücks 10000 DM, die Gesamthypothek 20000 DM, so wird diesem Grundstück eine Teilhypothek von $^1/_5$ der Gesamthypothek, also von 4000 DM zugeteilt (§ 1172).

Diese Regelung gilt nur, wenn die Gesamthypothek an 1. Stelle steht. Gehen ihr andere Belastungen (auf allen oder auf einzelnen Grundstücken) vor, so wird der Gesamtwert und der Wert der einzelnen Grundstücke unter Abzug der vorhergehenden Belastungen berechnet, weil nur dieser geringere Wert die wahre Sicherheit für die Hypothek darstellt. Gehen z. B. der Gesamthypothek von 20000 DM Belastungen von 10000 DM vor, davon auf dem einzelnen Grundstück 5000 DM, so ist das Wertverhältnis, welches der Zuteilung der Einzelhypotheken zugrunde gelegt wird, 40000:5000, d. h. dem einzelnen Grundstück wird eine Teilhypothek von $^1/_8$ von 20000 DM = 2500 DM zugeteilt.

2. Vorausgesetzt bei dieser Regelung des § 1172 ist, daß die Befriedigung durch alle Eigentümer gemeinschaftlich erfolgt. Eine andere Regelung muß Platz greifen, wenn die Befriedigung des Gläubigers durch nur einen der mehreren Eigentümer geschieht (§ 1173). Dieser Eigentümer erwirbt nicht die Gesamthypothek an allen Grundstücken, sondern nur an seinem Grundstück, während die Hypothek an den übrigen Grundstücken erlischt, und zwar kraft Gesetzes, also ohne Löschung im Grundbuch.

Auch diese Regelung tritt aber praktisch nicht oft ein. Denn in der Regel hat der einzelne Eigentümer, wenn er allein den Gläubiger befriedigt, einen Ersatzanspruch gegen die anderen Eigentümer oder wenigstens gegen einen von ihnen. In diesem Fall aber geht in Höhe dieses Anspruchs die Hypothek an den Grundstücken der ersatzpflichtigen Eigentümer auf ihn über und bildet zusammen mit seiner Eigentümerhypothek am eigenen Grundstück eine neue Gesamthypothek (§ 1173 II, vgl. auch § 1182).

Der Ersatzanspruch ergibt sich meist aus der Vereinbarung der Eigentümer untereinander. Denn wenn verschiedene Eigentümer von vornherein ihre Grundstücke gemeinschaftlich mit einer Gesamthypothek belasten, so werden sie darüber Vereinbarungen treffen, in welcher Höhe sie im Innenverhältnis die Schuld und damit auch die hypothekarische Belastung tragen wollen. Oft werden sie auch Gesamtschuldner

---

[1] So Baur, § 43 II 2a, Westermann, § 109 V 2, a. M. Wolff-Raiser, § 148 VII 1b.

der einheitlichen Forderung des Gläubigers sein, womit sich der Ersatzanspruch schon aus § 426 ergibt. Veräußert der Eigentümer der mit der Gesamthypothek belasteten Grundstücke eines derselben, so wird er mit dem Erwerber im Kaufvertrag regeln, wie die Verteilung der Schuld und Belastung im Innenverhältnis erfolgt. Daher ist § 1173 II die Regel, I die Ausnahme.

3. Schließlich gestaltet sich auch der Fall kompliziert, daß der persönliche Schuldner nicht mit dem Eigentümer identisch ist und den Gläubiger befriedigt (§ 1174).

Hat er einen vollen Ersatzanspruch in Höhe der Gesamthypothek gegen alle Eigentümer, so bleibt es bei der entsprechenden Anwendung des § 1164, er erwirbt die Gesamthypothek an allen Grundstücken. Hat er dagegen einen vollen Ersatzanspruch nur gegen einen Eigentümer (oder einzelne von ihnen), so geht die Hypothek auf ihn nur insoweit über, als sie an den Grundstücken des ersatzpflichtigen Eigentümers besteht, und zwar als Einzelhypothek; an den Grundstücken der nicht ersatzpflichtigen Eigentümer erlischt sie dagegen, so daß es hier nicht zu einer Eigentümerhypothek wie nach § 1163 kommt (§ 1174).

Hat der Schuldner nur einen Teilersatzanspruch gegen alle Eigentümer, so geht die Hypothek nur in der Höhe seines Anspruches auf ihn über, während der Rest gemeinschaftliche Gesamthypothek für die Eigentümer nach § 1172 wird. Richtet sich der Teilersatzanspruch nur gegen einige der Eigentümer, so geht die Hypothek nur an den Grundstücken dieser Eigentümer auf ihn über, hinsichtlich des Restbetrags wird sie an allen Grundstücken Eigentümergesamthypothek.

Beispiel für die vier behandelten Fälle: Der Hypothekengläubiger G. hat eine Gesamthypothek an den Grundstücken des A. und B. für eine Forderung in Höhe von 100000 DM gegen S. S. zahlt seine Schuld.

Fall 1: Hat er einen Ersatzanspruch gegen A. und B. in voller Höhe, erwirbt er eine Gesamthypothek an den Grundstücken; § 1164 I 1.

Fall 2: Steht ihm ein Ersatzanspruch nur gegen A. zu, so erwirbt er eine Einzelhypothek am Grundstück des A., am Grundstück des B. erlischt die Hypothek; § 1174 I.

Fall 3: Hat S. einen Ersatzanspruch gegen A. und B. nur in Höhe von 50000 DM, so entsteht für ihn eine Gesamthypothek an den Grundstücken des A. und B. in dieser Höhe; A. und B. erwerben eine Eigentümergesamthypothek in Höhe der restlichen 50000 DM; §§ 1163, 1164, 1172.

Fall 4: Hat S. einen Ersatzanspruch nur gegen A. auf 50000 DM, so erwirbt er eine Hypothek am Grundstück des A. in dieser Höhe, die Hypothek auf dem Grundstück des B. erlischt in gleicher Höhe. Für A und B.. entsteht eine Eigentümergesamthypothek in Höhe der restlichen 50000 DM an ihren Grundstücken (§§ 1163, 1164, 1172, 1174 I).

4. Der Verzicht des Gläubigers auf die Gesamthypothek bewirkt ihren Übergang auf die Eigentümer als gemeinschaftliches Recht. Auch hier kann eine Zerteilung der Hypothek nach § 1172 II erfolgen.

Verzichtet der Gläubiger nur auf die Hypothek an einem Grundstück, so erlischt sie nur an diesem und bleibt im übrigen bestehen (§ 1175 I 2 in Abweichung von § 1168.)[1]

§ 61. Die Sicherungshypothek

Literatur: Nicklisch, Wesen und Wirkung der Arresthypothek, AcP 169, 124; Quandt, Die schlichte Sicherungshypothek, 1904; Schanz, Die Zwangshypothek des deutschen Rechts in ihrer geschichtlichen Entwicklung und Verbreitung, 1933.

I. Unterschiede zur Verkehrshypothek

Eine besondere Art von Hypothek ist die Sicherungshypothek. Der Hauptunterschied von der normalen Verkehrshypothek liegt darin, daß

---

[1] Vgl. BGH, NJW 1969, 1426 mit Anm. von Wacke, NJW 1969, 1850.

sie streng akzessorisch, d. h. in Entstehung und Bestand völlig abhängig von der zugrunde liegenden Forderung ist. Hieraus ergeben sich wichtige Folgen:

1. Strenge Akzessorietät

Das dingliche Recht des Hypothekengläubigers als solchen gegen den Eigentümer bestimmt sich ausschließlich nach der Forderung. Hypothekengläubiger kann nur der sein, der auch Forderungsgläubiger ist. Die Ausnahme des § 1138, wonach jemand die Hypothek allein erwirbt, obwohl keine Forderung vorhanden ist und daher keine auf ihn übergeht, kann hier nicht Platz greifen (§ 1185 II). Alle Einwendungen gegen die Forderung wirken auch gegen das dingliche Recht. Auch sie können nicht nach § 1138 ausgeschaltet werden.

2. Keine Vermutung für das Bestehen der Forderung

Der Gläubiger kann sich zum Beweis der Forderung nicht auf die Eintragung im Grundbuch berufen. Mit der Forderung entsteht die Hypothek und mit ihrem Erlöschen geht sie dem Gläubiger verloren. Damit ist § 891 ausgeschaltet, der Gläubiger, dem seine Hypothek bestritten wird, muß die Forderung nachweisen.

3. Kein öffentlicher Glaube hinsichtlich der Forderung

Daraus ergibt sich, daß der öffentliche Glaube des Grundbuchs dem Erwerber einer Sicherungshypothek nicht zur Seite steht. Man kann sich bei der Sicherungshypothek nicht auf die Eintragung im Grundbuch verlassen. Besteht die Forderung nicht, so steht die Hypothek dem Gläubiger nicht zu und ein gutgläubiger Erwerb derselben ist ausgeschlossen.

Nur soweit gilt auch hier der öffentliche Glaube (und ist daher ein gutgläubiger Erwerb möglich), als er den dinglichen Entstehungsakt, also die Wirksamkeit der Einigung betrifft.

Beispiel: A. ist als Hypothekengläubiger eingetragen, die Forderung aber nicht entstanden oder erloschen: Gutgläubiger Erwerb der Hypothek ist ausgeschlossen. A. ist Forderungsgläubiger und eingetragen, aber nicht Hypothekengläubiger, weil die Einigung nichtig ist: Gutgläubiger Erwerb der Hypothek ist möglich.

4. Geltung der Abtretungsvorschriften

Da § 1156 durch § 1185 II wegen der strengen Akzessorietät der Sicherungshypothek ausgeschlossen wird, gelten bei Übertragung von Hypothek und Forderung für das Rechtsverhältnis zwischen dem Schuldner und dem neuen Gläubiger die Regeln, die für die Abtretung gelten (§§ 406–408). Insbesondere muß der neue Gläubiger eine in Unkenntnis der Abtretung noch an den alten Gläubiger erfolgte Leistung des Schuldners gegen sich gelten lassen (§ 407). Der Gläubiger der Sicherungshypothek steht also bei ihrer Übertragung nicht anders da als der Forderungsgläubiger einer ohne Hypothek bestehenden Forderung.

5. Bezeichnung im Grundbuch

Die Sicherungshypothek muß im Grundbuch als solche bezeichnet werden (§ 1184 II). Denn der Erwerber muß wissen, daß er sich auf den guten Glauben an das Grundbuch nicht verlassen kann, und darf hierüber nicht in Unkenntnis gelassen werden. Fehlt die Bezeichnung im

Grundbuch, so ist die Hypothek eine Verkehrshypothek. Die Bezeichnung im Grundbuch ist auch dann maßgebend, wenn sich die Einigung der Parteien auf eine Verkehrshypothek richtete.[1]

6. Buchhypothek

Die Sicherungshypothek ist immer Buchhypothek (§ 1185 I), weil sie nicht auf mehrfache Übertragung abgestellt ist. Die Erteilung des Briefes braucht nicht ausdrücklich ausgeschlossen zu werden, da der Ausschluß bei der Sicherungshypothek sich ohne weiteres ergibt.

7. Kündigung und Umwandlung

Die Kündigung kann vom Gläubiger nur gegenüber dem persönlichen Schuldner oder umgekehrt erfolgen. § 1141 ist durch § 1185 II wegen der strengen Akzessorietät der Sicherungshypothek ausgeschlossen.

Die Umwandlung einer Sicherungshypothek in eine gewöhnliche Verkehrshypothek oder umgekehrt ist jederzeit möglich (§ 1186). Doch liegt hierin eine Inhaltsänderung, so daß § 877 Anwendung findet. Es ist daher eine Einigung zwischen Eigentümer und Gläubiger und die Eintragung im Grundbuch erforderlich.

II. Die Bedeutung der Sicherungshypothek

Die praktische Bedeutung der Sicherungshypothek liegt auf einem anderen Gebiet als diejenige der Verkehrshypothek. Ihre enge Verbindung mit der Forderung und der Ausschluß des öffentlichen Glaubens des Grundbuchs erschweren ihre Übertragung und lassen sie auch deshalb als ungeeignet für längere Kreditverhältnisse erscheinen. Sie dient daher nicht dem langfristigen Kredit, einer Kapitalanlage auf lange Sicht, sondern der bloßen Sicherung von Forderungen, an deren Erfüllung innerhalb kurzer Frist beide Teile denken.

Dementsprechend ist sie die vorgeschriebene Form für die Hypothek der Bauhandwerker nach § 648, die auf Grund ihrer gesetzlichen Ansprüche gegen den Besteller (beim Werkvertrag) einzutragen ist, für die Zwangshypothek, die als Vollstreckungsmaßnahme auf ein Grundstück gelegt wird (ZPO § 866), für die Arresthypothek (ZPO § 932), sowie die Mündelhypothek (FGG § 54), schließlich für die gesetzlichen Hypotheken nach § 1287 (vgl. u. § 71 V) und ZPO § 848 II. In allen diesen Fällen soll die hypothekarische Belastung einen Druck auf baldige Bezahlung der Forderung ausüben, aber nicht die Grundlage für einen langfristigen Kredit bilden, den der Gläubiger gar nicht im Auge hat.

Ferner kommt die Sicherungshypothek dann vor, wenn die persönliche Verbindung mit dem Kreditgeber bleiben soll, daher bei Familienangehörigen, Freundschaftsdarlehen usw.

III. Sicherungshypothek für Inhaberschuldverschreibungen und Wechsel

Eine Sicherungshypothek kann auch bestellt werden für Forderungen aus Schuldverschreibungen auf den Inhaber, aus Wechseln oder anderen durch Indossament übertragbaren Papieren (vgl. HGB § 363), § 1187. Für diese Forderungen ist die Sicherungshypothek die einzig zulässige Form der hypothekarischen Sicherung; daher gilt sie auch ohne Bezeichnung im Grundbuch als Sicherungshypothek (§ 1187 Satz 2). Diese Form der Hypothek bedeutet, soweit die Forderung dem Inhaber zusteht, zugleich die Zulässigkeit einer Inhaberhypothek.

---

[1] RGZ 123, 169.

Praktische Bedeutung hat diese Art Hypothek, wenn eine Anleihe hypothekarisch gesichert werden soll, deren einzelne Teile Schuldverschreibungen auf den Inhaber sind. Wird für solche Teil-Schuldverschreibungen eine Hypothek begründet, so genügt für ihre Eintragung die Angabe des Gesamtbetrages der Hypothek nebst Bestimmungen über Anzahl und Betrag der Teile (GBO § 50 I). Streitig ist dann, ob so viele Einzelhypotheken entstehen als Teil-Schuldverschreibungen ausgegeben sind oder nur eine einheitliche Hypothek zum Gesamtbetrag anzunehmen ist. Der ersten wohl herrschenden Meinung ist mindestens für den Fall beizupflichten, daß aus dem Grundbuch ersichtlich ist, für welche Teilschuldverschreibungen das Grundstück haftet.

Die Begründung der Hypothek für eine Forderung aus einer Inhaberschuldverschreibung erfordert keine Einigung mit dem Gläubiger, der ja bei Inhaberpapieren unbestimmt ist, sondern es genügt die Erklärung des Eigentümers gegenüber dem Grundbuchamt und die Eintragung (§ 1188).

Aus der Besonderheit der die Forderung verkörpernden Papiere folgt, daß hier die Übertragung der Hypothek ohne Eintragung im Grundbuch geschieht und einfach an den Übergang der Forderung geknüpft ist, die mit Übergabe des Inhaberpapiers bzw. mit dem Indossament eintritt (§ 1187 Satz 2, durch Ausschluß von § 1154 III).

Da häufig die Hypothek für eine größere Zahl von Gläubigern bestellt wird, z. B. bei einer Anleihe, ist es praktisch, für die Gläubiger einen Vertreter, meist Treuhänder genannt, zu bestellen und ihm die Geltendmachung der Hypothek sowie Verfügungen über sie mit Wirkung für die jetzigen und späteren Gläubiger zu übertragen (§ 1189). Welche Befugnisse dieser Vertreter im einzelnen hat, bestimmt nicht das Gesetz, sondern die privatrechtliche Einsetzung des Vertreters. In Frage kommen z. B. die Kündigung der Hypothek, die Rangänderung. Eine Vertretungsmacht zur Annahme von Zahlungen ist in der Regel nicht anzunehmen, da der Schuldner nur gegen Aushändigung der betreffenden Urkunden zu leisten verpflichtet ist (vgl. § 797, HGB § 364, WG Art. 39), der Vertreter diese aber nicht besitzt. Die Bestellung erfolgt durch den Eigentümer bei Errichtung der Hypothek oder Ausgabe der Schuldverschreibungen (a. M. E. Wolf, S. 346), später nur mit Zustimmung aller Gläubiger und erfordert die Eintragungen im Grundbuch.

Daneben kann durch die Versammlung der Gläubiger ein besonderer Vertreter für diese bestellt werden, um insbesondere den vom Eigentümer ernannten Treuhänder zu kontrollieren (Gesetz vom 4. 12. 1899 RGBl. S. 691 über die gemeinsamen Rechte der Besitzer von Schuldverschreibungen und Gesetz vom 14. 5. 1914 RGBl. S. 121, § 14 mit Änderung vom 24. 9. 1932 und vom 20. 7. 1933).

§ 62. Die Höchstbetragshypothek

Literatur: Beck, Die Maximaleigentümerhypothek, 1920; Bourier, Die verdeckte Höchstbetragshypothek, in Festschrift für Oberneck, 1930, S. 87; v. Brunn, Die Zwangsvollstreckung in die bei der Höchstbetragshypothek auftretende Grundschuld des Eigentümers, Jher. Jahrb. 85, 77; Reinhard, Die Höchstbetragshypothek in der Zwangsversteigerung, Recht 1918, 218.

I. Wesen und Bedeutung

Möglich ist die Bestellung einer Hypothek in der Weise, daß nicht derjeweilige Betrag der Forderung bestimmt ist, sondern nur der Höchstbetrag, bis zu welchem das Grundstück haften soll, während die Feststellung des jeweiligen wirklichen Betrags der Forderung vorbehalten bleibt (§ 1190). Diese Art von Hypothek führt den Namen Höchstbetrags- oder Maximalhypothek.

Sie hat Sinn und praktische Bedeutung für Forderungen aus länger dauernden Schuldverhältnissen, bei denen im Lauf der Zeit die Höhe der Forderung schwankt, so besonders für Banken aus ihren Forderungen, die durch ein Kontokorrent-Verhältnis zu ihren Kunden entstehen, ferner für Brauereien für ihre Forderungen gegen Gastwirte als ihre Abnehmer, für Fabrikanten bei dauernden langfristigen Warenlieferungsverträgen. Da in diesen Fällen mit einem häufigen Wechsel in der Höhe der Forderungen zu rechnen ist, hätte es wenig Sinn, die Hypothek auf eine bestimmte Höhe festzulegen, die doch regelmäßig mit dem Forderungsbetrag und daher der wirklichen Höhe der Hypothek nicht übereinstimmen würde.

Diese Art von Hypothek wird neuerdings durch die Grundschuld verdrängt. Diese ist in der Höhe von dem wechselnden Forderungsbetrag unabhängig – vgl. u. § 63 I – und gestattet die Unterwerfung unter die sofortige Zwangsvollstreckung (d. h. ohne vorherigen Prozeß und Urteil), was bei der Höchstbetragshypothek ausgeschlossen ist. Auch trägt hier der Eigentümer die Beweislast für das Nichtbestehen der Forderung und damit für die Bereicherung des Gläubigers. Höchstbetragshypothek kraft gesetzlicher Bestimmung ist die Arresthypothek, ZPO § 932 I.

Darin, daß der Forderungsbetrag nicht im Grundbuch eingetragen wird, liegt eine Abweichung von § 1115, aber als Ersatz muß der Höchstbetrag im Grundbuch eingetragen werden (§ 1190 I 2). Eine solche Hypothek ist nur als Sicherungshypothek möglich – denn wenn die Höhe der Forderung aus dem Grundbuch nicht ersichtlich ist, kann es auch keinen gutgläubigen Erwerb nach dem Grundbuch geben – und ist daher eine solche, auch ohne daß sie im Grundbuch als Sicherungshypothek bezeichnet ist (§ 1190 III).

II. Verhältnis von Fremd- und Eigentümerhypothek

Durch die wechselnde Höhe der Forderung ist bei dieser Hypothek die Regel, daß zumindest zeitweise der Höchstbetrag durch die wirkliche Höhe der Forderung nicht erreicht wird. Soweit nun die Forderung hinter ihm zurückbleibt, muß die Hypothek nach § 1163 I 1 dem Eigentümer zustehen, so daß in der Regel nebeneinander Gläubiger- und Eigentümerhypothek (Eigentümergrundschuld) bestehen. Die Belastung insgesamt ist also immer die gleiche, nur die Verteilung auf die beiden Posten schwankt.

Aus dieser Situation ergibt sich ein Streit der Auffassungen über die Höchstbetragshypothek. Nach der herrschenden Meinung, der beizupflichten ist, steht die Hypothek von vornherein dem Eigentümer zu, geht auf den Gläubiger dann und soweit über, als die Forderung entsteht, und bleibt im übrigen Eigentümerhypothek. Diese vorläufige Eigentümerhypothek ist für den Eigentümer durch die Entstehung der Forderung auflösend bedingt und wird zur entgültigen erst, wenn die Forderung in der vorbehaltenen Weise festgestellt wird oder das Rechtsverhältnis endet, aus dem die hypothekarisch gesicherten Forderungen entspringen sollen. Diese Auffassung ist notwendig, sobald man § 1163 I 1 auf die Fälle erstreckt, in denen die Forderung noch nicht entstanden ist, aber entstehen kann (vgl. o. § 59 I A). Einen Berichtigungsanspruch hat der Eigentümer nicht, solange seine Grundschuld nur eine vorläufige ist (vgl. o. § 59 I A).

---

[1] Vgl. Wolff-Raiser, § 153 III.

Sollte das Grundstück zur Zwangsversteigerung kommen, ehe die Forderung überhaupt entstanden ist, so kann der Betrag, der aus dem Erlös auf die Hypothek entfällt, nicht dem Gläubiger zufallen, der ja keine Forderung hat, sondern nur dem Eigentümer. Dies beweist, daß die Hypothek vor Entstehung der Forderung auch hier dem Eigentümer zusteht. Damit ist die abweichende Auffassung widerlegt, daß die Hypothek von vornherein dem Gläubiger zusteht und Eigentümerhypothek erst mit der Feststellung wird, daß und in welcher Höhe Forderungen des Gläubigers nicht entstanden sind oder nicht mehr entstehen können.

Die Höchstbetragshypothek wird in der Regel für Forderungen aus einem bestimmten Rechtsverhältnis begründet, doch ist es auch zulässig, sie allgemein für alle Forderungen zu begründen, die dem Gläubiger gegen den Eigentümer oder einen bestimmten persönlichen Schuldner zustehen und zustehen werden.

III. Übertragung

Die Übertragung der Hypothek erfolgt wie regelmäßig zusammen mit der Forderung.

Ist vereinbart, daß nur ein festgestelltes Schlußguthaben hypothekarisch gesichert sein soll, nicht die einzelne vorher entstandene Forderung, so ist die Übertragung einer solchen mit der Hypothek zusammen ausgeschlossen. In diesem Falle kann jedoch die einzelne Forderung ohne die Hypothek übertragen werden, sie scheidet dann aus der hypothekarischen Sicherung aus, die Hypothek bleibt für die übrigen Forderungen bestehen (§ 1190 IV). Eine Übertragung der Hypothek ohne Forderung ist auch hier ausgeschlossen. Ein Wechsel der gesicherten Forderung nach § 1180 ist möglich.

IV. Endgültiger Haftungsumfang

Die endgültige Bestimmung des Umfangs der Haftung tritt erst ein mit Beendigung des zugrunde liegenden Rechtsverhältnisses, z. B. des Kontokorrentverhältnisses, da sich erst dann feststellen läßt, wie hoch endgültig die Forderung des Gläubigers ist, oder mit einer vereinbarten Schlußabrechnung. Steht dann fest, daß die Forderung nicht den Höchstbetrag erreicht, erlangt der Eigentümer eine endgültige Eigentümergrundschuld.

Die Höchstbetragshypothek kann jederzeit in eine Hypothek mit bestimmtem Betrag umgewandelt werden (vgl. § 1186), womit zugleich in der Regel die Feststellung des endgültigen Forderungsbetrages verbunden sein wird.

§ 63. Die Grundschuld

Literatur: Dempewolf, Der Rückübertragungsanspruch bei Sicherungsgrundschulden, 1958; ders., Welchen Rang hat der nicht valutierende Teil einer Sicherungsgrundschuld, NJW 1959, 2148; ders., Die Pfändung eines Anspruchs auf Rückgabe einer Sicherungsgrundschuld, NJW 1959, 556; ders., Der Rückübertragungsanspruch bei Sicherungsgrundschulden als Kreditsicherungsmittel, NJW 1957, 1257; Felgentraeger, Hypothek und Grundschuld, in Festschrift für Jul. v. Gierke, 1950, S. 140; R. Friedrich, Die Eintragungsfähigkeit der bei Bestellung einer Grundschuld vereinbarten Sicherungsabrede, NJW 1968, 1655; Henseler, Abtretung vorrangiger Grundschulden, AcP 166, 409; Hoche, Die Wirkung der Löschungsvorvormerkung, NJW 1959, 413; Huber, Die Sicherungsgrundschuld, 1965; Klee, Eigentümergrundschuld oder Fremdgrundschuld, NJW 1951, 579; Kommans, Die Sicherungsgrundschuld, 1939; Kowalski, Die Grundschuld im modernen Grundbuchverkehr, 2. Aufl., 1939; Küchler, Die Sicherungsgrundschuld 1939; Lopau, Die Rechtsstellung des Schuldners bei der Kreditsicherung durch Grundschuldner, NJW 1972, 2253; v. Lübtow, Das Grundpfandrecht am Vorbehaltseigentum, JuS

1963, 171/175f.; Matschl, Die persönliche Forderung bei Befriedigung des Gläubigers einer Sicherungsgrundschuld durch den Eigentümer, NJW 1962, 2132; Polzin, Die praktische Anwendung der Grundschuld, AcP 134, 219; Räbel, Rechtsfragen zur Kreditsicherungsgrundschuld, NJW 1953, 1247; Reithmann, Die Grundschuld in Recht und Praxis, NJW 1973, 879; Ripfel, Die Eigentümeransprüche gegen den Grundschuldgläubiger und ihre Sicherung, DNotZ 1957, 518; Scholz, Der sicherungsrechtliche Rückgewährungsanspruch als Mittel der Kreditsicherung, Festschrift für Möhring, 1965, S. 419; Seckelmann, Die Grundschuld als Sicherungsmittel, 1963; Serick, Eigentumsvorbehalt und Sicherungsübereignung, Bd. II, 1966, § 28; Thieme, Sicherungsgrundschuld und Eigentümergrundschuld, JR 1953, 89; Weber, Der Rückübertragungsanspruch bei der nicht-valutierten Sicherungsgrundschuld, AcP 169, 237; Wörbelauer, Die verhinderte Eigentümergrundschuld, NJW 1958, 1705.

I. Wesen und Bedeutung

In der Gegenwart gewinnt die Grundschuld auf Kosten der Hypothek immer mehr an Bedeutung. Sie unterscheidet sich von der Hypothek dadurch, daß bei ihr die rechtliche Verbindung mit einer Forderung fehlt. Sie ist eine abstrakte Grundstücksbelastung, rechtlich losgelöst von ihrer wirtschaftlichen Grundlage und ihrem wirtschaftlichen Zweck. Im Rechtssinn stellt sie daher kein Pfandrecht dar,[1] wenn sie auch gewöhnlich demselben Zweck dient.

Der Unterschied ergibt sich aus dem Vergleich der beiden gesetzlichen Definitionen in den §§ 1113 und 1191. Denn § 1191 wiederholt wörtlich die Begriffsbestimmung, die § 1113 für die Hypothek gibt, mit der charakteristischen Auslassung der Worte „zur Befriedigung wegen einer ihm zustehenden Forderung".

Wirtschaftlich ist auch die Grundschuld zur Sicherung von meist langfristigen Kapitalforderungen bestimmt; niemand belastet sein Grundstück für einen anderen ohne wirtschaftliche Grundlage. Man spricht in diesen Fällen von der Sicherungsgrundschuld. Aber das rechtliche Band zwischen Forderung und dinglichem Recht ist hier durch die Abstraktheit des letzteren durchschnitten. Wie alle abstrakten Rechte – z. B. aus Wechsel, abstraktem Schuldversprechen – bietet auch die Grundschuld dem Gläubiger Vorteile, insbesondere die Abschneidung aller Einwendungen aus dem Schuldverhältnis, und ist daher mit gewissen Gefahren für den Eigentümer verbunden. Die Grundschuld entsteht – und nicht etwa eine Eigentümergrundschuld nach § 1163 I – ohne Rücksicht darauf, ob auch die Forderung entsteht, zu deren Sicherung sie wirtschaftlich bestimmt ist. Sie verbleibt zunächst dem Gläubiger, auch wenn die Forderung erlischt, entgegen § 1163 I 2. Der wirtschaftliche Zusammenhang mit der Forderung wirkt sich aber immerhin auf schuldrechtlichem Gebiet aus (vgl. u. II 5).

II. Die rechtliche Regelung

Auf die Grundschuld finden alle Vorschriften über die Hypothek Anwendung mit Ausnahme derjenigen, welche die rechtliche Verbindung mit einer zugrunde liegenden Forderung voraussetzen (§ 1192).

1. Die Bestellung (Begründung) der Grundschuld

Die Grundschuld kann wie die Hypothek als Brief- oder als Buchgrundschuld begründet werden. Abweichend von der Hypothek kann

[1] A. M. v. Lübtow, JuS 1963, 176.

sie von vornherein für den Eigentümer bestellt werden (§ 1196, vgl. u. 8). Eine Parallele zur Sicherungshypothek ist mangels der rechtlichen Verbindung mit einer Forderung folgerichtig ausgeschlossen.

Bei fehlender oder nichtiger Einigung entsteht keine Eigentümergrundschuld (str.), wohl aber, solange bei einer Briefgrundschuld der Brief dem Gläubiger nicht übergeben und auch kein Übergabesurrogat vereinbart worden ist (§§ 1163 II, 1117 II).[1]

Bei der Eintragung der Grundschuld ergibt sich als Unterschied von § 1115, daß eine Forderung nicht erwähnt werden darf. Dagegen müssen der Geldbetrag und der Zinssatz zur Eintragung kommen. Beim Grundschuldbrief ist die Verbindung mit der Schuldurkunde ausgeschlossen.

2. Einreden gegen die Grundschuld

a) Einreden gegen die Grundschuld können nur auf das Verhältnis zwischen Gläubiger und Eigentümer oder auf Mängel, die das dingliche Rechtsverhältnis betreffen, gegründet werden, z. B. Stundung der Grundschuld, Nichtigkeit der Einigung. Leistungsstörungen in einem etwaigen Grundgeschäft (z. B. Darlehensvertrag) berühren den Bestand der Grundschuld nicht. Daher steht, wenn die Forderung nicht zur Entstehung gelangt oder erlischt, die Grundschuld nicht, wie die Hypothek nach § 1163 I, dem Eigentümer zu, sondern sie verbleibt dem Gläubiger (zu dem im letzteren Fall entstehenden Rückübertragungsanspruch vgl. u. 5).

b) In dem in der Praxis nahezu ausschließlich vorkommenden Fall, daß die Grundschuldbestellung auf Grund einer Vereinbarung erfolgt, wonach die Grundschuld eine bestimmte Forderung sichern soll, kann der Eigentümer Einreden auch aus dem Sicherungsvertrag herleiten, der dem abstrakten Bestellungsvertrag zugrunde liegt. Dabei handelt es sich um einen gegenseitigen Vertrag, durch den sich der Eigentümer zur Bestellung der Grundschuld und der Gläubiger dazu verpflichtet, die Grundschuld nur zur Sicherung seiner Forderung zu verwenden.[2] Die auf diesen Vertrag gestützte Einrede kann z. B. zum Inhalt haben, daß die sofort fällige Grundschuld nicht geltend gemacht werden darf, solange sie nicht valutiert oder das ausbezahlte Darlehen noch nicht zur Rückzahlung fällig ist.[3]

3. Die Übertragung der Grundschuld

a) Die Übertragung der Grundschuld erfolgt nicht in der Form einer Abtretung der Forderung, sondern lediglich als Übertragung des dinglichen Rechts. Sie erfordert bei Buchgrundschulden Einigung und Eintragung, bei Briefgrundschulden schriftliche Übertragungserklärung (von einer Abtretungserklärung ist hier nicht zu sprechen) und Übergabe des Briefes. Tatsächlich verbindet sich aber mit der Übertragung der

---

[1] Vgl. dazu Klee, NJW 1951, 579.

[2] Vgl. dazu Baur, § 45 II 2; a. M. Weber, AcP 169, 245.

[3] Eine solche Einrede kann auch im Grundbuch eingetragen werden (§§ 1192, 1157); vgl. BGH, WM 1967, 566.

Grundschuld regelmäßig die Abtretung der Forderung, zu deren Sicherung die Grundschuld wirtschaftlich bestimmt ist. Doch beurteilt sich diese Abtretung nach §§ 398 ff., und niemals geht durch die Abtretung allein auch die Grundschuld über; § 1153 ist hier unanwendbar.

b) Der Eigentümer kann dem neuen Gläubiger Einreden aus dem dinglichen Bestellungsgeschäft entgegenhalten, soweit für den Erwerber nicht der Gutglaubensschutz des § 892 reicht.

Nach § 1157 können darüber hinaus bei einer Sicherungsgrundschuld Einreden aus dem Sicherungsvertrag hergeleitet werden. Voraussetzung dafür ist freilich, daß der neue Gläubiger diese Einreden kennt (§ 1157 S. 2).

Für die Einrede der Nichtvalutierung ist streitig, ob der Zessionar erst dann bösgläubig ist, wenn er weiß, daß die Forderung noch nicht entstanden ist[1] oder ob für die Bösgläubigkeit allein die Kenntnis ausreicht, eine Sicherungsgrundschuld zu erwerben.[2] Die erstere Meinung verdient den Vorzug, da sonst der Erwerber einer Grundschuld schlechter stände als der gutgläubige Erwerber einer Verkehrshypothek.

4. Die Tilgung der Grundschuld

Tilgt der Schuldner die Grundschuld selbst und nicht die Forderung, dann entsteht eine Eigentümergrundschuld.[3] Die Begründung ist verschiedenartig.[4] Der nicht akzessorischen Natur der Grundschuld dürfte die entspr. Anwendung der §§ 1168, 1170 wohl am ehesten gerecht werden. Woraus kann man aber entnehmen, ob der Schuldner bei einer Sicherungsgrundschuld die Forderung oder die Grundschuld tilgen will? Nur der Parteiwille kann hier entscheiden. Banken stellen in ihren Beleihungsbedingungen meist ausdrücklich klar, daß Zahlungen des Schuldners nur auf die Forderung, nicht auf die Grundschuld verrechnet werden.[5] Wird zunächst auf die Forderung gezahlt, so kann nachträglich vereinbart werden, daß diese Zahlung gleichzeitig als auf die Grundschuld geleistet gelten soll.[6]

5. Der Rückübertragungsanspruch bei der Sicherungsgrundschuld

Die Verknüpfung der Grundschuld mit der Forderung hat bei der Sicherungsgrundschuld zur Folge, daß der Eigentümer im Fall des Nichtbestehens der Forderung von dem Gläubiger auf Grund des Sicherungsvertrags die Grundschuld herausverlangen, d. h. ihre Übertragung verlangen kann.[7] Wenn der Sicherungsvertrag nicht oder nicht mehr besteht, steht dem Eigentümer die Leistungskondiktion gem. § 812 I 1 zu, denn die Begründung der Grundschuld stellt eine Leistung des Eigentümers an den Gläubiger dar, für die bei Nichtentstehen oder späterem Wegfall des Sicherungsvertrages der rechtliche Grund fehlt.

---

[1] BGH 59, 1 = NJW 1972, 1463 mit weiteren Nachweisen.

[2] RG 91, 218, 224/225; Lopau, NJW 1972, 2253 (2255 f.).

[3] Nach E. Wolf, S. 351, entsteht eine Eigentümergrundschuld nur, wenn Eigentümer und Grundschuldgläubiger die Übertragung auf den Eigentümer vereinbart haben.

[4] So berufen sich Wolff-Raiser, § 156 Anm. 11 auf die entspr. Anwendung der §§ 1168, 1170, Westermann, § 115 II 2b auf die des § 1163 I 2 und Baur, § 44 VI 1, Klee und Räbel, aaO auf die der §§ 1142–1144.

[5] Vgl. hierzu Baur, § 45 II 4b aa.

[6] Vgl. BGH, NJW 1969, 2236.

[7] Vgl. BGH, LM Nr. 14 § 313 BGB, Serick, aaO, Bd. II, S. 437 f.

Nach Rückübertragung (§ 1154) oder Verzicht (§ 1168) des Grundschuldgläubigers entsteht eine Eigentümergrundschuld. Der Anspruch auf deren Löschung kann durch Löschungsvormerkung gesichert werden. Dagegen würde die Eintragung einer Löschungsvormerkung allein die Löschung der Fremdgrundschuld nicht sichern, weil ja durch Tilgung der Forderung keine Eigentümergrundschuld entsteht.[1] Auch der Rückübertragungsanspruch kann durch eine Vormerkung gesichert werden.

Der Rückübertragungsanspruch kann auch abgetreten, verpfändet oder gepfändet werden. Bei der Abtretung ist zu unterscheiden, ob der Zessionar nach dem Willen der Parteien das Recht haben soll, die Übertragung der Grundschuld auf sich selbst oder auf den Eigentümer zu verlangen. Im ersten Fall entsteht eine Grundschuld des Zessionars, im zweiten eine Eigentümergrundschuld. Die Verpfändung erfolgt nach §§ 1273 ff., die Pfändung nach ZPO § 857 (nach anderer Ansicht gem. ZPO §§ 846 ff.). Durch die Verpfändung bzw. Pfändung und Überweisung erhält der Pfandgläubiger das Recht, den Rückübertragungsanspruch geltend zu machen. Mit Entstehen der Eigentümergrundschuld verwandelt sich das Pfandrecht am Rückübertragungsanspruch in ein Pfandrecht an der Eigentümergrundschuld (§ 1287).[2]

Eine interessante Streitfrage entsteht, wenn für einen nachrangigen Gläubiger eine Löschungsvormerkung eingetragen ist, der Rückübertragungsanspruch des Eigentümers gegen den Grundschuldgläubiger aber verpfändet oder gepfändet worden ist, und sich das Pfandrecht am Rückübertragungsanspruch in ein Pfandrecht an der Eigentümergrundschuld verwandelt hat. Dringt hier die Löschungsvormerkung des nachrangigen Grundpfandgläubigers durch mit der Wirkung, daß die (belastete) Eigentümergrundschuld gelöscht werden muß? Die Meinungen gehen auseinander. Eine Löschung kann nur erfolgen, wenn eine unbelastete Eigentümergrundschuld entsteht.[3]

6. Eigentümer und persönlicher Schuldner

Auch bei der Grundschuld können Eigentümer und persönlicher Schuldner auseinanderfallen, wenn das hier auch seltener der Fall sein wird als bei der Hypothek. Zahlt der Eigentümer, der nicht zugleich persönlicher Schuldner ist, dann zahlt er auf die Grundschuld und erwirbt eine Eigentümergrundschuld (vgl. o. 4). Ein Forderungserwerb kraft Gesetzes (§ 1143) tritt jedoch nicht ein; nach RG 150, 371 hat der Eigentümer aber einen Anspruch gegen den Grundschuldgläubiger auf Abtretung der Forderung gegen den persönlichen Schuldner, falls er von diesem Ersatz verlangen kann.[4]

Zahlt der persönliche Schuldner, so kann er Übertragung der Grundschuld auf sich verlangen, falls der Eigentümer ihm ersatzpflichtig ist. Es entsteht dann für den persönlichen Schuldner eine Fremdgrundschuld. § 1164 findet jedoch nicht Anwendung.

7. Die Kündigung der Grundschuld

Die Kündigung der Grundschuld steht dem Eigentümer gegenüber dem Gläubiger zu oder umgekehrt (§ 1193). Die Kündigung der Forderung hat keinen Einfluß auf die Fälligkeit der Grundschuld.

---

[1] Vgl. BGH, JZ 1957, 623.

[2] Vgl. Dempewolf, NJW 1959, 556 (teilweise abweichend), Hoche, NJW 1959, 413.

[3] Vgl. dazu einerseits Wörbelauer, aaO, andererseits Baur, § 45 V 2, Hoche, aaO und Serick, aaO, Bd. II, S. 441 f.

[4] Vgl. dazu Matschl, NJW 1962, 2132.

8. Die Eigentümergrundschuld

Im Gegensatz zur Hypothek kann eine Grundschuld von vornherein für den Eigentümer bestellt werden (§ 1196). Erforderlich ist hier nur die einseitige Erklärung des Eigentümers gegenüber dem Grundbuchamt – mit wem sollte er auch eine Einigung abschließen? – und die Eintragung.

Der Eigentümer bekommt dadurch eine offene Rangstelle zur freien Verfügung und kann sie seinem Interesse nach zur Sicherung eines Kredites jederzeit benutzen. Insbesondere hat die Sicherungsübertragung (Seitenstück zur Sicherungsübereignung) von Eigentümergrundschulden Bedeutung erlangt. Der Eigentümer ist damit in der Lage, den Grundstückswert weitgehend zu mobilisieren. Der Weg der vorsorglichen Bestellung einer Eigentümergrundschuld zur beliebigen späteren Verwendung ist einfacher als der eines Rangvorbehalts bei Eintragung einer anderen Belastung nach § 881 und hat den letzteren in der Praxis verdrängt.

Aus seiner Grundschuld kann der Eigentümer nicht die Zwangsvollstreckung in sein Grundstück betreiben (§ 1197 I). Zinsen gebühren ihm nur im Falle der Zwangsverwaltung (§ 1197 II), haben sonst auch keinen Wert für ihn, da er sie sich selbst zahlen würde.

9. Die Umwandlung in eine Hypothek

Eine Grundschuld kann jederzeit in eine Hypothek umgewandelt werden und umgekehrt (§ 1198). Hierzu sind erforderlich, weil es sich um eine Inhaltsänderung handelt, die Einigung zwischen Eigentümer und Gläubiger und die Eintragung (§§ 873, 877).

§ 64. Die Rentenschuld

I. Begriff und Wesen

Die Rentenschuld ist eine Abart der Grundschuld, von ihr und von der Hypothek dadurch unterschieden, daß das Grundstück nicht mit einer Kapitalsumme belastet wird, sondern mit einer Rente, also mit fortlaufenden Zahlungen zu bestimmten Terminen (§ 1199). Notwendig ist aber die Bestimmung und Eintragung einer Ablösungssumme, durch deren Zahlung der Eigentümer die Rentenschuld einseitig ablösen kann mit der Wirkung, daß sie auf ihn übergeht (§§ 1199 II, 1201). Der Gläubiger dagegen hat kein Recht, Ablösung zu verlangen (§ 1201 II).

Zeitliche Beschränkungen der Rente sind zulässig und üblich. Formell kann auch die Rentenschuld als Brief- wie als Buchschuld begründet werden.

II. Verhältnis zur Reallast

Die Rentenschuld ähnelt der Reallast, da auch diese die Belastung des Grundstücks mit fortlaufenden Zahlungen darstellen kann. Sie unterscheidet sich dadurch von ihr, daß nur für die Rentenschuld die Bestimmung der Ablösungssumme notwendig und die Umwandlung in eine normale Grundschuld nach § 1203 möglich ist, ferner, daß mit der Ablösung die Rentenschuld auf den Eigentümer übergeht, während die Reallast im gleichen Falle erlischt. Vor allem aber haftet für die Rentenschuld stets nur das Grundstück, während für die Reallast der Eigentümer möglicherweise auch persönlich haftet (§ 1108).

Praktische Bedeutung hat die Rentenschuld wohl wegen der ungünstigen Stellung des Gläubigers nicht gewonnen.

§ 65. Das Schiffspfandrecht

Literatur: Abraham, Das Seerecht, 3. Aufl., 1969; ders., Die Schiffshypothek im deutschen und ausländischen Recht, 1950; Prause, Das Recht des Schiffskredits, 2. Aufl., 1968; Prause-Weichert, Schiffssachenrecht und Schiffsregisterrecht, 1974; Schaps-Abraham, Das Deutsche Seerecht, 3. Aufl., 3 Bände, 1959/64 mit Ergänzungsband, 1967.

I. Das Schiffspfandrecht ist im Gesetz über Rechte an eingetragenen Schiffen und Schiffsbauwerken vom 15. 11. 1940 geregelt worden. Die Schiffshypothek ist danach die einzige zulässige Form der pfandrechtlichen Belastung eines eingetragenen Schiffes.

II. Die Schiffshypothek ist ganz nach dem Vorbild der Grundstückshypothek gestaltet, aber streng akzessorisch, hierin der Sicherungshypothek gleich. Denn die Rechte des Gläubigers aus der Hypothek bestimmen sich nur nach der Forderung (SG § 8). Eine Briefhypothek ist damit ausgeschlossen. Die Bestellung erfordert Einigung und Eintragung (SG § 8 II). Der notwendige Eintragungsinhalt entspricht § 1115 (SG § 24). Eine Gesamtschiffshypothek an mehreren Schiffen ist möglich (SG § 28, vgl. § 1132).

III. An einem Schiff sind mehrere Hypotheken möglich. Ihre Rangordnung bestimmt sich nach der Reihenfolge der Eintragung (SG § 25, vgl. § 879). Die nachträgliche Rangänderung (SG § 26) sowie der Rangvorbehalt (SG § 27, vgl. §§ 880, 881) sind vorgesehen.

IV. Der Gegenstand der Haftung: Die Hypothek erstreckt sich auf das Zubehör des Schiffes (SG § 31), sowie auf eine Versicherungsforderung (SG §§ 32ff., vgl. §§ 1120, 1121 und 1127ff.).

V. Für das dingliche Verhältnis zwischen Eigentümer und Hypothekengläubiger gilt SG § 41, wonach der Eigentümer die dem Schuldner gegen die Forderung zustehenden Einreden geltend machen kann (vgl. § 1137). § 1138 kann hier kein Seitenstück haben, weil ja die Schiffshypothek streng akzessorisch ist.

Der Eigentümer ist berechtigt, den Gläubiger zu befriedigen (SG § 43, vgl. § 1142).

Die Schiffshypothek gewährt dem Gläubiger das Recht der Befriedigung aus dem Schiff im Wege der Zwangsvollstreckung (SG § 47, vgl. § 1147).

VI. Forderung und Hypothek müssen auch hier einheitlich übertragen werden (SG § 51, vgl. § 1153). Erforderlich ist Einigung und Eintragung (SG § 51 III, vgl. § 1154 III).

Die Aufhebung der Hypothek erfolgt nach SG § 56 (vgl. §§ 875, 1183).

VII. Bei den Folgen der Befriedigung des Gläubigers ergibt sich in der Formulierung ein bemerkenswerter Unterschied gegenüber dem BGB. Die Hypothek geht nicht auf den Eigentümer über (§ 1163), sondern erlischt mit der Forderung (SG § 57 I, II). Jedoch kann der Eigentümer, solange die Hypothek nicht gelöscht ist, eine neue Hypothek im Rang und bis zur Höhe der bisherigen Belastung bestellen. Damit ist die wesentliche Auswirkung der Eigentümerhypothek übernommen.

Der Übergang der Hypothek auf den persönlichen Schuldner, der den Gläubiger befriedigt und einen Ersatzanspruch gegen den Eigentümer hat, ist auch hier vorgesehen (SG § 59, vgl. § 1164).

VIII. Auch an einem auf einer Schiffswerft im Bau befindlichen Schiff (Schiffsbauwerk) kann eine Hypothek bestellt werden (SG § 76). Zur Bestellung sind Einigung und Eintragung (in das Register für Schiffsbauwerke) erforderlich (SG § 77). Wirtschaftliche und rechtliche Bedeutung wird solcher Hypothek dadurch gesichert, daß sie mit Fertigstellung des Schiffes mit ihrem bisherigen Rang am Schiff fortbesteht (SG § 81).

2. Abschnitt. Das Pfandrecht an beweglichen Sachen und Rechten

§ 66. Arten und Wesen des Pfandrechts an beweglichen Sachen

Literatur: Emmerich, Pfandrechtskonkurrenzen, 1909; Gadow, Die Akzessorietät des Fahrnispfandrechts, Jahrb. d. Akademie f. deutsches Recht, 1938, 111; 129; Gravenhorst, Mobiliarsicherheiten für Darlehens- und Warenkredite, 1972; Lenzen, Das deutsche Pfandleihrecht, 1929; Pagenstecher, Ist das Pfandrecht ein akzessorisches Recht, Gruch. Beitr. 50, 274; Raape, Die Verfallsklausel bei Pfand- und Sicherungsübereignung, 1913; R. Schmidt, Der Pfandbesitz, AcP 134, 129; Simitis, Das besitzlose Pfandrecht, AcP 171, 94; Wahl und A. Blomeyer, Pfandrecht an beweglichen Sachen und Rechten, RvglHwb. Bd. V, S. 583.

I. Arten der Pfandrechte

Der Begründung nach unterscheidet man drei Arten von Pfandrechten an beweglichen Sachen und Forderungen:

1. das vertragsmäßige Pfandrecht (Faustpfandrecht),[1]

2. das gesetzliche Pfandrecht – Hauptbeispiele sind

a) auf Grund von Besitz
das Pfandrecht des Pächters (§ 590), des Unternehmers beim Werkvertrag (§ 647), ferner im Handelsrecht des Kommissionärs (HGB § 397), des Spediteurs (HGB § 410), des Lagerhalters (HGB § 421), des Frachtführers (HGB § 440),

b) auf Grund von Einbringung, also wenigstens von einem räumlichen Verhältnis zum Pfandgläubiger,
das Pfandrecht des Vermieters (§ 559), des Verpächters (§§ 581, 585), des Gastwirts (§ 704);

3. das Pfändungspfandrecht, das durch Pfändung im Wege der Zwangsvollstreckung entsteht (ZPO §§ 803 ff.). Es wird im Zwangsvollstreckungsrecht behandelt.

II. Wesen des sog. Faustpfandrechts

Das Pfandrecht an beweglichen Sachen unterscheidet sich dadurch wesentlich von dem Grundstückspfandrecht, daß es den Besitz des Pfandgläubigers erfordert; es wird deshalb Faustpfandrecht genannt. Dieses ist nur an beweglichen Sachen, nicht an Grundstücken möglich.

Es ist ein dingliches Recht, daher gegen jedermann wirksam (§ 1227), und schließt das Verwertungsrecht als wesentlichen Inhalt ein.

Es ist streng akzessorisch, kann also nur zur Sicherung einer bestimmten Forderung begründet werden (§ 1204), die aber keine Geldforderung sein muß. Sie muß aber in eine solche übergehen können.

Diese kann jedoch bedingt oder betagt oder noch eine künftige sein (§ 1204 II); der Rang des Pfandrechts richtet sich nach der Zeit der Bestellung, nicht nach derjenigen der Entstehung der Forderung (entgegen der Akzessorietät), da (nach h. M.) das Pfandrecht sofort entsteht und nicht erst ein dem Eigentümer zustehendes Recht parallel der Eigentümerhypothek.

---

[1] Besondere Vorschriften gelten für das Registerpfandrecht an eingetragenen Luftfahrzeugen (vgl. Gesetz vom 26. 2. 1959, BGBl. I 57).

Bei Nichtigkeit der Darlehensforderung, zu deren Sicherung ein Pfandrecht bestellt wurde, kann sich aus dem Parteiwillen ergeben, daß das Pfandrecht den bereicherungsrechtlichen Rückzahlungsanspruch sichern soll.[1]

An einem bloßen Legitimationspapier für sich allein kann ein Pfandrecht nicht begründet werden, da eine besondere Verwertung der Urkunde allein ausgeschlossen ist. Daher ist nur eine Verpfändung des zugrunde liegenden Rechts denkbar. Dies gilt z. B. für Hypothekenbriefe, Sparkassenbücher und Lebensversicherungspolicen.

Wird ein Pfandrecht mit der Bestimmung bestellt, daß der Pfandgläubiger sich aus dem Pfand befriedigen kann, der Schuldner aber seine Schuld nicht tilgen darf, so liegt wegen Verstoßes gegen die Akzessorietät keine wirksame Pfandrechtsbestellung vor.[2]

Der Verpfänder ist regelmäßig Eigentümer der verpfändeten Sache. Er ist meist mit dem persönlichen Schuldner der gesicherten Forderung identisch.

Doch kann man von vornherein seine Sache für eine fremde Schuld verpfänden, auch die verpfändete Sache veräußern, ohne daß eine Schuldübernahme vereinbart oder vom Gläubiger genehmigt wird, so daß der Veräußerer persönlicher Schuldner bleibt, der Erwerber es nicht wird; doch hat dieses Auseinanderfallen von Verpfänder und Schuldner weit weniger praktische Bedeutung als bei Grundstücken.

Auf der Aktivseite müssen Forderungs- und Pfandgläubiger stets identisch sein.

III. Wirtschaftliche Bedeutung

Die wirtschaftliche Bedeutung des Pfandrechts ist groß, wenn auch nicht mit der des Hypothekenwesens zu vergleichen. Die gesetzlichen Pfandrechte sind z. T. häufig, es sei nur an das des Vermieters erinnert. Das vertragsmäßige Pfandrecht spielt als Lombardgeschäft der Banken (Verpfändung besonders von Wertpapieren, zumal von Kunden in laufender Rechnung, oder Warenlagern) eine bedeutende Rolle, daneben auch die gewerbliche Pfandleihe, die nach EGBGB Art. 94 landesrechtlich geregelt ist (Leihhäuser). Die Verpfändung ist sonst durch die bequemere Sicherungsübereignung stark zurückgedrängt (vgl. o. § 31).

Auch die nach ZPO unpfändbaren Sachen sind verpfändbar. Die Notwendigkeit der Besitzüberlassung bei Verpfändung stellt einen genügenden Schutz gegen übereilte Verpfändung dar.

§ 67. Die Begründung des Pfandrechts

Literatur: Frohn, Kein gutgläubiger Erwerb des Werkunternehmerpfandrechts? AcP 161, 31; Henke, Gutgläubiger Erwerb gesetzlicher Besitzpfandrechte? AcP 161, 1; Kraft, Gutgläubiger Erwerb des Unternehmerpfandrechts? NJW 1963, 741; Münzel, Die Rechte des Werkunternehmers gegen den Eigentümer aus Aufträgen von Nichteigentümern, MDR 1952, 643; ders., Gutgläubiger Erwerb des Unternehmerpfandrechts, NJW 1961, 1233; Raiser, Zum gutgläubigen Erwerb gesetzlicher Besitzpfandrechte, JZ 1961, 285.

I. Vertragliches Pfandrecht

1. Begründung

Die Begründung des vertragsmäßigen Pfandrechtes erfordert parallel zur Übereignung Einigung zwischen Verpfänder und Gläubiger und Übergabe (§ 1205).

---

[1] BGH, NJW 1968, 1134.
[2] BGH 23, 293.

Die Einigung hat hier natürlich einen anderen Inhalt als bei der Übereignung; sie bedeutet die Übereinstimmung darüber, daß dem Gläubiger das Pfandrecht zustehen soll. Über seinen wesentlichen Inhalt, die Verwertungsbefugnis des Gläubigers, müssen sich beide Teile im klaren sein.

Die Übergabe bedeutet in der Regel die Überlassung zum Alleinbesitz durch unmittelbare körperliche Übergabe.

Doch genügt auch der Besitzerwerb nach § 854 II; der Pfandgläubiger muß aber in der Lage sein, jederzeit die Gewalt auch auszuüben. Bei einem Warenlager z. B. ist die Übergabe der Schlüssel zum Aufbewahrungsraum erforderlich, und der Verpfänder darf nicht ebenfalls Schlüssel und damit für sich allein freien Zutritt haben.

Die Übergabe kann nach § 1206 auch durch die Einräumung des Mitbesitzes ersetzt werden, aber nur in der Ausgestaltung, daß die Sache sich unter dem Mitverschluß des Gläubigers befindet oder im Besitz eines Dritten, dann aber unter solchen Umständen, daß die Herausgabe nur an Eigentümer und Pfandgläubiger gemeinsam erfolgen kann, z. B. bei einem Safe, der nur mit zwei Schlüsseln gemeinsam geöffnet werden kann, von denen einer in der Hand des Gläubigers ist.

2. Die Ersetzung der Übergabe

Neben der Übergabe kommen auch hier die Surrogate in Betracht, die bei der Eigentumsübertragung die Übergabe ersetzen. Die Einigung genügt, wenn die Sache schon im Besitz des Gläubigers ist (§ 1205 I 2 als Seitenstück zu § 929 Satz 2). Die Abtretung des Herausgabeanspruches (vgl. o. § 29 IV) genügt dagegen nur dann, wenn der Eigentümer mittelbarer Besitzer der Sache ist und diesen auf den Gläubiger überträgt. Dazu tritt als zweites Erfordernis noch die Anzeige der Verpfändung durch den Verpfänder an den unmittelbaren Besitzer, z. B. die Bank als Verwahrer (§ 1205 II); es ist also eine Erschwerung gegenüber der Eigentumsübertragung gegeben.

3. Keine Verpfändung durch Besitzkonstitut

Die Verpfändung durch Besitzkonstitut ist ausgeschlossen. Die Verpfändung soll auch äußerlich in Erscheinung treten. Um dieses Erfordernis zu umgehen, hat die Praxis die Sicherungsübereignung ausgebildet (vgl. o. § 31).

II. Gesetzliche Pfandrechte

Die gesetzlichen Pfandrechte des Vermieters, Verpächters und Gastwirts erfordern keinen Besitz des Gläubigers, nur die Einbringung, durch die eine gewisse Ersichtlichkeit eintritt; die übrigen gesetzlichen Pfandrechte erfordern zur Entstehung Besitz.

III. Gutgläubiger Erwerb

1. Vertragspfandrecht

Ein gutgläubiger Erwerb eines Pfandrechts bei Verpfändung seitens eines Nichteigentümers ist möglich (§ 1207). Er unterliegt den Vorschriften der §§ 932ff. Der gute Glaube bezieht sich auch hier auf das Nichteigentum des Verpfänders und wird durch Kenntnis desselben oder durch grobfahrlässige Unkenntnis ausgeschlossen. Ein Pfandrechtserwerb an gestohlenen, verlorenen oder abhanden gekommenen Sachen ist gem. § 935 ausgeschlossen, außer an Geld- und Inhaberpapieren.

2. Pfändungspfandrecht

Für das Pfändungspfandrecht gelten diese Grundsätze nicht, da das Zwangsvollstreckungsrecht keinen gutgläubigen Erwerb kennt.

3. Gesetzliches Pfandrecht

Ein gesetzliches Pfandrecht kann nicht gutgläubig an Sachen erworben werden, die dem Schuldner nicht gehören, selbst dann nicht, wenn es sich um ein mit Besitz verbundenes gesetzliches Pfandrecht handelt.[1]

Beispiel: Ein Auto wird unter Eigentumsvorbehalt verkauft. Der Käufer bringt es zur Reparatur. Erwirbt der Unternehmer für seinen Werklohnanspruch ein Pfandrecht?

Der BGH lehnt dies u. a. deshalb ab, weil nach § 1257 die Vorschriften über das Vertragspfandrecht nur auf bereits entstandene gesetzliche Pfandrechte, nicht aber auf die Entstehung anzuwenden seien. Die h. M. will jedoch § 1207 analog anwenden. Eine Interessenabwägung spricht m. E. für die Auffassung des BGH. Der Unternehmer ist in der Lage, sich bei der Annahme der Reparatur über die Eigentumsverhältnisse zu orientieren. Dagegen würde der Eigentümer durch Entstehung des Pfandrechts und Verwertung des Pfands in unbilliger Weise belastet. In der Regel wird es sich um Fälle handeln, in denen die Kosten einer Reparatur im Verhältnis zwischen Eigentümer und Auftraggeber doch dem letzteren zur Last fallen. Im übrigen kennt das BGB den Gutglaubensschutz des Erwerbers nur bei rechtsgeschäftlichen Veränderungen. Ein die Analogie rechtfertigender rechtsähnlicher Tatbestand liegt beim gesetzlichen Pfandrecht nicht vor.

Dagegen wird man das Entstehen eines Pfandrechts an der Anwartschaft eines Vorbehaltskäufers bejahen müssen.[2]

IV. Das Schicksal anderer Rechte, die an der verpfändeten Sache bestehen, ist bei der Verpfändung ein anderes als bei der Übereignung. Während sie bei dieser nach § 936 untergehen, falls der Erwerber in bezug auf sie gutgläubig ist, bleiben sie hier bestehen, treten nur im Rang hinter das Pfandrecht zurück, soweit der Gläubiger in bezug auf sie gutgläubig ist. Hierbei macht es keinen Unterschied, ob die Verpfändung durch den Eigentümer oder einen Nichteigentümer erfolgt. Die alten Rechte behalten den Vorrang, wenn die Sache dem Vorbesitzer gestohlen, verlorengegangen oder abhanden gekommen war oder wenn die Sache durch Übertragung des mittelbaren Besitzes verpfändet wird (§§ 1208 Satz 2, 935, 936 III).

V. Konkurrenz mehrerer Pfandrechte

Bestehen mehrere Pfandrechte an einer Sache, z. B. ein gesetzliches und ein vertragsmäßiges (während mehrere vertragsmäßige nur in Form des Mitbesitzes möglich sind), so entscheidet über ihren Rang das Alter des Rechts, das früher begründete geht dem späteren vor (§ 1209). Ausnahme § 1208. Dies gilt auch im Verhältnis zwischen einem Vertragspfandrecht und einem Pfändungspfandrecht.[3]

---

[1] So BGH 34, 153, zustimmend Münzel, NJW 1961, 1233, Henke, AcP 161, 1, a. M. Raiser, JZ 1961, 285, Kraft, NJW 1963, 741, Frohn, AcP 161, 31 und die wohl h. M.

[2] Vgl. dazu Grunsky, NJW 1969, 497 und zum Vermieterpfandrecht BGH, NJW 1965, 1475.

[3] BGH 52, 99.

§ 68. Pfandgläubiger und Eigentümer

I. Die Haftung des Pfandes

Das Pfand haftet für die Forderung. Dies folgt aus dem Wesen des Pfandrechts. § 1210 gibt noch genauere Bestimmungen. Danach haftet das Pfand für die Forderung in ihrem jeweiligen Bestand, so daß Erweiterungen durch Verzug oder sonstiges Verschulden des Schuldners in Betracht kommen, z. B. rückständige Zinsen, Vertragsstrafen, umgekehrt auch Verminderung durch Teilzahlungen. Ist der persönliche Schuldner jemand anders als der Verpfänder, so kann durch Rechtsgeschäfte des ersteren die Haftung des Pfandes nicht erweitert werden (§ 1210 I 2).

Das Pfand haftet auch für die Zinsen der Forderung, für Vertragsstrafen und für Verwendungsansprüche sowie für die Kosten der Rechtsverfolgung und des Pfandverkaufs (§ 1210 II).

Neben der verpfändeten Sache selbst haften auch die von der Sache getrennten Erzeugnisse (§ 1212), dagegen nicht, wie bei der Hypothek, auch getrennte Bestandteile, Zubehör, Forderungen aus Miete oder Versicherung.

II. Einwendungen des Verpfänders

Bei der strengen Akzessorietät des Pfandrechts stehen dem Eigentümer und Verpfänder gegen den Pfandgläubiger, also im dinglichen Rechtsverhältnis, alle Einwendungen zu, die ihm als persönlichem Schuldner gegen die Forderung zustehen. Denn das Nichtbestehen der Forderung bedeutet notwendig das Nichtbestehen des Pfandrechts. Ein Eigentümerpfandrecht als Seitenstück zur Eigentümerhypothek gibt es nicht.

Daneben gewährt § 1211 dem Verpfänder auch alle Einreden, die dem persönlichen Schuldner zustehen, sowie die nach § 770 dem Bürgen zustehenden Einreden, hier also die Einrede, daß der Schuldner aufrechnen oder anfechten kann. Diese Bestimmung hat Bedeutung dann, wenn Verpfänder und persönlicher Schuldner verschiedene Personen sind. Ausgeschlossen sind die Einreden der Verjährung, weil das dingliche Pfandrecht einer solchen nicht unterliegt und von der Verjährung der Forderung gemäß § 223 nicht berührt wird, und die Einrede der beschränkten Haftung des Erben (§ 1211 I 2). Die Einreden richten sich nur gegen die Verwertung des Pfandes, nicht gegen den Besitz des Gläubigers.

III. Nutzungspfand

Das Pfandrecht kann in der Weise bestellt werden, daß der Pfandgläubiger berechtigt ist, die Nutzungen des Pfandes zu ziehen, an denen er Eigentum mit der Trennung erwirkt (§ 954), sog. antichretisches Pfandrecht (§ 1213). Dies erfordert eine ausdrückliche Vereinbarung, die nur dann nicht erforderlich ist, wenn eine von Natur fruchttragende Sache verpfändet ist, z. B. ein weibliches Nutztier.

Mit Recht ist aber damit die Pflicht zur Gewinnung der Nutzungen verbunden (§ 1214). Der Reinertrag derselben wird zunächst auf Kosten und Zinsen, danach auf die Kapitalforderung angerechnet (§ 1214 II). Der Pfandgläubiger ist zur Rechenschaft verpflichtet. Abweichende Bestimmungen sind zulässig, z. B., daß die Zinsen als durch die Nutzungen ausgeglichen gelten (§ 1214 III).

IV. Rechtsverhältnis zwischen Pfandgläubiger und Verpfänder

Zwischen Pfandgläubiger und Verpfänder entsteht ein gesetzliches Schuldverhältnis mit beiderseitigen Verpflichtungen, die ohne besondere

Vereinbarung erwachsen. Der Eigentümer als solcher ist an ihm unbeteiligt, was kaum gerechtfertigt erscheint, auch wenn der Verpfändungsvertrag mit dem Verpfänder geschlossen wird und nicht mit dem Eigentümer.

1. Die Verwahrungspflicht

Am wichtigsten ist die Verwahrungspflicht des Pfandgläubigers (§ 1215). Hieraus folgt, daß der Pfandgläubiger die Sache nicht weiterverpfänden und auch nicht – abgesehen von dem Fall unter III – gebrauchen darf.

2. Der Verwendungsersatzanspruch

Verwendungen des Pfandgläubigers auf das Pfand begründen einen Ersatzanspruch gegen den Verpfänder nach den Grundsätzen der Geschäftsführung ohne Auftrag (§ 1216).

3. Die Sicherung des Verpfänders

Zur Sicherung des Verpfänders sind diesem besondere Ansprüche gegen den Pfandgläubiger gegeben, falls dieser die Rechte des Verpfänders in erheblichem Maß verletzt und trotz Abmahnung das Verhalten fortsetzt; er kann Hinterlegung oder falls das Pfand hierfür nicht geeignet ist, Ablieferung an einen gerichtlich bestellten Verwalter verlangen, gegen vorzeitige Befriedigung des Gläubigers auch Rückgabe des Pfandes (§ 1217).

4. Rechte bei drohendem Verderb

Ist der Verderb des Pfandes oder seine wesentliche Wertminderung zu besorgen, so verliert das Pfandrecht seinen Sinn, und daher erwachsen beiden Teilen aus dieser Lage besondere Rechte. Der Verpfänder kann die Rückgabe des Pfandes gegen anderweitige Sicherheitsleistung verlangen (§ 1218). Der Pfandgläubiger hat dem Verpfänder vom drohenden Verderb Anzeige zu machen (§ 1218 II). Umgekehrt kann der Gläubiger bei Gefährdung seiner Sicherheit das Pfand öffentlich versteigern lassen schon vor Fälligkeit seiner Forderung und vor Zulässigkeit des normalen Pfandverkaufs. Der Erlös tritt dann an die Stelle des Pfandes, fällt also nicht dem Pfandgläubiger zu Eigentum zu, sondern er bekommt nur ein Pfandrecht an ihm. Dies ist daraus erklärlich, daß ja seine Forderung noch nicht fällig ist oder auch nicht auf Geld gerichtet zu sein braucht (§ 1219).

5. Rückgabepflicht und Einlösungsrecht

Nach Erlöschen des Pfandrechts, z. B. nach Befriedigung des Pfandgläubigers durch den Verpfänder, ist der Pfandgläubiger verpflichtet, das Pfand dem Verpfänder zurückzugeben (§ 1223 I). Für den Normalfall, daß der Verpfänder der Eigentümer ist, ergibt sich die Rückgabepflicht ohnehin schon aus § 985.

Der Verpfänder kann die Rückgabe auch dann schon verlangen, wenn der Schuldner zur Leistung berechtigt ist, was schon vor Fälligkeit der Leistung nach § 271 II der Fall sein kann, natürlich nur gegen Befriedigung des Pfandgläubigers (§ 1223 II).

V. Forderungsübergang

Ist der Verpfänder nicht zugleich persönlicher Schuldner, so geht, soweit er den Pfandgläubiger befriedigt, die Forderung auf ihn über (§ 1225). Damit geht zugleich auch das Pfandrecht auf ihn über, doch erlischt dieses, wenn der Verpfänder wie im Regelfall zugleich der Eigentümer ist, durch Vereinigung mit dem Eigentum in einer Person.

Ist der Verpfänder und der persönliche Schuldner ein und dieselbe Person, so erlischt mit der Forderung das Pfandrecht gem. § 1252; eine Vorschrift, die § 1164 entspräche, besteht nicht.

VI. Ansprüche bei Verletzung

Der Pfandgläubiger hat bei Verletzung seiner Rechte dieselben Ansprüche wie der Eigentümer (§ 1227), insbesondere aus § 985, aus § 1007 und aus § 1004.

§ 69. Der Pfandverkauf

I. Allgemeines über die Verwertung

Die Verwertung der Pfandsache zugunsten des Pfandgläubigers erfolgt durch Pfandverkauf (§ 1228).

Die Berechtigung zum Pfandverkauf erfordert die Fälligkeit der Forderung. Diese muß eine Geldforderung sein oder sich in eine solche verwandelt haben (§ 1228 II). Sonst ist eine Anrechnung des Erlöses auf die geschuldete Leistung ja nicht möglich.

Dagegen ist Verzug des Schuldners nicht erforderlich, obwohl er schon wegen der Androhung des Verkaufs durch den Gläubiger nach § 1234 regelmäßig vorliegen wird. Auch eines vollstreckbaren Titels gegen den Eigentümer auf Duldung der Pfandverwertung, wie er beim Vorgehen des Hypothekengläubigers notwendig ist, bedarf es nicht. In der Möglichkeit des Zugriffs ohne Titel liegt eine sehr wichtige Erleichterung im Vergleich zu allen persönlichen Gläubigern, die nur durch einen Titel und Vollstreckung zur Befriedigung kommen, und zum Hypothekengläubiger; vgl. o. § 56 III 4.

Ausgeschlossen ist, daß das Pfand bei Fälligkeit der Forderung einfach dem Pfandgläubiger als Eigentum zufällt. Eine Vereinbarung dieses Inhaltes, die sog. lex commissoria, oder auch nur die Verpflichtung zur Übertragung des Eigentums auf den Pfandgläubiger ist vor dem Eintritt der Verkaufsberechtigung nichtig (§ 1229); nachher kann sie nach § 138, insbesondere wegen Wuchers, nichtig sein. Man muß dabei im Auge behalten, daß der Wert des Pfandes häufig größer ist als der Betrag der gesicherten Forderung, daher der Eigentumserwerb des Gläubigers eine nicht zu rechtfertigende Bereicherung desselben statt seiner bloßen Sicherung darstellen würde.

Der Gläubiger ist nicht gezwungen, sich an das Pfand zu halten; er kann den Schuldner auch aus seiner Forderung verklagen und dann vollstrecken; hierbei kann der Schuldner ihn aber zuerst auf das Pfand verweisen (ZPO § 777).

Der Gläubiger muß bei Durchführung des Pfandverkaufs den unmittelbaren Besitz am Pfand haben (ausgenommen § 1233 II).

II. Mehrheit von Pfändern

1. Jedes Pfand haftet für die ganze Forderung (§ 1222), ein Seitenstück zur Gesamthypothek und der Gesamtschuld.

2. Beim Pfandverkauf steht dem Pfandgläubiger die freie Auswahl unter den Pfändern zu (§ 1230).

Ist er befriedigt, erlischt sein Pfandrecht und damit auch das Verkaufsrecht an den noch nicht zum Verkauf gebrachten Pfändern. Er darf auch von vornherein nicht mehr Pfänder zum Verkauf bringen, als zu seiner Befriedigung erforderlich sind (§ 1230 Satz 2); doch wird sich dies im voraus meist nicht leicht feststellen lassen.

III. Mehrheit von Pfandrechten

1. Ist der Pfandgläubiger nicht im Alleinbesitz des Pfandes, so kann er von dem Verpfänder, der Mitbesitzer ist, die Herausgabe des Pfandes zum Zweck des Ver-

kaufs verlangen (§ 1231). Dies gilt für den Fall, daß der unmittelbare Mitbesitz dem Pfandgläubiger nach § 1206 eingeräumt war. Besitzen dagegen mehrere Pfandgläubiger gemeinschaftlich die Pfandsache, so ist anzunehmen, daß sie ihr Verkaufsrecht auch nur gemeinschaftlich ausüben können.

2. Bestehen mehrere Pfandrechte verschiedenen Ranges, z. B. ein vertragsmäßiges und ein gesetzliches Pfandrecht, so ist der vorrangige Gläubiger nicht verpflichtet, dem im Range ihm nachstehenden Gläubiger das Pfand zum Zwecke des Pfandverkaufs herauszugeben (§ 1232 Satz 1). Der nachrangige Gläubiger muß also, auch wenn seine Forderung schon fällig ist, warten, bis die Forderung des vorrangigen Gläubigers fällig wird und dieser nun den Pfandverkauf betreibt, kann ihn aber nicht selbst betreiben.

Ist der vorrangige Gläubiger nicht im Besitz der Sache, z. B. als gesetzlicher Pfandgläubiger, so kann er selbst den Pfandverkauf betreiben und hierfür Herausgabe des Pfandes verlangen, aber nicht dem Verkauf durch einen nachrangigen Gläubiger widersprechen, da er durch diesen ja nicht beeinträchtigt werden kann (§ 1232 Satz 2).

IV. Durchführung des Pfandverkaufs

Es gibt zwei Arten des Pfandverkaufs, den regelmäßigen nach §§ 1234ff. und, falls der Pfandgläubiger einen vollstreckbaren Titel gegen den Eigentümer für sein Verkaufsrecht erlangt hat, also einen Titel auf Duldung der Befriedigung aus der Pfandsache, den Verkauf nach den Vorschriften der ZPO über die Zwangsvollstreckung in bewegliche Sachen (§ 1233 II), wobei die Versteigerung durch den Gerichtsvollzieher erfolgt. Diese zweite Art ist aber selten, denn sie hat praktische Bedeutung nur, wenn der Eigentümer gegen den Pfandverkauf Einwendungen erhoben hat, die der Gläubiger durch das Urteil aus dem Wege räumt. Andernfalls wird man sich des regelmäßigen Pfandverkaufs bedienen, weil dieser einen vollstreckbaren Titel, also einen Prozeß, nicht erfordert.

Im folgenden wird der regelmäßige Pfandverkauf nach den Vorschriften der §§ 1234ff. behandelt:

1. Rechtmäßigkeit des Verkaufs

Wesentliche Vorschriften, von denen die Rechtmäßigkeit der Veräußerung abhängt, sind nach § 1243 folgende:

a) Der Pfandverkauf muß nach § 1228 zulässig sein (vgl. o. I).

b) Der Verkauf muß im Wege einer öffentlichen Versteigerung erfolgen (§ 1235). Er muß auch durch eine zur öffentlichen Versteigerung befugte oder bestellte Person bewirkt werden. Nicht zulässig ist also ein freihändiger Verkauf durch den Pfandgläubiger (ausgenommen nach § 1221). Das Gesetz versucht durch die öffentliche Versteigerung einen möglichst hohen Erlös zu sichern. (Der Erfolg ist mehr als zweifelhaft!)

c) Zeit und Ort der Versteigerung sind unter allgemeiner Bezeichnung des Pfandes öffentlich bekanntzumachen (§ 1237 Satz 1). Hiermit soll die Möglichkeit gesichert sein, daß ein größerer Bieterkreis sich einstellt und damit ein höherer Erlös wahrscheinlich wird.

d) Gold- und Silbersachen dürfen nicht unter dem Gold- oder Silberwert zugeschlagen werden (§ 1240).

2. Sollvorschriften für den Verkauf

Sollvorschriften, deren Verletzung die Rechtmäßigkeit des Pfandverkaufs nicht berührt, sind:

a) Der Pfandgläubiger hat dem Eigentümer vorher den Verkauf anzudrohen, aber erst nach dem Eintritt der Verkaufsberechtigung gem. § 1228 (§ 1234). Der Verkauf darf nicht vor Ablauf eines Monats seit der Androhung erfolgen (§ 1234 II).

b) Der Eigentümer ist von der Versteigerung zu benachrichtigen (§ 1237 Satz 2).

c) Der Pfandverkauf erfolgt gegen sofortige Barzahlung (§ 1238 I).

Wird der Preis nicht sofort bezahlt, sei es auch auf Grund besonderer Versteigerungsbedingungen, so gilt der Pfandgläubiger dennoch als befriedigt, verliert also seinen Anspruch gegen den Verpfänder und Schuldner und hat nur noch einen Anspruch auf Zahlung gegen den Ersteher (§ 1238 II).

d) Pfandgläubiger und Eigentümer dürfen mitbieten (§ 1239). Der Pfandgläubiger braucht, wenn er den Zuschlag erhält, nicht erst den Preis zu bezahlen, sondern gilt in Höhe seines Gebotes als befriedigt (§ 1239 I 2).

V. Die Wirkungen des Pfandverkaufs

Die Wirkungen des rechtmäßigen Pfandverkaufs sind folgende:

1. Das Eigentum geht auf den Ersteher über (§ 1242).

2. Erlöschen der Pfandrechte

Alle Pfandrechte an der Sache erlöschen, auch wenn sie dem Erwerber bekannt waren, und ohne Rücksicht, ob sie im Rang dem betreibenden Pfandgläubiger vorgingen (§ 1242 II).

3. Eigentumserwerb am Erlös

Der Pfandgläubiger erwirbt das Eigentum am Erlös, soweit dieser zur Deckung seiner Forderung nebst Kosten erforderlich ist (§ 1210). Übersteigt der Erlös den Forderungsbetrag, so tritt Miteigentum von Eigentümer und Pfandgläubiger ein[1]; dieser kann aber den zu seiner Befriedigung erforderlichen Betrag entnehmen und Alleineigentum daran erwerben. Am Rest hat er Pfandbesitz, das Eigentum steht aber dem Verpfänder zu (§ 1247 Satz 2). Ist die Veräußerung wirksam, aber unrechtmäßig, so fällt der Erlös in das Alleineigentum des bisherigen Eigentümers des Pfandes.

4. Untergang der gesicherten Forderung

Die Forderung des Pfandgläubigers geht, soweit er durch den Erlös befriedigt ist, unter (§ 1247).

Der Gläubiger gilt als vom Eigentümer befriedigt (auch wenn dieser nicht mit dem Verpfänder und Schuldner identisch ist; die Befreiung des Schuldners tritt dann gem. § 267 ein). Zweifelhaft ist, ob, wenn der Eigentümer nicht der persönliche Schuldner ist, die Forderung auf ihn übergeht oder er nur einen Bereicherungsanspruch hat.

5. Eigentumsvermutung

Beim Pfandverkauf gilt zugunsten des Gläubigers der Verpfänder als der Eigentümer, es sei denn, daß der Gläubiger das Gegenteil weiß (§ 1248). Daher hat der Eigentümer den Pfandverkauf mit allen seinen Folgen anzuerkennen.

VI. Gutgläubiger Eigentumserwerb

Steht dem Veräußerer in Wahrheit kein Pfandrecht zu oder ist der Pfandverkauf nicht rechtmäßig im Sinne von § 1243 (vgl. o. IV 1), so ist immerhin ein gutgläubiger Eigentumserwerb des Erstehers möglich, vorausgesetzt, daß die Sache als Pfand (nicht als eigene Sache, dann

---

[1] Anders E. Wolf, S. 220, der in diesem Fall die Entstehung von Miteigentum ablehnt.

§§ 932ff.) veräußert ist und wenigstens eine öffentliche Versteigerung stattgefunden hat oder die Veräußerung nach § 1233 II erfolgt ist (§ 1244).

Der gute Glaube bezieht sich hier auf das Pfandrecht des den Pfandverkauf vornehmenden Gläubigers und auf die Rechtmäßigkeit des Pfandverkaufs (während der Glaube an das Eigentum des Veräußerers unerheblich ist). Er wird durch grobfahrlässige Unkenntnis ausgeschlossen (§ 932 II). Der Ersteher braucht aber nicht zu prüfen, ob dem veräußernden Gläubiger wirklich ein Pfandrecht zusteht und alle wesentlichen Vorschriften erfüllt sind.

VII. Rechtsnatur der Versteigerung

Die Versteigerung beim Pfandverkauf ersetzt nur den normalen Kaufvertrag. Mit dem Zuschlag gilt lediglich der Verkauf als abgeschlossen. Es muß also noch gesondert die Übereignung erfolgen. Sie erfordert, wie sonst auch, einen zweiten besonderen Vertrag, die Einigung nebst der Übergabe gem. §§ 929ff. Das Besondere ist nur, daß der Veräußerer hier nicht der Eigentümer, sondern der Pfandgläubiger ist. Dieser hat aber kraft des im Pfandrecht liegenden Verwertungsrechts die Befugnis zur Veräußerung des Pfandes mit der gleichen Wirkung, wie wenn der Eigentümer die Sache veräußert hätte. Voraussetzung ist hierfür, daß dem Pfandgläubiger wirklich ein Pfandrecht zusteht und daß die Veräußerung rechtmäßig im Sinne von § 1243 ist.

VIII. Abweichende Art der Pfandverwertung

Eigentümer und Pfandgläubiger können eine abweichende Art des Pfandverkaufs vereinbaren (§ 1245 I), sowohl erschwerende wie erleichternde Vorschriften.

Vor Eintritt der Verkaufsberechtigung (§ 1228) kann aber nicht auf eine öffentliche und öffentlich bekanntgemachte Versteigerung verzichtet werden (§ 1245 II). Es kann z. B. Versteigerung durch ein Kunsthaus, nachher auch freihändiger Verkauf vereinbart werden. In diesen Fällen ist der Verkauf dann rechtmäßig im Sinne von § 1243, wenn er gem. der Vereinbarung erfolgt. Bei Zuwiderhandlung ist ein gutgläubiger Erwerb des Erstehers möglich (str.); der gute Glaube bezieht sich hier auf die Einhaltung der Vereinbarung.

Entspricht eine andere Art des Pfandverkaufs den Interessen der Beteiligten nach billigem Ermessen, so kann jeder Teil verlangen, daß der Verkauf auf diese Art erfolgt. Kommt es zu keiner Einigung, so entscheidet das Gericht im Wege der freiwilligen Gerichtsbarkeit (§§ 1245, 1246, FGG § 166). Der daraufhin erfolgende Verkauf gilt als Pfandverkauf und hat dieselben Wirkungen.

§ 70. Übertragung und Ende des Pfandrechts

I. Die Übertragung des Pfandrechts

Da das Pfandrecht akzessorischer Natur und ein Sicherungsrecht für eine Forderung ist, erfolgt seine Übertragung durch Übertragung der gesicherten Forderung. Mit ihr geht zugleich das Pfandrecht über; es folgt also der Forderung (§ 1250 I).

Eine Übertragung des Pfandrechts allein ohne die Forderung ist wegen seiner akzessorischen Natur ausgeschlossen (§ 1250 I 2). Dagegen kann die Forderung auch ohne das Pfandrecht übertragen werden. Dies bedeutet den Verzicht auf das Pfandrecht und daher erlischt dieses (§ 1250 II).

Der Besitzerwerb des neuen Pfandgläubigers ist für seinen Erwerb nicht erforderlich. Doch ist dem Gläubiger ein Anspruch auf Herausgabe des Pfandes gegen den alten Gläubiger gegeben (§ 1251). Es handelt sich hierbei um einen dinglichen Anspruch aus dem Pfandrecht.

Erst mit der Erlangung des Besitzes tritt der neue Gläubiger in das gesetzliche Schuldverhältnis zwischen Pfandgläubiger und Eigentümer ein, da dieses sich auf dem Besitz des Gläubigers aufbaut, wie seine Hauptverpflichtung zur Verwahrung zeigt (§ 1251 II). Für die Erfüllung der sich hieraus ergebenden Verpflichtungen haftet der alte Gläubiger neben dem neuen wie ein Bürge, der auf die Einrede der Vorausklage verzichtet hat (§ 1251 II 2).

Diese Vorschriften finden entsprechende Anwendung auf den Forderungsübergang kraft Gesetzes oder gesetzlicher Verpflichtung (§ 1257; z. B. §§ 412, 1225); nur haftet in diesen Fällen der alte Gläubiger nicht.

Ein gutgläubiger Erwerb eines Pfandrechts, das in Wahrheit nicht besteht, z. B. weil die Forderung nicht besteht, ist hier ausgeschlossen. Eine Parallele zu § 1138 ist wegen der strengen Akzessorietät nicht möglich (vgl. o. § 61 I).

II. Das Erlöschen des Pfandrechts

1. Erlöschen der Forderung

Der Hauptgrund für das Erlöschen des Pfandrechts ist, seiner akzessorischen Natur entsprechend, das Erlöschen der gesicherten Forderung (§ 1252). Ein Seitenstück zur Eigentümerhypothek, also ein Pfandrecht an der eigenen Sache, gibt es hier nicht.

2. Rückgabe des Pfandes

Ein besonderer Grund ist die Rückgabe des Pfandes an den Verpfänder oder Eigentümer durch den Pfandgläubiger (§ 1253).

Es wird vom Gesetz der Wille zur Aufgabe des Pfandrechts fingiert; ob er wirklich vorhanden ist, ist gleichgültig. Selbst ein Vorbehalt des Weiterbestehens des Pfandrechts ist unwirksam (§ 1253 I 2).

Das Gesetz behandelt also den unmittelbaren Besitz des Gläubigers als wesentlich für die Fortdauer des Pfandrechts. Es muß sich aber um eine Rückgabe mit Willen des Gläubigers handeln. Der unfreiwillige Verlust des Besitzes beendet das Pfandrecht nicht, begründet vielmehr den Herausgabeanspruch des Gläubigers nach §§ 1227, 985. Streitig ist, ob die Rückgabe ein Rechtsgeschäft ist. Meines Erachtens braucht die Folge, der Untergang des Pfandrechts, weder gewollt noch gekannt zu sein. Danach bleibt als gewollt nur die Besitzübertragung übrig, die aber nach allgemeinen Regeln nicht als Rechtsgeschäft gilt.

Befindet sich das Pfand im Besitz des Eigentümers oder des Verpfänders, so wird vermutet, daß es ihm vom Pfandgläubiger zurückgegeben ist. Wird die Vermutung widerlegt, so besteht das Pfandrecht fort und der Gläubiger hat den Herausgabeanspruch.

3. Dauernde Einrede gegen das Pfandrecht

Steht dem Pfandrecht eine dauernde Einrede entgegen, so geht das Pfandrecht zwar nicht unter, aber der Verpfänder und der Eigentümer haben den Anspruch auf Rückgabe des Pfandes und mit dieser erlischt das Pfandrecht (§ 1254). Beispiel: Das Pfandrecht ist ohne rechtlichen Grund oder durch unerlaubte Handlung erworben.

4. Aufhebung des Pfandrechts

Der Pfandgläubiger kann sein Pfandrecht einseitig aufheben (Verzicht) durch Erklärung gegenüber dem Verpfänder oder dem Eigentümer (§ 1255). Der Rückgabe des Pfandes bedarf es nicht, doch hat der Verpfänder einen Anspruch darauf (§ 1223).

Vom Verzicht auf das Pfandrecht ist die Aufgabe der Forderung zu unterscheiden. Sie kann nur durch Erlaßvertrag erfolgen, beendet aber auch das Pfandrecht nach § 1252. In § 1255 ist also ein Verzicht nur auf das Pfandrecht unter Fortdauer der Forderung gemeint.

5. Konsolidation

Das Pfandrecht erlischt durch Zusammentreffen mit dem Eigentum in einer Person (§ 1256).

Nur wenn die Forderung ihrerseits mit dem Recht eines Dritten belastet, z.B. verpfändet ist, dann bleibt das Pfandrecht im Interesse des Dritten bestehen, damit ihm nicht das Objekt seines Rechts entzogen wird (§ 1256 I 2). Ferner bleibt es bestehen, wenn der Eigentümer ein rechtliches Interesse am Fortbestand hat, z. B. weil nachstehende Pfandrechte vorhanden sind, deren Aufrücken unberechtigt wäre. Der Eigentümer nimmt dann bei einem Pfandverkauf durch einen anderen Gläubiger dem Rang des ihm zustehenden Pfandrechts entsprechend am Erlös teil, ist aber zum Pfandverkauf nicht berechtigt.

§ 71. Das Pfandrecht an Rechten

Literatur: Hellwig, Die Verpfändung und Pfändung von Forderungen, 1883; Hieber, Die Verwirklichung des Pfandrechts an einem Auflassungsanspruch, DNotZ 1954, 171; ders., Das Pfandrecht am Anwartschaftsrecht des Grundstückserwerbers, DNotZ 1955, 186; Hoche, Verpfändung und Pfändung des Anspruchs des Grundstückskäufers, NJW 1955, 161; Weimar, Die Verpfändung von Rechten und Forderungen, MDR 1969, 824.

I. Allgemeines

Gegenstand eines Pfandrechts können auch Rechte, vor allem Forderungen sein (§ 1273). Man kann dieses Pfandrecht als ein dingliches Recht bezeichnen, weil der Pfandgläubiger unmittelbare Rechte am verpfändeten Gegenstand erhält und nicht etwa auf obligatorische Ansprüche gegen den Verpfänder beschränkt ist (vgl. u. IV).

Grundsätzlich sind alle Rechte verpfändbar; ausgenommen sind das Eigentum, weil es sich dann um ein Pfandrecht an Sachen handelt, das Erbbaurecht und das Wohnungseigentum, weil diese rechtlich den Grundstücken gleichgestellt sind. Ausgeschlossen von der Verpfändung sind ferner die unübertragbaren Rechte (§ 1274 II); z. B. Forderungen nach §§ 399, 400, 1300, ferner nach §§ 514, 613, 664, 717, 847, von dinglichen Rechten der Nießbrauch (§ 1059).

Bedeutung hat vor allem die Verpfändung von Geldforderungen, ferner von Grundschulden, Miterbenanteilen am Nachlaß,[1] Anteilen an Handelsgesellschaften, Aktienrechten, Patent- und Urheberrechten. Doch hat die Sicherungsabtretung, das Seitenstück zur Sicherungsübereignung dieses Pfandrecht stark zurückgedrängt.

Auch Anwartschaftsrechte sind verpfändbar; vgl. o. § 26 VI 2, § 30 II 5.

II. Die Bestellung des Pfandrechts

1. Bestellung an Rechten im allgemeinen

Die rechtsgeschäftliche Bestellung des Pfandrechts erfolgt nach den Vorschriften über die Übertragung des Rechts, daher auch in den hierfür

[1] Ein Fall in BGH 52, 99.

vorgeschriebenen Formen (§ 1274). Immer ist die Einigung des Verpfänders und des Gläubigers über die Begründung eines Pfandrechts notwendig.

Ist für die Übertragung des Rechts die Übergabe einer Sache erforderlich, z. B. bei Briefhypotheken die Übergabe des Briefes, so muß der Pfandgläubiger den unmittelbaren Besitz der Sache gem. §§ 1205 oder 1206 erlangen; ein Besitzkonstitut genügt nicht.

2. Bestellung an Forderungen

Für Forderungen, zu deren Übertragung der formlose Abtretungsvertrag genügt (der Regelfall), ist neben dem formlosen Verpfändungsvertrag noch die Anzeige des Gläubigers an den Schuldner von der Verpfändung erforderlich (§ 1280).

Die Anzeige ist ein empfangsbedürftiges Rechtsgeschäft. In ihr liegt eine Anerkennung der Verpfändung; der Forderungsgläubiger erklärt damit, die Verpfändung gegen sich gelten zu lassen, es tritt auch die Wirkung von § 409 ein. Dagegen genügt die bloße Kenntnis des Schuldners von der erfolgten Verpfändung nicht.

3. Bestellung an Hypotheken

Hypotheken werden in folgender Form verpfändet: bei Buchhypotheken ist Einigung und Eintragung erforderlich, bei Briefhypotheken schriftliche Verpfändungserklärung und Übergabe des Hypothekenbriefes (vgl. § 1154).

4. Gutgläubiger Erwerb

Ein gutgläubiger Erwerb eines Pfandrechts an Rechten ist nur soweit möglich, als ein Erwerb des verpfändeten Rechts selbst auf diese Weise möglich ist, z. B. an einer Hypothek, wenn sie im Grundbuch eingetragen ist und der Pfandgläubiger auf dessen Richtigkeit vertraut

5. Verpfändung eines Anwartschaftsrechts

Das Anwartschaftsrecht des Vorbehaltskäufers wird wie die Sache selbst verpfändet, also durch Einigung und Übergabe (vgl. o. § 30 II 5), das Anwartschaftsrecht des Auflassungsempfängers in der Form des § 925 (vgl. o. § 26 VI 2).

III. Aufhebung des verpfändeten Rechts

Das Pfandrecht hat zur Folge, daß das verpfändete Recht durch Rechtsgeschäft nur mit Zustimmung des Pfandgläubigers aufgehoben werden kann (§ 1276). Andernfalls könnte ja ohne Willen des Pfandgläubigers der Gegenstand des Pfandrechts und damit dieses selbst beseitigt und das Pfandrecht seines Wertes als Sicherung des Gläubigers völlig beraubt werden.

IV. Verwertung des Pfandrechts (außer an Forderungen)

Die Befriedigung des Pfandgläubigers erfolgt nicht wie bei beweglichen Sachen durch einen privaten Pfandverkauf, sondern im Wege der Zwangsvollstreckung auf Grund eines vollstreckbaren Titels (§ 1277). Der Titel richtet sich gegen den Inhaber des verpfändeten Rechts und geht auf Duldung der Befriedigung aus dem verpfändeten Recht.

Streitig ist, ob auf Grund des Titels noch eine besondere Pfändung nach Vollstreckungsrecht (ZPO §§ 828 ff.) erfolgen muß, oder ob diese wegen des schon bestehenden Pfandrechts unnötig ist und gleich eine Überweisung nach ZPO §§ 835 ff. erfolgen kann. Diese letztere Auffassung verdient den Vorzug.

Diese Vorschrift hat aber für den wichtigsten Fall der Verpfändung von Rechten, nämlich der von Forderungen, keine Bedeutung, weil bei ihnen der Pfandgläubiger das unmittelbare Einziehungsrecht ohne vollstreckbaren Titel hat (vgl. u. V).

Kann kraft des verpfändeten Rechts eine Leistung gefordert werden, so entsteht notwendig ein Rechtsverhältnis zwischen dem Pfandgläubiger und dem Schuldner der Leistung, ähnlich wie bei Übertragung eines Rechts zwischen dem neuen Gläubiger und dem Schuldner. Daher finden die für den letzteren Fall geltenden Vorschriften auf das Verhältnis zwischen Pfandgläubiger und Schuldner entsprechende Anwendung, insbesondere § 407.

V. Das Pfandrecht an Forderungen

Der wichtigste Fall der Rechtsverpfändung ist die Verpfändung von Forderungen, insbesondere von Geldforderungen.

1. Die beteiligten Personen

Zum Verständnis der Regelung ist erforderlich, daß man die drei beteiligten Personen auseinanderhält und auf ihre technische Bezeichnung achtet. Es sind

a) der Pfandgläubiger, der zugleich der Gläubiger der gesicherten Forderung ist,

b) der Gläubiger, d. h. der Gläubiger der verpfändeten Forderung; er ist zugleich der Schuldner der gesicherten Forderung des Pfandgläubigers,

c) der Schuldner, d. h. der Schuldner der verpfändeten Forderung.

In der ZPO führen die entsprechenden Personen bei Pfändung von Forderungen die Bezeichnung Gläubiger, Schuldner, Drittschuldner.

Die Regelung stellt einen Mittelweg dar; einerseits muß die verpfändete Forderung dem Gläubiger derselben noch verbleiben, denn sie wird ja nicht voll übertragen, sondern eben nur verpfändet, so daß der Verpfänder noch Inhaber bleibt; andererseits muß der Pfandgläubiger eine stärkere Stellung erhalten, als ihm bloße obligatorische Verpflichtungen des Verpfänders verschaffen könnten. Er muß insbesondere ein unmittelbares Recht gegenüber dem Schuldner der Forderung bekommen.

In der Rechtsstellung des Pfandgläubigers sind zwei Stadien zu unterscheiden, die Zeit vor Eintritt der Verwertungsbefugnis, also vor Fälligkeit der Forderung des Pfandgläubigers (§ 1228 II), und die Zeit danach.

2. Die Zeit vor Eintritt der Verkaufsberechtigung

Vor Eintritt der Verkaufsberechtigung kann der Schuldner an Gläubiger und Pfandgläubiger nur gemeinschaftlich leisten, jeder von beiden kann allein verlangen, daß an sie beide gemeinschaftlich geleistet wird (§ 1281). Beide sind einander zur Mitwirkung bei der Einziehung verpflichtet (§ 1285).

Die Leistung des Schuldners kommt in den gemeinschaftlichen Besitz von Pfandgläubiger und Gläubiger; jener kann also hier nicht den Alleinbesitz verlangen. Jeder kann Hinterlegung für beide oder Ablieferung an einen gerichtlich bestellten Verwalter zwecks Verwahrung verlangen.

Wichtig ist die Rechtslage, die sich infolge der Leistung ergibt (§ 1287): Mit dieser erwirbt der Gläubiger das Eigentum, der Pfandgläubiger das Pfandrecht an der geleisteten Sache; diese tritt insofern an Stelle der verpfändeten Forderung als Pfandobjekt (Surrogationsprinzip). Dieses neue Pfandrecht entsteht auf Grund des Gesetzes unmittelbar, ohne Bestellung und ohne Alleinbesitz des Pfandgläubigers. Diese Regelung ist notwendig, weil der Wert der geleisteten Sache höher sein kann als der Betrag der gesicherten Forderung des Pfandgläubigers, so daß ein Eigentumserwerb an der Sache eine nicht gerechtfertigte Bereicherung des Pfandgläubigers darstellen könnte. Auch kann er vor Eintritt der Verwertungsbefugnis noch kein Eigentum an dem geleisteten Gegenstand haben.

Die Verwertung der geleisteten Sache erfolgt nach den allgemeinen Regeln über das Pfandrecht an beweglichen Sachen, also durch Pfandverkauf gem. §§ 1228 ff.

Eine eigentümliche Rechtsfolge tritt in dem seltenen Fall ein, daß die verpfändete Forderung sich auf Übertragung des Eigentums an einem Grundstück richtet, der zu leistende Gegenstand also ein Grundstück ist (§ 1287 Satz 2). Dann erwirbt mit der Leistung der Gläubiger das Eigentum am Grundstück, der Pfandgläubiger eine Sicherungshypothek am Grundstück. Dies ist zusammen mit dem ähnlich gelagerten Fall der Pfändung einer Forderung auf Übertragung des Eigentums an einem Grundstück (ZPO § 848) der einzige Fall, daß eine Hypothek ohne Einigung und Eintragung unmittelbar auf Grund eines gesetzlichen Tatbestands entsteht, so daß das Grundbuch unrichtig wird. Die Auflassung hat an den Gläubiger und Pfandgläubiger gemeinschaftlich zu erfolgen.

Zur Kündigung der verpfändeten Forderung ist nur der Gläubiger, nicht der Pfandgläubiger befugt. Ist der Gläubiger berechtigt, die Nutzungen zu ziehen, z. B. bei verzinslichen Forderungen, so bedarf der Gläubiger zur Kündigung der Zustimmung des Pfandgläubigers (§ 1283). Der Schuldner muß seine Kündigung dem Pfandgläubiger und dem Gläubiger erklären (§ 1283 II).

Ist eine Geldforderung eingezogen, so muß über das Schicksal des gezahlten Geldes eine Bestimmung getroffen werden. Nach § 1288 sind der Pfandgläubiger und der Gläubiger einander verpflichtet, für die mündelsichere verzinsliche Anlegung des Geldes zu sorgen, wobei der Gläubiger die Art der Anlegung bestimmt; an dem angelegten Geld wird dann dem Pfandgläubiger das Pfandrecht bestellt, so daß das Geld an die Stelle der verpfändeten Forderung tritt. Dieser umständliche Weg ist deswegen notwendig, weil das Geld nicht einfach dem Pfandgläubiger zu Eigentum zufallen kann, denn seine Forderung gegen den Gläubiger ist ja noch nicht fällig und dies fällt bei einem größeren Zeitunterschied immerhin ins Gewicht. B e i s p i e l: Die verpfändete Forderung wird am 1. 4. fällig und eingezogen, die Forderung des Pfandgläubigers erst am 1. 10. fällig. Ist der Zwischenraum unbedeutend, so werden Pfandgläubiger und Gläubiger sich über eine andere Regelung einigen.

3. Die Zeit nach Eintritt der Verkaufsberechtigung

Nach Eintritt der Verkaufsberechtigung verstärkt sich die Stellung des Pfandgläubigers. Er ist jetzt allein zur Einziehung der verpfändeten Forderung im eigenen Namen berechtigt, der Schuldner kann nur noch an ihn leisten (§ 1282). Diese Rechtsstellung hat er ohne vollstreckbaren Titel.

Bei Geldforderungen reicht das Einziehungsrecht nur so weit, als der Betrag der Forderung des Pfandgläubigers geht, der Überschuß verbleibt dem Gläubiger zur freien Verfügung. Andere Forderungen, z. B. auf Leistung einer Sache, kann der Pfandgläubiger voll einziehen, denn eine Teilung wie bei Geldforderungen ist nicht möglich und kann erst beim Erlös des verkauften Gegenstandes durchgeführt werden.

Zu anderen Verfügungen als zur Einziehung, z. B. zu einem Erlaß, ist der Pfandgläubiger nicht berechtigt (§ 1282 II), weil sie dem Sicherungszweck des Pfandrechts widersprechen würden, dagegen nach h. M. zur Aufrechnung.[1]

Zweifelhaft ist, ob der Pfandgläubiger bei der Einziehung der Forderung, soweit der Eigentumserwerb für den Gläubiger in Frage kommt (Einigung), im eigenen Namen oder als gesetzlicher Vertreter des Gläubigers handelt.

Wiederum ist das rechtliche Schicksal der eingezogenen Leistung festzustellen. Wird eine Sache geleistet, so bleibt es bei der Regelung wie vor Eintritt der Verkaufsberechtigung. Der Gläubiger erwirbt das Eigentum, der Pfandgläubiger das Pfandrecht bzw. die Sicherungshypothek; er kann sofort zum Pfandverkauf schreiten (§ 1228). Bei Geldforderungen dagegen ändert sich das Bild: hier erwirbt der Pfandgläubiger, soweit ihm der eingezogene Betrag zu seiner Befriedigung gebührt, daher auch sein Einziehungsrecht reicht, nicht ein bloßes Pfandrecht, sondern das Eigentum an dem gezahlten Geld. In dieser Höhe gilt er als befriedigt, weil seine Forderung als von seinem Schuldner, dem Gläubiger der eingezogenen Forderung, als berichtigt gilt (§ 1288 II). Sollte ein Mehrbetrag eingezogen worden sein, so hat der Pfandgläubiger ihn an den Gläubiger herauszugeben.

Sollte die verpfändete Forderung erst nach Kündigung fällig werden, so hat nunmehr neben dem Gläubiger auch der Pfandgläubiger das Recht zur Kündigung. Der Schuldner kann durch Erklärung gegenüber dem Pfandgläubiger allein seinerseits wirksam kündigen (§ 1283 III).

4. Erstreckung auf Zinsen

Das Pfandrecht an einer Forderung erstreckt sich auf die Zinsen (§ 1289). Diese haften dem Pfandgläubiger ähnlich wie die Mietzinsen dem Hypothekengläubiger. Er kann sie nur einziehen, wenn er zur Einziehung der Hauptforderung berechtigt ist (§ 1282). Die Anzeige des Pfandgläubigers an den Schuldner, daß er von seinem Einziehungsrecht Gebrauch mache, tritt an die Stelle der Beschlagnahme der Zinsen, ohne daß es noch einer Klage bedürfte. Die Befreiung der Zinsen von der Pfandhaftung richtet sich nach §§ 1123, 1124.

VI. Die Verpfändung von Wertpapieren

1. Die Verpfändung von Orderpapieren

Die Verpfändung eines Wechsels oder eines anderen durch Indossament übertragbaren Papiers (z. B. Namensaktien, Konnossemente, Lagerscheine) erfolgt durch Einigung zwischen Pfandgläubiger und Gläubiger, Indossament und Übergabe des Papiers (§ 1292). Dieses Indossament ist nach herrschender Meinung kein Vollindossament mit völliger Übertragung der Forderung.

Der Pfandgläubiger ist hier schon vor Eintritt der Verkaufsberechtigung zur Kündigung und Einziehung befugt, und der Schuldner kann nur an ihn leisten (§ 1294).

2. Die Verpfändung von Inhaberpapieren

Die Verpfändung von Inhaberpapieren erfolgt wie bei beweglichen Sachen (§ 1293), also durch Einigung und Übergabe gem. §§ 1205 ff.

Der Pfandgläubiger kann das Inhaberpapier wie sonst eine bewegliche Sache verkaufen (vgl. § 1221) oder die in ihm verkörperte Forderung einziehen (§ 1294).

---

[1] So auch Westermann, § 137 III 1b, Wolff-Raiser, § 176 II 2.

3. Die Verpfändung von Inhabermarken und -karten

Für die in § 807 genannten Papiere gelten die gleichen Regeln.

4. Die Verpfändung von Legitimationspapieren

Dagegen kommen für die Verpfändung von Papieren nach § 808, z. B. Sparkassenbücher, Versicherungspolicen, die allgemeinen Regeln über Forderungsverpfändung zur Anwendung, da bei diesen Papieren das Recht am Papier dem Recht aus dem Papier folgt.

Fünftes Kapitel

Die anderen Rechte an fremder Sache

1. Abschnitt. Das Erbbaurecht

§ 72. Inhalt und Begründung

Literatur: Glaser, Das Erbbaurecht in der Praxis, 1971; Glass-Scheidt, Das Erbbaurecht der Verordnung vom 15. 1. 1919, 2. Aufl. 1930; Haegele, Streitfragen und Probleme des Erbbaurechts, RPfleger 1967, 279; Henseler, Die Teilung eines Erbbaurechts, AcP 161, 44; Huber, Zur Beleihung von Erbbaurechten, NJW 1952, 687; Ingenstau, Kommentar zur Erbbaurechtsverordnung, 4. Aufl., 1972; Lutter, Gesamterbbaurecht und Erbbaurechtsteilung, DNotZ 1960, 80; Mohrbutter-Riedel, Zweifelsfragen zu Erbbaurecht, NJW 1957, 1500; Palandt, Die Grundstückseigenschaft des Erbbaurechts, Gruch. Beitr. 64, 185; Rothoeft, Grenzüberschreitende Bebauung bei Erbbaurechten, NJW 1974, 665; Stahlhacke, Vorschläge zur Neuordnung des Erbbaurechts, 2. Aufl. 1960.

I. Gesetzlicher Inhalt

Für das Erbbaurecht ist nicht das BGB die gesetzliche Quelle, sondern die Verordnung vom 15. 1. 1919 (RGBl. S. 72), welche die lückenhafte Regelung von BGB §§ 1012 ff. wesentlich ergänzte und dadurch erst dem Erbbaurecht zur praktischen Verwendbarkeit verhalf. Nur für die wenigen schon am 22. 1. 1919 bestehenden Erbbaurechte gilt lediglich das BGB, für alle später begründeten nur die Verordnung.

Das Erbbaurecht ist nach § 1 der VO eine Belastung des Grundstücks in der Weise, daß dem Berechtigten das Recht zusteht, auf (oder unter) der Oberfläche des Grundstücks ein Bauwerk zu haben.[1] Es stellt die stärkste Belastung des Eigentums dar, denn dadurch verliert der Eigentümer den Besitz des belasteten Grundstücks und alle Nutzungen.

Hieraus folgen zwei wichtige Eigentümlichkeiten dieses Rechts:

1. Begründung auf Zeit

Es wird meist nur auf Zeit begründet, also mit einem Endtermin. Denn sein Bestehen auf unabsehbare Zeit würde die Bedeutung des Eigentums nahezu illusorisch machen. Auflösende Bedingungen sind ausgeschlossen (VO § 1 IV).

2. Veräußerlichkeit, Vererblichkeit

Das Erbbaurecht ist grundsätzlich veräußerlich (wenn auch das Erfordernis der Zustimmung des Eigentümers zur Veräußerung vereinbart werden kann, VO § 5 I), aber nicht unter Bedingungen oder Befristung, und vererblich. Seinem Zweck widerspräche es, wenn es mit dem Tod des Berechtigten erlöschen würde.

3. Erbbauzins

Der Eigentümer pflegt ein Entgelt in wiederkehrenden Leistungen, meist in Geld, den Erbbauzins, zu vereinbaren, als Entschädigung für die Entziehung von Besitz und Nutzung (VO § 9 I). Er muß nach Höhe und Zeit für die ganze Dauer des Erbbaurechts im voraus fest bestimmt

[1] Zu den sehr bestrittenen Folgen einer grenzüberschreitenden Bebauung bei Erbbaurechten vgl. Rothoeft, NJW 1974, 665.

sein (was für den Eigentümer ein Risiko der Geldentwertung bedeutet (VO § 9 II). Es kann aber eine schuldrechtliche Verpflichtung vereinbart werden, daß zu bestimmten Zeitpunkten die Höhe des Erbbauzinses veränderten Umständen angepaßt wird.[1] Dieser Anspruch kann auch durch Vormerkung gesichert werden, wenn seine künftige Höhe bestimmbar ist, z. B. wenn der Wert des Grundstücks die Grundlage für die Erhöhung bildet.[2] Zahlungsverzug begründet den Heimfallanspruch (VO § 9 III, vgl. u. § 74 III). Auf den Erbbauzins finden gemäß § 9 I VO die Vorschriften über die Reallast entsprechende Anwendung. Zur nachträglichen Erhöhung des Erbbauzinses mit dinglicher Wirkung ist das Einverständnis der nachrangigen Realberechtigten am Erbbaurecht, zur nachträglichen Verminderung das Einverständnis des Realberechtigten am Grundstück erforderlich.[3]

II. Vertraglicher Inhalt

Der gesetzliche Inhalt des Erbbaurechts genügt nicht, um die Beziehungen zwischen Eigentümer und Erbbauberechtigtem, die recht verschiedenartig sein können, vollständig zu regeln. Daher muß durch Vertrag zwischen beiden Abhilfe geschaffen und die Lücke geschlossen werden. Solche Vereinbarungen sind praktisch die Regel. Sie würden aber nur schuldrechtliche Wirkung haben, daher nicht gegen einen Erwerber als Rechtsnachfolger gelten, zumal wenn er von ihnen keine Kenntnis hatte. Das Gesetz gewährt aber den Vereinbarungen dingliche Kraft, indem es sie als Inhalt des Erbbaurechts bezeichnet (VO § 2). Auf diese Weise werden der jeweilige Eigentümer und der jeweilige Erbbauberechtigte an sie gebunden.[4]

In die beiden Grundbücher brauchen sie nicht eingetragen zu werden, denn im Grundbuch des Grundstücks kann auf das Erbbaugrundbuch Bezug genommen werden, in diesem auf die Eintragungsbewilligung (VO § 14 I 2).

Der Inhalt der möglichen Vereinbarungen, die als Inhalt des Erbbaurechts gelten, ist in VO § 2 aufgezählt. Sie betreffen u. a. die Errichtung, Instandhaltung und Verwendung des Bauwerkes, seine Versicherung, die Voraussetzungen für den Heimfall, ferner auch die Notwendigkeit einer Zustimmung des Eigentümers zur Veräußerung oder Belastung des Erbbaurechts (VO § 5). Hierdurch soll der soziale Zweck des Erbbaurechts dauernd gesichert bleiben. Ohne die erforderliche Zustimmung erfolgende Verfügungen sind unwirksam (VO § 6). Der Erbbauberechtigte kann aber unter bestimmten Voraussetzungen die Zustimmung des Eigentümers verlangen (VO § 7). Ist die Zustimmung des Eigentümers erforderlich, so sind auch Verfügungen im Wege der Zwangsvollstreckung oder des Konkurses unwirksam, soweit sie die Rechte des Eigentümers aus den Vereinbarungen beeinträchtigen würden (VO § 8).

III. Die Begründung des Erbbaurechts

1. Einigung und Eintragung

Sie erfolgt nach § 873 – § 925 ist durch VO § 11 ausdrücklich nicht übernommen –, also durch Einigung und Eintragung. Ihr liegt ein schuldrechtlicher Vertrag zugrunde, dem Kauf ähnlich, nur mit dem Un-

[1] Vgl. dazu jetzt den durch Gesetz v. 8. 1. 1974 (BGBl. I 41) neu eingeführten § 9a der Verordnung über das Erbbaurecht.

[2] Vgl. hierzu BGH, NJW 1973, 1838; BGH 22, 220; OLG Düsseldorf, DNotZ 1969, 297; Mohrbutter-Riedel, NJW 1957, 1500; BayObLG, NJW 1969, 1674; Bode, JuS 1970, 293.

[3] Vgl. BGH 22, 220.

[4] Zur Auslegung einer solchen Vereinbarung vgl. BGH 47, 190.

terschied, daß meist kein Kaufpreis in Form einmaliger Zahlung vereinbart zu werden pflegt, sondern der Erbbauzins. Der Vertrag, durch den sich der Eigentümer zur Bestellung oder der Berechtigte zum Erwerb des Erbbaurechts verpflichtet, bedarf aber der Form des § 313. Durch die Rechtsprechung ist auch die Bestellung durch den Eigentümer an seinem eigenen Grundstück mittels einseitiger Erklärung zugelassen.[1] Auch können mehrere Grundstücke mit einem Erbbaurecht belastet werden (Gesamterbbaurecht), ebenso wie durch Teilung eines mit einem Erbbaurecht belasteten Grundstücks ein Gesamterbbaurecht entstehen kann.[2]

2. Rang des Erbbaurechts

Das Erbbaurecht kann nur zur ersten Rangstelle bestellt werden. Es muß diesen Rang dauernd behalten, daher kann er auch nachträglich nicht geändert werden (VO § 10).[3]

Damit wird verhindert, daß durch eine von einem vorstehenden Gläubiger betriebene Zwangsversteigerung das Erbbaurecht erlöschen kann. Diese Möglichkeit widerspräche dem sozialen Zweck des Erbbaurechts und würde seine Beleihung mit Hypotheken praktisch ausschließen, weil sie in ihrem Bestand zu wenig gesichert wären.

3. Erbbaugrundbuch

Das Erbbaurecht erhält von Amts wegen ein besonderes Grundbuchblatt, Erbbaugrundbuch genannt (VO § 14). Dieses ist für das Erbbaurecht das Grundbuch im Sinne des BGB, d. h. für die Übertragung und Belastung des Erbbaurechts maßgebend (VO § 14 III). Dagegen ist für die Begründung und das Erlöschen des Erbbaurechts das Grundbuch des belasteten Grundstücks ausschlaggebend. Dort muß es eingetragen werden, wenn es entstehen soll, dort gelöscht werden, wenn es erlöschen soll.

Der Inhalt des Erbbaurechts wird im Erbbaugrundbuch festgelegt, im Grundbuch des Grundstücks wird nur Bezug auf dieses genommen (VO § 14 II). Bei Löschung des Erbbaurechts wird das Erbbaugrundbuch von Amts wegen geschlossen (VO § 16).

IV. Erbbaurecht als grundstücksgleiches Recht

Auf das Erbbaurecht finden die auf Grundstücke sich beziehenden Vorschriften Anwendung, mit Ausnahme der Formvorschrift über die Auflassung (VO § 11).

Danach ist das Erbbaurecht wie ein Grundstück zu behandeln, z.B. im ehelichen Güterrecht, was die Zugehörigkeit zu bestimmten Gütermassen oder die Verfügungsbeschränkung des das Gesamtgut verwaltenden Ehegatten anlangt (vgl. § 1424), ferner im Erbrecht, wiederum hinsichtlich Verfügungsbeschränkungen, z. B. des Vorerben (vgl. § 2113);[4] auch ist Zubehör des Erbbaurechts möglich. Die Zwangsvollstreckung in ein Erbbaurecht erfolgt wie in ein Grundstück.

---

[1] Vgl. OLG Düsseldorf, NJW 1957, 1194.

[2] Zum Gesamterbbaurecht vgl. Lutter, DNotZ 1960, 80; Huber, NJW 1952, 687; Riedel, DNotZ 1960, 375; Haegele, aaO, S. 279f.

[3] Einen Fall unrichtiger Löschung eines Erbbaurechts behandelt BGH 51, 50. In diesem Fall ist die Wiedereintragung nach Auffassung des BGH an nachrangiger Stelle möglich.

[4] Hierzu BGH 52, 269.

Dem Erbbauberechtigten stehen auch dieselben Ansprüche wie dem Eigentümer bei Entziehung oder Störung des Besitzes zur Verfügung (VO § 11 I), also nach §§ 985 und 1004.

Vor allem ergibt sich aber aus dieser Gleichstellung des Erbbaurechts mit dem Grundstück, daß das Erbbaurecht mit denselben Rechten wie ein Grundstück belastet werden kann. Am wichtigsten ist auch hier die Belastung mit Hypotheken und Grundschulden, da hierdurch die Beleihbarkeit des Erbbaurechtes ermöglicht wird und eine bedeutende Erleichterung des Bauens geschaffen ist.

V. Eigentum am Bauwerk

Das Bauwerk gilt als wesentlicher Bestandteil des Erbbaurechts. Diese Vorschrift (VO § 12) kann nicht im Wortsinn genommen werden, denn Bestandteile kennt das BGB nur an Sachen, nicht an Rechten. Sie soll bedeuten, daß das Bauwerk nicht im Eigentum des Grundstückseigentümers steht, sondern in dem des Erbbauberechtigten. Es entspricht dies auch der Regelung, die § 95 I 2 für Gebäude enthält, die in Ausübung eines Rechts an fremden Grundstücken errichtet sind.

Zweifelhaft erscheint das Eigentum bei einem Bauwerk, das zwar auch Gegenstand des Erbbaurechts, aber bei seiner Bestellung schon vorhanden ist. Auch für diesen Fall bestimmt aber VO § 12 I 2, daß es wesentlicher Bestandteil des Erbbaurechts ist. Danach ist anzunehmen, daß es auch in diesem Fall Eigentum des Erbbauberechtigten ist, also aus dem Eigentum des Grundstückseigentümers mit der Entstehung des Erbbaurechts ausscheidet, ohne daß dies in der Einigung über das Erbbaurecht zum Ausdruck kommen oder gewollt sein müßte. (Anders wohl für die alten Erbbaurechte nach BGB.)[1]

Die Konsequenzen für die Belastung zieht VO § 12 I 3: Das Bauwerk haftet von der Eintragung des Erbbaurechts im Grundbuch an nicht mehr für die Belastungen des Grundstücks. Es ruhen also auf dem Erbbaurecht keine Grundstückshypotheken. Dies wäre auch unverträglich mit dem Zweck des Erbbaurechts und würde für dieses eine Gefährdung bedeuten, die durch die erste Rangstelle des Erbbaurechts gerade ausgeschlossen werden soll.

Mit dem Ende des Erbbaurechts fällt das Bauwerk automatisch in das Eigentum des Grundstückseigentümers und haftet nicht mehr für die Belastungen des Erbbaurechts. In dieser Beziehung tritt an seine Stelle der Entschädigungsanspruch, den der Erbbauberechtigte gegen den Eigentümer hat (vgl. u. § 73 I).

VI. Belastung mit Hypotheken

Für die Belastung durch Hypotheken gelten eine Reihe von Sondervorschriften, die der Eigenart des Erbbaurechts angepaßt sind.

1. Mündelsichere Hypotheken

Mündelsichere Hypotheken müssen die Form der Tilgungshypothek haben (VO § 18).

Die Hypothek darf die Hälfte des Wertes des Erbbaurechts nicht übersteigen, wobei der kapitalisierte Erbbauzins, wenn er der Hypothek im Range vorgeht, in Abzug zu bringen ist (VO § 19). Der Wert wird berechnet nach dem Bauwert und dem kapitalisierten nachhaltigen jährlichen Mietreinertrag.

---

[1] Vgl. zu diesem Problem Huber, NJW 1952, 687.

2. Tilgung der Hypotheken

Die vorgeschriebene Tilgung der Hypothek muß unter Zuwachs der ersparten Zinsen erfolgen und spätestens 10 Jahre vor dem Ablauf des Erbbaurechts endigen (VO § 20 I). Wird die Hypothek erst später begründet, so muß die Tilgung während der Dauer des Erbbaurechtes nach den obigen Vorschriften noch möglich sein (VO § 20 II). Das Landesrecht kann allerdings abweichende Bestimmungen treffen (VO § 22).

Diese Bestimmungen erhalten ihren Sinn, sobald man sich klarmacht, daß das Erbbaurecht in aller Regel zeitlich beschränkt ist. Mit seinem Wegfall würden aber die Hypotheken gegenstandslos werden, da sie nicht auf dem Bauwerk, sondern auf dem Erbbaurecht lasten. Auch der Ausweg, daß ihnen statt des Bauwerkes der Entschädigungsanspruch des Erbbauberechtigten gegen den Eigentümer haftet, würde ihnen keine volle Sicherheit geben. Je mehr das Erbbaurecht sich seinem Ablauf nähert, eine desto geringere Wertgrundlage für die Belastungen stellt es dar. Auch der Erlös bei einer Zwangsvollstreckung wird naturgemäß immer geringer.

VII. Daneben besteht auch die Möglichkeit, ein Wohnungserbbaurecht nach WEG § 30 zu begründen, vgl. o. § 49 I.

§ 73. Beendigung des Erbbaurechts

I. Zeitablauf

Das Erbbaurecht endet normalerweise mit Ablauf der bestimmten Zeit. Damit werden alle Bestandteile des Erbbaurechts solche des Grundstücks (VO § 12 III), d. h. das Eigentum am Bauwerk geht automatisch auf den Eigentümer des Grundstücks über.

Der Eigentümer hat aber eine Entschädigung für das Bauwerk zu leisten, das in sein Eigentum fällt, ohne daß er etwas für dasselbe aufgewendet hat (VO § 27). Über die Höhe der Entschädigung, auch über ihren Ausschluß, können Vereinbarungen als Inhalt des Erbbaurechts mit dinglicher Wirkung getroffen werden (VO § 27 I 2).

Der Eigentümer kann seine Zahlungsverpflichtung abwenden, indem er dem Erbbauberechtigten die Verlängerung des Erbbaurechts für die voraussichtliche Standdauer des Bauwerks anbietet. Mit Ablehnung erlischt die Forderung des Erbbauberechtigten auf die Entschädigung (VO § 27 III).

Die Entschädigungsforderung tritt insofern an die Stelle des Erbbaurechts, als sie an dessen Rangstelle (also in der Regel an erster) auf dem Grundstück lastet (VO § 28). Daneben haftet der Eigentümer für sie auch persönlich. Sie dient zugleich als Sicherheit für etwa noch bestehende Hypotheken oder Grundschulden, und zwar geht der Gläubiger dem Erbbauberechtigten vor (VO § 29, wie der Hypothekengläubiger dem Eigentümer bei der Zwangsversteigerung).

Die vom Erbbauberechtigten abgeschlossenen Miet- und Pachtverträge bleiben in Kraft, der Grundstückseigentümer tritt in sie ein, wie der Erwerber bei Veräußerung des Grundstücks nach §§ 571 ff. (VO § 30 I). Er hat aber ein außerordentliches Kündigungsrecht nach VO § 30 II und III.

II. Aufhebung

Das Erbbaurecht kann durch den Berechtigten nach § 875 einseitig aufgehoben werden. Doch hat der Eigentümer seine Zustimmung dazu zu geben (VO § 26).

III. Heimfall

Vom Erlöschen des Erbbaurechts ist der Heimfall zu unterscheiden, die Verpflichtung des Erbbauberechtigten, sein Recht auf den Grundstückseigentümer zu übertragen. Denn hierdurch erlischt es nicht, sondern steht danach dem Eigentümer zu, der es wieder an einen Dritten übertragen kann.

Der Heimfall wird durch Vereinbarungen zwischen dem Eigentümer und dem Erbbauberechtigten in der Regel schon bei Begründung des Erbbaurechts geregelt, insbesondere in seinen Voraussetzungen. Der praktische Hauptfall ist neben der Vernachlässigung des Bauwerks der Verzug des Erbbauberechtigten mit der Zahlung des Erbbauzinses. Es kann dem Eigentümer nicht zugemutet werden, das Erbbaurecht dauernd ohne die versprochene Gegenleistung dem anderen Teil zu belassen. Jedoch ist der Heimfallanspruch nur dann begründet, wenn mindestens zwei Jahresbeträge des Erbbauzinses rückständig sind (VO § 9 III).

Durch die Erfüllung des Heimfallanspruchs, die Übertragung des Erbbaurechts, verliert der Berechtigte das Eigentum an dem Bauwerk, das er in der Regel selbst mit eigenen Aufwendungen errichtet hat. Er darf es auch nicht wegnehmen, also abreißen, und sich das Material aneignen (VO § 34). Dafür hat er aber einen Anspruch auf eine Vergütung, weil sonst der Eigentümer wirtschaftlich auf seine Kosten bereichert würde (VO § 32).

Die Höhe derselben wird in der Regel durch Vereinbarung zwischen Eigentümer und Erbbauberechtigtem im voraus bestimmt (VO § 32 I 2). Ein Ausschluß jeder Vergütung ist zwar möglich (Ausnahme VO § 32 II), aber selten.

Die auf dem Erbbaurecht lastenden Hypotheken, Grundschulden und Reallasten bleiben bestehen (ausgenommen die dem Erbbauberechtigten selbst zustehenden, VO § 33), weil sonst die Sicherheit dieser Rechte zu sehr gefährdet würde.

Der Heimfallanspruch stellt ein vertragliches Wiedererwerbsrecht des jeweiligen Eigentümers dar. Durch den Vergütungsanspruch des Erbbauberechtigten nähert es sich dem Wiederkaufsrecht.

IV. Das Erbbaurecht endet nicht mit dem Untergang des Bauwerks (VO § 13).

Es endet ferner nicht durch die Zwangsversteigerung des Grundstücks, an dem es besteht, selbst wenn es nicht in das geringste Gebot fällt (VO § 25).

Ein Rücktritt vom Erbbaurechtsvertrag nach Eintragung des Erbbaurechts im Grundbuch ist ausgeschlossen.[1]

§ 74. Soziale Bedeutung des Erbbaurechts

I. Erleichterung des Eigenheimbaus

Das Erbbaurecht hat eine beträchtliche soziale Bedeutung als Erleichterung des Eigenheimbaus und damit auch der Siedlung.

---

[1] BGH, NJW 1969, 1112 mit Anm. v. Hönn, NJW 1969, 1669; BGH, LM Nr. 1 zu § 1 ErbbauVO).

Zunächst besteht die Erleichterung darin, daß der Baulustige das Grundstück nicht zu erwerben und kein Kapital dafür aufzuwenden braucht, sondern lediglich einen Zins aufbringen muß, der eine Art von Verzinsung des Grundstückswertes darstellt. Die gesamten Erwerbskosten für ein Haus mindern sich also um den Betrag, der sonst für den Erwerb des Grundstücks aufgebracht werden müßte. Durch das Wohnungseigentum (vgl. o. § 49) hat sich diese Bedeutung des Erbbaurechts gemindert.

Das Haus selbst verliert für den Erbbauberechtigten nicht dadurch an Wert, daß es nicht mit dem Eigentum am Grundstück verbunden ist. Der Erbbauberechtigte verspürt dies im täglichen Leben nicht. Die zeitliche Begrenzung des Rechts vermindert das Gefühl, im eigenen Hause zu wohnen nicht sehr, denn die Lebensdauer des Rechts erstreckt sich ja in der Regel auf zwei oder drei Generationen.

II. Mittel der Bodenpolitik

Darüber hinaus kann das Erbbaurecht, wenn es durch öffentliche Körperschaften, z. B. die Gemeinden, und in größerem Umfang vergeben wird, die Entwicklung der Grundstückspreise und der Mieten beeinflussen, zugleich aber die Wertsteigerung, die bei den Grundstücken eintritt, für die Allgemeinheit nutzbar machen.

Das 19. Jahrhundert brachte mit der raschen Entwicklung der Städte eine gewaltige Steigerung der Grundstückswerte. Sie vollzog sich am Rand der Städte, wenn aus landwirtschaftlich benutzten Grundstücken Bauland wurde, und reizte zu umfangreichen Bodenspekulationen. Die großen Gewinne, die hierbei erzielt wurden, waren vielfach ohne wesentliche Arbeit erreicht. Auch im Innern der Städte wuchs der Grundstückswert stark, weil die Benutzung der Häuser für gewerbliche Zwecke, Läden, Büros usw. weit höhere Erträge lieferte als bei Wohnungen. In geschäftlich bevorzugten Stadtteilen bildeten sich reine Geschäftsviertel, aus denen die Wohnungen verschwanden, weil sie zu teuer geworden waren. Mit der Steigerung der Grundstückswerte stand die Steigerung der Mieten in Wechselwirkung. Auch in der Gegenwart vollzieht sich eine ähnliche Entwicklung.

Auf diesem Gebiet ermöglicht das Erbbaurecht den Gemeinden, nach Ablauf des Rechts und bei Neubegebung desselben der eingetretenen Wertsteigerung des Grundstücks durch entsprechende Erhöhung des Erbbauzinses Rechnung zu tragen. Damit kommt die Steigerung der Grundstückswerte der Gemeinde, also der Allgemeinheit zugute, ohne daß damit die Sozialisierung des Hausbesitzes verbunden wäre.

Die Gemeinde kann aber, wenn sie über viele Grundstücke verfügt, auch den anderen Weg einschlagen, den Erbbauzins niedrig halten und durch Vereinbarungen mit den Erbbauberechtigten auch für die Niedrighaltung der Mieten sorgen. Sie kann damit einen starken Einfluß auf die gesamte Mietpreisentwicklung ausüben. Zwischen diesen beiden Möglichkeiten, der vollen Ausschöpfung der Wertsteigerung auf der einen und der Niedrighaltung der Grundstückspreise und Mieten auf der anderen Seite, sind viele Zwischenstufen gegeben.

2. Abschnitt. Die Dienstbarkeiten

§ 75. Übersicht

I. Begriff und Arten

Dienstbarkeiten sind dingliche Nutzungsrechte. Durch ihre dingliche Natur unterscheiden sie sich von inhaltlich ähnlichen schuldrechtlichen Verhältnissen, wie Pacht und Miete.

Man unterscheidet nach der Person des Berechtigten die beiden Klassen der Grunddienstbarkeiten und der persönlichen Dienstbarkeiten. Erstere stehen dem jeweiligen Eigentümer eines anderen Grundstücks zu, sind also mit dem Eigentum an dem herrschenden Grundstück fest verbunden, bei der zweiten Art ist der Berechtigte eine individuell bestimmte Person.

Nach dem Inhalt unterscheidet man beschränkte und volle Nutzungsrechte. Der Nießbrauch gewährt ein Recht auf die gesamten Nutzungen eines Gegenstandes. Alle anderen Dienstbarkeiten berechtigen nur zu beschränkten Nutzungen je nach dem vereinbarten Inhalt.

Gegenstand der Dienstbarkeiten sind nur Grundstücke. Nur der Nießbrauch ist auch an beweglichen Sachen und an Rechten möglich.

II. Auch bei den Dienstbarkeiten ist das obligatorische Verpflichtungsgeschäft, das auch über eine etwaige Gegenleistung bestimmt, von dem dinglichen Geschäft, der Bestellung der Dienstbarkeit, zu unterscheiden. Jenes ist formfrei, dieses unterliegt bei Grundstücken der Vorschrift des § 873, erfordert also Einigung und Eintragung.

§ 76. Die Grunddienstbarkeiten

Literatur: Bernhardt, Wettbewerbsverbote als Inhalt einer Grunddienstbarkeit, NJW 1964, 804; Dittus, Grenzen der Anwendbarkeit von Servituten, NJW 1954, 1825; Giesecke, Leitungen auf fremden Grundstücken, in Festschrift f. Hedemann, 1958; Kindermann, Rechtsprobleme beim Bau von Erdölfernleitungen, 1965; Knöchlein, Wettbewerbs- und Verkaufsbeschränkungen als Inhalt von Dienstbarkeiten, BB 1961, 589; Löscher, Mitbenützungsrechte Dritter bei Grunddienstbarkeiten, Rpfleger 1962, 432; Kohler, Beiträge zum Servitutenrecht, AcP 87, 157; Naendrup, Zur Geschichte deutscher Grunddienstbarkeiten, 1900; Riedel, Unklarheiten im Recht der Dienstbarkeiten, Rpfleger 1966, 131; Roquette, Dingliche Benutzungsrechte in der gewerblichen Wirtschaft, BB 1967, 1177; Schmidt-Rimpler, Die Eigentümerdienstbarkeit, 1911; Walberer, Die Belastung im Sinne von § 1019 BGB bei den Wettbewerbsverboten, NJW 1965, 2138; Westermann, Die Forstnutzungsrechte, 1942.

I. Allgemeines

Bei Grunddienstbarkeiten stehen sich zwei Grundstücke gegenüber, ein belastetes, das „dienende", und das, zu dessen Gunsten die Belastung besteht, das „herrschende". Benachbart brauchen sie nicht zu sein, doch liegt es in der Natur dieser Rechte, daß eine gewisse Nähe in der Regel erforderlich ist, weil sich sonst kein Nutzen für das herrschende Grundstück ergeben kann.

Die Begründung einer Grunddienstbarkeit erfolgt nach § 873 durch Einigung und Eintragung. Auch wenn beide Grundstücke demselben Eigentümer gehören, ist die Bestellung einer Grunddienstbarkeit wohl als möglich anzusehen; an die Stelle der

Einigung tritt die einseitige Erklärung des Eigentümers.[1] Die Übertragung einer Grunddienstbarkeit ist nur zusammen mit dem Eigentum am herrschenden Grundstück möglich. Das Erlöschen richtet sich nach § 875. Es ist ferner anzunehmen, daß eine Grunddienstbarkeit erlischt, wenn durch tatsächliche Veränderungen bei einem der Grundstücke die Ausübung derselben dauernd unmöglich wird, oder der Vorteil für das herrschende Grundstück dauernd und völlig wegfällt, z. B. eine Weidegerechtigkeit bei Bebauung eines Grundstückes.

Die Frage, ob eine einheitliche Grunddienstbarkeit zugunsten der Eigentümer mehrerer selbständiger Grundstücke bestellt werden kann, wird in der Literatur überwiegend verneint. Folgt man dieser Auffassung, müßten gegebenenfalls mehrere selbständige Grunddienstbarkeiten eingetragen werden.[2]

II. Inhalt

Der Inhalt einer Grunddienstbarkeit ist nach § 1018 in dreierlei Art möglich:

1. Nutzungsrechte

Der Berechtigte darf das belastete Grundstück in bestimmten einzelnen Beziehungen benutzen, wie er es ohne die Dienstbarkeit nicht dürfte.

Beispiele sind Wegerechte, Weiderechte, Holz- und Streuberechtigungen, neuerdings Führung von Leitungen über das Grundstück.

Der Eigentümer muß daher eine Benutzung seines Grundstücks dulden, die er sonst verbieten könnte (daher servitus in patiendo).[3]

2. Anspruch auf Nutzungsunterlassung

Auf dem belasteten Grundstück dürfen bestimmte Handlungen nicht vorgenommen werden, die sonst der Eigentümer kraft seines Eigentums vornehmen dürfte. Er hat zu unterlassen, was er sonst tun dürfte. Die Dienstbarkeiten ermöglichen also eine Erweiterung oder Abschwächung der normalen nachbarrechtlichen Duldungspflichten. (servitus in non faciendo).[4]

Beispiel: Verbot der Bebauung oder der Errichtung bestimmter Betriebe auf dem Grundstück.

3. Ausschluß von Abwehrrechten

Die Ausübung eines Rechts wird ausgeschlossen, das sich sonst aus dem Eigentum am dienenden Grundstück gegenüber dem herrschenden ergeben würde, z. B. die Ausübung nachbarrechtlicher Befugnisse, insbesondere zulässiger Immissionen (§ 906). Dadurch wird die Ausübung des Eigentums am herrschenden Grundstück über das normale Maß erweitert.

Zu 1–3; Für alle diese Arten gemeinsam gilt, daß die Belastung immer einen Vorteil für die Benutzung des herrschenden Grundstücks begründen muß, nicht etwa nur für den einzelnen Eigentümer persönlich (§ 1019 Satz 1). Ein Verstoß hiergegen macht die Grunddienstbarkeiten nichtig, sofern nicht die Umdeutung in eine persönliche Dienstbarkeit möglich ist. Auch im Maß der Ausübung ist die Grunddienstbarkeit in derselben Weise beschränkt (§ 1019 Satz 2). Die Überschreitung macht die Dienstbarkeit wenigstens teilweise nichtig. In erster Linie kommen wirtschaftliche Vorteile in Frage

---

[1] So z. B. RG 142, 234, Baur, § 33 III 1a, Westermann, § 122 III 3; a. M. E. Wolf, S. 369.

[2] Dagegen mit Recht BayObLG, NJW 1966, 56 für den Fall, daß eine einheitliche Anlage zugunsten mehrerer Eigentümer auf dem dienenden Grundstück errichtet werden soll (ebenso OLG Frankfurt, NJW 1969, 469).

[3] Zur Frage der Bestimmtheit der Eintragung einer Grunddienstbarkeit vgl. BGH, NJW 1969, 502.

[4] Einen Fall, in dem beide Arten in einer Dienstbarkeit enthalten sind (Tankstellendienstbarkeit mit Konkurrenzklausel), behandelt BGH 35, 378.

(vgl. die obigen Beispiele), doch ist z. B. auch das Verbot eines lärmenden Gewerbebetriebes auf dem belasteten Grundstück als Vorteil für die Benutzung eines Wohngrundstücks anzusehen. Stets kommt es auf die Art des herrschenden Grundstücks an, ob Wohn- oder Geschäftshaus, landwirtschaftlich oder gewerblich genutzt. Das inhaltlich bestimmte Maß bildet das Maximum der Benutzung, auch wenn der Nutzen des herrschenden Grundstücks weitergehen sollte. Sinkt dagegen der Bedarf desselben, so geht automatisch auch das Maß der Benutzung herunter.

4. Kein Anspruch auf positives Tun des belasteten Eigentümers

Die Grunddienstbarkeit kann ihrem Hauptinhalt nach nicht auf ein positives Handeln des belasteten Eigentümers gerichtet sein (servitus in faciendo consistere non potest).

Nur wenn zur Ausübung der Dienstbarkeit auf dem belasteten Grundstück eine Anlage erforderlich ist, z. B. eine Wasserleitung, so kann durch Vereinbarung dem Eigentümer des belasteten Grundstücks die Verpflichtung auferlegt werden, diese Anlage zu unterhalten (§ 1021).

III. Grunddienstbarkeit und Eigentümernutzung

Das Benutzungsrecht aus der Dienstbarkeit geht dem des Eigentümers vor. Dieser darf sein Grundstück nur soweit benutzen, als es nach voller Ausnutzung der Dienstbarkeit noch möglich bleibt. Doch kann ein Mitnutzungsrecht des Eigentümers ausdrücklich oder stillschweigend vereinbart werden; dann muß, falls das dienende Grundstück für die volle Nutzung beider nicht mehr genug hergibt, eine verhältnismäßige Kürzung erfolgen, z. B. bei Holzrechten.

Der Berechtigte hat bei der Ausübung das Interesse des Eigentümers des dienenden Grundstücks tunlichst zu schonen (§ 1020 Satz 1). Gegen eine Überschreitung der Befugnisse des Berechtigten kann sich der Eigentümer gem. § 1004 zur Wehr setzen.[1]

Über Verlegung der Dienstbarkeit auf einen anderen Teil des Grundstücks (die z. B. bei Wegerechten bedeutsam werden kann) vgl. § 1023, über Teilung des dienenden oder des herrschenden Grundstückes vgl. §§ 1025, 1026.

IV. Der Schutz der Grunddienstbarkeit

1. Beseitigungs- und Unterlassungsanspruch

Gegen Beeinträchtigung der Dienstbarkeit hat der Berechtigte den Beseitigungs- und Unterlassungsanspruch wie der Eigentümer gemäß §§ 1004, 1027.

Hierunter fallen die tatsächliche Verhinderung oder Einschränkung der erlaubten Benutzung oder die Vornahme einer verbotenen Handlung.

Wird die Grunddienstbarkeit durch den Bau eines Gebäudes beeinträchtigt, sind die §§ 912–916 entsprechend anzuwenden.[2]

2. Besitzschutz

Außerdem genießt der Berechtigte den Besitzschutz, wenn die Dienstbarkeit im Grundbuch eingetragen (was jetzt in aller Regel der Fall ist) und im Laufe des letzten Jahres vor der Störung wenigstens einmal ausgeübt worden ist (§ 1029). Damit gewinnt der Berechtigte das Recht zur Abwehr verbotener Eigenmacht mit der erweiterten Selbsthilfe der §§ 858 ff. und die Besitzklagen nach §§ 861 ff.

[1] Vgl. BGH, NJW 1965, 1229.
[2] Vgl. BGH 39, 5.

V. Alte Grunddienstbarkeiten

Bei Geltungsbeginn des BGB bereits vorhandene Grunddienstbarkeiten bedürfen der Eintragung nicht, doch kann durch Landesgesetz die Eintragung angeordnet werden (EG BGB Art. 187). Im übrigen gibt es also nicht eingetragene Dienstbarkeiten, die auch dem gutgläubigen Erwerber gegenüber gelten.

VI. Wirtschaftliche Bedeutung

Die wirtschaftliche Bedeutung der Grunddienstbarkeiten hat sich im Laufe der letzten Jahrzehnte stark geändert.

Die Bedeutung von Wegerechten ist z. B. durch den Ausbau des öffentlichen Straßennetzes zurückgegangen. Weiderechte wurden durch Intensivierung der Landwirtschaft, insbesondere Umwandlung von Weiden in Wiesen oder Felder, beseitigt. Der Fortbestand von Dienstbarkeiten, die auf veralteten wirtschaftlichen Verhältnissen beruhten oder als wirtschaftlich schädlich erkannt sind, ist oft ein Hemmschuh für die wirtschaftliche Entwicklung. Darum ist in den meisten Landesrechten die Ablösung der Dienstbarkeiten vorgesehen und in weitem Umfang durchgeführt, daneben auch öfters die Begründung neuer verboten. Vgl. hierzu z. B. für Bayern das Gesetz über die Forstrechte vom 3. 4. 1958 (GVBl. 43).

Auf anderen Gebieten haben dagegen die Dienstbarkeiten stark an Bedeutung gewonnen. So werden sie z. B. in immer stärkerem Maße zur Durchsetzung von Wettbewerbsverboten verwendet. Solche Dienstbarkeiten verpflichten den Eigentümer des belasteten Grundstücks, auf diesem bestimmte Handlungen nicht vorzunehmen.

Beispiel: Ein Grundstück wird mit einer Dienstbarkeit des Inhalts belastet, daß auf ihm Flaschenbier nicht verkauft oder eine Tankstelle nicht errichtet werden darf.

Dienstbarkeiten dieses Inhalts sind nur insoweit zulässig, als durch sie der Eigentümer des belasteten Grundstücks in der Ausübung seiner Eigentumsrechte beschränkt wird. Wettbewerbsverbote, die keine Beschränkung des Eigentums zum Inhalt haben, können dagegen durch Bestellung einer Dienstbarkeit nicht durchgesetzt werden. Eine Dienstbarkeit kann daher nicht zum Inhalt haben, daß auf dem belasteten Grundstück keine anderen Erzeugnisse als die des Berechtigten vertrieben werden dürfen.[1] Denn ein Eigentümer, der auf seinem Grundstück ein Gewerbe betreibt, wird durch die Bindung an die Waren eines bestimmten Lieferanten nicht in der Ausübung seiner Eigentumsbefugnisse, sondern nur in seiner rechtsgeschäftlichen Freiheit eingeschränkt.

§ 77. Der Nießbrauch an Sachen

Literatur: Beyerle, Ertragsbeteiligung als dingliches Recht, JZ 1955, 257; Goldmann, Der Nießbrauch als Ersatz der Antichrese, Gruch. Beitr. 57, 617; Kisch, Die Rechtsstellung des Nießbrauchers bei Versicherung der Sache, Recht 1913, 763; Kretzschmar, Überlassung der Ausübung des Nießbrauchs, LZ 1914, 992; v. Lübtow, Der Eigentümernießbrauch an Grundstücken, NJW 1962, 275; Nußbaum, Das Nießbrauchsrecht des BGB unter dem Gesichtspunkt der Rechtstatsachenforschung, 1919; Pikalo, Der Nießbrauch im Landwirtschaftsrecht, DNotZ 1971, 389.

I. Inhalt des Nießbrauchs

Gegenstand des Nießbrauchs kann ein Grundstück, eine bewegliche Sache oder ein Recht sein. Er ist das unvererbliche und unveräußerliche dingliche Recht, alle Nutzungen aus dem belasteten Gegenstand zu ziehen. Als umfassendes Nutzungsrecht unterscheidet er sich von allen Dienstbarkeiten. Eine Schranke für dieses Recht bildet die Vorschrift,

---

[1] BGH 29, 244.

daß die Substanz des Gegenstandes aufrechterhalten bleibt und der Nießbraucher in sie nicht eingreifen darf (vgl. aber u. VIII).

Wirtschaftliche Bedeutung hat der Nießbrauch nur in Sonderfällen, denn für die Regel räumt kein Eigentümer einem anderen ein so weitgehendes Recht ein, das ihm selbst für längere Zeit den gesamten Ertrag des Gegenstandes nimmt. Der wichtigste Fall ist die erbrechtliche Verfügung, durch die ein Ehegatte dem Überlebenden den Nießbrauch am Nachlaß vermacht, um auf diese Weise dessen soziale Existenz besser zu sichern als durch das gesetzliche Erbrecht von nur $^1/_4$ (bei der Zugewinngemeinschaft $^1/_2$, § 1371) des Nachlasses (neben Kindern), und um ihn von diesen unabhängig zu machen, ohne das Erbrecht der Kinder zu schmälern.

Seltener findet sich bei Gutsüberlassungen die Bestellung eines Nießbrauchs an Teilen des Gutes. Schließlich findet sich auch ein Nießbrauch zur Sicherung einer Forderung mit einer Hypothekenbestellung verbunden, um damit etwas ähnliches zu erreichen wie mit einem antichretischen Pfandrecht, insbesondere den unmittelbaren Erwerb der Mietzahlungen als Nutzung des Grundstücks („Sicherungsnießbrauch").

Wichtig waren die dem Nießbrauch nahestehenden Fälle von Nutznießungsrechten an Sondervermögen, z. B. des Ehemannes am eingebrachten Gut seiner Frau und des Inhabers der elterlichen Gewalt am Kindesvermögen; sie sind durch das Gleichberechtigungsgesetz beseitigt. Es handelte sich hier um Rechte an ganzen Vermögensmassen, während der Nießbrauch nur an einzelnen Gegenständen bestehen kann und an ihnen begründet werden muß. Der Nießbrauch besteht als dingliches Recht fort, auch wenn das Eigentum an dem Gegenstand wechselt, während das Nutznießungsrecht an die Zugehörigkeit des Gegenstandes zu dem betreffenden Sondervermögen gebunden war, daher mit ihr erlosch.

II. Die Begründung des Nießbrauchs

1. Bestellung durch Rechtsgeschäft

Die Bestellung durch Rechtsgeschäft unter Lebenden hat verschiedene Erfordernisse, je nachdem es sich um Grundstücke oder bewegliche Sachen handelt. Sie entsprechen stets jenen für die Übertragung des Eigentums. Daher sind bei Grundstücken Einigung und Eintragung erforderlich (§ 873), womit auch der Nießbrauch am Zubehör erworben wird (§ 1031), bei beweglichen Sachen Einigung und Übergabe oder Übergabesurrogate (§ 1032). Die Einigung bezieht sich hier natürlich auf die Begründung des Nießbrauchs.

Ein gutgläubiger Erwerb ist unter den gleichen Voraussetzungen wie beim Eigentumserwerb möglich (§§ 892, 1032 Satz 2).

Die Bestellung ist ein abstrakter Vertrag. Das Kausalgeschäft, welches die Verpflichtung zur Bestellung begründet, kann Schenkungsversprechen, Vermächtnis, Gutsüberlassungsvertrag sein; seltener liegt ein entgeltlicher gegenseitiger Vertrag vor, der dem Kauf angenähert ist (vgl. §§ 445, 493).

2. Ersitzung

Der Nießbrauch an einer beweglichen Sache kann auch durch Ersitzung erworben werden. Dabei müssen dieselben Voraussetzungen wie bei der Ersitzung des Eigentums an beweglichen Sachen erfüllt werden (§ 1033).

3. Nießbrauch an eigener Sache

Umstritten ist, ob es einen Nießbrauch an der eigenen Sache geben kann.[1] Die Zulässigkeit eines Eigentümernießbrauchs an Grundstücken wird man jedenfalls bejahen können. Der Eigentümer kann dadurch bei weiteren Belastungen einen Vorrang wahren. Bei Verkauf seines Grundstücks kann er den vorher bestellten Nießbrauch behalten.

III. Die Rechte des Nießbrauchers

Der Nießbrauch umfaßt eine Reihe von Befugnissen.

1. Recht zum Besitz

Der Nießbraucher ist zum Besitz berechtigt (§ 1030). Er bedarf desselben, um die Nutzungen in ihrer Gesamtheit ziehen zu können. Der Besteller wird mittelbarer Besitzer (§ 868), der Nießbraucher in der Regel unmittelbarer (doch kann er den Gegenstand auch vermieten und ist dann mittelbarer Besitzer ersten Grades).

2. Umfang und Beschränkung

Das Nutzungsrecht ist umfassend; es kann nur durch Ausschluß einzelner Nutzungen beschränkt werden, § 1030 II. Es ergreift die natürlichen Früchte, insbesondere die Erzeugnisse eines landwirtschaftlichen Grundstücks, wie die juristischen, z. B. die Mieten eines Hauses. Es erstreckt sich auch auf die Ausübung der mit dem Eigentum an der Sache verbundenen Rechte, z. B. einer Grunddienstbarkeit.

3. Fruchterwerb

Der Nießbraucher erwirbt alle Früchte mit der Trennung zu Eigentum (§ 954).

Dies gilt auch für solche, die er den Regeln einer ordnungsmäßigen Wirtschaft zuwider oder auf Grund besonderer Ereignisse im Übermaße zieht, z. B. Holznutzung infolge Windbruchs, Raupen- oder Käferschaden (§ 1039). Er ist in diesem Falle zum Wertersatz verpflichtet, freilich erst bei Ende des Nießbrauchs und nur soweit nicht die eigenen Nutzungen geschmälert werden, was in obigen Fällen meist zutreffen wird (§ 1039 II); bei Verschulden ist er zum sofortigen Schadensersatz verpflichtet (§ 1039 I 2).

4. Schranken des Nießbrauchs

a) Der Nießbraucher hat die bisherige wirtschaftliche Bestimmung der Sache aufrechtzuerhalten (§ 1036 II); er darf z. B. nicht Wald in Ackerland verwandeln, Garten in Bauland;

b) er hat nach den Grundsätzen einer ordentlichen Wirtschaft zu verfahren;

c) er darf in die Substanz der Sache nicht eingreifen, sie weder umgestalten noch wesentlich verändern (§ 1037);

d) er kann nicht über die Sache rechtlich verfügen (Dispositionsnießbrauch ist ausgeschlossen).

Eine Ausnahme muß Platz greifen, wenn auf einem Grundstück Anlagen zur Gewinnung von Bodenbestandteilen, wie Steinen, Sand, Ton usw. bestehen. Denn die Nutzung an ihnen ist ja ohne Eingriffe in die Substanz nicht denkbar. In diesem Fall

---

[1] Vgl. dazu von Lübtow, NJW 1962, 275 und Haegele, Rpfleger 1969, 266; a. M. E. Wolf, S. 361.

kann der Nießbraucher solche Anlagen auch neu errichten, wenn dadurch die wirtschaftliche Bestimmung des Grundstücks nicht wesentlich verändert wird (§ 1037 II). Ferner hat der Nießbraucher Veränderungen der Sache, die durch ordnungsmäßige Ausübung des Nießbrauchs entstehen, nicht zu vertreten (§ 1050).

5. Verfügungen des Nießbrauchers

Zur Verfügung über die gezogenen Nutzungen ist der Nießbraucher berechtigt, weil er ihr Eigentümer ist. Eine Verfügung über die Sache selbst steht ihm nicht zu.

Nur wenn ein Grundstück mit Inventar Gegenstand des Nießbrauchs ist (wie regelmäßig bei landwirtschaftlichen Grundstücken), kann er über die einzelnen Inventarstücke in den Grenzen einer ordnungsmäßigen Wirtschaft verfügen (§ 1048). Er hat dann für Ersatz zu sorgen; schafft er demgemäß neue Stücke an, so werden sie mit der Einverleibung in das Inventar Eigentum des Inventareigentümers, also in der Regel des Grundstückseigentümers.

Der Nießbraucher darf ein Grundstück vermieten oder verpachten, selbst über die Dauer des Nießbrauchs hinaus. Mit Beendigung desselben tritt der Eigentümer in das Schuldverhältnis ein, hat aber ein außerordentliches Kündigungsrecht (§§ 1056, 571 ff.).

IV. Die Pflichten des Nießbrauchers

Der Nießbraucher hat aber nicht nur Rechte, sondern auch Verpflichtungen. Zwischen ihm und dem Eigentümer – nicht dem Besteller – entsteht ein gesetzliches Schuldverhältnis.

1. Erhaltung der Sache

Die wesentliche Verpflichtung des Nießbrauchers ist die Erhaltung der Sache in ihrem wirtschaftlichen Bestand. Soweit ihre gewöhnliche Unterhaltung es erfordert, ist er auch zur Ausbesserung und Erneuerung verpflichtet (§ 1041; vgl. § 1036 II).

2. Versicherungspflicht

Er hat die Sache gegen Brandschaden zu versichern, wenn dies einer ordnungsmäßigen Wirtschaft entspricht (wie bei Gebäuden, § 1045).

3. Lastentragung

Er hat die öffentlichen Lasten der Sache, z. B. Steuern, und diejenigen privatrechtlichen Lasten zu tragen, die schon vor der Zeit der Bestellung des Nießbrauchs auf der Sache ruhten, insbesondere die Hypothekenzinsen (§ 1047). Dies gilt aber nur im Innenverhältnis zum Eigentümer, nicht den Gläubigern gegenüber.

4. Sicherheitsleistung

Der Eigentümer bedarf angesichts der weitgehenden tatsächlichen Gewalt des Nießbrauchers über die Sache eines Schutzes, wenn dieser seine Stellung mißbraucht. Der Nießbraucher ist daher dem Eigentümer zur Sicherheitsleistung verpflichtet, wenn sein Verhalten eine erhebliche Verletzung der Rechte des Eigentümers besorgen läßt (§ 1051).

Kommt der Nießbraucher nach rechtskräftiger Verurteilung und gerichtlicher Fristsetzung seiner Verpflichtung nicht nach, kann der Eigentümer verlangen, daß die Verwaltung der Sache dem Nießbraucher entzogen und einem gerichtlich bestellten Verwalter übertragen wird (§ 1052). Ferner kann der Eigentümer auf Unterlassung klagen, wenn der Nießbraucher den unbefugten Gebrauch der Sache trotz Abmahnung des Eigentümers fortsetzt (§ 1053). Liegt eine erhebliche Verletzung der Rechte des Eigentümers vor, so kann dieser wiederum die Einsetzung eines gerichtlichen Verwalters verlangen (§ 1054). Bei Verschulden trifft den Nießbraucher die im Gesetz nicht erwähnte Schadensersatzpflicht.

5. Rückgabepflicht

§ 1055 erwähnt die Pflicht des Nießbrauchers, nach Beendigung des Nießbrauchs die Sachen an den Eigentümer zurückzugeben. Im Normalfall, wenn Besteller und Eigentümer dieselbe Person sind, ergibt sich aus dieser Vorschrift angesichts des Anspruchs des Eigentümers nach § 985 nichts Neues; einer Hervorhebung bedarf es nur, falls der Besteller nicht der Eigentümer war, weil die Rückgabe nicht an den Besteller zu erfolgen hat. Die Bedeutung des § 1055 liegt stets darin, daß die Rückgabe der Sache in dem Zustand zu erfolgen hat, der sich bei ordnungsmäßiger Wirtschaft des Nießbrauchers ergibt.

6. Verwendungsersatz

Umgekehrt hat der Nießbraucher einen Ersatzanspruch wegen der Verwendungen, die über seine Verpflichtungen hinausgehen, nach den Regeln über die Geschäftsführung ohne Auftrag (§ 1049).

7. Gutgläubiger Erwerb

Das gesetzliche Schuldverhältnis besteht zwischen Nießbraucher und Eigentümer, nicht etwa zwischen Nießbraucher und Besteller. Das wird wichtig, wenn der Besteller ausnahmsweise nicht der Eigentümer ist, der Nießbrauch aber wegen guten Glaubens des Nießbrauchers wirksam begründet wird, oder wenn der Besteller aufhört, Eigentümer zu sein, z. B. die Sache veräußert. Zugunsten des Nießbrauchers gilt aber der Besteller als der Eigentümer, solange er das mangelnde Eigentum des Bestellers nicht kennt (§ 1058). Ist der Nießbrauch aber einmal auf Grund des guten Glaubens begründet, so schadet spätere grobe Fahrlässigkeit nicht mehr, auch die nachträgliche Eintragung des wahren Eigentümers im Grundbuch bringt den Nießbrauch nicht zum Erlöschen.

Mit dem Inhalt des gesetzlichen Schuldverhältnisses werden sich oft die Vereinbarungen decken, die im Kausalgeschäft zwischen Nießbraucher und Besteller getroffen sind. Ein Unterschied ergibt sich praktisch dann, wenn der Besteller nicht der Eigentümer ist. Dann gehen die gesetzlichen Pflichten gegenüber dem Eigentümer vor.

V. Der Schutz des Nießbrauchs

Er wird durch die gleichen Ansprüche, wie sie dem Eigentümer zustehen, gewährleistet (§ 1065), also durch den Herausgabeanspruch nach §§ 985 ff. und den Beseitigung- und Unterlassungsanspruch des § 1004. Außerdem genießt der Nießbraucher den Besitzschutz, wenn er, wie in der Regel, Besitzer der Sache ist.

VI. Unübertragbarkeit

Der Nießbrauch ist unübertragbar (§ 1059 Satz 1). Damit wird verhindert, daß die Beschränkung des Rechts auf Lebenszeit durch Veräußerung an andere Personen umgangen werden kann.

Eine Ausnahme besteht für juristische Personen als Nießbraucher (§§ 1059 a–e).[1]

Dagegen kann die Ausübung des Nießbrauchs einem anderen überlassen und auch gepfändet werden (§ 1059 Satz 2).

In der Regel erfordert dies die Überlassung des Besitzes, ferner die Abtretung derjenigen Nutzungsansprüche, die sich gegen Dritte richten, z. B. der Ansprüche auf Zahlung der Mieten. Nach herrschender Meinung erhält der Ausübende nur ein obligatorisches Recht, welches durch seinen Besitz allerdings verstärkt wird. Abzulehnen ist die Auffassung, daß es sich um ein dingliches Recht handelt, das bei Grund-

[1] § 1059 a Ziff. 1 gilt auch für die oHG entsprechend; BGH, NJW 1968, 1964.

stücken der Eintragung bedürfe. Der Ausübende erwirbt das Eigentum an den Früchten nach § 956 und hat gegen den Eigentümer die Einwendungen des §986.

VII. Erlöschen

Da der Nießbrauch unvererblich ist, erlischt er mit dem Tod des Nießbrauchers, bei juristischen Personen mit ihrem Ende (§ 1061).

Ferner endet er mit dem Verzicht; bei Grundstücken bedarf er der Erklärung gegenüber dem Grundbuchamt und der Löschung (§ 875), bei beweglichen Sachen einer Erklärung der Aufgabe gegenüber dem Eigentümer oder Besteller (§ 1064). Auch durch Vereinigung des Nießbrauchs mit dem Eigentum in einer Person erlischt der Nießbrauch an beweglichen Sachen (§ 1063), dagegen nicht an Grundstücken (§ 889). Der Nießbrauch ergreift die Sache in ihrem jeweiligen Bestand. Er erlischt daher bei einem Hausgrundstück nicht mit der Zerstörung des Hauses, sondern erstreckt sich ohne weiteres auf das wiederaufgebaute.[1]

VIII. Uneigentlicher Nießbrauch

An verbrauchbaren Sachen kann es einen Nießbrauch nicht geben, denn ihr Gebrauch unter Erhaltung der Substanz ist nach ihrer Natur ausgeschlossen (vgl. o. III 4). Wenn daher ein umfassender Nießbrauch oder ein Nutzungsrecht sich auf verbrauchbare Sachen erstreckt, muß ein anderes Rechtsverhältnis geschaffen werden, der „uneigentliche Nießbrauch" des § 1067. Der Nießbraucher erlangt an diesen Sachen volles Eigentum, ist aber nach Beendigung des Nießbrauchs zum Ersatz des Wertes (z. Z. der Bestellung), nicht zur Rückgabe gleichartiger Sachen verpflichtet, und zwar dem Besteller gegenüber.

§ 78. Der Nießbrauch an Rechten

Literatur: Bunke, Der Nießbrauch an der Beteiligung an einer Personalgesellschaft, DNotZ 1968, 5; Heidecker, Das Bezugsrecht bei nießbrauchsbelasteten Aktien, NJW 1956, 892; v. Schilling, Das Nießbrauchsrecht an einer Beteiligung, Betrieb 1954, 561; Siebert, Nießbrauch am Gewinnrecht des Gesellschafters einer offenen Handelsgesellschaft, BB 1956, 1126; Stammler, Nießbrauch an Forderungen, 1880; Weider, Der Nießbrauch an Aktien, 1925; Wiedemann, Die Übertragung und Vererbung von Mitgliedschaftsrechten bei Handelsgesellschaften, 1965, S. 397.

I. Begriff, Gegenstand

Gegenstand des Nießbrauchs kann auch ein Recht sein, vorausgesetzt, daß es Nutzungen abwirft. Dies kommt praktisch besonders dann vor, wenn ein Nießbrauchs- oder Nutznießungsrecht an einem ganzen Vermögen oder ideellen Teilen eines solchen besteht. Es handelt sich streng genommen nicht um ein dingliches, aber um ein absolutes Recht; es wirkt als Einschränkung des belasteten Rechts (vgl. u. IV).

Gegenstand des Nießbrauchs können nur übertragbare Rechte sein (§ 1069 II). Die Nießbrauchsbestellung läuft immer auf eine Übertragung des Nutzungsrechts, also eines Bestandteils des belasteten Rechts hinaus. Demgemäß hat die Bestellung nach den Vorschriften über die Übertragung des belasteten Rechts zu erfolgen (§ 1069 I). Sie erfordert also bei Forderungen nur einen formlosen Vertrag, dagegen z. B. bei Hypotheken Einigung und Eintragung bzw. Übergabe des Briefes. Am häu-

[1] BGH, DNotZ 1965, 165.

figsten sind wohl Aktien oder Hypotheken Gegenstand dieses Nießbrauchs.

II. Inhalt

Der Inhalt entspricht dem Nießbrauch bei Sachen (§ 1068 II). Der Nießbrauch gewährt daher ein Recht auf die Nutzungen, z. B. auf die Zinsen einer Forderung, auf die Pachtfrüchte beim Nießbrauch am Pachtrecht, auf die Dividende einer Aktie.

Sind es natürliche Früchte, die zugleich Rechtsfrüchte des belasteten Rechts sind, z. B. bei Pacht, so erwirbt der Nießbraucher das Eigentum an ihnen mit der Trennung. Bei reinen Rechtsfrüchten, z. B. Zinsen, geht der Anspruch auf sie auf den Nießbraucher über (daher Anwendung der Zessionsregeln nach § 1070 I).

Da jede Änderung im Inhalt des belasteten Rechts auch eine Änderung des Nießbrauchs zur notwendigen Folge hat, ist die Zustimmung des Nießbrauchers zu jeder Änderung, die ihn beeinträchtigt, erforderlich (§ 1071 II).

III. Erlöschen

Das Erlöschen des Nießbrauchs tritt auch hier mit dem Tod des Berechtigten ein, ferner durch Verzicht, für den die bloße Erklärung nach §§ 1064, 1072 auch dann genügt, wenn das belastete Recht nicht an einer beweglichen Sache besteht, sowie durch Vereinigung des belasteten Rechtes mit dem Nießbrauch in einer Person (§§ 1063, 1072). Auch die Aufhebung des belasteten Rechts macht dem Nießbrauch an ihm ein Ende; deswegen kann sie rechtsgeschäftlich auch nur mit Zustimmung des Nießbrauchers erfolgen (§ 1071).

IV. Nießbrauch an Forderungen

Besondere Vorschriften gelten für den Nießbrauch an Forderungen. Hier stehen drei Personen miteinander in Verbindung, der Gläubiger und der Schuldner der belasteten Forderung sowie der Nießbraucher. Das Gesetz unterscheidet zwischen unverzinslichen und verzinslichen Forderungen.

1. Unverzinsliche Forderungen

Bei den unverzinslichen Forderungen scheidet die normale Nutzung, wie sie sonst einem Nießbraucher zusteht, aus. Dafür erhält er, weil das belastete Recht sich in einer einmaligen Leistung erschöpft, damit der Nießbrauch überhaupt einen Inhalt erhält, das Recht zur Verfügung über die Forderung in Gestalt der Einziehung, und falls die Fälligkeit von einer Kündigung des Gläubigers abhängt, auch zur Kündigung (§ 1074). Zu anderen Verfügungen, z. B. Abtretung, Erlaß, Vergleich, ist er nicht berechtigt.

Die Leistung hat an den Nießbraucher, nicht an den Gläubiger zu erfolgen. Der geleistete Gegenstand fällt aber nicht etwa dem Nießbraucher als Eigentum zu, sondern dem Gläubiger, der Nießbraucher erwirbt nur den Nießbrauch an ihm (§ 1075). Der geleistete Gegenstand tritt also an die Stelle der Forderung als Objekt des Nießbrauchs. Wird eine Sache geleistet, so verwandelt sich der Rechtsnießbrauch in den gewöhnlichen Sachnießbrauch. Die Annahme der Leistung durch den Nießbraucher wirkt wie die Annahme durch den Gläubiger, obwohl Vertretung nicht vorliegt.

Wird ein Grundstück geleistet, so entsteht der Nießbrauch an ihm automatisch ohne Eintragung im Grundbuch, ähnlich wie die Sicherungshypothek nach § 1287. Verbrauchbare Sachen werden Eigentum des Nießbrauchers (§§ 1075 II, 1067).

2. Verzinsliche Forderungen

Anders gestaltet sich die Rechtslage bei verzinslichen Forderungen. Denn hier hat der Nießbrauch einen Inhalt schon dadurch, daß dem Nießbraucher die Zinsen zufallen. Daher braucht er hier das alleinige Recht zur Einziehung und Kündigung nicht zu haben. Vielmehr können Nießbraucher und Gläubiger nur gemeinschaftlich kündigen (§ 1077 II), jeder von ihnen kann nur Zahlung an beide gemeinschaftlich verlangen und die Zahlung (des Kapitals) kann nur an beide gemeinschaftlich erfolgen (§ 1077 I). Beide sind einander zur Mitwirkung bei der Einziehung verpflichtet (§ 1078). Die Anlegung des eingezogenen Kapitals regelt § 1079.

Die geleisteten Sachen werden auch hier Eigentum des Gläubigers, der Nießbraucher erhält den Nießbrauch an ihnen. Bei verbrauchbaren Sachen, z. B. Geld, ist streitig, ob der Nießbraucher nur den Nießbrauch erhält oder beide zusammen Miteigentum an ihnen.[1]

V. Nießbrauch an Wertpapieren

Der Nießbrauch an Orderpapieren, z. B. an Wechseln, wird durch Indossament, Einigung über die Nießbrauchsbegründung und Übergabe der Papiers begründet. An Inhaberpapieren (und Orderpapieren mit Blankoindossament) wird er durch Einigung und Übergabe (oder Einräumung des Mitbesitzes) an den Nießbraucher bestellt. (§ 1081). Zinsen und Dividenden fallen dem Nießbraucher allein zu, daher steht ihm auch der Besitz an den entsprechenden Nebenpapieren (Zinsscheinen) zu, während der Besitz am Stammpapier (und am Erneuerungsschein) Eigentümer und Nießbraucher gemeinschaftlich zusteht (§ 1081). Jeder Teil kann Hinterlegung verlangen mit der Bestimmung, daß die Aushändigung nur an beide gemeinschaftlich erfolgen kann. Sie haben bei Einziehung und anderen Maßnahmen zusammenzuwirken (§ 1083).

§ 79. Der Nießbrauch an Vermögen

Literatur: Bökelmann, Nutzungen und Gewinn beim Unternehmensnießbrauch, 1971; v. Lodin, Nutzungsrecht an Unternehmen oder Unternehmensbeteiligungen, 1949; Jacusiel, Nutzungsrecht am Handelsgeschäft, 1906; Kohler, Das Nießbrauchvermächtnis als Ersatz des Berliner Testaments, NJW 1948, 361.

I. Allgemeines

Streng genommen gibt es keinen Nießbrauch an einem ganzen Vermögen, sondern nur an den einzelnen zu einem Vermögen gehörigen Gegenständen. Seine Bestellung ist nicht durch einen Gesamtakt einheitlich am ganzen Vermögen möglich, sondern muß getrennt nach Grundstücken, beweglichen Sachen und Rechten jeweils nach den besonderen Vorschriften erfolgen, die für die Bestellung an der betreffenden Art von Gegenständen gelten (§ 1085). Es handelt sich also nur um eine Summe von Nießbrauchsrechten an den einzelnen Gegenständen. Ist er aber einmal bestellt, so dauert er fort, auch wenn die Zugehörigkeit zu dem Vermögen aufhört, z. B. durch Veräußerung seitens des Eigen-

[1] Vgl. dazu Wolff-Raiser, § 121 II.

tümers. Andererseits besteht er nicht automatisch an einem Gegenstand, der zu dem betreffenden Vermögen gehört oder ihm einverleibt wird, solange er nicht an dem Gegenstand besonders bestellt ist. Die bloße Verpflichtung zur Bestellung des Nießbrauchs an einem Vermögen kann dagegen durch einen einheitlichen Vertrag (§ 311) oder durch Vermächtnis begründet werden.

Praktische Bedeutung hat der Nießbrauch am Vermögen aus steuerrechtlichen Gründen im Zusammenhang mit einem Erbfall. Entweder soll die Erbfolge durch Schenkung vorweggenommen, dem künftigen Erblasser aber der Nießbrauch vorbehalten werden, oder ein Angehöriger erhält statt der Vorerbenstellung den Nießbrauch an der Erbschaft als Vermächtnis.

II. Rechtliche Bedeutung

Rechtliche Bedeutung kommt ihm neben den einzelnen Nießbrauchsrechten nur zu als Anlaß für eine besondere Regelung der Schuldenhaftung. Eine solche ist wirtschaftlich notwendig, denn es geht nicht an, den Nießbraucher völlig unberührt zu lassen von den Schulden des Bestellers, der in der Regel der Inhaber des Vermögens ist. Wenn er mit seinem Nießbrauchsrecht stets allen anderen Gläubigern des Eigentümers vorgehen würde und jede Haftung der seinem Recht unterliegenden Gegenstände für Schulden des Bestellers ablehnen könnte, so würden sich die Gläubiger des Vermögensinhabers überhaupt nicht mehr an das gesamte Vermögen halten können, und dadurch würde die Möglichkeit geschaffen, daß der Inhaber des Vermögens durch Bestellen des Nießbrauchs an ihm sein Vermögen dem Zugriff seiner Gläubiger völlig entziehen könnte. Die Kreditwürdigkeit jedes Schuldners würde dadurch zweifelhaft. Auf der anderen Seite könnte der Nießbrauch wertlos werden, wenn die Gläubiger des Bestellers, auch wenn ihre Forderungen erst nach der Bestellung des Nießbrauchs entstanden wären, sich an das Vermögen halten könnten, denn auf diese Weise würde dem Nießbraucher das Vermögen unter Umständen zu einem großen Teil entzogen werden können und sein Nießbrauchsrecht illusorisch werden.

Das Gesetz hat einen vernünftigen Mittelweg eingeschlagen: Die Gläubiger des Bestellers (nicht des Eigentümers), deren Forderungen schon vor der Bestellung des Nießbrauchs entstanden sind, können sich ohne Rücksicht auf den Nießbrauch an das Vermögen des Bestellers halten und aus den dazu gehörenden Gegenständen Befriedigung verlangen (§ 1086). Der Nießbraucher, der ein Handelsgeschäft fortführt, haftet für die bisherigen Geschäftsverbindlichkeiten nach HGB § 25. Damit ist für den Nießbraucher die Gefahr beseitigt, daß nachträglich entstehende Forderungen seinen Nießbrauch entwerten, andererseits die Möglichkeit einer Verschiebung des Vermögens vom Besteller auf den Nießbraucher und die Schädigung der alten Gläubiger verhindert. Der Nießbraucher muß nur mit den Forderungen rechnen, die schon z. Z. der Bestellung bestehen; über sie kann er sich aber auch unterrichten und danach den Wert des Nießbrauchs beurteilen (vgl. die Zwangsvollstreckung nach ZPO §§ 737, 738).

III. Verhältnis der beteiligten Personen

Bei Durchführung dieser Grundsätze ist das Außenverhältnis zwischen dem Nießbraucher und den Gläubigern des Bestellers und das Innenverhältnis zwischen Nießbraucher und Besteller auseinanderzuhalten.

1. Außenverhältnis

Der Nießbraucher hat die Zwangsvollstreckung der Gläubiger in die seinem Nießbrauch unterliegenden Gegenstände zu dulden. Erforderlich ist die Verurteilung des Bestellers zur Leistung und die des Nießbrauchers zur Duldung der Vollstreckung (ZPO § 737). Der Nießbrauch wird gewissermaßen unwirksam gegenüber den Gläubigern. Diese können sich auch an das vom Nießbrauch freie Vermögen des Bestellers halten.

2. Innenverhältnis

Hier kommt in Frage, ob der Nießbraucher berechtigt ist, selber die Gläubiger zu befriedigen, oder ob es Sache des Bestellers bleibt. In erster Linie hat der Besteller als Schuldner für die Erfüllung der Forderungen zu sorgen. Daher kann er, wenn eine Forderung fällig ist, vom Nießbraucher die Rückgabe der zur Befriedigung des Gläubigers erforderlichen Gegenstände verlangen, wobei ihm die Auswahl freisteht, wenn Gegenstand der Forderung keine bestimmten Gegenstände sind, z. B. bei Geldschulden (§ 1087 I). Der Nießbraucher kann nach Herausgabe verlangen, daß der Besteller den herausgegebenen Gegenstand auch wirklich zur Befriedigung der Gläubiger verwendet (§ 1087 I 3).

Einfacher und sicherer ist der Weg, daß der Nießbraucher selbst den Gläubiger befriedigt. Hierzu ist er ohne weiteres berechtigt, wenn die Forderung sich auf einen bestimmten Gegenstand, z. B. eine bestimmte Sache richtet. Diese kann er dann dem Gläubiger übergeben und ihn dadurch zum Eigentümer machen. Er ist zwar nicht Eigentümer, aber zu der Verfügung berechtigt (§ 1087 II 1). Falls aber die Forderung auf nur der Gattung nach bestimmte Sachen oder auf Geld geht und solche nicht im Vermögen sich befinden, kann der Nießbraucher nur dann beliebige Gegenstände, die dem Nießbrauch unterliegen, veräußern und aus dem Erlös den Gläubiger befriedigen, wenn die Befriedigung durch den Besteller nicht ohne Gefahr abgewartet werden kann, z.B. weil sonst die Vollstreckung in das Vermögen droht (§ 1087 II 2).

Besonders geregelt ist die Haftung des Nießbrauchers für Zinsen und andere wiederkehrende Leistungen. Wegen dieser können sich die Gläubiger unmittelbar an den Nießbraucher halten, weil dieser ihnen als Gesamtschuldner neben dem Besteller haftet, § 1088. Sie bedürfen hier daher nur eines Urteils gegen den Nießbraucher. Im Innenverhältnis ist er dem Besteller gegenüber zur Leistung verpflichtet, § 1088 III, und dies ist gerechtfertigt, weil er ja die gesamten Nutzungen des Vermögens bezieht.

§ 80. Die beschränkten persönlichen Dienstbarkeiten

Literatur: Vgl. die Zitate bei § 77. Zum dinglichen Wohnrecht: Hurst, Dingliches Wohnrecht und Mietrecht, ZMR 1969, 97; Kollhosser, Dingliches Wohnrecht und unberechtigte Vermietung, BB 1973, 820; Roquette, Wohnrecht und Mietrecht, NJW 1957, 525; Schmidt-Futterer, Die Ausübung eines dinglichen Wohnrechts durch Dritte, ZMR 1967, 163; Dammertz, Wohnrecht und Dauerwohnrecht, 1970.

I. Inhalt

Die persönlichen Dienstbarkeiten entsprechen inhaltlich den Grunddienstbarkeiten (§ 1090 I), gewähren also wie diese und zum Unterschied vom Nießbrauch Nutzungsrechte nur in einzelnen bestimmten Beziehungen. Von den Grunddienstbarkeiten unterscheiden sie sich dadurch, daß das Recht mit einer bestimmten Person und nicht mit dem Eigentum an einem Grundstück verknüpft ist (§ 1090).

Daher ist auch nicht notwendig, daß die Dienstbarkeit für ein Grundstück nützlich ist. Ihr Umfang wird vielmehr im Zweifel durch die persönlichen Bedürfnisse des Berechtigten bestimmt (§ 1091). Rechte dieser Art sind für den Vorteil und das Interesse einer einzelnen Person bestimmt.

Hieraus folgt auch, daß eine solche Dienstbarkeit unvererblich und unübertragbar ist, nur ihre Ausübung kann mit Zustimmung des Eigentümers einem anderen überlassen werden (§§ 1091 und 1092).

Eine beschränkte persönliche Dienstbarkeit kann auch zugunsten des Eigentümers bestellt werden.[1] Ein Bedürfnis dazu besteht z. B. dann, wenn der Eigentümer beabsichtigt, das Grundstück weiter zu veräußern.[2]

II. Das dingliche Wohnungsrecht

Besonders geregelt ist eine Art persönlicher Dienstbarkeit, das Wohnungsrecht. Es ist das Recht auf ausschließliche Benutzung eines Gebäudes oder Gebäudeteils (§ 1093). Wenn dem Berechtigten nur ein Mitbenutzungsrecht zusteht, finden dagegen die Grundsätze über die sonstigen persönlichen Dienstbarkeiten Anwendung. Mit dem durch Ges. v. 15. 3. 1951 eingeführten Wohnungseigentum und Dauerwohnrecht hat dieses Wohnungsrecht an Bedeutung sehr verloren.

Das Wohnungsrecht ist einem Nießbrauch am Hause angenähert, unterscheidet sich aber von ihm dadurch wesentlich, daß es nur das Recht zum eigenen Wohnen gibt (wenn auch ausgedehnt auf die Familie und auf Personen zur Bedienung und Pflege, § 1093 II), zur Überlassung an andere dagegen nur, wenn dies ausdrücklich gestattet ist (§ 1092 I 2).[3] Vom Mietverhältnis ist es dadurch verschieden, daß es ein dingliches Recht zum Besitz ist und daher gegenüber jedem Eigentümer gilt, nicht nur gegenüber dem Vertragsgegner wie eine schuldrechtliche Verpflichtung. Es erlischt aber mit der Zerstörung des Gebäudes; denn der Eigentümer ist zum Wiederaufbau nicht verpflichtet, daher auch nicht zum Bau in der früheren Gestalt und zur Herstellung des Gegenstandes des Wohnrechts.[4]

Wie beim Nießbrauch entsteht zwischen dem Berechtigten und dem Eigentümer ein gesetzliches Schuldverhältnis (vgl. §§ 1036 II, 1037 I, 1049, 1050). Dagegen hat der Berechtigte nicht für die Versicherung des Gebäudes zu sorgen oder die Lasten des Grundstücks zu tragen.

Die Frage, ob ein gemeinsames Wohnrecht zugunsten mehrerer Personen bestellt werden kann, ist bestritten, aber wohl zu bejahen. Nach BGH 46, 253 können Wohnungsrechte für mehrere Personen als Gesamtberechtigte entsprechend § 428 bestellt werden. § 428 betrifft aber nicht die Frage der Zuordnung eines dinglichen Rechts. Es liegt wohl näher, eine Berechtigung nach Bruchteilen anzunehmen.[5]

Das Wohnrecht hat praktische Bedeutung bei Altenteilsverträgen, also bei bäuerlicher Gutsüberlassung. Hier pflegt sich der alte Bauer neben dauernden Leistungen aus dem Hof auch ein Wohnrecht auszubedingen.

3. Abschnitt. Vorkaufsrecht und Reallast

§ 81. Das Vorkaufsrecht

Literatur: Alberty, Das Vorkaufsrecht gemeinnütziger Siedlungsgesellschaften, 1950; Ebert, Gesetzliche Vorkaufsrechte der öffentlichen Hand, NJW 1956, 1621; ders., Die gesetzlichen Vorkaufsrechte nach dem Bundesbaugesetz, NJW 1961, 1430;

---

[1] A. M. E. Wolf, S. 369.

[2] Vgl. BGH, DNotZ 1965, 716.

[3] In diesen Fällen kann das Recht zur Ausübung gepfändet werden; KG, NJW 1968, 1882.

[4] Vgl. BGH 7, 268 und 8, 58.

[5] Vgl. zu dieser Frage Bader, DNotZ 1965, 673.

Ehrenforth, Das Vorkaufsrecht des Reichssiedlungsgesetzes, AcP 150, 420; Haegele, Zum Ankaufsrecht am Grundbesitz, Rpfleger 1963, 142; Hartmann, Ansprüche des Käufers auf Verwendungsersatz bei Ausübung eines gesetzlichen Vorkaufsrechts, NJW 1956, 899; Immerwahr, Das dingliche Vorkaufsrecht des BGB, Jher. Jahrb. 40, 279; Schack, Das gesetzliche Vorkaufsrecht, DVBl. 1961, 229; Weber, Die baugesetzlichen Vorkaufsrechte der Gemeinden und der Vertrauensschutz, DNotZ 1961, 236; Wörbelauer, Das unter Eigentumsvormerkung stehende Grundstück – eine res extra commercium, DNotZ 1963, 580, 652 und 718.

I. Inhalt

Das dingliche Vorkaufsrecht ist die nur an Grundstücken (und an Erbbaurechten) zugelassene verdinglichte Art des allgemeinen schuldrechtlichen Vorkaufsrechts. Seinem Inhalt nach ist es im wesentlichen das gleiche, das Recht, in einen Kaufvertrag, der zwischen zwei anderen Personen abgeschlossen ist, einzutreten. Es unterscheidet sich von ihm dadurch, daß es auf der Aktivseite verdinglicht werden, nämlich dem jeweiligen Eigentümer eines anderen Grundstücks zustehen kann (§ 1094 II). Es kann freilich auch als subjektiv-persönliches Vorkaufsrecht zugunsten einer bestimmten Person bestellt werden (§ 1094 I).[1] Der wichtigste Unterschied zum schuldrechtlichen Vorkaufsrecht besteht darin, daß die schuldrechtliche Vereinbarung zu dinglicher Wirkung, die bedingte Verpflichtung zur Übertragung des Eigentums zu einer dinglichen Belastung des Grundstücks gesteigert wird, denn dieses Vorkaufsrecht hat die Wirkung einer Vormerkung zur Sicherung des durch die Ausübung des Rechts entstehenden Anspruchs auf Übertragung des Eigentums (§ 1098 II). Es sind also drei Personen zu unterscheiden: der Vorkaufsberechtigte, der mit dem Vorkaufsrecht belastete Eigentümer (zugleich der Verkäufer des Kaufvertrags, der die Ausübung des Vorkaufsrechts auslöst) und der Dritte (zugleich der Käufer dieses Vertrags).

Das Vorkaufsrecht kann auch auf der Passivseite erweitert werden, indem es nicht nur für den Fall des Verkaufes durch den Eigentümer, dem das Grundstück zur Zeit der Bestellung des Rechts gehört, begründet wird, sondern für alle Verkaufsfälle, auch solche durch nachfolgende Eigentümer des belasteten Grundstücks und auch für den freihändigen Verkauf seitens des Konkursverwalters (§ 1098 I 2).

Möglich ist auch, daß mehrere Vorkaufsrechte an einem Grundstück mit verschiedenem Rang bestellt werden.[2]

II. Verhältnis Vorkaufsberechtigter – Eigentümer

Das Vorkaufsrecht schafft auch als dingliches Recht zwischen dem Berechtigten und dem belasteten Eigentümer dasselbe Schuldverhältnis wie ein nur obligatorisches Recht. Sobald der Verpflichtete mit einem Dritten einen Kaufvertrag über das Grundstück geschlossen hat, kann der Berechtigte durch einseitige Erklärung gegenüber dem Verpflichteten sein Recht ausüben mit der Wirkung, daß der Kauf zwischen dem Berechtigten und dem Verpflichteten mit den gleichen Bedingungen zustande kommt, die der Verpflichtete mit dem Dritten vereinbart hat, insbesondere zum gleichen Kaufpreis (vgl. §§ 504 u. 505), nicht aber wird

---

[1] Vgl. zum Unterschied zwischen subjektiv-persönlichem und subjektiv-dinglichem Vorkaufsrecht BGH 37, 147 (152).

[2] BGH 35, 146.

er durch die Erklärung bereits Eigentümer. Wenn ein Grundstückskaufvertrag zu seiner Wirksamkeit der behördlichen Genehmigung bedarf, kann das Vorkaufsrecht erst nach deren Erteilung ausgeübt werden.[1] Eine Bestimmung des Vorkaufspreises im voraus ist unzulässig. Damit der Berechtigte sich entscheiden kann, ob er von seinem Recht Gebrauch machen will, hat ihm der Verpflichtete nicht nur den Abschluß, sondern auch den Inhalt des von ihm mit dem Dritten geschlossenen Vertrags unverzüglich mitzuteilen (§ 510).

Streitig ist, ob der Eigentümer dem Vorkaufsberechtigten nur mit dem Grundstück haftet. Nach Wortlaut und Sinn des § 1098, der einen Kaufvertrag zwischen beiden zustande kommen läßt, ist eine Haftungsbeschränkung nicht anzunehmen.

Belastungen des Grundstücks sind vormerkungswidrig, also dem Vorkaufsberechtigten gegenüber unwirksam, erst von dem Zeitpunkt an, zu welchem der Vorkaufsfall durch Abschluß des Kaufvertrags mit dem Dritten eingetreten ist. Vorher hat der Berechtigte keinen Anspruch darauf, das Grundstück nur mit den Belastungen zu bekommen, die z. Z. der Begründung des Vorkaufsrechts vorhanden waren.

Der aus dem Kauf (in den der Berechtigte eintritt) entspringende Anspruch des Berechtigten auf Übereignung des Grundstückes richtet sich gegen den Verkäufer, hat aber wegen der einer Vormerkung gleichen Wirkung hier auch Kraft gegenüber dem Erwerber. Hat der Verkäufer bereits das Grundstück dem Dritten übereignet, so kann der Berechtigte die Übereignung als ihm gegenüber nichtig behandeln und daher die Übereignung nach wie vor vom Verpflichteten, die Zustimmung zu seiner Eintragung vom Dritten verlangen (§§ 1098 II, 883 II, 888, vgl. o. § 15; er tritt nicht in die Auflassung an den Dritten ein).

Der Dritte, der schon Eigentümer geworden ist, kann diese Zustimmung und die Herausgabe des Grundstücks verweigern, bis ihm der Berechtigte den Kaufpreis erstattet, soweit der Dritte ihn schon berichtigt hat (§ 1100). In derselben Höhe wird zum Ausgleich der Berechtigte von der ihm gegenüber dem Verkäufer obliegenden Verpflichtung zur Zahlung des Preises frei (§ 1101).

Der Kaufvertrag zwischen dem Eigentümer und dem Dritten wird nicht durch die Ausübung des Vorkaufsrechtes aufgehoben. Daher hat der Dritte gegen den Eigentümer als seinem Verkäufer, falls er das Eigentum nicht erlangt (weil von der Übereignung als zwecklos Abstand genommen wird), die Ansprüche aus §§ 439, 440. Verliert er das Eigentum wieder, so wird er von seiner Verpflichtung, den Kaufpreis zu zahlen, frei, kann den schon gezahlten Preis nicht zurückverlangen (§ 1102), hat dafür aber Anspruch gegen den Vorkaufsberechtigten aus § 1100.

Die Frage, ob der Vorkaufsberechtigte tatsächliche Einwirkungen des bereits Eigentümer gewordenen Dritten auf das Grundstück verhindern kann, ist bestr.[2]

III. Rechtsnatur

Das Vorkaufsrecht ist ein Gestaltungsrecht, das durch den Verkauf des Grundstücks an einen Dritten bedingt ist; mit seiner Ausübung tritt eine Umgestaltung der Rechtslage ein, denn der Berechtigte tritt in den abgeschlossenen Kaufvertrag ein und wird Gläubiger und Schuldner aus einem Vertrag, den er selber gar nicht geschlossen hat.

Ob das Vorkaufsrecht ein dingliches Recht ist, ist nicht unbestritten.[3] Da es aber als Belastung des Grundstücks sich auswirkt und den Eigentümer in der rechtlichen Verfügung einschränkt, können immerhin manche Vorschriften über dingliche Rechte

---

[1] Vgl. BGH 14, 1.
[2] Vgl. OLG München, NJW 1963, 301 mit abl. Anm. von Hoche.
[3] Vgl. RG 110, 333.

zur Anwendung kommen, insbesondere § 873 über die Begründung und §§ 892 ff. über den gutgläubigen Erwerb.

IV. Geschichtliche Entwicklung und heutige Bedeutung des Vorkaufsrechts

Seinen Ursprung hat das Vorkaufsrecht im germanischen Recht des Mittelalters. Dort waren die Näherrechte von Bedeutung, infolge derer bestimmte Personen, die dem Grundstück oder dessen Eigentümer näherstanden als der dritte Käufer, diesen aus dem Kaufvertrag verdrängen konnten, z. B. der Lehnsherr, Erbe, Nachbarn, Miteigentümer usw.

Das vertragliche Vorkaufsrecht hat Bedeutung bei Altenteilsberechtigungen, langjähriger Pacht oder Miete und beim Nachbareigentum. Ein gesetzliches Vorkaufsrecht kennt das BGB nur beim Verkauf eines Miterbenanteils zugunsten der Miterben (§ 2034).

In großem Umfang haben die Siedlungsgesetzgebung und das neue Bundesbaugesetz von ihm Gebrauch gemacht (vgl. oben § 24 III). Vorkaufsrechte nach diesen Gesetzen entstehen kraft Gesetzes und werden nicht im Grundbuch eingetragen. Dadurch wird der Vertrauensschutz im rechtsgeschäftlichen Verkehr gefährdet.

V. Ankaufsrecht

Ein mit dem Vorkaufsrecht nicht identisches Institut ist das sog. Ankaufsrecht, von dem heute in der Praxis häufig Gebrauch gemacht wird. Es handelt sich dabei nicht um ein dingliches Recht, sondern in der Regel um ein bindendes Verkaufsangebot des Eigentümers, das der Vertragsgegner bei Eintritt einer Bedingung oder nach Ablauf einer bestimmten Frist annehmen kann. Je nach Lage des Einzelfalls kann auch ein bedingter Kaufvertrag oder ein Vorvertrag gegeben sein.[1] Der schuldrechtliche Anspruch des Vertragsgegners kann durch Vormerkung gesichert werden. Ein Sonderrechtsnachfolger des Eigentümers ist aber an das Angebot nicht gebunden.[2]

VI. Wiederkaufsrecht

Ein dingliches Wiederkaufsrecht kennt das BGB nicht. Die Parteien können aber schuldrechtlich ein Wiederkaufsrecht in der Form des § 313 vereinbaren. Der Anspruch aus diesem Vertrag kann durch Vormerkung gesichert werden.

Gesetzliche Wiederkaufsrechte finden sich z. B. in den §§ 20, 21 Reichssiedlungsgesetz und in §§ 12, 13 des Heimstättengesetzes (vgl. u. § 83).

§ 82. Die Reallast

Literatur: Beyerle, Ertragsbeteiligung als dingliches Recht, JZ 1955, 257; v. Lübtow, Die Struktur der Pfandrechte und Reallasten, in Festschrift f. Heinrich Lehmann, Bd. I, 1956, S. 328; v. Schwind, Die Reallastenfrage, Jher. Jahrb. 33, 1.

I. Inhalt

Die Reallast ist die Belastung eines Grundstücks mit dem Inhalt, daß aus dem Grundstück an den Berechtigten wiederkehrende Leistungen zu entrichten sind (§ 1105). Sie kann auch zugunsten des jeweiligen Eigentümers eines anderen Grundstücks bestellt werden (§ 1105 II), was häufig geschieht.

Sie unterscheidet sich von den Dienstbarkeiten dadurch, daß sie sich auf positive Leistungen[3] des belasteten Eigentümers richtet, von der Rentenschuld dadurch, daß ein festgesetzter Kapitalwert nicht wesentlich ist. Sie verleiht kein unmittelbares Nutzungsrecht, sondern das Grundstück haftet nur für die Entrichtung der Leistungen durch den Eigentümer.

---

[1] Vgl. dazu BGH, DNotZ 1963, 230, ferner RG 169, 185 und 154, 355.
[2] Vgl. BayObLG, DNotZ 1956, 206.
[3] Nicht Verpflichtung zu einer Unterlassung; BayObLG, MDR 1960, 50.

Die Leistungen können in Naturalien oder Geldzahlungen bestehen, jedoch auch in Handlungen (z.B. Gespanndienste, Instandhaltung von Gebäuden). Sie können auf unbestimmte oder bestimmte Zeit begründet werden, z. B. auf die Lebenszeit des Berechtigten (wie beim Altenteil). Ihr Umfang ist fest bestimmt oder richtet sich nach den Umständen, z. B. der Zehnte nach der Höhe des Jahresertrags. Es genügt also Bestimmbarkeit der geschuldeten Leistung.[1] Die Leistungen sind meist regelmäßige, müssen stets wiederkehrende sein. Das Landesrecht kann Bestimmungen treffen, welche Art von Reallasten noch zulässig ist (vgl. EGBGB Art. 115).

Ursprünglich handelte es sich um Leistungen, die tatsächlich das Grundstück zu erbringen hatte. Bei Geldrenten kommt es aber nicht darauf an, ob sie wirklich aus den Erträgen des Grundstücks gezahlt werden. Hier bedeutet der Ausdruck „aus dem Grundstück zu entrichten" wie bei der Hypothek lediglich, daß das Grundstück für die Zahlung haftet (vgl. o. § 50 IV).

II. Begründung, Übertragung, Erlöschen

Die Begründung erfolgt nach § 873 durch Einigung und Eintragung.[2] Neben den privatrechtlichen gibt es auch öffentlich-rechtliche Reallasten.

Die Übertragung der Reallast im ganzen erfordert Einigung und Eintragung; das Recht auf einzelne fällige Leistungen kann durch einfachen Abtretungsvertrag übertragen werden.

Die Reallast als ganze erlischt durch Aufhebung gemäß § 875, durch Zuschlag des Grundstücks in der Zwangsversteigerung, besonders aber durch Ablösung. Diese ist seit Mitte des 19. Jahrhunderts landesrechtlich geregelt und erfolgt meist gegen Kapitalentschädigung.

III. Die Haftung des Grundstücks

Die Reallast als ganze lastet auf dem Grundstück. Doch kann dessen Haftung für ihren Kapitalwert sich praktisch nur bei der Zwangsversteigerung zeigen, wenn der Ersatz des Wertes verlangt werden kann (ZVG § 92), sonst bei Fälligkeit der Ablösungssumme.

Die Haftung für die einzelnen Leistungen, die praktisch wichtiger ist, wird im Wege der Zwangsvollstreckung wie bei Zinsen der Hypothek durchgesetzt (§ 1107), wobei die Haftung alle Gegenstände umfaßt, auf die sich die Hypothek erstreckt (vgl. o. § 54).

Diese dingliche Haftung trifft den jeweiligen Eigentümer ohne Rücksicht darauf, ob die Leistungen während seines Eigentums fällig werden oder Rückstände aus der Zeit eines früheren Eigentümers sind. Daneben besteht aber im Zweifel, wenn auch durch Vereinbarung auszuschließen, eine persönliche Haftung des Eigentümers (also auch mit seinem sonstigen Vermögen) für die Leistungen, die während der Dauer seines Eigen-

[1] Vgl. BGH 22, 54 (58).

[2] Die Frage, ob Reallasten zugunsten Dritter bestellt werden können, ist bestritten. BGH, DNotZ 1965, 612 lehnt diese Möglichkeit zu Recht ab, da zwischen dem Dritten und dem Grundstückseigentümer keine Einigung vorliegt.

tums fällig werden (§ 1108 I). Sie dauert fort, auch wenn er nicht mehr Eigentümer ist.

Es kann daher für Rückstände eine doppelte Haftung eintreten, die persönliche Verpflichtung des früheren Eigentümers und die dingliche Haftung des gegenwärtigen Eigentümers, diese auf das Grundstück beschränkt. Es entsteht dann ein Seitenstück zur Gesamtschuld, aber nur eine Person ist Schuldner. Da die beiden Eigentümer in einem ähnlichen Verhältnis zueinander stehen wie bei der Hypothek der Eigentümer und der persönliche Schuldner, so ist § 1143 anzuwenden, d. h. der jetzige Eigentümer, der den Gläubiger wegen eines aus der Zeit des Vorbesitzers stammenden Anspruchs befriedigt, erwirbt die Forderung gegen diesen.

IV. Wirtschaftliche Bedeutung

Die Bedeutung der Reallasten war im Mittelalter sehr groß; die bäuerlichen Verhältnisse und die Belastungen durch den Grundherrn wurden weitgehend durch sie bestimmt. Auch auf dem Gebiet des öffentlichen Rechts spielten sie eine große Rolle, z.B. als Kirchen- und Schullasten; heute finden sie sich noch als Deichlasten. Im 19. Jahrhundert wurden sie zurückgedrängt, meist für ablösbar erklärt und auch abgelöst, z.B. als Übergang zur Geldentlohnung von Pfarrern und Lehrern. Sie kommen heute besonders noch vor bei bäuerlichen Altenteilsverträgen zur Sicherung der Unterhaltsleistung in Form von Naturalien. Ferner stellt der Erbbauzins eine Art von Reallast dar (vgl. o. § 72 I).

Anhang

Das Siedlungsrecht

§ 83. Das Siedlungsrecht

Literatur: Ehrenforth, Reichssiedlungsgesetz und Grundstückverkehrsgesetz, 1965; ders., Das Vorkaufsrecht des Reichssiedlungsgesetzes, AcP 150, 420; Haack, Das Reichssiedlungsgesetz, 1935; Kahlke, Das gesetzliche Vorkaufsrecht der landwirtschaftlichen Siedlung, 1964; Ponfick-Wenzel, Reichssiedlungsgesetz, 3. Aufl. 1930; Rötelmann, Siedlungsvorkaufsrecht und Siedlungszweck, NJW 1963, 285; Wormit-Ehrenforth, Reichsheimstättengesetz, 4. Aufl. 1967.

I. Geschichtliche Entwicklung und Grundlagen

Das Bestreben, die Siedlung zu erleichtern, mit staatlichen Mitteln zu fördern und für ihre Durchführung eine sachentsprechende rechtliche Regelung zu schaffen, ist in Deutschland seit dem Ende des 19. Jahrhunderts hervorgetreten, aber erst im 20. Jahrhundert zu größerer Aktivität gelangt.

Politische Erwägungen führten zuerst zu dem preußischen Ansiedlungsgesetz von 1886; man hatte erkannt, daß die Sicherung des Deutschtums in den Landesteilen mit starker polnischer Bevölkerung durch ein ausgebreitetes deutsches Bauerntum am besten gewährleistet wurde, und suchte deshalb die Begründung neuer Bauernstellen zu fördern. Zur Erleichterung der Bauernsiedlung – auch in anderen Landesteilen – schuf man in Preußen die Rentengüter (Gesetz von 1890); Grundstücke konnten statt gegen Zahlung eines Kaufpreises gegen Übernahme einer festen Geldrente übereignet werden, deren Ablösung von der Zustimmung beider Teile abhängig war. Während diese Begünstigung der Siedlung landwirtschaftlichen Interessen galt, entstand eine gewisse Bewegung unter Führung Damaschkes, die sich „Bodenreform" nannte und sich den Problemen des städtischen Wohnungswesens und der Verdrängung der Mietskaserne durch Einfamilienhäuser zuwandte, unter Bekämpfung der privaten Bodenspekulation. Sie führten u. a. zu der Ausgestaltung und Wiederbelebung des Erbbaurechts (vgl. o. § 74).

Einen neuen Auftrieb erhielt das Siedlungswesen durch die Verhältnisse nach dem ersten Weltkrieg. Jetzt handelte es sich um die Fürsorge für Kriegsopfer und Kriegsteilnehmer, teils um ihnen gemachte Versprechungen zu verwirklichen, teils um allgemein die ärmeren Schichten durch die Verbindung mit eigenem Haus und Boden seßhaft und krisenfest zu machen. Die akut gewordene Wohnungsnot mit ihren großen sozialen und moralischen Gefahren galt es zu bekämpfen. In erster Linie kam die Stadtbevölkerung in Frage; doch galt die Fürsorge auch dem Lande, wo eine bessere soziale Lage der Landarbeiter erreicht werden sollte.

Diesen Bestrebungen trug die Gesetzgebung Rechnung, und zwar das Reichssiedlungsgesetz vom 11. 8. 1919 (ergänzt durch das Siedlungsergänzungsgesetz vom 4. 1. 1935, und zuletzt geändert durch das Grundstückverkehrsgesetz vom 28. 7. 1961) vorwiegend für ländliche Siedlungen, und das Heimstättengesetz vom 10. 5. 1920 (i. d. F. v. 25. 11. 1937) für städtische. Ferner kommt das Bundesvertriebenengesetz i. d. F. vom 23. 10. 1961 in Betracht.

Das nationalsozialistische Reich bemühte sich in den ersten Friedensjahren um das Siedlungswesen, bis der Krieg und die Verstrickung in wahnwitzige Phantasien dem ein Ende bereiteten. Aber die nach dem Zusammenbruch von 1945 eintretenden Verhältnisse stellten eine weit schlimmere Wiederholung derjenigen nach dem ersten Weltkrieg dar, und das erschreckende Flüchtlingsproblem kam noch hinzu. Unter diesen Eindrücken trat die Siedlungsfrage erneut in den Vordergrund.

Hier ist nur die rechtliche Art der Durchführung zu behandeln.

II. Die Durchführung der Siedlung

Von rechtlicher Bedeutung ist bei der Durchführung der Siedlung zunächst die Art der Landbeschaffung, sodann die juristische Ausgestaltung des Siedlungseigentums.

1. Reichssiedlungsgesetz

Nach dem Reichssiedlungsgesetz ist die Beschaffung des erforderlichen Siedlungslandes Sache dafür geschaffener „gemeinnütziger Siedlungsunternehmungen". Ihrer Form nach sind sie meist privatrechtlich organisiert, z. B. als GmbH; eingerichtet werden sie von den öffentlichen Körperschaften. Daneben wurden z. B. im östlichen Teil Preußens auch Landlieferungsverbände aus den Großgrundbesitzern als juristische Personen des öffentlichen Rechts begründet. Die Landlieferungsverbände sind jedoch inzwischen aufgelöst worden. Die Landbeschaffung erfolgt durch vertraglichen Erwerb oder durch Ausübung eines Vorkaufsrechts der Siedlungsunternehmungen. Sie haben ein gesetzliches Vorkaufsrecht, wenn landwirtschaftliche Grundstücke oder Moor- und Ödland in Größe von 2 ha aufwärts durch Kaufvertrag veräußert werden sollen und die beabsichtigte Veräußerung einer Genehmigung nach dem Grundstückverkehrsgesetz bedürfte, die Genehmigung aber nach § 9 dieses Gesetzes zu versagen wäre; vgl. § 4 Reichssiedlungsgesetz in der Fassung des Grundstücksverkehrsgesetzes. Bei Veräußerungen an öffentlich-rechtliche Körperschaften oder nahe Angehörige kann das Vorkaufsrecht nicht ausgeübt werden. Rechtsgeschäftliche Vorkaufsrechte erlöschen bei Ausübung dieses gesetzlichen Vorkaufsrechts (vgl. § 5 Reichssiedlungsgesetz). Im Notfall kann das erforderliche Land auch durch Enteignung gewonnen werden (vgl. §§ 3, 15, 16 ReichssiedlungsG). Das Siedlungsunternehmen hat ein Wiederkaufsrecht, wenn der Ansiedler die Stelle veräußert, aufgibt oder nicht dauernd bewirtschaftet.

2. Heimstättengesetz

Von besonderer Art ist die Ausgabe als Heimstätte nach dem Heimstättengesetz. Dieses unterscheidet Wohnheimstätten (Einfamilienhäuser mit Nutzgarten) und Wirtschaftsheimstätten (landwirtschaftliche oder gärtnerische Grundstücke, die eine Familie ohne ständige fremde Hilfskräfte bewirtschaften kann). Nach § 28 Reichsheimstättengesetz können zur Begründung oder Vergrößerung von Heimstätten erforderliche Grundstücke nach den Vorschriften des Bundesbaugesetzes enteignet werden. Die Eigenschaft als Heimstätte wird im Grundbuch eingetragen, ebenso der „Ausgeber", d. h. die Stelle, welche die Heimstätte den Berechtigten übereignet (z. B. Land, Gemeinde, sonstige öffentlich-rechtliche Körperschaft).

Die besondere Rechtsstellung der Heimstätte kommt in Bindungen des Eigentümers zum Ausdruck, die zugunsten des Ausgebers bestehen. Kraft derselben steht diesem ein dingliches Recht am Grundstück zu, das die erste Rangstelle haben muß (HStG § 5). Das Rechtsverhältnis zwischen Ausgeber und Eigentümer der Heimstätte ist also privatrechtlich geregelt. Man könnte auch daran denken, die Bindungen des Eigentümers als öffentlich-rechtliche aufzufassen und sie dann allen privatrechtlichen Lasten vorangehen zu lassen; die Konstruktion des Gesetzes ist aber eine privatrechtliche.

Die wichtigsten Beschränkungen des Eigentümers bestehen darin, daß Teilung, Teilveräußerung und Belastung des Grundstücks nur mit Zustimmung des Ausgebers wirksam sind. Eine Belastung ist nur durch Tilgungsschulden zulässig; eine Verschuldungsgrenze ist bestimmt, innerhalb derer die Belastung ohne Zustimmung des Ausgebers wirksam ist. Bei Verkauf, Tausch oder unentgeltlicher Veräußerung im ganzen, auch bei Veräußerung im Wege der Zwangsvollstreckung oder durch den Konkursverwalter hat der Ausgeber ein Vorkaufsrecht, wobei die Höhe des vereinbarten Preises für ihn nicht maßgebend ist. Auch zu einer Erbteilung ist die Zustimmung des Ausgebers notwendig; jene darf die wirtschaftliche Bestimmung der Heimstätte nicht gefährden. Bewohnt oder bewirtschaftet der Eigentümer die Heimstätte nicht dauernd selbst oder treibt er Mißwirtschaft, so erwächst für den Ausgeber der Heimfallanspruch,[1] d. h. er kann die Übereignung des Grundstücks verlangen, aber gegen Zahlung einer Entschädigung; es handelt sich daher um eine Art von Wiederkaufsrecht (vgl. o. § 73 III und § 81 VI). Vorkaufsrecht und Heimfallanspruch sind mit Vormerkungswirkung ausgestattet, so daß entgegenstehende Verfügungen des Eigentümers dem Ausgeber gegenüber unwirksam sind.

Eine Zwangsvollstreckung in die Heimstätte ist nur wegen dinglicher Lasten, nicht wegen persönlicher Schulden des Eigentümers zulässig.

Das bedeutet eine weitgehende Sicherung des Eigentümers gegen den Verlust der Heimstätte durch schlechte wirtschaftliche Lage und damit die Sicherung seiner wirtschaftlichen Grundlage.

Durch diese Vorschriften ist erreicht, daß die Heimstätte nicht ihrem Zweck entfremdet und zum Gegenstand privater Geschäfte oder Spekulation wird. Der Ausgeber, z. B. die Gemeinde, ist gesichert und behält die dauernde Kontrolle über die Heimstätte. Dadurch ist ein planmäßiger Ausbau von Randsiedlungen bei Städten ermöglicht. Während der Geltung des Erbhofrechts war die Bedeutung des Heimstättenrechts eingeschränkt, ist jetzt aber wieder gewachsen, da auch die Stadtrandsiedlung einen wichtigen Beitrag zum Aufbau der zerstörten Städte und zur Milderung der Wohnungsnot liefert.

---

[1] Vgl. ein Beispiel in BGH 31, 77.

Grundbuchformular (Muster)

AMTSGERICHT SCHONBERG

Grundbuch

von

Trienach

Band 3 Blatt 86

(2. Seite)

Bestands

Lfd. Nr. der Grundstücke	Bisherige laufende Nr. der Grundstücke	Bezeichnung der Grundstücke und der mit dem Eigentum verbundenen Rechte: Gemarkung (Vermessungsbezirk)	Karte		Steuerbücher		Wirtschaftsart und Lage	Größe		
		a	b		c	d	e	ha	a	qm
1	2	3						4		
			K.Bl.	Parz.	Grdst. MR	Gebst.				
1	—	*Trienach*	*1*	*312/43*	*96*	*38*	*Wohnhaus mit Hausgarten, Viktoriastraße Nr. 18*	—	*6*	*93*
2	—	*Trienach*	*2*	*77*	*96*	—	*Garten bei den Fichten*	—	*4*	*12*
3	—	*Golm*	*1*	*66*	*18*	—	*Wiese am Zernsee*	—	*6*	*28*
4	*1, 3*	*Trienach*	*1*	*312/43*	*96*	*38*	*Wohnhaus mit Hausgarten, Viktoriastraße Nr. 18*	—	*13*	*23*
		Golm	*1*	*66*	*18*	—	*Wiese am Zernsee*			
5 / Zu 1	—	*1/25 (ein fünfundzwanzigstel) Miteigentumsanteil an dem Grundstück:*								
		Trienach	*3*	*211*	*28*	—	*Gemeinschaftlicher Weg bei den Wiesen*	—	*2*	*06*

(3. Seite)

verzeichnis

Bestand und Zuschreibungen		Abschreibungen	
Zur laufenden Nummer der Grundstücke		Zur laufenden Nummer der Grundstücke	
5	6	7	8
1	*Von Band 1 Blatt 8 hierher übertragen am 6. Januar 1936.* *Hoffmann Kummer*		
2	*Von Band 2 Blatt 40 hierher übertragen am 7. März 1938.* *Hoffmann Kummer*		
3	*Von Band 1 Blatt 5 des Grundbuchs von Golm hierher übertragen am 10. Oktober 1939.* *Hoffmann Kummer*		
1, 3, 4	*Nr. 3 der Nr. 1 als Bestandteil zugeschrieben und Nr. 3 mit Nr. 1 als Nr. 4 neu eingetragen am 14. November 1944.* *Schön Meyer*		
5	*Von Band 1 Blatt 24 hierher übertragen am 1. Dezember 1944.* *Schön Meyer*		

(4. Seite)

Erste Abteilung

Laufende Nummer der Eintragungen	Eigentümer	Laufende Nummer der Grundstücke im Bestandsverzeichnis	Grundlage der Eintragung
1	2	3	4
1	*Bankbeamter Gottlieb Meyer in Trienach*		*Aufgelassen am 23. Dezember 1935 und eingetragen am 6. Januar 1936* *Hoffmann Kummer*
		2	*Aufgelassen am 5. Juni 1937 und Band 2 Blatt 40 eingetragen am 1. Juli 1937. Hierher übertragen am 7. März 1937.* *Hoffmann Kummer*
		3	*Aufgelassen und eingetragen am 10. Oktober 1939.* *Hoffmann Kummer*
2	*Kaufmann Alexander Preuß in Trienach*	*1, 2, 3*	*Aufgelassen am 26. August 1942 und eingetragen am 1. September 1942.* *Hoffmann Kummer*
		5	*Aufgelassen am 14. Januar 1936 und Band 1 Blatt 24 eingetragen am 21. Januar 1936. Gemäß § 3 Abs. 3 GBO hier eingetragen am 1. Dezember 1944.* *Schön Meyer*

(5. Seite)

Erste Abteilung

Laufende Nummer der Eintragungen	Eigentümer	Laufende Nummer der Grundstücke im Bestandsverzeichnis	Grundlage der Eintragung
1	2	3	4

(6. Seite)

Zweite

Laufende Nummer der Eintragungen	Laufende Nummer der betroffenen Grundstücke im Bestandsverzeichnis	Lasten und Beschränkungen
1	2	3
1	*1*	*Nießbrauch auf die Dauer von zehn Jahren für den Rentner Heinrich Bernhardt in Trienach. Unter Bezugnahme auf die Eintragungsbewilligung vom 20. September 1937 eingetragen am 29. September 1937.* *Hoffmann* *Kummer*
2	*2*	*Widerspruch gegen die Eintragung des Eigentums des Bankbeamten Gottlieb Meyer zugunsten des Gastwirts Felix Hecker in Trienach. Unter Bezugnahme auf die einstweilige Verfügung des Landgerichts in Schonberg vom 1. Oktober 1938 eingetragen am 3. Oktober 1938.* *Hoffmann* *Kummer*

(7. Seite)

Abteilung

Veränderungen		Löschungen	
Laufende Nummer der Spalte 1		Laufende Nummer der Spalte 1	
4	5	6	7
		2	*Gelöscht am 6. November 1938.* *Hoffmann Kummer*

Laufende Nummer der Eintragungen	Laufende Nummer der belasteten Grundstücke im Bestandsverzeichnis	Betrag	Hypotheken, Grundschulden, Rentenschulden
1	2	3	4
1	*1*	*5000 RM*	*Fünftausend Reichsmark Dahrlehn mit vier vom Hundert jährlich verzinslich für den Gastwirt Gerhard Schneider in Berlin. Unter Bezugnahme auf die Eintragungsbewilligung vom 5. Januar 1939 eingetragen am 14. Januar 1939.* *Hoffmann Kummer*
2	*1*	*1500 RM* *– 500 RM* *1000 RM*	*Eintausendfünfhundert Reichsmark Dahrlehn mit fünf vom Hundert jährlich verzinslich für den Bankier Max Wechsler in Golm. Der jeweilige Eigentümer ist der sofortigen Zwangsvollstreckung unterworfen. Unter Bezugnahme auf die Eintragungsbewilligung vom 21. März 1940 eingetragen am 5. April 1940.* *Hoffmann Kummer*
3	*1*	*1700 RM*	*Eintausendsiebenhundert Reichsmark Kaufpreisforderung mit fünf vom Hundert jährlich verzinslich für die Sprachlehrerin Frieda Meister in Golm. Der jeweilige Eigentümer ist der sofortigen Zwangsvollstreckung unterworfen. Vorbehalten ist der Vorrang für eine Hypothek von zweitausend Reichsmark nebst fünf vom Hundert Zinsen. Unter Bezugnahme auf die Eintragungsbewilligung vom 1. Dezember 1941 eingetragen am 16. Februar 1942.* *Hoffmann Kummer*
4	*1*	*2000 RM*	*Zweitausend Reichsmark Darlehn mit fünf vom Hundert jährlich verzinslich für den Schmiedemeister Franz Eisen in Werder. Der jeweilige Eigentümer ist der sofortigen Zwangsvollstreckung unterworfen. Die Erteilung eines Briefes ist ausgeschlossen. Unter Ausnutzung des Vorbehalts mit dem Vorrange vor der Post Abt. III Nr. 3 unter Bezugnahme auf die Eintragungsbewilligung vom 10. Januar 1944 eingetragen am 1. Februar 1944.* *Schön Meyer*
5	*2*	*1000 RM*	*Eintausend Reichsmark Grundschuld mit fünf vom Hundert jährlich verzinslich für den Rentner Herbert Müller in Berlin-Pankow. Unter Bezugnahme auf die Eintragungsbewilligung vom 16. März 1944 eingetragen am 23. März 1944.* *Schön Meyer*

(9. Seite)

Abteilung

Veränderungen			Löschungen		
Lfd. Nr. der Spalte 1	Betrag		Lfd. Nr. der Spalte 1	Betrag	
5	6	7	8	9	10
1	*5000 RM*	*Mit den Zinsen seit dem 1. April 1939 verpfändet an die Brauerei Teltow Aktiengesellschaft in Berlin für eine ihr gegen den Gastwirt Gerhard Schneider in Berlin in Höhe von 5000 RM zustehende Forderung aus dem Kaufvertrage vom 8. März 1939. Eingetragen am 7. Juli 1939.* *Hoffmann Kummer*	*2*	*500 RM*	*Fünfhundert Reichsmark gelöscht am 17. Mai 1942.* *Hoffmann Kummer*
			1	*5000 RM*	*Verpfändungsvermerk vom 7. Juli 1939 gelöscht am 1. September 1942.* *Hoffmann Kummer*
1	*5000 RM*	*Abgetreten mit den Zinsen seit dem 1. Juli 1943 an den Bankier Max Wechsler in Golm. Eingetragen am 2. August 1943.* *Hoffmann Kummer*			
1 *2*	*5000 RM* *1000 RM*	*Über diese Hypotheken ist dem Gläubiger ein gemeinschaftlicher Brief erteilt. Eingetragen am 9. September 1943.* *Hoffmann Kummer*			
3	*1700 RM*	*Der vorbehaltene Vorrang vor diesem Recht ist der Post Abt. III Nr. 4 eingeräumt. Eingetragen am 1. Februar 1944.* *Schön Meyer*			

Laufende Nummer der Eintragungen	Laufende Nummer der belasteten Grundstücke im Bestandsverzeichnis	Betrag	Hypotheken, Grundschulden, Rentenschulden
1	2	3	4
6	2	*1500 RM*	*Eintausendfünfhundert Reichsmark Sicherungshypothek nebst vier vom Hundert Zinsen im Wege der Zwangsvollstreckung unter Bezugnahme auf das Urteil des Landgerichts in Berlin vom 30. Mai 1944 für den Kaufmann Erwin Pietsch in Berlin, eingetragen am 5. Juli 1944.* *Schön Meyer*
7	4	*5000 RM*	*Sicherungshypothek zum Höchstbetrage von fünftausend Reichsmark für die Offene Handelsgesellschaft Jonas & Co. in Berlin. Das Grundstück Band 1 Blatt 9 haftet mit. Unter Bezugnahme auf die Eintragungsbewilligung vom 16. November 1944 eingetragen am 1. Dezember 1944.* *Schön Meyer*

(11. Seite)

Abteilung

Veränderungen			Löschungen		
Lfd. Nr. der Spalte 1	Betrag		Lfd. Nr. der Spalte 1	Betrag	
5	6	7	8	9	10
3	*1700 RM*	*Mit den Zinsen seit dem 1. April 1944 abgetreten an den Kaufmann Hubert Rabe in Gransee unter Rückumwandlung der zunächst als Grundschuld auf den Eigentümer übergegangenen Post in eine Hypothek für ein mit fünf vom Hundert verzinsliches Darlehn von eintausendsiebenhundert Reichsmark. Der jeweilige Eigentümer ist der sofortigen Zwangsvollstreckung unterworfen. Unter Bezugnahme auf die Eintragungsbewilligung vom 25. März 1944 eingetragen am 14. April 1944.* *Schön Meyer*			
3a	*700 RM*	*Siebenhundert Reichsmark nebst den Zinsen seit dem 1. Juli 1945 mit dem Vorrange vor dem Rest abgetreten an den Ingenieur Fritz Raspel in Eiche. Eingetragen am 7. Juli 1945.* *Schön Meyer*			

(Vorderseite)

Muster*

Deutscher Hypothekenbrief

Bayern
Gruppe 1 **Nr. 99999**

über

1700 Deutsche Mark

eingetragen in dem Grundbuche von Trienach (Amtsgericht Schonberg)
Band 3 Blatt 86 Abteilung III Nr. 3

Inhalt der Eintragung:

Nr. 3: 1700 (eintausendsiebenhundert) Deutsche Mark Kaufpreisforderung mit fünf vom Hundert jährlich verzinslich für die Sprachlehrerin Frieda Meister in Golm.

Der jeweilige Eigentümer ist der sofortigen Zwangsvollstreckung unterworfen.

Unter Bezugnahme auf die in anliegender Schuldurkunde enthaltene Eintragungsbewilligung vom 1. Dezember 1961 eingetragen am 16. Februar 1962.

Rückseite

Belastetes Grundstück:

Das im Bestandsverzeichnis unter Nr. 1 verzeichnete Grundstück in der Gemarkung Trienach: Fl. Nr. 37/25 Wohnhaus mit Hausgarten, 0,0695 ha
Viktoriastr. Nr. 18

Eigentümer:

Bankbeamter Gottlieb Meyer in Trienach.

* Vgl. zu diesem Muster Grundbuchverfügung § 52 Anlage 3 und für Bayern JMBek. v. 18. 4. 1957 (Justizmin. Blatt 1957 226).

Vorgehende oder gleichstehende Eintragungen:

Zweite Abteilung:	*Nr 1: ein Nießbrauch auf die Dauer von zehn Jahren eingetragen am 30. September 1957.*	*im Range vorgehend.*
Dritte Abteilung:	*Nr. 1: 5000 (fünftausend) Deutsche Mark* *Nr. 2: 1500 (eintausendfünfhundert) Deutsche Mark.*	

Schonberg, den 19, Februar 1962.

Siegel

Das Amtsgericht
Abteilung für Grundbuchsachen

Hoffmann *Kummer*

Mit den Zinsen seit dem 1. April 1964 abgetreten an den Kaufmann Hubert Rabe in Gransee unter Rückumwandlung der zunächst als Grundschuld auf den Eigentümer übergegangenen Post in eine Hypothek für ein mit fünf vom Hundert verzinsliches Darlehen von eintausendsiebenhundert Deutschen Mark. Der jeweilige Eigentümer ist der sofortigen Zwangsvollstreckung unterworfen. Unter Bezugnahme auf die in anliegender Schuldurkunde enthaltenen Eintragungsbewilligungen vom 25. März 1964 im Grundbuch eingetragen am 14. April 1964.

Schonberg, den 15. April 1964.

Siegel

Das Amtsgericht
Abteilung für Grundbuchsachen

Schön *Meyer*

Als Eigentümer des Grundstücks ist seit dem 3. September 1962 der Kaufmann Alexander Preuß in Trienach eingetragen.

Die dieser Post vorgehende, in Abt. III Nr. 2 eingetragene Post von 1500 DM ist in Höhe von 500 DM gelöscht.

Schonberg, den 15. Mai 1964.

Siegel

Das Amtsgericht
Abteilung für Grundbuchsachen

Schön *Meyer*

Gesetzesverzeichnis

Fette Zahlen = §§ des Gesetzes, magere Zahlen = §§ des Buches, römische Zahlen = Unterabschnitt der Paragraphen des Buches.

Sachverzeichnis

Arabische Zahlen = Paragraphen des Buches. Die folgenden römischen Zahlen beziehen sich auf die Untergliederung dieser Paragraphen

Bücheranzeigen